Bua na Teanga

Lámhleabhar do Bhéaltriail agus do Chluastuiscint na hArdteistiméireachta

TOMÁS Ó MADAGÁIN

GILL EDUCATION

Gill Education
Ascaill Hume
An Pháirc Thiar
Baile Átha Cliath 12
www.gilleducation.ie
Is inphrionta é Gill Education de chuid M.H. Gill & Co.

© Tomás Ó Madagáin 2020
ISBN: 978-0-7171-88062

Gach ceart ar cosaint. Ní ceadmhach aon chuid den fhoilseachán seo a chóipeáil, a atáirgeadh nó a chur ar fáil ar aon mhodh ná slí gan cead i scríbhinn a fháil roimh ré ó na foilsitheoirí; é sin nó ceadúnas a cheadaíonn cóipeáil shrianta in Éirinn arna eisiúint ag Gníomhaireacht um Cheadúnú Cóipchirt na hÉireann.

Clóchuradóireacht bhunaidh arna déanamh in Éirinn ag Síofra Murphy
Clóchuradóireacht le Carole Lynch

Agus an leabhar seo á chur i gcló, bhí gach seoladh idirlín beo agus bhí eolas cuí ar fáil ar na suíomhanna a bhain le topaicí an leabhair. Ní ghlacann Gill Education freagracht as ábhar ná tuairimí a léirítear ar na suíomhanna idirlín seo. Is féidir athrú teacht ar ábhar, ar thuairimí agus ar sheoltaí, agus níl smacht ag an bhfoilsitheoir ná ag na húdair air sin. Ba cheart stiúrthóireacht a dhéanamh ar dhaltaí agus iad ag breathnú ar shuíomhanna idirlín.

Gabhann na húdair agus an foilsitheoir buíochas leis na daoine a leanas as cead a thabhairt grianghraif a fhoilsiú © Alamy: 15, 38, 39B, 41R, 52B, 54T, 71T, 72C, 81C, 82B, 87, 91, 92B, 123T, 124B, 132B, 133T, 141B, 150C, 150B, 151T, 151C, 157R, 161B, 170L, 212; © Dooega Drama Group: 92C; © Farrar, Straus, and Giroux BYR: 77; © Foras na Gaeilge: 213; © Inpho: 141C; © iStock/Getty Premium: 6, 18, 19, 20, 31, 35, 39T, 41L, 42, 48R, 52C, 54C, 58, 61, 62, 63, 67, 70, 76B, 77T, 81T, 85, 94, 97, 103, 104, 105, 107, 110, 111, 112, 113, 114, 118, 122B, 123B, 124C, 125, 128, 131, 132T, 133C, 152, 153, 157L, 161C, 162, 163, 164, 166, 172, 174, 178, 210, 217, 218; © Patrick Redmond/Aisling Ghéar Theatre Co.: 92T; © Penguin Random House LLC: 78; © Rolling News: 71B, 150T, 151B, 170R; © Seachtain na Gaeilge: 173; © Shutterstock: 21, 48L, 72T, 88, 98, 122T, 122C, 123C; © Sportsfile: 54B, 55T; © Wildcard Distribution: 82T.

Gabhann na húdair agus an foilsitheoir buíochas leis na daoine a leanas a thug cead ábhar clóite dá gcuid a úsáid:
'Colscaradh' le Pádraig Mac Suibhne, le caoinchead ón údar. 'Mo Ghrá-sa (idir lúibíní)' le Nuala Ní Dhomhnaill, le caoinchead ón údar f/ch The Gallery Press, Loughcrew, Oldcastle, County Meath, Ireland. 'An tEarrach Thiar' le Máirtín Ó Direáin, le caoinchead ón bhfoilsitheoir Cló Iar-Chonnacht, Indreabhán, Conamara, Co. na Gaillimhe, Éire. Clúdach leabhair *PS, I Love You*, le caoinchead ón bhfoilsitheoir HarperCollins Publishers Ltd. © 2004, Cecelia Ahern. Íomhá ó *An Triail* le Noni Stapleton & Aoife Fagan i léiriú Aisling Ghéar Theatre Co de *An Triail* le Máiréad Ní Ghráda, Baile Átha Cliath 2015.

Rinne na húdair agus na foilsitheoirí a ndícheall sealbhóirí cóipchirt a aimsiú. Má fágadh duine ar bith ar lár de thaisme beimid sásta na socruithe cuí a dhéanamh chomh luath is a bhíonn an deis sin ann.

Ba mhaith liom mo bhuíochas a ghabháil leis an ngrúpa seo: Le Micheál Ó Madagáin, ar dtús, ba mhaith liom mo bhuíochas a ghabháil leis as a chuid comhairle, a chuid inspioráide agus as a chuid cabhrach i rith na scríbhneoireachta. Le Proinsias Ó Madagáin, go raibh maith agat as do chuid cabhrach agus do chuid comhlaire i rith an phróiseis seo. Le Liam Ashe, chuir tú an smaoineamh i m'intinn go bhféadfainn leabhar a scríobh agus go raibh maith agat as an inspioráid sin. Le mo bhean chéile, Nicola go raibh maith agat as an treoir leanúnach agus as an tacaíocht a thug tú dom.

Tháinig an páipéar a úsáideadh sa leabhar seo ó fhoraoisí rialaithe. In aghaidh gach crainn a leagtar, cuirtear ar a laghad ceann amháin eile, rud a chinntíonn athnuachan na hacmhainne nádúrtha seo.

Clár

Cuid 2 An Chluastuiscint

Réamhrá

Soláthraíonn *Bua na Teanga* ullmhúchán agus cleachtadh den scoth do bhéaltriail agus scrúdú cluastuisceana na hArdteistiméireachta. Agus an saibhreas foclóra/frásaí atá ann, chomh maith le freagraí samplacha, noda an scrúdaitheora agus comhairle phraiticiúil, abharfaidh an lámhleabhar seo go muiníneach thú tríd an mbéaltriail agus tríd an gcluastuiscint

I measc a phríomhghnéithe tá:

⊙ Lámhleabhar cuimsitheach don bhéaltriail agus don chluastuiscint (scrúduithe cluastuisceana Ardleibhéil agus Gnáthleibhéil 2014–2019 san áireamh)

⊙ Freagraí samplacha H1 agus comhairle faoin gcaoi ar féidir ardmharcanna a bhaint amach

⊙ Tugann Noda an Scrúdaitheora léargas ar an gcaoi a mbaintear amach ardmharcanna

⊙ Clúdach den scoth ar thopaicí agus ar stór focal atá cothrom le dáta, ábhartha agus aois-oiriúnach (an teaghlach, an scoil, an teicneolaíocht, caithimh aimsire, an Ghaeltacht, an Breatimeacht, an comhshaol, sláinte, oideachas, srl)

⊙ Tá na téamaí go léir forbartha go maith agus tá stór focal breise leo

⊙ Tugtar eochairfhocail, briathra agus frásaí úsáideacha ag tús gach caibidle chun comhthéacs a sholáthar agus chun muinín a chothú

⊙ Déanann na Cuntais Shamplacha ag deireadh na gcaibidlí téamaí a fhorbairt a thuilleadh agus tá siad úsáideach freisin le haghaidh aistí Gaeilge

⊙ Déanann cleachtaí aistriúcháin foclóir agus gramadach a dhaingniú, agus feabhsaíonn siad scileanna léitheoireachta

⊙ Cuireann na 'freagraí le comhlánú' uirlis athbhreithnithe den scoth don scrúdú ar fáil

⊙ Rannóg chluastuisceana den scoth agus na heochairfhocail chuí ar fáil do gach Cluastuiscint chun focail a mhúineadh roimh ré

Chomh maith leis an leabhar seo tá *Leabhrán Sraith Pictiúr* ar fáil ar líne ar gillexplore.ie. Tá treoir ann, stór focal/frásaí úsáideacha agus scéalta san aimsir chaite agus aimsir láithreach a ndéanfar iad a nuashonrú gach bliain.

Go n-éirí go geal libh in bhur scrúduithe!

Tomás Ó Madagáin

Cuid 1
An Bhéaltriail

1 Comhairle, Fáilte agus Filíocht

Comhairle

Leagan amach na hArdteistiméireachta, Ardleibhéal agus Gnáthleibhéal ó 2020 ar aghaidh:

An Bhéaltriail		
Rannóg	**Am**	**Marc**
Fáiltiú	1	5
Aithris Filíochta	2	35
Comhrá	8	120
Sraith Pictiúr	4	80
Iomlán	12–15 nóiméad	240

Páipéar 1		
Rannóg	**Am**	**Marc**
Cluastuiscint	20	60
Ceapadóireacht	110	100
Iomlán	140 (10 nóiméad súil siar)	160

Páipéar 2		
Rannóg	**Am**	**Marc**
Léamhthuiscint	80 (40 × 2)	100
Prós	30	30
Filíocht	30	30
Litríocht Bhreise	40	40
Iomlán	185 (5 nóiméad súil siar)	200

Leagan amach an leabhair agus conas an leabhar seo a úsáid

Seo leagan amach na gcaibidlí: foclóir a bhaineann le hábhar na caibidle; briathra a d'fhéadfaí a úsáid i gcomhthéacs an ábhair sin; leaganacha cainte úsáideacha a bhaineann leis an ábhar – tá na leaganacha cainte seo in úsáid sna cuntais shamplacha agus sna ceisteanna; ceisteanna agus freagraí don bhéaltriail le háit inar féidir le daltaí a gcuid freagraí féin a scríobh; 'aistrigh na habairtí seo a leanas' – tá na habairtí atá le haistriú sa scríbhneoireacht a chuaigh roimhe; cuntais shamplacha le H1 scríofa in aice leis más ag an gcaighdeán sin atá sé; abairtí úsáideacha; 'do chuid freagraí féin'; áit a bhfuil deis ag an scoláire a c(h)uid freagraí féin a scríobh; obair bheirte – áit inar féidir leis an dalta a c(h)uid freagraí féin a chleachtadh sa rang.

Tá moltaí ón scrúdaitheoir ar fáil sa leabhar seo agus is moltaí iad ar féidir iad a thabhairt san áireamh agus tú ag ullmhú don bhéaltriail seo.

Struchtúr na Béaltrialach, dáileadh na marcanna agus comhairle

Maireann an scrúdú idir 13–15 nóiméad. Ní mhairfidh aon bhéaltriail níos faide ná 15 nóiméad; mar sin caithfdh scrúdaitheoirí agus iarrthóirí cloí le struchtúr réasúnach ama. Má tharlaíonn go bhfuil iarrthóir críochnaithe le mír áirithe níos tapúla ná mar atá luaite anseo níl a bhac ar an scrúdaitheoir bogadh ar aghaidh go dtí an chéad mhír eile. Mar a' gcéanna má tá iarrthóir ag dul thar am ag plé le mír éigin, (na pictiúir is dóichí a bheadh i gceist anseo), caithfidh an scrúdaitheoir críoch a chur leis an gcuid sin den scrúdú agus bogadh ar aghaidh.

Tá ceithre chuid ann.

1. Fáiltiú

1 nóiméad, 5 marc

Cúig chuid: ainm, aois, dáta breithe, seoladh baile, agus scrúduimhir

2. Aithris filíochta – dán amháin as cúig a ainmníodh

2 nóiméad, 35 marc

Roghnaíonn an scrúdaitheoir dán nó véarsaí ó dhán agus iarrtar ar an dalta an giota sin a léamh.

3. Comhrá ginearálta

6–8 nóiméad, 120 marc

⊙ Tosófar leis an ngarthimpeallacht ach leathnófar ábhar an chomhrá ag brath ar chumas an iarrthóra. 75 marc a bheidh ag gabháil leis an Stór Gaeilge (inniúlacht an iarrthóra ar réimse agus ar fhairsinge an stór focal atá aige/aici a léiriú), beidh 45 marc ag gabháil leis an gCumas Gaeilge (líofacht agus cruinneas na Gaeilge). Beifear ag súil leis mar sin go mbeidh idirghníomhaíocht sa chuid seo den scrúdú.

⊙ D'fhéadfadh an scrúdaitheoir ceist a chur ar an dalta maidir le hábhar ar bith laistigh nó lasmuigh de na réimsí seo a leanas:

An dalta féin agus a m(h)uintir; an teach; an ceantar; an scoil; caithimh aimsire; saol an dalta; saol teicneolaíochta an dalta; an Ghaeilge agus An Ghaeltacht; ollscoil nó saol an dalta i ndiaidh na scoile; post páirtaimseartha; An Pholaitíocht; oideachas na tíre; foréigean agus coiriúlacht; eacnamaíocht na hÉireann; teifigh; dífhostaíocht agus deacrachtaí tí maidir le dídean a fháil; Tuaisceart Éireann; bochtanas in Éirinn; an Córas Oideachais; an Córas Sláinte; an timpeallacht; seandaoine; na Meáin Chumarsáide agus is iondúil go gcuirtear roinnt ceisteanna sa Mhodh Coinníollach.

4. Sraith Pictiúr

4 nóiméad, 80 marc

- ⊙ Beidh fiche leathanach A4 de phictiúir ann agus sraith de shé phictiúr ar gach leathanach díobh.

- ⊙ Roghnófar leathanach A4 amháin go randamach istigh sa scrúdú. An scrúdaitheoir a roghnóidh an tsraith pictiúr a bhfuil cur síos le déanamh uirthi.

- ⊙ Tabharfar sos gairid ullmhúcháin, timpeall 30 soicind, don iarrthóir sula n-iarrfar air/uirthi tosú ar an gcur síos.

- ⊙ Chomh maith le cur síos a dhéanamh ar an tsraith pictiúr ar an leathanach A4 roghnaithe, beifear ag súil leis go gcuirfidh an t-iarrthóir agus an scrúdaitheoir líon beag ceisteanna ar a chéile faoi ábhar na bpictiúr éagsúil ar an leathanach.

- ⊙ Tabhair faoi deara go mbeifear ag súil leis go mbeidh sé ar chumas an iarrthóra ceisteanna a chur chomh maith le ceisteanna a fhreagairt. Beifear ag súil leis mar sin go mbeidh idirghníomhaíocht sa chuid seo den scrúdú.

- ⊙ Nuair a bheidh an cur síos críochnaithe ag an iarrthóir cuirfidh an t-iarrthóir trí cheist ar an scrúdaitheoir.

- ⊙ Ansin cuirfidh an scrúdaitheoir trí cheist eile ar an iarrthóir. D'fhéadfadh na ceisteanna a bheith san Aimsir Chaite nó san Aimsir Láithreach.

Scéim mharcála do Bhéaltriail na Gaeilge

1. Fáiltiú: 5 mharc do 5 cheist

2. Aithris na filíochta: 35 marc

Aicme	Marc
Sármhaith	29–35
An-mhaith	24–28
Maith	19–23
Measartha	14–18
Lag	9–13
An-lag	0–8

3. **Comhrá Ginearálta:** 75 + 45 = 120 marc

Aicme	Stór Gaeilge/Cumarsáid (marc 75)	Cumas Gaeilge/Cruinneas (marc 45)
Sármhaith	64–75	39–45
An-mhaith	53–63	32–38
Maith	42–52	25–31
Measartha	30–41	18–24
Lag	19–29	12–17
An-lag	0–18	0–11

4. **An tSraith Pictiúr:** 80 marc 50 + 20 + 10 = 80 marc
(10 marc ar na ceisteanna a chur agus a fhreagairt)

Aicme	Stór Gaeilge/Cumarsáid (marc 50)	Cumas Gaeilge/Cruinneas (marc 20)
Sármhaith	42–50	17–20
An-mhaith	35–41	14–16
Maith	27–34	11–13
Measartha	20–26	8–10
Lag	12–19	5–7
An-lag	0–11	0–4

Treoracha ginearálta don dalta

⊙ Treoraigh an scrúdaitheoir ar an mbealach ar mhaith leat dul. Conas a dhéanfá sin?

⊙ Má chuirtear ceist ort ag tús an chomhrá fút féin, mar shampla, (abair liom fút féin) is féidir leat freagra mar seo a leanas a thabhairt:

Tá cúigear i mo theaghlach, mo thuismitheoirí san áireamh. Tá dúil mhór agam sa spórt. Freastalaím ar Ardscoil Mhuire. Is maith liom éisteacht le ceol agus bhí mé ag ceolchoirm Ed Sheeran an bhliain seo caite. Is aoibhinn liom an Ghaeilge agus táim beagnach cinnte gur mhaith liom a bheith i mo bhunmhúinteoir nuair a fhágaim an mheánscoil. Níl a fhios agam cad a dhéanfaidh mé an samhradh seo ach ba mhaith liom post a fháil chun airgead a thuilleamh.

⊙ Déan cur síos ar do shuimeanna má fhaigheann tú ceist oscailte ag an tús, mar shampla:

Cónaím i gceantar tuaithe. Tá suim agam sa cheol. Is maith liom Gaeilge agus tíreolaíocht agus ba bhreá liom a bheith i mo dhochtúir sa todhchaí.

Cabhair sa chomhrá

⊙ Mura bhfuil eolas agat ar an ábhar, abair:

Níl mórán eolais agam ar an ábhar sin ach tá an-dúil agam sa spórt.

⊙ Mura dtuigeann tú ceist, tá cúpla bealach leis seo a rá:

Tá brón orm ach ní thuigim an cheist. An féidir leat é a rá ar shlí dhifriúil?

Nó

An bhféadfá an cheist sin a chur arís, le do thoil?

Nó

Ní thuigim an cheist, ar mhiste leat an cheist sin a chur arís?

⊙ Má tá an cheist ródheacair, abair:

Ní bhíonn an t-am agam a bheith ag féachaint ar an nuacht/a bheith ag léamh an nuachtáin mar bím an-ghnóthach ag staidéar don Ardteist. Is scoláire an-díograiseach mé!

Nó

Níl mórán suime agam san ábhar sin ach tá an-suim agam sa spórt…

⊙ An bhfuil aon rud eile le rá agat?

Níor labhraíomar maidir le… caithimh aimsire/cúrsaí polaitíochta/tábhacht na teicneolaíochta agus b'fhéidir dá mbeadh an t-am againn ba bhreá liom labhairt mar gheall air sin.

Nó

Táim an-sásta go bhfuil mé críochnaithe anois, go raibh maith agat.

⊙ Ag fágáil slán:

Slán anois. Go raibh maith agat agus bíodh lá deas agat.

Moltaí eile

⊙ Bí cinnte éisteacht le Raidió na Gaeltachta agus le Raidió na Life agus féachaint ar chláir a thaitníonn leat ar TG4. Cabhróidh sé sin leat le do chuid ullmhúcháin.

⊙ Tá sé an-tábhachtach dua a chaitheamh leis an ullmhúchán. Bí cinnte go ndéanann tú nótaí sa fhreagarleabhar a thagann leis an leabhar seo. Scríobh síos nathanna cainte, frásaí agus aon eolas a bheadh úsáideach duit agus tú ag ullmhú don Bhéaltriail.

⊙ Lean ar aghaidh ag caint. Ná habair 'sea nó ní hea. Tá an scrúdaitheoir ann chun marcanna a bhronnadh ort agus ní féidir leis/léi é sin a dhéanamh mura leanann tú ort ag caint.

⊙ Tosnóidh cuid mhaith de cheisteanna an scrúdaitheora leis na focail seo: cá, cad, céard, cé, cén, cathain, cé mhéad, conas agus cén fáth. Bí cinnte go bhfuil na focail seo ar eolas agat.

Fáiltiú

5 mharc do 5 cheist

⊙ Buailfidh an scrúdaitheoir leat ag doras sheomra an scrúdaithe agus cuirfidh sí/sé fáilte romhat.

⊙ Bí béasach ag an am sin agus bí cinnte go bhfuil na bunabairtí a bhaineann leis an bhFáiltiú ar eolas agat, mar shampla:

Scrúdaitheoir:	*Dia duit.*
Dalta:	*Dia is Muire duit.*
Scrúdaitheoir:	*Fáilte romhat isteach.*
Dalta:	*Go raibh maith agat.*
Scrúdaitheoir:	*Suigh síos anseo.*

Dalta:	Go raibh maith agat.
Scrúdaitheoir:	An bhfuil tú go maith/neirbhíseach?
Dalta:	Táim go maith, go raibh maith agat/táim beagán neirbhíseach.

Ceisteanna don fháiltiú

Cuirfear cúig cheist ort san Fháiltiú:

1. (a) Cad is ainm duit?
   (b) Cén t-ainm atá ort?

   (a) _____ is ainm dom.

   (b) _____ an t-ainm atá orm.

Cad is ainm duit?

Art is ainm dom.

2. Cén aois thú?/Cad is aois duit?

   Táim sé bliana déag d'aois.

   Táim seacht mbliana déag d'aois.

   Táim ocht mbliana déag d'aois.

   Táim naoi mbliana déag d'aois.

   Táim fiche bliain d'aois.

3. (a) Cén dáta breithe atá agat?
   (b) Cathain a rugadh thú?

   (a) *Is é an seachtú lá déag de mhí Lúnasa sa bhliain dhá mhíle* _____ *mo dháta breithe.*

   (b) *Rugadh mé ar an* _____ *de mhí* _____ *sa bhliain dhá mhíle* _____.

Moladh an scrúdaitheora (examiner's recommendation)

Is féidir imprisean maith a dhéanamh ar an scrúdaitheoir le freagraí maithe agus abairtí iomlána. Seachain freagraí aonfhoclacha agus tabhair abairtí iomlána sa chuid seo den scrúdú.

Dátaí

1st – an chéad lá	11th – an t-aonú lá déag	21st – an t-aonú lá is fiche
2nd – an dara lá	12th – an dara lá déag	22nd – an dara lá is fiche
3rd – an tríú lá	13th – an tríú lá déag	23rd – an tríú lá is fiche
4th – an ceathrú lá	14th – an ceathrú lá déag	24th – an ceathrú lá is fiche
5th – an cúigiú lá	15th – an cúigiú lá déag	25th – an cúigiú lá is fiche
6th – an séú lá	16th – an séú lá déag	26th – an séú lá is fiche
7th – an seachtú lá	17th – an seachtú lá déag	27th – an seachtú lá is fiche
8th – an t-ochtú lá	18th – an t-ochtú lá déag	28th – an t-ochtú lá is fiche
9th – an naoú lá	19th – an naoú lá déag	29th – an naoú lá is fiche
10th – an deichiú lá	20th – an fichiú lá	30th – an tríochú lá
		31st – an t-aonú lá is tríocha

Míonna

Eanáir – de mhí Eanáir

Feabhra – de mhí Feabhra

Márta – de mhí an Mhárta

Aibreán – de mhí Aibreáin

Bealtaine – de mhí na Bealtaine

Meitheamh – de mhí an Mheithimh

Iúil – de mhí Iúil

Lúnasa – de mhí Lúnasa

Meán Fómhair – de mhí Mheán Fómhair

Deireadh Fómhair – de mhí Dheireadh Fómhair

Samhain – de mhí na Samhna

Nollaig – de mhí na Nollag

4. (a) Cén seoladh baile atá agat?
   (b) Cá bhfuil cónaí ort?
   (c) Cá bhfuil tú i do chónaí?
   (d) Cárb as duit?
   (e) Cá bhfuil tú ag cur fút anois?

   (a) *Is é Crois bheag, Cuar an Chláir, Cill Rois, Co. an Chláir mo sheoladh baile.*

   (b) *Tá cónaí orm in uimhir 35 An Bóthar Fada, An Charraig Dhubh, Baile Átha Cliath 4.*

   (c) *Táim i mo chónaí in uimhir 100 Bóthar an Phóirtéaraigh, Baile Bhlainséar, Baile Átha Cliath 15.*

   (d) *Is as An Seanbhalla, Ráthmór i gContae Chiarraí dom.*

   (e) *Táim ag cur fúm anois in uimhir a hocht, Sráidbhaile Mór, Cill Mhichíl, Co. an Chláir.*

NOD (TIP)

Téigh go dtí **www.logainm.ie** chun do sheoladh Gaeilge a fháil (go to **www.logainm.ie** to get your address in Irish).

Moladh an scrúdaitheora

I mbliana (2019) ní raibh gá ach le dhá abairt sa seoladh le haghaidh mairc amháin.

7 Cill Rois — Inis 33

29 Cill Chaoi — Lios Uí Chathasaigh 17

5. Cén scrúduimhir atá agat?

   Is í _____ mo scrúduimhir.

   Is í _____ an scrúduimhir atá agam.

Moladh an scrúdaitheora

Is féidir leat do scrúduimhir a scríobh ar phíosa pháipéir nó ar do láimh.

Léamh na filíochta

35 mharc, 2 nóiméad

Na dánta agus cad atá le léamh

'Géibheann' (an dán go léir)

'Colscaradh' (an dán go léir)

'Mo Ghrá-sa (idir lúibíní)' (trí véarsa ar bith)

'An tEarrach Thiar' (dhá véarsa ar bith)

'An Spailpín Fánach' (dhá véarsa ar bith)

Comhairle

⊙ Is é an scrúdaitheoir a roghnóidh an dán agus na véarsaí atá le léamh ann.

⊙ Cleacht go rialta, le do thoil – éist leis na taifid atá leis an leabhar seo.

⊙ Bí cinnte go bhfuil brí na ndánta ar eolas agat ionas go mbeidh tú in ann brí agus mothúcháin na ndánta a chur in iúl sa scrúdú.

⊙ Bíodh béim ar fhocail ar leith agus éist go rialta leo ar an dlúthdhiosca a théann leis an leabhar seo.

⊙ Is féidir leis na daltaí cóip de na dánta a thabhairt isteach leo le nótaí foghraíochta os cionn na bhfocal a bhfuil deacrachtaí acu leo. Beidh sé seo an-úsáideach nuair a bheidh na daltaí ag aithris na filíochta don scrúdaitheoir.

⊙ Tá sé tábhachtach go gcleachtfaidh na daltaí aithris na filíochta os ard dóibh féin.

⊙ Táthar ag súil le taispeántas sa chuid seo den scrúdú. Is aithris filíochta atá i gceist seachas díreach filíocht a rá. Déan do dhícheall an dán a aithris le rithim agus brí na bhfocal, le fuinneamh agus le foghraíocht cheart.

Moladh an scrúdaitheora

Is fearr do chóip féin de na dánta a thabhairt isteach leat.

Dáileadh na marcanna

Aicme	Marc
Sármhaith	29–35
An-mhaith	24–28
Maith	19–23
Measartha	14–18
Lag	9–13
An-lag	0–8

 Cleachtadh sa rang

Éist leis an duine atá in aice leat ag rá na ndánta agus ansin tabhair marc dóibh.

Géibheann   (AN DÁN GO LÉIR)

le Caitlín Maude

Ainmhí mé

ainmhí allta

as na teochreasa

a bhfuil clú agus cáil

ar mo scéimh

nóTa

Fágadh **spás** idir na habairtí ionas go mbeidh tú in ann nótaí foghraíochta a scríobh ann.

chroithfinn crainnte na coille

tráth

le mo gháir

ach anois

luím síos

agus breathnaím trí leathshúil

ar an gcrann aonraic sin thall

tagann na céadta daoine

chuile lá

a dhéanfadh rud ar bith

dom

ach mé a ligean amach

Colscaradh (AN DÁN GO LÉIR)

le Pádraig Mac Suibhne

Shantaigh sé bean

i nead a chine,

faoiseamh is gean

ar leac a thine

aiteas is greann

i dtógáil chlainne.

Shantaigh sí fear

is taobh den bhríste,

dídean is searc

is leath den chíste

saoire thar lear

is meas na mílte.

Thángthas ar réiteach.

Scaradar.

Mo ghrá-sa (idir lúibíní)

(TRÍ VÉARSA AR BITH)

le Nuala Ní Dhomhnaill

Níl mo ghrá-sa

Mar bhláth na n-airní

A bhíonn i ngairdín

(nó ar chrann ar bith)

is má tá aon ghaol aige

le nóiníní

Is as a chluasa a fhásfaidh siad

(nuair a bheidh sé ocht dtroigh síos)

ní haon ghlaise cheolmhar

iad a shúile

(táid róchóngarach dá chéile ar an gcéad dul síos)

Is más slim é síoda

tá ribí a ghruaige

(mar bhean dhubh Shakespeare)

ina *wire* deilgní.

Ach is cuma san.

Tugann sé dom

úlla

(is nuair a bhíonn sé i ndea-ghiúmar

caora fíniúna)

An Spailpín Fánach (DHÁ VÉARSA AR BITH)

Ní fios cé a chum an dán seo

Im spailpín fánach atáim le fada,

ag seasamh ar mo shláinte,

ag siúl an drúchta go moch ar maidin

's ag bailiú galair ráithe;

ach glacfad *fees* ó rí na *gcroppies*,

cleith is píc chun sáite

's go brách arís ní ghlaofar m'ainm

sa tír seo, an spailpín fánach.

Ba mhinic mo thriall go Cluain gheal
    Meala

's as san go Tiobraid Árann;

i gCarraig na Siúire thíos do ghearrainn

cúrsa leathan láidir;

i gCallainn go dlúth 's mo shúiste im
    ghlaic

ag dul chun tosaigh ceard leo

's nuair théim go Durlas 's é siúd bhíonn
    agam

'Sin chu'ibh an spailpín fánach!'

Gu deo dco arís ní raghad go Caiseal

ag díol ná ag reic mo shláinte

ná ar mhargadh na saoire im shuí cois balla,

im scaoinse ar leataoibh sráide,

bodairí na tíre ag tíocht ar a gcapaill

á fhiafraí an bhfuilim híreálta;

'téanam chun siúil, tá an cúrsa fada'

siúd siúl ar an spailpín fánach.

An tEarrach Thiar (DHÁ VÉARSA AR BITH)

le Máirtín Ó Direáin

Fear ag glanadh cré

De ghimseán spáide

Sa gciúneas shéimh

I mbrothall lae:

    Binn an fhuaim

    San Earrach thiar.

Fear ag caitheadh

Cliabh dhá dhroim

Is an fheamainn dhearg

ag lonrú

I dtaitneamh gréine

Ar dhuirling bháin:

    Niamhrach an radharc

    San Earrach thiar.

Mná i locháin

In íochtar diaidh-thrá

A gcótaí craptha,

Scáilí thíos fúthu:

    Támh-radharc síothach

    San Earrach thiar.

Toll-bhuillí fanna

Ag maidí rámha,

Currach lán éisc

Ag teacht chun cladaigh

Ar ór-mhuir mhall

I ndeireadh lae;

    San Earrach thiar.

2 Mé Féin agus Mo Theaghlach

Ábhar na caibidle

- mé féin
- mo theaghlach
- mo sheantuismitheoirí
- obair mo thuismitheoirí
- laethanta saoire le mo chlann
- mo theach
- an cara is fearr liom

Tréithe an duine

Acadúil – *academic*

Beomhar – *lively*

Cainteach – *talkative*

Cairdiúil – *friendly*

Ceanndána – *stubborn*

Ciúin – *quiet*

Cneasta – *kind*

Cúthaileach – *shy*

Dáiríre – *serious*

Díograiseach – *hard-working*

Drámatúil – *dramatic*

Foighneach – *patient*

Gealgháireach – *cheerful*

Leisciúil – *lazy*

Mífhoighneach – *impatient*

Praiticiúil – *practical*

Réchúiseach – *easy-going*

Sóisialta – *sociable*

Spórtúil – *sporty*

Tuisceanach – *thoughtful*

Clann

Aintín – *aunt*

Daideo – *grandfather*

Deartháir – *brother*

Deirfiúr – *sister*

Leasdeartháir – *stepbrother*

Leasdeirfiúr – *stepsister*

Leathdheartháir – *half brother*

Leathdheirfiúr – *half sister*

Mamó – *grandmother*

Uncail – *uncle*

Poist

Ailtire – *architect*	Innealtóir – *engineer*
Altra – *nurse*	Iriseoir – *journalist*
Cláraitheoir ríomhaire – *computer programmer*	Leictreoir – *electrician*
Cógaiseoir/Poitigéir – *pharmacist*	Meicneoir – *mechanic*
Cuntasóir – *accountant*	Múinteoir – *teacher*
Diaitéiteach – *dietician*	Oibrí sóisialta – *social worker*
Dlíodóir – *lawyer*	Pluiméir – *plumber*
Dochtúir – *doctor*	Síceolaí – *psychologist*
Duine gnó – *businessperson*	Siopadóir pearsanta – *personal shopper*
Feirmeoir – *farmer*	Siúinéir – *carpenter*
Fiaclóir – *dentist*	Tiománaí bus – *bus driver*
Fisiteiripeoir – *physiotherapist*	Tiománaí tacsaí – *taxi driver*
Garraíodóir – *gardener*	Tréidlia – *vet*

Briathra

Chuaigh mé/chuamar – *I went/we went*	Oibríonn sé/sí – *he/she works*
Cónaím – *I live*	Rachaidh mé – *I will go*
Déanann sé/sí – *he/she does*	Rachaimid – *we will go*
Freastalaíonn sé/sí – *he/she attends*	Réitím le – *I get on well with*
Glanaim – *I clean*	Scuabaim – *I brush*
Goideann sé/sí – *he/she steals*	Téimid – *we go*

Ainmneacha briathartha (*verbal nouns*)

Ag caint – *talking*	Ag mothú – *feeling*
Ag cócaireacht – *cooking*	Ag ól – *drinking*
Ag comhrá – *conversing*	Ag scríobh – *writing*
Ag cur brú – *putting pressure*	Ag scuabadh – *sweeping*
Ag déanamh – *doing*	Ag seinm ceoil – *playing music*
Ag féachaint – *looking*	Ag siúl – *walking*
Ag foghlaim – *learning*	Ag staidéar – *studying*
Ag freastal ar – *waiting on/attending*	Ag streachailt – *struggling*
Ag glacadh páirte i – *taking part in*	Ag tabhairt – *giving*
Ag glanadh – *cleaning*	Ag tógáil – *taking*
Ag imirt – *playing*	

Leaganacha cainte (*phrases*)

Is duine _____ **é/í** – *he/she is a* _____ *person*

Caithfidh mé a admháil – *I have to admit*

Anois is arís – *now and again*

Is maith liom – *I like*

Is aoibhinn liom – *I really like*

Ní maith liom – *I don't like*

Is fuath liom – *I hate*

In árach a chéile – *disagree with one another*

Táim céad faoin gcéad cinnte – *I'm 100 per cent sure*

Is dochtúir í mo mham – *my mam is a doctor*

Is fear gnó é mo dhaid – *my dad is a businessman*

Tá féith an ghrinn inár gclann – *our family have a sense of humour*

Is aoibhinn liom mo theaghlach – *I love my family*

Mar a deir an seanfhocal – *as the proverb says*

Cleachtaí

Athscríobh an giota seo i do chóipleabhar agus roghnaigh an focal is fearr gach uair.

Focail le cur isteach: *theaghlach, ollscoil, ceol, fhios, deas, peile, t-ábhar, shiblíní*

Is duine _deas_ **mé.** Tá cúigear i mo _theaghlach_, mo thuismitheoirí san áireamh. Seán agus Sorcha na hainmneacha atá ar mo _shiblíní_. **Is maith liom** a bheith ag éisteacht le _ceol_ agus ag imirt _peile_. Níl a _fhios_ agam cad ba mhaith liom a dhéanamh an bhliain seo chugainn ach ba mhaith liom dul go dtí an _ollscoil_.

Ag an deireadh seachtaine, is maith liom a bheith ag dul amach le mo chairde. Is é an stair an _t-ábhar_ is fearr liom ar scoil.

Abairtí úsáideacha

1. Is leathchúpla mé. – *I'm a twin.*

2. Is duine deas, greannmhar agus cainteach mé. – *I'm a nice, funny and talkative person.*

3. Is breá liom léitheoireacht agus peil Ghaelach. – *I really enjoy reading and Gaelic football.*

4. Imrím cispheil, rugbaí agus haca. – *I play basketball, rugby and hockey.*

5. Tagaim sa lár. Is mise an dara duine is sine sa chlann. – *I come in the middle. I am the second eldest in the family.*

6. Ní réitím go maith le mo dheartháir, Pól. Bíonn sé bearránach ó am go chéile. – *I don't get on with my brother, Paul. He can be annoying from time to time.*

7. Tá an t-ádh dearg orm mar tuigeann mo theaghlach ar fad go bhfuil go leor brú i gceist i mbliana agus táthar ar fad ag cabhrú liom ar a mbealaí féin. – *I'm really lucky because all of my family understand that I'm under pressure this year and they are all helping me in their own ways.*

8. Is fearr grinn é mo dhaid, is minic a bhíonn scéal grinn aige agus bíonn an teaghlach ar fad ag gáire, go háirithe ag am dinnéir sa tráthnóna. – *My dad is a funny man, he often has funny stories and all the family laugh, especially at dinner time in the evening.*

9. **Anois is arís**, déanaim obair tí. Níl an t-am agam faoi láthair. – *Now and again, I do house work. I don't have time at the moment.*

10. Tá mo sheantuistí an-deas liom. Tugann siad síob chun na scoile dom gach lá. – *My grandparents are very nice to me. They give me a lift to school every day.*

Ceisteanna agus freagraí don Bhéaltriail

1. Abair liom fút féin. Cé thú féin? Cén saghas duine thú? Cén sórt duine thú?

Is duine deas, ciúin, réchúiseach mé a bhfuil an-dúil sa spórt agam. Imrím peil Ghaelach le mo chlub áitiúil agus is minic a bhím ag traenáil. Tá seisear i mo theaghlach agus is mise an duine is óige. Níl a fhios agam cad ba mhaith liom a dhéanamh an bhliain seo chugainn ach táim cinnte gur mhaith liom leanúint ar aghaidh leis an spórt.

Freagra eile

Is duine cineálta, cneasta mé atá dírithe ar ardmharcanna a ghnóthú san Ardteistiméireacht. Ba mhaith liom a bheith i mo dhochtúir mar is dochtúir í mo mham agus tá sí féinfhostaithe mar dhochtúir teaghlaigh. Oibríonn sí i bPortlaoise atá fiche nóiméad ó mo theachsa. Is aoibhinn léi an obair agus ceapaim go bhféadfainn go leor rudaí a fhoghlaim uaithi. Taitníonn spórt go mór liom. Imrím le mo chlub áitiúil. Ina theannta sin is maith liom a bheith ag éisteacht le ceol nuair atá an t-am agam.

Freagra H1

2. Cad is ainm duit?

Sandra is ainm dom.

Moladh an scrúdaitheora

D'fhéadfá ceisteanna oscailte mar seo a fháil agus ba cheart go dtabharfá léargas ar na hábhair ar mhaith leat labhairt fúthu sa chomhrá.

3. Cén sloinne atá ort?

    Is é Mac Donnchadha an sloinne atá orm.

4. Cé atá sa chlann? Cé mhéad duine atá i do chlann? Cé atá sa bhaile?

    *Tá beirt/triúr/ceathrar/cúigear/seisear/seachtar/ochtar/naonúr/
    deichniúr/aon duine dhéag/dháréag i mo chlann.*

5. Cé hé/hí an duine is sine/is óige sa chlann?

    Is í Gearóidín an duine is sine sa chlann.

    ### Freagraí eile
    *   *Is mise an duine is sine sa chlann.*
    *   *Is é Seán an duine is óige sa chlann.*

NOD

Téigh go dtí
www.sloinne.ie
mura bhfuil tú
cinnte faoin
leagan Gaeilge
atá ar do
shloinne.

6. Inis dom faoi do mhuintir.

    Tá beirt deartháireacha agam agus níl aon deirfiúracha agam.

7. Cad iad ainmneacha do dheartháireacha agus do dheirfiúracha?

    Laoise agus Siobhán na hainmneacha atá ar mo dheirfiúracha.

    ### Freagra eile
    *Seán agus Stiofán na hainmneacha atá ar mo
    dheartháireacha.*

8. Cén aois iad? Cén aois dóibh?

    *Tá mo dheirfiúr/mo dheartháir _____ aon bhliain d'aois/dhá bhliain d'aois/trí
    bliana d'aois/ceithre bliana d'aois/cúig bliana d'aois/sé bliana d'aois/seacht mbliana d'aois/
    ocht mbliana d'aois/naoi mbliana d'aois/deich mbliana d'aois.*

    > *1–6 + séimhiú = aon bhliain d'aois, dhá bhliain d'aois srl.*
    > *7–10 + urú = seacht mbliana d'aois, ocht mblianain d'aois, srl.*

    ### Freagraí eile
    *   *Tá Laoise dhá bhliain déag d'aois, tá Seán cúig bliana d'aois, srl.*
    *   *Tá Diarmuid aon bhliain is fiche d'aois/dhá bhliain is fiche d'aois, srl.*

9. Cad iad na poist atá ag do thuismitheoirí? Cad a dhéanann do thuismitheoirí?

    Is cuntasóir í mo mham agus oibríonn mo dhaid mar dhochtúir.

    ### Freagra eile
    *Is múinteoir í mo mham agus oibríonn mo dhaid mar thiománaí leoraí. Ba bhreá liom
    féin a bheith i mo chuntasóir.* **Mar a deir an seanfhocal**, *'Ní thiteann an t-úll i bhfad
    ón gcrann'.*

10. An réitíonn tú go maith le do theaghlach?

Réitímid go maith lena chéile. Tá an-mheas agam ar mo thuismitheoirí. Tá siad cabhrach, foighneach agus an-tuisceanach. Ní maith leo nuair a bhíonn mé féin agus Seán ag argóint. Tá mo dhearthaireacha an-ghreannmhar agus bíonn aoibh mhaith orthu i gcónaí! Dhéanfainn rud ar bith do mo chlann agus is aoibhinn liom iad.

Freagra eile

Ní réitím go maith le mo chlann faoi láthair. Mothaím faoi bhrú agus bíonn go leor torainn sa teach. Dá bhrí sin bím ag argóint le mo dhearthaireacha agus mo dheirfiúracha mar nach féidir liom staidéar a dhéanamh. Go hiondúil réitím leo ach tá deacrachtaí ann faoi láthair.

11. An ndeachaigh sibh ar laethanta saoire anuraidh? An raibh tú riamh thar lear?

Chuamar ar fad mar chlann ar ár gcuid laethanta saoire go dtí an Spáinn anuraidh. Bhí an ghrian ag scoilteadh na gcloch gach lá agus d'fhanamar in óstán ceithre réalta in aice na trá in Valencia. Caithfidh mé a admháil nach bhfaca mé áit cosúil leis riamh. Bhí an tseanchathair an-spéisiúil agus chuamar ann gach oíche le haghaidh béile. Tá an t-uisceadán is mó san Eoraip sa tseanchathair. Bhí gach saghas éisc ann amhail siorc agus deilf, más buan mo chuimhne. Tá sé ar cheann de na háiteanna is spéisiúla dá bhfaca mé riamh.

Freagra H1

12. Inis dom faoin gcara is ansa leat.

Is í Laura an cara is ansa liom. Is cara den scoth í. Tá Laura an-chairdiúil, greannmhar agus tuisceanach. Bímid i gcónaí ag pleidhcíocht agus ag sciotaíl! Caithfidh mé a rá go bhfuil sí craiceáilte. Is mór an spórt í! Tá seanaithne agam ar Laura mar bhuaileamar lena chéile den chéad uair nuair a bhíomar sa bhunscoil. Tá Laura geall le bheith líofa sa Ghaeilge, mar sin uaireanta bímid ag caint lena chéile as Gaeilge. Cuidíonn sí go mór liom mar táim féin ag iarraidh a bheith líofa sa Ghaeilge. Is aoibhinn liom an teanga agus tá mé an-bhródúil aisti.

Freagra H1

13. Déan cur síos ar do theach sa bhaile.

Is bungaló/teach dhá stór é.

Táimid inár gcónaí i dteach scoite.

Cónaímid in árasán.

Cónaím:	***Tá mo theach suite:***
• *i mbungaló*	• *faoin tuaithe*
• *i dteach scoite*	• *sa bhaile mór*
• *in árasán*	• *i gceantar álainn.*
• *in eastát tithíochta.*	

SRAITH TITHE

Freagraí eile

- *Tá ceithre sheomra leapa sa teach chomh maith le háiléar, dhá sheomra folctha agus seomra suite. Is fearr liom mo sheomra codlata mar tá sé fíorchompordach agus tá mo phríobháideachas féin agam. Tógadh an teach sna hochtóidí agus tá sé sórt seanfhaiseanta.*

- *Is teach dhá stór é agus tá sé suite amuigh faoin tuath.*

14. **An ndéanann tú obair tí?**

    Cinnte, scuabaim an t-urlár agus glanaim mo sheomra. Úsáidim an folúsghlantóir ó am go ham freisin nuair a chuireann mo Dhaid brú orm mo sheomra a ghlanadh.

Cuntais shamplacha

1. *Ts duine ciallmhar, cliste, cineálta mé. Tá cúigear i mo theaghlach, mo thuismitheoirí san áireamh. Taitníonn damhsa agus spórt go mór liom.* **Is maith liom** *an scoil seo cé go bhfuil cúpla fadhb bheag inti.* **Táim céad faoin gcéad cinnte** *gur mhaith liom a bheith i mo mhúinteoir amach anseo.*

   Freagra H3

2. *Is mise Seán. Tá beirt deartháireacha agam agus tá deirfiúr amháin agam. Síle, Diarmuid agus Máire na hainmneacha atá orthu. Mar sin tá seisear i mo theaghlach, mo thuismitheoirí san áireamh.* **Is dochtúir í mo mham** *agus oibríonn mo dhaid mar bhainisteoir i monarcha atá i lár an bhaile. Tá Seán agus Diarmuid níos sine ná mé agus tá Máire níos óige. Tá Seán ag obair i mBaile Átha Cliath mar mhúinteoir scoile. Tá sé ceithre bliana is fiche d'aois agus is aoibhinn leis a bheith ag obair le páistí. Tá Diarmuid ag obair anseo in Inis mar mheicneoir. Tá an-suim aige i gcarranna. Tá Diarmuid fiche bliain d'aois. Ansin, freastalaíonn Máire ar an scoil chéanna liom agus tá sí sa dara bliain. Níl sí ach ceithre bliana déag d'aois!* **Is aoibhinn liom** *mo theaghlach.*

   Freagra H1

3. **Anois is arís** *bím féin agus mo dheirfiúr* **in árach a chéile** *mar gheall ar rudaí amaideacha! Goideann sí na rialtáin, itheann sí an bia is deise sa teach agus ní fhágann sí mórán d'éinne eile. Mar sin féin, tá mé ag brath ar mo theaghlach agus bheinn i bponc gan iad!* **Mar a deir an seanfhocal**, *aithníonn an fhuil a chéile agus dhéanfainn rud ar bith do mo theaghlach.*

   Freagra H3

Obair bheirte

Cuir na ceisteanna seo ar a chéile.

1. Inis dom fút féin.

2. Cad is ainm duit?

3. Cén sloinne atá ort?

4. Cé thú féin? Cén saghas duine thú? Cén sórt duine thú?

5. Cé atá sa chlann? Cé mhéad duine atá i do theaghlach? Cé atá sa bhaile?

6. Cé hé/hí an duine is óige sa chlann?

7. Cad iad ainmneacha do dhearthaireacha agus do dheirfiúracha?

8. An réitíonn tú go maith le do mhuintir?

9. Déan cur síos ar an teach atá agaibh sa bhaile.

10. An dtéann sibh ar laethanta saoire?

Aistrigh na habairtí seo a leanas. Tá na habairtí sa chaibidil seo le cabhrú leat.

1. There are five people in my family, including my parents.

_____

2. My mum is a doctor and my dad works in a factory in the town centre.

_____

3. I am a sensible, intelligent and kind person.

_____

_____

4. Now and again, my sister and I disagree with one another about small things.

_____

_____

5. I have great respect for my parents. They are helpful, patient and very thoughtful.

_____

_____

6. I am the second eldest in the family.

_____

7. We went as a family on holiday to Spain last year.

_____

8. I use the hoover from time to time when my dad puts me under pressure to clean my room.

_____

_____

9. She helps me a lot because I want to be fluent in Irish as well.

_____

_____

10. As the proverb says, 'Blood is thicker than water', and I would do anything for my family.

_____

_____

Do chuid freagraí féin

1. Cad is ainm duit?

_____

2. Cén sloinne atá ort?

_____

3. Inis dom fút féin.

_____

_____

_____

_____

_____

_____

_____

4. Cé thú féin? Cén saghas duine thú? Cén sórt duine thú?

_____

_____

_____

_____

_____

_____

_____

_____

5. Cé atá sa chlann? Cé mhéad duine atá i do chlann? Cé atá sa bhaile?

_____

_____

_____

_____

_____

_____

6. Cé hé/hí an duine is óige sa chlann? Cé hé/hí an duine is sine sa chlann?

_____

_____

_____

7. Cad iad ainmneacha do dheartháireacha agus do dheirfiúracha?

_____

_____

_____

_____

8. An réitíonn tú go maith le do mhuintir?

_____

_____

_____

_____

9. Déan cur síos ar an teach atá agaibh sa bhaile.

_____

_____

_____

_____

10. An dtéann sibh ar laethanta saoire?

_____

_____

3 Mo Cheantar

Ábhar na caibidle

mo cheantar

mo chomharsana

áiseanna sa cheantar

buntáistí agus míbhuntáistí mo cheantair

na fadhbanna atá i mo cheantar

Foclóir a bhaineann le mo cheantar

Áit iargúlta – *remote area*

Amharclann – *theatre*

Amuigh faoin tuath – *out in the countryside*

Baile – *town*

Banc – *bank*

Bialann – *restaurant*

Ceantar den scoth – *fabulous place*

Ceantar tuaithe – *country area*

Ciníochas – *racism*

Club badmantain – *badminton club*

Club Chumann Lúthchleas Gael (CLG) – *GAA club*

Club leadóige – *tennis club*

Club óige – *youth club*

Club rugbaí – *rugby club*

Club sacair – *soccer club*

Clubanna spórt – *sports club*

Comharsana – *neighbours*

Cósta – *coast*

Lárionad sláinte – *health centre*

Lárionad sóisialta – *social centre*

Leabharlann – *library*

Linn snámha – *swimming pool*

Monarcha – *factory*

Mosc – *mosque*

Oifig an phoist – *post office*

Ollmhargadh – *supermarket*

Páirc imeartha – *playing fields*

Páirc phoiblí – *public park*

Pictiúrlann – *cinema*

Raon rothar – *cycle path*

Seachród – *bypass*

Séipéal Caitliceach – *Catholic church*

Séipéal Protastúnach – *Protestant church*

Sionagóg – *synagogue*

Siopa crua-earraí – *hardware shop*

Siopa nuachtáin – *newsagent*

Cúirt leadóige – *tennis court*

Cúrsa gailf – *golf course*

Eastát tithíochta – *housing estate*

Fadhbanna sóisialta – *social problems*

Gadaithe – *robbers*

Gardaí – *Guards*

Gnóthaí – *businesses*

Gruagaire – *hairdresser*

Ionad siopadóireachta – *shopping centre*

Ionad spóirt – *sports centre*

Siopa poitigéara – *chemist shop*

Sráidbhaile – *village*

Staisiún DART – *DART station*

Staisiún Luas – *Luas station*

Taisteal Poiblí – *public transport*

Teach tábhairne – *pub*

Tíortha ilghnéithe – *diverse countries*

Tithe tábhairne – *pubs*

Trácht – *traffic*

Logainm mo cheantair

Áth – *ford*

Baile – *townland*

Béal abhann– *mouth of a river*

Caiseal – *stone fort*

Carraig – *rock*

Cill – *church*

Cluain – *meadow*

Coill – *wood*

Cuan – *bay*

Dún – *stone fort/fortress*

Glean – *glen*

Inis – *island/river meadow*

Lios/Ráth – *ringfort*

Loch – *lake*

Mullach – *hill/hilltop*

Sliabh – *mountain*

Trá – *beach*

Briathra

Bhíomar – *we were*

Bhog mé – *I moved*

Bhogamar – *we moved*

Caithfidh mé/daoine – *I must/people must*

Ciallaíonn sé – *he/it means*

Cónaím – *I live*

Cónaímid – *we live*

D'athróinn – *I would change*

Éiríonn sé/sí/siad – *he/she/they get up*

Tagann – *come*

Táim – *I am*

Táimid – *we are*

Tógadh é – *it was built*

Ainmneacha briathartha

Ag baint leis – *connected to it*

Ag cur fút/fúm – *living*

Ag dul chuig an – *going to*

Ag dul go dtí an – *going to*

Ag rothaíocht – *cycling*

Ag screadaíl – *screaming*

Ag siopadóireacht – *shopping*

Ag taisteal – *travelling*

Ag imeacht – *going*   Ag teacht – *coming*

Ag ithe – *eating*

Leaganacha cainte

Ar an drochuair – *unfortunately*

Ní thuigim conas a chónaíonn daoine – *I don't understand how people live*

Mar sin féin – *nevertheless/having said that*

B'fhearr liom – *I'd prefer*

Tá idir bhuntáistí agus mhíbhuntáistí ann – *there are both advantages and disadvantages there*

Níl ann ach – *all that is there is*

Caithfidh mé a admháil – *I have to admit*

Tá sé lonnaithe/suite – *it is located/situated*

Is ceantar beomhar é – *it is a lively area*

Gan amhras – *without doubt*

Níl dabht ar bith faoi – *there is no doubt about it*

Tá siad ag teacht ó chian agus ó chóngar – *they are coming from far and wide*

Ar thaobh amháin – *on one side*

Ar an taobh eile – *on the other side*

 Cleachtaí

Athscríobh an giota seo i do chóipleabhar agus roghnaigh an focal is fearr gach uair.

Focail le cur isteach: *leor, cheantar, snámha, bhaile mór, féin, siúlaim, fadhb, chairde, tsiúlóid*

Cónaím sa _____ _____. Is aoibhinn liom mo _____.

Is ceantar beomhar é. Gan amhras, tá go leor áiseanna ann do dhéagóirí mar shampla tá

linn _____, pictiúrlann, giomnáisium agus club óige anseo. Tá cúpla _____

bheag ann freisin, mar shampla, fágtar bruscar ar na sráideanna agus níl am na mbusanna maith go

_____. **Mar sin** _____, is maith liom mo cheantar mar tá mo _____

ina gcónaí in aice mo thí. Chomh maith leis sin, _____ chuig an scoil gach lá agus is maith

liom an _____.

Abairtí úsáideacha

1. Is aoibhinn liom a bheith i mo chónaí i gceantar beoga sa chathair. – *I love living in a lively area in the city.*

2. Is maith liom mo cheantar ach ceapaim go bhfuil fadhbanna anseo cosúil leis an trácht a gcaithfear rud éigin a dhéanamh faoi. – *I like my area, but I think there are problems here like the traffic and something must be done about it.*

3. Ní maith liom a bheith i mo chónaí amuigh faoin tuath, b'fhearr liom a bheith níos cóngaraí don chathair. – *I don't like living in the countryside, I would prefer to be living closer to the city.*

4. Cónaíonn mo chairde ar fad sa chathair agus dá bhrí sin bheinn ní ba shásta ag cónaí in aice leo. – *My friends live in the city and therefore I would be happier to live beside them.*

5. Tá m'áit chónaithe ciúin, tá mo chairde ina gcónaí anseo agus tá an t-aer glan. – *My area is quiet, my friends live here and the air is clean.*

6. Tá fadhbanna i ngach ceantar, mo cheantar féin san áireamh. Mar sin féin, b'fhearr liom a bheith i mo chónaí anseo. – *There are problems in every area, including my own area. Having said that, I would prefer to live here.*

7. Tá caisleán fíorstairiúil i mo cheantar. Tógadh sa seachtú haois déag é agus tá clú agus cáil air anois mar cheann de na caisleáin is fearr sa tír. – *There is an historic castle in my area. It was built in the 17th century and it is famous now as one of the best castles in the country.*

8. Is ceantar tuaithe é mo cheantar agus tá a lán feirmeoirí ann. – *My area is a country area and there are a lot of farmers here.*

9. Tá spiorad maith sa cheantar. Tá sé sin go léir bunaithe ar an gCumann Lúthchleas Gael. Tá an paróiste ar fad bainteach leis an gclub. – *There is a good spirit in the area. That is all based on the GAA club. The whole parish is connected to the club.*

10. Tá Coiste na mBailte Slachtmhara againn sa cheantar. Bíonn tionscadail éagsúla ar siúl an t-am uilig. – *We have a Tidy Towns Committee in the area. There are different projects going on all the time.*

Ceisteanna agus freagraí don Bhéaltriail

1. (a) Cá bhfuil tú i do chónaí? (b) Cá bhfuil cónaí ort? (c) Cárb as duit?
   (d) Cá bhfuil tú ag cur fút anois?

   (a) *Táim i mo chónaí i mBaile Bhlainséar.*

   (b) *Tá cónaí orm i gContae Phort Láirge.*

   (c) *Is as Inis dom.*

   (d) *Táim ag cur fúm anois i Sligeach.*

2. Cá bhfuil an ceantar sin lonnaithe? Cá bhfuil sé suite?

   Tá sé lonnaithe/*suite deich gciliméadar ón scoil seo i mbruachbhaile de chuid Bhaile Átha Cliath.*

3. Cén fhad atá sé ón scoil seo?

   Tá sé fiche nóiméad de shiúl na gcos ón scoil seo.

   Tá sé timpeall is cúig chiliméadar ón scoil seo.

4. Cad iad na háiseanna atá ann? Céard iad na háiseanna a úsáideann tú go minic?

   Tá go leor áiseanna ann, mar shampla, tá séipeál Caitliceach sa cheantar, linn snámha agus Oifig an Phoist, chun cúpla áis a lua.

   ## Freagraí eile

   - *Níl go leor áiseanna sa cheantar seo, níl ann ach séipéal, oifig an phoist agus páirceanna peile.*

   - *Úsáidim an chúirt chispheile agus an linn snámha go minic. Gan dabht téim chuig an bpictiúrlann ó am go ham.*

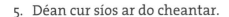

Moladh an scrúdaitheora
Ná luaigh an iomarca áiseanna – trí cinn b'fhéidir. Níl do dhóthain ama agat le bheith ag lua go leor áiseanna.

5. Déan cur síos ar do cheantar.

   Is ceantar beomhar é. Tá go leor áiseanna sa cheantar, mar shampla, tá oifig phoist, séipéal, páirceanna imeartha, bunscoil agus meánscoil agus réimse leathan áiseanna eile ann. Tá sé suite deich gciliméadar ón mbaile mór is cóngaraí dúinn.

6. Cad atá ann do dhaoine óga?

   Tá a lán áiseanna do dhaoine óga i mo cheantar, mar shampla, tá club óige, cúirt leadóige, linn snámha agus club CLG anseo. **Níl dabht ar bith faoi** *ach go bhfuil go leor rudaí le déanamh againn sa cheantar. Ina theannta sin, tá mo chairde ina gcónaí ann agus tá sé cóngarach do lán áiseanna eile agus do lár na cathrach.*

   ## Freagra eile

   Tá go leor áiseanna ann do dhaoine óga, má tá suim agat sa spórt, go háirithe. Tá club camógaíochta, club iománaíochta, club sacair agus club lúthchleasaíochta ann. Ina theannta sin, tá giomnáisiam ann. Ba cheart go mbeadh níos mó áiseanna ann do dhéagóirí, mar shampla, dá mbeinn i m'Aire thógfainn club óige do dhéagóirí sa cheantar ina mbeadh linn snámha agus cluichí de gach saghas. Ceapaim sin mar go bhfuil daonra na cathrach ag fás an t-am ar fad.

7. An bhfuil comharsana deasa agat?

   Tá, **gan amhras**. *Tá comharsana deasa agam.* **Ar thaobh amháin** *tá seanfhear deas atá ina chónaí ina aonar. Tugaim cuairt air ó am go ham díreach le haghaidh an chomhluadair. Gach Nollaig, tugann mo thuismitheoirí cuireadh dó an lá a chaitheamh linn agus ceannaíonn sé bronntanais dúinn go léir. Ar an taobh eile, tá teaghlach cairdiúil ann. Uaireanta, éiríonn siad cantalach nuair a chaitheann mo dheartháir a liathróid thar an mballa. Ach caithfidh mé a rá go bhfuil siad*

an-chairdiúil le mo thuismitheoirí. Mar a deir an seanfhocal, 'Ar scáth a chéile a mhaireann na daoine'.

Freagra H1

Freagra eile

Táimid inár gcónaí in áit iargúlta amuigh faoin tuath. Níl aon chomharsana in aice linn i ndáiríre. Tá ár gcomharsana timpeall cúig nóiméad tiomána uainn. Is daoine deasa iad agus aon uair a bhíonn fadhb againn is féidir linn glaoch a chur orthu.

8. An bhfuil aon fhadhbanna ann?

Caithfidh mé a admháil go bhfuil go leor fadhbanna sa cheantar seo.

- Fágtar bruscar ar fud na háite.
- Tá fadhb le ham na mbusanna. Ní minic a thagann na busanna agus ní féidir liom taisteal chuig an mbaile áitiúil gan síob a fháil ó mo mháthair.

Freagra eile

Níl aon fhadbhanna sa cheantar. Tá gach duine cairdiúil agus fáilteach. Ina theannta sin níl aon trácht sa cheantar, tá sé ciúin agus tá áiseanna ann do dhaoine óga, mar shampla, tá giomnáisiam, linn snámha agus club óige ann.

9. An bhfuil aon réiteach ar na fadhbanna sin?

- Mholfainn do cheannairí an cheantair níos mó fógraí a chur suas mar gheall ar athchúrsáil agus athúsáid. B'fhéidir go gcabhródh sé sin maidir le fadhb an bhruscair.

- Ba cheart go mbeadh an tseirbhís bhus níos fearr sa cheantar seo. Dá mbeinn i m'Aire chuirfinn brú ar an rialtas an tseirbhís bhus a fheabhsú i gceantair thuaithe.

10. An bhfuil aon áit stairiúil sa cheantar?

Tá seanseipéal sa cheantar. Tá sé ann le breise is dhá chéad bliain. Tógadh é ag deireadh an ochtú haois déag agus is deas an radharc é. Tá clú agus cáil air i measc mhuintir an chontae agus lasmuigh den chontae chomh maith. Ní bheadh eolas ina thaobh ag go leor daoine lasmuigh den chontae.

11. An bhfuil brí an logainm ar eolas agat?

Cinnte, is as Cill Chaoi domsa agus ciallaíonn sé sin seipéal atá in aice an aigéin.

Freagra eile

Níl brí logainm an cheantair seo ar eolas agam. Rinne mé iarracht teacht ar bhrí an ainm ar logainm.ie ach theip orm teacht ar an mbrí sin. Ceisteoidh mé duine de mhuintir na háite mar gheall ar an ainm agus tá seans ann go mbeidh eolas aige ina thaobh.

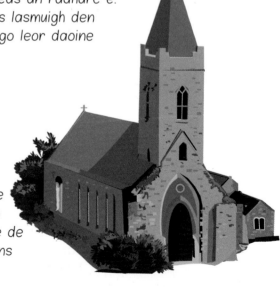

12. Dá mbeadh deis agat aon rud a athrú faoi do cheantar, cad a d'athrófá?

D'athróinn an ceantar ionas go mbeadh níos mó deiseanna ag daoine óga de m'aois féin rudaí a dhéanamh sa cheantar. Mholfainn do cheannairí an cheantair foirgneamh nua a thógaint a bheadh úsáideach do dhéagóirí, mar shampla, foirgneamh le seomraí cluichí, linn snámha, giomnáisiam agus mar sin de. Sílim go bhfuil sé in am anois níos mó áiseanna a chur ar fáil do dhaoine óga.

Freagra H1

Cuntais shamplacha

1. Tá cónaí orm amuigh faoin tuath. Is ceantar tuaithe é. **Tá idir bhuntáistí agus mhíbhuntáistí** ag baint leis an áit. Tá sé go deas ciúin, suaimhneach, agus tá an dúlra agus na radhairc mórthimpeall go haoibhinn ar fad. Tá an áit an-chiúin, go háirithe sa gheimhreadh. Tá an daonra an-bheag freisin. Ar an drochuair, níl mórán áiseanna sa cheantar. **Níl ann ach** leabharlann, bunscoil agus oifig phoist. Gan dabht, tá cúpla teach

tábhairne ann chomh maith ina mbíonn ceol traidisiúnta le fáil ó am go chéile. Níl seirbhís mhaith bus sa cheantar agus dá bhrí sin bíonn ar mo thuismitheoirí síob a thabhairt dom ó am go chéile. Níl ceadúnas tiomána agam go fóill. **B'fhearr liom** a bheith i mo chónaí in áit iargúlta mar is maith liom an dúlra agus an spás atá againn sa bhaile. **Ní thuigim conas a chónaíonn daoine** in eastát tithíochta.

Freagra H1

Moladh an scrúdaitheora
Tá sé tábhachtach go dtabharfaidh tú do dhóthain eolais don scrúdaitheoir. Tabharfaidh an scrúdaitheoir marcanna duit don **Stór Gaeilge** atá agat.

2. Táim i mo chónaí sa chathair. Is baile deas é mo cheantar. Tá seachród timpeall an bhaile. Sular tógadh an seachród bhí fadhb mhór tráchta againne agus bhíodh tranglam tráchta ann de lá is d'oíche. Tá an t-ádh liom mar tá go leor áiseanna ann do chách (gach duine). Tá club óige, ionad siopadóireachta agus pictiúrlann ann chomh maith le cúpla ionad spóirt. Ina theannta sin, is féidir liom bualadh le

mo chairde aon uair is mian liom mar tá siad go léir ina gcónaí cóngarach do mo theach. Is buntáiste iontach é sin, dar liom. Caithfidh mé a rá, áfach, go mbíonn an áit an-torannach istoíche de bharr an tráchta atá sa cheantar. Mar sin féin, b'fhearr liom a bheith i mo chónaí i gceantar beoga ná a bheith i mo chónaí in áit iargúlta chiúin faoin tuath.

Freagra H1

Obair bheirte

Cuir na ceisteanna seo ar a chéile.

1. (a) Cá bhfuil tú i do chónaí?   Táim i mo chónaí i _____.

   (b) Cá bhfuil cónaí ort?   Tá cónaí orm _____.

   (c) Cárb as duit?   Is as _____ dom.

   (d) Cá bhfuil tú ag cur fút anois?   Táim ag cur fúm anois i _____.

2. Cá bhfuil an ceantar sin lonnaithe? Cá bhfuil sé suite?

3. An bhfuil comharsana deasa agaibh?

4. Cad iad na háiseanna atá ann?

5. Déan cur síos ar do cheantar.

6. Cad atá ann do dhaoine óga?

7. An bhfuil aon fhadhbanna sóisialta ann?

8. An bhfuil aon áit stairiúil sa cheantar?

9. An bhfuil brí an logainm ar eolas agat?

10. Dá mbeadh deis agat aon rud a athrú faoi do cheantar, cad a d'athrófá?

Aistrigh na habairtí seo a leanas. Tá na habairtí sa chaibidil seo le cabhrú leat.

1. There are a lot of facilities in the area for young people.

   _____

   _____

2. This is a lively area.

   _____

3. I have to admit there are a few problems in this area.

   _____

   _____

4. I can meet my friends any time I want because they are all living close to my house.

   _____

   _____

5. The area is famous throughout the county and further afield.

   _____

   _____

6. There isn't a good bus service in my area and because of that my parents have to give me a lift from time to time.

_____

_____

7. As the proverb says, 'People live in one another's shadows'.

_____

_____

8. I would change the area so that there would be more opportunities for people of my age to do things.

_____

_____

9. The bus service should be better in this area. If I were a minister, I would put pressure on the government to improve the bus service in the area.

_____

_____

10. I don't know the meaning of the place-name of my area.

_____

_____

Do chuid freagraí féin

1. (a) Cá bhfuil tú i do chónaí?   Táim i mo chónaí i _____.

   (b) Cá bhfuil cónaí ort?   Tá cónaí orm _____.

   (c) Cárb as duit?   Is as _____ dom.

   (d) Cá bhfuil tú ag cur fút anois?   Táim ag cur fúm anois i _____.

2. Cá bhfuil an ceantar sin lonnaithe? Cá bhfuil sé suite?

_____

_____

_____

3. An bhfuil comharsana deasa agaibh?

_____

_____

_____

_____

4. Cad iad na háiseanna atá ann?

_____

_____

_____

_____

5. Déan cur síos ar do cheantar.

_____

_____

_____

_____

_____

6. Cad atá ann do dhaoine óga?

_____

_____

_____

_____

_____

7. An bhfuil aon fhadhbanna sóisialta ann?

_____

_____

_____

_____

8. An bhfuil aon áit stairiúil sa cheantar?

_____

_____

9. An bhfuil brí an logainm ar eolas agat?

_____

_____

_____

10. Dá mbeadh an deis agat aon rud a athrú sa cheantar seo, cad a d'athrófá?

_____

_____

_____

_____

Ábhar na caibidle

- ábhair scoile
- an scoil seo
- rialacha scoile
- áiseanna
- oideachas
- idirbhliain
- taithí oibre
- saol scoile
- múinteoirí

Ábhair scoile

Adhmadóireacht – *Woodwork*

Béarla – *English*

Bitheolaíocht – *Biology*

Ceimic – *Chemistry*

Ceol – *Music*

Cuntasaíocht – *Accounting*

Eacnamaíocht – *Economics*

Eacnamaíocht Bhaile – *Home Economics*

Ealaín – *Art*

Eolaíocht Talmhaíochta – *Agricultural Science*

Fisic – *Physics*

Fraincis – *French*

Gaeilge – *Irish*

Gearmáinis – *German*

Gnó – *Business*

Grafaic Dheartha agus Chumarsáide – *Design and Communication Graphics*

Grafaíocht Theicniúil – *Technical Graphics*

Iodáilis – *Italian*

Laidin – *Latin*

Líniocht Theicniúil – *Technical Drawing*

Matamatic/Mata – *Mathematics/Maths*

Matamatic Fheidhmeach – *Applied Maths*

Oideachas Reiligiúnach – *Religious Education*

Sínis – *Chinese*

Spáinnis – *Spanish*

Stair – *History*

Tíreolaíocht – *Geography*

Áiseanna sa scoil

Ceaintin – *canteen*	Oifig an rúnaí – *the secretary's office*
Cúirt chispheile – *basketball court*	Páirceanna imeartha – *playing pitches*
Dorchlaí – *corridors*	Ranganna – *classes*
Éide scoile – *school uniform*	Raon reatha – *running track*
Halla spóirt – *sports hall*	Saotharlann – *laboratory*
Leabharlann – *library*	Saotharlann Eolaíochta – *Science laboratory*
Linn snámha – *swimming pool*	Seomra Adhmadóireachta – *Woodwork room*
Oifig an leas-phríomhoide – *the vice-principal's office*	Seomra Eacnamaíocht Bhaile – *Home Economics room*
Oifig an phríomhoide – *the principal's office*	Seomra Miotalóireachta – *Metalwork room*

Cineálacha scoile

Clochar – *convent*	Scoil Bhráithre Críostaí – *Christian Brothers' school*
Coláiste pobail – *community college*	Scoil chuimsitheach – *comprehensive school*
Corpoideachas – *Physical Education*	Scoil ilchreidmheach – *multidenominational school*
Cúirt leadóige – *tennis court*	Scoil phobail – *community school*
Gairmscoil – *vocational school*	

Briathra

Ba mhaith liom – *I would like*	Glacaim páirt – *I take part*
Beidh sé – *it/he will be*	Imrítear – *are played*
Caitheann muid/caithimid – *we wear*	Labhraímid – *we speak*
Ceapaim/sílim – *I think*	Múineann sí/sé/siad – *she/he/they teach*
Cothaíonn sé – *it nourishes*	Ní bheidh sé – *it/he won't be*
Dá mbeinn – *if I was*	Níor mhaith liom – *I wouldn't like*
Déanaim – *I do*	Níor theastaigh uaim – *I didn't want*
D'fhéadfadh sé/sí/siad – *she/he/they could*	Ofrálann – *offers*
D'fhreastail mé – *I attended*	Taitníonn (liom) – *I like*
D'oibrigh mé – *I worked*	Theastaigh uaim – *I wanted*
Freastalaím ar – *I attend*	

Ainmneacha briathartha

Ag brath ar – *depending on*

Ag cur pictiúr ar líne – *putting pictures online*

Ag déanamh – *doing*

Ag déanamh staidéir – *studying*

Ag Gúgláil – *Googling*

Ag íoslódáil – *downloading*

Ag roinnt pictiúr – *sharing pictures*

Ag smaoineamh – *thinking*

Ag surfáil ar líne – *surfing online*

Ag tógáil – *taking*

Ag tvuíteáil – *tweeting*

Ag uaslódáil – *uploading*

Leaganacha cainte

Is maith liom – *I like*

Is aoibhinn linn – *I really like*

Ní maith liom – *I don't like*

Is fearr liom – *I prefer*

Is fuath liom - *I really dislike*

Cruthaíonn na múinteoirí – *the teachers create*

Tóg, mar shampla – *take, for example*

Chomh maith leis sin – *as well as that*

Is scoil mhór/bheag í – *it is a big/small school*

Freastalaíonn timpeall _____ **ar** – *approximately* _____ *attend*

I mo thuairim – *in my opinion*

Ar an iomlán – *overall*

De shiúl na gcos – *on foot*

Imrítear go leor cluichí éagsúla anseo – *a lot of different games are played here*

 ## Cleachtaí

Athscríobh an giota seo i do chóipleabhar agus roghnaigh an focal is fearr gach uair.

Focail le cur isteach: *an Béarla, déanaim, cruthaíonn, réitíonn, cead, eitpheil, mbulaíocht, Taitníonn, an Ghaeilge*

_____ an scoil seo liom. _____ na múinteoirí atmaisféar

deas sa scoil seo. Chomh maith leis sin, _____ na múinteoirí agus

na daltaí go han-mhaith lena chéile. _____ seacht n-ábhar. Is é

_____ an t-ábhar is fearr liom agus is é _____ an t-ábhar nach maith liom.

Tá go leor spóirt sa scoil, mar shampla _____, sacar, Peil Ghaelach, camógaíocht agus

rugbaí. Níl _____ tobac a chaitheamh agus tá cosc ar an _____ freisin.

Moladh an scrúdaitheora
Bí dearfach i do chuid freagraí mar gheall ar an scoil agus na múinteoirí.

Abairtí úsáideacha

1. Is aoibhinn liom a bheith ag obair le mo lámha, agus is ábhar úsáideach é Adhmadóireacht mar is féidir go leor rudaí praiticiúla a fhoghlaim uaidh. – *I love to work with my hands, and Woodwork is a useful subject as you can learn a lot of practical things from it.*

2. Is í an Ghaeilge an t-ábhar is fearr liom mar gur cuid dár n-oidhreacht, dár gcultúr agus dár bhféiniúlacht í. – *Irish is my favourite subject as it is part of our heritage, our culture and our identity.*

3. Is scoil iontach í ár scoil. – *Our school is an excellent school.*

4. Deirtear gurb iad na laethanta scoile na laethanta is fearr atá ag duine ar bith. – *It is said that school days are the best days for any person.*

5. Ní dhéantar dóthain printíseachtaí sa tír seo. Deirtear go dtéann an iomarca daoine go dtí an ollscoil agus go bhfuil easpa daoine ann atá ag iarraidh a bheith ina siúinéirí, ina meicneoirí agus a leithéid. – *Not enough apprenticeships are done in this country. It is said that too many go to university and that there is a lack of people becoming carpenters, mechanics and so on.*

6. Tugtar cothrom na Féinne do gach dalta sa scoil seo. – *Every student is given fair play in this school.*

7. Tá ranganna móra againn sa scoil seo, is oth liom a rá. – *We have large classes in this school, I'm sorry to say.*

8. Mar a deir an seanfhocal, 'Ní ualach trom an t-oideachas ach is ualach trom an t-aineolas'. – *As the old proverb says, 'Education is no burden but ignorance is a heavy one'.*

9. Déanann na daltaí an-iarracht sa séú bliain staidéar a dhéanamh cé go bhfuil siad faoi go leor brú. – *The students in Sixth Year make a big effort to study even though they are under a lot of pressure.*

10. Táim ag tnúth le dul amach ag obair agus fáil réidh le saol na scoile. – *I'm looking forward to going out working and forgetting about school life.*

Ceisteanna agus freagraí don Bhéaltriail

1. Cén sórt scoile í an scoil seo? Inis dom faoin sórt scoile í an scoil seo.

    - *Is scoil do bhuachaillí í.*
    - *Is scoil do chailíní í.*
    - *Is gairmscoil í.*
    - *Is scoil mheasctha í.*

2. Cé mhéad dalta/cé mhéad múinteoir atá sa scoil seo?

    Tá sé chéad caoga dalta sa scoil seo. Múineann caoga múinteoir anseo.

3. Cad iad na hábhair a dhéanann tú?

   Déanaim seacht n-ábhar agus is iad Gaeilge, Béarla, Mata, Fraincis, Tíreolaíocht, Stair, Eacnamaíocht Bhaile agus Ceol na hábhair a dhéanaim.

4. Cén t-ábhar is fearr leat?

   Is fearr liom an Béarla mar ceapaim go bhfuil sé an-spéisiúil. Foghlaimím rudaí nua gach lá agus tá mo mhúinteoir an-ghreannmhar, cairdiúil agus cabhrach. Spreagann sí/sé na scoláirí go léir. Bímid ag déanamh aisteoireachta ar phíosaí ó scannáin nó drámaí a bhfuil staidéar á ndéanamh againn orthu.

Freagraí eile

- *Is fear liom an Fhraincis mar tá múinteoir an-mhaith againn. Réitím go han-mhaith léi agus déanaimid go leor gníomhaíochtaí sa rang ar nós tograí scríbhneoireachta, léamhthuiscintí agus comórtais scríbhneoireachta.*

- *Is fearr liom an Ghaeilge mar ceapaim go bhfuil sí an-suimiúil. Foghlaimímid rudaí nua gach lá agus tá mo mhúinteoir cineálta, cneasta agus cairdiúil. Tá an-spéis agam sa Ghaeilge agus is maith liom fuaimeanna na bhfocal agus na nathanna cainte difriúla. Labhraímid Gaeilge sa bhaile uaireanta.*

5. Cén t-ábhar is fuath leat?

   Níl aon ábhar ann nach maith liom. I ndáiríre, is maith liom rudaí nua a fhoghlaim.

Freagra eile

Ní maith liom *Mata mar ceapaim go bhfuil gnéithe de atá deacair agus* **ní maith liom** *déileáil le huimhreacha.*

- *Tá sé leadránach.*
- *Tá an cúrsa rófhada agus níl sé críochnaithe againn go fóill.*
- *Tugann ár múinteoir an iomarca obair bhaile dúinn.*
- *Níl sé suimiúil.*
- *Tá an-ghráin agam air, níor thuig mé an t-ábhar sin riamh.*

blús – blouse	*geansaí – jumper*	*stocaí – socks*
bríste – trousers	*léine – shirt*	*suaitheantas – crest*
carbhat – tie	*sciorta – skirt*	

6. Déan cur síos ar d'éide scoile.

   Caithimid sciorta/bríste, geansaí, agus stocaí glasa, léine bhán, bróga dubha agus carbhat glasa.

Freagra eile

Tugann an éide scoile uathúlacht don scoil agus cothaíonn sé spiorad i measc na ndaltaí nuair a imrítear cluichí agus a leithéid.

7. An bhfuil éide scoile na ndaltaí sa Teastas Sóisearach difriúil le héide scoile na ndaltaí atá sa chúigiú agus an séú bliain?

    Tá an éide scoile mar an gcéanna do gach dalta sa scoil seo.

Freagra eile

Tá éide scoile dhifriúil ag daltaí an Teastais Shóisearaigh. Ní gá dóibh carbhat a chaitheamh. Ina theannta sin, tá ar dhaltaí na hArdteiste carbhat a chaitheamh gach lá.

8. An maith leat d'éide scoile?

    Is aoibhinn liom m'éide scoile. Tá sé compordach agus deas.

Freagra eile

__Ní maith liom__ m'éide scoile mar tá sé míchompordach agus níl sé faiseanta. Ceapann gach dalta an rud céanna, is dócha.

9. Cad iad na háiseanna atá sa scoil seo?

    Tá go leor áiseanna sa scoil seo – tá seomra ceoil, seomra ríomhaireachta, seomra tís, seomra adhmadóireachta, seomra miotalóireachta, go leor seomraí ranga, saotharlann, leabharlann agus bialann anseo. Tá áiseanna na scoile an-nua-aimseartha.

Freagra eile

Níl áiseanna maithe againn mar níl ár ndóthain airgid againn. Tá halla na scoile róbheag agus bíonn an iomarca daltaí ar na dorchlaí idir ranganna. Ní maith an rud é ach deir an Roinn Oideachais go mbeidh airgead ar fáil do scoil nua sula i bhfad.

Moladh an scrúdaitheora

Ná luaigh an iomarca áiseanna. Tuigeann an scrúdaitheoir go bhfuil siad ar eolas agat, luaigh rud uathúil faoi na háiseanna nó faoin scoil.

10. Cad iad na míbhuntáistí/lochtanna a bhaineann le do scoil?

    - *Níl go leor ranganna ann do líon na ndaltaí. Mar sin féin, ina iomláine is maith liom an scoil agus tá atmaisféar deas inti.*

    - *I mo thuairim, tá an iomarca daltaí sna ranganna agus níl a lán spáis againn agus bíonn sé míchompordach uaireanta.*

    - *Ina theannta sin, bíonn an iomarca leabhar le hiompar agam timpeall na scoile le linn an lae. Dá mbeinn i mo phríomhoide, chuirfinn taisceadáin ar fáil do gach dalta.*

11. Cad iad rialacha na scoile seo?

    Tá a lán rialacha scoile againn anseo.

    - *Gan dabht tá cosc ar thobac a chaitheamh agus alcól a ól.*

- Seachas sin níl cead ag daltaí a bhfón póca a úsáid sa rang. Níl sé ceadaithe drochmheas a léiriú d'aon mhúinteoir agus caithfidh gach dalta a bheith béasach leis na múinteoirí agus lena chéile.

- Ina theannta sin, tá sé éigeantach d'éide scoil a chaitheamh. Dá mbeinn i mo phríomhoide ligfinn do na daltaí a gcuid éadaigh féin a chaitheamh b'fhéidir uair amháin sa mhí. Chuirfinn níos mó taisceadán ar fáil do na daltaí nó taisceadán le níos mó spáis iontu nach mbeadh ar na daltaí a gcuid leabhar go léir a iompar timpeall na scoile leo.

12. Céard a tharlaíonn má bhriseann tú aon cheann de na rialacha?

Beidh ort dul os comhair an phríomhoide. Dá n-úsáidfeá d'fhón póca sa scoil ní bheadh cead agat é a fháil ar ais ar feadh dhá lá. Dá dtaispeánfá drochmheas do mhúinteoirí na scoile, seans go gcuirfeadh an múinteoir sin nóta i do dhialann.

13. Cad iad na cineálacha spóirt a imrítear sa scoil seo?

Imrítear go leor cluichí sa scoil. Imrítear peil Ghaelach, sacar, cispheil, rugbaí, haca, iománaíocht agus tá spóirt don duine aonair ann freisin.

Freagra eile

Traenálann na foirne cúpla uair gach seachtain. Tá clú agus cáil ar an scoil seo maidir le cúrsaí spóirt í. Ní duine spórtúil mé ach téim go dtí na cluichí scoile.

14. Cad a rinne tú san idirbhliain?

Bhí orm an idirbhliain a dhéanamh cé nach raibh sé ar intinn agam é a dhéanamh ar dtús. Tá áthas orm anois go ndearna mé é mar gur fhoghlaim mé go leor rudaí nua. Rinneamar go leor rudaí éagsúla san idirbhliain Bhaineamar an-taitneamh as i ndáiríre. Rinne mé taithí oibre agus chuaigh an grúpa ar thuras go Baile Átha Cliath. Ina theannta sin, chuamar ar thuras go dtí an Ghaeltacht i gCiarraí.

Freagra eile

Níor theastaigh uaim an idirbhliain a dhéanamh, bhí mé ag iarraidh leanúint ar aghaidh leis an Ardteist. Tá áthas orm anois nach ndearna mé an idirbhliain agus tá súil agam anois dul go dtí an ollscoil.

15. Cén taithí oibre a rinne tú san Idirbhliain?

Rinne mé coicís taithí oibre. D'oibrigh mé i mbunscoil áitiúil. D'fhreastail mé ar an mbunscoil seo. Bhain mé an-taitneamh as agus bhí mé sa rang leis na daltaí. Mholfainn do gach dalta meánscoile an idirbhliain a dhéanamh.

Comhlacht cuntasaíochta – accounting company *Gnó – business*
Bunscoil – primary school *Gruagaire – hairdresser*
Comhlacht dlíodóra – solicitor's company *Meánscoil – secondary school*

Freagra eile

Rinne mé mo thaithí oibre i gcomhlacht cuntasaíochta. Is maith liom a bheith ag obair le figiúirí agus is maith liom Mata mar ábhar. Is cuntasóir é mo dhaid agus tá súil agam é a leanúint sa phost sin.

16. Inis dom faoi ghnáthlá i do shaol scoile, a Sheáin.

    Gach lá éirím ar a hocht a chlog, glacaim cith, cuirim mo chuid éadaigh orm go tapaidh, ithim mo bhricfeasta agus scuabaim mo chuid fiacla. Ina dhiaidh sin, faighim cúpla euro ó m'athair don lón agus ansin rithim ar luas lasrach go dtí mo chéad rang. Cónaím cúig nóiméad de shiúl na gcos ón scoil, buíochas le Dia!

    Amanna
    * a leathuair tar éis a sé
    * a ceathrú chun a seacht
    * a seacht a chlog
    * a leathuair tar éis a seacht
    * a hocht a chlog

17. Cad iad na clubanna atá sa scoil? An bhfuil tú i do bhall d'aon chlub?

    Tá go leor clubanna sa scoil seo, mar shampla, tá club drámaíochta, club díospóireachta, club spraoi agus mar sin de anseo. Is ball mé den chlub díospóireachta. Is aoibhinn liom cúrsaí díospóireachta agus táim ar fhoireann díospóireachta na scoile.

18. Inis dom faoi mhúinteoir a chuaigh i bhfeidhm ort.

    Tá meas ag na daltaí ar an múinteoir Tíreolaíochta mar go bhfuil sí cabhrach, cliste agus cineálta. Cruthaíonn sí atmaisféar fíormhaith sa rang. I gcónaí bíonn sí dearfach agus tuisceanach le gach dalta. Ina theannta sin, tuigeann sí an t-ábhar agus tá bealach deas aici leis na daltaí.

19. Ar mhaith leat a bheith i do mhúinteoir sa todhchaí?

    Ba mhaith liom a bheith i mo mhúinteoir sa todhchaí. Sílim gur post iontach atá ann agus gur féidir go leor dea-oibre a dhéanamh do dhaoine eile. Is aoibhinn liom an saol scoile agus sílim gur slí bheatha dheas atá ann. Molann mo mham dom i gcónaí a bheith i mo mhúinteoir mar ceapann sí gur slí bheatha den scoth é agus go bhfuil na laethanta saoire go han-mhaith ar fad.

Freagra eile

Níor mhaith liom a bheith i mo mhúinteoir. Is dóigh liom gur post deacair é agus ní fhaigheann na múinteoirí a ndóthain pá agus ní thugtar cothrom na Féinne dóibh. Measaim go mbíonn na múinteoirí i gcónaí ag tabhairt amach faoi go leor rudaí éagsúla.

20. **An gceapann tú gur córas maith é an córas scoile?**

    Ní dóigh liom gur córas maith é an Ardteist. Tá an curaclam ró-acadúil agus níl spás ann do dhaoine ar mhaith leo obair eile a dhéanamh, mar shampla printíseachtaí. Ní dhéantar go leor ábhar praiticiúil sa scoil seo agus ceapaim go bhfuil sé tábhachtach é sin a thairiscint do dhaoine óga mar tá ganntanas daoine ann atá ag déanamh printíseachtaí agus tá a lán post ar fáil do leictreoirí agus do mheicneoirí. | Freagra H1 |

Freagra eile

Tá an córas go maith, i mo thuairim. Ceapann daoine áirithe go bhfuil an iomarca béime ar scrúduithe ach ní dóigh liom é. Deirtear go bhfuil muintir na tíre seo ar cheann de na grúpaí is cáilithe ó thaobh oideachais de ar domhan.

21. **Cad a d'athrófá faoin scoil seo dá mbeifeá i do phríomhoide?**

    D'athróinn roinnt mhaith rudaí dá mbeinn i mo phríomhoide. Is dóigh liom go bhfuil na taisceadáin róbheag agus is minic nach féidir le daltaí a gcuid leabhar a chur isteach iontu. Ina theannta sin, thógfainn foirgneamh nua spóirt mar nach bhfuil ach seanfhoirgneamh ann. Ní dóigh liom gur post éasca é post an phríomhoide ach sin iad na rudaí a dhéanfainn, pé scéal é. | Freagra H1 |

Oifig an Phríomhoide

Cuntais shamplacha

1. ***Freastalaíonn timpeall*** *dhá chéad is caoga dalta ar an scoil seo. Is scoil an-bheag í agus tá saotharlann amháin sa scoil le trealamh nua-aimseartha inti. Tá seomra eacnamaíocht bhaile, seomra ríomhairí, seomra miotalóireachta, seomra adhmadóireachta, seomra grafaíocht theicniúil agus tá seomra ealaíne againn freisin. Níl aon cheaintín sa scoil. Tá halla spóirt ann chomh maith le raon reatha, páirc imeartha, cúirt chispheile agus tá siad go léir suite taobh thiar den scoil.* | Freagra H1 |

2. *Cruthaíonn na múinteoirí atmaisféar deas sa scoil agus réitíonn na múinteoirí agus na daltaí go han-mhaith lena chéile. Tá Coiste Gaelbhratach sa scoil agus déanann na daltaí eachtraí éagsúla ar nós tráth na gceisteanna a eagrú. Ina theannta sin, glacann an scoil páirt i ndíospóireachtaí, imeachtaí spóirt agus Féile na hInse.*

3. *Taitníonn an scoil seo liom mar réitím go han-mhaith le mo chairde sa rang agus leis na múinteoirí freisin. Tá atmaisféar agus spiorad maith sa scoil. Chuir an scoil cúrsa iontach ar fáil don cheathrú bliain nuair a rinne mé an cúrsa cúpla bliain ó shin. Is scoil bheag í agus dá bhrí sin, tá aithne ag gach duine ar a chéile agus is rud deas é sin.*

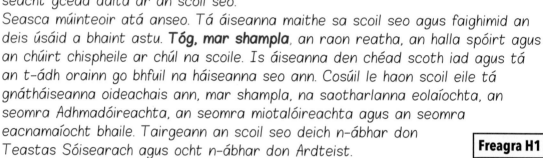

4. *Freastalaím ar phobalscoil Naomh Micheál.* **Is scoil mhór í** *agus tá atmaisféar beomhar i measc dhaltaí na scoile. Freastalaíonn timpeall is seacht gcéad dalta ar an scoil seo. Seasca múinteoir atá anseo. Tá áiseanna maithe sa scoil seo agus faighimid an deis úsáid a bhaint astu.* **Tóg, mar shampla**, *an raon reatha, an halla spóirt agus an chúirt chispheile ar chúl na scoile. Is áiseanna den chéad scoth iad agus tá an t-ádh orainn go bhfuil na háiseanna seo ann. Cosúil le haon scoil eile tá gnátháiseanna oideachais ann, mar shampla, na saotharlanna eolaíochta, an seomra Adhmadóireachta, an seomra miotalóireachta agus an seomra eacnamaíocht bhaile. Tairgeann an scoil seo deich n-ábhar don Teastas Sóisearach agus ocht n-ábhar don Ardteist.*

Freagra H1

5. *D'fhéadfadh breis scoileanna praiticiúla a bheith ann nó cóimheas níos fearr idir daltaí agus múinteoirí i scoileanna na hÉireann. Tá measúnú leanúnach á mholadh ach tógfaidh sé tamall fada é a chur i bhfeidhm. Beidh deireadh ar fad leis an Teastas Sóisearach faoi 2020. Ach an mbeidh ár gcóras oideachais níos fearr? Tríd is tríd, ceapaim go bhfuil an iomarca cáinte ann. Ceapaim gur córas maith é an córas oideachais in Éirinn, ach nach bhfuil laigí i ngach córas! Ina iomláine, cé go bhfuil sé deacair, is gné mhaith den chóras sin an Ardteist.*

Freagra H1

 Obair bheirte

Cuir na ceisteanna seo ar a chéile.

1. Cén sórt scoile í an scoil seo? Inis dom faoin sórt scoile í.

2. Cé mhéad dalta/cé mhéad múinteoir atá sa scoil seo?

3. Cad iad na hábhair a dhéanann tú?

4. Cén t-ábhar is fearr leat? Cén t-ábhar is fuath leat?

5. Déan cur síos ar d'éide scoile

6. Cad iad na háiseanna atá sa scoil seo?

7. Cad iad na míbhuntáistí/lochtanna a bhaineann le do scoil?

8. Cad iad rialacha na scoile seo? Inis dom faoi riail amháin atá sa scoil seo.

9. An ndearna tú an idirbhliain? Inis dom faoi.

10. Inis dom faoi mhúinteoir a chuaigh i bhfeidhm ort.

Aistrigh na habairtí seo a leanas. Tá na habairtí sa chaibidil seo le cabhrú leat.

1. I don't think the school system is a good system.

2. I don't like my school uniform because it is uncomfortable and not nice to look at.

3. Every student gets fair play in this school.

4. The teams train a few times each week.

5. There are a lot of facilities in this school, for example… (Ainmnigh iad.)

6. I'm sorry to say there are big classes in this school.

7. I did my work experience in an accounting company.

8. I learn new things every day and my teacher is very funny, friendly and helpful.

9. I'm delighted I did transition year because I learned a lot of new things.

10. If I were principal, I would make lockers available for everyone.

Do chuid freagraí féin

1. Cén sórt scoile í an scoil seo? Inis dom faoin sórt scoile í.

_____

_____

_____

_____

_____

2. Cé mhéad dalta/cé mhéad múinteoir atá sa scoil seo?

_____

_____

3. Cad iad na hábhair a dhéanann tú?

_____

_____

_____

4. Cén t-ábhar is fearr leat? Cén fáth?

_____

_____

_____

_____

5. Cén t-ábhar is fuath leat? Cén fáth?

_____

_____

_____

_____

6. Cad iad na háiseanna atá sa scoil seo?

_____

_____

_____

_____

7. Cad iad na míbhuntáistí/lochtanna a bhaineann le do scoil?

_____

_____

_____

_____

8. Cad iad rialacha na scoile seo? Inis dom faoi riail amháin atá sa scoil seo.

_____

_____

_____

_____

_____

_____

9. An ndearna tú an idirbhliain? Inis dom faoi.

_____

_____

_____

_____

_____

_____

10. Inis dom faoi mhúinteoir a chuaigh i bhfeidhm ort.

_____

_____

_____

_____

_____

_____

5 Mo Chaithimh Aimsire

Spórt

Ábhar na roinne

cineálacha spóirt a thaitníonn liom

an spórt is fearr liom

corn buaite

gortú spóirt

foireann spóirt

an fhoireann a leanaim

leabhair spóirt

tábhacht an spóirt

Áiteanna ar an bpáirc

Cliathánaí – *winger*

Cúl báire – *goalkeeper*

Húcálaí – *hooker*

Lánchúlaí – *fullback*

Lántosaí – *full forward*

Leathchúlaí – *half back*

Leaththosaí – *half forward*

Tosaí – *forward*

Áiseanna spóirt

Áiseanna faoi dhíon – *indoor facilities*

Cúirt chispheile – *basketball court*

Cúirt leadóige – *tennis court*

Ionad fóillíochta – *leisure centre*

Ionad pobail – *community centre*

Ionad spóirt – *sports centre*

Linn snámha – *swimming pool*

Páirc chruicéid – *cricket field*

Páirc imeartha – *playing field*

Pinniúr liathróid láimhe – *handball alley*

Pinniúr scuaise – *squash court*

Spóirt

Ardú meáchan – *weightlifting*

Badmantan – *badminton*

Bádóireaacht – *boating*

Camógaíocht – *camogie*

Campáil – *camping*

Cispheil – *basketball*

Coiste – *committee*

Cosantóir – *defender*

Cluichí Oilimpeacha – *Olympic Games*

Cluichí Oilimpeacha Speisialta – *Special Olympics*

Cluichí Parailimpeacha – *Paralympic Games*

Cluichí ríomhaire – *computer games*

Cruicéad – *cricket*

Curachóireacht – *canoeing*

Dornálaíocht – *boxing*

Eilpheil – *volleyball*

Ficheall – *chess*

Foireann – *team*

Galf – *golf*

Haca – *hockey*

Iascaireacht – *fishing*

Iománaíocht – *hurling*

Leadóg – *tennis*

Liathróid láimhe – *handball*

Lúthchleasaíocht – *athletics*

Oibrí deonach – *volunteer*

Peil Ghaelach – *Gaelic football*

Peil na mban – *ladies' football*

Rámhaíocht – *rowing*

Rásaíocht chapaill – *horse racing*

Réalta spóirt – *sports star*

Rith – *running*

Rothaíocht – *cycling*

Rugbaí – *rugby*

Sacar – *soccer*

Sciáil – *skiing*

Scuabadóir – *sweeper*

Scuais – *squash*

Seóléimneach – *show jumping*

Seóléimneoir – *show jumper*

Seoltóireacht – *sailing*

Snámh – *swimming*

Snúcar – *snooker*

Surfáil eitleoige – *kitesurfing*

Taobh líne – *sideline*

Tonnmharcaíocht – *surfing*

Traenáil – *training*

Treodóireacht – *orienteering*

Trialacha – *trials*

Tumadh – *diving*

Tumadóireacht scúba – *scuba diving*

Trealamh spóirt agus staideanna

Bróga gailf – *golf shoes*

Bróga reatha/peile – *runners/football boots*

Cadhc – *kayak*

Canú/curachán – *canoe*

Capall seóléime – *show-jumping horse*

Clár meáchan – *weights programme*

Clár scátála – *skateboard*

Cleathóg snúcair – *snooker cue*

Clogad – *helmet*

Culaith pheile – *football kit*

Cumhdach béil – *mouthguard*

Léimneoir buinsí – *bungee jumper*

Loirgneáin – *shin guards*

Maide haca – *hockey stick*

Maidí gailf – *golf club*

Páirc an Chrócaigh – *Croke Park*

Páirc imeartha – *playing pitch*

Péinteáil – *painting*

Puball – *tent*

Raicéad – *racket*

Slat iascaigh – *fishing rod*

Sliotar – *sliotar*

Éadaí spóirt – *sports clothes*
Féadóg – *whistle*
Geansaithe – *jerseys*

Staid Aviva – *Aviva Stadium*
Tonnchlár – *surfboard*

Briathra

Bainim (sult as) – *I enjoy*

Bíonn – *there is*

Bhuaigh mé – *I won*

Bhuamar – *we won*

Cailltear – *it is lost*

Chailleamar – *we lost*

Chuaigh mé – *I went*

Chuamar – *we went*

Déanaim – *I do*

Glacaim páirt – *I take part*

Ithim – *I eat*

Ithimid – *we eat*

Imrím – *I play*

Imrímid – *we play*

Laghdaíonn sé – *it/he reduces*

Ní athróinn – *I wouldn't change*

Ólaim – *I drink*

Roghnaíodh mé – *I was chosen*

Taitníonn sé liom – *I enjoy it*

Thaitin sé liom – *I enjoyed it*

Traenálaim – *I train*

Traenálaimid – *we train*

Úsáidtear – *it is used*

Ainmneacha briathartha

Ag cadhcáil – *kayaking*

Ag clárscátáil – *skateboarding*

Ag curachóireacht – *canoeing*

Ag fánaíocht – *hiking*

Ag glacadh páirte – *taking part*

Ag iascaireacht – *fishing*

Ag imirt – *playing*

Ag imirt cártaí – *playing cards*

Ag iomáint – *hurling*

Ag marcáil – *marking* (i gcluiche)

Ag marcaíocht capall – *horseriding*

Ag rásaíocht chapall – *racing horses*

Ag rith – *running*

Ag rothaíocht – *cycling*

Ag sciáil – *skiing*

Ag seoltóireacht – *sailing*

Ag siúl – *walking*

Ag snámh – *swimming*

Ag tonnmharcaíocht – *surfing*

Ag treodóireacht – *orienteering*

Ag tumadh – *diving*

Ag uisce-sciáil – *water skiing*

Leaganacha cainte

Is aoibhinn liom spórt – *I love sport*

Ní féidir a shéanadh – *it cannot be denied*

Ba bhreá liom – *I would like*

Tá súil agam – *I hope*

Táim dóchasach – *I'm hopeful*

Tá dúil thar cuimse agam sa spórt – *I have a great love of sport*

Mar sin féin – *having said that*

Ní haon ionadh é – *it is no surprise*

Déanann sé maitheas do – *it is good for*

Tá dea-thionchar ag an spórt – *sport has a positive influence*

Tá an spórt fíorthábhachtach – *sport is very important*

Chomh maith leis sin – *as well as that*

 ## Cleachtaí

Athscríobh an giota seo i do chóipleabhar agus roghnaigh an focal is fearr gach uair.

Focail le cur isteach: *trí, spórt, lá, hÉireann, gcaptaen, chamógaíochta*

Is aoibhinn liom _____. Imrím le foireann _____ na scoile agus le foireann

mo cheantair dhúchais. Traenálaimíd _____ huaire in aghaidh na seachtaine. Ithim bia

slántiúil agus déanaim iarracht go leor uisce a ól gach _____. Anuraidh bhuamar craobh

camógaíochta na _____. Bhí atmaisféar dochreidte ag an gcraobh agus bhí gliondar croí

orm nuair a d'ardaigh ár _____ an corn san aer.

Abairtí úsáideacha

1. Bím ag féachaint ar chluichí sacair agus rugbaí ar an teilifís go minic. – *I watch soccer and rugby matches on television regularly.*

2. An rud is fearr faoi chúrsaí spóirt ná go gcothaíonn siad cairdeas agus muintearas le daoine eile. – *The best thing about sport is that it nourishes friendships and association with others.*

3. Déanann sé maitheas don spiorad, don chorp agus don intinn. Is faoiseamh maith é an spórt ó bhrí na hArdteiste. – *It is good for the spirit, the body and the mind. Sport is a release from the pressure of the Leaving Certificate.*

4. Ba mhaith liom spórt a dhéanamh mar ábhar san ollscoil. Tá sé ar intinn agam corpoideachas agus tíreolaíocht a dhéanamh in Ollscoil Luimnigh. – *I would like to do sport as a subject in university. I hope to do Physical Education and Geography in the University of Limerick.*

5. Ní thaitníonn spórt liom in aon chor ach is aoibhinn liom éisteacht le ceol. – *I don't like sport at all, but I love listening to music.*

6. Laghdaíonn an spórt fadhb na hotrachta agus níl amhras ann ach go ndéanann an cleachtadh coirp maitheas don tsláinte. – *Sport reduces the problem of obesity and there is no doubt that working out improves health.*

7. Tá an-spéis ag muintir na hÉireann sa spórt. Ní dóigh liom go dtéann lá thart nach mbíonn daoine ag caint faoi rásaí capaill, an Cumann Lúthhcleas Gael nó rugbaí. – *Irish people have a great interest in sport. I don't think a day goes by that people are not talking about horse racing, GAA or rugby.*

8. **Tá dea-thionchar ag an spórt** ar shláinte an duine. Mar a deir an seanfhocal, 'Is fearr an tsláinte mhór ná na mílte bó'. – *Sport has a positive influence on the health of a person. As the proverb says, 'Health is better than thousands of cows (health is better than wealth)'.*

9. Is aoibhinn liom gach saghas spóirt: leadóg, iománaíocht agus surfáil. – *I like all sorts of sports: tennis, hurling and surfing.*

10. Cuireann an spórt gliondar orm. Tá go leor cairde déanta agam tríd an spórt. – *Sport makes me happy. I have made lots of friends through sport.*

Ceisteanna agus freagraí don Bhéaltriail

1. **An maith leat an spórt?**

   Tá an-dúil agam sa spórt. Ó bhí mé an-óg bhí liathróid i gcónaí i mo láimh agam.

   ## Freagra eile

   Ní maith liom an spórt. Ní raibh suim riamh agam sa spórt ach tá an-suim agam i gcúrsaí faisin/i gcluichí ríomhaireachta, srl.

2. **Cén spórt is fearr leat?**

   Is fearr liom rugbaí/sacar/peil Ghaelach/iomáint/camógaíocht. Tá mé á imirt ó bhí mé sé bliana d'aois.

3. **An mbíonn tú ag traenáil go minic? An dtraenálann tú go minic?**

   Traenálaimid dhá uair sa tseachtain. Is aoibhinn liom an traenáil agus is bealach deas é chun faoiseamh a fháil ó na leabhair.

4. **Cén fáth a dtaitníonn sé leat?**

   Taitníonn sé go mór liom mar is féidir liom bualadh le mo chairde agus bainim an-taitneamh as an gcraic agus as an gcomhrá a bhíonn againn le chéile.

5. **Cén áit a n-imríonn tú ar an bpáirc?**

   Imrím mar thosaí cliatháin (sna tosaithe, sna cúlaithe) mar is duine aclaí mé. Rithim suas síos an pháirc mar is maith liom a bheith ag cosaint agus ag scóráil.

Freagra eile

Imrím sna cúlaithe. Is lánchúlaí mé. Bím ag marcáil na dtosaithe is fearr atá ag an bhfreasúra. Níl dabht ar bith faoi ach caithfidh tú a bheith aclaí agus láidir. Ní hamháin sin ach caithfidh tú a bheith dianseasmhach chun d'aidhmeanna a bhaint amach.

6. **Ar gortaíodh riamh thú?**

Níor gortaíodh riamh mé, buíochas le Dia. Ithim go han-sláintiúil agus déanaim cleachtaí sínte chun mo chorp a choimeád lúfar do na cluichí agus don traenáil. **Chomh maith leis sin** ólaim go leor uisce agus dar ndóigh is uisce é seachtó faoin gcéad de chorp an ghnáthdhuine. Mar sin is fearr uisce a ól go minic.

Freagra eile

Ghortaigh mé mo rúitín uair amháin agus bhí plástar orm ar feadh sé seachtaine agus gan dabht ní raibh mé in ann traenáil ar feadh tamaill fhada. Nuair a baineadh an plástar díom d'fhreastail mé ar fhisiteripe agus tháinig biseach orm. **Mar sin féin**, nílim ar ais go fóill i mbarr mo mhaitheasa, tá níos mó traenála uaim.

7. **An bhfuil aon chorn buaite ag foireann na scoile/ag bhur gclub áitiúil? Ar bhuaigh an fhoireann aon chorn?**

Arú anuraidh bhuaigh foireann sinsir na scoile Corn Uí Mhuirí sa pheil. D'imir mé gach cluiche sa chomórtas agus bhí mé an-bhródúil nuair a d'ardaigh captaen na foirne an corn san aer.

Freagra eile

I mbliana chuamar chomh fada le cluiche ceannais rugbaí na sinsear ach chailleamar an cluiche ceannais i gcoinne na Carraige Duibhe.

8. **Cé leis a n-imríonn tú?**

Imrím le foireann chispheile na scoile. Is aoibhinn liom an comhluadar atá againn. Bhuamar cúpla cluiche sa chomórtas agus dá bhrí sin bhí gach duine ar bís agus tháinig an grúpa cailíní ar fad le chéile. Tá an-spiorad sa ghrúpa seo agus is aoibhinn linn a bheith ag traenáil agus ag caint le chéile.

9. **An bhfuil tú ar fhoireann na scoile? ar fhoireann an chontae? ar fhoireann na mionúr?**

Táim ag traenáil le cúpla foireann anois. Táim ar fhoireann peile na scoile seo, táim ar fhoireann mhionúr an chlub agus táim ag traenáil le foireann an chontae. Is dóigh liom go bhfuil an-bhrú ar imreoirí óga anois leis an staidéar atá le déanamh agus an brú ó thaobh torthaí de go háirithe. Táim ag imirt le foireann Bhaile Átha Cliath sna mionúir agus níl dabht ar bith faoi ach traenálaimid ceithre huaire sa tseachtain agus cé go dtaitníonn sé liom mothaím faoi bhrú ó am go ham. Mar sin féin ní athróinn rud ar bith mar bhí sé mar bhrionglóid agam imirt leis an gcontae agus sin an rud atá á dhéanamh agam anois.

Freagra H3

10. Cén réalta spóirt is fearr leat?

Is fearr liom Katie Taylor. Bhuaigh sí an bonn óir sna Cluichí Oilimpeacha i Londain. Sílim gur duine inspioráideach í agus taitníonn sí go mór liom. Is dornálaí proifisiúnta í anois agus leanaim a cuid troideanna éagsúla ar fud an domhain.

11. An gceapann tú go bhfuil an spórt tábhachtach i saol an duine?

Tá an spórt fíorthábhachtach *i saol an duine, dar liom. Mothaíonn an duine níos fearr dá bharr. Tá sé go maith le haghaidh cairdeas a fhorbairt agus tá sé go maith don spiorad agus don chomhluadar i mbliain na hArdteiste go háirithe.*

12. An gceapann tú go bhfuil drugaí ar fáil sa spórt?

Níl aon dabht faoi ach go bhfuil drugaí ar fáil sa spórt. Cloistear scéalta i dtaobh iomaitheoirí a ghlacann páirt sna Cluichí Oilimpeacha go bhfuil drugaí á nglacadh acu. Ní thugann na caimiléirí seo cothrom na Féinne do na hiomaitheoirí eile. I mo thuairim ba cheart nach mbeadh cead ag na hiomaitheoirí seo páirt a ghlacadh riamh arís dá bhfaighfí amach cé hiad féin.

Freagra H1

13. Cad iad na scileanna a fhoghlaimíonn daoine agus iad ag imirt spóirt éagsúla?

Foghlaimíonn an duine go leor scileanna tábhachtacha. Mar shampla, foghlaimíonn an duine conas cairde a dhéanamh, conas déileáil le brú, conas a s(h)aol féin a bhainistiú ó thaobh ama de mar gheall ar láimhseáil staidéir agus traenála. **Ní haon ionadh é** *go ndeirtear go ndéanann spórt maitheas don duine. Cothaíonn spórt scileanna comhoibrithe agus ceannaireachta i ndaoine de gach aois.*

Freagra H1

Moladh an scrúdaitheora

Lean ort ag caint agus taispeáin an méid Gaeilge atá ar eolas agat don scrúdaitheoir.

Cuntais shamplacha

CD 1
Rian 10

I. *Is aoibhinn liom an spórt. Imrím le foireann peile na scoile. Traenálaimid ceithre huaire in aghaidh na seachtaine. Is mór an méid traenála é sin ach is fearr liom a bheith aclaí thar aon rud eile. Ithim bia an-sláintiúil. Bíonn leite agam don bhricfeasta chomh maith le mil agus torthaí amhail sméara dubha. Ag am lóin ansin bíonn pasta blasta agus glasraí agam chomh maith le sicín. Um thráthnóna ansin bíonn béile mór ullamh ag mo Mham/mo Dhaid dom agus bím an-sásta leis sin tar éis lá mór fada sa scoil agus traenáil i ndiaidh na scoile.*
Ní féidir a shéanadh *go bhfuil an spórt an-mhaith don duine, don chorp agus don intinn. Bíonn cluiche agam gach Satharn agus tá foireann mhaith againn i mbliana. Bhuamar Corn Peile Chúige Laighean anuraidh.*

Freagra H1

2. Rognaíodh mé ar fhoireann Chúige Laighean agus d'fhéadfá a rá go bhfuil sé ar cheann de na honóracha is fearr atá ann. **Tá súil agam** conradh a fháil agus imirt le hAcadamh na Mumhan/Laighean/Chonnacht ach ní fhaigheann mórán daoine an deis sin. **Ba bhreá liom** rugbaí a imirt go proifisiúnta ach ní fhaigheann ach cúig dhuine dhéag geansaí in aon Chúige agus cúig dhuine dhéag ó oileán na hÉireann deis geansaí na hÉireann a chaitheamh. **Táim dóchasach** go n-éireoidh liom ach tuigim cé chomh tábhachtach is atá an staidéar agus na leabhair faoi láthair.

| Freagra H3 |

 ## Obair bheirte

Cuir na ceisteanna seo ar a chéile.

1. An dtaitníonn an spórt leat?

2. Cén spórt is fearr leat?

3. Cé chomh minic a bhíonn an fhoireann ag traenáil?

4. Cén fáth a dtaitníonn sé leat?

5. Cén áit a n-imríonn tú ar an bhfoireann?

6. Ar gortaíodh riamh thú? Má gortaíodh, cad a tharla duit?

7. An bhfuil tú ar fhoireann na scoile, ar fhoireann an chontae nó ar fhoireann na mionúr? Inis dom mar gheall air.

8. An leanann tú aon fhoireann? Tabhair cuntas dom ina taobh.

9. An gceapann tú go bhfuil drugaí ar fáil sa spórt? Cén fáth? Céard é réiteach na faidhbe seo?

10. Cad iad na scileanna a fhoghlaimíonn daoine agus iad ag imirt spóirt éagsúla?

 ## Aistrigh na habairtí seo a leanas. Tá na habairtí sa roinn seo le cabhrú leat.

1. I love sport.

_____

2. We train twice a week.

_____

3. I eat very healthily and I do stretching exercises to keep my body agile for the games and for training.

_____

_____

4. I never had an interest in sport but I really like music.

5. Irish people have a great interest in sport. I don't think a day goes by that people aren't talking about horse racing, GAA or rugby.

6. I hurt my ankle once and I had a plaster on it for six weeks and, of course, I wasn't able to train.

7. We won a few matches in the competition. Because of that everyone was delighted and the group of girls really came together.

8. I get great enjoyment from sports books.

9. Sport has a positive influence on the person. As the proverb says, 'Health is better than wealth'.

10. A person learns how to make friends, how to deal with pressure and how to manage his/her own life in terms of study and training.

Do chuid freagraí féin

1. An dtaitníonn an spórt leat?

2. Cén spórt is fearr leat?

3. Cé chomh minic a bhíonn an fhoireann ag traenáil?

4. Cén fáth a dtaitníonn sé leat?

5. Cén áit a n-imríonn tú ar an bhfoireann?

6. Ar gortaíodh riamh thú? Má gortaíodh, cad a tharla duit?

7. An bhfuil tú ar fhoireann na scoile/ar fhoireann an chontae/ar fhoireann na mionúr? Inis dom mar gheall air.

8. An leanann tú aon fhoireann? Tabhair cuntas dom ina thaobh.

9. An gceapann tú go bhfuil drugaí ar fáil sa spórt? Cén fáth? Céard é réiteach na faidhbe seo?

_____

_____

_____

_____

_____

10. Cad iad na scileanna a fhoghlaimíonn daoine agus iad ag imirt spóirt éagsúla?

_____

_____

_____

_____

_____

Ceol

Ábhar na roinne

cineálacha ceoil

seinnt ceoil

éisteacht le ceol (sruthú ceoil, íoslódáil ceoil)

dul chuig ceolchoirmeacha

Cineálacha ceoil

Ceol clasaiceach – *classical music*

Ceol dubstep – *dubstep*

Ceol garáiste – *garage*

Ceol Laidine – *Latin music*

Ceol leictreonach – *electronic music*

Ceol rithim is gorma – *R&B*

Ceol teicneó – *techno*

Ceol tí – *house music*

Ceol traidisiúnta – *traditional music*

Miotal trom – *heavy metal*

Na gormacha – *blues*

Rac-cheol – *rock music*

Reigé – *reggae*

Uirlisí ceoil

An bodhrán – *bodhrán*

An bosca ceoil – *accordion*

An chláirseach – *harp*

An clairinéad – *clarinet*

An dordghiotar – *bass guitar*

An fhliúit Shasanach – *recorder*

An méarchlár – *keyboard*

An óbó – *oboe*

Bainseo – *banjo*

Cornphíopa – *hornpipe*

Druma – *drum*

Feadóg – *whistle*

Feadóg stáin – *tin whistle*

Giotár – *guitar*

Guth iontach – *excellent voice*

Pianó – *piano*

Píb mhála – *bagpipe*

Píb uilleann – *uilleann pipes*

Sacsafón – *saxophone*

Veidhlín – *violin*

Foclóir a bhaineann le ceol

Aip – *app*

Amhrán – *song*

Amhránaí – *singer*

Baile Shláine – *Slane*

Ballaí Luimnigh – *the Walls of Limerick*

Ceol tuaithe Meiriceánach – *American country music*

Ceolchoirm – *concert*

Ceoldrámaí – *musicals*

Ceolfhoireann – *orchestra*

Ceolfhoireann fhiolarmónach – *philharmonic orchestra*

Ceolfhoireann snagcheoil – *jazz orchestra*

Comhaltas Ceoltóirí Éireann – *Comhaltas Ceoltóirí Éireann*

Comórtas – *competition*

Cor ochtair – *eight-hand reel*

Dubh le daoine – *packed with people*

Focail an amhráin – *words of the song*

Grád – *grade*

Grúpa – *group*

I bPáirc an Chrócaigh – *in Croke Park*

Ionsaí na hInse – *the Siege of Ennis*

Na cairteacha – *the charts*

Port – *tune*

Raidió – *radio*

Sa 3Áiréine – *in the 3Arena*

San RDS – *in the RDS*

Seisiún ceoil – *music session*

Sruthú físe – *video streaming*

Sruthú fuaime – *audio streaming*

Stiúrthóir ceolfhoirne – *orchestra conductor*

Ticéad – *ticket*

Briathra

Caillfear – *it will be lost*

Caithim – *I spend*

Canaim amhráin – *I sing songs*

Cleachtaim – *I practise*

Déanaim ceol – *I make music*

Déanfaidh mé – *I will (do)*

Íoslódálaim – *I download*

Measaim – *I think*

Mheallfadh sé – *it would attract*

Ní chleachtaim – *I don't practise*

Ní dhéanfaidh mé – *I will not (do)*

Ní thaitníonn liom – *I don't like*

D'éirigh mé as – *I gave it up*

D'fhreastail mé (ar) – *I attended*

Éistim le – *I listen to*

Glacaim páirt – *I take part*

Iarrann (orm) – *requests* (me)

Seinnim/ní sheinnim – *I play/I don't play*

Spreag sé mé – *he inspired me*

Taitníonn liom – *I like*

Thosaigh mé – *I started*

Ainmneacha briathartha

Ag baint taitneamh as – *enjoying*

Ag cleachtadh – *practising*

Ag éisteacht – *listening*

Ag freastal ar – *attending*

Ag íoslódáil ceoil – *downloading music*

Ag scríobh ceoil – *writing music*

Ag seinm – *playing*

Ag sruthú ceoil – *streaming music*

Ag uaslódáil ceoil – *uploading music*

Ag ullmhú – *preparing*

Leaganacha cainte

Ní hamháin gur spreag siad mé ach thug siad an-mhuinín dom ceol a sheinm – *not only did they inspire me but they gave me confidence to play music*

Nuair a bhí mé ní b'óige – *when I was younger*

B'fhearr liom – *I preferred*

Is fearr liom – *I prefer*

Is maith liom – *I like*

Is aoibhinn liom – *I love*

Caithfidh mé machnamh a dhéanamh ar an gceist sin – *I have to think about that question*

Ní miste liom – *I don't mind*

Tá sé ar intinn agam – *I hope to*

 Cleachtaí

Athscríobh an giota seo i do chóipleabhar agus roghnaigh an focal is fearr gach uair.

Focail le cur isteach: *chéad, ceoil, aip, dearmad, d'fhreastail, éisteacht*

Is aoibhinn liom a bheith ag _____ le ceol. Éistim le ceol ar m'fhón póca. Is iad Picture

This an banna _____ is fearr liom. Is é Spotify an _____ is fearr liom. Anuraidh,

_____ mé ar cheolchoirm Picture This i Staid Aviva i mBaile Átha Cliath. Bhí atmaisféar

den _____ scoth ann, ní dhéanfaidh mé _____ go deo ar an lá sin.

Abairtí úsáideacha

1. Taitníonn popcheol go mór liom. Éistim leis nuair a bhím ag staidéar. – *I really enjoy pop music. I listen to it when I study.*

2. Is aoibhinn le mo chairde is fearr éisteacht le Florence and the Machine. – *My best friends like listening to Florence and the Machine.*

3. Is féidir leat éisteacht le ceol nó féachaint ar cheol áit ar bith ar domhan anois. – *You can listen to music or watch music from anywhere in the world now.*

4. Deirtear go mbaineann go leor buntáistí le héisteacht le ceol – go mbeidh tú níos sásta i do shaol agus go n-ardaíonn sé do ghiúmar. – *It is said that there are many advantages to listening to music – that you will be happier in your life and that it improves your mood.*

5. Chuamar chuig ceolchoirm san Ollphobal i gCorcaigh anuraidh. – *We went to a concert in the Marquee in Cork last year.*

6. An t-aon fhadhb amháin a bhaineann le dul chuig ceolchoirmeacha ná go mbíonn go leor daoine óga ar meisce ann. – *The only problem with going to concerts is that many young people are drunk there.*

7. Seinneann m'uncail ceol a chumann sé féin agus is inspioráid é domsa agus don chlann ar fad. Is féidir liom roinnt uirlisí ceoil a sheinm. Tá an ceol sna cnámha ionainn. – *My uncle plays music that he writes himself and it is an inspiration to me and to all of the family. I can play many musical instruments. Music is in our bones.*

8. Seinneann an cara is fearr liom Órla ocht n-uirlis. Is ceoltóir ilchumasach í agus dá n-éistfeá léi, thuigfeá sin. – *My best friend Órla plays eight musical instruments. She is a multi-talented musician and if you listened to her, you would understand why.*

9. Níl féith an cheoil ionam. Is maith is eol domsa agus do chách go gcaithfidh tú cleachtadh ó aois an-óg. – *I don't have a talent for music. I know as everyone else knows that you must practise from a young age.*

10. Ní maith liom ceol. Éisteann mo chairde ar fad leis ach ní fheicim na buanna atá leis. – *I don't like music. All of my friends listen to music, but I don't understand the advantages of it.*

Ceisteanna agus freagraí don Bhéaltriail

1. An seinneann tú aon uirlis cheoil? An bhfuil spéis agat sa cheol? An féidir leat amhrán a chasadh?

Seinim cúpla uirlis cheoil. Ó bhí mé an-óg, b'fhéidir seacht mbliana d'aois, bhí an veidhlín i mo láimh agam. Is clann mhór cheoil muid agus bhí an spreagadh i gcónaí sa bhaile ó mo thuistí.

Freagra eile

*Ní sheinnim aon uirlis cheoil anois. **Nuair a bhí mé ní b'óige** thosaigh mé ag foghlaim conas seinm ar an mbainseó ach ní raibh mórán suime agam ann. Bhí an-suim agam sa pheil Ghaelach agus dá bhrí sin chuir mé mo chuid ama agus mo chroí isteach sa spórt.*

> **Moladh an scrúdaitheora**
> **Seinneann** tú ceol ach **imríonn** tú cluiche. Ná déan botún anseo.

2. Cén sórt ceoil a thaitníonn leat?

Taitníonn gach sórt ceoil liom, popcheol, rac-cheol agus ceol traidisiúnta go háirithe. Bíonn mo dheirfiúracha agus mo dhearthaireacha i gcónaí ag éisteacht le ceol agus táimse mar an gcéanna.

3. Conas a éisteann tú le ceol?

Éistim le ceol ar m'fhón póca. Tá Spotify agam; is aip é agus is féidir leat ceol a shruthú tríd an aip seo. Éistim féin agus mo chairde le ceol air. Maidir le YouTube, ní hamháin gur féidir leat éisteacht leis an gceol, is féidir na ceoltóirí agus an ghníomhaíocht a fheiceáil chomh maith.

4. Cé a spreag thú le haghaidh ceol a sheinm?

Seinneann mo mháthair agus m'athair go leor uirlisí ceoil. **Ní hamháin gur spreag siad mé ach thug siad an-mhuinín dom ceol a sheinm. Nuair a bhí mé ní b'óige** tharla go raibh go leor uirlisí timpeall an tí. Is minic a bhíodh mo mham nó mo dhaid ag seinm ar an bhfidil nó ar an mbodhrán. Is as sin a thagann mo shuim sa cheol.

5. Cé chomh minic is a chleachtann tú?

Cleachtaim go laethúil. Is cuid lárnach de mo shaol é an ceol agus dá bhrí sin níl lá a théann thart nach mbím i mo shuí i mo sheomra ag seinm ceoil.

Freagra eile

Ní chleachtaim go minic. Níl an t-am agam faoi láthair. Tá m'fhócas ar fad ar an Ardteist faoi láthair agus ar ullmhú do na scrúduithe cainte. I ndiaidh na hArdteiste tosnóidh mé ag seinm arís.

6. An bhfuil ceol á dhéanamh agat mar ábhar don Ardteist?

Cinnte, tá ceol á dhéanamh agam don Ardteist. Is é an t-ábhar **is fearr liom** i ndáiríre. Léimid ceol agus éistimid le ceol go rialta sa rang agus **is aoibhinn liom** sin. Beidh mo scrúdú praiticiúil ar siúl i gceann cúpla seachtain agus táim ag tnúth go mór leis sin.

Freagra H4

7. Cén grád atá bainte amach agat ar an bpianó?

Tá grád a seacht bainte amach agam ar an bpianó. Thosaigh mé á sheinm nuair a bhí mé sé bliana d'aois. **Is aoibhinn liom** a bheith á sheinm. Slí bhreá is ea é faoiseamh a fháil ó na leabhair i rith na seachtaine. Aon uair a bhíonn cuairteoirí againn sa bhaile iarrann mo mham orm an pianó a sheinm. I ndáiríre, is caitheamh aimsire an-taitneamhach é agus ní miste liom é a dhéanamh. Mar a deir an seanfhocal: spléachadh isteach i bhFlaithis Dé an ceol.

Freagra H1

8. Cá fhad a bhfuil an uirlis sin á seinm agat anois?

Táim á seinm le deich mbliana anuas. **Is aoibhinn liom** a bheith ag seinm ar an veidhlín. Glacaim páirt i gcomórtais ó am go ham agus anuraidh bhuaigh mé an chéad áit i gComórtas Veidhlín na Mumhan. Níor chreid mé gur bhuaigh mé agus bhí áthas an domhain ar mo thuismitheoirí.

9. An raibh tú riamh ag ceolchoirm?

Cinnte, d'fhreastail mé ar cheolchoirm. Tá an-dúil agam i gceol pop agus cúig nó sé de bhlianta ó shin tháinig Britney Spears go Londain. Thug mo mháthair anonn mé mar bhronntanas do mo bhreithlá.

10. Déan cur síos ar cheolchoirm ar fhreastail tú uirthi.

Anuraidh bhí mé ag ceolchoirm na Foo Fighters i mBaile Shláine. Ní chreidfeá an t-atmaisféar a bhí ann. Bhí os cionn ochtó míle duine i láthair agus ar dtús tháinig na Killers amach agus ansin Hozier. Bhí an scleondar ag ardú i rith an lae. Ansin, ar deireadh, tháinig na Foo Fighters ar an stáitse le torann nár chuala mé riamh. Ba chosúil le rabhartha mothúchán é. Bhí na Foo Fighters go hiontach. Thaitin siad go mór le mo chairde agus chuaigh sé i gcion ormsa go mór.

Freagra H1

11. Cé mhéad a chosain na ticéid?

Chosain na ticéid seachtó euro an duine. Ba mhór an méid é ach sin an gnáthphraghas atá ann le freastal ar cheolchoirm na laethanta seo agus is fiú é. Cheannaigh mo dhaid ar an idirlíon iad. Uaireanta, díoltar ticéid níos cóngaraí d'am na ceolchoirme agus téann an praghas in airde.

12. An bhfuil cultúr na hÉireann ó thaobh ceol traidisiúnta de ag fáil bháis, meas tú?

Ní dóigh liom é. Sílim go bhfuil an ceol traidisiúnta fós mar chuid lárnach de chultúr na hÉireann, in iarthar na tíre ach go háirithe. Tagann cuairteoirí ó gach cearn den domhan le héisteacht le ceol na tíre agus dá bhrí sin ní dóigh liom go gcaillfear riamh é.

Cuntais shamplacha

CD 1
Rian 11

1. *Sruthaim a lán ceoil ón idirlíon. Taitníonn gach saghas ceoil liom, **is aoibhinn liom** popcheol, snagcheol, rac-cheol agus ceol traidisiúnta. Anuraidh, d'fhreastail mé ar cheolchoirm Drake i Staid Aviva i mBaile Átha Cliath. B'in an chéad cheolchoirm ar fhreastail mé uirthi. Thaitin sé thar cionn liom agus ní dhéanfaidh mé dearmad go deo ar an lá sin. Muna raibh tú riamh ag ceolchoirm mholfainn duit dul ann. Is fiú an t-airgead é agus buaileann tú le go leor daoine difriúla agus bíonn an-chraic ann.*

Freagra H1

2. ***Caithfidh mé smaoineamh ar an gceist sin** ar feadh nóiméid! Is é Picture This an banna ceoil is fearr liom. Chuir mo dheartháir suim sa ghrúpa ar dtús, agus d'fhás mé aníos ag éisteacht lena gcuid ceoil sa teach. Bhí an t-ádh liom iad a fheiceáil ag seinm i gceolchoirm sa 3Airéine cúpla bliain ó shin. Ní dhéanfaidh mé dearmad ar an lá sin go deo, bhí sé ar fheabhas.*

Freagra H3

Obair bheirte

Cuir na ceisteanna seo ar a chéile.

1. An seinneann tú aon uirlis cheoil? An bhfuil spéis agat sa cheol? An féidir leat amhrán a chasadh?

2. Cén grúpa ceoil is fearr leat? Cén fáth?

3. Conas a éisteann tú le ceol?

4. Cé a spreag thú le haghaidh ceol a sheinm?

5. An bhfuil ceol á dhéanamh agat mar ábhar don Ardteist? Inis dom mar gheall air.

6. Cén grád atá agat ar an bpianó? Conas a d'éirigh leat an grád sin a bhaint amach?

7. Cén fhad atá an uirlis á seinm anois agat?

8. An raibh tú riamh ag ceolchoirm?

9. Déan cur síos ar an gceolchoirm.

10. Ar mhaith leat a bheith i do cheoltóir/mar chuid/mar bhall de bhanna ceoil/de ghrúpa ceoil sa todhchaí?

Aistrigh na habairtí seo a leanas. Tá na habairtí sa roinn seo le cabhrú leat.

1. I play a few musical instruments.

_____

2. I like all types of music: pop, rock music and I especially like traditional music.

_____

3. We went to a concert in Marley Park last year. The only problem was that there were a lot of young people there that were drunk.

_____

4. I have Spotify, which is an app. You can stream music using this app.

_____

5. When I was younger, there were many instruments around the house.

_____

6. Music is a central part of my life and because of that there isn't a day that I'm not in my room playing music.

_____

_____

7. I love playing (music). It is a great release from the books during the week.

_____

_____

8. I take part in competitions from time to time, and last year I won first place in the Munster violin competition.

_____

_____

9. Sometimes, the tickets are sold closer to the time of the concert and the price increases.

_____

_____

10. I would love to be part of a music group (band) in the future.

_____

_____

Do chuid freagraí féin

1. An seinneann tú aon uirlis cheoil? An bhfuil spéis agat sa cheol? An féidir leat amhrán a chasadh?

_____

_____

_____

_____

2. Cén grúpa ceoil is fearr leat? Cén fáth?

_____

_____

_____

3. Conas a éisteann tú le ceol?

_____

_____

_____

_____

4. Cé a spreag thú chun ceol a sheinm?

5. An bhfuil ceol á dhéanamh agat mar ábhar don Ardteist? Inis dom mar gheall air.

6. Cén grád atá agat ar an bpianó? Conas a d'éirigh leat an grád sin a bhaint amach?

7. Cén fhad atá an uirlis á seinm anois agat?

8. An raibh tú riamh ag ceolchoirm?

9. Déan cur síos ar an gceolchoirm.

10. Ar mhaith leat a bheith i do cheoltóir/mar chuid/mar bhall de bhanna ceoil/de ghrúpa ceoil sa todhchaí?

Teilifís, léitheoireacht agus pictiúrlann

Ábhar na roinne

ag féachaint ar an teilifís

ag léamh

ag dul go dtí an phictiúrlann

na cláir/na scannáin/na leabhair is fearr liom

ag déanamh cur síos ar na cláir theilifíse/na leabhair/na scannáin

An teilifís

Carachtair – *characters*

Cláir bhleachtaireachta – *detective programmes*

Cláir cheoil – *music programmes*

Cláir chócaireachta – *cookery programmes*

Cláir dhúlra – *nature programmes*

Cláir faisnéise – *documentaries*

Cláir ficsean-eolaíochta – *science fiction programmes*

Cláir ghrinn – *comedy programmes*

Cláir oideachasúla – *educational programmes*

Cláir réalaíocha/cláir réaltachta – *reality programmes*

Cláir spóirt – *sports programmes*

Cláir staire – *history programmes*

Cláir thalainne – *talent shows*

Cláir uafáis – *horror programmes*

Coirchláir – *crime programmes*

Fotheideal – *subtitles*

Gléas leictreonach – *electronic device*

Leathanbhanda – *broadband*

Na rialtáin/cianrialú – *the controls*

Sobalchláir – *soaps*

Briathra

Bímíd – *we are* (gach lá)

Cabhraíonn sé liom – *it helps me*

Ceapaim/sílim – *I think*

Chonaic mé – *I saw*

Chuaigh mé – *I went*

Léimim – *I jump*

Mholfainn (duit/d'éinne) – *I would recommend* (to you/to anyone)

Níor thaitin sé liom – *I didn't like it*

Scríobhadh é – *it was written*

Chuamar – *we went*

Déantar é – *it is made*

D'fhéach mé – *I watched*

Féachaim ar – *I watch*

Foilsíodh – *it was published*

Íoslódálaim – *I download*

Léigh mé – *I read* (aimsir chaite)

Sruthaim – *I stream* (ón idirlíon)

Táim – *I am*

Táimid – *we are*

Taitníonn gach sórt leabhair/scannáin/sraithe liom – *I like every sort of book/movie/series*

Téim – *I go*

Thaitin sé liom – *I liked it*

Ainmneacha briathartha

Ag baint taitnimh as – *enjoying*

Ag caoineadh – *crying*

Ag cuardach – *searching*

Ag cur amú ama – *wasting time*

Ag dul go dtí – *going to*

Ag éisteacht – *listening*

Ag faire amach – *looking out for*

Ag féachaint – *looking*

Ag gáire – *laughing*

Ag iarraidh – *wanting*

Ag íoslódáil clár – *downloading programmes*

Ag léamh – *reading*

Ag ligean mo scíthe – *relaxing*

Ag mothú – *feeling*

Ag scríobh – *writing*

Ag sruthú clár – *streaming programmes*

Ag troid – *fighting*

Leaganacha cainte

Is aoibhinn liom – *I really like*

Is maith liom – *I like*

Bímíd ag troid ó am go ham – *we fight from time to time*

I mbliana ceapaim gur cur amú ama é – *this year I think it* (teilifís) *is a waste of time*

Is minic a bhíonn – *there is often*

B'fhiú go mór é – *it was really worth it*

Tá sé bunaithe ar – *it is based on*

Tá baint ag an gclár le – *the programme is connected with*

Ní foláir dom – *it is necessary for me*

Ní féidir a shéanadh – *it cannot be denied*

Dheamhan focal bréige é – *it is not the word of a lie* (it is the truth)

D'fhéadfá a rá – *you (one) could say*

Tá an-dúil agam – *I have a huge desire* (interest)

Is rud an-fhiúntach í – *it is very worthwhile*

Sa lá atá inniu ann – *today*

Maidir le – *in relation to*

Scríobhadh é i gcomhthéacs – *it was written in the context of*

Rinneadh é – *it (scannán, leabhar, clár teilifíse) was made*

Nílim ag tnúth le – *I'm not looking forward to*

Ní minic a théim – *it is not often that I go*

Tá clú agus cáil ar – *it is famous for*

Tá súil agam – *I hope*

Chun an fhírinne a rá – *to tell you the truth*

I mo thuairim – *in my opinion*

 ## Cleachtaí

Athscríobh an giota seo i do chóipleabhar agus roghnaigh an focal is fearr gach uair.

Focail le cur isteach: *cosúil, leabhair, ghrinn, ghnóthach, ama, ham*

Féachaim ar an teilifís ó am go _____. **Is aoibhinn liom** a bheith ag féachaint ar chláir

_____. I mbliana, níl mórán _____ agam a bheith ag féachaint ar an teilifís mar

táim an-_____ le mo chuid staidéir. **Is maith liom** cláir _____ le *Friends*. **Is**

maith liom féachaint ar an teilifís mar is bealach deas é faoiseamh a fháil ó na _____ i rith

na seachtaine.

Abairtí úsáideacha

1. **D'fhéadfá a rá** gur cur amú ama é an teilifís ach i mo thuairimse is féidir leat foghlaim ón teilifís. – *You could say that television is a waste of time but in my opinion you can learn from television.*

2. Bím ag féachaint ar TG4 ó am go ham. Bíonn go leor cluichí Gaelacha ann agus bíonn cluichí rugbaí le fáil ann freisin. – *I watch TG4 from time to time. There are many Gaelic games and rugby matches available there as well.*

3. Tá gach saghas cláir ar fáil ar líne anois. Tá ré na teilifíse ag teacht chun deiridh, i mo thuairimse. – *There are many programmes available online now. The era of television is coming to an end, in my opinion.*

4. Tá an-dúil agam in *Pretty Little Liars* mar is maith liom na carachtair atá ann. – *I have a huge interest in* Pretty Little Liars *because I like the characters in it.*

5. Ceapann a lán daoine nach fiú an ceadúnas teilifíse a íoc a thuilleadh le RTÉ toisc nach soláthraíonn RTÉ a ndóthain clár nua. – *Many people don't think that it is worthwhile paying a TV licence anymore because RTÉ don't make enough new programmes.*

6. Ní fhéachaim ar an teilifís go rómhinic mar tá a lán rudaí spéisiúla ar fáil ar líne anois. – *I don't watch television very often because there are a lot of interesting things available online now.*

7. Tá teilifíseán i mo sheomra agam agus is minic nach gcodlaím go dtí déanach istoíche mar bím ag féachaint ar shraitheanna éagsúla teilifíse. – *I have my television in my room and I often don't sleep until late at night because I watch different series on the television.*

8. Ní fhaca mé clár ar an teilifís le fada an lá. – *I haven't seen a programme on television for a long time.*

9. Ní rud maith í an teilifís d'éinne atá ag iarraidh obair a dhéanamh i mbliain na hArdteiste ach go háirithe. – *Television is not a good thing for anyone who wants to work for the Leaving Certificate year especially.*

10. Ní foláir domsa sos a fháil i rith mo chuid staidéir agus dá bhrí féachaim ar an teilifís ar feadh leathuair an chloig. – *I must take a break during my study and therefore I watch television for half an hour.*

Ceisteanna agus freagraí don Bhéaltriail

1. An bhféachann tú ar an teilifís?

    Féachaim ar an teilifís anois is arís. **Is maith liom** *cláir áirithe ar nós 13 Reasons Why agus féachaim ar Pretty Little Liars ó am go ham freisin.*

    ### Freagraí eile
    - *Ní fhéachaim ar an teilifís ar chor ar bith. Féachaim ar chláir ar m'iFón go minic. Féachann mo thuismitheoirí/mo shiblíní ar an teilifís ach níl aon suim agam inti mar tá na rudaí a bhfuil suim agam iontu ar fáil anois ar líne.*

    - *Ní fhéachaim ar an teilifís ar chor ar bith. Féachaim ar chláir ar m'iFón/m'iPad go minic. Féachann mo thuismitheoirí/mo shiblíní ar an teilifís ach níl aon suim agam inti mar tá na rudaí a bhfuil suim agam iontu ar fáil anois ar líne.*

2. Cén sórt clár a thaitníonn leat?

    Taitníonn gach sórt cláir liom ach is fearr liom sraitheanna difriúla. Is féidir leat féachaint orthu agus ansin níl le déanamh agat ach teacht ar ais chuige níos déanaí sa lá nó an lá ina dhiaidh sin.

3. Déan cur síos ar chláir nó ar scannáin a thaitin leat.

    Is dráma é Pretty Little Liars. **Tá sé bunaithe ar** *eachtraí difriúla a thagann le chéile trí na sraitheanna. Leanann na sraitheanna saol ceithre charachtar a chailleann a gceannaire. Tar éis bliana tagann siad ar ais le chéile agus tosaíonn siad ag fáil téacsanna fóin ó dhuine darb ainm 'A'. Is scéinséir é agus bím ar bís nuair atá sé ar siúl.* **Tá sé bunaithe ar** *shraith leabhar a scríobh Sara Shepard agus a foilsíodh den chéad uair sa bhliain dhá mhíle (2000).*

    Freagra H1

4. Déan cur síos ar charachtar atá sa chlár sin. Cén carachtar is fearr leat? Cén fáth?

Maidir le *Pretty Little Liars* is é Troian Bellisario an carachtar is fearr liom. Is duine cróga í atá cliste, cineálta agus atá sásta cabhrú le daoine eile.

> **Freagra H3**

5. An mbíonn an chlann ag troid maidir le cláir a fheiceáil ar an teilifís?

Bímíd ag troid maidir leis an gcianrialú. Bíonn mo dhearthár Jeaic i gcónaí ag iarraidh féachaint ar an bpeil Ghaelach agus ar an sacar ar an teilifís agus bímse ag iarraidh féachaint ar mo chláir féin ar Amazon Prime.

6. An gceapann tú go bhféachann daoine ar an iomarca teilifíse? An cur amú ama é féachaint ar an teilifís?

Is féidir le duine foghlaim faoi rudaí ar an teilifís ach i ndáiríre **ní féidir a shéanadh** ach go gcuirtear go leor ama amú leis chomh maith. Is dóigh liom go bhféachann daoine ar an iomarca teilifíse.

Freagra eile

I mbliana ceapaim gur cur amú ama é féachaint ar an teilifís. Ní féidir am a chur amú sa tslí sin.

7. An bhféachann tú ar TG4?

Ní maith liom féachaint ar TG4, níl suim agam sa spórt nú sna scannáin atá ar siúl ann. B'fhearr liom féachaint ar shraitheanna ar Netflix nó Amazon Prime.

Freagra eile

Bíonn scannán ar siúl gach seachtain, mar shampla, na Westerns. **Is maith liom** Blake Lively. Bíonn a chuid scannán mar an gcéanna ach **is aoibhinn liom** a stíl aisteoireachta.

8. An bhfuil Netflix agaibh ag an mbaile? An mbíonn tú ag sruthú físe/clár ar líne? Cén suíomh idirlín a úsáideann tú?

Tá Netflix againn sa bhaile. Is seirbhís iontach í agus tá go leor clár agus scannán de gach saghas le feiceáil ann. Má tá suim agat i gcláir faisnéise **b'fhiú go mór é** a bheith agat.

Freagra eile

Níl Netflix againn sa bhaile. Níl an leathanbhanda go rómhaith againn agus dá bhrí sin ní féidir linn féachaint ar chláir ar líne.

9. An bhfuil aon chlár ann a mholfá dom a fheiceáil?

Mholfainn duit *Atypical* a fheiceáil. Is clár fantaisíochta é ach tá rud éigin ann do gach duine. **Is minic a bhíonn** comhrá agus caint idir mé féin agus mo chairde i rith gnáthlá scoile faoi shraitheanna cosúil leis.

Cuntais shamplacha

1. Féachaim ar an teilifís gan dabht. **Is aoibhinn liom** féachaint ar chláir ghrinn agus ar choiméidí. Níl mórán ama agam i mbliana ach nuair a bhíonn an deis agam bíonn mé féin agus mo stócach ag féachaint ar Netflix. Tá go leor leor clár ar fáil ann. Ina theannta sin, tá cláir ar fáil ar líne freisin. Bímid ag sruthú clár ar nós *The Crown* agus *Pretty Little Liars* agus a leithéid. Is aoibhinn linn cláir bhleachtaire freisin ar nós *Sherlock* agus *The Fall* le Jamie Dornan.

| Freagra H2 |

Obair bheirte

Cuir na ceisteanna seo ar a chéile.

1. An bhféachann tú ar an teilifís?

2. Cén sórt clár a thaitníonn leat? Déan cur síos ar an gclár sin.

3. Déan cur síos ar charachtar atá sa chlár sin. Cén carachtar is fearr leat? Cén fáth?

4. An bhfuil Netflix agaibh ag an mbaile? An mbíonn tú ag sruthú físe/clár ar líne? Cén suíomh idirlín a úsáideann tú?

5. Ar fhéach tú ar TG4 riamh?

Aistrigh na habairtí seo a leanas. Tá na habairtí sa roinn seo le cabhrú leat.

1. All types of programmes are available online. The era of television is coming to an end, in my opinion.

_____

_____

2. I look at television now and again.

_____

3. I like all sorts of programmes but I prefer to watch series.

_____

4. We are always fighting about the controls.

_____

5. I think watching television this year is a waste of time.

_____

6. I watch TG4 regularly. There are many programmes available on TG4 and as part of my preparations I watch the news every evening.

7. We have Netflix at home. It is a great service and there are many programmes and movies of every type available there.

8. I don't watch television regularly because there are many programmes available online now.

9. A lot of people don't think it is worth paying the television licence anymore because RTÉ don't make enough new programmes.

10. We don't have Netflix at home. The broadband isn't very good and therefore we can't watch programmes online.

Do chuid freagraí féin

1. An bhféachann tú ar an teilifís?

2. Cén sórt cláir a thaitníonn leat? Déan cur síos ar an gclár sin.

3. Déan cur síos ar charachtar atá sa chlár sin. Cén carachtar is fearr leat? Cén fáth?

_____

_____

_____

_____

4. An bhfuil Amazon Prime agaibh ag an mbaile? An mbíonn tú ag sruthú físe/clár ar líne? Cén suíomh idirlín a úsáideann tú?

_____

_____

_____

_____

5. Ar fhéach tú ar TG4 riamh?

_____

_____

_____

_____

Léitheoireacht

Beathaisnéisí – _biographies_

Dírbheathaisnéisí – _autobiographies_

Ficsean – _fiction_

Ficsean-eolaíocht – _science fiction_

Gearrscéalta – _short stories_

Leabhar – _book_

Leabhair ghrinn – _comedies_

Leabhair ghnó – _business books_

Leabhair spóirt – _sports books_

Leabharlann – _library_

Léitheoireacht – _reading_

Neamhfhicsean – _non-fiction_

Ríomhléitheoir – _e-reader_

Téama – _theme_

Úrscéalta eachtraíochta – _adventure novels_

Úrscéalta grafacha – _graphic novels_

Úrscéalta/Leabhair ficsin – _novels_

Úrscéalta stairiúla – _historical novels_

Cleachtaí

Athscríobh an giota seo i do chóipleabhar agus roghnaigh an focal is fearr gach uair.

Focail le cur isteach: *sórt, áitiúil, chéad, láthair, léitheoireacht*

Is maith liom an _____. **Is aoibhinn liom** gach _____

leabhair a léamh. Téim chuig an leabharlann _____ agus **tógaim** leabhar

amháin ar iasacht gach mí. Faoi _____ táim ag léamh leabhair darbh

ainm *The Book Thief* le Markus Zusak. Is leabhar den _____ scoth é.

Abairtí úsáideacha

1. Is rud an-fhiúntach í an léitheoireacht. Léim leabhar nua gach cúpla mí. – *Reading is very worthwhile. I read a book every few months.*

2. Is aoibhinn liom leabhair fantaisíochta mar is féidir leat dul ó do dhomhan féin go domhan difriúil. – *I really like fantasy books because you can go from your own world to a different world.*

3. Sa lá atá inniu ann caitheann daoine óga an iomarca ama ar a bhfón cliste, b'fhéidir gur fearr dóibh a bheith ag léamh leabhar. – *Today young people spend too much time on their smart phones and maybe it would be better if they read a book.*

4. Bíonn an-chuid báistí sa tír seo agus dá bharr ba cheart go mbainfeadh daltaí triail as an léitheoireacht. – *There is a lot of rain in this country and because of that students should try reading.*

5. Sna scoileanna anois tá an-bhéim ar an uimhearthacht agus an litearthacht agus cabhraíonn an léitheoireacht ó aois óg leis an dá scil sin. – *In schools today, there is a big emphasis on numeracy and literacy and reading from a young age helps those two skills.*

6. Léann mo thuistí an nuachtán go laethúil. ceannaíonn mo sheantuistí an *Irish Times/ Independent* agus is breá leo suí síos agus uaireanta an chloig a chaitheamh in aice na tine ag léamh. – *My parents read the daily newspaper. My grandparents buy the* Irish Times/ Independent *and they love to sit down and spend hours reading beside the fire.*

7. Tá leabharlann i mo cheantar ach, faraor, níl aon tarraingt aici ar na déagóirí. – *I have a library in my area, but sadly teenagers are not attracted by it.*

8. Is maith le déagóirí leabhair fantaisíochta/leabhair románasaíochta/leabhair ghrá/ leabhair bhleachtaire. **Dheamhan focal bréige é** dá ndéarfainn gur mhaith liom na cineálacha sin leabhar ar fad. – *Teenagers like fantasy books/romance books/detective books. It is no secret that I like all of those types of books.*

9. Is dóigh liom go bhfuil an léitheoireacht as faisean anois i measc na ndéagóirí. Is maith linn ar fad dul ar líne agus taitneamh a bhaint as seoladh pictiúr agus féachaint ar chláir seachas leabhar a léamh. – *I think reading is out of fashion now among teenagers. We all like to go online and enjoy sending pictures and watching programmes instead of reading.*

10. Tá club léitheoireachta sa scoil agus is féidir leabhar a fháil ar iasacht. Moltar do na daltaí leabhar a thógáil ar iasacht. – *There is a reading club in the school and you can get books on loan. It is recommended that students take books on loan.*

Ceisteanna agus freagraí don Bhéaltriail

1. An maith leat léamh?

   Is aoibhinn liom léamh. Bím ag léamh/Léim gach lá.

   ## Freagra eile

   Ní maith liom léamh agus níl aon suim agam sa léitheoireacht. B'fhearr liom spórt agus scannáin.

2. Cén sórt leabhar a thaitníonn leat?

   Taitníonn dírbheathaisnéisí go mór liom. Léigh mé leabhar Colm Cooper le déanaí. B'iontach an leabhar é. Is dóigh liom gur féidir leat foghlaim ó dhaoine cosúil leis seo – cad iad na botúin a rinne siad ina saol agus cad iad na rudaí a d'oibrigh dóibh.

3. Déan cur síos ar an leabhar. Inis scéal an leabhair dom.

   Is leabhar é atá bunaithe ar shaol Colm Cooper nó an Gooch mar a thugtaí air. Insíonn sé scéal an laoich spóirt seo agus na heachtraí a tharla ina shaol. Ó bhí sé an-óg bhí sé i gcónaí ag iarraidh a bheith ina pheileadóir, bhí a shaol ar fad sáite sa pheil.

4. Cén carachtar is fearr leat sa leabhar?

   Is é Paidí Ó Sé an duine is fearr liom sa leabhar seo. Tá scéalta ann faoina chuid óráidí sa seomra feistis roimh chluichí agus scéalta greannmhara faoin bhfear é féin. Laoch ab ea é.

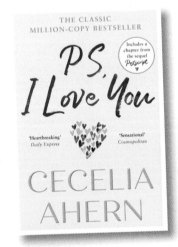

5. An bhfuil scannán déanta den leabhar sin? An bhfaca tú é? Cé hé/hí údar an leabhair sin?

   Níl scannán déanta den leabhar seo ach tá cuid mhaith scannán déanta de leabhar eile, mar shampla, *P.S. I Love You* a scríobh Cecelia Ahern, iníon an iar-Thaoisigh Bertie Ahern.

6. An léann tú go laethúil?

   Léim go laethúil díreach sula dtéim a chodladh. Is bealach deas é le mo scíth a ligean gan aon teicneolaíocht a bheith i mo láimh agam.

   ## Freagra eile

   Ní léim go laethúil. Níl an t-am ná an tsuim agam a bheith ag léamh faoi láthair. Tá mo chuid smaointe ar fad dírithe ar an Ardteist.

7. **An léann tú leabhar ar d'iFón nó ar ríomhléitheoir?**

   *Léim leabhar ar m'iFón uaireanta. Nuair atáim ar mo bhealach go dtí an scoil sa bhus **is aoibhinn liom** leabhar a léamh agus buntáiste amháin atá leis ná níl meáchan breise ar mo dhroim ach an oiread.*

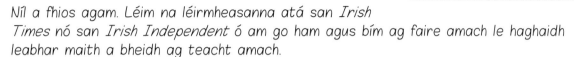

8. **An mbeidh tú ag ceannach aon leabhar nua nach bhfuil ar an margadh go fóill?**

   Níl a fhios agam. Léim na léirmheasanna atá san Irish Times nó san Irish Independent ó am go ham agus bím ag faire amach le haghaidh leabhar maith a bheidh ag teacht amach.

9. **An molfá dom aon leabhar ar leith a cheannach?**

   Mholfainn d'éinne leabhar a léamh a bhaineann lena c(h)uid suimeanna féin. D'fhoghlaimeoidís go leor ábhair nua agus go leor rudaí a chabhródh leo ina saol féin.

Cuntais shamplacha

I. *Léigh mé an trílóg* The Winners Trilogy. *Is trílóg í mar tá trí leabhar i gceist leis:* The Winner's Curse, The Winner's Crime *agus* The Winner's Kiss *Is leabhair fantaisíochta iad ar fad. Leanann na leabhair scéal Kestrel, iníon Ginearáil atá i gceannas ar impireacht atá tógtha le cogaí agus sclábhaíocht. Ceannaíonn Kestrel sclábhaí darbh ainm Arin. Cé go bhfuil cúlraí éagsúla acu titeann siad i ngrá lena chéile. Tá a dtíortha i gcogadh lena chéile agus lú teannas mór eatarthu. Tá grá, rómánsaíocht, rúin, agus foréigean sna leabhair ar fad. Scríobh Marie Rutkoski na leabhair agus sílim gur fiú iad a léamh.*

Freagra H1

 Obair bheirte

Cuir na ceisteanna seo ar a chéile.

I. An maith leat a bheith ag léamh?

2. Cén sórt leabhar a thaitníonn leat?

3. Déan cur síos ar leabhar a léigh tú le déanaí. Inis scéal an leabhair dom.

4. An bhfuil scannán déanta den leabhar sin? An bhfaca tú é? Cé hé/hí stiúrthóir an scannáin sin?

5. An léann tú go laethúil?

Aistrigh na habairtí seo a leanas. Tá na habairtí sa roinn seo le cabhrú leat.

1. I like autobiographies.

2. I read daily, just before I go to sleep.

3. I am a member of the local library.

4. I read books on my phone sometimes. Reading is very worthwhile.

5. I read a new book every few months.

6. Today young people spend too much time on their phones. Maybe it would be better for them to read books.

7. My parents read the newspaper every day. My grandparents buy the *Irish Times/Independent* and they love to sit down and spend hours reading beside the fire.

8. There is a reading club in the school, and you can get books on loan. It is recommended to the students to read books.

9. We all like to go online and enjoy sending pictures and watching programmes instead of reading.

10. There is a big emphasis in schools now on numeracy and literacy and reading helps with these two skills.

Do chuid freagraí féin

1. An maith leat a bheith ag léamh?

_____

_____

_____

2. Cén sórt leabhar a thaitníonn leat?

_____

_____

_____

3. Déan cur síos ar leabhar a léigh tú le déanaí. Inis scéal an leabhair dom.

_____

_____

_____

4. An bhfuil scannán déanta den leabhar sin? An bhfaca tú é? Cé hé/hí stiúrthóir an scannáin sin?

_____

_____

_____

5. An léann tú go laethúil?

_____

_____

_____

An phictiúrlann

Coirscannáin – *crime films*

Fuaimrian – *soundtrack*

Scannán – *movie*

Scannáin aicsin – *action movies*

Scannáin chogaidh – *war films*

Scannáin fantaisíochta – *fantasy films*

Scannáin fhoréigeanacha – *violent films*

Scannáin ghrinn – *comedies*

Scannáin uafáis – *horror films*

Scannán románsacha – *romantic films*

Scannáin eachtraíochta – *adventure films*

Scannáin faisnéise – *documentaries*

Scannáin faoi fhíorscéalta – *films about true stories*

Scéinséirí – *thrillers*

Scéinséirí síceolaíochta – *psychological thrillers*

Sraith teilifíse – *television series*

Cleachtaí

Athscríobh an giota seo i do chóipleabhar agus roghnaigh an focal is fearr gach uair.

Focail le cur isteach: *scíth, téim, scáileán, chairde, iontach, céim, t-aisteoir*

_____ chuig an bpictiúrlann ó am go ham chun mo _____ a ligean. Is maith liom gach sórt scannáin. Ba mhaith liom _____ a dhéanamh san aisteoireacht. Ba bhreá liom a bheith ar an _____ mór agus go dtiocfadh mo _____ chuig an bpictiúrlann chun mé a fheiceáil. Is é Saoirse Ronan an _____ is fearr liom agus is breá liom an scannán *Brooklyn*. Scannán _____ a bhí ann.

Abairtí úsáideacha

1. Ní minic a théim chuig an bpictiúrlann – tá na scannáin ar fáil ar líne anois. – *I don't often go to the cinema – the movies are available online now.*

2. Chonaiceamar *Yu Ming Is Ainm dom* nuair a bhíomar sa cheathrú bliain. Is deas an scannán é. – *We saw* Yu Ming Is Ainm Dom *when we were in fourth year. It is a nice movie.*

3. Tá tionscal na scannaíochta an-láidir in Éirinn. Rinneadh cuid mhaith scannán cáiliúil in Éirinn, mar shampla *The Young Offenders*, *Sing Steet* and *The Field* le John B. Keane. – *The movie industry is quite strong in Ireland. There are many famous movies made here, for example* The Young Offenders, Sing Street *and* The Field *by John B. Keane.*

4. Is aoibhinn liom scannáin ghrinn. Níl deireadh seachtaine a théann thart nach mbím ag féachaint ar scannáin ghrinn. Is aoibhinn liom *Meet the Parents* agus tríológ na scannán sin. Is iad Robert de Niro, Dustin Hoffman, Teri Polo, Barbara Streisand agus Ben Stiller na carachtair lárnacha sa tríológ. – *I love comedy movies. No weekend goes by without me watching a funny movie. I love* Meet the Parents *and that trilogy of movies. Robert de Niro, Dustin Hoffman, Teri Polo, Barbara Streisand and Ben Stiller are central characters in the trilogy.*

5. Is Éireannaigh iad Saoirse Ronan, Cillian Murphy, Colin Farrell, Liam Neeson agus Chris O'Dowd. Tá siad ar roinnt de na haisteoirí is cáiliúla ar domhan. – *Saoirse Ronan, Cillian Murphy, Colin Farrell, Liam Neeson and Chris O'Dowd are all Irish. They are some of the most famous actors in the world.*

6. Tá clú agus cáil ar stiúrthóirí na hÉireann maidir le scannán, mar shampla, Lenny Abramson, John Carney agus Neil Jordan, a bhuaigh Duais Acadaimh don scannán *The Crying Game*. – *There are many famous Irish film directors, such as Lenny Abramson, John Carney and Neil Jordan, who won the Academy Award for the movie* The Crying Game.

7. Féachaim ar scannáin ar m'fhón póca agus ar mo tháibléad le mo dhearthaireacha/mo dheirfiúracha. – *I watch movies on my smart phone or my tablet with my brothers/sisters.*

8. Tá scannáin áirithe ann nach bhfuil oiriúnach do pháistí. Caithfidh tuismitheoirí aire a thabhairt le nach bhféachfaidh a bpáistí ar na scannáin sin. – *There are certain movies that are not appropriate for children. Parents have to take care so that their children do not watch these movies.*

9. Rinneadh an tsraith *Game of Thrones* agus *Vikings* i dTuaisceart Éireann agus i gCill Mhantáin. – *The series* Game of Thrones *and* Vikings *were made in Northern Ireland and in Wicklow.*

10. Tá súil agam céim a bhaint amach san aisteoireacht agus go dtiocfaidh mo chairde chuig an bpictiúrlann chun mé a fheiceáil ar an scáileán mór. – *I hope to get a degree in acting and that my friends will come to the cinema to see me on the big screen.*

Ceisteanna agus freagraí don Bhéaltriail

1. An raibh tú ag an bpictiúrlann le déanaí?

   Bhí mé ag an bpictiúrlann cúpla uair chun mo scíth a ligean i mbliana. Chuaigh mé féin agus mo chairde ann agus bhaineamar an-taitneamh as an scannán a bhí ann.

   ## Freagra eile

   Ní raibh mé ag an bpictiúrlann le déanaí. **Chun an fhírinne a rá leat** *níl an t-am agam faoi láthair.*

2. Cén scannán atá feicthe agat le déanaí?

   Chonaic mé Dunkirk. Scannán iontach a bhí ann. **B'fhiú go mór é** *a fheiceáil ar an scáileán mór. Is scannán é atá bunaithe ar an Dara Cogadh Domhanda. Bhí na saighdiúirí sáinnithe in Dunkirk na Fraince gan bealach ar bith abhaile acu. Is scannán gan mórán cainte ann é ach tá an fuaimrian go hiontach ar fad chomh maith leis an aicsean ó na heitleáin agus na báid. Is iad Cillian Murphy, Harry Styles agus Tom Hardy príomhcharachtair an scannáin.*

   ## Freagra eile

   Ní raibh mé ag an bpictiúrlann le déanaí ach ba bhreá liom dul ann an tseachtain seo chun mo scíth a ligean i ndiaidh na scrúduithe seo. Bhí go leor ullmhúcháin idir lámha agam le cúpla seachtain anuas agus dá bhrí sin ní raibh an deis agam.

3. An bhféachann tú ar scannáin ar d'iFón nó ar ghléas leictreonach eile?

   Uaireanta féachaim ar scannán ar m'iFón nó ar mo tháibléid Samsung. Tá sé an-áisiúil agus is féidir liom luí ar mo leaba agus mo scíth a ligean gan cur isteach ar éinne.

4. Cén sórt scannán a thaitníonn leat?

   Taitníonn scannán de gach sórt liom ach **is aoibhinn liom** *scannáin ghrinn.* **Is maith liom** *scannáin ghrinn ar nós Bridesmaids, Borat agus The Young Offenders.*

5. Déan cur síos ar scannán a chonaic tú.

Chonaic mé an scannán *The Young Offenders*. Is coiméide é agus tá an scéal bunaithe ar bheirt déagóirí a gcónaíonn i gCorcaigh. Téann an bheirt acu ar thóir airgid agus tarlaíonn eachtraí an-ghreannmhar i rith an scannáin. Bhí mé sna trítha ag gáire agus bhain mé an-taitneamh go deo as.

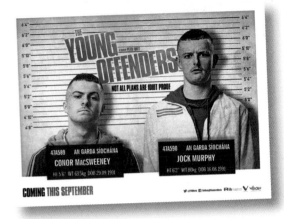

6. Cén t-aisteoir is fearr leat ó na scannáin? Cén fáth?

Is fearr liom Saoirse Ronan mar aisteoir. Is aisteoir den chéad scoth í agus is Éireannach í freisin. **Is maith liom** a pearsantacht ó na hagallimh atá déanta aici agus tugann sí inspioráid do dhéagóirí na hÉireann.

7. Cén stiúrthóir is fearr leat?

Is fearr liom James Cameron mar tá a chuid scannán go hiontach ar fad. Rinne sé scannáin ar nós *Avatar*, *Terminator* agus *Titanic*. Is as Ceanada dó agus is cosúil gur duine deas atá ann óna chuid agallamh. Tá aicsean agus fuinneamh ina chuid scannán. Ní chuirfidís i do chodladh thú.

8. An bhfuil tú ag tnúth le haon scannán ar leith?

Nílim ag tnúth le haon scannán ar leith faoi láthair. Bím ag faire ar na léirmheasanna agus ar na mírfhíseanna ar líne chun eolas a fháil faoi scannáin mhaithe.

9. An molfá dom aon scannán ar leith a fheiceáil?

Mholfainn duit cúpla scannán a fheiceáil, mar shampla, muna bhfuil siad feicthe agat, *Braveheart* agus *Brooklyn*. Is dóigh liom gurb iadsan na scannáin is fearr liom. An rud is tábhachtaí ná an seánra a thaitníonn leat féin.

Cuntais shamplacha

I. **Is maith liom** gach saghas scannán. Téim go dtí an phictiúrlann le mo chairde nuair a bhíonn an deis agam nó nuair a bhíonn sos uaim. Is é *Lady Bird* an scannán is fearr liom. Is í Christine 'Ladybird' McPherson an príomhcharachtar agus tá sí ina bliain dheireanach sa mheánscoil agus insíonn an scannán seo a scéal agus na heachtraí ar fad a tharlaíonn di. Is scéal é faoin gcaidreamh idir máthair agus iníon agus an bealach ina bhfásann an cailín óg seo aníos. Is coiméide é a scríobh Greta Gerwig agus is í Saoirse Ronan príomhcharachtar an scannáin. An fáth ar thaitin sé liom ná gur carachtar eisceachtúil í 'Ladybird' agus tá pearsantacht láidir aici agus ag a máthair agus tá na heachtraí a tharlaíonn do Ladybird an-ghreannmhar.

Freagra H1

 Obair bheirte

Cuir na ceisteanna seo ar a chéile.

1. An raibh tú ag an bpictiúrlann le déanaí?

2. Cén scannán atá feicthe agat le déanaí?

3. Cén t-aisteoir is fearr leat ó na scannáin? Cén fáth?

4. Cén stiúrthóir is fearr leat?

5. An molfá dom aon scannán ar leith a fheiceáil?

 Aistrigh na habairtí seo a leanas. Tá na habairtí sa roinn seo le cabhrú leat.

1. I have been at the cinema a few times this year to relax.

2. Irish directors are famous for movies. Neil Jordan won an Academy Award for the movie *The Crying Game*.

3. It was worthwhile seeing on the big screen.

4. Sometimes I watch movies on my iPhone or my Samsung tablet.

5. I wasn't at the cinema recently, but I would like to go there next week to relax after this exam.

6. Certain movies aren't suitable for children. Parents have to be careful that their children don't watch these movies.

7. I don't go to the cinema very often. The movies are all available online now.

8. I hope to get a degree in acting one day and that my friends will come to watch me on the big screen.

9. Saoirse Ronan is my favourite actor. She's a great actor and she is Irish as well. I like her personality.

_____

_____

10. I like all types of movies but I love comedy movies.

_____

Do chuid freagraí féin

1. An raibh tú ag an bpictiúrlann le déanaí?

_____

_____

_____

_____

2. Cén scannán atá feicthe agat le déanaí?

_____

_____

_____

_____

3. Cén t-aisteoir is fearr leat ó na scannáin? Cén fáth?

_____

_____

_____

_____

4. Cén stiúrthóir is fearr leat?

_____

_____

_____

_____

5. An molfá dom aon scannán ar leith a fheiceáil?

_____

_____

_____

Damhsa agus drámaíocht

Ábhar na roinne

ag déanamh damhsa

ag glacadh páirte i gcomórtais damhsa

ag freastal ar ranganna damhsa

ag déanamh ranganna drámaíochta

ag déanamh drámaíochta ar scoil

an drámadóir is fearr liom

Foclóir a bhaineann le damhsa agus drámaíocht

Aisteoireacht – *acting*

Amharclann – *theatre*

Bailé – *ballet*

Club drámaíochta – *drama club*

Cniogdhamhsa – *tap dancing*

Conradh – *contract*

Damhsa – *dancing*

Damhsa bálseomra – *ballroom dance*

Damhsa comhaimseartha – *modern dance*

Damhsa dioscó – *disco dancing*

Damhsa saorstíle – *freestyle dance*

Damhsa sráide – *street dance*

Damhsa traidisiúnta – *traditional dancing*

Damhsóir proifisiúnta – *professional dancer*

Dráma clasaiceach – *classical drama*

Drámadóir – *playwright*

Drámaíocht – *drama*

Drámaí nua-scríofa – *newly-written dramas*

Féinmhuinín – *self-confidence*

Greanndrámaíocht – *comic drama*

Hip-hap – *hip hop*

Réamhchleachtadh – *warm-up*

Salsa – *salsa*

Scríbhneoir – *writer*

Snagdhamhsa – *jazz*

Ticéad amharclainne – *theatre ticket*

Briathra

Chonaic mé – *I saw*

Chonaiceamar – *we saw*

Déanaim – *I do*

Déanaimid – *we do*

Deirtear – *it is said*

Freastalaím ar – *I attend*

Ghlac mé páirt – *I took part*

Glacaim – *I take part*

Léiríomar – *we staged* (taispeántas amharclanna)

Lorgóidh mé – *I will look for*

Ní rabhamar – *we weren't*

Ní raibh mé – *I wasn't*

Ní thaitníonn (liom) – *I don't like*

Níor ghlac – *I didn't* (take part)

Rachainn – *I would go*

Rinne mé – *I did*

Rinneamar – *we did*

Taitníonn (liom) – *I like*

Tugann sé – *it/he gives*

Ainmneacha briathartha

Ag aisteoireacht – *acting*

Ag cuardach oibre/rólanna – *searching for work/roles*

Ag damhsa – *dancing*

Ag dul amach – *going out*

Ag éisteacht – *listening*

Ag forbairt – *developing*

Ag freastal ar – *attending*

Ag gabháil le (damhsa) – *practising/capturing*

Ag glacadh páirte – *taking part*

Ag scríobh – *writing*

Leaganacha cainte

Glacaim páirt – *I take part*

Tá an-suim agam i – *I have a real interest in*

Níl aon suim agam – *I have no interest in*

Níl bealach níos fearr – *there isn't a better way*

Bíonn sé ar siúl – *it is on*

Tá fíorshuim agam i – *I have a huge interest in*

Deir mo mhúinteoir liom – *my teacher tells me*

Is dráma cáiliúil é – *it is a famous play*

Tá sé i gceist agam – *I intend to*

Is aoibhinn liom forbairt – *I love developing*

Tá dea-éifeacht aige – *it/he has a positive influence*

Ní féidir a shéanadh – *it cannot be denied*

Ba bhreá liom – *I would like*

Ó bhí mé an-óg – *since I was very young*

Damhsa

 Cleachtaí

Athscríobh an giota seo i do chóipleabhar agus roghnaigh an focal is fearr gach uair.

Focail le cur isteach: *bliain, damhsa, ghortaigh, chomórtais, cleachtadh, áitiúil, bealach, comhaimseartha*

Glacaim páirt i ranganna _____ go seachtainiúil. Is aoibhinn liom an damhsa

_____. Bíonn na ranganna ar siúl sa chlub óige _____ agus téim féin agus mo

chara Sarah ann. Is _____ deas é chun éalú ó strus na hArdteiste agus _____

coirp a dhéanamh. Ní ghlacaimid páirt in aon _____ mar níl an t-am againn. Cúpla

_____ ó shin ghlac mé páirt ann ach _____ mé mo ghlúin. Ó shin i leith ní

theastaíonn uaim páirt a ghlacadh.

Abairtí úsáideacha

1. Deirtear go dtugann scileanna damhsa an-fhéinmhuinín duit. – *It is said that dance skills give you a lot of self-confidence.*

2. Tá an damhsa go maith le haghaidh sláinte coirp. – *Dancing is good for a healthy body.*

3. Téann mo chuid cairde ar fad ag damhsa nuair a bhímid i gclub oíche. – *All of my friends go dancing when we are in a night club.*

4. **Ní féidir a shéanadh** ach go bhfuil damhsa Gaelach na hÉireann uathúil. – *It cannot be denied that Irish dancing is unique.*

5. Is cuid dár gcultúir, dár n-oidhreacht agus dár dtraidisiún í an damhsa Gaelach. – *Irish dancing is part of our culture, our heritage and our tradition.*

6. Taistealaíonn cara mo dheirféar timpeall an domhain ag gabháil den damhsa Gaelach. – *My sister's friend travels around the world doing Irish dancing.*

7. Chonaic mé tobshlua ag damhsa nuair a bhí mé ag aerfort na Sionainne um Nollaig. Tháinig daoine ó gach cearn den aerfort agus thosaigh siad ag damhsa le chéile. B'iontach an taispeántas a bhi ann. – *I saw a flashmob dancing once when I was in Shannon Airport at Christmas. People came from every corner of the airport and they started dancing together. It was an excellent display.*

8. Ba bhreá liom a bheith i mo dhamhsóir proifisiúnta amach anseo. – *I would like to be a professional dancer in the future.*

9. **Ó bhí mé an-óg** d'fhreastail mé ar ranganna damhsa. Thaitin sé go mór liom agus chuaigh mé chuig an-chuid comórtas. – *Since I was very young, I have attended dance classes. I really enjoyed it and I went to a lot of competitions.*

10. Chuamar chuig *Riverdance* anuraidh i mBaile Átha Cliath. Bhí sé iontach ar fad agus rachainn ann arís gan dabht chun é a fheiceáil. – *We went to* Riverdance *last year in Dublin. It was excellent and I would go back there again to see it.*

Ceisteanna agus freagraí don Bhéaltriail

1. An bhfuil suim agat sa damhsa?

   Tá an-suim agam sa damhsa. Táim ag dul chuig ranganna damhsa le blianta beaga anuas.

   ### Freagra eile
   Níl aon suim agam sa damhsa. Tá suim agam sa spórt, sa cheol agus i gcluichí ríomhairí.

2. Cén sórt damhsa a thaitníonn leat? Cén fáth?

   Taitníonn damhsa Gaelach liom. Táim ag gabháil don damhsa traidisiúnta le deich mbliana anuas. Tá sé mar aidhm agam dul ag damhsa go proifisiúnta i ndiaidh na hardteiste. Tá conradh sínithe agam le Lord of the Dance.

3. An bhfreastalaíonn tú ar ranganna damhsa? Cá ndéanann tú iad?

Freastalaím ar ranganna damhsa anseo i mBaile Átha Cliath. Bíonn na ranganna damhsa ar siúl gach Máirt, gach Céadaoin agus gach Aoine.

4. Ar ghlac tú páirt i gcomórtas damhsa riamh?

Glacaim páirt *i gcomórtais damhsa go minic. Tá sé mar chuid lárnach de mo shaol páirt a ghlacadh i gcomórtais damhsa thraidisiúnta. Anuraidh bhuaigh mé an chéad áit i bhFeis Chúige Laighean.*

Freagra eile

Níor ghlac mé páirt i gcomórtas damhsa riamh.

5. An ndéanann tú damhsa nuair a théann tú agus do chairde chuig dioscó? An maith leat damhsa dioscó?

Is aoibhinn liomsa dul chuig dioscónna le mo chairde agus déanaimid damhsa ann gan dabht. ***Níl bealach níos fearr*** *oíche Shathairn a chaitheamh ná dul chuig dioscó le do chairde. Ní rabhamar amuigh le chéile mar sin le cúpla seachtain ach nuair a bheidh na scrúduithe cainte thart beimid ag dul ag damhsa.*

Cuntais shamplacha

1. *Bíonn mo ranganna damhsa ar siúl dhá lá sa tseachtain ar an Déardaoin agus ar an Satharn. Is aoibhinn liom iad mar tugann siad sos dom ó bhrú na hArdteiste. Déanaimid réamhchleachtadh agus ansin tósnaíonn an rang. Bímid ag cleachtadh ar feadh uair go leith nó mar sin. Is faoiseamh den scoth é agus tá an damhsa chomh maith sin don chorp agus don intinn.* ***Tá sé i gceist agam*** *céim a dhéanamh sa damhsa agus b'fhéidir amach anseo go mbeidh mé ábalta obair a fháil sa réimse sin den tionscal siamsa le Michael Flatley agus Lord of the Dance nó ceann de na seónna sin.*

Freagra H1

 Obair bheirte

Cuir na ceisteanna seo ar a chéile.

1. An ndéanann tú damhsa? Inis dom mar gheall air.
2. Cén sórt damhsa a thaitníonn leat? Cén fáth?
3. An ndéanann tú ranganna damhsa? Cá ndéanann tú iad?
4. Ar ghlac tú páirt i gcomórtas damhsa riamh? Inis dom mar gheall air.
5. An ndéanann tú damhsa nuair a théann tú agus do chairde chuig dioscó? An maith leat damhsa dioscó?

Aistrigh na habairtí seo a leanas. Tá na habairtí sa roinn seo le cabhrú leat.

1. It is said that dancing skills give you a lot of confidence.

2. Dancing is good for a healthy body.

3. All my friends go dancing when we are in a nightclub.

4. My sister's friend travels around the world doing Irish dancing.

5. I would like to be a professional dancer in the future.

6. I have a great interest in dancing. I have been going to dancing classes for many years.

7. I never took part in a dancing competition.

8. There is nothing better than going to a disco with your friends on a Saturday night.

9. Last year, I won first place in the Leinster Feis.

10. It is a good release and dancing is good for the body and mind.

Do chuid freagraí féin

1. An ndéanann tú damhsa? Inis dom mar gheall air.

2. Cén sórt damhsa a thaitníonn leat? Cén fáth?

_____

_____

_____

3. An ndéanann tú ranganna damhsa? Cá ndéanann tú iad?

_____

_____

_____

4. Ar ghlac tú páirt i gcomórtas damhsa riamh? Inis dom mar gheall air.

_____

_____

_____

5. An ndéanann tú damhsa nuair a théann tú agus do chairde chuig dioscó? An maith leat damhsa dioscó?

_____

_____

_____

_____

Drámaíocht

Cleachtaí

Athscríobh an giota seo i do chóipleabhar agus roghnaigh an focal is fearr gach uair.

Focail le cur isteach: *mhúinteoir, drámaí, t-ábhar, amharclann, liom, maithe*

Is é an Béarla an _____ **is fearr liom** agus is aoibhinn _____ Shakespeare.

Deir mo _____ Béarla liom go bhfuil scileanna _____ scríbhneoireachta agam.

Téim chun _____ a fheiceáil san _____ áitiúil chomh minic agus is féidir liom.

Taitníonn an aisteoireacht go mór liom.

Abairtí úsáideacha

1. Tugann an drámaíocht léargas dúinn ar dhearcadh an drámadóra ar an saol. – *Drama gives us an insight into dramatist's outlook on life.*

2. Chonaiceamar *An Triail* san amarchlann an bhliain seo caite. Bhí sé go maith mar thug sé tuiscint dúinn ar shaol dorcha an ama sin. – *We saw* An Triail *in the theatre last year. It was nice because it gave us an understanding of the dark life of that time.*

3. D'fhéadfaí a rá go bhfuil an-chuid scríbhneoirí maithe in Éirinn. Is aoibhinn liom dul chun drámaí a fheiceáil agus taitneamh a bhaint as an aisteoireacht. – *One could say that there are many good writers in Ireland. I love to go to watch dramas and I enjoy watching acting.*

4. Rachainn chun dráma maith a fheiceáil go han-mhinic dá mbeadh an t-am agus an t-airgead agam. – *I would go to see a good drama more often if I had the time and the money.*

5. Táimid ag déanamh staidéir ar Shakespeare don Ardteist sa Bhéarla. Is maith liom é mar úsáideann sé friotal agus íomhánna atá thar cionn. – *We are studying Shakespeare for the Leaving Certificate in English. I like it because it uses expression and images that are excellent.*

6. Ní féidir a shéanadh ach go bhfuil drámaí ár linne an-mhaith don intinn. – *It cannot be denied that the plays of our time are very good for the mind.*

7. Is é Béarla an t-ábhar is fearr liom. Ba bhreá liom drámaí a scríobh sa todhchaí. – *English is my favourite subject. I would like to write plays in the future.*

8. Is dráma cáiliúil é an dráma _____. Chonaic mé ar líne é cúpla bliain ó shin. – _____ *is a very famous drama. I saw it online a few years ago.*

9. Ní maith liom drámaí ná drámaíocht. Táimid ag staidéar an iomarca drámaíochta sa scoil. – *I don't like plays or drama. We study too much drama in school.*

10. Deir mo mhúinteoir liom go bhfuil scileanna maithe scríbhneoireachta agam agus go mbeinn i mo scríbhneoir maith. Seans sa todhchaí go lorgóidh mé obair mar scríbhneoir. – *My teacher tells me that I have good writing skills and that I would be a good writer. Maybe in the future I will look for work as a writer.*

Ceisteanna agus freagraí don Bhéaltriail

1. An bhfuil suim agat sa drámaíocht?

   Tá fíorshuim agam sa drámaíocht. Is aoibhinn liom Béarla agus táimid ag cur eolais ar dhrámaí Shakespeare agus a leithéid faoi láthair.

Freagra eile

Níl aon suim agam sa drámaíocht. Is í an chuid den chúrsa Gaeilge agus Béarla nach bhfuil aon suim agam inti. Mar sin féin, is féidir leat go leor rudaí a fhoghlaim ón drámaíocht.

2. An ndéanann tú ranganna drámaíochta?

   Déanaim ranganna drámaíochta gach deireadh seachtaine.

Freagra eile

Ní dhéanaim agus níl aon suim agam ann i ndáiríre.

3. Cá mbíonn do chuid ranganna drámaíochta ar siúl?

   Bíonn siad ar siúl san amharclann áitiúil. Is sean amharclann í agus bíonn sé fuar ann i gcónaí. Mar sin féin bainim an-sult as bualadh le mo chairde agus bíonn an-chraic againn ann freisin.

4. An bhfuil club drámaíochta sa scoil seo?

   Níl aon chlub drámaíochta sa scoil ach nuair a bhíomar sa cheathrú bliain rinneamar ceoldráma darbh ainm Grease.

5. An ndearna sibh *An Triail* don Ardteist? Cén tuairim atá agat faoi?

   Rinneamar An Triail le Máiréad Ní Ghráda. Is dóigh liom gur scéal truamhéileach atá sa dráma. Léiríonn sé saol cailín óig shingil atá torrach in Éirinn sna seascaidí. Is léir nach mbíodh cothrom na Féinne á fháil ag cailíní an ama seo agus go dtugtaí drochíde dóibh. Is dráma dea-scríofa, nua-aimseartha é. Chonaiceamar an dráma á léiriú ag comhlacht drámaíochta, Fíbín, san amharclann i mí Dheireadh Fómhair na bliana seo caite. Bhí an aisteoireacht thar barr agus bhí an-bheocht ar fad sa dráma.

6. Cén dráma is fearr leat?

   Is é The Field le John B. Keane an dráma is fearr liom. Sílim gur dramadóir den chéad scoth ab ea fear Lios Tuathail. Sílim go nochtann J.B. Keane go rímhaith an dearcadh a bhí ag muintir na tuaithe i leith úinéireacht na talún.

Cuntais shamplacha

CD 1
Rian
16

Déanaim dráma le mo ghrúpa drámaíochta áitiúil. Gach aon bhliain cuirimid dráma difriúil ar an stáitse. Tá mo chlann ar fad páirteach ann, tá sé sna cnámha ionainn, mar a déarfá. Léiríomar Dancing at Lughnasa le Brian Friel agus tá The Playboy of the Western World le John Millington Synge léirithe againn freisin. Is breá liom a bheith ar an stáitse agus tugann drámaíocht an-chuid féinmhuiníne duit agus tú ag forbairt mar dhuine.

 Obair bheirte

Cuir na ceisteanna seo ar a chéile.

1. An bhfuil suim agat sa drámaíocht?

2. An bhfreastalaíonn tú ar ranganna drámaíochta?

3. An bhfuil club drámaíochta sa scoil seo?

4. An gcuireann an scoil seo drámaí ar stáitse?

5. Cén dráma is fearr leat?

Aistrigh na habairtí seo a leanas. Tá na habairtí sa roinn seo le cabhrú leat.

1. Drama gives us an insight into the dramatist's outlook on life.

2. English is my favourite subject. I would like to write plays in the future.

3. I don't like plays or dramas. We are studying too many plays in school.

4. We studied *An Triail* by Máiréad Ní Ghráda. I think that the play tells a tragic story.

5. You could say that we have great writers here in Ireland.

6. My teacher tells me that I have great writing skills and that I would be a great writer.

7. I have a keen interest in drama.

8. I would go to see plays every weekend if I had the time and the money.

9. There is no drama club in the school, but when we were in fourth year we performed a musical called *Grease*.

10. I love to be on stage and drama gives you a lot of self-confidence as you develop as a person.

Do chuid freagraí féin

1. An bhfuil suim agat sa drámaíocht?

2. An ndéanann tú ranganna drámaíochta?

3. An bhfuil club drámaíochta sa scoil seo?

4. An gcuireann an scoil seo drámaí ar stáitse?

5. Cén dráma is fearr leat?

Cluichí ar líne agus cluichí ríomhaireachta

Ábhar na roinne

an cluiche ríomhaireachta is fearr liom

ag imirt cluichí ríomhaireachta ar líne agus ar mo ríomhaire féin sa bhaile

Foclóir a bhaineann le cluichí ar líne agus cluichí rómhaireachta

Ar líne – *online*

Carachtair – *characters*

Cluiche aicsin – *action game*

Cluiche cogaidh – *war game*

Cluiche dornálaíochta – *boxing game*

Cluiche eachtraíochta – *adventure game*

Cluiche ríomhaireachta – *computer game*

Cluiche sacair – *soccer game*

Cluiche spóirt – *sports game*

Cluiche spraíúil – *fun game*

Cluiche tiomána – *car game*

Cluiche tógála – *building game*

Cluichí ar-líne – *online games*

Consól – *console*

Duaiseanna – *prizes*

Leathanbhanda – *broadband*

Nasctha – *connected*

Nasctha leis – *connected with/to*

Ríomhaire glúine – *laptop*

Ríomhaire pearsanta – *personal computer*

Ríomhchláraitheoirí – *programmers*

Suíomh idirlín – *website*

Briathra

Beidh mé/ní bheidh mé – *I will/I won't*

Caithfidh mé – *I must*

Cosnaíonn sé – *it/he costs*

Deirtear – *it is said*

D'imir mé – *I played*

Imrím – *I play*

Imrímid – *we play*

Imríonn siad – *they play*

Imrítear – *it is played*

Measaim – *I think*

Tagann siad – *they come*

Ainmneacha briathartha

Ag baint taitnimh as – *enjoying*

Ag brath ar – *depending on*

Ag dul ar líne – *going online*

Ag fás – *growing*

Ag féachaint – *watching*

Ag imirt cluichí – *playing*

Ag mothú – *feeling*

Ag roghnú – *choosing*

Ag scríobh cóid – *writing code*

Leaganacha cainte

Is fearr liom – *I prefer*

Is maith liom – *I like*

Is aoibhinn liom – *I really like*

Is féidir leat – *you can*

Ba bhreá liom a bheith – *I would like to*

Ní féidir a shéanadh ach – *there is no doubt but*

D'fhéadfá a rá go bhfuil – *one (you) could say*

Tá spraoi le baint astu – *it can be enjoyed*

Ach go háirithe – *especially*

Cleachtaí

Athscríobh an giota seo i do chóipleabhar agus roghnaigh an focal is fearr gach uair.

Focail le cur isteach: *imrím, ríomhaireachta, láthair, mórán, thuismitheoirí*

_____ go leor cluichí ríomhaireachta. Is aoibhinn liom FIFA Sacar agus Mortal Kombat.

Imrím cluichí _____ ar líne in aghaidh daoine ó thíortha eile. Is féidir dul ar líne agus

uaireanta an chloig a chaitheamh ag imirt cluichí. Faoi _____ táim ag staidéar go dian agus

níl _____ ama agam cluichí ríomhaireachta a imirt. Ní ligeann mo _____ dom

an consól a bheith agam i mo sheomra leapa a thuilleadh.

Abairtí úsáideacha

1. **Ní féidir a shéanadh ach** go bhfuil an-chuid daoine ag imirt cluichí ríomhaireachta anois ar líne nó ar a gconsól féin sa bhaile. – *It cannot be denied that many people are playing computer games online or on their own consoles at home.*

2. Déanann leithéidí Microsoft an-bhrabús as a gcuid consól a dhíol. – *The likes of Microsoft make a lot of profitable consoles.*

3. Is bealach deas é chun do scíth a ligean agus ní gá ach dul go dtí do sheomra suí. Is féidir cluichí a imirt ar do leaba féin má tá teilifíseán nó ríomhaire agat i do sheomra féin. – *It is a nice way to relax and you don't have to leave your own room. You can play a game on your bed if you have a television or computer in your own room.*

4. Tá na consóil agus na cluichí an-chostasach agus is minic a iarraim ar mo thuistí iad a fháil dom mar bhronntanas do mo bhreithlá. – *The consoles and the games are very expensive, and I often ask my parents to get them as presents for my birthday.*

5. **D'fhéadfá a rá go bhfuil** an margadh seo ag fás le fiche bliain anuas. Imrítear cluichí ríomhaireachta ar fud an domhain anois. – *You could say that this market has been growing for the last twenty years. Computer games are played around the world now.*

6. **Ba bhreá liom a bheith** i mo ríomhchlártheoir amach anseo. D'fhéadfainn cluichí a chruthú agus taitneamh a bhaint as carachtair agus suíomhanna do chluichí a fhorbairt. – *I would love to be a computer programmer in the future. I could create games and I could enjoy developing characters and sites for games.*

7. Imríonn mo chairde an-chuid cluichí. Bainim an-taitneamh as imirt ina gcoinne. – *My friends play lots of games. I really enjoy playing against them.*

8. Gan dabht tá buntáistí agus míbhuntáistí ag baint le cluichí ar líne agus cluichí ríomhaireachta. Tá spraoi le baint astu ach ní maith an rud é a bheith ag féachaint ar do ríomhaire glúine nó ar an teilifíseán ar feadh tamaill fhada. – *Without doubt there are advantages and disadvantages of playing games online and on computers. You can enjoy them, but it is not a good thing to be on your laptop or on the television for a long time.*

9. Measann daoine áirithe go mbíonn drochthionchar ag cluichí ríomhaireachta ar an duine mar nach gcabhraíonn siad lena scileanna sóisialta. – *Certain people think that computer games have a bad influence on a person and that they don't develop their social skills.*

10. Tá cluichí siamsaíochta ar nós FIFA Sacar an-spraíúil. **Is aoibhinn liom** cluichí ríomhaireachta agus an PlayStation go háirithe. – *Games like FIFA Soccer are great fun. I love computer games, especially the PlayStation.*

Ceisteanna agus freagraí don Bhéaltriail

1. An maith leat cluichí ríomhaireachta a imirt? An maith leat cluichí ar líne a imirt?

   Is aoibhinn liom cluichí ríomhaireachta a imirt. Aon am atá le sparáil agam bím ar an Playstation/Xbox/ag imirt cluichí aicsin air. Is é an cluiche is fearr liom ná FIFA 2018. Is féidir leat do rogha imreoir a phiocadh agus ansin imirt in aghaidh foirne éagsúla ar fud an domhain. Is maith liom imirt ar líne freisin agus tagann mo chairde chuig mo theach chun imirt liom nó uaireanta téim chucusan.

   ## Freagra eile

   Is maith liom cluichí ríomhaireachta a imirt ach níl an t-am agam faoi láthair. Nuair a bheidh mé saor i rith an tsamhraidh beidh mé ag imirt cluichí go laethúil.

2. An ndéanann tú cluichíocht ar-líne nó an fearr leat, mar shampla, imirt ar an X-box?

   Is fearr liom cluichí a imirt ar líne. Is féidir leat imirt aon uair is miain leat fiú ar do bhealach abhaile ón scoil ar an mbus

3. Cén cluiche is fearr leat?

   Is fearr liom cluiche sacair. Is duine mór spóirt mé agus is faoiseamh é ó na leabhair faoi láthair.

4. An imríonn tú le do chairde?

   Imrím le mo chairde ar líne. Tá suíomhanna idirlín saor in aisce ar fáil. Is féidir leat dul ar líne agus taitneamh a bhaint as cluichí éagsúla gan aon airgead a íoc.

   ## Freagra eile

   Tagann mo chairde chuig mo theach agus imrímid ar mo ríomhaire glúine féin.

5. Cé mhéad a chosnaíonn gnáthchluiche ríomhaireachta?

   Cosnaíonn gnáthchluiche ríomhaireachta idir fiche agus caoga euro. Braitheann sé go huile is go hiomlán ar an gcluiche.

Cuntais shamplacha

1. *Imrím cluichí ar an ríomhaire le mo dheartháir.* **Is fearr liom** *cluichí dornálaíochta a imirt leis.* **Is maith liom** *an t-aicsean agus an chraic a bhaineann le cluichí a imirt. Ní maith le mo thuismitheoirí nuair a bhímid ag argóint maidir le cluichí ríomhaireachta ach sin mar atá sa teach seo againne. Ó am go ham téim ar líne chun cluichí a imirt in aghaidh daoine ó áiteanna eile. Is féidir leat duaiseanna a bhuachaint ar nós an chluiche is déanaí nó b'fhéidir consól nua.*

Freagra H3

 Obair bheirte

Cuir na ceisteanna seo ar a chéile.

1. An maith leat cluichí ríomhaireachta?
2. An ndéanann tú cluichaíocht ar-líne nó an fearr leat, mar shampla, imirt ar an Xbox?
3. Cén cluiche is fearr leat?
4. An imríonn tú le do chairde?
5. An molfá dom aon chluiche ar leith a cheannach faoi láthair?

 Aistrigh na habairtí seo a leanas. Tá na habairtí sa roinn seo le cabhrú leat.

1. I really like to play computer games.

2. My friends come to my house and we play on my laptop.

3. It cannot be denied that there are a lot of people who play computer games now online or on their own consoles at home.

4. My friends play a lot of games. I enjoy playing against them.

5. Without doubt, there are advantages and disadvantages to playing games online and playing computer games.

6. There are websites where you can play computer games free of charge.

_____

_____

7. Some people think that computer games have a bad influence on people because they don't help their social skills.

_____

_____

8. I love computer games and _____ in particular.

_____

9. An ordinary computer game costs between €20 and €50.

_____

10. You can win prizes like the latest game or maybe a console.

_____

_____

Do chuid freagraí féin

1. An maith leat cluichí ríomhaireachta?

_____

_____

_____

_____

2. An ndéanann tú cluichaíocht ar-líne nó an fearr leat, mar shampla, imirt ar an Xbox?

_____

_____

_____

_____

_____

3. Cén cluiche is fearr leat?

_____

_____

_____

_____

4. An imríonn tú le do chairde?

_____

_____

_____

_____

5. An molfá dom aon chluiche ar leith a cheannach faoi láthair?

_____

_____

_____

_____

Siopadóireacht agus faisean

Ábhar na roinne

na héadaí is fearr liom

na héadaí nach maith liom

an cineál siopadóireacht is fearr liom

na siopaí is fearr liom

Bróga

Bróga dinge – _wedge shoes (wedges)_

Bróga ísle – _flat shoes (flats)_

Bróga leathair – _leather shoes_

Bróga nua – _new shoes_

Bróga peile – _football shoes_

Bróga siúil – _walking shoes_

Bróga svaeide – _suede shoes_

Buataisí leathair – _leather boots_

Buataisí rubair – _wellingtons_

Buataisí sléibhe – _hiking boots_

Cuaráin – _sandals_

Sála arda – _high heels_

Slipéir – _slippers_

Stílíní – _stilettoes_

Éadaí

Bréidín – *tweed*

Cadás – *cotton*

Cairdeagan – *cardigan*

Clóca – *cloak*

Cóta fionnaidh – *fur coat*

Éadaí síoda – *silk fabrics*

Fabraic – *fabric*

Fionnadh – *fur*

Geansaí olla – *woollen jumper*

Gúna – *dress*

Lámhainn – *glove*

Lása – *lace*

Leathar – *leather*

Léine chadáis – *cotton shirt*

Níolón – *nylon*

Olann – *wool*

Pitseámaí – *pyjamas*

Ribíní sróil – *satin ribbons*

Sciorta – *skirt*

Sciorta bréidín – *tweed skirt*

Seaicéad leathair – *leather jacket*

Síoda – *silk*

Sról – *satin*

Stocaí níolóin – *nylon stockings*

T-léine – *t-shirt*

Dathanna

Bán – *white*

Bándearg – *pink*

Buí – *yellow*

Corcra – *purple*

Dath an airgid – *silver coloured*

Dath an óir – *gold coloured*

Dath cré-umha – *bronze coloured*

Dearg – *red*

Donn – *brown*

Dubh – *black*

Dúghorm – *navy*

Fionn – *fair*

Glas – *green*

Gorm – *blue*

Ildaite – *multicoloured*

Liath – *grey*

Ómra – *amber*

Oráiste – *orange*

Órga – *golden*

Uaine – *(vivid) green*

Foclóir a bhaineann le héadaí agus cúrsaí faisin

Báisteachdhíonach – *rainproof*

Buanfasach – *hard wearing*

Buidéal cumhráin – *a bottle of perfume*

Ceannródaí faisin – *fashion trendsetter*

Cláir theilifíse faisin – *fashion television programmes*

Cochall – *hooded*

Compordach – *comfortable*

Cumhrán – *perfume*

Dea-ghléasta – *nicely dressed*

Dearbhán – *voucher*

Díolachán – *sale*

Éadaí faiseanta – *fashionable clothes*

Laghdú – *reduction*

Lánfhada – *full length*

Lascaine – *discount*

Mainicín – *model*

Míchompordach – *uncomfortable*

Muineál oscailte – *open-necked shirt*

Neamhfhaiseanta – *unfashionable*

Neamhfhoirmeálta – *informal*

Oiriúnach – *suitable*

Saincheaptha – *made-to-measure*

Scaoilte – *baggy*

Smideadh – *make-up*

Éadaí neamhfhoirmiúla – *casual wear*	Sínteach/Feiliúnach – *stretchy*
Foirmeálta – *formal*	Slachtmhar – *tidy*
Gearrtha go híseal – *low cut*	Spórtúil – *sporty*
Glioscarnach – *glitter*	Stíl – *style*
Go glúine – *knee-length*	Teolaí – *snug*

Seodra

Bráisléad – *bracelet/bangle*	Fáinne óir – *gold ring*
Bráisléad murnáin – *anklet*	Fáinne pósta – *wedding ring*
Bróiste – *brooch*	Fáisceán gruaige – *hair clip/slide/barrette*
Bróiste na Teamhrach – *Tara Brooch*	Loicéad – *locket*
Búcla creasa – *belt buckle*	Lúibín cufa – *cufflink*
Coirnín – *beads*	Muince ghéige – *armlet*
Fáinne airgid – *silver ring*	Muince óir – *gold necklace*
Fáinne cluaise – *earring*	Ór – *gold*
Fáinne gealltanais – *engagement ring*	Slabhra airgid – *silver chain*
Fáinne laidhre – *toe ring*	

Briathra

Bainim sult (as) – *I enjoy*	Chuamar – *we went*
Caithim – *I spend/I wear*	Taitníonn sé liom – *I enjoy it*
Ceannaím – *I buy*	Téim – *I go*
Cheannaigh mé – *I bought*	Thaitin sé liom – *I enjoyed it*
Cheannaíomar – *we bought*	Úsáidtear – *it is used*
Chuaigh mé – *I went*	

Ainmneacha briathartha

Ag baint taitnimh as – *enjoying*	Ag ceannach ar líne – *buying online*
Ag ceannach – *buying*	Ag ceannach ar m'fhón póca – *buying on my phone*

Leaganacha cainte

Is aoibhinn liom faisean/Tá an-dúil agam san fhaisean – *I love fashion*

Ní féidir a shéanadh – *it cannot be denied*

Ba bhreá liom – *I would like*

Mar sin féin – *having said that*

Dá bhrí sin – *because of that*

Ó am go ham – *from time to time*

Cleachtaí

Athscríobh an giota seo i do chóipleabhar agus roghnaigh an focal is fearr gach uair.

Focail le cur isteach: *chaitheamh, fhaisean, scoil, mbliana, déanaí*

Tá an-dúil agam san _____. Bím ar shuíomhanna idirlín ar nós prettylittlething.com

agus is maith liom am a chaitheamh ag féachaint ar an bhfaisean is _____. Is breá liom

m'éadaí féin a _____. B'aoibhinn liom dá mbeimís in ann ár n-éadaí féin a chaitheamh

ar _____. **Ó am go ham** féachaim ar an bhfaisean is déanaí ar an teilifís ach ní minic a

bhíonn sin ar siúl agam i _____.

Abairtí úsáideacha

1. Tá éadaí deasa agus éadaí faiseanta tábhachtach don áos óg. – *Nice fashionable clothes are important for young people.*

2. Is breá liom éadaí nua compordacha a cheannach. – *I love to buy new comfortable clothes.*

3. Fuair mé seodra deas ó mo mháthair anuraidh do mo bhreithlá. – *I got nice jewellery from my mother for my birthday.*

4. Is minic a chaithim an deireadh seachtaine ag siúl trí shiopaí i lár na cathrach ag féachaint ar an bhfaisean is déanaí. – *I often spend the weekend walking through shops in the city centre looking at the latest fashion.*

5. Is aoibhinn le mo chairde gach cineál seodra. – *My friends like every type of jewellery.*

Ceisteanna agus freagraí don Bhéaltriail

1. An maith leat an tsiopadóireacht?

   Tá an-dúil agam san fhaisean. *Is aoibhinn liom dul amach le mo chairde ag an deireadh seachtaine chun féachaint ar na héadaí is déanaí atá ar fáil sna siopaí.*

   ### Freagraí eile

   - *Ní maith liom siopadóireacht chun an fhírinne a rá. Is maith liom cúrsaí faisin agus mar sin de agus ní foláir domsa agus do gach déagóir a bheith gléasta go deas.*

   - *Caithim éadaí compordacha an chuid is mó den am ach is maith liom éadaí faiseanta a chaitheamh ó am go ham.*

2. **An bhfuil spéis agat in éadaí faiseanta? An maith leat cúrsaí faisin?**

   Is aoibhinn liom éadaí faiseanta agus cúrsaí faisin. Féachaim ar shuíomhanna idirlín a bhaineann le faisean agus bím i gcónaí ag labhairt le mo chairde mar gheall ar an bhfaisean is déanaí. Tá éadaí agam do gach aon séasúr. Is breá liom m'éadaí samhraidh mar is féidir liom sciortaí gearra a chaitheamh chomh maith le t-léinte agus bróga reatha.

3. **An bhfuil stíl ghruaige ann a thaitníonn leat?**

   Níl stíl ghruaige ar leith a thaitníonn liom. Sílim gurb é an rud is tábhachtaí ná go bhfuil tú sásta le do chuid gruaige féin.

4. **Cén áit a gceannaíonn tú do chuid éadaigh?**

   Céanaím mo chuid éadaigh i siopaí éagsúla ar nós Penneys, Dunnes, TK Maxx agus New Look. Is breá liom dul ag siopadóireacht nuair atá na díolacháin ar siúl ionas gur féidir linn margaí maithe a fháil.

5. **An maith leat seodra?**

   Is maith liom seodra. Tá an-chuid seodra ag mo mháthair agus caitheann sí é aon uair a bhíonn cóisir chlainne againn. Caithim bráisléad murnáin, fáinní cluaise, fáinne laidhre agus muince óir aon uair a fhaighim an deis. Sílim go bhfuil seodra go deas ar chailíní.

   Freagra H3

6. **Cad a mholfá d'éinne atá ag lorg éadaí maithe?**

   Mholfainn d'éinne dul ag siopadóireacht nuair a bhíonn na díolacháin ar siúl. Sílim go bhfuil amanna maithe agus drochamanna le héadaí agus mar sin de a cheannach. An dara rud a mholfainn ná do chara a bheith leat ionas go mbeidh comhairle agat agus tú ag ceannach éadaí – is pointe an-tábhachtach é sin. An tríú rud a mholfainn d'éinne ná margadh a lorg ón gcúntóir díolacháin. Is minic a mbíonn siad sásta lascaine a thabhairt don chustaiméar.

   Freagra H1

   ### Freagra eile

   Ní bheadh aon mholtaí agam don duine sin seachas a bheith cinnte go gceannaíonn sé/sí an rud is fearr leis/léi sa siopa.

Cuntais shamplacha

1. **Is aoibhinn liom** *cúrsaí faisin. Bím ag féachaint ar chláir theilifíse faisin gach uair a bhíonn siad ar an teilifís. Téim ag siopadóireacht aon uair a fhaighim an deis chun an fhírinne a rá.* **Is aoibhinn liom** *éadaí daora ach is minic nach mbíonn an t-airgead agam na cineálacha éadaí sin a cheannach.* **Dá bhrí sin**, *téim go dtí Penneys agus siopaí cosúil leis sin chun mo sciortaí agus éadaí eile a cheannach.*

2. *Ó am go ham,* téim ar líne chun féachaint ar conas smideadh a chur orm nó b'fhéidir an faisean is déanaí a fheiceáil. Tá cainéil ar Youtube agus is féidir leat féachaint orthu chun teacht ar an bhfaisean is déanaí agus aon rud atá nua i dtéarmaí faisin.

Freagra H3

 ## Obair bheirte

Cuir na ceisteanna seo ar a chéile.

1. An maith leat an tsiopadóireacht?

2. An bhfuil spéis agat in éadaí faiseanta? An maith leat cúrsaí faisin?

3. An bhfuil stíl ghruaige ar leith ann a thaitníonn leat?

4. Cén áit a gceannaíonn tú do chuid éadaigh?

5. An bhféachann tú ar chláir theilifíse faisin?

6. An maith leat seodra?

7. Cad a mholfá d'éinne atá ag lorg éadaí maithe?

 ## Aistrigh na habairtí seo a leanas. Tá na habairtí sa roinn seo le cabhrú leat.

1. Most of the time I wear comfortable clothes, but I like to wear fashionable clothes from time to time.

_____

_____

2. I look at fashion websites and I'm always talking to my friends about the latest fashions.

_____

_____

3. I like to go shopping when the sales are on so that we can get good deals.

_____

_____

4. I wear an anklet, earrings, toe ring and a gold necklace any chance I get.

_____

_____

5. I would recommend to anyone to go shopping when the sales are on.

_____

_____

 Do chuid freagraí féin

1. An maith leat an tsiopadóireacht?

_____

_____

_____

2. An bhfuil spéis agat in éadaí faiseanta? An maith leat cúrsaí faisin?

_____

_____

_____

3. Cén áit a gceannaíonn tú do chuid éadaigh?

_____

_____

_____

4. An bhféachann tú ar chláir theilifíse faisin?

_____

_____

_____

5. An maith leat seodra?

_____

_____

_____

6 Saol an Dalta Tar Éis na Scoile

Ábhar na caibidle

i ndiaidh na hArdteiste: ollscoil, céim, ceadúnas tiomána

obair: printíseachtaí, saghas post, tréithe an duine don obair

Foclóir a bhaineann le saol an dalta tar éis na scoile

Abhcóide – *barrister*

Aeróstach – *flight attendant*

Ailtire – *architect*

Altra – *nurse*

Amhránaí – *singer*

Aturnae – *attorney*

Báicéir – *baker*

Breitheamh – *judge*

Búistéir – *butcher*

Bunmhúinteoir – *primary teacher*

Ceoltóir – *musician*

Cláraitheoir ríomhaire – *computer programmer*

Cócaire – *cook*

Cuntasóir – *accountant*

Imreoir rugbaí gairmiúil – *professional rugby player*

Imreoir sacair gairmiúil – *professional soccer player*

Innealtóir – *engineer*

Iriseoir – *journalist*

Leabharlannaí – *librarian*

Leictreoir – *electrician*

Máinlia – *surgeon*

Meicneoir – *mechanic*

Moltóir/Réiteoir – *referee*

Múinteoir – *teacher*

Oibrí sóisialta – *social worker*

Píolóta – *pilot*

Pluiméir – *plumber*

Poitigéir – *pharmacist*

Dearthóir – *designer*

Dlíodóir – *solicitor*

Dochtúir – *doctor*

Ealaíontóir – *artist*

Eolaí – *scientist*

Feirmeoir – *farmer*

Fiaclóir – *dentist*

Fisiteiripeoir – *physiotherapist*

Garda – *Garda*

Garraíodóir – *gardener*

Gréasaí – *shoemaker*

Gruagaire – *hairdresser*

Iascaire – *fisherman*

Polaiteoir – *politician*

Rinceoir – *dancer*

Rúnaí – *secretary*

Saighdiúir – *soldier*

Síceolaí – *psychologist*

Siopadóir – *shopper*

Siúinéir – *carpenter*

Slí bheatha – *livelihood (job)*

Socheolaí – *sociologist*

Teicneoir – *technician*

Tiománaí bus/tacsaí – *bus/taxi driver*

Tréidlia – *vet*

Briathra

Bheadh/ní bheadh – *there wouldn't be/there would be*

Bheartaigh mé – *I decided*

Déanaim – *I do*

Déanfaidh mé – *I will do*

Leanfaidh mé – *I will continue*

Mairfidh sé – *it/he will last*

Ní thuigeann/tuigeann siad – *they don't/do understand*

Sílim/ceapaim/i mo thuairim – *I think*

Teastaíonn uaim – *I want*

Tuilleann sé/sé – *he/she earns*

Ainmneacha briathartha

Ag baint leis – *connected with*

Ag brath ar – *depending on*

Ag cabhrú – *helping*

Ag cócaireacht – *cooking*

Ag cuidiú le – *helping*

Ag cur – *putting*

Ag cur brící ar bhrící – *putting bricks on bricks*

Ag déanamh – *doing*

Ag iarraidh – *wanting*

Ag mothú – *feeling*

Ag obair – *working*

Ag plé – *discussing*

Ag smaoineamh – *thinking*

Ag súil le – *looking forward to*

Ag tarlú – *happening*

Ag teastáil uaim – *needed by me*

Ag tógaint/ag tógáil – *taking*

Ag ullmhú – *preparing*

Leaganacha cainte

Táim ag súil le _____ a dhéanamh – *I hope to do _____*

Ba mhaith liom a bheith i mo – *I would like to be a*

Ba bhreá liom dul go – *I would like to go to*

Is aoibhinn liom a bheith ag obair le – *I love to work with*

Níl dabht ar bith faoi – *there is no doubt*

Tá sé ar intinn agam – *I intend to*

Nílim in ann fanacht – *I can't wait for*

Is ceist mhaith í sin – *that is a good question*

Is iad na buntáistí a bhaineann leis an bpost sin ná – *the advantages of the job are*

An rud is suntasaí sa saol ná – *the most enjoyable thing in life is*

Chun an fhírinne a rá – *to tell the truth*

 ## Cleachtaí

Athscríobh an giota seo i do chóipleabhar agus roghnaigh an focal is fearr gach uair.

Focail le cur isteach: *mhúinteoir, gcrann, amach, Choláiste, dícheallach, pointe, óga, dhaid*

Ba mhaith liom a bheith i mo _____. Is múinteoir é mo _____ agus mar a

deir an seanfhocal ní thiteann an t-úll i bhfad ón _____. Is maith liom a bheith ag cabhrú le

daoine _____. Beidh orm céim cheithre bliana a dhéanamh agus tá súil agam freastal

ar _____ Phádraig i nDroim Conrach chun an chéim a bhaint _____.

Tá ceithre chéad ochtó _____ ag teastáil uaim agus táim ag staidéar go dian

_____ faoi láthair chun na pointí sin a bhaint amach.

Abairtí úsáideacha

1. **Chun an fhírinne a rá leat nílim cinnte cad ba mhaith liom a dhéanamh an bhliain seo chugainn.** – *To tell the truth I'm not sure what I want to do next year.*

2. Deir mo mháthair liom go mbeinn i m'altra maith. – *My mother tells me that I would make a good nurse.*

3. Is maith liom spórt agus mar sin b'fhéidir go ndéanfainn cúrsa sa spórt. – *I like sport and therefore I might do a course in sport.*

4. Bheartaigh mé iarratas a chur isteach chuig na hInstitiúidí Teicneolaíochta mar tá rogha leathan cúrsaí ar fáil sna coláistí seo. – *I decided to apply to the Institutes of Technology because there are many courses available in these colleges.*

5. An rud atá uaim ná céim a bhaint amach agus ansin is dóigh liom go rachaidh mé thar lear le mo chairde. – *What I want to do is get a degree and then I think I will go abroad with my friends.*

6. Deir mo mhúinteoir liom go mbeinn i mo bhunmhúinteoir iontach agus gur fiú dom dul sa treo sin. – *My teacher tells me that I would be an excellent primary school teacher and that it is worthwhile pursuing this.*

7. Deir mo dheartháireacha/mo dheirfiúracha liom gur fearr do dhuine taisteal timpeall an domhain agus taitneamh a bhaint as an saol seachas céim a dhéanamh díreach anois. – *My sisters/brothers tell me that it is better to travel around the world and to enjoy life rather than to get a degree straight away.*

8. Níor mhaith liom dul thar sáile mar tá mo chairde ar fad anseo agus bheinn lánsásta mo shaol a chaitheamh anseo in Éirinn. – *I don't want to go abroad because all of my friends are here and I would be happy to spend my life here in Ireland.*

9. Mar a deir an seanfhocal, 'Tús maith leat na hoibre'. Dá bhrí sin tuigim go maith an tábhacht a bhaineann le hobair dhian a dhéanamh faoi láthair. – *As the proverb says, 'A good start is half the battle'. Therefore, I understand the importance of doing hard work now.*

10. Cuireann roinnt daltaí am amú san Ardteist ach ní hamhlaidh atá an scéal liomsa. – *Many students waste time doing the Leaving Certificate but I'm not like that.*

Ceisteanna agus freagraí don Bhéaltriail

1. Cad a dhéanfaidh tú i ndiaidh na hArdteiste? Cén tslí bheatha atá ar intinn agat? Cén jab atá uait sa todhchaí?

   Níl a fhios agam go fóill ach **tá sé ar intinn agam** *céim a dhéanamh pé scéal é.*

   ## Freagraí eile

   - *Nílim céad faoin gcéad cinnte ach ba bhreá liom cuntasaíocht a dhéanamh.*

   - **Chun an fhírinne a rá** *níl a fhios agam cad ba mhaith liom a dhéanamh.*

   - *Ba bhreá liom a bheith i mo bhunmhúinteoir/ mhúinteoir Béarla/Gaeilge.*

   Leid

   mo + a = m'a

   Mar shampla:
   m'ailtire
   m'altra
   m'amhránaí

2. Cén fáth ar mhaith leat an post sin?

   Is ceist mhaith í sin. *Níl a fhios agam go fóill.*

   ## Freagraí eile

   - *Ba mhaith liom a bheith i mo _____ mar is post suimiúil, dúshlánach, taithneamhach é. Deirtear gurb é sin an rud is tábhachtaí sa saol, taitneamh a bhaint as d'obair laethúil.*

   - *Is aoibhinn liom a bheith ag obair le páistí agus is bunmhúinteoir í mo mham agus bhí sé i gcónaí i gceist agam oibriú mar bhunmhúinteoir.*

   - *Is feirmeoir é mo dhaid agus* **tá sé ar intinn agam** *le fada an lá dul agus Teastas Glas a dhéanamh san fheirmeoireacht. Ba mhaith liom a bheith ag obair le hainmhithe.*

- Ba mhaith liom a bheith ag obair le fíricí, is aoibhinn liom mata agus cuntasaíocht mar tagann siad go réidh chugam.

- Ba mhaith liom a bheith ag obair leis na bochtáin, an rud is sásúla sa saol ná cabhrú le daoine eile.

- Nuair a fheicim othair ar an teilifís i dtíortha eile ba mhaith liom cabhrú leo teacht ar ais chucu féin agus saol sláintiúil a chaitheamh.

- Tá an-suim agam sa tógáil. Gach samhradh oibrím le m'uncail atá ina thógálaí agus is aoibhinn liom an obair.

- Sílim go bhfuil sé tábhachtach agus is dóigh liom go mbeidh mé sásta i mo phost féin.

- **Táim ag súil le** dul go dtí an ollscoil ach bainfidh mé taitneamh as an samhradh ar dtús. Rachaidh mé ar laethanta saoire thar lear le mo mhuintir.

3. **Cad iad na buntáistí/míbhuntáistí a bhaineann leis an bpost sin, i do thuairim?**

   Is iad na buntáistí a bhaineann leis an bpost sin ná:

   - tá an tuarastal go maith

   - níl mórán struis sa phost sin

   - tá na laethanta saoire go maith.

Freagra eile

Bheadh sé dúshlánach agus is duine mé a dtaitníonn dúshlán léi/leis.

Cloisim go bhfuil uaireanta maithe oibre sa phost sin.

Freagra eile

Is iad na míbhuntáistí a bhaineann leis an bpost sin ná:

- níl an tuarastal go maith agus tá go leor struis ag baint leis an bpost

- bheadh bainisteoir agam agus b'fhéidir go mbeinn faoi bhrú.

4. **Cad iad na tréithe a bhaineann leis an bpost sin?**

   Is iad na tréithe a bhaineann leis go gcaithfidh tú a bheith díograiseach, foighneach, praiticiúil, cruthaitheach, cineálta, cainteach, ceolmhar, sóisialta, tuisceanach, srl. Bheadh na tréithe sin ionam, i mo thuairim.

Leid

Roghnaigh trí thréith.

5. **Cad iad na hábhair atá á ndéanamh agat don Ardteist a chabhróidh leat sa phost sin?**

   Tá mé ag déanamh staidéir ar an mbitheolaíocht chomh maith leis an gceimic agus cabhróidh siadsan go mór liom.

6. An bhfuil céim le déanamh agat mar chuid den phost sin? Cé mhéad pointe atá ag teastáil don chúrsa sin?

   Tá céim ceithre bliana le déanamh agam agus táim ag tnúth go mór leis sin. Tá ceithre chéad caoga pointe ag teastáil.

Céim – *degree*	Dioplóma – *diploma*	Teastas – *certificate*

   ## Freagraí eile

   - *Níl céim le déanamh agam, tá printíseacht le déanamh a mhairfidh ceithre bliana is dócha. An buntáiste atá le printíseacht a dhéanamh ná go n-íoctar thú fad a bhíonn an phrintíseacht ar siúl.*

   - *Tá dhá chéad/trí chéad/ceithre chéad pointe ag teastáil uaim don chúrsa sin.*

7. Cá fhad a mhairfidh an cúrsa sin?/Cé mhéad bliain a bheidh ort freastal ar an gcoláiste/ar an ollscoil?

   Mairfidh an cúrsa trí/ceithre/cúig bliana.

   Beidh orm freastal ar an gcoláiste ar feadh cúig bliana – is cúrsa fada é le bheith i do dhochtúir. Tá an cúrsa ar fáil i gColáiste na hOllscoile, Baile Átha Cliath.

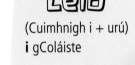

Leid

(Cuimhnigh i + urú)
i gColáiste

   Coláiste na hOllscoile, Baile Átha Cliath – *University College, Dublin*
   Coláiste na Tríonóide – *Trinity College Dublin*
   Ollscoil na hÉireann, Gaillimh – *NUI Galway*
   Ollscoil Chathair Bhaile Átha Cliath – *Dublin City University*
   Ollscoil Mhá Nuad – *Maynooth University*
   Coláiste Phádraig – *St Patrick's College*
   Ollscoil na Banríona – *Queen's University*
   An Coláiste Náisúnta Ealaíne is Deartha – *National College of Art & Design*
   Ollscoil Teicneolaíochta Bhaile Átha Cliath – *Technological University Dublin*

8. An mbeidh ort punann a chur le chéile?

   Tá súil agam dul go dtí An Coláiste Náisúnta Ealaíne is Deartha agus dá bharr beidh orm punann a chur le chéile.

9. Cén sórt oibre a bheidh idir lámha agat sa phost sin, meas tú?

   Beidh mé, b'fhéidir, ag obair ar ríomhairí an chuid is mó den am.

   ## Freagraí eile

   - *Beidh orm cabhrú leis na custaiméirí.*

   - *Beidh mé ag obair le daoine san ospidéal agus beidh mé ag iarraidh a fháil amach cad atá cearr leo.*

   - *Beidh mé ag cur plástair ar na ballaí. Beidh mé ag cur brící ar bhrící.*

- *Beidh mé ag cuidiú le daoine ullmhú le haghaidh agallaimh.*

- *Beidh mé ag seimn ceoil.*

10. Ar mhaith leat printíseacht a dhéanamh?

Níor mhaith liom printíseacht a dhéanamh, ní dóigh liom gur fiú é.

Freagraí eile

- *Ba mhaith liom printíseacht a dhéanamh mar is maith liom obair a dhéanamh le mo lámha.*

- *Ba mhaith liom printíseacht a dhéanamh mar is siúinéir é mo dhaid agus ba bhreá liom an obair chéanna a dhéanamh.*

11. An rachaidh tú ar imirce tar éis na hArdteiste? An bhfuil sé ar intinn agat am a chaitheamh thar lear? Ar mhaith leat am a chaitheamh i dtír eile?

Is dóigh liom go rachaidh mé ar imirce. Tá cuid de mo mhuintir san Astráil agus ba mhaith liom dul ann agus am a chaitheamh sa tír sin. Deirtear go bhfuil sé te ansin agus gur stíl dheas mhaireachtála atá ag na hAstrálaigh.

Freagra eile

Níor mhaith liom dul thar lear. Ní dóigh liom gur fiú é agus b'fhearr liom post a fháil láithreach bonn/dul go dtí an ollscoil/airgead a thuilleamh.

12. Dá mbeadh an deis agat dul áit ar bith ar fud an domhain, cá rachfá?

*Is ceist mhaith í sin. **Ba bhreá liom dul go** dtí an Astráil mar tá daoine muinteartha liom ann. Dá mbeadh go leor airgid agam, rachainn ar thuras timpeall an domhain agus thaistealóinn chuig, b'fhéidir, gach tír ar domhan.*

13. An bhfuil ceadúnas tiomána agat?

Níl ceadúnas tiomána agam go fóill. Ba bhreá liom an scrúdú a dhéanamh mar go bhfuil go leor buntáistí agat nuair atá tú ag iarraidh dul ó áit go háit.

Freagra eile

Tá mo cheadúnas tiomána agam. Rinne mé an scrúdú tiomána dhá mhí ó shin agus d'éirigh liom. Sin an dara huair a rinne mé é. Mar a deir an seanfhocal, 'Is maith an t-oide an teip'. Bhí mé an-sásta liom féin agus bhí mo thuismitheoirí an-sásta liom chomh maith.

Cuntais shamplacha

1. **Ba mhaith liom a bheith i mo** bhunmhúinteoir mar is duine tuisceanach mé; is aoibhinn liom a bheith ag obair le páistí agus ag cabhrú leo. Bhí mé i gcónaí mar sin nuair a bhí mé ní b'óige. Dá bhfiafródh éinne díom cad ba mhaith liom a dhéanamh nuair a bheinn ní ba shine an chéad rud a déarfainn leo ná – **ba mhaith liom a bheith i mo** mhúinteoir. Is breá liom cabhrú le daoine eile; ba mhaith liom cabhrú le daoine óga foghlaim faoi rudaí nua. Tá ceithre chéad ochtó pointe ag teastáil uaim agus tá súil agam dul go dtí Coláiste Mhuire gan Smál i Luimneach

chun mo chúrsa a dhéanamh. Tá na costais mhaireachtála i mBaile Átha Cliath i bhfad rómhór. Ba mhaith liom go mbeadh dea-thoradh ar mo chuid oibre sa scoil ina mbeinn ag obair agus go ndéanfadh na daltaí faoi mo chúram dul chun cinn acadúil, pearsanta agus sóisialta.

Freagra H1

2. Ba mhaith liom dul go dtí an ollscoil agus taitneamh a bhaint as ceithre bliana staidéir. **Níl dabht ar bith faoi** ach go bhfuil go leor daoine ann a deir gur fiú go mór é sin a dhéanamh. Toisc nach bhfuilim cinnte faoin rud ba mhaith liom a dhéanamh i ndiaidh na hArdteiste seans ann go rachaidh mé chuig an gcoláiste agus déanfaidh mé céim i ndámh na ndán. B'fhéidir go ndéanfainn Gaeilge agus an tíreolaíocht. Ansin, seans go leanfainn ar aghaidh agus go ndéanfainn máistreacht san oideachas nó b'fhéidir go rachainn isteach sna meáin chumarsáide.

Freagra H1

3. **Tá sé ar intinn agam** printíseacht a dhéanamh. Is pluiméir é mo dhaid agus tuilleann sé airgead maith. I mo thuairimse, is post maith é agus bíonn obair le déanamh aige de shíor. Oibrím leis ag an deireadh seachtaine agus ba bhreá liom dul leis an bprintíseacht anois ach níl mo thuismitheoirí sásta leis sin. Ní thuigeann siad nach dteastaíonn uaim an Artdteist a dhéanamh. Níor mhaith liom fanacht go dtí deireadh na hArdteiste.

Freagra H2

 Obair bheirte

Cuir na ceisteanna seo ar a chéile.

1. Cad a dhéanfaidh tú i ndiaidh na hArdteiste?

2. Cén fáth ar mhaith leat an post sin?

3. Cad iad na hábhair atá á ndéanamh agat don Ardteist a chabhróidh leat sa chúrsa/phost sin?

4. Cá fhad a mhairfidh an cúrsa sin? Cé mhéad bliain a bheidh ort freastal ar an gcoláiste/ar an ollscoil?

5. An mbeidh ort punann (*portfolio*) a ullmhú?

6. Ar mhaith leat printíseacht a dhéanamh?

7. Cad iad na buntáistí/míbhuntáistí a bhaineann leis an bpost sin, i do thuairim?

8. An bhfuil sé ar intinn agat post páirtaimseartha a fháil i rith an tsamhraidh?

9. Ar mhaith leat dul thar sáile?

10. Déan cur síos ar an obair a bheidh le déanamh agat nuair a bheidh tú cáilithe sa phost sin.

Aistrigh na habairtí seo a leanas. Tá na habairtí sa chaibidil seo le cabhrú leat.

1. I'm not sure what I want to do yet.

_____

2. It would be challenging and I am a person who likes a challenge.

_____

3. It is an interesting, challenging and enjoyable job. It is said that the most important thing in life is to enjoy your daily work.

_____

_____

4. I don't have to do a degree. I have to do an apprenticeship that will last four years, I think.

_____

_____

5. I hope to go to the National College of Art & Design, and I will have to prepare a portfolio.

_____

_____

6. I will be working on computers most of the time.

_____

7. I don't have a part-time job now – even though I would like the money. I don't have the time at the moment.

_____

_____

8. I don't have my driving licence yet.

_____

9. I think I will go abroad. Some of my family are in Australia and I want to go there and spend time in that country.

_____

_____

10. I would like to be a primary school teacher because I am a thoughtful person.

_____

_____

Do chuid freagraí féin

1. Cad a dhéanfaidh tú i ndiaidh na hArdteiste?

_____

_____

_____

_____

2. Cén fáth ar mhaith leat an post sin?

_____

_____

_____

3. Cad iad na hábhair atá á ndéanamh agat don Ardteist a chabhróidh leat sa phost sin?

_____

_____

_____

4. Cá fhad a mhairfidh an cúrsa sin? Cé mhéad bliain a bheidh ort freastal ar an gcoláiste/ ar an ollscoil?

_____

_____

_____

5. An mbeidh ort punann a ullmhú?

6. Ar mhaith leat printíseacht a dhéanamh?

7. Cad iad na buntáistí/míbhuntáistí a bhaineann leis an bpost sin, i do thuairim?

8. An bhfuil sé ar intinn agat post páirtaimseartha a fháil i rith an tsamhraidh?

9. Ar mhaith leat dul thar sáile?

10. Déan cur síos ar an obair a bheidh le déanamh agat nuair a bheidh tú cáilithe don phost sin.

7 An Teicneolaíocht i Mo Shaol

Ábhar na caibidle

An teicneolaíocht i mo shaol: an t-idirlíon, fón póca, cibearbhulaíocht, suíomhanna sóisialta

buntáistí agus míbhuntáistí a bhaineann leis an teicneolaíocht: scannán ar líne, sruthú físeanna, na meáin shóisialta, ríomhairí mar ábhar

Foclóir a bhaineann leis an teicneolaíocht i mo shaol

Aip – *app*

Blag – *blog*

Breisiú creidmheasa – *credit top-up*

Cadhnra – *battery*

Ceangal gan sreang – *wireless connection*

Cibearbhulaíocht – *cyberbulling*

Cipín cuimhne – *memory stick*

Clóscríbhneoireacht – *typing*

Cluasáin – *headphones*

Clúdach – *cover*

Cluiche ríomhaire – *computer game*

Cosaint an tuismitheora – *parental protection*

Creidmheas – *credit*

Haiceáil – *hacking*

Haisclib – *hashtag*

Idirlíon dorcha – *dark web*

iFón – *iPhone*

Íoslódáil – *download*

Léarscáil – *map*

Leathanbhanda – *broadband*

Luch – *mouse*

Luchtaire – *charger*

Maide féinín – *selfie stick*

Mír físe – *video clip*

Na meáin shóisialta – *social media*

Nascacht gan sreang – *wireless connectivity*

Cuardach breis eolais ar líne – *searching for more information online*

Féinphictiúr – *selfie*

Fón cliste – *smart phone*

Fón póca – *mobile phone*

Gan sreang – *wireless*

Giolc/tvúit – *tweet*

Grianghraif – *pictures*

Pictiúir a roinnt – *share images*

Pornagrafaíocht – *Pornography*

Ríomhaire glúine – *laptop*

Ríomhphost – *email*

Slándáil ar líne – *online security*

Suíomh idirlín – *website*

Uaslódáil – *upload*

Briathra

Bainim úsáid as/úsáidim – *I use*

Beidh sé – *it/he will be*

Bhí sé – *it/he was*

Caithim – *I spend*

Ceadaítear – *it is allowed*

Ceapaim – *I think*

Chaith mé – *I spent*

Chonaic mé – *I saw*

D'úsáid mé – *I used*

Éisteann siad le – *they listen to*

Éistim le – *I listen to*

Féachaim – *I watch*

Gheobhainn – *I would get*

Íocaim – *I pay*

Is fearr liom – *I prefer*

Leanaim – *I follow*

Mholfainn – *I would recommend/suggest*

Mothaím – *I feel*

Seolaim – *I send*

Sheol mé – *I sent*

Tá sé – *it is*

Tarlaíonn sé/ní tharlaíonn sé – *it happens/it doesn't happen*

Tógaim – *I take*

Tógann sé – *it takes*

Úsáideann siad – *they use*

Úsáidimid – *we use*

Ainm briathartha

Ag baint leo – *connected to them*

Ag brath ar – *depending on*

Ag comhroinnt – *sharing*

Ag cur – *putting*

Ag cur pictiúr ar líne – *putting pictures online*

Ag cuardach – *searching*

Ag déanamh bulaíochta – *bullying*

Ag déanamh staidéir – *doing study*

Ag féachaint ar – *looking at*

Ag giolcaireacht/ag tvuíteáil – *tweeting*

Ag íoslódáil – *downloading*

Ag lorg – *looking for*

Ag mothú – *feeling*

Ag reáchtáil – *organising*

Ag roinnt pictiúr – *sharing pictures*

Ag smaoineamh – *thinking*

Ag sruthú – *streaming*

Ag surfáil ar líne – *surfing online*

Ag tarlú – *happening*

Ag tógáil – *building*

Ag glacadh féinphictiúr – *taking selfies*

Ag Googláil – *Googling*

Ag iarraidh – *trying to*

Ag tógaint/ag tógáil – *taking*

Ag uaslódáil – *uploading*

Ag úsáid – *using*

Leaganacha cainte

Caithim go leor ama – *I spend a lot of time*

Is dóigh liom go bhfuil – *I think there is*

Sa lá atá inniu ann – *today*

Tháinig mé ar – *I came upon*

Ní minic a bhím – *it is not often that I am*

Ag iarraidh an lámh in uachtar a fháil – *trying to get the upper hand*

Is cuid lárnach de shaol an déagóra é – *it is the central aspect of the teenager's life*

Níl sé ceadaithe – *it is not allowed*

Gan dabht – *without doubt*

Tarlaíonn cibearbhulaíocht ar líne – *cyberbullying happens online*

Ar an taobh eile den scéal – *on the other hand*

Maireann sé ar líne – *it stays online*

Ar an mbealach seo – *in this way*

Dá bhrí sin – *because of that*

Faraor – *alas*

Is drochrud amach is amach é – *it is a very bad thing*

Is dóigh liom go gcaitheann daoine óga an iomarca ama – *I think that young people spend too much time*

 ## Cleachtaí

Athscríobh an giota seo i do chóipleabhar agus roghnaigh an focal is fearr gach uair.

Focail le cur isteach: *anois, úsáidtear, cibearbhulaíocht, sosa, ndáiríre, leabharlann, sóisialta*

Caithim go leor ama ar líne _____. Féachaim ar na suíomhanna _____ gach cúpla uair an chloig. **Is cuid lárnach de shaol an déagóra iad** na suíomhanna sóisialta agus aipeanna sóisialta ar nós Snapchat agus Instagram. Níl sé ceadaithe d'fhón póca a úsáid sa scoil seo, áfach. Mar sin féin, _____ an fón póca ag am _____ agus ag am lóin.

Gan dabht is áis an-úsáideach é an t-idirlíon, is _____ an-mhór é i _____.

Ar an taobh eile den scéal tarlaíonn _____ ar líne agus ní deas an rud é sin.

Abairtí úsáideacha

1. Is féidir leis an teicneolaíocht a bheith an-úsáideach le haghaidh foclóra agus cuardach eolais ar an idirlíon. – *Technology can be very useful as a dictionary and for searching for information online.*

2. Ní féidir a shéanadh go bhfuil an teicneolaíocht ina cuid lárnach de shaol an duine óig anois. – *It cannot be denied that technology is a central aspect to the life of the teenager now.*

3. Cuirtear pictiúir agus físeanna ar líne ach ní thuigeann an déagóir na himpleachtaí a bhaineann leis seo a dhéanamh. – *Pictures and images are put online but the teenager doesn't understand the implications of doing this.*

4. Deirtear go gcaitheann daoine óga an iomarca ama ag féachaint ar aipeanna ar na fóin phóca. Tá baol ann go ndéanfaidh sé seo dochar don tsláinte choirp agus intinne. – *It is said that young people spend too much time looking at apps on their phone. There is a danger that it will do damage to the body and mind.*

5. An rud a mholfainn d'éinne ná am áirithe a chaitheamh ar an bhfón póca agus ansin é a fhágaint/a fhágáil ar leathaobh. – *What I would recommend to someone is to spend a certain amount of time on the phone and then to leave it aside.*

6. Is áis iontach é FaceTime. Tá mo dheirfiúr/mo dhearthair thar lear san Astráil/san India/ sa Bhreatain Mhór agus labhraíonn mo Mham léi/leis go han mhinic. Níl a fhios agam cad a dhéantaí san am atá thart. – *FaceTime is a wonderful resource. My sister/brother is in Australia/India/the UK and my mum talks with her/him very regularly. I don't know what people used to do in the past.*

7. Is iontach na haireagáin iad suíomhanna sóisialta agus aipeanna sóisialta, mar shampla, Snapchat agus Instagram. Is féidir liomsa féachaint ar na héadaí is faiseanta atá ar líne murab ionann is roinnt blianta ó shin. – *Social media and social apps are wonderful inventions, for example, Snapchat and Instagram. I can look at the fashionable clothes online, which wasn't the case some years ago.*

8. Tá an fón cliste an-tábhachtach i saol an duine anois. Dar leis na suirbhéanna, is é an fón póca an rud is tábhachtaí do dhaoine óga anois, níos tábhachtaí ná rud ar bith eile. – *The smart phone is very important in the life of the young person now. According to surveys, the mobile is the most important thing for young people now, more important than anything else.*

9. Faraor, tá taobh eile leis an teicneolaíocht agus an idirlíon chomh maith. Baintear mí-úsáid as suíomhanna sóisialta. Mar shampla, déantar cibearbhulaíocht agus cuirtear pictiúir neamhoiriúnacha ar líne. – *Unfortunately, there is another side to technology and the internet. Social sites are misused. For example, cyberbullying happens and inappropriate images are put online.*

10. Tá iTunes, Spotify agus na suíomhanna ceoil an-áisiúil ar fad. Is féidir leat ceol a shruthú ar líne agus is maith liom sin. Éistim le ceol agus mé ag staidéar. Ní maith le mo thuismitheoirí é sin ach sílim go gcabhraíonn sé liom. – *iTunes, Spotify and music websites are very useful. You can stream music online and I like that. I listen to music when I study. My parents don't like this, but I think it helps me.*

Ceisteanna agus freagraí don Bhéaltriail

1. An gcaitheann tú mórán ama ar Facebook/Snapchat/Instagram?

Caithim go leor ama ar Facebook/ Snapchat/Instagram. Is aoibhinn liom é mar is féidir liom féachaint ar a bhfuil ar siúl ag mo chairde Is maith liom dul ar líne agus faighim mo chuid nuachta ar fad ó Facebook/Snapchat/Instagram. Cuirim picitiúir suas ann ó am go ham ionas gur féidir liom a bhfuil ar siúl agam a thaispeáint do mo chairde.

Freagra eile

Ní chaithim a lán ama ar Facebook ná ar na meáin shóisialta. I ndáiríre, níl an t-am agam ag an bpointe seo, tá an iomarca staidéir le déanamh agam.

2. An gceapann tú gur cur amú ama é Facebook/Snapchat/Instagram?

Is dóigh liom go bhfuil Facebook/Snapchat/Instagram úsáideach ach ní chaithim mórán ama air mar níl suim dá laghad agam ina bhfuil ag tarlú ar chuntais mo chairde. Bhínn ar Facebook/Snapchat/Instagram go minic ach ní tharlaíonn sin anois mar go bhfuil an iomarca struis orm le brú na hArdteiste.

3. Cén aip is fearr leat?

Is fearr liom Snapchat. Seolaim féin agus mo chairde go leor pictiúr dá chéile. Is aoibhinn linn a bheith ag seoladh pictiúr agus ag comhroinnt na rudaí atá idir lámha againn.

Freagra eile

Is fearr liom Shazam mar is breá liom ceol. Aip an-chliste is ea é. Éisteann an aip le ceol, mar shampla, ón raidió, agus insíonn sé duit ainm an bhanna ceoil agus ainm an amhráin.

4. An nglacann tú féinphictiúir?

Glacann mé féin agus mo chairde go leor féinphictiúr. Is aoibhinn linn a bheith ag tógaint féinphictiúr nuair a bhímid sa bhaile mór le chéile nó fiú nuair a bhímid ag béile le chéile. **Is cuid lárnach de shaol an déagóra é** an féinphictiúr **sa lá atá inniu ann**. Bíonn an-chraic againn agus is maith liomsa féinphictiúir a fháil ó mo chairde trí Snapchat.

5. An gceapann tú go gcaitheann daoine óga an iomarca ama ar na meáin shóisialta?

Is dóigh liom go gcaitheann daoine óga go leor ama ar na meáin shóisialta.

Freagra eile

Ní dóigh liom go gcaithfimid an iomarca ama orthu. Ní dóigh liom go bhfuil aon fhadhb chaidrimh agam.

6. **An bhfuil cibearbhulaíocht ag tarlú ar líne?**

*Gan dabht, tarlaíonn cibearbhulaíocht ar líne. Ní dóigh liom go bhfuil lá a théann thart nach mbíonn cibearbhulaíocht ag tarlú ar líne i measc déagóirí. Is féidir leis an bhfocal scríofa a bheith an-dainséarach ar fad mar **maireann sé ar líne** ar feadh na mblianta. Tá oideachas ó thaobh na cibearbhulaíochta de an-tábhachtach ar fad. Ní dóigh liom go dtuigeann na bulaithe an dochar a dhéanann an chibearbhulaíocht ar líne. Sna cásanna is measa tarlaíonn féinmharú. Mura mothaíonn duine go maith caithfidh sé nó sí labhairt le duine stuama éigin.*

Freagra H1

7. **An bhféachann tú ar Netflix?**

*Féachaim ar Netflix, is é Suits an clár is fearr liom. Is clár é faoi dhlíodóirí i gcomhlacht dlíodóirí agus bíonn siad ag déanamh conarthaí agus **ag iarraidh an lámh in uachtar a fháil** ar a chéile. Is é Harvey an carachtar is fearr liom mar tá sé an-chliste. Is maith liom a bheith ag féachaint ar Netflix nó ar mhírfhís ar YouTube. Is bealach deas é chun do scíth a ligean tar éis staidéar a dhéanamh.*

Freagra eile

Ní fhéachaim ar Netflix mar níl an t-am agam faoi láthair agus aon am atá le spúráil agam bím ag traenáil/ag imirt spóirt/ag féachaint ar scannáin/ag léamh.

8. **Ar chaill tú d'fhón póca riamh?**

Buíochas le Dia níor chaill mé m'fhón póca riamh. Chaill mo dheirfiúr a fón agus bhí uirthi dul i muinín an árachais agus fón nua a fháil tríothu siúd.

9. **An bhfuil cead agat d'fhón póca a úsáid sa scoil seo? Cén fáth?**

***Níl sé ceadaithe** fón póca a úsáid sa scoil seo. Ceapann na húdaráis go gcuirfidh sé isteach ar ár gcuid staldéir.*

10. **An gceapann tú gur rud maith í an teicneolaíocht?**

Ceapaim gur rud maith í an teicneolaíocht mar is féidir leat caidreamh a bheith agat le do chairde agus do chlann in Éirinn agus thar lear. Ina theannta sin, is féidir leat do chlann san Astráil nó Sasana nó áit ar bith ar domhan a fheiceáil trí FaceTime nó Skype. Is áis fhíormhaith í an teicneolaíocht i mo thuairim. Cuidíonn sé go mór le do chuid foghlama, mar shampla, is féidir liom go leor eolais a fháil ar líne faoi ábhar ar bith atá ar

siúl againn. **Dá bhrí sin** is féidir a rá gur áis oideachasúil é an t-idirlíon. Ina theannta sin tá an t-idirlíon an-úsáideach maidir le gnéithe praiticiúla an tsaoil, mar shampla, má theastaíonn uait ticéad a cheannach is féidir leat é a cheannach ar líne trí chúpla cnaipe a bhrú.

Freagra H1

11. Cad iad na míbhuntáistí a bhaineann leis an teicneolaíocht?

N'fheadar. Tá dainséar ann, b'fhéidir, má chuireann tú do shonraí pearsanta ar líne. Is féidir le ríomhchláraitheoirí maithe do chuid sonraí a ghoid. Ina theannta sin, feictear domsa go bhfuil baol ann le péidifiligh ar Facebook agus a leithéid. D'fhéadfaidís dul i dteagmháil le daoine óga soineanta ar mhaithe le bualadh leo. Ní maith an rud é sin.

12. An úsáideann na múinteoirí anseo an t-idirlíon sna ranganna?

Úsáideann na múinteoirí an teicneolaíocht sna ranganna gan dabht. Déanann na múinteoirí cur i láthair ar PowerPoint, féachaimid ar mhírfhíseanna agus bímid sa seomra ríomhaire ag cuardach eolais ar líne a bhaineann lenár gcuid ábhar.

Cuntais shamplacha

1. Tá go leor buntáistí ag baint leis an teicneolaíocht. Is féidir le duine go leor eolais a fháil ar líne faoi ábhar ar bith, ábhair scoile san áireamh. Is leabharlann é an t-idirlíon. Chomh maith leis sin, is áis an-úsáideach é don chumarsáid. D'fhéadfadh duine glaoch a chur ar dhuine ar bith ar fud an domhain ó áit ar bith. Úsáideann daoine i gcomhlachtaí an fhíschomhdhálú chun teagmháil a dhéanamh lena gcomhghleacaithe i dtíortha eile. **Ar an mbealach seo** ní gá dóibh aistir fhada a dhéanamh ar fud an domhain chun bualadh lena gcuid comhghleacaithe.

Freagra H1

2. **Ar an taobh eile den scéal** tarlaíonn cibearbhulaíocht ar líne. Maireann an focal scríofa ar líne ar feadh na mblianta. I ngeall ar an gcibearbhulaíocht, mothaíonn daoine faoi bhrú agus sna cásanna is measa cuireann siad lámh ina mbás féin dá dheasca. Ina theannta sin tá an t-idirlíon dorcha ann agus ní féidir leat teacht ar an taobh seo den idirlíon gan bogearra speisialta. Úsáidtear an chuid seo den idirlíon chun haiceáil a dhéanamh agus chun suíomhanna idirlín mídhleathacha a reáchtáil. Tá porgnagrafaíocht ar fáil ar líne chomh maith leis sin agus **is drochrud amach is amach é** sin.

Freagra H1

3. Úsáidim m'fhón póca an t-am uilig lasmuigh den scoil mar níl cead againn é a úsáid anseo. Ní maith liom go bhfuil an scéal amhlaidh ach sin an chaoi a bhfuil sé faoi láthair. Is maith linn féinphictiúir a ghlacadh nuair a bhímid amuigh le chéile um thráthnóna nó ag an deireadh seachtaine. Ansin, cuirimid na pictiúir ar líne *ar Instagram nó b'théidir Facebook. Is iontach na haireagáin iad suíomhanna agus aipeanna sóisialta. Is féidir liom teagmháil a choimeád le mo chairde nuair is mian liom. Fiú le haghaidh rudaí praiticúla ar nós obair bhaile. Is féidir liom téacs a sheoladh agus faighim an freagra láithreach bonn.*

Freagra H1

 Obair bheirte

Cuir na ceisteanna seo ar a chéile.

1. An bhfuil fón póca agat? An úsáideann tú go minic é?

2. An nglacann tú féinphictiúir?

3. Déan cur síos ar an aip is fearr leat.

4. Cad iad na buntáistí agus na míbhuntáistí a bhaineann leis an teicneolaíocht?

5. An gceapann tú gur rud maith í an teicneolaíocht? Cén fáth?

6. An bhfuil cead agat d'fhón póca a úsáid sa scoil seo?

7. An bhféachann tú ar Netflix ar líne? An bhféacann tú ar scannáin ar líne?

8. Meas tú, an dtarlaíonn cibearbhulaíocht ar líne?

9. An dea-rud nó drochrud é an t-idirlíon? Cén fáth?

10. An molfá aon suíomh idirlín dom?

 Aistrigh na habairtí seo a leanas. Tá na habairtí sa chaibidil seo le cabhrú leat.

1. I think young people spend too much time on their phones.

_____

2. Without doubt, cyberbullying happens online.

_____

3. I love to take selfies when we are in town together or even when we are eating.

_____

4. I used to be on Facebook regularly, but it doesn't happen now because I'm under too much stress with the pressure of the Leaving Certificate.

_____

5. Computer programs can steal your details online.

_____

6. What I would suggest to anyone is to spend a certain amount of time on the mobile and then to leave it aside.

_____

_____

7. Thanks be to God, I have never lost my phone.

_____

_____

8. I use my phone outside of school all the time because we don't have permission to use it here.

_____

9. I like to watch Netflix or short clips on YouTube.

_____

10. The internet is a great resource in my opinion. It helps a lot with your learning. For example, I can get a lot of information online about any subject that we are doing.

_____

Do chuid freagraí féin

1. An bhfuil fón póca agat? An úsáideann tú go minic é?

_____

_____

_____

2. An nglacann tú féinphictiúir?

_____

_____

_____

3. Déan cur síos ar an aip is fearr leat.

_____

_____

_____

4. Cad iad na buntáistí agus na míbhuntáistí a bhaineann leis an teicneolaíocht?

_____

_____

_____

5. An gceapann tú gur rud maith í an teicneolaíocht? Cén fáth?

_____

_____

_____

6. An bhfuil cead agat d'fhón póca a úsáid sa scoil seo?

_____

_____

_____

7. An bhféachann tú ar Netflix ar líne? An bhféacann tú ar scannáin ar líne?

_____

_____

_____

8. Meas tú, an dtarlaíonn cibearbhulaíocht?

_____

_____

_____

9. An dea-rud nó drochrud é an t-idirlíon? Cén fáth?

_____

_____

_____

10. An molfá aon suíomh idirlín dom?

_____

_____

_____

8 Saol an Déagóra

Ábhar na caibidle

gnáthshaol an duine óig

laethanta saoire thar lear agus in Éirinn

an deireadh seachtaine seo chugainn/
seo caite

fadhbanna daoine óga: alcól; drugaí;
piarbhrú; scrúduithe; córas na bpointí

Foclóir a bhaineann le saol an déagóra

Agallamh – *interview*	Iargúlta – *remote*
Alcól – *alcohol*	I ndiaidh na hArdteiste – *after the Leaving Certificate*
Brú – *pressure*	Laethanta saoire – *holidays*
Cibearbhulaíocht – *cyberbullying*	Ó mhaidin go hoíche – *from morning until night*
Córas na bpointí – *points race*	Obair tí – *housework*
Costas maireachtála – *cost of living*	Piarbhrú – *peer pressure*
Deiseanna – *opportunities*	Post páirtaimseartha – *part-time job*
Drugaí – *drugs*	Saoire chlainne – *family holiday*
Fadhbanna sóisialta – *social problems*	Saoirse – *freedom*
Féidearthachtaí – *possibilities*	Scrúduithe – *exams*
Féinmhuinín – *self-confidence*	Thar lear – *abroad*
Foréigean – *violence*	Ullmhúcháin – *preparations*

Briathra

Chloisfeá – *you would hear*

Chonaic mé – *I saw*

Déanann sé/sí – *he/she makes*

Deirtear – *it is said*

D'oibrigh mé – *I worked*

D'úsáid mé – *I used*

Féachaim – *I watch*

Gheobhainn – *I would get*

Measaim/ceapaim – *I think*

Rinne mé – *I made/did*

Tarlaíonn sé – *it happens*

Tarlaíonn sé/ní tharlaíonn sé – *it happens/it doesn't happen*

Thóg mé – *I took*

Tógaim – *I take*

Úsáideann siad – *they use*

Úsáidimid – *we use*

Ainmneacha briathartha

Ag cruthú – *creating*

Ag cur brú – *putting pressure on*

Ag déanamh agallamh – *doing interviews*

Ag déanamh staidéir – *studying*

Ag dul go – *going to*

Ag obair – *working*

Ag staidéar – *studying*

Ag tnúth go mór leis – *looking forward to*

Ag ullmhú – *preparing*

Leaganacha cainte

Dá dheasca sin – *because of that*

I measc na bhfadhbanna – *among the problems*

Ag déanamh ullmhúchán – *making preparations*

Tá roinnt fadhbanna – *there are many problems*

Ní dóigh liom go bhfuil – *I don't think there is*

Caithfidh mé a rá – *I have to say*

Tá go leor deiseanna ag – *there are many opportunities for*

Tá sé i gceist agam – *I intend to*

Gan dabht – *without doubt*

Ar an taobh eile den scéal – *on the other side of the story*

Ar an mbealach seo – *in this way*

Dá bhrí sin – *because of that*

Faraor – *unfortunately*

Is drochrud amach is amach é – *it is a very bad thing*

Saol an mhada bháin – *a great life*

Is dóigh liom – *I think*

Níl sé ceart ná cóir – *it is not right or just*

B'fhearr liom – *I would prefer*

Ar ndóigh – *of course*

Ag gabháil timpeall na tíre – *going around the country*

Ag cur an tsaoil trí chéile sa Ghaeilge – *chatting about life through Irish*

Déanfaidh mé roinnt – *I will do (some)*

 Cleachtaí

Athscríobh an giota seo i do chóipleabhar agus roghnaigh an focal is fearr gach uair.

Focail le cur isteach: *páirtaimseartha, scrúduithe, aontaím, staidéir, ollscoil, samhradh, mbíonn*

Deir go leor daoine go _____ **saol an mhada bháin** ag déagóirí an lae inniu. Ní

_____ leis sin i ndáiríre. Ar ndóigh déanann daoine óga go leor _____ do

scrúdú na hArdteiste. **Caithfidh mé a rá** go bhfuil mé ag tnúth le deireadh na _____.

Tá an-bhrú orainn i mbliana. Tá sé i gceist agam roinnt rudaí a dhéanamh i ndiaidh na hArdteiste.

Tá sé i gceist agam dul thar lear le mo chairde an _____ seo. Chomh maith leis

sin, gheobhaidh mé post _____. Ba mhaith liom go mbeadh airgead agam don

_____ an bhliain seo chugainn.

Abairtí úsáideacha

1. **Caithfidh mé a rá** go bhfuil gach lá mar an gcéanna i mo shaol i láthair na huaire. Éirim, téim chuig an scoil agus déanaim lá iomlán staidéir. I ndáiríre, táim ag iarraidh marcanna maithe a fháil san Ardteist agus sin an rud is tábhachtaí anois i mo shaol. – *I have to say that every day in my life is the same at the moment. I get up, I go to school and I do a full day of study. Seriously, I want to get good marks in the Leaving Certificate and that is the most important thing in my life now.*

2. Deirtear gur fadhb mhór iad na drugaí i ngach baile mór agus i ngach ceantar ar fud na tíre. Is trua sin mar nach ndéanann siad maitheas d'éinne. – *It is said that drugs are a big problem in every big town and area around the country. That is a pity because they are not good for anyone.*

3. Chuamar ar laethanta saoire cúpla uair in Éirinn. Thóg mo thuismitheoirí carbhán ar cíos sa Leacht i gContae an Chláir. Ní dhéanfaidh mé dearmad go deo ar an spás beag bídeach a bhí againn. – *We went on holidays a few times in Ireland. My parents rented a caravan in Lahinch in Co. Clare. I will never forget the small space that we had.*

4. Is aoibhinn liom dul ar mo laethanta saoire in Éirinn. Níl áit ar bith níos fearr ná í chun taitneamh a bhaint as an saol. – *I love to go on holidays in Ireland. There is no better place to enjoy life.*

5. Tá piarbhrú ar fáil i measc déagóirí gan dabht. Mar sin féin, ní mhothaím é mar go bhfuil an fhéinmhuinín agam an piarbhrú sin a shárú. – *There is peer pressure on teenagers without doubt. Having said that, I don't feel it because I have the confidence to overcome that peer pressure.*

6. Chloisfeá, ó am go ham, faoi dhaoine a chuireann lámh ina mbás féin de dheasca na bulaíochta ar líne. Caithfear níos mó oideachais a chur ar dhaoine óga. – *You hear from time to time about people who commit suicide because of online bullying. More education must be made available to young people.*

7. Caithfidh daoine óga a bheith cúramach faoi na rudaí a chuireann siad ar leithéidí Facebook, Snapchat agus Instagram. D'fhéadfaidís an-dochar a dhéanamh i ngan fhios dóibh féin. Is féidir le daoine a gcuid pictiúr a ghoid agus iad a chur ar shuíomhanna eile. – *Young people have to be careful about what they put on Facebook, Snapchat and Instagram. They could do a lot of damage without knowing it. People can steal their images and put them on other websites.*

8. An deireadh seachtaine seo caite, d'oibrigh mé go dian ar mo chuid Gaeilge. Rinne mé an-chuid ullmhúcháin don scrúdú seo agus bhí mé cráite ag mo mháthair de bharr mhéid na gceisteanna a chur sí orm maidir leis an scrúdú seo. – *Last weekend, I worked hard on my Irish. I did a lot of preparation for this exam and I was tormented by my mother asking me questions about this exam.*

9. An deireadh seachtaine seo chugainn, glacfaidh mé sos mar go bhfuil sé tuillte go maith agam i ndiaidh strus an agallaimh seo. – *Next weekend, I will take a break and it will be well deserved after the stress of this exam.*

10. **Tá go leor deiseanna ag** daoine óga an lae inniu. Tá caighdeán maith maireachtála ag an gcuid is mó acu. – *Young people have a lot of opportunities today. The majority of them have a good standard of living.*

Ceisteanna agus freagraí don Bhéaltriail

1. Cad a rinne tú an deireadh seachtaine seo caite?

   Rinne mé go leor ullmhúcháin don scrúdú seo. Tháinig mo chara Laura chuig mo theach agus rinneamar cleachtadh lena chéile. Chleachtamar ar feadh ceithre huaire an chloig lena chéile. Um thráthnóna lig mé mo scíth os comhair na tine agus d'fhéach mé ar an teilifís le mo mhuintir. Dé Domhnaigh rinne mé ullmhúcháin don scrúdú seo arís.

2. Cad a rinne tú an samhradh seo caite?

   Bhí post páirtaimseartha agam. D'oibrigh mé mar fhreastalaí i mbialann áitiúil. Bialann Iodálach a bhí inti. Chaith mé an chuid eile den am ag traenáil le m'fhoireann áitiúil sa pheil.

3. Déan cur síos ar ghnáthlá i do shaol.

   Éirím ar a seacht a chlog. Bíonn cithfholcadh agam, ithim mo bhricfeasta – leite de ghnáth – agus ansin scuabaim mo chuid fiacla. Siúlaim ar scoil. Bíonn an scoil ar siúl óna naoi ar maidin go dtí a fiche chun a ceathair ón Luan go dtí an Déardaoin agus ar an Aoine críochnaíonn an scoil ar a trí a chlog. Ansin téim ag traenáil/téim abhaile agus bím ag staidéar ansin ar feadh an tráthnóna. Ligim mo scíth ansin timpeall a naoi a chlog.

4. Cad iad na fadhbanna is mó atá ag déagóirí an lae inniu?

I measc na bhfadhbanna atá ag déagóirí an lae inniu ta brú na scrúduithe agus córas na bpointí agus chomh maith leis tá fadhbanna éagsúla a eascraíonn ón bpiarbhrú. Is i ngeall ar an bpiabhrú a bhíonn fadhbanna leis an alcól, le drugaí, mí-úsáid an idirlín agus go háirithe an chibearbhulaíocht.

Freagra eile

Measaim nach bhfuil mórán fadhbanna ag déagóirí mar tá go leor féidearthachtaí ann dóibh. Is an-áis dóibh an teicneolaíocht. Chomh maith leis sin is féidir leo taisteal go héasca de bharr fheabhas na gcóras iompar. Ní hamháin sin ach tá airgead ag cuid mhaith déagóirí agus is féidir leo rudaí deasa a cheannach.

5. An gceapann tú go bhfuil brú ar dhaltaí maidir le mí-úsáid alcóil agus drugaí?

Is dóigh liom go bhfuil brú ar dhéagóirí alcól a ól nó drugaí a thógaint nuair atá siad amuigh lena gcairde. Níor chuir éinne brú orm riamh agus dá gcuirfeadh ní bhacfainn leo a thuilleadh.

6. An bhfuil piarbhrú ar dhéagóirí na laethanta seo?

Ní dóigh liom go bhfuil aon phiarbhrú ar dhéagóirí na laethanta seo. Tá mo mheon féin agam agus leanaim mo chomhairle féin. Cén fáth nach ndéanfainn? B'fhéidir go bhfuil brú ann ó thaobh éadaí, cúrsaí faisin agus mar sin de.

7. An raibh tú thar lear riamh?

Bhí mé thar lear cúpla uair. Anuraidh chuaigh mo chlann chuig an Iodáil. Thugamar cuairt ar an Róimh agus chonaiceamar an-chuid áiteanna stairiúla cosúil leis an Colasaem.

Freagra eile

Ba bhreá liom dul thar lear ach ní raibh mé thar lear go fóill.

8. An raibh tú ar laethanta saoire in Éirinn?

Bhí mé ar laethanta saoire in Éirinn cúpla uair le mo mhuintir. Chuamar chuig Ciarraí, Loch Garman agus Port Láirge. Ní féidir a shéanadh ach go bhfuil go leor áiteanna deasa in Éirinn. An áit is fearr liom ná Aillte an Mhóthair i gConate an Chláir. Is maith liom an radharc atá le feiceáil nuair atá an lá go maith. Thaitin na laethanta saoire sin ag gabháil timpeall na tíre go mór linn.

9. Cad a dhéanfaidh tú an deireadh seachtaine seo chugainn?

Déanfaidh mé roinnt staidéir don chéad scrúdú eile atá agam sa Fhraincis an tseachtain seo chugainn. Glacfaidh mé sos is dócha chomh maith agus b'fhéidir go bhféachfainn ar scannán ar an teilifís.

10. Cad a dhéanfaidh tú an samhradh seo chugainn?

Tá sé i gceist agam dul thar lear le mo chairde go dtí an Spáinn. Táimid ag dul go Magaluf agus táimid ag tnúth go mór leis an turas sin. Nuair a thiocfaidh mé ar ais, gheobhaidh mé post páirtaimseartha don chuid eile den samhradh. Má bhíonn an t-ádh liom, tuillfidh me roinnt airgid do mo chéad bhliain san ollscoil.

11. Meas tú an gcuireann córas na bpointí brú ar dhaltaí an lae inniu?

Is dóigh liom go gcuireann córas na bpointí brú ar dhaltaí an lae inniu. Má tá cúrsa ollscoile ar leith i gceist agat bíonn tú ag obair go han-dian chun na pointí riachtanacha a bhaint amach. Tá curaclam na n-ábhar éagsúil fada go leor agus tá gach dalta ag staidéar ó mhaidin go hoíche. **Is dóigh liom** go bhfuil an staidéar seo ar fad iomarcach.

Freagra H2

> **570 pointe**

Cuntais shamplacha

CD 1
Rian
21

1. **Ní dóigh liom go bhfuil saol an mhada bháin** ag déagóirí an lae inniu. Deir daoine atá níos sine ná muid go bhfuil saol deas againn ach ní dóigh liom go bhfuil. Tá brú ó mhúinteoirí, ó thuismitheoirí agus uainn féin Ardteist mhaith a bhaint amach. Ina theannta sin, tá brú airgid ann mar caithfidh tú dul chuig an bpictiúrlann nó airgead a bheith agat le haghaidh éadaí nua a cheannach. Ní saol éasca atá againn in aon chor. Mar sin féin, ceapaim go bhfuil mé óg agus aclaí agus éireoidh liom sa todhchaí.

Freagra H1

2. **Is dóigh liom** go gcuireann córas na bpointí an-bhrú ar dhaltaí agus ní deas an rud é sin. Déanann daltaí staidéar ar sheacht n-ábhar agus dá bhrí sin tá brú ama i gceist. I Sasana déantar staidéar ar thrí ábhar, is mór an difríocht í sin. Bíonn ar dhaltaí oibriú ó dhubh go dubh. Cuireann roinnt tuismitheoirí brú ar a bpáistí pointí arda a bhaint amach san Ardteist chun áit a fháil ar chúrsa san ollscoil. Caithfear rud éigin a dhéanamh chun córas na bpointí a athrú.

Freagra H1

3. *Tá roinnt fadhbanna* le fáil i measc na n-óg, mar shampla fadhbanna óil agus drugaí. Eascraíonn na fadhbanna seo ón mbrú a mhothaíonn daltaí ina saol féin. Téann cuid mhaith acu amach ag an deireadh seachtaine agus ólann siad alcól agus glacann siad drugaí chun éalú óna gcuid fadhbanna. Ar ndóigh, ní rud maith é sin ach faraor tarlaíonn sé, go háirithe i measc déagóirí nach nglacann páirt i gcúrsaí spóirt ná in imeachtaí sláintiúla eile. Ceapaim gurb é rogha an déagóra ól lena chairde nó gan aon alcól a ól. Ní mhothaím faoi bhrú aon alcól a ól ná drugaí a ghlacadh agus traenálaim go minic le m'fhoireann áitiúil.

Freagra H1

 Obair bheirte

Cuir na ceisteanna seo ar a chéile.

1. Cad iad na fadhbanna is mó atá ag déagóirí an lae inniu?

2. Cad a rinne tú an deireadh seachtaine seo caite?

3. Cad a rinne tú an samhradh seo caite?

4. Déan cur síos ar ghnáthlá i do shaol.

5. An gceapann tú go bhfuil brú ar dhaltaí de bharr alcóil/drugaí?

6. An bhfuil piarbhrú ar dhéagóirí sa lá atá inniu ann?

7. Cad a dhéanfaidh tú an deireadh seachtaine seo chugainn?

8. Cad a dhéanfaidh tú an samhradh seo chugainn?

9. Meas tú an gcuireann córas na bpointí brú ar dhaltaí an lae inniu?

10. An bhfuil aon réiteach ar chóras na bpointí?

 Aistrigh na habairtí seo a leanas. Tá na habairtí sa chaibidil seo le cabhrú leat.

1. Without doubt, there is peer pressure among teenagers.

_____

_____

2. Exam pressure and the points system are among the problems that teenagers have today.

_____

_____

3. I did a lot of preparation for this exam.

_____

_____

4. Next weekend, I will take a break because I think I have earned it after the stress of this exam.

_____

_____

5. I hope to go abroad this summer to Spain.

6. Students these days have great opportunities. The majority of them have a good standard of living.

7. I will do a lot of study for my next exam in French next week.

8. It is said that drugs are a big problem in every big town and in every area around the country.

9. There are many problems among young people today, for example, drugs and alcohol.

10. I don't feel under pressure to drink alcohol or to take drugs and I train regularly with my local team.

Do chuid freagraí féin

1. Cad iad na fadhbanna is mó atá ag déagóirí an lae inniu?

2. Cad a rinne tú an samhradh seo caite?

3. Cad a rinne tú an deireadh seachtaine seo caite?

4. Déan cur síos ar ghnáthlá i do shaol.

5. An gceapann tú go bhfuil brú ar dhaltaí de bharr alcóil/drugaí?

6. An bhfuil piarbhrú ar dhéagóirí sa lá atá inniu ann?

7. Cad a dhéanfaidh tú an deireadh seachtaine seo chugainn?

8. Cad a dhéanfaidh tú an samhradh seo chugainn?

9. Meas tú an gcuireann córas na bpointí brú ar dhaltaí an lae inniu?

10. An bhfuil aon réiteach ar chóras na bpointí?

Ábhar na caibidle

an Ghaeilge mar ábhar

an scoláire agus an Ghaeilge go dtí seo

an Ghaeilge sa scoil

todhchaí na Gaeilge

an Ghaeilge sa tír

TG4 agus RnaG

turas go dtí an Ghaeltacht

tábhacht na Gaeilge

Foclóir a bhaineann leis an Ghaeilge agus an Ghaeltacht

Ábhar scoile – *school subject*

Acht na dTeangacha Oifigiúla – *Official Languages Act*

Aipeanna maithe – *good apps*

An Bhruiséil – *Brussels*

Aontas Eorpach – *European Union*

Ársa – *ancient*

Béaloideas – *folklore*

Bunscoil – *primary school*

Coláiste samhraidh – *summer college*

Comharthaí dóchais – *hopeful signs*

Cultúr – *culture*

Dóchas – *hope*

Féiniúlacht – *identity*

Gaelscoileanna – *Irish schools*

Grá don teanga – *love for the language*

I mbaol a báis – *in danger of dying*

Méadú – *increase*

Meáin chumarsáide – *media*

Meánscoil – *secondary school*

Meath – *decline*

Nósanna – *customs*

Oidhreacht – *heritage*

Polasaí – *policy*

Scéalaíocht – *storytelling*

Staid na Gaeilge – *state of Irish*

Teanga ársa – *ancient language*

Teanga oifigiúil – *official language*

Traidisiún – *tradition*

Briathra

Ba chóir go mbeadh – *there should be*

Bím – *I am (continuous present)*

Bíonn – *there is*

Cabhraíonn sé le – *it/he helps with*

Ceapaim/sílim – *I think*

Cloistear – *it is heard*

Éistim le – *I listen to*

Ní úsáidim – *I don't use*

Úsáidim – *I use*

Ainmneacha briathartha

Ag aistriú – *translating*

Ag brath air – *depending on*

Ag caint – *talking*

Ag deireadh – *in the end*

Ag éisteacht le – *listening to*

Ag fágáil – *leaving*

Ag fáil na ndeiseanna – *getting the opportunities*

Ag féachaint – *looking*

Ag foghlaim – *learning*

Ag forbairt – *developing*

Ag iarraidh – *wanting to*

Ag labhairt – *speaking*

Ag meath – *declining*

Ag múineadh – *teaching*

Ag rá – *saying*

Ag smaoineamh i nGaeilge – *thinking in Irish*

Ag úsáid na nuatheicneolaíochta sa rang – *using the new technology in the class*

Leaganacha cainte

Is minic a chloistear – *one often hears*

I mo thuairim – *in my opinion*

Tá an-dul chun cinn déanta – *a lot of progress has been made*

Faoi láthair – *now (today)*

Níl a fhios ag éinne – *no one knows*

Is aoibhinn liom – *I love*

Tá an-chuid clár maith – *there are a lot of good programmes*

Is í mo bharúil ná – *my opinion is that*

Is fiú an Ghaeilge – *Irish is of value*

Is teanga ársa agus teanga dhúchasach í – *it is an old, native language*

Taitníonn sé liom – *I enjoy it*

Tarlaíonn sé go bhfuil – *it so happens*

Déanaimid go leor rudaí éagsúla – *we do a lot of different things*

Is minic a fhéachaim ar – *I often look at*

Ó am go ham – *from time to time*

Cleachtaí

Athscríobh an giota seo i do chóipleabhar agus roghnaigh an focal is fearr gach uair.

Focail le cur isteach: *tír, daichead, Ghaeilge, choimeád, ábhar, dhúchasach, chláir, gcainéal*

Is aoibhinn liom an _____. Mar a deir an seanfhocal, 'Tír gan teanga, _____

gan anam'. **Is teanga ársa agus teanga** _____ í an Ghaeilge agus ba cheart dúinn

ár ndícheall a dhéanamh í a _____ beo. Is maith liom a bheith ag féachaint ar

_____ ar TG4 freisin, **tá an-chuid clár maith** ar fáil ar an _____ sin. Is é

Ros na Rún an clár is fearr liom. **I mo thuairim** is _____ maith é an Ghaeilge don

Ardteist. Is féidir leat _____ faoin gcéad de mharcanna iomlána na hArdteiste a gnóthú

roimh an scrúdú scríofa.

Abairtí úsáideacha

1. Is féidir le scoláirí tríú leibhéal scoláireachtaí cónaithe a fháil má tá siad sásta tithe a roinnt le scoláirí eile le Gaeilge. – *Third-level students can get an accommodation scholarship if they are happy to share a house with other Irish-language students.*

2. Má tá na cáilíochtaí agat sa Ghaeilge is féidir leat post a fháil anois san Aontas Eorpach mar aistritheoir. – *If you have the qualifications in Irish, you can get a job in the European Union as a translator.*

3. **Is aoibhinn liom** a beith ag labhairt na teanga. Labhraímid Gaeilge sa bhaile. – *I love speaking the language. We speak Irish at home.*

4. Ba mhaith liom obair mar bhunmhúinteoir agus dá bhrí sin tá an Ghaeilge an-tábhachtach domsa anois agus beidh sa todhchaí. – *I would like to work as a primary school teacher and therefore Irish is important for me now and will be in the future.*

5. Dar leis an daonáireamh is déanaí, labhraíonn beagnach seachtó cúig míle duine Gaeilge go laethúil agus labhraíonn timpeall is fiche a haon míle duine Gaeilge go laethúil sna Gaeltachtaí. – *According to the latest census, 75,000 people speak Irish daily and about 21,000 speak Irish daily in the Gaeltachtaí.*

6. Tá fás ollmhór tar éis teacht ar an líon daltaí atá ag freastal ar Ghaelscoileanna na tíre anois. – *There has been a big increase in the number of students attending the Gaelscoileanna of the country now.*

7. Gach samhradh, téann na céadta déagóir chuig ceantair Ghaeltachta fud fad na tíre chun a gcuid Gaeilge a fheabhsú. – *Every summer, thousands of students go to the Gaeltacht areas around the country to improve their Irish.*

8. Is cuid dár n-oidhreacht, dár gcultúr agus dár bhféiniúltacht í an Ghaeilge agus tá sé tábhachtach í a choimeád beo. – *Irish is part of our heritage, our culture and our identity and it is important to keep it alive.*

9. D'fhéadfaí a rá go bhfuil an Ghaeilge tar éis dul ó neart go neart le roinnt blianta anuas. Tá an Ghaeilge ina teanga oifigiúil san Eoraip agus tá aistritheoirí ag obair ansin ag aistriú cháipéisí na hEorpa go dtí ár dteanga féin. Bua is ea é sin don teanga. – *You could say that Irish has gone from strength to strength for many years now. Irish is an official language of Europe and translators are working there translating European documents into our language. It is a great win for the language.*

10. Is féidir le duine daichead faoin gcéad a ghnóthú roimh an scrúdú scríofa sa Ghaeilge anois. – *A person can now get forty per cent before the written exam in Irish.*

Ceisteanna agus freagraí don Bhéaltriail

1. An fiú an Ghaeilge a fhoghlaim?

Is fiú an Ghaeilge a fhoghlaim, de réir an tseanrá is ionann tír gan teanga agus tír gan anam. I ndáiríre tá sé níos éasca Gaeilge a fhoghlaim nuair atá tú níos óige agus ba cheart go mbeadh níos mó Gaelscoileanna ar fáil sa tír. Chabhródh sé sin go mór le cur chun cinn na Gaeilge.

Gaelscoil Mhíchíl Cíosóg Inis

2. An maith leat an Ghaeilge mar ábhar?

Is teanga ársa í an Ghaeilge agus chomh maith leis sin is í ár dteanga dhúchasach í. Anois tá béim ar an gcomhrá agus ar an gcaint sa rang agus **is aoibhinn liom** an deis a bheith agam Gaeilge a labhairt. Is maith liom fuaimeanna agus focail na teanga.

3. An dtaitníonn cúrsa Gaeilge na hArdteiste leat? Cén chuid den Ardteist a thaitníonn leat?

Taitníonn an cúrsa liom. Bímid ag caint as Gaeilge an t-am uilig. Tá an prós agus an fhilíocht éasca go leor agus cé go bhfuil an aiste deacair táim cinnte go n-éireoidh liom.

4. An gceapann tú go bhfuil an Ghaeilge tábhachtach?

Is cuid dár gcultúr, dár n-oidhreacht agus dár bhféiniúlacht í an Ghaeilge agus dá bhrí sin ceapaim gur cheart don Ghaeilge a bheith ar churaclam na scoile.

5. Cad a dhéanann do scoil i rith Sheachtain na Gaeilge?

Déanaimid go leor rudaí éagsúla i rith Sheachtain na Gaeilge, mar shampla, bíonn Tráth na gCeisteanna ar siúl leis an gcéad agus leis an dara bliain. Ina theannta sin, bíonn ciorcal comhrá ann ag am lóin, comórtas na bpóstaer agus bíonn ceolchoirm mhór againn ag deireadh na dara seachtaine.

6. **An raibh tú riamh sa Ghaeltacht?**

Bhí mé sa Ghaeltacht an samhradh seo caite. Chuaigh mé go dtí coláiste samhraidh i gConamara. B'iontach an taithí é. Labhraíomar Gaeilge gach lá agus bhí cluichí spraíúla idir lámha againn gach tráthnóna. Rinneamar damhsa Gaelach chomh maith. Baintear taitneamh agus tairbhe as am a chaitheamh sa Ghaeltacht. Is féidir leat taitneamh a bhaint as cultúr agus traidisiún na hÉireann ann. Tháinig feabhas ollmhór ar mo chuid Gaeilge labhartha.

Freagra eile

Ní raibh mé sa Ghaeltacht cheana ach ba bhreá liom dul ann. Chuaigh mo chairde chuig an nGaeltacht/go dtí coláiste samhraidh cúpla uair agus bhain siad an-taitneamh as. Ba bhreá liom dul ann chun níos mó Gaeilge a fhoghlaim. Is maith liom an Ghaeilge mar theanga bheo.

7. **An mbíonn tú ag féachaint ar TG4?**

*Bím. **Is minic a fhéachaim ar** spórt ar TG4, is meán fiúntach é ó thaobh fhoghlaim na Gaeilge de.*

Freagra eile

__Ó am go ham__ féachaim ar TG4. Bíonn scannáin agus cláir mhaithe spóirt ar an gcaineál sin. Bíonn cluichí rugbaí ar TG4 agus bíonn cluichí iománaíochta/camógaíochta air freisin agus féachaim orthu sin. Bíonn daoine ag caint sna canúintí difriúla agus cabhraíonn sé sin leis an gcluastuiscint i gcomhair na hArdteiste. Ní minic a éistim le Raidió na Gaeltachta.

8. **An éisteann tú le Raidió na Gaeltachta?**

Éistim le Raidió na Gaeltachta go rialta. Is maith liom éisteacht leis an nuacht agus is mór an chabhair dom é maidir le hullmhú don scrúdú cainte.

Freagra eile

*Ní éistim le Raidió na Gaeltachta, níl an t-am agam **faoi láthair** chun an fhírinne a rá.*

9. **Conas is féidir linn an Ghaeilge a chur chun cinn?**

Is dóigh liom go bhfuil roinnt bealaí ann chun an Ghaeilge a chur chun cinn. D'fhéadfadh an rialtas níos mó a dhéanamh ó thaobh poist le Gaeilge a chruthú agus seirbhísí a chur ar fáil ionas go mbeimis ábalta Gaeilge a labhairt go laethúil. Chomh maith leis sin b'fhiú go mór níos mó ama a chaitheamh ar labhairt na teanga sa rang.

10. Cén post ar mhaith leat a fháil sa todhchaí?

Ba mhaith liom a bheith i mo bhunmhúinteoir. Dá bhrí sin, tá an Ghaeilge an-tábhachtach dom.

Freagra eile

Ba mhaith liom a bheith i m'aistritheoir. Tá poist ar fáil mar aistritheoirí sa Bhruiséil leis an Aontas Eorpach agus ba bhreá liom obair ar Mhór-Roinn na hEorpa. D'fhéadfainn taisteal timpeall na hEorpa freisin.

Cuntais shamplacha

1. **Is minic a chloistear** scéalta sna meáin faoin nGaeilge, go bhfuil sí á múineadh go dona agus nach fiú an t-airgead ná an t-am a chaitear uirthi. I mo thuairim is fiú go mór í an Ghaeilge a fhoghlaim. **Tá an-dul chun cinn déanta** le roinnt blianta anuas maidir le múineadh na Gaeilge agus is mór an chabhair í ó thaobh na teanga labhartha de go bhfuil daichead faoin gcéad de na marcanna san Ardteist ag dul don scrúdú cainte anois. Cabhraíonn sé sin le cumas an déagóra i labhairt na teanga. Mar a deir an seanfhocal beatha teanga í a labhairt.

Scríobh síos na caithimh aimsire is fearr leat, mar shampla spórt, ceol, léitheoireacht, snámh, teilifís

| Freagra H1 |

2. Éistim le Raidió na Gaeltachta agus féachaim ar TG4. Is maith liom féachaint ar an spórt ar TG4. Féachaim ar an bpeil Ghaelach, ar an iomáint agus ar an gcamógaíocht agus tá seirbhís an-mhaith spóirt ar an gcainéal seo. **Tá an-chuid clár maith** ar fáil freisin, an sobalchlár *Ros na Rún* ina measc. | Freagra H4 |

3. **Faoi láthair** tá go leor post le Gaeilge ar fáil. Ba mhaith liom oibriú i réimse na Gaeilge sa todhchaí. **Is aoibhinn liom** fuaimeanna na teanga agus **is aoibhinn liom** í a labhairt. Níl a fhios agam an bhfuil an fhoighne agam don mhúinteoireacht agus dá bhrí sin tá seans ann go rachaidh mé isteach sna meáin chumarsáide. Tá cúrsa sna meáin chumarsáide ar fáil in Ollscoil na hÉireann, Gaillimh agus d'fhéadfainn cúrsa a dhéanamh ansin. | Freagra H2 |

 Obair bheirte

Cuir na ceisteanna seo ar a chéile.

1. Cad í do bharúil faoin nGaeilge?

2. An fiú an Ghaeilge a fhoghlaim?

3. An maith leat an Ghaeilge mar ábhar? Inis dom cén fáth.

4. An dtaitníonn an cúrsa Gaeilge leat san Ardteist?

5. Cad a dhéanann do scoil i rith Sheachtain na Gaeilge?

6. An raibh tú riamh sa Ghaeltacht?

7. Conas a chleachtann tú do chuid Gaeilge?

8. An mbíonn tú ag féachaint ar TG4 nó ag éisteacht le Raidió na Gaeltachta?

9. Conas is féidir linn an Ghaeilge a chur chun cinn?

10. Meas tú an bhfuil líon na ndaoine a bhfuil spéis acu sa Ghaeilge ag fás?

 ## Aistrigh na habairtí seo a leanas. Tá na habairtí sa chaibidil seo le cabhrú leat.

1. Irish is part of our culture, our heritage and our identity.

2. All of the European Union's documents are being translated into Irish.

3. If you have the qualifications in Irish, you can get a job in the European Union translating documents.

4. There is a big increase in the number of students attending Gaelscoileanna around the country now.

5. I want to be a primary school teacher. Therefore, Irish is very important to me.

6. We do a lot of different things during Seachtain na Gaeilge. For example, we have a quiz with the first and second years.

7. The government could create more jobs in Irish instead and make services available through Irish, so we could speak Irish daily.

8. I listen to Raidió na Gaeltachta regularly.

9. I don't know if I have the patience for teaching and there is a chance that I might go into media instead.

_____

_____

10. I watch Gaelic football, hurling and camogie. There is a very good sports service on that channel.

_____

_____

Do chuid freagraí féin

1. Cad í do bharúil faoin nGaeilge?

_____

_____

_____

2. An fiú an Ghaeilge a fhoghlaim?

_____

_____

_____

3. An maith leat an Ghaeilge mar ábhar? Inis dom cén fáth.

_____

_____

_____

4. An dtaitníonn an cúrsa Gaeilge leat san Ardteist?

_____

_____

_____

5. Cad a dhéanann do scoil i rith Sheachtain na Gaeilge?

_____

_____

_____

6. An raibh tú riamh sa Ghaeltacht?

_____

_____

_____

7. Conas a chleachtann tú do chuid Gaeilge?

_____

_____

_____

8. An mbíonn tú ag féachaint ar TG4 nó ag éisteacht le Raidió na Gaeltachta?

_____

_____

_____

9. Conas is féidir linn an Ghaeilge a chur chun cinn?

_____

_____

_____

10. Meas tú an bhfuil líon na ndaoine a bhfuil spéis acu sa Ghaeilge ag fás?

_____

_____

_____

10 Cúrsaí an Lae Inniu 1

Ábhar na caibidle

polaitíocht na hÉireann

tuaisceart na hÉireann

polaitíocht an domhain

geilleagar/eacnamaíocht na tíre

an Breatimeacht

foréigean agus coirpeacht/coiriúlacht

bochtaineacht

dífhostaíocht agus deacrachtaí tithíocht a fháil

teifigh agus ciníochas

Foclóir a bhaineann le cúrsaí an lae inniu 1

Acmhainní an domhain – *the world's resources*

An Bhreatain Mhór – *Great Britain*

An Eoraip – *Europe*

Bosca ballóide – *ballot box*

Breatimeacht – *Brexit*

Ciníochas – *racism*

Cogadh cathartha – *civil war*

Comhaontú Aoine an Chéasta – *Good Friday Agreement*

Comhionannas – *equality*

Córas daonlathach/córas deachtóireachta – *democratic system/dictatorship*

Cruatan – *hardship*

Daonlathas – *democracy*

Geilleagar – *economy*

Guth an phobail – *voice of the public*

Imirce – *emigration*

Inimirce – *immigration*

Leatrom agus fuath – *injustice and hatred*

Meiriceá – *America*

Mionlaigh – *minorities*

Muintir na hÉireann – *people of Ireland*

Olltoghchán – *general election*

Polaiteoirí – *politicians*

Polaitíocht – *politics*

Polaitíocht na hÉireann – *Irish politics*

Dearcadh polaitiúil – *political outlook*

Díothú cine – *genocide*

Dlíthe pleanála – *planning laws*

Drong drugaí – *drugs gang*

Dúnmharuithe ciníocha – *racist murders*

Eachtrannaigh – *foreign people*

Fadhbanna – *problems*

Faoi bhrú – *under pressure*

Fiacha na tíre – *the country's debts*

Polaitíocht na n-inscní – *Gender politics*

Reifreann an Bhreatimeachta – *the Brexit referendum*

Réiteach – *solution*

Teifigh – *refugees*

Timthriall an bhochtanais – *the poverty cycle*

Tionól Thuaisceart Éireann – *Northern Ireland Assembly*

Tír ilchultúrtha – multicultural country

Tuaisceart na hÉireann – *Northern Ireland*

Vótáil – *vote*

An Rialtas

Aire – *minister*

Aire rialtais – *government minister*

Aire sinsearach – *senior minister*

An Caomhaontas Glas – *the Green Party*

An Dáil – *the Dáil*

An Páirtí Sóisialach – *the Socialist Party*

An Tánaiste – *the Tánaiste*

An Taoiseach – *the Taoiseach*

An tOireachtas – *the Legislature*

An tUachtarán – *the President*

Comhrialtas – *coalition*

Fianna Fáil – *Fianna Fáil*

Fine Gael – *Fine Gael*

Na seanadóirí – *the senators*

Na Teachtaí Dála – *the Dáil deputies*

Páirtí an Lucht Oibre – *The Labour Party*

Sinn Féin – *Sinn Féin*

Tithe an Oireachtais – *the houses of the Oireachtas*

Briathra

Bím – *I am*

Braitheann sé – *it depends*

Cabhraíonn sé le – *it/he helps with*

Ceapaim/Sílim – *I think*

Cloistear – *it is heard*

Éistim le – *I listen to*

Ní úsáidim – *I don't use*

Ainmneacha briathartha

Ag cáineadh na bpolaiteoirí – *giving out about politicians*

Ag cur brú ar – *putting pressure on*

Ag déanamh a seacht ndícheall – *doing their best*

Ag déanamh oibre – *working*

Ag éirí níos fáiltiúla – *becoming more welcoming*

Ag fámaireacht – *sightseeing*

Ag lorg déirce – *looking for charity*

Ag lot ár sochaí – *destroying our society*

Ag maireachtáil ó lá go lá – *living from day to day*

Ag síorathrú – *forever changing*

Ag éirí níos tuisceanaí – *becoming more understanding*

Ag teacht ó chian agus ó chóngar – *coming from far and near*

Ag fáil bháis – *dying*

Ag teitheadh – *fleeing*

Ag fáil na ndeiseanna – *getting the opportunities*

Ag troid – *fighting*

Leaganacha cainte

Ba chóir go mbeadh – *there should be*

Cuirimis faoi chaibidil é – *let us debate it*

Ní mór do na polaiteoirí – *politicians should*

Cúrsaí polaitíochta a phlé – *to discuss politics*

Táimse dall ar an bpolaitíocht – *I pay no attention to politics*

Níl aon chur amach agamsa ar an bpolaitíocht – *I have no knowledge of politics*

Tá cluas an aire de dhíth ag na daoine bochta – *the poor people need the minster's ear*

Bíonn tionlacan Gardaí leis an Taoiseach agus leis an Uachtarán i gcónaí – *the Taoiseach and the President are always accompanied by the Gardaí*

I ndeireadh na dála – *at the end of the day*

Ní bhíonn faill suí ná seasamh agam – *I don't have time to myself*

Ag dul in olcas – *getting worse*

Níl ciall ar bith leis – *there is no sense*

Is í an fhírinne lom ná – *the real truth is*

Nuair a smaoiníonn tú (air) – *when you think of (it)*

Creid uaimse é – *believe me*

Buíochas le Dia – *thanks be to God*

Ar thaobh amháin den scéal – *on the one hand*

Ar an taobh eile den scéal – *on the other hand*

Is ceist mhaith í sin – *that is a good question*

Mise á rá leat – *I'm telling you*

Níl mé ag magadh – *I'm not joking*

Níl mé ach ag magadh – *I'm only joking*

Leis an fhírinne a rá – *to tell the truth*

Cinnte – *for sure*

Anuas air sin – *on top of that/as well as that*

Caithfear tús a chur – *they must make a start*

Ó chian agus ó chóngar – *coming from far and near*

Leas an phobail a chur chun cinn – *to progress the common good*

Tarlaíonn sé go bhfuil – *it happens that there is*

Cleachtaí

Athscríobh an giota seo i do chóipleabhar agus roghnaigh an focal is fearr gach uair.

Focail le cur isteach: *aire, fhírinne, theach, dídean, tógáil, anuas, réiteach*

Táimse dall ar an bpolaitíocht chun an _____ a rá leat. Tuigim go bhfuil **cluas an** _____ **de dhíth ar na daoine bochta. Nuair a smaoiníonn tú air,** tá an-chuid daoine gan _____ in Éirinn anois. Le roinnt blianta _____ níl cur síos ná insint scéil ar an méid daoine nach féidir leo teacht ar _____. Ní mór do pholaiteoirí díriú ar theacht ar _____ ar fhadhbanna an bhochtanais. **Caithfear tús a chur** leis an _____ arís sa tír seo.

Abairtí úsáideacha

1. Teastaíonn uaim a bheith i mo pholaiteoir amach anseo. Deir mo chairde liom go mbeinn go maith ag plé cúrsaí reatha agus ag déanamh oibre ar son an phobail. – *I want to be a politician in the future. My friends tell me that I would be good at discussing current affairs and working for the public.*

2. Tá dearcadh cúlaigeanta aige ar an bpolaitíocht. – *He has a narrow outlook on politics.*

3. Ba mhaith liom céim a dhéanamh sa pholaitíocht. – *I would like to do a degree in politics.*

4. Is cíor thuathail é polaitíocht an Mheánoirthir. – *Middle Eastern politics is complicated.*

5. Deir m'athair liom gur fearr fanacht i do thost maidir le cúrsaí polaitíochta. – *My father tells me that it is better to stay quiet in relation to politics.*

6. Is léir go bhfuil fadhb mhór bochtanais sa tír seo agus easpa dídine. – *It is clear that there is a big problem in this country with poverty and a lack of housing.*

7. Tá an choiriúlacht ag lot ár sochaí. – *Crime is destroying our society.*

8. Tá teifigh ag teacht ó chian agus ó chóngar go hÉirinn anois de bharr fadhbanna cogaidh ina dtíortha féin. – *Refugees are coming from near and far because of wars in their own countries.*

9. Is í an fhírinne lom ná go bhfuil sé an-deacair teach a fháil ar cíos sa tír seo. – *The truth is that it is very difficult to get a house for rent in this country.*

10. Tá gá le hoideachas chun fadhb an chiníochais sa tír seo a réiteach. – *Education is needed to solve the problem of racism in this country.*

Ceisteanna agus freagraí don Bhéaltriail

Polaitíocht na hÉireann/Tuaisceart Éireann/polaitíocht an domhain/geilleagar/eacnamaíocht na tíre/an Breatimeacht

1. Cad é an dearcadh atá agat ar an bpolaitíocht? Cén tuairim atá agat ar an bpolaitíocht? An bhfuil aon suim agat sa pholaitíocht?

   Níl mórán suime agam sa pholaitíocht ach tá an-suim agam i gcúrsaí spóirt.

Freagraí eile

- *Is maith liom cúrsaí polaitíochta. Ceapaim go bhfuil sé tábhachtach a bheith in ann an pholaitíocht a thuiscint agus í a phlé. Níl mé i bhfabhar aon pháirtí polaitíochta ar leith faoi láthair.*

- *Teastaíonn uaim a bheith i mo pholaiteoir amach anseo. Ba bhreá liom a bheith i lár an aonaigh agus bainim taitneamh as díospóireacht mhaith.*

2. Cad is féidir le polaiteoirí a dhéanamh chun dul chun cinn a dhéanamh ina dtíortha féin?

   Ní mór do pholaiteoirí díriú ar réiteach a aimsiú ar na fadhbanna a bhaineann le bochtanas ach go háirithe. Ní dóigh liom go ndéantar go leor chun cabhrú le daoine bochta. **Mise á rá leat** *go bhfuil an-chuid fadhbanna i saol daoine bochta anois.*

3. Cad í do thuairim faoi Thuaisceart Éireann? An raibh tú riamh ann?

   Bhí easpa síochána sa Tuaisceart le fada an lá. Bhí easaontas ann idir Protastúnaigh agus Caitlicigh ag dul siar na céadta bliain. Ansin, d'éirigh leo teacht ar réiteach trí Chomhaontú Aoine an Chéasta. Tá síocháin sa Tuaisceart ó shin agus oibríonn na polaiteoirí ón dá thaobh ar son na síochána, buíochas le Dia.

Freagraí eile

- *Ní raibh mé riamh sa Tuaisceart.*

- *Bhí mé sa Tuaisceart anuraidh. Bhain mé an-taitneamh as. Chuaigh mé féin agus mo mhuintir ann agus bhí an-am againn ag fámaireacht timpeall an chuid sin den tír.*

4. An bhfuil aon eolas agat ar pholaitíocht an domhain?

   Is dóigh liom go bhfuil an pholaitíocht ag síorathrú. Tá an chumhacht ag grúpa beag amháin agus is iad sin na polaiteoirí. Is léir go mbeidh cogadh i gcónaí ann agus go mbeidh troideanna idir tíortha maidir le hacmhainní an domhain. Mar sin féin táim dóchasach

i dtaobh thodhchaí an domhain agus gur féidir linn dul chun cinn a dhéanamh ó thaobh na timpeallachta de agus ó thaobh na heacnamaíochta de.

Foréigean agus coiriúlacht/coirpeacht

1. **An gceapann tú go bhfuil foréigean le feiceáil i do cheantar féin?**

   Níl foréigean le feiceáil i mo cheantar féin. Is oth liom a rá go bhfuil sé le feiceáil i gceantair áirithe timpeall na hÉireann. Taobh amuigh de na háiteanna sin ní tír fhoréigeanach í Éire. Bíonn dronganna drugaí ag troid le gunnaí agus maraítear daoine ó am go chéile ach ní fheictear sin timpeall mo bhaile féin.

2. **Cad is féidir a dhéanamh chun dul i ngleic le fadhb na coiriúlachta?**

   Dá gcuirfeadh an rialtas níos mó Gardaí ar na sráideanna d'fheabhsódh sé sin an scéal is dóigh liom. Ina theannta sin, tá gá le hoideachas a chur ar dhaoine sna ceantair agus sna bailte a bhfuil an choiriúlacht go forleathan iontu.

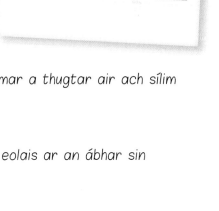

Bochtaineacht, dífhostaíocht agus deacrachtaí teach a fháil

1. **Cad é do thuairim faoin mbochtanas sa domhan?**

   Ceapaim go bhfuil caighdeán ard maireachtála san Iarthar, mar a thugtar air ach sílim go bhfuil an chuid eile den domhan beo bocht.

   ### Freagra eile

   Is ceist mhaith í ach chun an fhírinne a rá leat tá mo chuid eolais ar an ábhar sin an-teoranta.

2. **An bhfuil fadhb bhochtanais ann in Éirinn?**

   Tá fadhb an bhochtanais le feiceáil in Éirinn. Tá an fhadbh seo ann le fada an lá agus níl daoine áirithe ach ag maireachtáil ó lá go lá. **Tá cluas an aire de dhíth ar na daoine bochta** *i ndáiríre ag an bpointe seo.* **Caithfear tús a chur** *leis an tógáil arís sa tír seo.* **Buíochas le Dia** *tá teach deas againn sa bhaile agus tá bia ar an mbord gach lá. Tugann mo thuismitheoirí an-chabhair domsa agus tuigim go bhfuil an t-ádh orm i mo shaol féin.*

3. **An bhfuil fadhb dífhostaíochta sa tír seo, i do thuairim?**

   Is dóigh liom nach bhfuil fadhb dífhostaíochta sa tír seo le cúpla bliain anuas. I ndiaidh an Tíogair Cheiltigh bhí fadhb mhór ann mar bhí ganntanas post ann agus chuaigh daoine ar imirce. Níl an fhadhb sin ann a thuilleadh agus ceapaim go bhfuil an tír ag dul ar aghaidh go maith maidir le soláthar fostaíochta faoi láthair.

4. An bhfuil deacrachtaí in Éirinn maidir le teach/lóistín a fháil?

Is dóigh liom go bhfuil fadhb mhór ann. Ar thaobh amháin tá an-chuid tithe taobh amuigh de Bhaile Átha Cliath folamh agus ní féidir le tiarnaí talún teacht ar thionóntaí. Ar an taobh eile den scéal níl lóistín ar bith ar fáil sna cathracha, i mBaile Átha Cliath ach go háirithe. Níl aon athrú suntasach ag teacht ar an scéal sin agus ceaptar go nglacfaidh sé go leor ama teacht ar réiteach ar an nganntanas tithe sna cathracha.

Teifigh agus an ciníochas

1. An bhfuil teifigh i do cheantar?

Tá teifigh i mo cheantar agus táimid ag cur fáilte rompu agus, ina theannta sin, táimid ag éirí níos tuisceanaí ar chultúir eile, i mo thuairim.

Freagra eile

Níl aon teifigh i mo cheantar. Cónaímid amuigh faoin tuath agus níl go leor daoine ina gcónaí ann.

2. Meas tú an bhfuil ciníochas le feiceáil sa cheantar seo?

*Measaim go bhfuil ciníochas le feiceáil sa cheantar seo. Caithfear rud éigin a dhéanamh chun oideachas a chur ar dhaoine maidir leis an gciníochas sa tír seo. Tá teifigh ag teacht **ó chian agus ó chóngar** ag lorg déirce uainne agus tá sé tábhachtach go dtuigfidh muintir na hÉireann sin.*

Cuntais shamplacha

CD 1
Rian
23

1. *Táimse dall ar an bpolaitíocht chun an fhírinne a rá leat. Níl aon chur amach agam ar an bpolaitíocht ar chor ar bith. I gcónaí bíonn an pholaitíocht sa nuacht agus bíonn go leor daoine ag cáineadh na bpolaiteoirí mar gheall ar scéalta difriúla. Sílim go bhfuil dearcadh diúltach ag go leor daoine i leith na polaitíochta agus ní bhacaim féin go pearsanta leis. **Ní bhíonn faill suí ná seasamh agam** leis an staidéar faoi láthair agus ní minic a fhéachaim ar an nuacht seachas, b'fhéidir TG4 mar chuid de mo chuid ullmhúcháin don scrúdú seo.*

Freagra H1

2. *Chuaigh mé chuig **Tuaisceart Éireann** nuair a bhí mé sa cheathrú bliain. Bhíomar ar thuras scoile. Chonaiceamar Clochán an Aifir agus chuamar ag fámaireacht agus ar bhus turasóireachta timpeall an taobh sin tíre. Níl aon dabht faoi ach go bhfuil go leor deacrachtaí a bhaineann leis an Tuaisceart, a eascraíonn ó stair na háite agus ó na fadhbanna idir Caitlicigh agus Protastúnaigh.*

Freagra H2

3. Níl **coiriúlacht** i mo cheantar, buíochas le Dia. **Leis an fhírinne a rá** níl mórán coiriúlachta sa cheantar/sa chontae seo. Ní minic a chloisfeá faoi choiriúlacht inár gceantar ach is léir go bhfuil sé in áiteanna áirithe ar fud na hÉireann. Feictear an-chuid foréigin anois i dtíortha éagsúla, sa tSiria ach go háirithe.

4. **Níl ciall ar bith leis** an mbealach ina dtugtar faoi **fhadhb na dífhostaíochta** nó fadhb na tithíochta. Ní dóigh liom go bhfuil na polaiteoirí ag déanamh a seacht ndícheall chun teacht ar réiteach ar na fadhbanna seo.

5. Tá **bochtanas** le feiceáil fud fad an domhain. Áit ar bith a mbíonn daoine bíonn bochtanas ann. Déarfainn go bhfuil daoine ag fáil bháis den ocras agus den tart ar fud an domhain gach lá. Feictear ar an teilifís iad agus iad beo bocht ainnis. Is mór an náire é nach dtugann na tíortha saibhre dóibh an chabhair atá ag teastáil go géar uathu.

6. Níl go leor de na **teifigh** sa tír seo ag fáil na ndeiseanna chun obair a dhéanamh. Tá an córas polaitíochta ag cur bac sa tslí orthu maidir leis sin. Ceapann go leor daoine go bhfuil na fadhbanna atá ag teifigh ag dul in olcas.

7. Is bagairt é an **Breatimeacht** d'earnáil tionsclaíochta na tíre seo, tionscal na déiríochta agus tionscal na mairteola ach go háirithe. Leis an fhírinne a rá ní thuigim an fáth ar mhaith leis an mBreatain Mhór imeacht ón Eoraip.

8. Faoi láthair tá **geilleagar/eacnamaíocht** na tíre seo ag dul i bhfeabhas ach d'fhéadfadh sé athrú go tobann agus gan rabhadh. Ní fada ó tharla an Tíogar Ceilteach agus chríochnaigh sé go dona.

 Obair bheirte

Cuir na ceisteanna seo ar a chéile.

1. Cén tuairim atá agat ar an bpolaitíocht?

2. Cad is féidir le polaiteoirí a dhéanamh chun leas an phobail a chur chun cinn?

3. Cad í do thuairim maidir le Tuaisceart Éireann? An raibh tú riamh ann?

4. An gceapann tú go bhfuil foréigean le feiceáil i do cheantar féin?

5. Cad is féidir a dhéanamh chun dul i ngleic le fadhb na coiriúlachta?

6. An bhfuil fadhb bochtanais in Éirinn?

7. Cad í an deacracht is mó atá ag muintir na hÉireann faoi láthair?

8. An bhfuil deacrachtaí in Éirinn maidir le teach a fháil, meas tú?

9. An bhfuil ciníochas le tabhairt faoi deara i do cheantar?

10. Cad is féidir a dhéanamh chun fadhb an chiníochais a réiteach?

Aistrigh na habairtí seo a leanas. Tá na habairtí sa chaibidil seo le cabhrú leat.

1. I have no clue about politics.

2. You wouldn't hear anything about crime in this area, but it is clear that crime is found in certain areas around the country.

3. I would like to be a politician in the future. My friends tell me that I would be good at discussing current affairs and working on behalf of the public.

4. I think the West, as it is called, has a high standard of living but the rest of the world is poor.

5. Poor people need the minister's ear now.

6. That is a good question and to be honest with you my knowledge is limited on that subject.

7. Refugees are coming from near and far because of wars in their own countries.

8. Crime is destroying our society.

9. I went to Northern Ireland when I was in fourth year.

10. I don't think that politicians are doing their best to find a solution to these problems.

Do chuid freagraí féin

1. Cén tuairim atá agat ar an bpolaitíocht?

_____

_____

_____

2. Cad is féidir le polaiteoirí a dhéanamh chun leas an phobail a chur chun cinn?

_____

_____

_____

3. Cad í do thuairim maidir le Tuaisceart Éireann? An raibh tú riamh ann?

_____

_____

_____

4. An gceapann tú go bhfuil foréigean le feiceáil i do cheantar féin?

_____

_____

_____

5. Cad is féidir a dhéanamh chun dul i ngleic le fadhb na coiriúlachta?

_____

_____

_____

6. An bhfuil fadhb bochtanais le feiceáil in Éirinn?

_____

_____

_____

7. Cad í an deacracht is mó atá ag muintir na hÉireann faoi láthair?

_____

_____

_____

_____

8. An bhfuil deacrachtaí in Éirinn maidir le teach a fháil, meas tú?

_____

_____

_____

_____

9. An bhfuil ciníochas le tabhairt faoi deara i do cheantar?

_____

_____

_____

_____

10. Meas tú an bhfuil ciníochas le feiceáil sa cheantar seo? Cad is féidir a dhéanamh chun fadhb an chiníochais a réiteach?

_____

_____

_____

_____

Ábhar na caibidle

an córas sláinte

an córas oideachais

an earnáil airgeadais

an earnáil dheonach

an earnáil talmhaíochta

an earnáil tógála

an earnáil déantúsaíochta

an timpeallacht

an turasóireacht

seandaoine

na meáin chumarsáide

Foclóir a bhaineann le cúrsaí an lae inniu 2

Airgeadas – *finance*

An Banc Ceannais – *the Central Bank*

An earnáil phríobháideach – *the private sector*

An earnáil phríomhúil – *the primary sector*

An earnáil threaseach – *the tertiary sector*

An iarmhairt cheaptha teasa – *the greenhouse effect*

An iomarca béime – *too much emphasis*

An-tionchar – *big influence*

Áras na seandaoine – *old people's home*

Míchumas – *lacking ability*

Morgáiste a fhoriamh – *mortgage foreclosure*

Na meáin chraolta – *the broadcast media*

Na meáin dhigiteacha – *the digital media*

Nuachóiriú na déantúsaíochta – *modernisation of manufacturing*

Oideachas – *education*

Pictiúr idéalach – *idealistic picture*

Príomhfheidhmeannach – *Chief Executive Officer*

Próiseas déantúsaíochta – *manufacturing process*

Athrú aeráide – *climate change*

Branda na hÉireann – *the Irish brand*

Brú na scrúduithe – *exam pressure*

Ciseal ózóin – *ozone layer*

Clú agus cáil ar mhuintir na hÉireann –
   Irish people are famous

Cobhsaíocht airgeadais – *financial stability*

Coiriúlacht – *crime*

Comhairleoir airgeadais – *financial adviser*

Córas – *system*

Cúlú i dtionscal na déantúsaíochta – *reduction
   in manufacturing*

Daoine cabhracha, cairdiúla, fáilteacha –
   friendly, helpful welcoming people

Déantúsaíocht – *manufacturing*

Deonach – *voluntary*

Eagraíocht neamhbhrabúis – *non-profit
   organisation*

Earcaithe – *employed*

Earnáil – *sector*

Fadhb fhorleathan – *widespread problem*

Fuinneamh in-athnuaite – *renewable energy*

Geografaíocht na déantúsaíochta – *geography
   of manufacturing*

Íomhá na hÉireann – *image of Ireland*

Iriseoirí – *journalists*

Laghdaigh, athúsáid agus athchúrsáil – *reduce,
   reuse and recycle*

Meáin chumarsáide – *media*

Radaíocht ultraivialait – *ultraviolet rays*

Ró-acadúil – *too academic*

Roghanna eachtrúla – *adventurous options*

Saibhreas dúlra – *richness of nature*

Seandaoine – *old folks*

Seirbhísí airgeadais – *financial services*

Síntiús airgid – *financial contribution*

Sláinte – *health*

Strus – *stress*

Táillí – *fees*

Talmhaíocht – *agriculture*

Téamh domhanda – *global warming*

Timpeallacht – *environment*

Tógáil – *building*

Triomú – *drought*

Truailliú na timpeallachta – *pollution of the
   environment*

Truailliú tráchta/núicléach/ceimiceach –
   traffic/nuclear/chemical pollution

Tubaistí nádúrtha – *natural disasters*

Turasóireacht – *tourism*

Uaigneas – *loneliness*

Uasghrádú – *upgrade*

Uasmhéid – *maximum*

Briathra

Ba chóir go mbeadh – *there should be*

Bím – *I am*

Braitheann sé ar – *it/he depends on*

Cabhraíonn sé le – *it/he helps with*

Ceapaim/sílim – *I think*

Cloistear – *it is heard*

Easpórtálann – *export(s)*

Éistim le – *I listen to*

Ní úsáidim – *I don't use*

Scaiptear – *it is spread*

Tarlaíonn sé go bhfuil – *it/he happens to be*

Tuilleann siad – *they earn*

Ainmneacha briathartha

Ag ardú – *rising*

Ag caomhnú – *preserving*

Ag cliseadh – *failing*

Ag crú – *milking*

Ag déanamh – *making/doing*

Ag déanamh dochair do – *doing damage to*

Ag éirí níos fliche agus níos teo – *getting wetter and warmer*

Ag éirí níos sine – *getting older*

Ag feidhmiú – *functioning*

Ag méadú – *increasing*

Ag milleadh – *destroying*

Ag obair – *working*

Ag sábháil – *saving*

Ag scriosadh – *destroying*

Ag tógáil – *building*

Ag tuar – *predicting*

Leaganacha cainte

Is drochléargas é – *it is a damning indictment*

De réir cosúlachta – *it appears*

Leis an fhírinne a rá – *to tell the truth*

Tá sé d'acmhainn againn – *it is within our capacity*

Idir dhá cheann na meá – *hanging in the balance*

Bailíonn brobh beart – *every little helps*

Ó shin i leith – *since that time*

In ainneoin na bhfadhbanna – *despite the problems*

Baineann siad pléisiúr as aird na meán – *they enjoy the media limelight*

Thar a bheith tábhachtach – *very important*

Caithfear oideachas a chur ar dhaoine faoi – *people need to be educated about*

Caithfimid tús áite a thabhairt do – *we must give priority to*

Scaiptear eolas orainn – *information is replayed to us*

Cruthaíonn seo an-strus – *this creates a lot of stress*

 ## Cleachtaí

Athscríobh an giota seo i do chóipleabhar agus roghnaigh an focal is fearr gach uair.

Focail le cur isteach: *rothar, athchúrsáil, athúsáid, phríomhcheist, háitiúil, inmheánach, leictreach, inslithe*

An _____ atá ann faoi láthair ná conas ár ndomhan a chaomhnú. **Tá sé d'acmhainn**

ag gach duine carr _____ a cheannach. Is féidir liom siúl ar scoil nó is féidir le dalta a

_____ a thógaint ar scoil. Is féidir le daoine freisin a dteocht _____ a chasadh

síos sa teach nuair nach bhfuil éinne sa seomra. D'fhéadfaimis córas _____ níos fearr a fháil dár dtithe agus ár mbia a cheannach go _____. **Caithfear oideachas a chur ar**

dhaoine mar gheall ar _____, _____ agus laghdú ar an gcoisrian carbóin.

Abairtí úsáideacha

1. Caithfear dul i ngleic leis na fadhbanna sa chóras sláinte chomh luath agus is féidir. – *We have to get to grips with the problems in the health system as soon as we can.*

2. Tá córas cuimsitheach oideachais againn anseo in Éirinn. Deirtear go bhfuil sé ar cheann de na córais oideachais is fearr ar domhan. – *We have a comprehensive education system here in Ireland. It is said to be one of the best education systems in the world.*

3. Caithfimid beart a dhéanamh de riar ár mbriathair anois agus athruithe a dhéanamh inár saol ionas nach ndéanfar lot ar an timpeallacht. – *We have got to put our words into action now and make changes in our lives so that the environment isn't destroyed.*

4. Is gá níos mo measa a léiriú ar sheandaoine na tíre seo anois. – *We must show more respect to the elderly in this country now.*

5. Tá tionscal na turasóireachta an-tábhachtach do gheilleagar na hÉireann. – *The tourist industry is very important for the economy of Ireland.*

6. Caithfear deimhin a dhéanamh de nach dtarlóidh an rud céanna arís maidir leis na bainc sa tír seo. – *We have to make sure that the same thing doesn't happen with the banks in Ireland again.*

7. Oibríonn na feirmeoirí ó mhaidin go hoíche ag tabhairt aire do na beithigh. – *Farmers work from morning until night taking care of the cattle.*

8. Tá an turasóireacht **thar a bheith tábhachtach** dúinn anseo in Éirinn. Tá súil agam post páirtaimseartha a fháil an samhradh seo i mbialann áitiúil. – *Tourism is very important to us here in Ireland. I hope to have a part-time job this summer in a local restaurant.*

9. Tá áit thábhachtach inár saol ag seandaoine. Tá sé in am againn é sin a aithint. – *The elderly have an important place in our lives. It is time for us to recognise that.*

10. Tá i bhfad níos mó meán cumarsáide ann anois, mar shampla, scaiptear eolas trí na meáin shóisialta ar líne. – *There are many more means of communication nowadays, for example, information is sent through social media online.*

Ceisteanna agus freagraí don Bhéaltriail

An córas sláinte agus an córas oideachais

1. An gceapann tú go bhfuil an córas sláinte go maith in Éirinn?

Is dóigh liom go bhfuil fadhbanna i ngach córas agus tá sé mar an gcéanna leis an gcóras sláinte anseo in Éirinn. Tá fadhbanna móra maidir le hothair i ndorchlaí na n-ospidéal agus le líon na n-altraí agus le líon na ndochtúirí atá ar fáil anois sa chóras. Níl aon réiteach éasca ar an bhfadhb seo.

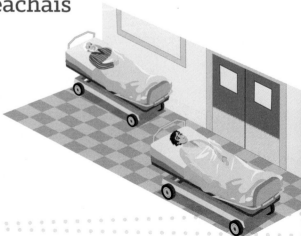

2. Conas is féidir an córas sláinte a fheabhsú?

Is féidir níos mó airgid a thabhairt do na haltraí agus do na dochtúirí is dócha. Caithfear rud éigin a dhéanamh chun iad a mhealladh chun fanacht anseo in Éirinn. Tá imirce na ndaoine oilte ag cur brú ar an gCóras Sláinte. Dá mbeinn i m'Aire Sláinte d'infheisteoinn a lán airgid chun ospidéil nua a thógaint agus uasghrádú a dhéanamh ar na hospidéil atá ann cheana féin.

3. An bhfuil aon eolas agat ar an gcóras oideachais?

Ceapaim go gcuirtear an iomarca brú ar gach dalta sa chóras dul go dtí an tríú leibhéal den chóras oideachais. **Cruthaíonn seo an-strus** i measc daltaí atá ag déanamh na hArdteistiméireachta. Tá an-iomaíocht idir daltaí le haghaidh áiteanna ag an tríú leibhéal agus níl aon ghá leis sin. Tá roinnt daoine ann agus b'fhéidir go mbeadh printíseacht ní b'fhearr dá scileanna agus dá bpearsantachtaí ach ní chuirtear printíseachtaí chun cinn sa tír seo, i mo thuairim.

Freagra H1

4. Conas is féidir an córas oideachais a fheabhsú?

Is dóigh liom go gcaithfear níos mó béime a chur ar fhéinmhuinín an dalta sa chóras chomh maith le conas saol maith a chaitheamh, conas do chuid airgid a bhainistiú agus conas aire a thabhairt duit féin nuair atá tú níos sine. Is gá níos mó airde á tabhairt ar mheasúnú leanúnach sa chóras freisin.

An earnáil airgeadais

1. Cén tuairim atá agat faoin earnáil airgeadais?

Sílim go bhfuil sé lárnach i saol eacnamúil an domhain. Ní foláir dúinn a bheith an-aireach anois toisc go bhfuil an-damáiste déanta ag an earnáil seo dár dtír féin agus do thíortha ar fud an domhain. Is dócha go bhfaigheann príomhfheidhmeannaigh na mbanc an iomarca airgid agus cé go bhfuil uasmhéid leagtha síos dóibh ón mBanc Ceannais ní bhacann siad leis. Faigheann na baincéirí seo airgead breise trí chéadrogha a bheith acu ar stoc agus trí phinsiní.

2. Cén leigheas atá ar an scéal?

Is dócha go gcaithfidh an Banc Ceannais deimhin a dhéanamh de nach dtarlóidh an rud céanna arís is a tharla i rith ré an Tíogair Cheiltigh. Bhí daoine go muineál i bhfiacha ag morgáistí a dtithe. An réiteach ná deimhin a dhéanamh de nach dtabharfar amach na morgáistí ollmhóra céanna do mhuintir na hÉireann agus nach mbeidh na baincéirí mór le rá in ann an iomarca airgid a thuilleamh.

An earnáil dheonach

1. An bhfuil aon bhaint agat leis an earnáil dheonach?

Chun an fhírinne a rá leat níl aon bhaint agam léi. Mar sin féin, tuigim go gcuireann an earnáil seo timpeall €2.5 billiún ar fáil d'eacnamaíocht na hÉireann. Chomh maith leis sin tá 63,000 fostaithe go lánaimseartha san earnáil dheonach agus tá 31,000 oibrí eile ag brath go neamhdhíreach ar an earnáil seo.

2. Cén saghas eagraíochtaí atá san earnáil sin?

Tá go leor eagraíochtaí san earnáil sin, mar shampla, eagraíochtaí a chabhraíonn le daoine gan dídean, teifigh, cúramóirí agus go leor eile. Tá obair thábhachtach idir lámha acu gan dabht.

An earnáil talmhaíochta

1. An bhfuil an earnáil talmhaíochta tábhachtach i do thuairim?

*Is fiú 10% d'fhostaíocht iomlán na tíre seo í an earnáil talmhaíochta. Tá sé **thar a bheith tábhachtach** do shaol na tuaithe in Éirinn. Tá an baol ann i gcónaí go mbeifear ábalta táirgí feirmeoireachta agus iascaireachta agus a leithéid a fháil níos saoire ó thíortha éagsúla ar fud an domhain. Tá cuid mhaith de tháirgí feola agus táirgí eile talmhaíochta dírithe ar an mBreatain Mhór agus dá bhrí sin tá sé tábhachtach go mbeidh an margadh sin ann sa todhchaí dúinn.*

Freagra H1

An earnáil tógála

1. An gceapann tú go bhfuil tógáil tithe ag fás arís sa cheantar seo?

Le fada an lá tá an earnáil tógála thuas seal thíos seal ach anois tá sé ag fás arís. Sa cheantar seo tá go leor daoine ag lorg tithe agus níl siad ar fáil. Caithfidh mé a rá go bhfuil géarghá le níos mó tithe a thógaint sa tír seo. Tá fadhb na dídine go dona ag an bpointe seo.

2. Cén t-eolas atá agat ar an earnáil tógála?

Ní saineolaí mé ach tuigim go gcuireann sé timpeall 10% d'olltáirgeacht intíre na tíre seo ar fáil agus ag an bpointe seo tá timpeall is 140,000 duine fostaithe san earnáil seo.

An earnáil déantúsaíochta

1. **An bhfuil aon eolas agat ar an earnáil déantúsaíochta?**

   Chun an fhírinne a rá leat níl mórán eolais agam uirthi ach tuigim go bhfuil tábhacht ag baint leis an déantúsaíocht sa tír seo. Earcaíonn sé beagnach 160,000 duine agus tá an earnaíl seo ag feidhmiú ar fud na hÉireann agus tá sé sin go maith le haghaidh na hearcaíochta ar an oileán seo.

Freagra eile

Tá clú agus cáil ar Éirinn mar thír a easpórtálann táirgí cógaisíochta. Tá luach na scaireanna sna comhlachtaí cógaisíochta imithe in airde.

An timpeallacht

1. **Cad a cheapann tú faoi fhadhbanna na timpeallachta?**

   Gan dabht tá an leac oighir ag leá sa Mhol Thuaidh agus tá ainmhithe amhail an béar bán i mbaol dá bharr. Ina theannta sin, tá leibhéal na mara ag ardú agus tá an chontúirt ann go mbeidh tuilte ann i dtíortha atá faoi bhun leibhéal na mara. Deirtear treisln gu n-éireoidh aeráid na cruinne dhá chéim níos teo faoin mbliain 2050.

2. **Cad is a féidir a dhéanamh chun ár dtimpeallacht a chaomhnú?**

   Tá carranna leictreacha agus hibrideacha ann agus d'fhéadfaidís cabhrú linn. D'fhéadfadh muintir na hÉireann insliú nua a chur ina dtithe féin agus chabhródh sé le hacmhainní nádúrtha an domhain a chaomhnú agus níos lú cumhachta a úsáid. Tá cumhacht na gaoithe agus cumhacht an uisce an-tábhachtach freisin agus is féidir le hÉirinn na hacmhainní nádúrtha seo a chur chun cinn mar go bhfuil siad againn. Ní féidir a shéanadh gurb í an timpeallacht an mhaoin is luachmhaire dá bhfuil ann. | Freagra H1 |

3. **Cad is a féidir leis an dalta a dhéanamh chun ár dtimpeallacht a chaomhnú?**

   Áitiú ar a t(h)uismitheoirí carr leictreach a cheannach. D'fhéadfadh an dalta a bheith ar a rothar. Siúl ar scoil más féidir agus nuair nach féidir an bus a thógaint. D'fhéadfadh an dalta freisin fanacht amach ón taisteal san eitleán dá bhféadfadh sé/sí.

4. **Cad is féidir le do thuismitheoirí a dhéanamh chun ár dtimpeallacht a chaomhnú?**

   D'fhéadfaimis an teocht inmheánach a chasadh síos sa teach chomh maith leis na soilse a mhúchadh nuair nach bhfuil éinne sa seomra. D'fhéadfadh mo thuismitheoirí freisin córas inslithe ní b'fhearr a fháil don teach agus ár mbia a cheannach go háitiúil. Tá rudaí an-simplí ar fad a d'fhéadfaidís a dhéanamh sa teach, mar shampla, athchúrsáil, athúsáid agus laghdú ar an lorg carbóin. | Freagra H1 |

An turasóireacht

1. An dtagann turasóirí chun an cheantair seo?

   Cinnte, tagann go leor turasóirí go dtí an ceantar seo, i rith an tsamhraidh ach go háirithe. Tagann siad ó chian agus ó chóngar chun tírdhreach na háite a fheiceáil agus cultúr na nÉireannach a bhlaiseadh.

2. An gceapann tú gur áit mhaith í Éire do thurasóirí?

   Gan dabht tagann a lán turasóirí go hÉirinn gach bliain. Cuirtear fáilte rompu agus tá clú agus cáil ar Éirinn mar thír fháilteach, chairdiúil. Tá go leor áiseanna anseo do thurasóirí amhail Aillte an Mhóthair, Mórchuaird Chiarraí agus cathracha cultúrtha ar nós Bhaile Átha Cliath agus Gaillimhe. Chomh maith leis sin, tá ár gceol agus ár dtraidisiún féin againn agus i gcónaí tá suim ag na turasóirí iontu sin.

3. Meas tú, cad iad na buntáistí atá ag do cheantar nuair a thagann turasóirí ann?

   Tá go leor buntáistí ag mo cheantar is dócha. Is fiú go leor airgid do mhuintir na háite iad na turasóirí. Is féidir leis na daoine áitiúla bualadh le daoine ó thíortha eile agus eolas a roinnt leo. Is dóigh liom go mbíonn ar mhuintir na hÉireann lóistín a chur ar fáil agus cabhraíonn sé sin le poist a chruthú sa gheilleagar áitiúil.

Seandaoine

1. An bhfuil aon eolas agat maidir le seandaoine in Éirinn?

   I mo thuairim caitear go dona le seandaoine in Éirinn. Ba cheart go mbeadh an-mheas againn ar sheandaoine. Chaith siad a saol ag obair go crua agus ag íoc cánach. I dtíortha ar nós na Seapáine tá an-mheas ag daoine óga ar sheandaoine agus ba bhreá liom dá mbeadh sé mar sin in Éirinn.

2. An gceapann tú go ndéantar dearmad ar sheandaoine?

   Is dóigh liom gur fíor é sin ar bhealach. San am atá caite thugadh daoine aire dá dtuismitheoirí agus iad ag dul in aois ach tá an saol athraithe anseo in Éirinn. Anois tá daoine an-ghnóthach ina bpost agus, is trua é, ach níl an t-am céanna againn chun aire a thabhairt dár dtuismitheoirí agus dár seantuismitheoirí. Dá bhrí sin, bíonn orthu an chuid dheireanach dá saol a chaitheamh in áras na seandaoine go minic.

Na meáin chumarsáide

1. Cad a cheapann tú faoi na meáin in Éirinn? An bhfuil aon eolas agat ar na meáin in Éirinn?

   Fágadh réidh sinn leis na meáin a chreidiúint (we've been conditioned to believe the media). Tá tionchar an-mhór ag na meáin dhigiteacha inár saol anois. Baineann úinéirí na meán cumarsáide feidhm astu chun a ndearcadh a chraobhscaoileadh,

mar an gcéanna le lucht na mblaganna. B'fhearr liom dá n-inseodh na meáin níos mó scéalta dearfacha dúinn.

2. Cad iad na dea-rudaí a bhaineann leis na meáin?

Coimeádtar daoine ar an eolas maidir leis an nuacht is déanaí. Freastalaíonn na meáin ar riachtanais na ndaoine maidir leis an nuacht sa spórt, sa pholaitíocht agus i gcúrsaí reatha. Ní bheimis ar an eolas maidir le go leor rudaí atá ag tarlú gan na meáin.

Cuntais shamplacha

1. *Buíochas le Dia go bhfuilim i mbarr na sláinte mar níor mhaith liom go mbeadh orm a bheith ag brath ar an **gcóras sláinte** atá againn. Níl muinín ag muintir na hÉireann as an gcóras sláinte ná as na hospidéil. Ní mór athchóiriú a dhéanamh ar an gcóras sláinte. Tá scuainí fada i ndorchlaí na n-ospidéal agus tá liostaí fada feithimh ann.*

2. *Tá athruithe tar éis teacht ar an gcóras **oideachais** sa tír seo le cúpla bliain anuas. Tá an teicneolaíocht mar chuid lárnach dár saol laethúil mar dhaltaí agus tá sé d'acmhainn againn eolas a fháil ar ábhar ar bith trínár bhfón póca. Tá roinnt fadhbanna ann, áfach. Tá an córas atá againn an-chostasach agus níl saoroideachas ann – tá na leabhair agus an taisteal an-chostasach ar fad do gach tuismitheoir. Ina theannta sin, tá buntáiste ag daoine a bhfuil airgead acu. Ní féidir le cuid mhaith daoine leibhéal sásúil maireachtála a bheith acu má théann siad chuig an ollscoil. Tá an táille chlárúcháin an-ard freisin.*

Freagra H1

3. *Feicimid anois an dochar a rinne an ghéarchéim airgeadais don gheilleagar. Bhí go leor daoine i gcruachás de bharr an chúlú eacnamaíochta a tharla tar éis ré an Tíogair Cheiltigh. Leagtar cuid mhór den mhilleán ar an tsaint san **earnáil airgeadais**.*

4. *Tá an **earnáil dheonach thar a bheith tábhachtach** do mhuintir na hÉireann and cruthaíonn sé a lán post. Déanann an earnáil seo go leor rudaí maithe do dhaoine atá ar an ngannchuid timpeall na tíre.*

5. *Tá an **earnáil talmhaíochta** an-tábhachtach do mhuintir na tuaithe in Éirinn. Is féidir a rá go bhfuil go leor daoine ag obair san earnáil seo atá in áiteanna iargúlta ar fud na hÉireann.*

6. *Maidir leis an **earnáil tógála**, is amhlaidh a bhíonn sé thuas seal thíos seal le fiche bliain anuas. Anois, tá géarghá le tithe sa tír seo agus fásfaidh an earnáil seo arís.*

7. *Tá an **earnáil déantúsaíochta thar a bheith tábhachtach** d'Éirinn. Cuireann an earnáil déantúsaíochta 24% d'aschur eacnamaíocht na tíre seo ar fáil agus tá beagnach 160,000 fostaí ag brath air.*

8. Díghrádaíodh an **timpeallacht** go mór nuair a thosaigh na comhlachtaí ag cur deataigh san aer céad bliain nó níos mó ó shin. Ó shin i leith, tá an saol nua-aimseatha atá againn ag scriosadh na timpeallachta. **Caithfear oideachas a chur ar dhaoine** maidir leis an damáiste a dhéantar don timpeallacht go laethúil. Tá géarghá ann go ndéanfadh ceannairí comhlachtaí ar fud an domhain cinntí maithe le cinntiú nach ndéanfar dochar buan don timpeallacht. Caithfimid an timpeallacht a chaomhnú do na glúnta a thiocfaidh inár ndiaidh.

Freagra H1

9. Tá **seandaoine** an-tábhachtach i sochaí ar bith mar tugann siad eolas dúinn agus cabhraíonn siad linn cinntí maithe a dhéanamh inár saol. Is mór an trua é ach is minic a bhíonn uaigneas ar sheandaoine toisc nach mbíonn cuairteoirí acu.

10. Tagann **turasóirí** ó chian agus ó chóngar chun na hÉireann. Is daoine cabhracha, cairdiúla, fáilteacha sinn agus tá clú agus cáil orainn mar gheall air sin. Tá íomhá thar a bheith dearfach againn ar fud an domhain ar fad agus cabhraíonn leithéidí Lá Fhéile Pádraig go mór leis sin.

11. Baineann buntáistí agus míbhuntáistí leis na **meáin chumarsáide**. Ar láimh amháin, **scaiptear eolas orainn** ar fad ach ar an láimh eile, sílim go gcuirtear an iomarca béime ar scéalta diúltacha.

 Obair bheirte

Cuir na ceisteanna seo ar a chéile.

1. An gceapann tú go bhfuil an córas sláinte go maith in Éirinn?

2. An bhfuil aon eolas agat ar an gcóras oideachais?

3. Cén tuairim atá agat faoin earnáil airgeadais?

4. An gceapann tú go bhfuil tógáil tithe ag fás arís sa cheantar seo?

5. An bhfuil aon eolas agat ar an earnáil déantúsaíochta?

6. Céard is cúis leis na fadhbanna timpeallachta?

7. Cad is a féidir a dhéanamh chun ár dtimpeallacht a chaomhnú?

8. An dtagann turasóirí go dtí an ceantar seo?

9. Céard iad do thuairimí maidir le seandaoine in Éirinn?

10. Cad a cheapann tú faoi na meáin in Éirinn? Cad é do thuairim faoi na meáin in Éirinn?

Aistrigh na habairtí seo a leanas. Tá na habairtí sa chaibidil seo le cabhrú leat.

1. The people of Ireland have no confidence in the health system, particularly the hospitals.

2. The system we have is very expensive and there isn't free education for every student. Books and travel are very expensive for parents.

3. As well as that, sea levels are rising and there is a danger that there will be flooding in countries that are below sea level.

4. There are many places of interest for tourists, such as the Cliffs of Moher, the Ring of Kerry and cities like Dublin and Cork.

5. Now people are very busy in their jobs and we don't have the same time to take care of our parents and grandparents.

6. I think that the CEOs of banks get too much money.

7. There are a lot of organisations in that sector, for example, organisations that help the homeless, refugees, people needing care and many others.

8. For a long time now, the building industry has been up and down but it is growing again.

9. In the past, people took care of their parents as they grew older but life has changed in Ireland now.

10. They attend to people's needs for news in sport, politics and current affairs.

Do chuid freagraí féin

1. An gceapann tú go bhfuil an córas sláinte go maith in Éirinn?

_____

_____

_____

_____

2. Cén t-eolas atá agat ar an gcóras oideachais?

_____

_____

_____

_____

3. Cén tuairim atá agat faoin earnáil airgeadais?

_____

_____

_____

_____

4. An gceapann tú go bhfuil tógáil tithe ag fás arís sa cheantar seo?

_____

_____

_____

_____

5. Cén t-eolas atá agat ar an earnáil déantúsaíochta?

_____

_____

_____

_____

6. Céard is cúis le fadhbanna na timpeallachta, dar leat?

_____

_____

_____

_____

7. Cad is a féidir a dhéanamh chun ár dtimpeallacht a chaomhnú?

8. An dtagann turasóirí go dtí an ceantar seo?

9. Céard iad do thuairimí maidir le seandaoine in Éirinn?

10. Cad a cheapann tú faoi na meáin in Éirinn? Cad é do thuairim faoi na meáin in Éirinn?

Ábhar na caibidle

Oíche Chinn Bliana

Lá Fhéile Pádraig

An Cháisc

Seachtain na Gaeilge

Féilte na hÉireann:
Oíche Shamhna, an Nollaig

Foclóir a bhaineann le cultúr na hÉireann

An Cháisc – *Easter*

An tOireachtas – *the Assembly*

Bilig na Cásca – *Easter vigil*

Bob nó bia – *trick or treat*

Carghas – *Lent*

Ceiliúradh – *celebration*

Éirí Amach na Cásca – *Easter Rising*

Fáinne óir – *gold ring*

Forógra na Cásca – *Easter Proclamation*

Lá Fhéile Pádraig – *St Patrick's Day*

Oíche Shamhna – *Halloween*

Saoire na Cásca – *Easter holidays*

Seachtain na Gaeilge – *Irish week*

Seamróg – *shamrock*

Tinte ealaíne – *fireworks*

Troscadh – *fast*

Troscadh agus tréanas – *fasting and abstinence*

Troscadh iomlán – *complete fast*

Briathra

Bíonn – *there is/are*

Bíonn sé – *it/he is*

Céiliúraimid – *we celebrate*

Chleacht mé – *I practised*

Déantar – *it is done/made*

D'éirigh mé as – *I gave up*

D'itheamar – *we ate*

Gléasaimid – *we dress*

Críochnaím – *I finish*

Déanaimid – *we do*

Imrímid – *we play*

Tagann turasóirí – *tourists come*

Ainmneacha briathartha

Ag baint taitneamh as – *enjoying*

Ag caint agus ag comhrá – *talking and in discussion*

Ag éisteacht le ceol – *listening to music*

Ag féachaint ar – *looking at*

Ag labhairt – *talking*

Ag lorg – *looking for*

Leaganacha cainte

Níl rud ar bith níos fearr ná – *there is nothing better than*

Buíochas le Dia – *thanks be to God*

Mise á rá leat – *I'm telling you*

Leis an fhírinne a rá – *to tell the truth*

Anuas air sin – *on top of that/as well as that*

Cinnte – *for sure*

Bhíodh sé de nós againn – *we had the custom of*

 Cleachtaí

Athscríobh an giota seo i do chóipleabhar agus roghnaigh an focal is fearr gach uair.

Focail le cur isteach: *tugaimid, turcaí, teilifís, dheirfiúracha, charthanachtaí, bíonn, bualadh*

Is aoibhinn liom an Nollaig. Gach bliain ithimid _____, bagún, bachlóga Bruiséile agus bíonn go leor seacláide againn freisin. **Anuas air sin** _____ bronntanais dá chéile agus féachaimid ar an _____ an lá ar fad. Bíonn mo _____ sa bhaile don bhriseadh agus _____ an-chraic againn. Is maith liom _____ le mo chairde agus bíonn cluiche sacair ar siúl Lá Fhéile Stiofáin chun airgead a bhailiú do _____ áitiúla.

Abairtí úsáideacha

1. Is minic a dhéantar troscadh agus tréanas i rith an Charghais. – *Fasting and abstinence often happen during Lent.*

2. Nuair a chríochnaím mo throscadh agus mo thréanas is breá liom seacláid a ithe. – *When my fasting and abstinence are finished, I love to eat chocolate.*

3. Tugann Seachtain na Gaeilge seans do dhaoine an Ghaeilge a labhairt agus taitneamh a bhaint as cultúr na hÉireann. – *Seachtain na Gaeilge gives a chance to people to speak Irish and to enjoy Irish culture.*

4. Is fearr liom an Phicnic Leictreach mar go mbíonn go leor bannaí ceoil maithe ann. – *I prefer Electric Picnic because there are lots of good bands there.*

5. Bíonn an-chuid flótaí paráide le feiceáil Lá Fhéile Pádraig. – *There are a lot of floats to be seen on St Patrick's Day.*

6. Gléasaim suas d'Oíche Shamhna gach bliain. Bíonn an-chraic agam le mo shiblíní. – *I dress up for Halloween night every year. I have great fun with my siblings.*

7. Nuair a bhí mé ní b'óige dhéanainn féin agus mo shiblíní bob nó bia leis na comharsana. – *When I was younger, myself and my siblings used to go trick or treating to the neighbours.*

8. Téim go dtí Fleadh Cheoil na hÉireann gach bliain. Is aoibhinn liom a bheith ag éisteacht leis an gceol agus a bheith ag féachaint ar dhamhsóirí. – *I go to Fleadh Cheoil na hÉireann every year. I love listening to music and looking at the dancers.*

9. Um Nollaig, tugaimid ar fad bronntanais dá chéile. Is am speisialta é inár gclann. – *At Christmas time, we all give presents to one another. It is a special time in our family.*

10. Bíonn béile blasta againn gach bliain um Nollaig – ithimid an iomarca bia, gan dabht. – *We have a nice meal every year at Christmas – we eat too much food, without a doubt.*

Ceisteanna agus freagraí don Bhéaltriail

Oíche Chinn Bliana

1. Cad a rinne tú Oíche Chinn Bliana ag deireadh na seanbhliana?

   Chuaigh mé féin agus mo chairde amach le haghaidh taispeántas tinte ealaíne. Scaoileadh go leor tinte ealaíne i rith na hoíche agus las na tinte ealaíne an spéir. Oíche den chéad scoth a bhí ann. Bhain gach duine a bhí i láthair an-taitneamh as, go háirithe ag meánoíche.

Freagra eile
Ghlac mé sos ón scoil agus ón obair ar fad ar feadh cúpla lá i rith an ama seo. An príomhrud a rinne mé ná gur bhuail mé le mo chairde agus d'fhéach mé ar scannáin ar an teilifíseán.

Lá Fhéile Pádraig

1. Cad a rinne tú le haghaidh Lá Fhéile Pádraig?

   D'fhreastail mé ar an bparáid mhór i lár chathair Bhaile Átha Cliath. Bhí go leor flótaí paráide ann agus bhí siad thar barr. Tháinig mo thuistimitheoirí/mo chairde liom agus bhí an-spórt againn.

Freagra eile
Tá sé de nós againn dul go dtí teach ár gcol ceathrair chun taitneamh a bhaint as an lá.

Seachtain na Gaeilge

1. Cad a rinne an scoil i mbliana chun Seachtain na Gaeilge a cheiliúradh?

   Rinne an scoil go leor eachtraí éagsúla i rith Sheachtain na Gaeilge. Bhí ceolchoirm mhór ann chomh maith le tráth na gceisteanna.

2. An ndearna an séú bliain aon eachtra i rith Sheachtain na Gaeilge?

   Cinnte, bhí bricfeasta Gaelach againn lá amháin agus bhí tráth na gceisteanna againn leis sin. Bhí an-spórt againn agus bhíomar ag labhairt Gaeilge an t-am uilig.

An Cháisc

1. Cad a rinne tú le haghaidh shaoire na Cásca?

   Rinne mé cleachtadh don scrúdú seo i ndáiríre. Bhí cairde mo thuismitheoirí inár dteach freisin don deireadh seachtaine agus bhí béilí deasa againn.

2. Ar éirigh tú as aon rud don Charghas i mbliana?

   D'éirigh mé as an tseacláid don Charghas i mbliana. Glacann mo chlann ar fad páirt sa rud seo gach bliain agus bainimid an-tairbhe as.

Féilte na hÉireann

1. Cén fhéile ar fearr leat freastal uirthi agus cén fáth?

   Gan dabht tá go leor féilte in Éirinn. Is fearr liom freastal ar an bPicnic Leictreach mar go mbíonn na bannaí ceoil is fearr ar domhan ann.

2. An raibh tú riamh ag Fleadh Cheoil na hÉireann?

   Cinnte, bhí mé ann anuraidh nuair a bhí sé in Inis i gContae an Chláir. Ceiliúradh is ea é ar chultúr na hÉireann, ar cheol agus ar an amhránaíocht ach go háirithe. Is ceoltóir í mo Mham agus seinneann sí an bosca ceoil chomh maith leis an bhfidil. Tá féith an cheoil inár gclann cé nach bhfuil mórán ceoil ar eolas agam.

3. An raibh tú riamh ag an Oireachtas?

   Ní raibh mé riamh ann. Ní raibh an t-am agam dul ann ach ba bhreá liom dul ann, b'fhéidir, an fómhar seo nuair a bheidh scrúdú na hArdteiste críochnaithe agam.

Freagra eile

D'fhreastail mé ar an Oireachtas anuraidh. Bhain mé an-taitneamh as agus bhí sé go hiontach agus bhí go leor scileanna ceoil agus amhránaíochta le feiscint ann.

Oíche Shamhna

1. An ngléasann do chairde/chlann le haghaidh Oíche Shamhna?

   Gléasann mé féin agus mo chairde d'Oíche Shamhna. De ghnáth bíonn cóisirí ar siúl ag tithe mo chairde nó sa bhaile agus téimid chucu siúd. Is aoibhinn linn é sin.

   ### Freagra eile

   Ní ghléasaimid le haghaidh Oíche Shamhna in aon chor. Níl sé mar thraidisiún againn sa chlann.

2. An ndearna tú bob nó bia nuair a bhí tú ní b'óige?

   Cinnte, bhíodh sé de nós againn bob nó bia a dhéanamh inár n-eastát tithíochta. Bhíodh an-spórt againn ag dul timpeall na háite, ag baint taitneamh as an oíche, ag bualadh le comharsana agus ag bailiú milseán.

An Nollaig

1. An raibh Nollaig dheas agat anuraidh?

   Bhí Nollaig den chéad scoth againn anuraidh. Bhain mé an-taitneamh as, caithfidh mé a rá.

2. Cad a d'ith sibh um Nollaig?

   D'itheamar béile mór don dinnéar ar an lá. Bhí turcaí, bagún, bachlóga Bruiséile agus mar sin de againn ar an lá. Thaitin an dinnéar go mór liom agus bhí uachtar reoite mar mhilseog agam i ndiaidh an dinnéir.

3. Ar thug tú bronntanas d'éinne?

   Thug mo dhearthaireacha agus mo dheirfiúracha go leor bronntanas dom agus cheannaigh mé bronntanais do mo mhuintir freisin. Dearbháin a thug mé dóibh.

Cuntais shamplacha

1. *Oíche Chinn Bliana tagann daoine chuig ár dteach chun céiliúradh a dhéanamh ar imeacht na seanbhliana agus ar theacht na bliana nua. Is aoibhinn linn an oíche inár dteach féin.*

2. *Is aoibhinn liom saoire na Cásca, is am speisialta é don chlann seo againne. Céiliúraimid le béilí deasa agus le huibheacha seacláide. Níl rud ar bith níos fearr ná sin tar éis troscadh agus tréanas a dhéanamh ar feadh daichead lá.*

3. Tá **Lá Fhéile Pádraig** ar cheann de na laethanta is mó ceiliúrtha ar fhéilire na hÉireann. Tagann turasóirí ó gach cearn den domhan chun taitneamh a bhaint as cultúr na hÉireann. Is lá mór margaíochta é don tír seo ar fud an domhain agus téann polaiteoirí na tíre chuig tíortha eile chun Éire a chur chun cinn.

4. Tá **Seachtain na Gaeilge** an-mhaith chun an Ghaeilge a chur chun cinn sa tír agus ar fud an domhain freisin. Is maith liom an Ghaeilge a chloisteáil á labhairt agus is deis iontach í an tseachtain sin mar go mbíonn go leor eachtraí ag tarlúint ar fud na tíre agus in áiteanna áirithe ar fud an domhain freisin.

5. Bíonn go leor **féilte** éagsúla ar siúl i rith an tsamhraidh. Is dóigh liom gurb é an Phicnic Leictreach an ceann is fearr dá bhfuil ann. Bíonn gach saghas ceoil ann agus tagann na bannaí ceoil is fearr ó thíortha eile chun seinm ann. Is aoibhinn liom é agus i ndiaidh na hArdteiste rachaidh mé ann.

6. Déanann na páistí bob nó bia gach bliain **Oíche Shamhna**. Bíonn an-chraic inár n-eastát agus inár dteach freisin. Imrímid cluichí áiféiseacha cosúil leis an gcluiche sin nuair a bhíonn ort an t-úll a bhaint amach as báisín uisce.

7. Is í an **Nollaig** an t-am is fearr liom sa bhliain. Is maith liom bualadh le mo chol ceathraracha ar fad, mo chairde and mo mhuintir. Gan dabht is maith le gach duine an t-am saor freisin.

 Obair bheirte

Cuir na ceisteanna seo ar a chéile.

1. Cad a rinne tú le haghaidh Lá Fhéile Pádraig?

2. An ndearna an séú bliain aon rud speisialta i rith Sheachtain na Gaeilge?

3. Cad a rinne tú le haghaidh shaoire na Cásca?

4. Ar éirigh tú as aon rud don Charghas?

5. Cén fhéile ar fearr leat freastal uirthi agus cén fáth?

6. Cad iad na féilte eile atá ar eolas agat?

7. An ndearna tú bob nó bia nuair a bhí tú ní b'óige?

8. Cad a d'ith sibh um Nollaig?

9. An raibh Nollaig dheas agat anuraidh?

10. Ar thug tú bronntanas d'éinne um Nollaig?

 Aistrigh na habairtí seo a leanas. Tá na habairtí sa chaibidil seo le cabhrú leat.

1. I attended the parade in Dublin city centre last year.

_____

2. During Seachtain na Gaeilge, we had an Irish breakfast and we had a quiz.

_____

_____

3. I gave up chocolate for Lent this year.

4. I love to attend Electric Picnic because there are lots of good bands there.

5. I really enjoyed it. It was brilliant and there were many musical and singing skills on show there.

6. My friends and I dress up for Halloween.

7. We ate a big dinner for Christmas last year.

8. On the day, we had turkey, bacon, Brussels sprouts and so on.

9. My brothers and sisters gave me lots of presents and I bought lots of presents for my family as well.

10. Tourists come from everywhere around the world to enjoy Irish culture.

Do chuid freagraí féin

1. Cad a rinne tú le haghaidh Lá Fhéile Pádraig?

2. An ndearna an séú bliain aon rud speisialta i rith Sheachtain na Gaeilge?

3. Cad a rinne tú le haghaidh shaoire na Cásca?

4. Ar éirigh tú as aon rud don Charghas?

5. Cén fhéile ar fearr leat freastal uirthi agus cén fáth?

6. Cad iad na féilte eile atá ar eolas agat?

7. An ndearna tú bob nó bia nuair a bhí tú ní b'óige?

8. Cad a d'ith sibh um Nollaig?

9. An raibh Nollaig dheas anuraidh agat?

10. Ar thug tú bronntanas d'éinne um Nollaig?

13 Céad Fiche Ceist

Seo 120 ceist is féidir leat a úsáid agus tú ag dul siar ar na caibidil ar fad. Cabhróidh siad leat agus tú i mbun ullmhúcháin don Bhéaltriail.

1. Inis dom fút féin.

2. Cé atá sa chlann? Cé mhéad duine atá i do chlann? Cé atá sa bhaile?

3. An dtéann sibh ar laethanta saoire?

4. Cá bhfuil tú i do chónaí?/Cá bhfuil cónaí ort?/ Cárb as duit?/Cá bhfuil tú ag cur fút anois?

5. Cá bhfuil an ceantar sin lonnaithe/suite?

6. Cad iad na háiseanna atá ann?

7. Déan cur síos ar do cheantar.

8. An bhfuil aon fhadhbanna sóisialta ann?

9. An bhfuil aon áit stairiúil sa cheantar?

10. Cén sórt scoile í an scoil seo? Inis dom faoin sórt scoile í.

11. Cé mhéad dalta/cé mhéad múinteoir atá sa scoil seo?

12. Cad iad na hábhair a dhéanann tú?

13. Cén t-ábhar is fearr leat?

14. Cén t-ábhar is fuath leat?

15. Cad iad na háiseanna atá sa scoil seo?

16. Cad iad na míbhuntáistí/lochtanna a bhaineann le do scoil?

17. Cad iad rialacha na scoile seo? Inis dom faoi riail amháin atá sa scoil seo.

18. Cad a dhéanfaidh tú i ndiaidh na hArdteiste?

19. Cén fáth ar mhaith leat an post sin?

20. Cá fhad a mhairfidh an cúrsa sin?

21. Cad iad na buntáistí/míbhuntáistí a bhaineann leis an bpost sin, i do thuairim?

22. An bhfuil sé ar intinn agat post páirtaimseartha a fháil i rith an tsamhraidh?

23. Cén caitheamh aimsire atá agat?

24. Cén spórt is fearr leat?

25. Cé chomh minic is a bhíonn an fhoireann ag traenáil?

26. Cén fáth a dtaitníonn sé leat?

27. Cén áit a n-imríonn tú ar an bhfoireann?

28. An bhfuil tú ar fhoireann na scoile? ar fhoireann an chontae? ar fhoireann na mionúr? Inis dom mar gheall air.

29. An leanann tú aon fhoireann? Tabhair cuntas dom ina thaobh.

30. An gceapann tú go bhfuil drugaí ar fáil sa spórt? Cén fáth? Céard é an réiteach ar an bhfadhb seo?

31. Cad iad na scileanna a fhoghlaimíonn daoine agus iad ag imirt spóirt éagsúla?

32. An seinneann tú ar aon uirlis cheoil? An bhfuil spéis agat sa cheol? An féidir leat amhrán a chasadh?

33. Cén grúpa ceoil is fearr leat? Cén fáth?

34. Conas a éisteann tú le ceol?

35. Cé a spreag thú le haghaidh ceol a sheinm?

36. An bhfuil ceol á dhéanamh agat mar ábhar don Ardteist? Inis dom mar gheall air.

37. Cén grád atá agat ar an bpianó? Conas a d'éirigh leat an grád sin a bhaint amach?

38. Cén fhad a bhfuil an uirlis á seinm anois agat?

39. An raibh tú riamh ag ceolchoirm? Déan cur síos air.

40. An raibh tú ag an bpictiúrlann le déanaí?

41. Cén scannán atá feicthe agat le déanaí?

42. An ndéanann tú sruthú ar scannáin?

43. An maith leat léamh?

44. Cén sórt leabhar a thaitníonn leat?

45. Déan cur síos ar leabhar a léigh tú le déanaí. Inis scéal an leabhair dom.

46. An ndearnadh scannán den leabhar sin? An bhfaca tú é? Cé hé/hí stiúrthóir an scannáin sin?

47. An léann tú go laethúil?

48. An bhféachann tú ar an teilifís?

49. Cén sórt clár a thaitníonn leat? Déan cur síos ar an gclár sin.

50. Déan cur síos ar charachtar atá sa chlár sin. Cén carachtar is fearr leat? Cén fáth?

51. An bhfuil Netflix agaibh ag an mbaile? An mbíonn tú ag sruthú físeanna/clár ar líne? Cén suíomh idirlín a úsáideann tú?

52. Ar fhéach tú ar TG4 riamh?

53. An ndéanann tú damhsa? Inis dom mar gheall air.

54. Cén sórt damhsa a thaitníonn leat? Cén fáth?

55. An ndéanann tú ranganna damhsa? Cá ndéanann tú iad?

56. An ndéanann tú damhsa nuair a théann tú agus do chairde chuig dioscó? An maith leat damhsa dioscó?

57. An bhfuil club drámaíochta sa scoil seo?

58. An ndéanann an scoil aon drámaí?

59. Cén dráma is fearr leat? Cén fáth?

60. An maith leat cluichí ríomhaireachta?

61. An dtéann tú ar líne nó an imríonn tú ar do ríomhaire glúine iad?

62. Cén cluiche is fearr leat?

63. An bhfuil fón póca agat? An úsáideann tú go minic é?

64. An nglacann tú féinphictiúir?

65. An bhfuil maide féinín agat?

66. Cad iad na buntáistí agus na míbhuntáistí a bhaineann leis an teicneolaíocht?

67. An gceapann tú gur rud maith í an teicneolaíocht? Cén fáth?

68. An bhfuil cead agat d'fhón póca a úsáid sa scoil seo?

69. Meas tú, an dtarlaíonn cibearbhulaíocht ar líne?

70. An dea-rud nó drochrud é an t-idirlíon? Cén fáth?

71. An molfá aon suíomh idirlín ar leith dom?

72. Cad iad na fadhbanna is mó atá ag déagóirí an lae inniu?

73. Cad a rinne tú an deireadh seachtaine seo caite?

74. Cad a rinne tú an samhradh seo caite?

75. Déan cur síos ar ghnáthlá i do shaol.

76. An gceapann tú go bhfuil brú ar dhaltaí de bharr alcóil/drugaí?

77. An bhfuil piarbhrú ar dhéagóirí sa lá atá inniu ann?

78. Cad a dhéanfaidh tú an deireadh seachtaine seo chugainn?

79. Cad a dhéanfaidh tú an samhradh seo chugainn?

80. Meas tú an gcuireann córas na bpointí brú ar dhaltaí an lae inniu?

81. An bhfuil aon réiteach ar chóras na bpointí?

82. Cad í do bharúil faoin nGaeilge?

83. An fiú an Ghaeilge a fhoghlaim?

84. An maith leat an Ghaeilge mar ábhar? Inis dom cén fáth.

85. An dtaitníonn cúrsa Gaeilge na hArdteiste leat? Cén chuid den Ardteist a thaitníonn leat?

86. Cad a dhéanann do scoil i rith Sheachtain na Gaeilge?

87. An raibh tú riamh sa Ghaeltacht?

88. Conas is féidir linn an Ghaeilge a chur chun cinn?

89. Meas tú an bhfuil líon na ndaoine a bhfuil spéis acu sa Ghaeilge ag fás?

90. Cén tuairim atá agat faoin bpolaitíocht?

91. Cad is féidir le polaiteoirí a dhéanamh chun leas an phobail a chur chun cinn?

92. Cad í do thuairim maidir le Tuaisceart Éireann? An raibh tú riamh ann?

93. An gceapann tú go bhfuil foréigean le feiceáil i do cheantar féin?

94. Cad is féidir a dhéanamh chun dul i ngleic le fadhb na coiriúlachta?

95. An bhfuil fadhb bochtanais in Éirinn?

96. Cad í an deacracht is mó atá ag muintir na hÉireann faoi láthair?

97. An bhfuil deacrachtaí in Éirinn maidir le teach a fháil, meas tú?

98. An bhfuil ciníochas le feiceáil i do cheantar?

99. Cad is féidir a dhéanamh chun fadhb an chiníochais a réiteach?

100. An gceapann tú go bhfuil an córas sláinte go maith in Éirinn?

101. An bhfuil aon eolas agat ar an gcóras oideachais?

102. Cé na tuairimí atá agat faoin earnáil airgeadais?

103. An gceapann tú go bhfuil tógáil tithe ag fás arís sa cheantar seo?

104. Céard í do thuairim maidir le fadhbanna na timpeallachta?

105. Cad is féidir a dhéanamh chun ár dtimpeallacht a chaomhnú?

106. An dtagann turasóirí go dtí an ceantar seo?

107. Céard iad do thuairimí maidir le seandaoine in Éirinn?

108. Cad a cheapann tú faoi na meáin in Éirinn? Cad é do thuairim faoi na meáin in Éirinn?

109. Cad a rinne tú le haghaidh Lá Fhéile Pádraig?

110. An ndearna an séú bliain aon rud speisialta i rith Sheachtain na Gaeilge?

111. Cad a rinne tú le haghaidh shaoire na Cásca?

112. Cén fhéile ar fearr leat freastal uirthi agus cén fáth?

113. Cad iad na féilte eile atá ar eolas agat?

114. An ndearna tú bob nó bia nuair a bhí tú ní b'óige?

115. Cad a d'ith sibh um Nollaig?

116. An raibh Nollaig dheas anuraidh agat?

117. Ar thug tú bronntanas d'éinne um Nollaig?

118. Cad a dhéanfá dá mbeifeá i do Phríomhoide ar an scoil seo?

119. Cad a dhéanfá dá mbeifeá i do Thaoiseach?

120. Cad a dhéanfá dá mbuafá an Crannchur Náisiúnta?

14 Seanfhocail

Is féidir leat seanfhocail a úsáid i do Shraith Pictiúr nó i do chomhrá.

Is maith leis na scrúdaitheoirí é seo nuair atá sé in úsáid ag an am ceart agus san áit cheart sa chomhrá.

Mar a deirtear, 'Ní féidir an seanfhocal a shárú'. Seo liosta de sheanfhocail a d'fhéadfadh a bheidh úsáideach sa bhéaltriail.

An óige

Mol an óige agus tiocfaidh sí. – *Praise the youth and they will perform.*

Is fearr a bheith díomhaoin ná drochghnóthach. – *Better to be idle than up to no good.*

Is breá an ní an óige, ach ní thagann sí faoi dhó. – *Youth is a fine thing, but it does not come twice.*

Is deacair ceann críonna a chur ar cholainn óg. – *It's hard to put a wise head on young shoulders.*

Is fada an bóthar nach bhfuil casadh ann. – *It's a long road that has no turn.*

Is fearr mac le himirt ná mac le hól. – *Better to have a son mad for sport than mad for drink.*

Ní bhíonn an rath ach mar a mbíonn an smacht. – *No success without discipline.*

Airgead

Déan do mhargadh de réir do sparáin. – *Buy according to your ability to pay.*

Is fearr cara sa chúirt ná punt i do sparán. – *A friend in court is better than money in your pocket (purse).*

Ainmhithe

Aithníonn ciaróg ciaróg eile. – *It takes one to know one.*

Bíonn caora dhubh ar an tréad is gile – *Even the whitest flock has a black sheep.*

Briseann an dúchas trí shúile an chait. – *Everything takes after its kind.*

Cad a dhéanfadh mac an chait ach luch a mharú. – *Like father like son.*

Cuir an breac san eangach sula gcuire tú sa phota é. – *Put the trout in the net before you put it in the pot.*

Éist le fuaim na habhann agus gheobhair breac. – *Listen to the sound of the river and you will catch a trout.*

Is báidhiúil iad lucht aoncheirde. – *Birds of a feather flock together.*

Is dána gach madra i ndoras a thí féin – *Every dog is bold in his own doorway.*

Is geal leis an bhfiach dubh a ghearrcach féin. – *The black raven thinks its own offspring is bright.*

Is minic a bhí cú mall sona. – *It's often a slow hound was content.*

Is olc an chearc nach scríobann di féin – *It's a poor hen that won't scratch for itself.*

Mol gort is ná mol geamhar. – *Don't count your chickens before they are hatched.*

Ní troimide an loch an lacha. – *The lake isn't any heavier because of the duck.*

Mair a chapaill is gheobhair fear. – *Live your life and you will get what you need.*

Nuair a bheidh do lámh i mbéal na con, tarraing go réidh í. – *When your hand is in the hound's mouth, withdraw it gently.*

Nuair a bhíonn an cat amuigh, bíonn na lucha ag rince. – *When the cat's away, the mice dance.*

Ní mhealltar an sionnach faoi dhó. – *You won't fool the fox a second time.*

Sciúrdann éan as gach ealta. – *A bird flies out of every flock.*

Bia

Is in ithe na putóige a bhíonn a tástáil. – *The proof of the pudding is in the eating.*

Is iad na muca ciúine a itheann an mhin. – *It's the quiet pigs who eat the meal.*

Cairde

Aithnítear cara i gcruatan. – *It is in hardship that a friend is recognised.*

Ní heaspa go díth carad. – *There is no lack so bad as the lack of a friend.*

Eagna an tsaoil (wisdom of life)

An rud a chíonn an leanbh is é a níonn an leanbh. – *What the child sees the child does.*

An rud a théann i bhfad téann sé i bhfuaire. – *What goes on for a long time loses its attractiveness.*

An rud is annamh is iontach. – *What's seldom is wonderful.*

An rud nach bhfuil leigheas air caithfear cur suas leis. – *What can't be cured must be endured.*

An rud nach féidir ní féidir é. – *The impossible cannot be done.*

An té a bhíonn siúlach bíonn sé scéalach. – *Travellers have tales.*

An té a bhíonn thuas, óltar deoch air. An té a bhíonn thíos buailtear cos air. – *When you're up, they drink to you. When you're down, they kick you.*

An té nach bhfuil láidir ní foláir dó a bheith glic. – *He who is not strong has to be clever.*

An té nach mbeireann ar an ngnó beireann an gnó air. – *He who does not get a grip on the job, the job gets a grip on him.*

An té nach nglacann comhairle glacfaidh sé comhrac. – *Whoever will not accept advice must accept strife.*

Ar scáth a chéile a mhaireann na daoine. – *People live in one another's shadow.*

Bailíonn brobh beart. – *A little gathers to a lot.*

Beart gan leigheas, foighne is fearr dó. – *Patience is the best thing for an incurable situation.*

Bliain le duine agus bliain ina choinne. – *One year with you, one against you.*

Bíonn an fhírinne searbh. – *Truth is often bitter.*

Bíonn dhá insint ar gach aon scéal. – *There are two sides to every story.*

Doras feasa fiafraí. – *The door to wisdom is to ask questions.*

Dá mbeadh soineann go Samhain bheadh breall ar dhuine éigin. – *If the weather was fine until Halloween, someone would be unhappy.*

Dá fhad lá tagann oíche. – *However long the day, night comes.*

Eochair feasa, foghlaim. – *The key to knowledge is learning.*

Glacann fear críonna comhairle. – *A wise man accepts advice.*

Gioraíonn beirt bóthar. – *Two shorten the road.*

Is fearr leath ná meath. – *Half is better than nothing.*

Is glas iad na cnoic i bhfad uainn. – *Faraway hills are green.*

Is fearr rith maith ná drochsheasamh. – *A good run is better than a bad stand.*

Is maith an scéalaí an aimsir. – *Time will tell.*

Is maith an t-anlann an t-ocras. – *Hunger is a good sauce.*

Is geall le scíth malairt oibre. – *A change of work is as good as a rest.*

Is mór é luach na foighne. – *Patience is worth a lot.*

Is olc an ghaoth nach séideann do dhuine éigin. – *Somebody always benefits from adversity.*

I ndiaidh a chéile a thógtar na caisleáin. – *Rome wasn't built in a day.*

Is ait an mac an saol. – *Life is strange.*

Is fearr súil le glas ná súil le huaigh. – *It's better to be optimistic.*

Is fearr déanach ná ródhéanach. – *Better late than never.*

Is minic ciúin ciontach. – *The quiet one is often guilty.*

Is maith an scáthán súil charad. – *A friend's eye is a good mirror.*

Is minic a bhris béal duine a shrón. – *It's often a person's mouth broke his nose.*

Is binn béal ina thost. – *Silence is golden.*

Marbh le tae agus marbh gan é. – *Can't live with it, can't live without it.*

Maireann croí éadrom i bhfad. – *Light heart lives long.*

Mura gcuirfidh tú san earrach ní bhainfidh tú san fhómhar. – *If you don't sow in spring you won't reap in autumn.*

Mura mbeadh agat ach pocán gabhair, bí i lár an aonaigh leis. – *Even if you have only a puck goat to sell, be in the middle of the fair with it.*

Ní bhíonn in aon rud ach seal. – *Most things only last a short while.*

Ní mar a shíltear a bhítear. – *Things are not always as they seem.*

Ní neart go cur le chéile. – *There's strength in unity.*

Ní thagann ciall roimh aois. – *Sense doesn't come before age.*

Níl tuile dá mhéad nach dtránn. – *Every bad thing comes to an end.*

Ná déan nós is ná bris nós. – *Don't make a custom and don't break a custom.*

Níl aon tinteán mar do thinteán féin. – *There's no place like home.*

Ní fiú a bheith ag seanchas agus an anachain déanta. – *No point in talking when the damage is done.*

Ní lia duine ná barúil. – *There is no accounting for taste.*

Níor bhris focal maith fiacail riamh. – *A good word never broke a tooth.*

Súil le breis a chailleann an cearrbhach. – *Hoping to beat the odds is what ruins the gambler.*

Tar éis a thuigtear gach beart. – *Hindsight is a great thing.*

Tá sláinte an bhradáin agam/Táim chomh folláin le breac. – *I'm as healthy as a salmon/trout.*

Tús maith leath na hoibre. – *A good start is half the work.*

Is ait an mac an saol é. – *Life can be strange.*

Tarraingíonn scéal scéal eile. – *One story leads on to another.*

Iomad den aithne a mhéadaíonn an tarcaisne. – *Familiarity breeds contempt.*

An Ghaeilge

Beatha teanga í a labhairt. –*The life of a language is to speak it.*

Tír gan teanga tír gan anam. – *A country without a language has no soul.*

Sláinte

I dtosach na haicíde is fusa í a leigheas. – *It's at the beginning of the disease that it is easiest to cure.*

Is fearr an tsláinte mhór ná na mílte bó. – *Health is better than wealth. (literally: health is greater than having many cattle)*

Múineann gá seift. – *Necessity teaches resourcefulness.*

Taithí a dhéanann máistreacht. – *Practice makes perfect.*

Filleann an feall ar an bhfeallaire. – *What goes around comes around.*

An Aimsir Chaite   An Modh Coinníollach

An Aimsir Láithreach   10 gceist i ngach aimsir

An Aimsir Fháistineach

An Aimsir Chaite

Na Briathra Neamhrialta

Tá aon bhriathar déag sa ghrúpa seo. Athraíonn an fhréamh ó aimsir go haimsir.

Seo iad na briathra neamhrialta: abair, beir, bí, clois, déan, faigh, feic, ith, tabhair, tar agus téigh.

Abair	Beir	Bí
Dúirt mé	Rug mé	Bhí mé
Dúirt tú	Rug tú	Bhí tú
Dúirt sé/sí	Rug sé/sí	Bhí sé/sí
Dúramar	Rugamar	Bhíomar
Dúirt sibh/siad	Rug sibh/siad	Bhí sibh/siad
Ní dúirt mé	Níor rug mé	Ní raibh mé
An ndúirt tú?	Ar rug tú?	An raibh tú?
Dúradh (saorbhriathar)	Rugadh (saorbhriathar)	Bhíothas (saorbhriathar)

Clois	Déan	Faigh
Chuala mé	Rinne mé	Fuair mé
Chuala tú	Rinne tú	Fuair tú
Chuala sé/sí	Rinne sé/sí	Fuair sé/sí
Chualamar	Rinneamar	Fuaireamar
Chuala sibh/siad	Rinne sibh/siad	Fuair sibh/siad
Níor chuala mé	Ní dhearna mé	Ní bhfuair mé
Ar chuala tú?	An ndearna tú?	An bhfuair tú?
Chualathas (saorbhriathar)	Rinneadh (saorbhriathar)	Fuarthas (saorbhriathar)

Feic	Ith	Tabhair
Chonaic mé	D'ith mé	Thug mé
Chonaic tú	D'ith tú	Thug tú
Chonaic sé/sí	D'ith sé/sí	Thug sé/sí
Chonaiceamar	D'itheamar	Thugamar
Chonaic sibh/siad	D'ith sibh/siad	Thug sibh/siad
Ní fhaca mé	Níor ith mé	Níor thug mé
An bhfaca tú?	Ar ith tú?	Ar thug tú?
Chonacthas (saorbhriathar)	Itheadh (saorbhriathar)	Tugadh (saorbhriathar)

Tar	Téigh
Tháinig mé	Chuaigh mé
Tháinig tú	Chuaigh tú
Tháinig sé/sí	Chuaigh sé/sí
Thángamar	Chuamar
Tháinig sibh/siad	Chuaigh sibh/siad
Níor tháinig mé	Ní dheachaigh mé
Ar tháinig tú?	An ndeachaigh tú?
Thángthas (saorbhriathar)	Chuathas (saorbhriathar)

 Cleachtaí

Ceap abairtí a mbeadh na briathra seo a leanas oiriúnach mar thús díobh i do chóipleabhar anois:

1. Chonaic mé
2. Thángamar
3. Itheadh
4. Ní dúirt mé
5. Rinneamar
6. D'itheamar
7. Chuala mé
8. Ní bhfuair mé
9. Ar chuala tú?
10. Chonaic mé

Na Briathra aRialta

An Chéad Réimniú

Briathra Aonsiollacha agus Ilsiollacha, mar shampla:

Bain	Bris	Buaigh	Buail (le)	Caith	Caill	Can	Cas	Ceap	Creid	Cuir	Díol	Dóigh
Dún	Éist le	Fág	Fan	Féach ar	Geall	Gearr	Glac	Glan	Iarr	Íoc	Iompair	Las
Leag	Lean	Léigh	Léim	Lig	Líon	Mair	Mol	Múch	Nasc	Nigh	Nocht	Ól
Póg	Pioc	Pós	Rith	Roinn	Sábháil	Scar	Scríobh	Scrios	Scuab	Seas	Seinn	Seol
Siúil	Suigh	Stop	Taispeáin		Táirg	Teip ar	Tit	Tóg	Triall	Tuig	Tiomáin	

Rialacha atá le foghlaim

1. **séimhiú** + fréamh, mar shampla, **bh**ris, **ch**uir, **ch**reid agus **dh**íol

2. **d'** roimh ghuta nó roimh fhocal a thosnaíonn ar **f**, mar shampla, **d'**íoc, **d'**éist, **d'fh**ág, **d'fh**an

3. **ar** roimh an mbriathar san fhoirm cheisteach, mar shampla, ar **ch**uir tú?, ar **fh**an tú?

4. **níor** roimh an mbriathar san fhoirm dhiúltach, mar shampla, níor **th**aispeáin, níor **sh**ábháil

5. **–amar** nuair atá **sinn** i gceist agus nuair a chríochnaíonn an focal ar chonsan leathan, mar shampla, mhúch**amar**, d'ól**amar**, phós**amar**, scar**amar**

6. **–eamar** nuair atá **sinn** i gceist agus nuair a chríochnaíonn an fhréamh ar chonsan caol, mar shampla, chaith**eamar**, d'éist**eamar**.

Ól	Creid	Seol	Féach
D'ól mé	Chreid mé	Sheol mé	D'fhéach mé
D'ól tú	Chreid tú	Sheol tú	D'fhéach tú
D'ól sé/sí	Chreid sé/sí	Sheol sé/sí	D'fhéach sé/sí
D'ólamar	Chreideamar	Sheolamar	D'fhéachamar
D'ól sibh/siad	Chreid sibh/siad	Sheol sibh//siad	D'fhéach sibh/siad
Ar ól sí?	Ar chreid sí?	Ar sheol sí?	Ar fhéach sí?
Níor ól tú	Níor chreid tú	Níor sheol tú	Níor fhéach tú
Óladh	Creideadh	Seoladh	Féachadh

Tiomáin	Nigh	Leag
Thiomáin mé	Nigh mé	Leag mé
Thiomáin tú	Nigh tú	Leag tú
Thiomáin sé/sí	Nigh sé/sí	Leag sé/sí
Thiomáineamar	Níomar	Leagamar
Thiomáin sibh/siad	Nigh sibh/siad	Leag sibh/siad
Níor thiomáin siad	Níor nigh siad	Níor leag siad
Ar thiomáin tú?	Ar nigh tú?	Ar leag tú?
Tiomáineadh	Níodh	Leagadh

 ## Cleachtaí

Bain amach na lúibíní agus déan pé athrú is gá i do chóipleabhar.

1. (Buail; mé; le) mo chairde ag an ionad siopadóireachta aréir.

2. (Caill) sí a fón póca sa pháirc imeartha.

3. (Cas) na daltaí timpeall nuair a d'fhéach an múinteoir orthu.

4. (Bog) mé chuig teach nua an bhliain seo caite.

5. (Dreap) siad an sliabh in aice an óstáin.

6. (Íoc) sí an bille sa bhialann.

7. (Las) tú na coinnle i gcúinne an tseomra.

8. (Sabháil) sé a cara ón tine.

9. (Tiomáin) mo mham síos an bóthar chuig an scoil.

10. (Tionól) an grúpa sa halla do chruinniú ar maidin.

11. (Fan) siad sa bhaile ag féachaint ar an scannán.

12. (Blais) sí an bia sa cheaintín.

13. (Éist; siad; le) an gceol ar an raidió.

14. (Léigh) tú an nuacht ar líne.

15. (Sciorr) an bhean ar an gcosán.

16. (Réab) an buama an chathair.

17. (Rith) sí síos an bóthar.

18. (Triall) sé chuig an Antartach.

19. (Iarr) sí air an raibh cead aici dul go dtí an phictiúrlann?

20. (Líon) mé mo phóca le hairgead.

An Dara Réimniú

Briathra dháshiollacha a chríochnaíonn ar **(a)igh**, **ail**, **air**, **ir**, **is**, **in** agus **il**:

Aimsigh	Ainmnigh	Aithin	Athraigh	Bagair	Bailigh	Beartaigh	Brostaigh	Cabhraigh
Ceannaigh	Ceistigh	Ciúnaigh	Cothaigh	Críochnaigh	Dearbhaigh	Diúltaigh	Éalaigh	Éirigh
Eisigh	Eitil	Feabhsaigh	Fiosraigh	Foghlaim	Foilsigh	Freagair	Freastail	Gnóthaigh
Gortaigh	Imir	Inis	Iompaigh	Labhair	Léirigh	Mothaigh	Misnigh	Neartaigh
Ordaigh	Oscail	Pacáil	Pléigh	Réitigh	Roghnaigh	Sáraigh	Scrúdaigh	Samhlaigh
Sleamhnaigh	Smaoinigh	Socraigh	Taisteal	Taitin le	Tarla	Teastaigh (ó)	Tosaigh	Ullmhaigh

Rialacha atá le foghlaim

1. **séimhiú** + fréamh, mar shampla, **bh**eartaigh, **ch**othaigh, **sh**amhlaigh

2. **d'** roimh ghuta nó roimh fhocal a thosnaíonn ar **f**, mar shampla, **d'**athraigh, **d'**aithin, **d'fh**oilsigh, **d'fh**reagair

3. **ar** roimh an mbriathar san fhoirm cheisteach, mar shampla, ar **ch**eistigh, ar **sh**áraigh

4. **níor** roimh an mbriathar san fhoirm dhiúltach, mar shampla, níor **gh**ortaigh, níor **th**aistil

5. **–aíomar** nuair atá **sinn** i gceist agus nuair a chríochnaíonn an focal ar chonsan leathan, mar shampla, d'oscl**aíomar**, bheart**aíomar**, shleamhn**aíomar**

6. **–íomar** nuair atá **sinn** i gceist agus nuair a chríochnaíonn an focal ar chonsan caol, mar shampla, d'éir**íomar**, réit**íomar**, léir**íomar**.

Éirigh	Taistil	Freagair	Inis
D'éirigh mé	Thaistil mé	D'fhreagair mé	D'inis mé
D'éirigh tú	Thaistil tú	D'fhreagair tú	D'inis tú
D'éirigh sé/sí	Thaistil sé/sí	D'fhreagair sé/sí	D'inis sé/sí
D'éiríomar	Thaistealaíomar	D'fhreagraíomar	D'insíomar
D'éirigh sibh/siad	Thaistil sibh/siad	D'fhreagair sibh/siad	D'inis sibh/siad
Níor éirigh mé	Níor thaistil mé	Níor fhreagair mé	Níor inis mé
Ar éirigh tú?	Ar thaistil tú?	Ar fhreagair tú?	Ar inis tú?
Éiríodh	Taistealaíodh	Freagraíodh	Insíodh

 ## Cleachtaí

Bain amach na lúibíní agus déan pé athrú is gá i do chóipleabhar.

1. (Cláraigh) siad don téarma nua san ollscoil.

2. (Éirigh) sí go luath ar maidin don agallamh.

3. (Oscail) siad an doras chun a fháil amach cad a bhí ann.

4. (Aimsigh) sé cúl sa chluiche.

5. (Ceannaigh) siad bronntanas dá chéile.

6. (Feabhsaigh) an aimsir san earrach.

7. (Diúltaigh) sí dul chuig an dioscó lena cairde.

8. (Eitil) siad go Páras le chéile.

9. (Ionsaigh) an madra fear an phoist.

10. (Sleamhnaigh) siad síos an sliabh.

11. (Scrúdaigh) siad an carr sular (ceannaigh) siad é.

12. (Ar codail) sibh go sámh aréir?

13. (Beannaigh) Seán dá chara Séamus.

14. (Níor oscail) Pádraig an doras.

15. (Ar imir) tú cluiche peile aréir?

16. (Neartaigh) sé nuair a d'ith sé an bia.

17. (Ar gortaigh) sé a lámh?

18. (Mothaigh) sé ciontach.

19. (Taisteal) siad chuig an aerfort.

20. (Ar lánaigh) tú an carr le díosal?

An Aimsir Láithreach

Na Briathra Neamhrialta

Abair	Beir	Bí
Deirim	Beirim	Táim
Deir tú	Beireann tú	Tá mé
Deir sé/sí	Beireann sé/sí	Tá sé/sí
Deirimid	Beirimid	Táimid
Deir sibh/siad	Beireann sibh/siad	Tá sibh/siad
Ní deir sé	Ní bheireann sé	Níl sí
An ndeir sí?	An mbeireann tú?	An bhfuil tú?
Deirtear (saorbhriathar)	Beirtear (saorbhriathar)	Táthar (saorbhriathar)

Clois	Déan	Faigh
Cloisim	Déanaim	Faighim
Cloiseann tú	Déanann tú	Faigheann tú
Cloiseann sé/sí	Déanann sé/sí	Faigheann sé/sí
Cloisimid	Déanaimid	Faighimid
Cloiseann sibh/siad	Déanann sibh/siad	Faigheann sibh/siad
Ní chloiseann sí	Ní dhéanann sí	Ní fhaigheann sí
An gcloiseann sí?	An ndéanann tú?	An bhfaigheann siad?
Cloistear (saorbhriathar)	Déantar (saorbhriathar)	Faightear (saorbhriathar)

Feic	Ith	Tabhair
Feicim	Ithim	Tugaim
Feiceann tú	Itheann tú	Tugann tú
Feiceann sé/sí	Itheann sé/sí	Tugann sé/sí
Feicimid	Ithimid	Tugaimid
Feiceann sibh/siad	Itheann sibh/siad	Tugann siad/siad
Ní fheiceann sé	Ní itheann sé	Ní thugann sé
An bhfeiceann tú?	An itheann tú?	An dtugann sí?
Feictear (saorbhriathar)	Itear (saorbhriathar)	Tugtar (saorbhriathar)

Tar	Téigh
Tagaim	Téim
Tagann tú	Téann tú
Tagann sé/sí	Téann sé/sí
Tagaimid	Téimid
Tagann sibh/siad	Téann sibh/siad
Ní thagann sibh	Ní théann sí
An dtagann siad?	An dtéann sibh?
Tagtar (saorbhriathar)	Téitear (saorbhriathar)

Cleachtaí

Ceap abairtí a mbeadh na briathra seo a leanas oiriúnach mar thús díobh i do chóipleabhar anois:

1. Téann siad
2. Feicimid
3. Déanaimid
4. Tá siad
5. Deir sé
6. Beirim
7. Tugann sé
8. Ní itheann siad
9. An dtagann sí?
10. Faigheann siad

Na Briathra Rialta

Rialacha atá le foghlaim

1. **ní + séimhiú** san fhoirm dhiúltach, mar shampla, ní **gh**lanann sé, ní **bh**riseann sé

2. **an + urú** san fhoirm cheisteach, mar shampla, an **dt**ógann tú?, an **bh**féachann sí? (ní chuirtear urú ar bhriathra a thosnaíonn ar ghuta)

3. **–imid** nuair atá **sinn** i gceist agus nuair a chríochnaíonn an focal ar chonsan caol, mar shampla, mola**imid**, glana**imid**, rith**imid**

4. **–aimid** nuair atá **sinn** i gceist agus nuair a chríochnaíonn an focal ar chonsan leathan, mar shampla, scar**aimid**, tóg**aimid**.

Bris	Léigh	Seinn	Íoc
Brisim	Léim	Seinnim	Íocaim
Briseann tú	Léann tú	Seinneann tú	Íocann tú
Briseann sé/sí	Léann sé/sí	Seinneann sé/sí	Íocann sé/sí
Brisimid	Léimid	Seinnimid	Íocaimid
Briseann sibh/siad	Léann sibh/siad	Seinneann sibh/siad	Íocann sibh/siad
Ní bhriseann sé	Ní léann sé	Ní sheinneann sé	Ní íocann sé
An mbriseann tú?	An léann tú?	An seinneann tú?	An íocann tú?
Bristear	Léitear	Seinntear	Íoctar

An Chéad Réimniú

Cleachtaí

Bain amach na lúibíní agus déan pé athrú is gá i do chóipleabhar.

1. An (seinn) tú uirlis cheoil?

2. (Téigh; mé) chuig staidéar i ndiaidh scoile.

3. An (fás) bláthanna sa ghairdín sin?

4. (Las) siad tine sa teach gach lá.

5. (Féach; mé) ar an teilifíseán gach lá.

6. (Cuir; siad) bainne ina dtae gach lá?

7. Ní (stop) an trácht riamh.

8. (Buail; mé) le mo chairde gach lá.

9. Ní (seas) siad ansin de ghnáth.

10. (Suigh) sí sa chlós lena cara.

11. An (glan) sí a seomra?

12. An (tuig) sibh cad atá ar siúl acu?

13. (Díol) siad deochanna sa siopa.

14. An (tiomáin) siad abhaile?

15. Nach (ól) tú cupán tae gach lá?

16. (Creid) siad sa reiligiún sin.

17. (Glan; sinn) an seomra.

18. (Seas) sí ansin ina haonar.

19. (Suigh) sé os comhair an ríomhaire.

20. (Scríobh) sí a tráchtas ar ábhar suimiúil.

An Dara Réimniú

Rialacha atá le foghlaim

1. **ní** + **séimhiú** san fhoirm dhiúltach, mar shampla, ní **mh**othaíonn sé, ní **ch**ríochnaíonn sé (ní chuirtear h ar bhriathra a thosnaíonn ar ghuta)

2. **an** + **urú** san fhoirm cheisteach, mar shampla, an **gc**eannaíonn tú?, an **bhf**reastalaíonn sí? (ní chuirtear urú ar bhriathra a thosnaíonn ar ghuta)

3. **–ímid** nuair atá **sinn** i gceist agus nuair a chríochnaíonn an focal ar chonsan caol, mar shampla, imr**ímid**, dúis**ímid**, im**ímid**

4. **–aímid** nuair atá **sinn** i gceist agus nuair a chríochnaíonn an focal ar chonsan leathan, mar shampla, iompr**aímid**, ceann**aímid**, oscl**aímid**.

Críochnaigh	Imir	Oscail	Foghlaim
Críochním	Imrím	Osclaím	Foghlaimím
Críochnaíonn tú	Imríonn tú	Osclaíonn tú	Foghlaimíonn tú
Críochnaíonn sé/sí	Imríonn sé/sí	Osclaíonn sé/sí	Foghlaimíonn sé/sí
Críochnaímid	Imrímid	Osclaímid	Foghlaimímid
Críochnaíonn sibh/siad	Imríonn sibh/siad	Osclaíonn sibh/siad	Foghlaimíonn sibh/siad
Ní chríochnaíonn sé	Ní imríonn sé	Ní osclaíonn sé	Ní fhoghlaimíonn sé
An gcríochnaíonn sí?	An imríonn sí?	An osclaíonn sí?	An bhfoghlaimíonn sí?
Ceannaítear	Imrítear	Osclaítear	Foghlaimítear

Bain amach na lúibíní agus déan pé athrú is gá i do chóipleabhar.

1. (Cláraigh) siad don téarma nua san ollscoil.
2. (Oscail) siad an doras.
3. (Aimsigh) sé cúl sa chluiche.
4. (Ceannaigh) siad bronntanas dá chéile.
5. (Feabhsaigh) an aimsir san earrach.
6. (Diúltaigh) sí dul chuig an dioscó lena cairde.
7. (Fitil) siad go Páras le chéile.
8. (Ionsaigh) an madra fear an phoist.
9. (Sleamhnaigh) siad síos an sliabh.
10. (Scrúdaigh) siad an carr sula (ceannaigh) siad é.
11. (An codail) sibh thuas staighre?
12. (Beannaigh) Seán dá chara Séamus.
13. (Ní oscail) Pádraig an doras.
14. (An imir) tú cluiche gach deireadh seachtaine?
15. (Neartaigh) sé nuair a itheann sé an bia.
16. (An gortaigh) sé a lámh?
17. (Mothaigh) sé ciontach.
18. (Taisteal) siad chuig an aerfort.
19. (An lánaigh) tú an carr le díosal?

An Aimsir Fháistineach

Na briathra neamhrialta

Abair	Beir	Bí
Déarfaidh mé	Béarfaidh mé	Beidh mé
Déarfaidh tú	Béarfaidh tú	Beidh tú
Déarfaidh sé/sí	Béarfaidh sé/sí	Beidh sé/sí
Déarfaimid	Béarfaimid	Beimid
Déarfaidh sibh/siad	Béarfaidh sibh/siad	Beidh sibh/siad
Ní déarfaidh sé	Ní bhéarfaidh tú	Ní bheidh mé
An ndéarfaidh sí?	An mbéarfaidh sibh?	An mbeidh tú?
Déarfar (saorbhriathar)	Béarfar (saorbhriathar)	Beifear (saorbhriathar)

Clois	Déan	Faigh
Cloisfidh mé	Déanfaidh mé	Gheobhaidh mé
Cloisfidh tú	Déanfaidh tú	Gheobhaidh tú
Cloisfidh sé/sí	Déanfaidh sé/sí	Gheobhaidh sé/sí
Cloisfimid	Déanfaimid	Gheobhaimid
Cloisfidh sibh/siad	Déanfaidh sibh/said	Gheobhaidh sibh/siad
Ní chloisfidh tú	Ní dhéanfaidh sí	Ní bhfaighidh sibh
An gcloisfidh mé?	An ndéanfaidh ibh?	An bhfaighidh tú?
Cloisfear (saorbhriathar)	Déanfar (saorbhriathar)	Gheofar (saorbhriathar)

Feic	Ith	Tabhair
Feicfidh mé	Íosfaidh mé	Tabharfaidh mé
Feicfidh tú	Íosfaidh tú	Tabharfaidh tú
Feicfidh sé/sí	Íosfaidh sé/sí	Tabharfaidh sé/sí
Feicfimid	Íosfaimid	Tabharfaimid
Feicfidh sibh/siad	Íosfaidh sibh/siad	Tabharfaidh sibh/siad
Ní fheicfidh mé	Ní íosfaidh sibh	Ní thabharfaimid
An bhfeicfidh tú?	An íosfaidh siad?	An dtabharfaidh sibh?
Feicfear (saorbhriathar)	Íosfar (saorbhriathar)	Tabharfar (saorbhriathar)

Tar	Téigh
Tiocfaidh mé	Rachaidh mé
Tiocfaidh tú	Rachaidh tú
Tiocfaidh sé/sí	Rachaidh sé/sí
Tiocfaimid	Rachaimid
Tiocfaidh sibh/siad	Rachaidh sibh/siad
Ní thiocfaidh tú	Ní rachaidh mé
An dtiocfaidh sé?	An rachaidh siad?
Tiocfar (saorbhriathar)	Rachfar (saorbhriathar)

Cleachtaí

Ceap abairtí a mbeadh na briathra seo a leanas oiriúnach mar thús díobh i do chóipleabhar anois:

1. Rachaidh mé
2. Déanfaidh sí
3. Beimid
4. Ní bhfaighidh
5. Íosfaidh siad

6. Tabharfaimid
7. Béarfaidh sé
8. Ní íosfaidh mé
9. An dtiocfaidh sibh?
10. Gheobhaimid

Na Briathra Rialta

Rialacha atá le foghlaim

1. **ní + séimhiú** san fhoirm dhiúltach, mar shampla, ní **bh**risfidh sí, ní **ch**aithfidh mé
(ní chuirtear h roimh bhriathra a thosnaíonn ar ghuta)

2. **an + urú** san fhoirm cheisteach, mar shampla, an **gc**reidfidh tú, an **bh**féachfaidh sí
(ní chuirtear urú ar bhriathra a thosnaíonn ar ghuta)

3. **–fimid** nuair atá **sinn** i gceist agus nuair a chríochnaíonn an focal ar chonsan caol, mar shampla, rith**fimid**, bris**fimid**, éist**fimid**

4. **–faimid** nuair atá **sinn** i gceist agus nuair a chríochnaíonn an focal ar chonsan leathan, mar shampla, ól**faimid**, scar**faimid**, triall**faimid**.

Tóg	Siúil	Can	Stop
Tógfaidh mé	Siúlfaidh mé	Canfaidh mé	Stopfaidh mé
Tógfaidh tú	Siúlfaidh tú	Canfaidh tú	Stopfaidh tú
Tógfaidh sé/sí	Siúlfaidh sé/sí	Canfaidh sé/sí	Stopfaidh sé/sí
Tógfaimid	Siúlfaimid	Canfaimid	Stopfaimid
Tógfaidh sibh/siad	Siúlfaidh sibh/siad	Canfaidh sibh/siad	Stopfaidh sibh/siad
Ní thógfaidh mé	Ní shiúlfaidh mé	Ní chanfaidh mé	Ní stopfaidh mé
An dtógfaidh tú?	An siúlfaidh tú?	An gcanfaidh tú?	An stopfaidh tú?
Tógfar	Siúlfar	Canfar	Stopfar

An Chéad Réimniú

Cleachtaí

Bain amach na lúibíní agus déan pé athrú is gá i do chóipleabhar.

1. (Lig) mé mo scíth agus rachaidh mé a chodladh go luath.
2. (Ól) sé gloine uisce.
3. (Rith) sí suas an sliabh.

4. (Siúil sinn) abhaile má bhíonn an lá go deas.

5. (Teip) orthu sa scrúdú sin.

6. (Taispeáin) siad an scannán sin sa phictiúrlann anocht.

7. (Nigh) mé mo chuid éadaigh nuair a fhaighim an deis.

8. (Seol) mé teacs chucu ag am lóin.

9. (Seinn) sí port dúinn níos déanaí.

10. (Fan) siad ansin.

11. Ní (tuig) sé an cheist sin.

12. An (féach) sí ar an sobalchlár anocht?

13. (Geall) mé di go ndéanfaidh mé mo dhícheall.

14. An (glan) tú mo charr dom, le do thoil?

15. (Éist) siad leis an raidió níos déanaí.

16. (Las) siad soilse na sráideanna ar a naoi a chlog.

17. (Póg) siad an chloch sin má fhaigheann siad an deis.

18. (Cuir) sé uisce sa chiteal.

19. (Mair) siad fiche bliain eile ar a laghad.

20. (Cas) siad timpeall nuair a bhíonn siad críochnaithe.

Rialacha atá le foghlaim

1. **ní + séimhiú** san fhoirm dhiúltach, mar shampla, ní **ch**eannóidh, ní **dh**úiseoidh

2. **an + urú** san fhoirm cheisteach, mar shampla, an **bh**foghlaimeoidh sí, an **gc**ríochnóidh sí (ní chuirtear urú ar bhriathra a thosnaíonn ar ghuta)

3. **–eoimid** nuair atá **sinn** i gceist agus nuair a chríochnaíonn an focal ar chonsan caol, mar shampla, ins**eoimid**, imr**eoimid**, ceist**eoimid**

4. **–óimid** nuair atá **sinn** i gceist agus nuair a chríochnaíonn an focal ar chonsan leathan, mar shampla, ard**óimid**, freagr**óimid**, scrúd**óimid**.

Ceannaigh	Labhair	Ordaigh	Taistil
Ceannóidh mé	Labhróidh mé	Ordóidh mé	Taistealóidh mé
Ceannóidh tú	Labhróidh tú	Ordóidh tú	Taistealóidh tú
Ceannóidh sé/sí	Labhróidh sé/sí	Ordóidh sé/sí	Taistealóidh sé/sí
Ceannóimid	Labhróimid	Ordóimid	Taistealóimid
Ceannóidh sibh/siad	Labhróidh sibh/siad	Ordóidh sibh/siad	Taistealóidh sibh/siad
Ní cheannóidh mé	Ní labhróidh mé	Ní ordóidh mé	Ní thaistealóidh mé
An gceannóidh sibh?	An labhróidh sibh?	An ordóidh sibh?	An dtaistealóidh sibh?
Ceannófar	Labhrófar	Ordófar	Taistealófar

An Dara Réimniú

Cleachtaí

Bain amach na lúibíní agus déan pé athrú is gá i do chóipleabhar.

1. (Dúisigh) mé timpeall a leathuair tar éis a seacht maidin amárach.

2. An (codail) tú go sámh anocht?

3. (Tuirling) an t-eitleán go déanach amárach.

4. (Tosaigh) an rang ar a seacht a chlog.

5. An (críochnaigh) tú do chuid obair bhaile tráthnóna?

6. (Fiosraigh) na Gardaí an scéal maidir le robáil an tí.

7. (Freastail) mé ar an scoil amárach.

8. (Ordaigh) sí an t-iasc ón mbiachlár.

9. Ní (imir) siad an cluiche.

10. (Smaoinigh) siad ar an obair bhaile.

11. (Pacáil) sé a mhála don turas.

12. (Inis) sí scéal don leanbh.

13. (Eitil) siad chuig Páras maidin amárach.

14. (Réitigh) sé na fadhbanna atá ag an gcarr sin.

15. (Éirigh) na cailíní go luath ar maidin.

16. (Ceangail) sé a bhróga go luath.

17. An (ceannaigh) sé na bronntanais sin?

18. (Gortaigh) sé a chos má leannan sé ar aghaidh.

19. Ní (feabhsaigh) an aimsir, i mo thuairim.

20. (An mothaigh) sí go maith amárach?

An Modh Coinníollach

Na Briathra Neamhrialta

Abair	Beir	Bí
Déarfainn	Bhéarfainn	Bheinn
Déarfá	Bhéarfá	Bheifeá
Déarfadh sé/sí	Bhéarfadh sé/sí	Bheadh sé/sí
Déarfaidís	Bhéarfaimis	Bheimis
Déarfadh sibh	Bhéarfadh sibh	Bheadh sibh
Déarfaidís	Bhéarfaidís	Bheidís
Ní déarfadh sí	Ní bhéarfadh sibh	Ní bheadh sí
An ndéarfadh sibh?	An mbéarfadh sí	An mbeadh sí?
Déarfaí (saorbhriathar)	Bhéarfaí (saorbhriathar)	Bheifí (saorbhriathar)

Clois	Déan	Faigh
Chloisfinn	Dhéanfainn	Gheobhainn
Chloisfeá	Dhéanfá	Gheofá
Chloisfeadh sé/sí	Dhéanfadh sé/sí	Gheobhadh sé/sí
Chloisfimis	Dhéanfaimis	Gheobhaimis
Chloisfeadh sibh	Dhéanfadh sibh	Gheobhadh sibh
Chloisfidís	Dhéanfaidís	Gheobhaidís
Ní chloisfeadh sí	Ní dhéanfaidís	Ní bhfaigheadh sibh
An gcloisfeadh sé?	An ndéanfaimis?	An bhfaigheadh sí?
Chloisfí (saorbhriathar)	Dhéanfaí (saorbhriathar)	Gheofaí (saorbhriathar)

Feic	Ith	Tabhair
D'fheicfinn	D'íosfainn	Thabharfainn
D'fheicfeá	D'íosfá	Thabharfá
D'fheicfeadh sé/sí	D'íosfadh sé/sí	Thabharfadh sé/sí
D'fheicfimis	D'íosfaimis	Thabharfaimis
D'fheicfeadh sibh	D'íosfadh sibh	Thabharfadh sibh
D'fheicfidís	D'íosfaidís	Thabharfaidís
Ní fheicfidís	Ní íosfaidís	Ní thabharfaidís
An bhfeicfeadh sí?	An íosfadh sé?	An dtabharfadh sibh?
Feicfear (saorbhriathar)	D'íosfaí (saorbhriathar)	Thabharfaí (saorbhriathar)

Tar	Téigh
Thiocfainn	Rachainn
Thiocfá	Rachfá
Thiocfadh sé/sí	Rachadh sé/sí
Thiocfaimis	Rachaimis
Thiocfadh sibh	Rachadh sibh
Thiocfaidís	Rachaidís
Ní thiocfadh sí	Ní rachaidís
An dtiocfaimis?	An rachadh sé?
Thiocfaí (saorbhriathar)	Rachfaí (saorbhriathar)

 ## Cleachtaí

Ceap abairtí a mbeadh na briathra seo a leanas oiriúnach mar thús díobh i do chóipleabhar anois:

1. Déarfainn
2. D'íosfainn
3. Thiocfaimis
4. Ní bheadh
5. Rachainn

6. D'fheicfinn
7. Dhéanfadh sé
8. Gheobhainn
8. Ní thabharfadh
10. Bhéarfaidís

Na Briathra Rialta

Rialacha atá le foghlaim

1. **séimhiú + freámh**, mar shampla, **ch**uirfinn, **ch**ógfadh sé

2. **ní + séimhiú** ar an mbriathar san fhoirm dhiúltach, mar shampla, ní **gh**lanfadh sí, ní **dh**únfainn

3. **d'** roimh ghuta nó aon fhocal a thosnaíonn le **f**, mar shampla, **d'**íocfainn, **d'fh**anfadh sé

4. **an + urú** san fhoirm cheisteach, mar shampla, an **mb**uailfeá leis?, an **gc**uirfeadh sé?

5. **–fimis** nuair atá **sinn** i gceist agus nuair a chríochnaíonn an fhréamh ar chonsan caol, mar shampla, rith**fimis**, bhris**fimis**, d'éist**fimis**

6. **–faimis** nuair atá **sinn** i gceist agus nuair a chríochnaíonn an focal ar chonsan leathan, mar shampla, d'ól**faimis**, scar**faimis**, triall**faimis**.

Líon	Íoc	Rith	Caill
Líonfainn	D'íocfainn	Rithfinn	Chaillfinn
Líonfá	D'íocfá	Rithfeá	Chaillfeá
Líonfadh sé/sí	D'íocfadh sé/sí	Rithfeadh sé/sí	Chaillfeadh sé/sí
Líonfaimis	D'íocfaimis	Rithfimis	Chaillfimis
Líonfadh sibh	D'íocfadh sibh	Rithfeadh sibh	Chaillfeadh sibh
Líonfaidís	D'íocfaidís	Rithfidís	Chaillfidís
Ní líonfadh sí	Ní íocfadh sí	Ní rithfeadh sí	Ní chaillfeadh sí
An líonfadh sé?	An íocfadh sé?	An rithfeadh sé?	An gcaillfeadh sé?
Líonfaí	D'íocfaí	Rithfí	Chaillfí

An Chéad Réimniú

Cleachtaí

Bain amach na lúibíní agus déan pé athrú is gá i do chóipleabhar.

1. Dá mbeadh tart orm, (ól) gloine uisce.

2. Dá mbeadh sé ar eolas agam, (fan) sa bhaile.

3. (Fan; mé) sa bhaile, dá mbeadh sé gaofar.

4. (Tóg) ionad spóirt i mo cheantar, dá mbeinn i mo Theachta Dála don cheantar seo.

5. Dá bhfeicfinn timpiste ar an mbóthar, (stop; mé) an trácht agus (cuir; mé) glaoch ar na seirbhísí éigeandála dá mbeadh gá leo.

6. (Tiomáin; sé) abhaile muna mbeadh pian ina chos aige.

7. (Seas; sí) os comhair an ghrúpa dá mbeadh sí in ann.

8. (Seinn; siad) ceol dá mbeadh a n-uirlisí ceoil leo.

9. (Múch; mé) an solas dá mbeadh an lasc in aice láimhe.

10. (Cuir; sé) an dinnéar san oigheann dá mbeadh sé sa bhaile in am.

11. Dá mbeinn tinn, (cuir; mé) fios ar an dochtúir teaghlaigh.

12. Dá mbeadh an teach salach, (glan; sé) é.

13. Dá mbeadh m'obair bhaile críochnaithe agam, (féach; mé) ar an teilifís.

14. Dá mbuafainn an Crannchur Náisiúnta, (stop; mé) ag obair.

15. Ní (glac; mé) leis an gcuireadh.

16. An (éist; tú) leis an raidió?

17. An (can; sinn) an t-amhrán?

18. (Fan; mé) sa leaba dá mbeadh an t-eolas sin agam.

19. (Tóg; mé) foirgneamh nua dá mbeadh an t-airgead agam.

20. (Íoc; mé) an fhíneáil dá mbeadh an t-airgead agam.

An Dara Réimniú

Rialacha atá le foghlaim

1. **séimhiú + freámh**, mar shampla, **ch**eannóinn, **dh**úiseoinn

2. **ní + séimhiú** roimh an mbriathar san fhoirm dhiúltach, mar shampla, ní **fh**oghlaimeoinn, ní **sh**amhlóinn

3. **d'** roimh ghuta nó aon fhocal a thosnaíonn le **f**, mar shampla, **d'**imreodh sé, **d'fh**reastalóinn

4. **an + urú** san fhoirm cheisteach, mar shampla, an **nd**uiseodh sí?, an **bh**foghlaimeodh sé?

5. **–eoimis** nuair atá **sinn** i gceist agus nuair a chríochnaíonn an focal ar chonsan caol, mar shampla, d'ins**eoimis**, d'eitl**eoimis**, d'imr**eoimis**

6. **–óimis** nuair atá **sinn** i gceist agus nuair a chríochnaíonn an focal ar chonsan leathan, mar shampla, cheann**óimis**, d'oscl**óimis**, bhagr**óimis**.

Aimsigh	Ceistigh	Bailigh	Labhair
D'aimseoinn	Cheisteoinn	Bhaileoinnn	Labhróinn
D'aimseofá	Cheisteófá	Bhaileofá	Labhrófá
D'aimseodh sé/sí	Chcisteodh sé/sí	Bhaileodh sé/sí	Labhródh sé/sí
D'aimseoimis	Chcisteoimis	Bhaileoimis	Labhróimis
D'aimseodh sibh	Cheisteodh sibh	Bhaileodh sibh	Labhrodh sibh
D'aimseoidís	Cheisteoidís	Bhaileoidís	Labhróidís
Ní aimseodh sé	Ní cheisteodh sé	Ní bhaileodh sé	Ní labhródh sé
An aimseodh sí?	An gceisteodh sí?	An mbaileodh sí?	An labhródh sí?
D'aimseofaí	Cheisteofaí	Bhaileofaí	Labhrófaí

 Cleachtaí

Bain amach na lúibíní agus déan pé athrú is gá i do chóipleabhar.

1. Dá gcuirfeá ceist orm, (freagair) í.

2. Dá mbuafainn an Crannchur Náisiúnta, (tabhair; mé) go leor airgid do mo mhuintir agus do charthanachtaí.

3. (Ceannaigh; mé) tithe nua agus carranna nua do mo mhuintir ar fad, dá mbeadh an t-airgead agam.

4. (Taistil; mé) ar fud an domhain, dá mbeinn in ann.

5. Dá mbeinn i mo Thaoiseach, (oscail; mé) aon ospidéal a bheadh dúnta láithreach bonn.

6. (Ullmhaigh) Mamaí an dinnéar dá mbeadh ocras orainn.

7. An (gortaigh; siad) a ndroim leis an gcloch sin?

8. (Inis; mé) an scéal dá mbeadh sé ar eolas agam.

9. (Brostaigh; siad) dá mbeadh an t-am ar eolas acu.

10. Ní (cuardaigh; siad) an seomra muna mbeadh na heochracha ann.

11. Dá mbeadh an t-airgead acu (ceannaigh; siad) an carr.

12. Dá mbeadh an rogha agam (freagair; mé) an cárta.

13. (Ordaigh; mé) an leabhar dá mbeadh an suíomh idirlín ar eolas agam.

14. (Roghnaigh; mé) an bia sin dá mbeadh sé ar an mbiachlár.

15. (Smaoinigh; mé) ar an duine sin dá mbeadh an t-am agam.

16. (Imir; mé) peil dá mbeadh foireann i mo cheantar.

17. (Sáraigh; sí) an fhadhb dá mbeadh na scileanna aici.

18. Dá mbeadh an aimsir ní b'fhearr (taistil; mé) chugat i Ros Comáin.

19. (Oscail; mé) gnó nua dá mbeadh smaoineamh agam.

20. An (ceannaigh; tú) an t-uaireadóir sin?

Deich gceist i ngach aimsir

Deich gceist san Aimsir Chaite

1. Cad a rinne tú an deireadh seachtaine seo caite?

   Rinne mé go leor ullmhúcháin don scrúdú seo. Bhí mé ag staidéar ó mhaidin go hoíche.

   ### Freagra eile
   Lig mé mo scíth agus ní dhearna mé mórán oibre.

2. Ar ghlan tú teach do thuismitheoirí riamh?

   Ghlan mé teach mo thuismitheoirí cúpla uair. Nuair a thagann cuairteoirí chuig ár dteach bíonn mo thuismitheoirí faoi bhrú agus ansin cabhraím leo an teach a ghlanadh.

3. Ar chuala tú an nuacht is déanaí? Inis dom faoinar chuala tú.

   Chuala mé an nuacht is déanaí ar an raidió inné. Chuala mé gur tharla timpiste i mBaile Átha Cliath agus gur gortaíodh roinnt mhaith daoine.

4. Ar chéiliúir an fhoireann an bua sa chraobh?

   Chéiliúir an fhoireann an bua sa chraobh. Chaitheamar an oíche ar fad ag canadh agus ag damhsa.

5. Ar thosaigh tú ag imirt peile nuair a bhí tú óg?

   Thosaigh mé ag imirt peile nuair a bhí mé sé bliana d'aois.

6. Ar thaitin an ceathrú bliain leat?

   Thaitin sé go mór liom.

   ### nó
   Níor thaitin sé in aon chor liom.

7. Ar bhuail tú le haon duine cáiliúil riamh?

   Bhuail mé le Ryan Tubridy/Katie Taylor uair amháin.

   ## nó

   Níor bhuail mé le haon duine cáiliúil i mo shaol.

8. An ndeachaigh tú thar lear riamh?

   Bhí mé thar lear cúpla uair. Chuaigh mé chuig an Spáinn le mo mhuintir anuraidh.

   ## nó

   Ní dheachaigh mé thar lear riamh.

9. An bhfuair tú bronntanas Nollag?

   Fuair mé bronntanas Nollag, d'iarr mé ar mo thuismitheoirí cluiche nua ríomhaireachta a fháil dom.

   ## nó

   Ní bhfuair me aon bhronntanas Nollag ó mo chairde ach bhí mo thuismitheoirí an-fhláithiúil liom.

10. Ar tháinig tú slán as an timpiste?

    Tháinig mé slán as an timpiste agus níor gortaíodh éinne.

    ## nó

    Níor tháinig mé slán as an timpiste, ghortaigh mé mo chos.

Deich gceist san Aimsir Láithreach

1. An seinneann tú uirlis cheoil?

   Seinnim an pianó.

   ## nó

   Ní sheinnim aon uirlis cheoil.

2. An dtéann tú chuig staidéar i ndiaidh scoile?

   Téim chuig staidéar i ndiaidh scoile.

   ## nó

   Ní théim chuig staidéar i ndiaidh scoile.

3. Nach n-itheann tú do bhricfeasta gach maidin?

   Ithim mo bhricfeasta gach maidin.

4. An gcríochnaíonn an scoil ag an am céanna gach lá?

   Críochnaíonn an scoil ag an am céanna gach lá.

5. An bhféachann tú ar an teilifíseán gach lá?

Féachaim ar an teilifís gach lá.

6. An ullmhaíonn do mháthair/d'athair do chuid béilí duit?

Ullmhaíonn mo mháthair/m'athair béile dom gach lá.

7. An dtagann tú ar scoil gach lá?

Tagaim ar scoil gach lá.

8. An bhfaigheann tú airgead póca ó do thuismitheoirí gach seachtain?

Faighim airgead póca gach seachtain.

9. An imríonn tú cluichí ríomhaireachta gach lá?

Imrím cluichí ríomhaireachta nuair a bhíonn an t-am agam.

10. An mbuaileann tú le do chairde gach lá?

Buailim le mo chairde gach lá.

Deich gceist san Aimsir Fháistineach

1. Cad a dhéanfaidh tú anocht?

Ligfidh mé mo scíth agus rachaidh mé a chodladh go luath.

2. Cad a dhéanfaidh tú an deireadh seachtaine seo?

Déanfaidh mé staidéar don chéad scrúdú teanga eile atá agam an tseachtain seo chugainn.

3. Cad a dhéanfaidh tú an samhradh seo?

Gheobhaidh mé post le m'athair ina ghnó.

4. An dtraenálfaidh tú?

Traenálfaidh mé an deireadh seachtaine seo.

5. Cén t-am a dhúiseoidh tú amárach?

Dúiseoidh mé timpeall a leathuair tar éis a seacht maidin amárach.

6. Conas a ligfidh tú do scíth anocht?

Ligfidh mé mo scíth trí fhéachaint ar an teilifíseán.

7. Cad a íosfaidh tú don lón inniu?

Íosfaidh mé sicín rósta le cairéid agus prátaí don lón inniu.

8. Cad a dhéanfaidh tú tar éis an scrúdaithe seo?

   Déanfaidh mé an obair bhaile tar éis an scrúdaithe seo.

9. Conas a rachaidh tú abhaile ón scoil inniu?

   Rachaidh mé abhaile ón scoil inniu ar mo rothar.

10. An ndéanfaidh tú staidéar anocht?

    Déanfaidh mé roinnt staidéir anocht mar tá go leor oibre fós le déanamh agam don Ardteist.

Deich gceist sa Mhodh Coinníollach

1. Dá mbeadh tart ort cad a dhéanfá?

   D'ólfainn gloine uisce.

2. Dá mbeadh ocras ort cad a dhéanfá?

   D'íosfainn canta aráin agus im air.

3. Céard a dhéanfá dá mbuafá an Crannchur Náisiúnta?

   Bhuel, bhraithfeadh sé ar an méid airgid a bhuafainn. Dá mbuafainn Euromillions agus dá mbeadh tríocha milliún i mo phóca agam, thabharfainn go leor airgid do mo mhuintir agus do charthanachtaí. Cheannóinn tithe nua agus carranna nua do mo mhuintir ar fad. Rachainn ar laethanta saoire ar fud an domhain agus b'fhéidir go rachainn go dtí an ghealach.

4. Cad a dhéanfá dá mbeadh trí ghuí agat?

   Ba mhaith liom an tsláinte a bheith ag gach duine ar an domhan! Mar a deir an seanfhocal, 'Is fearr an tsláinte ná na táinte!' Ba bhreá liom an tuiscint agus an cumas a bheith agam cabhrú le daoine a bhíonn i ngátar. Agus síocháin ag an gcine daonna.

5. Céard a dhéanfá da mbeifeá i do Thaoiseach?

   Aon ospidéal a bheadh dúnta d'osclóinn láithreach bonn é. Chabhróinn le carthanachtaí ar nós Focus Ireland a bhíonn ag obair go crua chun fadhb na heaspa dídine a réiteach.

   Mheallfainn comhlachtaí go hiarthar na tíre, tá go leor tithe ar fáil anseo agus ba cheart go mbeadh níos mó comhlachtuí lonnaithe anseo. Tá Aerfort na Sionainne anseo agus is féidir eitilt isteach agus amach ón tír go héasca.

6. Cad a d'athrófá faoi do cheantar?

   Thógfainn ionad spóirt i mo cheantar. Bheadh sé go hiontach dá mbeinn féin agus mo chairde in ann dul ag imirt spóirt nó dul ag snámh inár mbaile féin in ionad a bheith ag brath ar ár dtuismitheoirí chun síob a thabhairt dúinn go dtí an linn snámha.

7. Cad a dhéanfá dá bhfeicfeá timpiste ar an mbóthar?

Bheadh crith cos agus lámh orm é sin a fheiceáil. Ar aon chaoi, stopfainn an trácht i dtús báire. Chuirfinn glaoch ar na seirbhísí éigeandála dá mbeadh gá leo. Thabharfainn aon eolas a bheadh agam do na Gardaí nó na seirbhísí éigeandála.

8. Céard a dhéanfá dá mbeifeá i do thaoiseach ar an tír seo?

Cad nach ndéanfainn! Dhéanfainn an t-uafás athruithe. Chuirfinn na daoine go léir a scrios an tír seo i bpríosún. Dhéanfainn tuarastail, costais phearsanta agus cearta pinsin na dTeachtaí Dála, na nAirí agus an Taoisigh a laghdú go mór freisin. Tá sé seafóideach go bhfuil siadsan ag carnadh airgid agus an chuid eile den tír ar an ngannchuid. Caithfidh siad an dea-shampla a thabhairt má tá siad chun aon chreidiúnacht a bheith acu. Thabharfainn níos mó airgid do na daoine bochta agus do na daoine gan dídean. Chuirfinn cáin ní b'airde ar lucht an rachmais. Rachainn timpeall na tíre agus labhróinn le lucht gnó. Chruthóinn níos mó post do mhúinteoirí agus thabharfainn dóchas do dhéagóirí na tíre seo.

9. Céard a dhéanfá dá mbeifeá i do phríomhoide?

Dhéanfainn neart rudaí. D'athróinn rialacha na scoile. Mar shampla, chuirfinn béim ar shláinte na ndaltaí ar fad. Is minic nach bhfaigheann daltaí Ardteiste deis corpoideachas a dhéanamh. Ní aontaím leis seo mar is riachtanas é sos agus faoiseamh a fháil ón saol gnóthach agus ó na leabhair. Rachainn ar aistir scoile leis na daltaí is bhainfinn sult astu.

10. Dá mbeifeá in ann dul áit ar bith ar fud an domhain? Cá rachfá?

Rachainn ar thuras go Meiriceá. Ba bhreá liom an tír sin a fheiceáil.

Foirm Aiseolais ar an mBéaltriail

		Aiseolas	Iomlán
Fáiltiú	• Ainm		___/5 m
	• Aois		
	• Dáta Breithe		
	• Seoladh		
	• Scrúduimhir		
Léamh na Filíochta	• Foghraíocht		___/35 m
	• Aithris na Filíochta		
	• Focail a raibh deacrachtaí ag an dalta leo		
Comhrá	• Stór Gaeilge/Cumarsáid ___/75		___/120 m
	• Cumas Gaeilge/Cruinneas ___/45		
Sraith Pictiúr	• Stór Gaeilge/Cumarsáid ___/50		___/80 m
	• Cumas Gaeilge/Cruinneas ___/20		
	• Ceisteanna ___/10		
	• Iomlán %		___/240 m

Ábhair don Chomhrá

Seo seicliosta don chomhrá. Is féidir tic a chur in aice leis an ábhar nuair atá sé clúdaithe agat sa chomhrá.

☐ Mé Féin

☐ An Ceantar

☐ Saol an Dalta Tar Éis na Scoile

☐ An Nuatheicneolaíocht

☐ An Ghaeilge agus an Ghaeltacht

☐ Polaitíocht

☐ Turasóireacht

☐ Eacnamaíocht na Tíre

☐ Teifigh

☐ An Teaghlach

☐ An Scoil

☐ Caithimh aimsire

☐ Saol an Déagóra

☐ An Córas Oideachais

☐ Seandaoine

☐ Timpeallacht

☐ Bochtaineacht

☐ Deacrachtaí Teach A Fháil

Aimsirí

☐ An Aimsir Chaite ☐ An Aimsir Láithreach ☐ An Aimsir Fháistineach ☐ An Modh Coinníollach

Cuid 2
An Chluastuiscint

17 Treoir don Chluastuiscint

Is fiú 10% (60 marc) de mharc iomlán an scrúdaithe an Chluastuiscint. Tá sé tábhachtach dua a chaitheamh leis na hullmhúcháin dá bharr.

Tá trí chuid sa triail chluastuisceana; Cuid A, Cuid B agus Cuid C. Cloisfidh tú dhá ghiota i ngach cuid:

- **Cuid A:** dhá fhógra raidió
- **Cuid B:** dhá chomhrá
- **Cuid C:** dhá phíosa nuachta

Cloisfidh tú gach rud faoi dhó agus tá an CD céanna ann don Ardleibhéal agus don Ghnáthleibhéal.

Moltaí

1. **Uimhreacha a scríobh i bhfocail:** is minic a dhéanann daltaí botúin bheaga le huimhreacha míchearta a scríobh síos go míchruinn i bhfigiúirí.

2. **Freagair gach ceist** – mura bhfuil freagra scríofa agat ní bhfaighidh tú na marcanna.

3. Léigh an cheist agus **cuir líne faoi na focail** atá ar eolas agat – ar an gcaoi sin beidh tú ag faire amach le haghaidh na bhfocal sin sa ghiota.

4. Bí cinnte go bhfuil do chuid scríbhneoireachta **soiléir agus soléite**.

5. Tá sé fíorthábhachtach go mbeidh **d'aird** ar fad ar an gcuid seo den scrúdú mar imeoidh an t-am go han-sciobtha.

6. Bíodh **bailte na nGaeltachtaí, contaetha na hÉireann**, is **bailte móra eile** na hÉireann ar eolas agat.

7. Labhair **Gaeilge** go minic agus cabhróidh sé leat. Ina theannta sin, léigh do chuid aistí, do nótaí filíochta is próis os ard duit féin.

8. Cloisfidh tú giotaí sna canúintí difriúla agus beidh ort **cleachtadh rialta a dhéanamh** chun dul i ngleic leis na canúintí sin. Is fiú éisteacht le **Raidió na Gaeltachta**, féachaint ar **TG4**. Bain úsáid as an bhfoclóir a thugtar duit sa téacsleabhar seo.

9. Gearrfar pionós ar **bhotúin mhóra chomhréire** a chuireann struchtúr na teanga as riocht. Caillfear suas le **trí mharc** san iomlán sa Triail Chluastuiscint dá bharr. Bainfear ó 0 go 3 ar chaighdeán na Gaeilge.

 Caithfidh do chuid freagraí uilig a bheith scríofa **i nGaeilge amháin**.

18 Focail Úsáideacha don Chluastuiscint

Na ceisteanna is tábhachtaí don Chluastuiscint

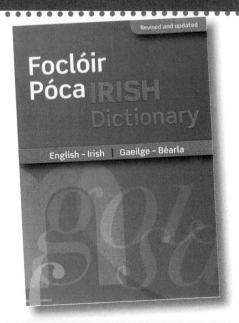

Tá sé an-tábhactach go dtuigfidh tú na ceisteanna seo.

Ainmnigh – *name*

An chúis – *the reason*

Cathain? – *when?*

Cad chuige an t-airgead? – *what was the money for?*

Cá fhad? – *how long?*

Cá mbeidh? – *where will?*

Cad chuige/cén fáth? – *why?*

Cé? – *who?*

Cé hiad? – *who?*

Cé dó?– *who for?*

Cén comórtas? –*which competition?*

Cén cuireadh? – *which invitation?*

Céard? – *what?*

Cén? – *which?*

Cé acu? – *which of them?*

Cén bhliain? – *which year?*

Cén cháilíocht? – *which qualification?*

Cén damáiste? – *what damage?*

Cén duais? – *which prize?*

Cén eagraíocht – *which organisation?*

Cén lá? – *which day?*

An mó? – *how many?*

An dá chúis – *the two reasons*

Cad? – *what?*

Cad é an spriocdháta deiridh? – *what is the deadline/last date?*

Cá háit/cén áit – *where?*

Cad é an dáta deireanach? – *what is the last date?*

Cad ba chúis leis? – *what was the reason for?*

Cé dóibh? – *who is it for?*

Cé mhéad? – *how many/much?*

Cé a sheol? – *who launched/who sent?*

Cén cúram? – *which responsibility?*

Cé a d'eisigh? – *who issued?*

Cé uaidh? – *who from?*

Cén aidhm? – *which aim?*

Cén bhaint – *what connection?*

Cén coiste? – *which committee?*

Cén cineál/saghas/sórt? – *which type/sort of?*

Cén dream? – *which group?*

Cén duine? – *which person?*

Cén fáth? Cad chuige? – *why?*

Cén fhadhb? – *which problem?*

Cén feachtas? – *which campaign?*

Cén mhí? – *which month?*

Cén ócáid? – *which occasion?*

Cén rogha? – *which choice?*

Cén sócrú? – *which arrangement?*

Cén táille? – *what fee?*

Cén tairiscint? – *what offer?*

Cén tionscadal? – *which project?*

Cérbh é?/iad? – *who was he/who were they?*

Breac síos – *write down*

Déan cur síos – *describe*

Luaigh – *mention*

Cén folúntas? – *which vacancy?*

Cén oíche? – *which night?*

Cén pointe? – *which point?*

Cén seoladh? – *which address?*

Cén t-ábhar? – *which subject?*

Cén t-eolas? – *which information?*

Cén tionchar? – *what influence?*

Cén tslí bheatha? – *which job?*

Conas/cén chaoi? – *how?*

Dhá thoradh – *two results*

Luaigh dhá cháilíocht – *mention two qualifications*

Rud amháin – *one thing*

Uimhreacha pearsanta

Fear amháin/aon fhear amháin – *1 man*

Triúr fear – *3 men*

Cúigear fear – *5 men*

Seachtar fear – *7 men*

Naonúr fear – *9 men*

Aon fhear déag – *11 men*

Trí fhear déag – *13 men*

Cúig fhear déag – *15 men*

Seacht bhfear déag – *17 men*

Naoi bhfear déag – *19 men*

Fear is fiche – *21 men*

Tríocha fear – *30 men*

Dhá fhear is tríocha – *32 men*

Caoga fear – *50 men*

Seachtó fear – *70 men*

Nócha fear – *90 men*

Beirt fhear – *2 men*

Ceathrar fear – *4 men*

Seisear fear – *6 men*

Ochtar fear – *8 men*

Deichniúr fear – *10 men*

Dháréag fear – *12 men*

Ceithre fhear déag – *14 men*

Sé fhear déag – *16 men*

Ocht bhfear déag – *18 men*

Fiche fear – *20 men*

Dhá fhear is fiche – *22 men*

Fear is tríocha – *31 men*

Daichead fear – *40 men*

Seasca fear – *60 men*

Ochtó fear – *80 men*

Céad fear – *100 men*

Téarmaí rialta sa Chluastuiscint (commonly used terms in the Cluastuiscint)

Ag lorg – *looking for*

Agallamh – *interview*

Aidhm – *aim*

Aisteoir – *actor*

Ar fud na tíre – *around the country*

Ardchaighdeán – *high standard*

Athrú – *change*

Buntáiste – *advantage*

Cáilíochtaí – *qualification/qualities*

Céim – *degree (step)*

Comhlacht – *company*

Comórtas – *competition*

Costas – *costs*

Craoltóir – *broadcaster*

Cumarsáid – *communication*

Cúrsa – *course*

Deontas – *grant*

Duais – *prize*

Dualgas – *duty*

Dúshlán – *challenge*

Feachtas – *campaign*

Féilte – *festivals*

Foinse – *source*

Foireann – *team*

Geilleagar – *economy*

Íocaíocht – *payment*

Ionad – *centre*

Iris – *magazine*

Lá oibre – *working day*

Litríocht – *literature*

Meáin – *media*

Míbhuntáiste – *disadvantage*

Míshásta – *unhappy*

Oibrithe – *workers*

Oifig – *office*

Ollscoil – *university*

Pá – *pay*

Pobal – *public*

Post – *job*

Post lánaimseartha – *full-time job*

Post páirtaimseartha – *part-time job*

Ráta – *rate*

Riachtanach – *necessary*

Saghas – *type of*

Sásta – *happy*

Scéal – *story*

Scileanna – *skills*

Sonraí – *details*

Suíomh idirlín – *website*

Taithí – *experience*

Téacs – *text*

Tuarastal – *salary*

Turas – *trip*

Uaireanta oibre – *working hours*

Urraíocht – *sponsorship*

Príomhainmneacha a bhaineann leis an gCluastuiscint

- Logainmneacha na nGaeltachtaí

Bun Cranncha

An Fál Carrach
Gaoth Dobhair
Doirí Beaga
Abhainn na Súilí (River Swilly)
An Clochán Liath
Doire Cholm Cille (Derry City)
Doire (Derry)
Aontroim (Antrim)

Dún na nGall (Donegal)
Na Gleannta

Baile Aontroma (Antrim Town)

Gleann Cholm Cille
Tír Eoghain (Tyrone)
Baile Dhún na nGall (Donegal Town)
Na Cealla Beaga
An Ómaigh (Omagh)

Fear Manach (Fermanagh)
Cathair Ard Mhacha (Armagh City)
An Dún (Down)

Liatroim (Leitrim)
Inis Ceithleann (Enniskillen)
Baile Mhuineacháin (Monaghan Town)
Dún Pádraig (Downpatrick)

Béal an Mhuirthead
Baile Shligigh (Sligo Town)
Abhainn na hÉirne (River Erne)
Muineachán (Monaghan)
Ard Mhacha (Armagh)

An Eachléim
Abhainn na Muaidhe (River Moy)
Sligeach (Sligo)
An Cabhán (Cavan)

Maigh Eo (Mayo)
Cora Droma Rúisc (Carrick-on-Shannon)
Lú (Louth)
Dún Dealgan (Dundalk)

Caisleán an Bharraigh (Castlebar)
Baile an Chabháin (Cavan Town)

Ros Comáin (Roscommon)
An Mhí (Meath)

Baile Ros Comáin (Roscommon Town)
Baile an Longfoirt (Longford Town)
An Abhainn Dubh (River Blackwater)
Baile Ghib
An Uaimh (Navan)

An Mám
An Longfort (Longford)
An Iarmhí (Westmeath)
Ráth Chairn

Uachtar Ard
Abhainn na Suca (River Suck)
Abhainn na Bóinne (River Boyne)
Baile Átha Cliath (Dublin)

Carna
Maigh Cuilinn
Gaillimh (Galway)
An Muileann gCearr (Mullingar)
Abhainn na Life (River Liffey)

An Cheathrú Rua
Cathair na Gaillimhe (Galway City)
Abhainn na Sionainne (River Shannon)
Tulach Mhór (Tullamore)
Cill Dara (Kildare)
Cathair Bhaile Átha Cliath (Dublin City)

Indreabhán
An Spidéal
Uíbh Fhailí (Offaly)
Abhainn na Dothra (River Dodder)

Cill Rónáin
Baile Chill Dara (Kildare Town)

Na hOileáin Árann
Inis Mór
Inis Meáin
Inis Oírr
Port Laoise (Port Laoise)
Cill Mhantáin (Wicklow)

An Clár (Clare)
Laois (Laois)
Baile Chill Mhantáin (Wicklow Town)

Inis (Ennis)
Abhainn an Fhorghais (River Fergus)
An tAonach (Nenagh)
Baile Cheatharlach (Carlow Town)

Abhainn na Feoire (River Nore)
Ceatharlach (Carlow)

Tiobraid Árann (Tipperary)
Cathair Chill Chainnigh (Kilkenny City)

Cathair Luimnigh (Limerick City)
Loch Garman (Wexford)

Luimneach (Limerick)
Cluain Meala (Clonmel)
Cill Chainnigh (Kilkenny)
Abhainn na Sláine (River Slaney)

Abhainn na Féile (River Feale)
Múscraí
Abhainn na Siúire (River Suir)

An Clochán
Trá Lí (Tralee)
Baile Loch Garman (Wexford Town)

Baile na nGall
Baile an Fheirtéaraigh
Abhainn na Machan (River Mahon)
Cathair Phort Láirge (Waterford City)

Dún Chaoin
An Daingean
An Abhainn Dubh (River Blackwater)
Port Láirge (Waterford)

Ceann Trá
Abhainn an Scáil
Ceann Sléibhe
Na Blascaodaí
Ciarraí (Kerry)
Corcaigh (Cork)
Ceann Héilbhic
Baile Mhic Airt

Cúil Aodha
Baile Bhuirne
Cathair Chorcaí (Cork City)

Baile an Sceilg
Béal Átha an Ghaorthaidh
Abhainn na Laoi (River Lee)

Abhainn na Bandan (River Bandon)

Abhainn na hAighlinne (River Ilen)

Oileán Chléire

Connacht

Sligeach – *Sligo*
An Mullach Mór – *Mullaghmore*
An Ros – *Rosses Point*
Baile Shligigh – *Sligo Town*
Iascaigh – *Easky*
Inis Crabhann – *Enniscrone*
Tobar an Choire – *Tubbercurry*

Maigh Eo – *Mayo*
Baile an Róba – *Ballinrobe*
Béal an Mhuirthead
Béal an Átha – *Ballina*
Caisleán an Bharraigh – *Castlebar*
Cathair na Mart – *Westport*
Clár Chlainne Mhuiris – *Claremorris*
Tuar Mhic Éadaigh

Gaillimh – *Galway*
An Cheathrú Rua
An Clochán – *Clifden*
Baile Átha an Rí – *Athenry*
Béal Átha na Sluaighe – *Ballinasloe*
Carna
Cathair na Gaillimhe – *Galway City*
Cill Rónán
Cinn Mhara – *Kinvara*
Indreabhán
Na hOileáin Árann

Ros Comáin – *Roscommon*
An Caisleán Riabhach – *Castlerea*
Baile Ros Comáin – *Roscommon Town*
Bealach an Doirín– *Ballaghaderreen*
Mainistir na Búille – *Boyle*

Liatroim – *Leitrim*
Baile Liatroma – *Leitrim town*
Cora Droma Rúisc – *Carrick-on-Shannon*
Droim Seanbhó – *Drumshanbo*
Rúscaigh – *Roosky*

Cúige Laighean – *Leinster*

An Mhí – *Meath*
An Uaimh – *Navan*
Baile Átha Troim – *Trim*
Ceannanas – *Kells*
Dún Búinne – *Dunboyne*

An Longfort – *Longford*
Baile an Longfoirt – *Longford Town*
Baile Átha Liag – *Lanesborough*
Baile Uí Mhatháin – *Ballymahon*

Ceatharlach – *Carlow*
An Bhuiríos – *Borris*
An Tulach – *Tullow*
Baile Ceatharlach – *Carlow Town*
Muine Bheag – *Bagenalstown*

An Iarmhí – *Westmeath*
An Móta – *Moate*
An Muileann gCearr – *Mullingar*
Baile Átha Luain – *Athlone*
Cionn Átha Gad – *Kinnegad*
Droichead Chaisleán Loiste – *Rochfortbridge*

Cill Chainnigh – *Kilkenny*
Baile Héil – *Ballyhale*
Baile Mhic Andáin – *Thomastown*
Cathair Chill Chainnigh – *Kilkenny City*
Droichead Binéid – *Bennettsbridge*
Móin Choinn – *Mooncoin*

Baile Átha Cliath – *Dublin*
Áth an Ghainimh – *Sandyford*
Baile Bhlainséir – *Blanchardstown*
Binn Éadair – *Howth*
Cathair Bhaile Átha Cliath – *Dublin City*
Cearnóg Mhuirfean – *Merrion Square*
Cluain Dolcáin – *Clondalkin*
Dún Droma – *Dundrum*
Dún Laoghaire – *Dún Laoghaire*
Faiche Stiabhna – *St Stephen's Green*
Páirc an Fhionnuisce – *The Phoenix Park*
Seantrabh – *Santry*
Sráid Uí Chonaill – *O'Connell Street*
Sráid Grafton – *Grafton Street*
Tamhlacht – *Tallaght*

Loch Garman – *Wexford*
Baile Loch Garman – *Wexford Town*
Bunclóidí – *Bunclody*
Calafort Rosláir – *Rosslare Harbour*
Guaire – *Gorey*
Inis Córthaidh – *Enniscorthy*
Ros Mhic Thriúin – *New Ross*
Ros Láir – *Rosslare*

Laois – *Laois*
An Srádbhaile – *Stradbally*
Baile Briotáis – *Ballybrittas*
Cúil an tSúdaire – *Portarlington*
Darú – *Durrow*

Móinteach Mílic – *Mountmellick*
Portlaoise – *Portlaoise*
Rath Domhnaigh – *Rathdowney*
Tigh Mochua – *Timahoe*

Uíbh Fhailí – *Offaly*
Tulach Mhór – *Tullamore*
Biorra – *Birr*
Éadan Doire – *Edenderry*

Cill Mhantáin – *Wicklow*
Baile Chill Mhantáin – *Wicklow Town*
Baile Coimín – *Blessington*
Bré – *Bray*
Deilgne – *Delgany*
Na Clocha Liath – *Greystones*

Cill Dara – *Kildare*
An Nás – *Naas*
An Currach – *Curragh*
Baile Chill Dara – *Kildare Town*
Baile Átha Í – *Athy*
Droichead Nua – *Newbridge*
Maigh Nuad – *Maynooth*

Lú – *Louth*
Cairlinn – *Carlingford*
Droichead Átha – *Drogheda*
Dún Dealgan – *Dundalk*
Tearmann Feichín – *Termonfeckin*

Cúige Mumhan – *Munster*

Ciarraí – *Kerry*
An Daingean – *Dingle*
An Fearann Fuar – *Farranfore*
Baile an Bhuinnéanaigh – *Ballybunion*
Baile an Fheirtéaraigh
Baile an Sceilg
Ceann Trá
Cill Áirne – *Killarney*
Dún Chaoin
Lios Tuathail – *Listowel*
Na Blascaoid Mhór
Trá Lí – *Tralee*

Port Láirge – *Waterford*
An Pasáiste – *Passage West*
An Rinn
Ardmhór – *Ardmore*
Carraig na Siúire – *Carrick-on-Suir*
Cathair Phort Láirge – *Waterford City*
Dún Garbhán – *Dungarvan*
Trá Mhór – *Tramore*

Clár – *Clare*

An tSionainn – *Shannon*
Boirinn – *Burren*
Inis – *Ennis*
An Leacht – *Lahinch*
Lios Dúin Bhearna – *Lisdoonvarna*
Sráid na Cathrach – *Milltown Malbay*

Luimneach – *Limerick*

Áth Dara – *Adare*
An Caisleán Nua – *Newcastlewest*
Cathair Luimnigh – *Limerick City*
Eas Géitine – *Askeaton*
Faing – *Foynes*
Mainistir na Féile – *Abbeyfeale*
Tobar Phádraig – *Patrickswell*

Corcaigh – *Cork*

An Ráth – *Charleville*
An Sciobairín – *Skibbereen*
Baile Bhuirne

Cathair Chorcaí – *Cork City*

Ceann Toirc – *Kanturk*
Cionn tSáile – *Kinsale*
Cloich na Coillte – *Clonakilty*
Cóbh – *Cobh*
Eochaill – *Youghal*
Mainistir na Corann – *Midleton*
Mainistir Fhear Maí – *Fermoy*
Mala – *Mallow*
Rinn an Scidigh – *Ringaskiddy*

Tiobraid Árann – *Tipperary*

An tAonach – *Nenagh*
An Teampall Mór – *Templemore*
Baile an Fhirdhia – *Ardcrony*
Baile Átha Gabhann – *Silvermines*
Caiseal – *Cashel*
Cluain Meala – *Clonmel*
Durlas – *Thurles*
Roscré – *Roscrea*

Cúige Uladh – *Ulster*

Aontroim – *Antrim*

An Baile Méanach – *Ballymeena*
Baile Muine – *Ballymoney*
Béal Feirste – *Belfast*
Dún Padraig – *Downpatrick*

An Dún – *Down*

An tIúr – *Newry*
Baile Nua na hArda – *Newtownards*
Bainnchar – *Bangor*
Dún Pádraig – *Downpatrick*

Ard Mhacha – *Armagh*

An Lorgain – *Lurgan*
Cathair Ard Mhacha – *Armagh City*
Crois Mhic Lionnáin – *Crossmaglen*
Port an Dúnáin – *Portadown*

An Cabhán – *Cavan*

Baile an Chabháin – *Cavan Town*
Baile Shéamais Dhuibh – *Ballyjamesduff*
Coill an Chollaigh – *Bailieborough*
Dún an Rí – *Kingscourt*

Dún na nGall – *Donegal*

An Fál Carrach
Baile Dhún na nGall – *Donegal Town*
Buncranncha – *Buncrana*
Doirí Beaga
Gleann Cholm Cille
Gaoth Dobhair – *Gweedore*
Leitir Ceanainn – *Letterkenny*
Na Cealla Beaga – *Killybegs*
Na Gleannta – *Glenties*

Fear Manach – *Fermanagh*
Baile an Irbhinigh – *Irvinestown*
Béal Leice – *Belleek*
Inis Ceithleann – *Enniskillen*
Lios na Scéithe – *Lisnaskea*

Doire – *Derry*
Cúil Raithin – *Coleraine*
Léim an Mhadaidh – *Limavady*
Doire Cholm Cille – *Derry City*
Machaire Fíolta – *Magherafelt*

Tír Eoghain – *Tyrone*
An Chorr Chríochach – *Cookstown*
An Ómaigh – *Omagh*
Dún Geanainn – *Dungannon*
Oileán an Ghuail – *Coalisland*

Muineachán – *Monaghan*
Baile Muineacháin – *Monaghan Town*
Baile na Lorgan – *Castleblayney*
Carraig Mhachaire Rois – *Carrickmacross*
Cluain Eois – *Clones*

Páirtithe polaitíochta

Fianna Fáil
Fine Gael
Páirtí an Lucht Oibre – *The Labour Party*
An Pháirtí Daonlathach Sóisialta – *The Social Democratic Party*
Sinn Féin
An Comhaontas Glas – *Green Party*

Focail bhreise a bhaineann leis an bpolaitíocht

Buiséad – *budget*
Vótálaí – *voter*
Binsí Fiosrúcháin – *Tribunal*
Bunreacht – *Constitution*
Comhdháil – *convention*
Dáilcheantar – *constituency*
Uachtarán na hÉireann – *President of Ireland*

Ionadaíocht chionmhar – *proportional representation*
Príosúnaigh Pholaitíochta – *political prisoners*
Páirtí de chuid na heite deise – *right-wing parties*
Dílárú – *decentralisation*
Seicteachas – *sectarianism*
Teannas – *tension*
Toscaire – *delegate*
Toghchán – *election*
Idé-eolaíocht – *ideology*

Ainriail – *disorder*
Móramh – *majority*
Ainmniúchán – *nomination*
Comhrialtas – *coalition*
Daonlathas – *democracy*
Dáil Éireann – *Irish Parliament*
An dubh a chur ina gheal ar – *to put spin on something (political)*
Infheistíocht fhiúntach – *worthwhile investment*
Páirtí de chuid na heite clé – *left-wing party*
Teachta Dála – *Dáil deputy*
Sceimhlitheoirí – *terrorists*
Páirtí polaitíochta – *political party*
Teorainn – *border*
Tofa – *elected*
Tromlach tostach – *silent majority*
An tír a rialú – *to rule the country*

Eagraíochtaí agus imeachtaí na Gaeilge (*Irish-language organisations and events*)

An Cumann Gaelach	An tOireachtas	Comhaltas Ceoltóirí Éireann
Comhdháil Náisiúnta na Gaeilge	Conradh na Gaeilge	Daltaí na Gaeilge
Foras na Gaeilge	Gael-Linn	Glór na nGael
Oireachtas na Samhna	Raidió na Gaeltachta	Taibhdhearc na Gaillimhe
Raidió Teilifís Éireann (RTÉ)	Seachtain na Gaeilge	TG4
Údarás na Gaeltachta		

Coláistí tríú leibhéal (*third-level colleges*)

Coláiste na hOllscoile, Baile Átha Cliath – *University College Dublin*

Coláiste na hOllscoile, Corcaigh – *University College Cork*

Ollscoil na hÉireann, Gaillimh – *NUI Galway*

Ollscoil Luimnigh – *University of Limerick*

Coláiste na Tríonóide – *Trinity College Dublin*

Ollscoil Chathair Bhaile Átha Cliath – *Dublin City University*

Ollscoil Mhá Nuad – *Maynooth University*

Ollscoil Teicneolaíochta Bhaile Átha Cliath – *Technological University Dublin*

Na hinstitiúidí tríú leibhéal (*third-level institutes*)

Institiúid Teicneolaíochta Bhaile Átha Luain – *Athlone Institute of Technology*

Institiúid Teicneolaíochta Chorcaí – *Cork Institute of Technology*

Institiúid Teicneolaíochta Dhún Dealgan – *Dundalk Institute of Technology*

Institiúid Ealaíne, Deartha agus Teicneolaíochta Dhún Laoghaire – *Dún Laoghaire Institute of Art, Design and Technology*

Institiúid Teicneolaíochta na Gaillimhe-Maigh Eo – *Galway-Mayo Institute of Technology*

Institiúid Teicneolaíochta, Cheatharlach – *Institute of Technology, Carlow*

Institiúid Teicneolaíochta, Sligeach – *Institute of Technology, Sligo*

Institiúid Teicneolaíochta, Tamhlacht – *Institute of Technology, Tallaght*

Institiúid Teicneolaíochta, Trá Lí – *Institute of Technology, Tralee*

Institiúid Teicneolaíochta Leitir Ceanainn – *Letterkenny Institute of Technology*

Institiúid Teicneolaíochta Luimnigh – *Limerick Institute of Technology*

Institiúid Teicneolaíochta Phort Láirge – *Waterford Institute of Technology*

19 Trialacha Cluastuisceana 2019–14

Na Canúintí Éagsúla

Tá sé tábhachtach am a chaitheamh ag éisteacht agus ag foghlaim na ndifríochtaí idir na canúintí difriúla. Beidh trí mhórchanúint na Gaeilge le cloisteáil sa scrúdú Cluastuisceana.

Béarla	Cúige Mumhan	Cúige Chonnacht	Cúige Uladh
Able to	Ábalta	Ábalta	Ábalta
About	Faoi /Mar gheall / I dtaobh	Faoi /Mar gheall ar / I dtaobh	Fádúda
Anything	Faic	Tada	A dhath
Also	Leis	Freisin	Fosta
A rest	Sos	Sos	Scíste
Boy	Garsún	Gasúr	Garsúr
Come here	Tar anseo	Goile!	Goitse!
Difficult	Deacair	Deacair	Doiligh
Dog	Madra	Mada	Madú
Excellent	Go hiontach	Ar fheabhas	Thar cionn
Every	Gach aon	Chuile (gach uile)	Achan
Fast	Tapa	Sciobtha	Gasta
Forty	Daichead	Ceathracha	Daichead
For	Le haghaidh	Le haghaidh	Fá choinne
Henceforth	As seo amach	As seo amach	Feasta
Hospital	Ospidéal	Ospidéal	Otharlann
How	Conas?	Cén chaoi?	Cad é an dóigh? / Cén dóigh?

Béarla	Cúige Mumhan	Cúige Chonnacht	Cúige Uladh
How are you?	Conas atá tú?	Cén chaoi a bhfuil tú?	Cad é mar atá tú?
I can	Is féidir liom	Is féidir liom	Thiofcadh liom
Look	Féach	Breathnaigh	Amharc
Lovely	Álainn	Álainn	Galánta
New	Nua	Nua	Úr
OK	Cuíosach	Réasúnta	Measartha
Potato	Práta	Fata	Préata
See	Feiscint	Feiceáil	Feiceáil
Something	Rud éigin	Rud eicint	Rud inteacht
Suitable	Fóirstíneach	Feiliúnach	Oiriúnach
Table	Bord	Bord	Tábla
Wait a minute	Fan nóiméad	Fan nóiméad	Fan bomaite
Well	Muise	Go deimhin	Leoga
What?	Cad?	Céard?	Goidé? (cad é?)
Do you think?	Meas tú?	An gcepann tú?	An dóigh leat?
Where?	Cén áit?	Cén áit? / Cá háit?	Cén áit? / Cá háit?
Why?	Canathaobh?	Tuige? / Cén fáth?	Cad chuige? / Goidé an fáth?

Foclóir do Thriail Chluastuisceana 2019

Déan staidéar ar an bhfoclóir seo an oíche sula n-éisteann leis an triail chluastuisceana seo. Tá sé tábhachtach am a chaitheamh ag staidéar agus ag éisteacht leis na focail seo.

Cuid A

Fógra a haon (Canúint Uladh)

Fógra	*advert*
Comórtas amhrán	*singing competition*
Dírithe ar	*focused on*
Saghas ceoil	*type of music*
Na hiarrathóirí	*the applicants*
Amhrán a chumadh	*write a song*
Físeán a dhéanamh	*make a movie*
Le haghaidh na n-iontrálacha	*for applications*

Fógra a dó (Canúint Chonnacht)

Cumann na bhFeirmeoirí	*Irish Farmers' Association*
Cruinniú poiblí	*public meeting*
Plé	*discussion*
Tionchar	*influence*
Faoi uisce	*under water*
B'éigean do	*(they) had to*
Triomach millteanach	*terrible drought*
Fodair	*fodder*

Cuid B – Comhrá a haon

An Chéad Mhír (Canúint na Mumhan)

Tús an tsamhraidh	*the beginning of summer*
Post samhraidh	*summer job*
Siopa rothar	*bike shop*
Oibrí breise	*extra workers*
Ar cíos	*for rent*
Glasbhealach	*greenway*
Mórán eolais	*much information*
Leanann sé	*it follows*
Seanlíne an iarnróid	*the old train line*

An Dara Mír (Canúint na Mumhan)

A lán glasbhealaí	*a lot of greenways*
Trácht gluaisteán	*motor traffic*
Deis	*opportunity*
Borradh mór	*big growth*
Tithe lóistín	*accommodation*
I dtuairisc	*in a report*
Sa cháinaisnéis	*in the budget*
A fhorbairt	*to develop*
Ní mór dom	*I must*

Cuid B – Comhrá a dó

An Chéad Mhír (Canúint Chonnacht)

Comhghairdeas leat	*congratulations to you*
Torthaí iontacha	*excellent results*
Ollscoil	*university*
Dlí agus Gnó	*law and business*
Ag tnúth le	*looking forward to*
Costas ard	*high cost*
Faoin gcíos ard	*about the high rent*
Pacáiste eolais	*information pack*
Ag cuardach lóistín	*looking for lodgings*

An Dara Mír (Canúint Chonnacht)

Brú uafásach	*terrible pressure*
Scuainí an-fhada	*long queues*
Áit bhreá	*a lovely place*
An-luath	*very early*
Léachtaí	*lectures*
Ag freastal	*attending*
Mar is eol duit	*as you know*
Saol éasca	*an easy life*
Nóiméad saor	*a free minute*

Cuid C

Píosa a haon (Canúint Uladh)

Tógadh	*it was built*
Córas sábháilteachta	*safety system*
Ar chósta thuaidh	*the north coast*
Lasadh an solas	*the light was lit*
Ar an mbealach turasóireachta	*on the tourist way*
Slí an Atlantaigh Fhiáin	*the Wild Atlantic Way*
Clár turasóireachta	*tourist programme*
Léargas	*insight*
Taispeántais	*exhibitions*

Píosa a dó (Canúint na Mumhan)

Na sluaite	*the crowds*
I láthair	*present*
Foireann	*team*
Gaisce	*a feat*
Moladh painéal	*(the) panel was praised*
Aclaíocht	*athleticism*
Iomaíocht	*competition*
Gradam	*award*
Ócáid speisialta	*special occasion*

Triail Chluastuisceana 2019

Ardleibhéal
Cuid A

Cloisfidh tú *dhá* fhógra raidió sa chuid seo. Cloisfidh tú gach fógra díobh **faoi dhó**. Beidh sos ann leis na freagraí a scríobh tar éis na chéad éisteachta *agus* tar éis an dara héisteacht.

FÓGRA A hAON

1. (a) Cé a chuir amach an fógra seo?

    _____

    (b) Cé hiad na daoine óga a bhfuil an comórtas seo dírithe orthu?

    _____

2. Luaigh **dhá** rud a chaithfidh na hiarrthóirí a dhéanamh le cur isteach ar an gcomórtas seo.

    (i) _____

    (ii) _____

3. Cad é an dáta deireanach le haghaidh na n-iontrálacha?

    _____

FÓGRA A DÓ

1. (a) Cá mbeidh an cruinniú poiblí ar siúl oíche Dé Céadaoin seo chugainn?

    _____

    (b) Cén fáth arbh éigean do na feirmeoirí na hainmhithe a choiméad istigh san earrach?

    _____

2. Scríobh síos **rud amháin** a chuir isteach ar fhás an fhéir sa samhradh.

    _____

3. Cén imní mhór atá ar na feirmeoirí faoin ngeimhreadh seo?

    _____

Cuid B

Cloisfidh tú **dhá** chomhrá sa chuid seo. Cloisfidh tú gach comhrá díobh **faoi dhó**. Cloisfidh tú an comhrá ó thosach deireadh an chéad uair. Ansin cloisfidh tú ina **dhá** mhír é. Beidh sos ann leis na freagraí a scríobh tar éis gach míre díobh.

COMHRÁ A hAON

An Chéad Mhír

1. Cén fáth a raibh oibrí breise ag teastáil sa siopa rothar?

    _____

2. Scríobh síos **dhá phointe** eolais a luann Síle faoin nglasbhealach, Rian Glas na nDéise?

    (i)   _____

    (ii) _____

An Dara Mír

1. Luaigh **dhá** chúis a dtarraingíonn na glasbhealaí a lán cuairteoirí go dtí na ceantair ina bhfuil siad, dar le Síle?

    (i)   _____

    (ii) _____

2. Tabhair sampla **amháin** a léiríonn go raibh borradh mór faoi chúrsaí gnó i gceantar Dhún Garbhán an samhradh seo caite, dar le Síle.

    _____

3. Cad a rinne an rialtas le níos mó glasbhealaí a fhorbairt ar fud na tíre, de réir na tuairisce a léigh Cathal le déanaí?

    _____

COMHRÁ A DÓ

An Chéad Mhír

1. Cén cúrsa a dhéanfaidh Máirtín i gColáiste na Tríonóide?

    _____

2. Cén gearán a bhíonn ag daoine faoi chúrsaí lóistín i mBaile Átha Cliath, dar le Bríd?

    _____

3. Cá bhfuair Máirtín an pacáiste eolais faoi chúrsaí lóistín?

    _____

An Dara Mír

1. Scríobh síos an **dá** rud a léiríonn go raibh brú uafásach ag baint leis an gcuardach lóistín, dar le Máirtín.

    (i) _____

    (ii) _____

2. Cén fáth a mbeidh ar Mháirtín éirí an-luath ar maidin?

    _____

3. Cén obair a dhéanann Máirtín gach Satharn?

    _____

Cuid C

Cloisfidh tú *dhá* phíosa nuachta sa chuid seo. Cloisfidh tú gach píosa díobh **faoi dhó**. Beidh sos ann leis na freagraí a scríobh tar éis na chéad éisteachta *agus* tar éis an dara héisteacht.

PÍOSA A hAON

1. (a) Cén fáth ar tógadh Teach Solais Fhánada i dTuaisceart Dhún na nGall?

    _____

    (b) Cén bealach turasóireachta ar a bhfuil Teach Solais Fhánada suite?

    _____

2. Cé mhéad teach solais atá ar oscailt do thurasóirí anois mar chuid den chlár turasóireachta, Tithe Solais Móra na hÉireann?

    _____

3. Cad iad na gnéithe de shaol an cheantair a bhfuil léargas le fáil orthu sna taispeántais in Ionad na gCuairteoirí?

    _____

PÍOSA A DÓ

1. Cad a bhí ar siúl i bPáirc an Chrócaigh ar an dara lá de mhí Mheán Fómhair anuraidh?

    _____

2. Cén gaisce a rinne foireann Bhaile Átha Cliath an lá sin?

    _____

3. Luaigh cúis **amháin** ar moladh painéal imreoirí Bhaile Átha Cliath?

    _____

Gnáthleibhéal

Cuid A

Cloisfidh tú *dhá* fhógra raidió sa chuid seo. Cloisfidh tú gach fógra díobh **faoi dhó**. Beidh sos ann leis na freagraí a scríobh tar éis na chéad éisteachta *agus* tar éis an dara héisteacht.

FÓGRA A hAON

Líon isteach an t-eolas atá á lorg sa ghreille anseo.

Cathain a bheidh an comórtas ar siúl?	
Cad atá le bheith san fhíseán?	
Cén duais a gheobhaidh an buaiteoir?	
Cad é an seoladh ríomhphoist chun gach eolas faoin gcomórtas a fháil?	

FÓGRA A DÓ

I.   **(a)**   Cá bhfuil Óstán na Trá?

_____

     (b)   Cén t-am a thosóidh an cruinniú seo?

_____

2.   **(a)**   Cén sórt aimsire a bhí ann san earrach?

_____

     (b)   Cén duine ó Chumann na bhFeirmeoirí a dhéanfaidh an chaint speisialta ag an gcruinniú?

_____

Cuid B

Cloisfidh tú *dhá* chomhrá sa chuid seo. Cloisfidh tú gach comhrá díobh **faoi dhó**. Cloisfidh tú an comhrá ó thosach deireadh an chéad uair. Ansin cloisfidh tú ina *dhá* mhír é. Beidh sos ann leis na freagraí a scríobh tar éis gach míre díobh.

COMHRÁ A hAON

An Chéad Mhír

I.   Cén áit i nDún Garbhán a raibh Síle ag obair sa samhradh?

_____

2.   Cé mhéad ciliméadar ar fad atá an glasbhealach, Rian Glas na nDéise?

_____

An Dara Mír

1.   Cén fáth a bhfuil sé sábháilte a bheith ag siúl agus ag rothaíocht ar na glasbhealaí, dar le Síle?

2.   Cad a chuir an rialtas ar fáil sa cháinaisnéis chun níos mó glasbhealaí a fhorbairt ar fud na tíre?

COMHRÁ A DÓ

An Chéad Mhír

1.   Cé mhéad pointe a fuair Máirtín san Ardteistiméireacht?

2.   Cén fáth ar chaith Máirtín agus a thuismitheoirí dhá lá i mBaile Átha Cliath?

An Dara Mír

1.   Conas a rachaidh Máirtín go dtí an ollscoil gach maidin?

2.   Cad a bhíonn á mhúineadh ag Máirtín gach Satharn?

Cuid C

Cloisfidh tú *dhá* phíosa nuachta sa chuid seo. Cloisfidh tú gach píosa díobh **faoi dhó**. Beidh sos ann leis na freagraí a scríobh tar éis na chéad éisteachta agus tar éis an dara héisteacht.

PÍOSA A hAON

1.   Cén lá sa bhliain 1817 a lasadh an solas den chéad uair i dTeach Solais Fhánada?

2.   Luaigh rud **amháin** a bhfuil léargas le fáil air sna taispeántais in Ionad na gCuairteoirí.

PÍOSA A DÓ

1.   Cén dáta a bhí Cluiche Ceannais na hÉireann sa pheil ar siúl anuraidh?

2.   Cén gradam a bronnadh ar an imreoir lár páirce, Brian Fenton, ag ócáid speisialta i mBaile Átha Cliath?

Foclóir do Thriail Chluastuisceana 2018

Déan staidéar ar an bhfoclóir seo an oíche sula n-éisteann tú leis an triail chluastuisceana seo. Tá sé tábhachtach am a chaitheamh ag staidéar agus ag éisteacht leis na focail seo.

Cuid A

Fógra a haon (Canúint Uladh)

Roinn	department
Oíche Chultúir	Culture Night
Eagrófar	will be organised
Ó cheann ceann na tíre	from all over the country
Saibhreas cultúrtha	cultural wealth
A bhlaiseadh	to taste/try
Léachtlann	lecture theatre
Cuirfear deireadh leis	it will end

Fógra a dó (Canúint Chonnacht)

Dráma na Nollag	Christmas play
Ionad pobail	public centre
Tabharfar	it will be given
A bhaileofar	that will be gathered
A lán damáiste	a lot of damage
Séideadh	it was blown
Díon	roof
Obair dheisiúchán	repairs

Cuid B – Comhrá a haon

An Chéad Mhír (Canúint na Mumhan)

Tá deifir orm	I'm in a hurry
i mo bhall	I'm a member of
Lámh chúnta	a helping hand
Gradam le bronnadh	presentation of an award
An tAire Leanaí agus Gnóthaí Óige	The Minister for Children and Youth Affairs
Thuill sibh	you (plural) earned
Aidhm	aim
Ag plé	discussing
Áras na seandaoine	elderly people's home
Bhídís	they used to be

An Dara Mír (Canúint na Mumhan)

Craobh áitiúil	local branch
Daoine gan dídean	homeless people
Lámh chúnta	helping hand
Aoichainteoir	guest speaker
Cúiseanna	causes
Saghas saoil	type of life
Ionad lae	day centre
Ag ullmhú beartáin bhia	preparing food packages
I gcás na scoláirí	in the students' case
Ní neart go cur le chéile	there is strength in unity
Brostú	hurry

Cuid B – Comhrá a dó

An Chéad Mhír (Canúint na Mumhan)

Oileán Acla	*Achill Island*
Cluichí Gaelacha	*Irish games*
Ball	*member*
Náisiún na hÉireann	*Irish nation*
Cuid de mo chroí	*part of my heart*
Féile ilchultúrtha	*multicultural festival*
Nósanna maireachtála	*ways of living*
Pobail éagsúla	*different people*

An Dara Mír (Canúint na Mumhan)

Ionad Comhdhála	*Convention Centre*
Searmanas	*ceremony*
Saoránacht	*citizenship*
Ag tnúth leis	*looking forward to it*
Vársá	*Warsaw*
Siúinéir	*carpenter*
Tuarastal maith	*good salary*
Deiscanna fostaíochta	*employment opportunities*
Borradh	*growth*
Tionscal na tógála	*building industry*

Cuid C

Píosa a haon (Canúint Uladh)

Ollscoil Chathair Bhaile Átha Cliath	*Dublin City University*
Ainmníodh	*were named*
Foirgneamh	*building*
Campas	*campus*
Aitheantas	*recognition*
Ar imirce	*immigrated*
Comhlachtaí ríomhaireachta	*computer companies*
Ríomhchláraitheoir	*programmer*
Ríomhaire digiteach leictreonach	*digital electric computer*

Píosa a dó (Canúint Chonnacht)

Bronnadh	*bestowed*
Gaeilge Ghairmiúil	*vocational Irish*
Ócáid speisialta	*special occasion*
Ardmhéara	*Lord Mayor*
Deis dó	*an opportunity for him*
Ceachtanna ar-líne	*online classes/ exercises*
Scrúdú cainte	*oral exam*
An Coimisinéir Teanga	*the Language Commissioner*
Na teastais	*the certificates*

Triail Chluastuisceana 2018

Ardleibhéal

Cuid A

Cloisfidh tú **dhá** fhógra raidió sa chuid seo. Cloisfidh tú gach fógra díobh **faoi dhó**. Beidh sos ann leis na freagraí a scríobh tar éis na chéad éisteachta **agus** tar éis an dara héisteacht.

FÓGRA A hAON

I.   **(a)**   Cén dáta a bheidh Oíche Chultúir na bliana seo ar siúl?

_____

     (b)   Cén deis a thugann an Oíche Chultúir do phobal na hÉireann?

_____

2.   **(a)**   Scríobh síos **pointe** amháin eolais faoin gceolchoirm mhór a bheidh ar siúl san ionad cultúir i mBaile na hInse.

_____

     (b)   Cé hé Liam de Brún?

_____

3.   Conas a chuirfear deireadh leis na himeachtaí?

_____

FÓGRA A DÓ

I.   **(a)**   Cén cumann drámaíochta a chuirfidh dráma na Nollag ar stáitse?

_____

     (b)   Cén t-am a thosóidh an dráma gach oíche?

_____

2.   Cén damáiste a rinneadh don bhunscoil le linn na stoirme?

_____

3.   Cad a thosaigh Dé Luain seo caite?

_____

Cuid B

Cloisfidh tú *dhá* chomhrá sa chuid seo. Cloisfidh tú gach comhrá díobh **faoi dhó**. Cloisfidh tú an comhrá ó thosach deireadh an chéad uair. Ansin cloisfidh tú ina *dhá* mhír é. Beidh sos ann leis na freagraí a scríobh tar éis gach míre díobh.

COMHRÁ A hAON

An Chéad Mhír

1. **(a)** Tá Órla ina ball de ghrúpa scoile áirithe. Cén t-ainm atá ar an ngrúpa scoile sin?

   _____

   (b) Cé a bhronnfaidh an gradam ar an ngrúpa scoile sin anocht?

   _____

2. Scríobh síos an **dá** aidhm a bhí ag an ngrúpa scoile sin?

   (i) _____

   (ii) _____

An Dara Mír

1. Scríobh síos pointe **amháin** eolais a luaigh an t-aoichaointeoir ó Focus Ireland leis na scoláirí.

   _____

2. Cén obair a dhéanann Órla agus na scoláirí eile san ionad lae gach Satharn?

   _____

3. Cén seanfhocal atá fíor i gcás na scoláirí i scoil Órla, dar le Tomás?

   _____

COMHRÁ A DÓ

An Chéad Mhír

1. **(a)** Cén áit i mBaile Átha Cliath a raibh an searmanas speisialta ar siúl?

   _____

   (b) Cad a bronnadh ar Jakub agus ar a theaghlach ag an searmanas speisialta sin?

   _____

2. Cén fáth ar shocraigh tuismitheoirí Jakub teacht go hÉirinn, dar leis féin?

   _____

3. Cén fáth a bhfuil go leor deiseanna fostaíochta ann do shiúinéirí in Éirinn na laethanta seo, dar le Sorcha?

   _____

An Dara Mír

1. Cá raibh an coláiste samhraidh inar chaith Jakub trí seachtaine i mí lúil seo caite?

    _____

2. Cad a bheidh ar siúl i halla an bhaile Dé Domhnaigh seo chugainn?

    _____

3. Cén t-eolas a gheobhaidh Sorcha ag an ócáid sin i halla an bhaile?

    _____

Cuid C

Cloisfidh tú **dhá** phíosa nuachta sa chuid seo. Cloisfidh tú gach píosa díobh **faoi dhó**. Beidh sos ann leis na freagraí a scríobh tar éis na chéad éisteachta agus tar éis an dara héisteacht.

PÍOSA A hAON

1. **(a)** Cén ollscoil a thug onóir speisialta do bhean as Gaeltacht Thír Chonaill anuraidh?

    _____

    (b) Cén foirgneamh ar champas na hollscoile a ainmníodh i gcuimhne ar Chaitlín Nic an Ultaigh?

    _____

2. Cad a rinne Caitlín agus a muintir nuair a bhí sí trí bliana d'aois?

    _____

3. Conas a bhain Caitlín cáil amach sa bhliain 1946?

    _____

PÍOSA A DÓ

1. Cad a bronnadh ar an Taoiseach, Leo Varadkar, ag an ócáid speisialta i dTeach an Ardmhéara?

    _____

2. Cén deis a thug an cúrsa seo do Leo Varadkar?

    _____

3. Cén post atá ag Rónán Ó Domhnaill?

    _____

Gnáthleibhéal

CD 2
Rian
9–15

Cuid A

Cloisfidh tú *dhá* fhógra raidió sa chuid seo. Cloisfidh tú gach fógra díobh **faoi dhó**. Beidh sos ann leis na freagraí a scríobh tar éis na chéad éisteachta *agus* tar éis an dara héisteacht.

FÓGRA A hAON

Líon isteach an t-eolas atá á lorg sa ghreille anseo.

Cén lá a bheidh Oíche Chultúir na bliana seo ar siúl?	
Cén t-am a thosóidh an cheolchoirm mhór?	
Scríobh síos rud amháin a bheidh ar siúl le linn na ceolchoirme.	
Cad a bheidh ar siúl ag Liam de Brún sa léachtlann?	

FÓGRA A DÓ

1. **(a)** Cad a bheidh ar siúl san ionad pobail ar feadh ceithre oíche?

    _____

    (b) Cad a dhéanfar leis an airgead ar fad a bhaileofar?

    _____

2. **(a)** Cad a rinne a lán damáiste sa cheantar le déanaí?

    _____

    (b) Cé mhéad a chosnóidh an obair dheisiúcháin?

    _____

Cuid B

Cloisfidh tú *dhá* chomhrá sa chuid seo. Cloisfidh tú gach comhrá díobh **faoi dhó**. Cloisfidh tú an comhrá ó thosach deireadh an chéad uair. Ansin cloisfidh tú ina *dhá* mhír é. Beidh sos ann leis na freagraí a scríobh tar éis gach míre díobh.

COMHRÁ A hAON

An Chéad Mhír

1. Cá mbeidh an ócáid speisialta ar siúl anocht?

    _____

2. Scríobh síos rud **amháin** a bhíodh ar siúl ag na scoláirí in Áras na Seandaoine.

_____

An Dara Mír

1. Cad a bhí ar siúl sa scoil i mí an Mhárta?

_____

2. Cá fhad a chaitheann an grúpa scoláirí ag obair san ionad lae gach Satharn?

_____

COMHRÁ A DÓ

An Chéad Mhír

1. Cén bhliain a tháinig Jakub agus a theaghlach go hÉirinn?

_____

2. Cén post atá ag máthair Jakub?

_____

An Dara Mír

1. Cén spórt a imríonn Jakub le foireann na sinsear ar scoil?

_____

2. Cathain a bheidh an Fhéile Ilchultúrtha ar siúl?

_____

Cuid C

Cloisfidh tú _dhá_ phíosa nuachta sa chuid seo. Cloisfidh tú gach píosa díobh **faoi dhó**. Beidh sos ann leis na freagraí a scríobh tar éis na chéad éisteachta agus tar éis an dara héisteacht.

PÍOSA A hAON

1. Cén bhliain a rugadh Caitlín Nic an Ultaigh?

_____

2. Cá ndeachaigh Caitlín agus a muintir ar imirce nuair a bhí sí trí bliana d'aois?

_____

PÍOSA A DÓ

1. Cén dáta a bhí an ócáid speisialta seo ar siúl?

_____

2. Cad a bhí le déanamh ag Leo Varadkar ag deireadh an chúrsa?

_____

Foclóir do Thriail Chluastuisceana 2017

Déan staidéar ar an bhfoclóir seo an oíche sula n-éisteann tú leis an triail chluastuisceana seo. Tá sé tábhachtach am a chaitheamh ag staidéar agus ag éisteacht leis na focail seo.

Cuid A

Fógra a haon (Canúint Chonnacht)

Oifigeach Gaeilge	*Irish officer*
A cheapfar	*that will be appointed*
Dualgais	*duties*
Cáilíochtaí	*qualifications*
Riachtanach	*necessary*
Teastas	*certificate*
Scileanna maithe	*good skills*
Turastal	*salary*
Iarratais	*applications*

Fógra a dó (Canúint na Mumhan)

Múinteoirí corpoideachas	*physical education teachers*
Halla na pobalscoile	*the hall of the community school*
Na himeachtaí	*the events*
Láithreoir	*presenter*
Lá eolais	*information day*
Nósanna slántiúla itheacháin	*ways of eating healthily*
Aclaíocht	*activity*
Bróga reatha	*running shoes*
Clárú	*register*

Cuid B – Comhrá a haon

An Chéad Mhír (Canúint Uladh)

Cuma shásta	*appear to be happy*
Scrúdú tíreolaíochta	*geography exam*
Bille teileafóin	*telephone bill*
Tábla	*table*
Rud éigin cearr	*something wrong*
Comhlachtaí teileafóin	*telephone companies*
Plean míosúil	*monthly plan*
Níor chloígh tú	*you did not stick to*
Go mion	*carefully*

An Dara Mír (Canúint Uladh)

Láithreach	*straight away*
An iomarca ama	*too much time*
Meáin shóisialta	*social media*
Coinneáil suas leis	*to keep up with*
Gléas iontach	*excellent instrument*
Costas ard	*high cost*
An t-aos óg	*young people*
Feasta	*from now on*
I bponc	*in a fix*
Iasacht	*loan*
Ceacht foghlamtha	*lesson learned*

Cuid B – Comhrá a dó

An Chéad Mhír (Canúint na Mumhan)

Sa Bhruiséil	*in Brussels*
An tAontas Eorpach	*the European Union*
Aistritheoir	*translator*
Aistriú cáipéisí dlí	*translating law documents*
Ionsaithe sceimhlitheoireachta	*terrorist attacks*
Phléasc buamaí	*bombs exploded*
Sábháilte	*safe*
Post buan	*permanent job*
Eitilt abhaile	*flight home*

An Dara Mír (Canúint na Mumhan)

Ró-iontach	*(not) too good*
Theastaigh uaim	*I wanted*
Chuardaigh mé	*I searched for*
Geilleagar	*economy*
Campa iománaíochta	*hurling camp*
Níor thuill mé	*I didn't earn*
Taithí	*experience*
Maith thú	*well done*
Ar deireadh	*in the end*

Cuid C

Píosa a haon (Canúint Chonnacht)

Compántas drámaíochta	*drama association*
Aidhm	*aim*
Bealach taitneamhach	*enjoyable way*
A gcuid léirithe	*their shows*
Teicnící drámaíochta	*drama techniques*
Puipéid	*puppets*
Maisc	*masks*
Fuaimeanna	*sounds*
Suíomh Idirlín	*website*

Píosa a dó (Canúint Chonnacht)

An t-imreoir sacair	*soccer player*
Foireann idirnáisiúnta	*international team*
Ag imirt sacair	*playing soccer*
Clubanna éagsúla	*different clubs*
Gaiscí	*achievements*
In Albain	*in Scotland*
Is mó	*largest*
Ráite	*said*
Cóitseálaí	*coach*

Triail Chluastuisceana 2017

Ardleibhéal

Cuid A

Cloisfidh tú **dhá** fhógra raidió sa chuid seo. Cloisfidh tú gach fógra díobh **faoi dhó**. Beidh sos ann leis na freagraí a scríobh tar éis na chéad éisteachta **agus** tar éis an dara héisteacht.

FÓGRA A hAON

1. **(a)** Cad atá á lorg ag Foras na Gaeilge do Chúige Laighean?

   _____

   (b) Cén dualgas a bheidh ar an duine a cheapfar?

   _____

2. Scríobh síos **dhá** cháilíocht nár mhór a bheith ag an duine a cheapfar.

   (i) _____

   (ii) _____

3. Cad é an dáta deireanach le haghaidh iarratas?

   _____

FÓGRA A DÓ

1. **(a)** Beidh lá eolais do scoláirí na hArdteistiméireachta ar siúl Dé Sathairn seo chugainn. Scríobh síos téama an lae seo.

   _____

   (b) Luaigh pointe **amháin** eolais faoi Mháire Treasa Ní Dhubhghaill.

   _____

2. Scríobh síos ceann **amháin** de na hábhair chainte a bheidh ag na múinteoirí corpoideachais.

   _____

3. Conas is féidir clárú don lá eolais seo?

   _____

Cuid B

Cloisfidh tú **dhá** chomhrá sa chuid seo. Cloisfidh tú gach comhrá díobh **faoi dhó**. Cloisfidh tú an comhrá ó thosach deireadh an chéad uair. Ansin cloisfidh tú ina **dhá** mhír é. Beidh sos ann leis na freagraí a scríobh tar éis gach míre díobh.

COMHRÁ A hAON

An Chéad Mhír

1. Luaigh **dhá** chúis a bhfuil Seán an-sásta.

    (i) _____

    (ii) _____

2. Cad a deir máthair Sheáin faoi na comhlachtaí teileafóin?

    _____

3. Cén míniú simplí atá ag máthair Sheáin ar an bhfadhb atá aige?

    _____

An Dara Mír

1. Cad is breá le Seán a dhéanamh?

    _____

2. Cén seanfhocal atá fíor, dar le máthair Sheáin?

    _____

3. Cad atá á iarraidh ag Seán ar a mháthair?

    _____

COMHRÁ A DÓ

An Chéad Mhír

1. (a) Cé leis a bhfuil deirfiúr Áine ag obair sa Bhruiséil?

    _____

    (b) Luaigh pointe **amháin** eolais faoin obair a dhéanann deirfiúr Áine.

    _____

2. Luaigh cúis **amháin** nach cathair shábháilte í an Bhruiséil, dar le hOisín.

    _____

3. Scríobh síos cúis **amháin** a bhfanfaidh a deirfiúr sa Bhruiséil, dar le hÁine.

    _____

An Dara Mír

1. Cén fáth a raibh díomá ar Oisín i dtús an tsamhraidh?

   _____

2. Cad a bhíonn á rá ag na polaiteoirí, dar le hÁine?

   _____

3. Cad ba mhaith le hOisín a dhéanamh tar éis na hArdteistiméireachta?

   _____

Cuid C

Cloisfidh tú *dhá* phíosa nuachta sa chuid seo. Cloisfidh tú gach píosa díobh **faoi dhó**. Beidh sos ann leis na freagraí a scríobh tar éis na chéad éisteachta *agus* tar éis an dara héisteacht.

PÍOSA A hAON

1. **(a)** Cén aidhm atá ag an gcompántas drámaíochta, Fíbín?

   _____

   (b) Cá bhfuil oifigí ag an gcompántas drámaíochta, Fíbín?

   _____

2. Cá bhfios dúinn go bhfuil ag éirí go maith leis an gcompántas drámaíochta, Fíbín?

   _____

3. Luaigh rud **amháin** atá le fáil ar shuíomh idirlín an chompántais.

   _____

PÍOSA A DÓ

1. Cad a rinne Robbie Keane nuair a bhí sé cúig bliana déag d'aois?

   _____

2. Scríobh síos an gaisce is mó a rinne Robbie agus é ag imirt ar fhoireann idirnáisiúnta na hÉireann.

   _____

3. Cad ba mhaith le Robbie Keane a dhéanamh amach anseo?

   _____

Gnáthleibhéal

Cuid A

Cloisfidh tú **dhá** fhógra raidió sa chuid seo. Cloisfidh tú gach fógra díobh **faoi dhó**. Beidh sos ann leis na freagraí a scríobh tar éis na chéad éisteachta **agus** tar éis an dara héisteacht.

FÓGRA A hAON

Líon isteach an t-eolas atá á lorg sa ghreille anseo.

Cá mbeidh oifig ag an duine a cheapfar?	
Cén saghas Gaeilge atá riachtanach don phost seo?	
Cén tuarastal a gheobhaidh an duine a cheapfar?	
Cá bhfuil gach eolas faoin bpost seo le fáil?	

FÓGRA A DÓ

1. **(a)** Cén áit i dTrá Lí a mbeidh an lá eolais seo ar siúl?

   _____

   (b) Cén t-am a thosóidh na himeachtaí?

   _____

2. **(a)** Cé a bheidh ag caint ar maidin?

   _____

   (b) Cad is ceart a thabhairt leat?

   _____

Cuid B

Cloisfidh tú **dhá** chomhrá sa chuid seo. Cloisfidh tú gach comhrá díobh **faoi dhó**. Cloisfidh tú an comhrá ó thosach deireadh an chéad uair. Ansin cloisfidh tú ina **dhá** mhír é. Beidh sos ann leis na freagraí a scríobh tar éis gach míre díobh.

COMHRÁ A hAON

An Chéad Mhír

1. Cén scrúdú a bhí ag Seán ar maidin?

   _____

2. Cad atá ar an tábla do Sheán?

   _____

An Dara Mír

1. Cad air a gcaitheann Seán an iomarca ama, dar lena mháthair?

2. Cé mhéad airgid a thabharfaidh a mháthair do Sheán?

COMHRÁ A DÓ

An Chéad Mhír

1. Cén duine a raibh Áine ag fanacht leis sa Bhruiséil?

2. Cén fáth nár mhaith le hOisín dul go dtí an Bhruiséil na laethanta seo?

An Dara Mír

1. Cár chuardaigh Oisín post samhraidh?

2. Cad a bhí ar siúl sa chlub áitiúil?

Cuid C

Cloisfidh tú *dhá* phíosa nuachta sa chuid seo. Cloisfidh tú gach píosa díobh **faoi dhó**. Beidh sos ann leis na freagraí a scríobh tar éis na chéad éisteachta *agus* tar éis an dara héisteacht.

PÍOSA A hAON

1. Cathain a bunaíodh an compántas drámaíochta, Fibín?

2. Scríobh síos ceann **amháin** de na teicnící drámaíochta a úsáideann Fíbín ina gcuid léirithe.

PÍOSA A DÓ

1. Cathain a d'éirigh Robbie Keane as a bheith ag imirt ar fhoireann idirnáisiúnta na hÉireann?

2. Cé mhéad bliain a chaith Robbie Keane ag imirt ar fhoireann idirnáisiúnta na hÉireann?

Foclóir do Thriail Chluastuisceana 2016

Déan staidéar ar an bhfoclóir seo an oíche sula n-éisteann tú leis an triail chluastuisceana seo. Tá sé tábhachtach am a chaitheamh ag staidéar agus ag éisteacht leis na focail seo.

Cuid A

Fógra a haon (Canúint Uladh)

Eagraíocht	*organisation*
Lá speisialta	*special day*
Scoláirí dara leibhéal	*second level students*
A chlárú	*to register*
Dúshlán	*challenge*
Oifig	*office*
Táille	*fee*
A bhaileofar	*that will be collected*
Imeachtaí culturtha	*cultural events*
Ar fud na tíre	*around the country*
Deifir	*hurry*

Fógra a dó (Canúint Chonnacht)

Fógra	*advert*
Ollscoil na hÉireann, Gaillimh	*NUI Galway*
Tionscal	*industry*
Meáin chumarsáide	*media*
Cúrsa céime	*degree course*
Cumarsáid	*communication*
Múinfear	*will be taught*
Scileanna craoltóireachta	*broadcasting skills*
Iriseoireacht	*journalism*
Deis	*opportunity*
I mbun taithí oibre	*doing work experience*

Cuid B – Comhrá a haon

An Chéad Mhír (Canúint na Mumhan)

Tamall	*for a while*
Scrúduithe an tsamhraidh	*summer exams*
An-deacair	*very difficult*
Aiféala	*regret*
Go leor staidéir	*a lot of study*
Dhá bhuntáiste	*two advantages*
Idirbhliain	*transition year*
Clár leathan oideachais	*wide programme of education*
Béim	*emphasis*
Forbairt phearsanta	*personal development*
Turas	*trip*
Ionad eachtraíochta	*adventure centre*

An Dara Mír (Canúint na Mumhan)

Cén chuimhne?	*what memory?*
Coicís	*two weeks*
Daichead	*forty*
Fondúireacht	*foundation*
Airgead a bhailiú	*to collect money*
Feachtas	*campaign*
Bhailíomar	*we collected*
Gaisce	*achievement*
Díolacháin cístí	*cake sales*
Páirteach	*a party to*
Cad a ceannaíodh?	*what was bought?*
Trealamh spóirt	*sports equipment*
Bréagáin	*toys*
Ródhéanach	*too late*

Cuid B – Comhrá a dó

An Chéad Mhír (Canúint Chonnacht)

Glaoch	*call*
Thíos	*below*
Club rugbaí	*rugby club*
Ag traenáil	*training*
Cluiche craoibhe	*final match*
Faoi naoi déag	*under 19*
An-neirbhíseach	*very nervous*
Scread	*scream*
Corn an Domhain	*World Cup*
Lucht leanúna	*supporters*
Náisiún	*nation*
Bua	*win*

An Dara Mír (Canúint Chonnacht)

Dóchas	*hope*
Go mbuafaidís	*that they would win*
Ar an drochuair	*unfortunately*
Throid siad	*they fought*
Imreoirí na hAirgintíne	*Argentinian players*
An-tapaidh	*very fast*
Drochthús	*bad start*
Dhá úd	*two tries*
Faoi mhíbhuntáiste	*disadvantaged*
Ar fionraí	*suspended*
Laoch	*hero*
Céim oinigh	*honorary degree*
Innealtóireacht ríomhaireachta	*computer engineering*
Gairmiúil	*professionally*
Ambasadóir	*ambassador*

Cuid C

Píosa a haon (Canúint Uladh)

Cheadaigh	*allowed*
Deontas airgid	*money grant*
Amhránaithe	*singers*
Paróiste	*parish*
Beocht nua	*new life*
Comharchumann áitiúil	*local society*
Gnóthach	*busy*
Físeán	*video*
Sheol	*launched*
Dlúthdhiosca	*CD*

Píosa a dó (Canúint na Mumhan)

Bás	*death*
Blascaod Mór	*the main Blasket Island*
Tar éis tamaill	*after a while*
Bhog sé	*he moved*
An chuid eile	*the rest*
Dá shaol	*of his life*
A chúl	*his back*
Lena mhuintir	*to his people*
Feachtas	*campaign*
Ionad cuairteoirí	*visitor centre*
Litríocht na n-oileánach	*literature of the islanders*
Taispeántais	*viewings*
Baint mhór	*strong connection*

Triail Chluastuisceana 2016

Ardleibhéal

Cuid A

Cloisfidh tú *dhá* fhógra raidió sa chuid seo. Cloisfidh tú gach fógra díobh **faoi dhó**. Beidh sos ann leis na freagraí a scríobh tar éis na chéad éisteachta *agus* tar éis an dara héisteacht.

FÓGRA A hAON

1. (a) Cén eagraíocht a chuir an fógra seo amach?

   _____

   (b) Cén dáta a bheidh an lá speisialta seo ar siúl?

   _____

2. (a) Cad is aidhm leis an lá seo do scoláirí dara leibhéal?

   _____

   (b) Cén táille a bheidh le híoc ag gach scoláire?

   _____

3. Cén úsáid a bhainfear as an airgead a bhaileofar?

   _____

FÓGRA A DÓ

1. (a) Cén cúrsa céime atá luaite san fhógra?

   _____

   (b) Cá bhfuil Acadamh na hOllscolaíochta suite?

   _____

2. Scríobh síos an **dá** scil a mhúinfear i rith an chúrsa.

   (i) _____

   (ii) _____

Cuid B

Cloisfidh tú *dhá* chomhrá sa chuid seo. Cloisfidh tú gach comhrá díobh **faoi dhó**. Cloisfidh tú an comhrá ó thosach deireadh an chéad uair. Ansin cloisfidh tú ina *dhá* mhír é. Beidh sos ann leis na freagraí a scríobh tar éis gach míre díobh.

COMHRÁ A hAON

An Chéad Mhír

1. Cén fáth a bhfuil aiféala ar Sheán anois i ndiaidh na scrúduithe?

   _____

2. Luaigh an **dá** bhuntáiste a bhaineann leis an Idirbhliain, dar le Clíona.

   (i) _____

   (ii) _____

3. Cá fhad a chaith Clíona sa Ghaeltacht i mBaile Bhuirne?

   _____

An Dara Mír

1. Cén chuimhne is mó atá ag Clíona ar an Idirbhliain?

   _____

2. Bhí feachtas bailithe airgid ar siúl i scoil Chlíona. Cé mhéad airgid a bailíodh?

   _____

3. Scríobh síos ceann **amháin** de na himeachtaí a eagraíodh i scoil Chlíona chun airgead a bhailiú.

   _____

COMHRÁ A DÓ

An Chéad Mhír

1. Cad a bhí ar siúl ag Máire ag an gclub rugbaí aréir?

   _____

2. Cén fáth a raibh Máire an-neirbhíseach?

   _____

3. Bhí comórtas Chorn an Domhain sa rugbaí go hiontach, dar le Liam. Tabhair **dhá** chúis lena thuairim.

   (i) _____

   (ii) _____

An Dara Mír

1. Scríobh síos **dhá** chúis nach raibh imreoirí na hÉireann go léir ar fáil don chluiche i gcoinne na hAirgintíne, dar le Máire.

   (i) _____

   (ii) _____

2. Cén chéim a thosaigh Paul O'Connell in Ollscoil Luimnigh?

   _____

Cuid C

Cloisfidh tú **dhá** phíosa nuachta sa chuid seo. Cloisfidh tú gach píosa díobh **faoi dhó**. Beidh sos ann leis na freagraí a scríobh tar éis na chéad éisteachta **agus** tar éis an dara héisteacht.

PÍOSA A hAON

1. Cad a cheadaigh Aire Stáit na Gaeltachta don ghrúpa, An Crann Óg?

   _____

2. Cén fáth ar chuir an comharchumann áitiúil campa samhraidh ar siúl do dhaoine óga?

   _____

3. Luaigh **dhá** phointe eolais faoin mbliain ghnóthach a bhí ag an ngrúpa seo sa bhliain 2015.

   (i) _____

   (ii) _____

PÍOSA A DÓ

1. Cár rugadh Micheál Ó Cearna?

   _____

2. Cén fáth ar moladh Micheál Ó Cearna nuair a fuair sé bás?

   _____

3. Luaigh gné **amháin** de shaol na n-oileánach atá le feiceáil sna taispeántais san ionad seo.

   _____

Gnáthleibhéal

Cuid A

Cloisfidh tú *dhá* fhógra raidió sa chuid seo. Cloisfidh tú gach fógra díobh **faoi dhó**. Beidh sos ann leis na freagraí a scríobh tar éis na chéad éisteachta *agus* tar éis an dara héisteacht.

FÓGRA A hAON

Líon isteach an t-eolas atá á lorg sa ghreille anseo.

Cén t-ainm a bheidh ar an lá speisialta seo?	
Cén uimhir theileafóin atá ag oifig Chonradh na Gaeilge?	
Cad a gheobhaidh gach scoláire a ghlacfaidh páirt sa lá speisialta seo?	
Cad é an lá deireanach le scoláirí a chlárú don dúshlán seo?	

FÓGRA A DÓ

1. Cá fhad a mhairfidh an cúrsa seo?

   _____

2. **(a)** Scríobh síos **dhá** áit a mbeidh taithí oibre le fáil sa tríú bliain.

   (i) _____

   (ii) _____

   (b) Cé mhéad áit atá ar fáil ar an gcúrsa?

   _____

Cuid B

Cloisfidh tú *dhá* chomhrá sa chuid seo. Cloisfidh tú gach comhrá díobh **faoi dhó**. Cloisfidh tú an comhrá ó thosach deireadh an chéad uair. Ansin cloisfidh tú ina *dhá* mhír é. Beidh sos ann leis na freagraí a scríobh tar éis gach míre díobh.

COMHRÁ A hAON

An Chéad Mhír

1. Cathain a chríochnaigh Seán scrúduithe an tsamhraidh?

   _____

2. Cad a cheap Seán de na scrúduithe?

_____

An Dara Mír

I. Cá fhad a chaith Clíona ag obair le páistí óga san India?

_____

2. Scríobh síos rud **amháin** a ceannaíodh leis an airgead.

_____

COMHRÁ A DÓ

An Chéad Mhír

I. Cá raibh Máire aréir?

_____

2. Cad a rinne Máire nuair a ghlaoigh an bainisteoir amach a hainm?

_____

An Dara Mír

I. Cad a dúirt Liam faoi imreoirí na hAirgintíne?

_____

2. Cad a bhíodh ar siúl ag Paul O'Connell in Ollscoil Luimnigh agus é ina leaid óg?

_____

Cuid C

Cloisfidh tú **dhá** phíosa nuachta sa chuid seo. Cloisfidh tú gach píosa díobh **faoi dhó**. Beidh sos ann leis na freagraí a scríobh tar éis na chéad éisteachta **agus** tar éis an dara héisteacht.

PÍOSA A hAON

I. Cén t-ainm atá ar an ngrúpa a luaitear sa phíosa seo?

_____

2. Cad a sheol an grúpa seo ag Oireachtas na Samhna i mBaile Átha Cliath?

_____

PÍOSA A DÓ

I. Cathain a fuair Micheál Ó Cearna bás?

_____

2. Cad a bhíodh ar siúl ag Micheál Ó Cearna in Springfield?

_____

Foclóir do Thriail Chluastuisceana 2015

Déan staidéar ar an bhfoclóir seo an oíche sula n-éisteann tú leis an triail chluastuisceana seo. Tá sé tábhachtach am a chaitheamh ag staidéar agus ag éisteacht leis na focail seo.

Cuid A

Fógra a haon (Canúint Chonnacht)

Cuirfear tús le	*a start will be made*
Clár nua	*new programme*
Clár popcheoil	*pop music programme*
Cloisfear	*will be heard*
Is deireanaí	*latest*
Cairteacha	*charts*
Plé	*discussion*
Réaltaí móra	*big stars*
Féilte	*festivals*
Éisteoir	*listener*
Téacs	*text*
Duais a bhuachan	*to win a prize*

Fógra a dó (Canúint na Mumhan)

Cúrsa Gaeilge	*Irish course*
Daoine fásta	*older people*
Mairfidh	*will last*
Raon leathan imeachtaí	*many different events*
Péintéireacht	*painting*
Amhránaíocht	*singing*
Léamh filíochta	*reading of poetry*
Siúlóidí ar an sliabh	*walks on the mountain*
Uimhir	*number*

Cuid B – Comhrá a haon

An Chéad Mhír (Canúint Uladh)

Dea-scéal	*good story*
Bratach Ghlas	*Green Flag*
Éacht	*achievement*
Comhghairdeas	*congratulations*
Feachtas	*campaign*
Dhá thoradh	*two results*
Níos mo athchúrsála	*more recycling*
Coiste Glas	*Green Committee*
Plean gníomhaíochta	*action plan*
Duais speisialta	*special prize*
Uair gach téarma	*once a term*
Iarracht	*effort*
A chur i bhfeidhm	*put in place*

An Dara Mír (Canúint Uladh)

Athchúrsáil	*recycling*
Earraí	*goods*
Cannaí	*cans*
Buidéil phlaisteacha	*plastic bottles*
Laghdú	*reduction*
An t-ionad dumpála	*dump centre*
Timpeallacht	*environment*
Athrú aeráide	*climate change*
Téamh an domhain	*global warming*
Leictreachas	*electricity*
Teas	*heat*
Táillí móra	*large bills*
Cráite	*tormented*

Cuid B – Comhrá a dó

An Chéad Mhír (Canúint na Mumhan)

Saoire	*holiday*
Gaolta	*relations*
Cúrsaí oibre	*work*
Sna hochtóidí	*in the eighties*
Míshásta	*unhappy*

An Dara Mír (Canúint na Mumhan)

Tógálaí	*builder*
Ríomhairí	*computers*
Pá níos airde	*higher pay*
Costas maireachtála	*cost of living*
Socrú síos	*settle down*
Ag brath	*depending on*
Geilleagar	*economy*
Ráta dífhostaíochta	*rate of unemployment*
Fiacha troma	*large debts*
Neosfaidh an aimsir	*time will tell*

Cuid C

Píosa a haon (Canúint Chonnacht)

Éirí Amach na Cásca	*Easter Rising*
Á chomóradh	*celebrating*
Teach an Phiarsaigh	*Pearse's house*
Díreach roimh	*just before*
Ag cur feabhais	*improving*
Ag pleanáil	*planning*
Cuairteoirí	*visitors*
Ionad oidhreachta	*heritage centre*

Píosa a dó (Canúint Uladh)

Seirbhís nuachta	*news service*
Idirlíon	*internet*
Cuireadh	*it was put/made (available)*
Pobal na Gaeilge	*Irish (-speaking) community*
Cainteoirí	*speakers*
Cúrsaí reatha	*current affairs*
Oideachas	*education*
Oifigí	*offices*
Córas	*system*
Leathanbhanda ardluais	*high-speed broadband*
Céim	*step (degree)*
Meáin nua-aoiseacha	*modern media*

Triail Chluastuisceana 2015

Ardleibhéal

Cuid A

Cloisfidh tú *dhá* fhógra raidió sa chuid seo. Cloisfidh tú gach fógra díobh **faoi dhó**. Beidh sos ann leis na freagraí a scríobh tar éis na chéad éisteachta *agus* tar éis an dara héisteacht.

FÓGRA A hAON

1. **(a)** Cén t-ainm atá ar an stáisiún raidió atá luaite san fhógra?

    _____

    (b) Cén dáta a bheidh an clár nua ag tosú?

    _____

2. **(a)** Cén t-am tráthnóna Dé hAoine a bheidh an clár nua ar siúl?

    _____

    (b) Luaigh ábhar **amháin** a bheidh á phlé ar an gclár nua.

    _____

3. Cad a bheidh le déanamh ag éisteoir chun seans a bheith aige/aici duais a bhuachan ar an gclár nua?

    _____

FÓGRA A DÓ

1. **(a)** Cén cúrsa a chuirfidh Oideas Gael ar siúl do dhaoine fásta?

    _____

    (b) Cá mbeidh an cúrsa ar siúl?

    _____

2. Luaigh imeacht **amháin** a bheidh ar siúl i ndiaidh na ranganna.

    _____

3. Cén uimhir theileafóin atá ag Oideas Gael?

    _____

Cuid B

Cloisfidh tú *dhá* chomhrá sa chuid seo. Cloisfidh tú gach comhrá díobh **faoi dhó**. Cloisfidh tú an comhrá ó thosach deireadh an chéad uair. Ansin cloisfidh tú ina *dhá* mhír é. Beidh sos ann leis na freagraí a scríobh tar éis gach míre díobh.

COMHRÁ A hAON

1. Cad a fuair scoil Dhónaill trí seachtaine ó shin?

2. Luaigh an **dá** thoradh a bhí ar an bhfeachtas i scoil Dhónaill.

   (i)

   (ii)

3. Cé chomh minic is a bhí duais speisialta ann?

An Dara Mír

1. Cuireann an feachtas seo na scoláirí ag smaoineamh ar rudaí áirithe, dar le Cáit. Scríobh síos ceann **amháin** de na rudaí sin.

2. Cén plean atá ag scoil Dhónaill don bhliain seo chugainn?

3. Cén fáth a bhfuil Cáit cráite?

COMHRÁ A DÓ

An Chéad Mhír

1. Cá fhad a chaith Órla agus a tuismitheoirí san Astráil?

2. Cé hiad na gaolta de chuid Órla atá ina gcónaí san Astráil?

3. Cén fáth ar imigh Seán go dtí an Astráil anuraidh?

An Dara Mír

1. Luaigh **dhá** chúis a bhfuil saol níos fearr ag Seán san Astráil, dar le hÓrla.

   (i)

   (ii)

2. Cad as do chailín Sheáin?

_____

3. Scríobh síos fadhb **amháin** atá fós againn in Éirinn, dar le Dáithí.

_____

Cuid C

Cloisfidh tú *dhá* phíosa nuachta sa chuid seo. Cloisfidh tú gach píosa díobh **faoi dhó**. Beidh sos ann leis na freagraí a scríobh tar éis na chéad éisteachta *agus* tar éis an dara héisteacht.

PÍOSA A hAON

1. Cad a bheidh á chomóradh an bhliain seo chugainn?

_____

2. Luaigh **dhá** rud a bhíodh ar siúl ag Pádraig Mac Piarais agus é ar saoire i gConamara.

(i) _____

(ii) _____

3. Cad atá i gceist ag an Rialtas a thógáil taobh le Teach an Phiarsaigh?

_____

PÍOSA A DÓ

1. Cá bhfuil fáil ar an tseirbhís nuachta Ghaeilge a luaitear sa phíosa seo?

_____

2. Cén t-ainm atá ar an tseirbhís nuachta seo?

_____

3. Cén fáth a bhfuil oifigí na seirbhíse seo suite i mBearna, Co. na Gaillimhe?

_____

Gnáthleibhéal

Cuid A

Cloisfidh tú *dhá* fhógra raidió sa chuid seo. Cloisfidh tú gach fógra díobh **faoi dhó**. Beidh sos ann leis na freagraí a scríobh tar éis na chéad éisteachta *agus* tar éis an dara héisteacht.

FÓGRA A hAON

Líon isteach an t-eolas atá á lorg sa ghreille anseo.

Cén t-ainm a bheidh ar an gclár nua ar Raidió Fáilte?	
Cén tráthnóna a bheidh an clár nua ar siúl?	
Cén saghas ceoil a bheidh le cloisteáil ar an gclár nua?	
Luaigh ceann amháin de na duaiseanna a bhronnfar.	

FÓGRA A DÓ

1. **(a)** Cá fhad a mhairfidh an cúrsa seo?

   _____

   (b) Cén contae ina bhfuil Gleann Cholm Cille?

   _____

2. **(a)** Cén mhí a bheidh an cúrsa seo ag tosú?

   _____

   (b) Cén costas a bheidh ar an gcúrsa seo?

   _____

Cuid B

Cloisfidh tú *dhá* chomhrá sa chuid seo. Cloisfidh tú gach comhrá díobh **faoi dhó**. Cloisfidh tú an comhrá ó thosach deireadh an chéad uair. Ansin cloisfidh tú ina *dhá* mhír é. Beidh sos ann leis na freagraí a scríobh tar éis gach míre díobh.

COMHRÁ A hAON

An Chéad Mhír

1. Cathain a fuair scoil Dhónaill an Bhratach Ghlas?

   _____

2. Cé a bhí ar an gCoiste Glas i scoil Dhónaill?

_____

An Dara Mír

1. Scríobh síos rud **amháin** a athchúrsáladh i scoil Dhónaill.

_____

2. Cad a bheidh an Coiste Glas i scoil Dhónaill ag iarraidh a shábháil an bhliain seo chugainn?

_____

COMHRÁ A DÓ

An Chéad Mhír

1. Cá raibh Órla ar saoire an samhradh seo?

_____

2. Cén fáth ar fhág uncail Órla Éire sna hochtóidí?

_____

An Dara Mír

1. Cén obair a bhí ar siúl ag Seán in Éirinn?

_____

2. Cé mhéad páiste atá ag uncail Órla?

_____

Cuid C

Cloisfidh tú *dhá* phíosa nuachta sa chuid seo. Cloisfidh tú gach píosa díobh **faoi dhó**. Beidh sos ann leis na freagraí a scríobh tar éis na chéad éisteachta *agus* tar éis an dara héisteacht.

PÍOSA A hAON

1. Cá háit i gConamara a bhfuil Teach an Phiarsaigh?

_____

2. Cad iad na huaireanta a bhíonn Teach an Phiarsaigh ar oscailt i rith an tsamhraidh?

_____

PÍOSA A DÓ

1. Cén mhí a thosaigh an tseirbhís nuachta Ghaeilge ar líne?

_____

2. Scríobh síos saghas **amháin** scéil atá le fáil ar an tseirbhís nuachta seo.

_____

Foclóir do Thriail Chluastuisceana 2014

Déan staidéar ar an bhfoclóir seo an oíche sula n-éisteann tú leis an triail chluastuisceana seo. Tá sé tábhachtach am a chaitheamh ag staidéar agus ag éisteacht leis na focail seo.

Cuid A

Fógra a haon (Canúint na Mumhan)

A éisteoirí	*listeners*
Fógraí an Deiscirt	*southern notices*
Ollscoil Luimnigh	*University of Limerick*
Ag lorg rúnaí	*looking for a secretary*
Cáilíochtaí	*qualifications*
Riachtanach	*necessary*
Tuarastal	*salary*
Mairfidh an lá	*the day will last*
Lá oibre	*working day*

Fógra a dó (Canúint Uladh)

Sceideal spóirt an tsamhraidh	*the summer sport's schedule*
Corn an Domhain	*World Cup*
Sa Bhrasaíl	*in Brazil*
A fhad is a bheidh	*as long as*
Tuairiscí, torthaí agus anailís	*reports, results and analysis*
Cuirfear tús le	*it will start*
Comórtas leadóige	*tennis competition*
Á gcraoladh beo	*being broadcast live*

Cuid B – Comhrá a haon

An Chéad Mhír (Canúint Chonnacht)

Tuirseach traochta	*exhausted*
Scrúdú cainte	*oral exam*
Mo thrua thú	*I pity you*
Strus	*stress*
Pioc chomh strusmhar	*as stressful*
Sona sásta	*happy*
Ullamh	*ready*
Saghas duine	*type of person*
Lách	*pleasant*

An Dara Mír (Canúint Chonnacht)

Ba spéisiúla	*most interesting*
Ag brath	*depending on*
Nuatheicneolaíocht	*technology*
Déarfainn	*I would say*
Taobh diúltach	*negative side*
Líonraí sóisialta	*social networks*
An bhulaíocht	*bullying*
A phlé	*to discuss*
Aiste le críochnú	*to finish an essay*

Cuid B – Comhrá a dó

An Chéad Mhír (Canúint na Mumhan)

An dea-scéala	*the good news*
Gradam	*award*
Scoláire na bliana	*student of the year*
Oíche na ngradam	*the awards night*
Cathaoirleach	*chairman*
Club sláinte agus aclaíochta	*health and fitness club*
Tromlach na scoláirí	*majority of students*
I bhfabhar	*in favour of*
Tráthúil	*timely*

An Dara Mír (Canúint na Mumhan)

Na himeachtaí	*the events*
Comórtais lúthchleasaíochta	*athletic competitions*
Lón sláintiúil	*healthy lunch*
Táinte	*wealth*
Sa cheaintín	*in the canteen*
Deochanna súilíneacha	*fizzy drinks*
An-phlean	*great plan*
Tagtha	*arrived*
Díograiseach	*zealous*
Nuachtlitir	*newsletter*

Cuid C

Píosa a haon (Canúint Chonnacht)

Bliain speisialta	*special year*
Ar an aer	*on the air*
Raidió pobail	*public radio*
Ag craoladh	*broadcasting*
Dírithe ar	*focused on*
Craoltar meascán	*a mixture is broadcast*
Moladh mór	*big praise*
Deonach	*voluntary*
Aitheantas	*recognition*
Stádas	*status*

Píosa a dó (Canúint Uladh)

Tríocha	*thirty*
Mic léinn	*students (third level)*
Go deonach	*voluntarily*
Na hOileáin Fhilipíneacha	*the Philippine Islands*
Tíofún ollmhór	*a large typhoon*
Feachtas	*campaign*
Tionscnamh tógála	*building project*
Seó faisin	*fashion show*
Tráth na gCeist	*table quiz*
Seó tallaine	*talent show*

Triail Chluastuisceana 2014

Ardleibhéal

Cuid A

Cloisfidh tú *dhá* fhógra raidió sa chuid seo. Cloisfidh tú gach fógra díobh **faoi dhó**. Beidh sos ann leis na freagraí a scríobh tar éis na chéad éisteachta *agus* tar éis an dara héisteacht.

FÓGRA A hAON

1. Cad atá á lorg ag Ollscoil Luimnigh?

    _____

2. Luaigh **dhá** cháilíocht atá riachtanach don phost seo.

    (i) _____

    (ii) _____

3. **(a)** Cad iad na huaireanta oibre sa phost?

    _____

    (b) Luaigh slí **amháin** le heolas a fháil faoin bpost seo.

    _____

FÓGRA A DÓ

1. Cad a thosóidh ar TG4 Dé Luain seo chugainn?

    _____

2. **(a)** Cad a bheidh ar siúl sa Bhrasaíl sa samhradh?

    _____

    (b) Luaigh rud **amháin** a bheidh ar an gclár speisialta ar a leathuair tar éis a sé.

    _____

3. Cén dáta a thosóidh comórtas leadóige Wimbledon?

    _____

Cuid B

Cloisfidh tú *dhá* chomhrá sa chuid seo. Cloisfidh tú gach comhrá díobh **faoi dhó**. Cloisfidh tú an comhrá ó thosach deireadh an chéad uair. Ansin cloisfidh tú ina *dhá* mhír é. Beidh sos ann leis na freagraí a scríobh tar éis gach míre díobh.

COMHRÁ A hAON

An Chéad Mhír

1. Cén fáth a bhfuil Áine tuirseach?

   _____

2. Luaigh **dhá** rud a deir Pól faoina chuid laethanta san ollscoil i mbliana.

   (i) _____

   (ii) _____

3. Luaigh rud **amháin** a deir Áine faoi na ceisteanna a chuir an scrúdaitheoir.

   _____

An Dara Mír

1. Cad é an t-ábhar cainte ba spéisiúla a bhí ag Áine leis an scrúdaitheoir?

   _____

2. Cad a deir Áine faoi Facebook agus faoi na líonraí sóisialta?

   _____

3. Cá bhfuil Pól ag dul anois?

   _____

COMHRÁ A DÓ

An Chéad Mhír

1. Cén gradam a bhuaigh Seán sa scoil aréir?

   _____

2. Cén club a d'eagraigh Comhairle na Mac Léinn sa scoil le bliain anuas?

   _____

3. Scríobh síos pointe **amháin** a luann Órla faoi dhéagóirí na laethanta seo.

   _____

An Dara Mír

1.   Luaigh **dhá** imeacht a chuirtí ar siúl ag am lóin Dé Máirt agus Déardaoin.

   (i)   _____

   (ii) _____

2.   Scríobh síos rud **amháin** nach mbíodh cead ag na scoláirí a thabhairt isteach sa cheaintín Dé Céadaoin.

   _____

3.   Luaigh ábhar **amháin** atá sa nuachtlitir a tugadh do gach scoláire roimh shaoire an tsamhraidh.

   _____

Cuid C

Cloisfidh tú *dhá* phíosa nuachta sa chuid seo. Cloisfidh tú gach píosa díobh **faoi dhó**. Beidh sos ann leis na freagraí a scríobh tar éis na chéad éisteachta *agus* tar éis an dara héisteacht.

PÍOSA A hAON

1.   Cén stáisiún raidió a bhí ag ceiliúradh fiche bliain ar an aer in 2013?

   _____

2.   Cén dream ar a bhfuil an stáisiún raidió seo dírithe?

   _____

3.   Luaigh pointe **amháin** eolais faoi na hoibrithe a bhíonn ag obair leis an stáisiún raidió seo.

   _____

PÍOSA A DÓ

1.   Cé mhéad mac léinn atá imithe go dtí na hOileáin Fhilipíneacha?

   _____

2.   Luaigh pointe **amháin** eolais faoin damáiste a rinne an tíofún in 2013.

   _____

3.   Ainmnigh **dhá** imeacht a d'eagraigh na mic léinn chun airgead a bhailiú.

   (i)   _____

   (ii) _____

Gnáthleibhéal

Cuid A

Cloisfidh tú *dhá* fhógra raidió sa chuid seo. Cloisfidh tú gach fógra díobh **faoi dhó**. Beidh sos ann leis na freagraí a scríobh tar éis na chéad éisteachta *agus* tar éis an dara héisteacht.

FÓGRA A hAON

Líon isteach an t-eolas atá á lorg sa ghreille anseo.

Cén stáisiún raidió atá luaite san fhógra?	
Cén ollscoil atá ag lorg rúnaí?	
Cé mhéad lá de laethanta saoire a bheidh le fáil?	
Cén uimhir theileafóin atá ag an ollscoil?	

FÓGRA A DÓ

1. (a) Cathain a thosóidh Sceideal Spóirt an tSamhraidh ar TG4?

   _____

   (b) Cén t-ainm a bheidh ar an gclár speisialta a chraolfar ar leathuair tar éis a sé?

   _____

2. (a) Cén comórtas a imreofar in Wimbledon?

   _____

   (b) Cén t-am a thosóidh an craoladh beo as Wimbledon gach lá?

   _____

Cuid B

Cloisfidh tú *dhá* chomhrá sa chuid seo. Cloisfidh tú gach comhrá díobh **faoi dhó**. Cloisfidh tú an comhrá ó thosach deireadh an chéad uair. Ansin cloisfidh tú ina *dhá* mhír é. Beidh sos ann leis na freagraí a scríobh tar éis gach míre díobh.

COMHRÁ A hAON

An Chéad Mhír

1. Cén scrúdú cainte a bhí ag Áine inniu?

2. Luaigh rud **amháin** a deir Áine faoin scrúdaitheoir.

An Dara Mír

1. Cathain a bheidh iPad ag na daltaí sa chéad bhliain i scoil Áine?

2. Cad atá le críochnú ag Pól roimh an lá amárach?

COMHRÁ A DÓ

An Chéad Mhír

1. Cathain a bhí Oíche na nGradam ar siúl sa scoil?

2. Cén post a bhí ag Seán ar Chomhairle na Mac Léinn?

An Dara Mír

1. Cén lá a bhíodh an lón sláintiúil acu sa cheaintín?

2. Cad a tugadh do gach scoláire sular imigh siad ar saoire don samhradh?

Cuid C

Cloisfidh tú *dhá* phíosa nuachta sa chuid seo. Cloisfidh tú gach píosa díobh **faoi dhó**. Beidh sos ann leis na freagraí a scríobh tar éis na chéad éisteachta *agus* tar éis an dara héisteacht.

PÍOSA A hAON

1.   Cé mhéad bliain atá Raidió na Life ar an aer?

_____

2.   Scríobh síos saghas **amháin** cláir a chraoltar ar Raidió na Life.

_____

PÍOSA A DÓ

1.   Cá fhad a chaithfidh na mic léinn ar na hOileáin Fhilipíneacha?

_____

2.   Cé mhéad airgid atá le tabhairt acu don obair thógála?

_____

Effective L

An Independent-Study Textbook
by Ron McManus

Second Edition

**Berean School of the Bible,
a Global University School**

1211 South Glenstone Avenue
Springfield, MO 65804 USA

1-800-443-1083
Fax: (417) 862-0863
E-mail: berean@globaluniversity.edu
Web: www.globaluniversity.edu

Upon graduating from college at age 21, Ron McManus was thrust into leadership at an Alabama church. Within a year, he was youth pastor, Christian Education director, and principal of a K-12 school. McManus says he learned about leadership principles from his mistakes during those years.

Next, serving at the General Council of the Assemblies of God (Springfield, Missouri), McManus grew in his understanding that the Scriptures provide a job description for pastors. When he became senior pastor of First Assembly in Winston-Salem, North Carolina, he experienced daily the importance of pastoral leadership and the knowledge that churches do not grow beyond their leadership. The material in this course is a result of thirty years of his being a student of leadership and ministry service.

The author would like to express appreciation to Dr. John Maxwell for his investment in McManus's life as a friend and colleague; to Dr. John Hull, president of EQUIP; to Dr. Doug Carter, executive vice president of EQUIP; and Dr. Tim Elmore, president of Growing Leaders, for their assistance in developing this course.

Global University
Springfield, Missouri, USA

© 2006, 2010 Global University
All rights reserved. First edition 2006
Second Edition 2010

Unless otherwise indicated, Scripture is taken from the Holy Bible, NEW INTERNATIONAL VERSION®. Copyright © 1973, 1978, 1984 International Bible Society. All rights reserved throughout the world. Used by permission of International Bible Society.

PN 02.13.02

ISBN 978-0-7617-1469-9

Printed in the United States of America by Gospel Publishing House, Springfield, Missouri

Table of Contents

Digital Course Options

This printed independent-study textbook (IST) represents only one of the ways you can study through Global University's Berean School of the Bible (BSB). Global University offers electronic delivery formats that allow you to complete courses without using printed material.

You may choose one or more of these course delivery options with or without the printed IST.

Digital Courses

- Online Courses. Complete your entire ministry training program online with fully interactive learning options.

  You can complete your chapter reviews, unit progress evaluations, and final exam online and receive instant results, even if you use print or other digital study versions.

- Logos Bible Software. Purchase an entire digital library of Bibles and Bible reference titles and the Berean courses specifically created to function inside these digital library environments.

- Electronic courses. Check Global University's website for additional electronic course versions (for e-readers and other devices) and their availability.

Enrollment Policies and Procedures

Enrollment policies and procedures are provided in the most current Berean School of the Bible Academic Catalog. An electronic version of the catalog is available at the Global University website.

Contact Global University for Enrollment Information

Phone: 1-800-443-1083 (9 a.m. to 6 p.m., CST, Monday–Friday)

    Spanish language representatives are available to discuss enrollment in Spanish courses.

E-mail: berean@globaluniversity.edu

Web: www.globaluniversity.edu

Fax: 417-862-0863

Mail: 1211 S. Glenstone Ave., Springfield, MO 65804

How to Use Berean Courses

Independent study is one of the most dynamic and rapidly growing educational methods. Although different from traditional classroom study, the goal is the same—to guide you, the student, through a systematic program of study and help you gain new knowledge and skills. Berean courses are independent-study courses. Some students may participate in a Berean study group, where a facilitator enhances the learning experience for a group of Berean students. Other options include studying the courses online and/or purchasing digital study tools made possible through Berean's partnership with Logos Bible Software.

All Berean courses are printed in a comprehensive independent-study textbook (IST). The IST is your teacher, textbook, and study guide in one package. Once you have familiarized yourself with the course components, explained below, you are ready to begin studying. Whether you are studying for personal growth or working toward a diploma, the Berean faculty, advisers, and student service representatives are available to help you get the most out of your Berean program.

General Course Design

- Each course is based on course objectives.
- Each course is composed of several units.
- Each unit is composed of several chapters.
- Each chapter is composed of two or more lessons.
- Each lesson contains one or more lesson objectives.
- Each lesson objective corresponds to specific lesson content.

Course Objectives

Course objectives represent the concepts—or knowledge areas—and perspectives the course will teach you. Review these objectives before you begin studying to have an idea of what to focus on as you study. The course objectives are listed on the course introduction page.

Unit Overview

A unit overview previews each unit's content and outlines the unit development.

Chapter, Lesson Content, Lesson Objectives, and Numbering System

Each *chapter* begins with an introduction and outline. The outline presents the chapter's lesson titles and objectives. Chapters consist of short lessons to allow you to complete one lesson at a time (at one sitting), instead of the entire chapter at one time.

The *lesson content* is based on lesson objectives.

Lesson objectives present the important concepts and perspectives to be studied in the course.

Each chapter, lesson, and objective is uniquely numbered. This numbering system is designed to help you relate the lesson objective to its corresponding lesson content. Chapters are numbered consecutively throughout the course. Lessons are numbered within each chapter with a two-digit decimal number. For example, Lesson 2 in Chapter 3 is numbered 3.2. The first number is the chapter (3), the second number is the lesson (2) within the chapter.

Lesson objectives are tagged with a three-digit decimal number. For example, Chapter 1, Lesson 1, Objective 1 is identified as Objective 1.1.1. Chapter 1, Lesson 2, Objective 3 is Objective 1.2.3. The first number is the chapter, the second is the lesson, and the third is the objective. The numbering system is to assist you in identifying, locating, and organizing each chapter, lesson, and objective.

What to Look for in the Margins

Left margins contain numbers for units, chapters, and lessons. In addition, margins contain two learning tools—*lesson objectives with their respective numbers* and *interactive questions* that focus on key principles. Read, understand, and use these two learning tools to study the lesson text.

Interactive questions relate to specific lesson content and specific lesson objectives. Interactive questions, along with lesson objectives, will help you learn the concepts and perspectives that are tested in exam questions. Interactive questions are numbered consecutively within each chapter. Once you understand what the interactive question is asking, search for the answer as you study the lesson's related content section. You can compare your responses to our suggested ones at the back of each chapter.

Lesson objectives present the key concepts. These tips on using lesson objectives will help you master the course content and be prepared for exams:

- Identify the key concept(s) and concept perspectives in the objective.
- Identify and understand what the objective is asking you to do with the key concept(s).
- Think of the objective as an essay test question.
- Read and study the lesson content related to the objective and search for the answer to the "essay test question"—the objective.

Lesson Titles and Subheads

Lesson titles and subheads identify and organize specific lesson content.

Key Words

Key words are presented in **boldface** print and defined in the glossary of this IST; they are words that are used with a specific meaning in the lesson.

Reference Citations

Outside sources are documented using in-text citations in parentheses. These sources are compiled in more detail in the Reference List at the end of the IST.

Test Yourself

The Test Yourself section concludes the chapter with multiple-choice questions based on the lesson objectives, interactive questions, and their supporting lesson content. Test Yourself answer keys are in the Essential Course Materials at the back of this IST.

Glossary and Reference List

A *glossary* (which defines key words) and *reference list* (works cited in each chapter) follow the last chapter of the IST.

Recommended Reading Textbook

An optional textbook is recommended for use with each course. The textbook recommended to accompany this course is listed on the course introduction page. Some courses may provide additional suggested reading lists following the *reference list*.

Essential Course Materials in the back of this IST contain the following:

- Service Learning Requirement (SLR) Assignment and SLR Report Form
- Unit Progress Evaluation (UPE) Instructions and UPEs
- Answer Keys for Test Yourself quizzes and UPEs
- Forms: Round-Tripper (as needed) and Request for a Printed Final Examination (if needed)

Two Requirements to Receive a Course Grade:

To receive a grade for this course, you must:

1. Submit your SLR Report Form. The instructions for the SLR assignment are in the Essential Course Materials at the back of this IST. The report is required, but not graded.

2. You must also take a closed-book final examination. Your course grade is based on the final exam. The Berean School of the Bible grading scale is 90–100 percent, A; 80–89 percent, B; 70–79 percent, C; and 0–69 percent, F.

Checklist of Study Methods

If you carefully follow the study methods listed below, you should be able to complete this course successfully. As you complete each chapter, mark a √ in the column for that chapter beside each instruction you followed. Then continue to study the remaining chapters in the same way.

STUDY METHODS	√
1. Read the introduction in the Independent-Study Textbook (IST) to learn how to use the IST.	
2. Study the Table of Contents to familiarize yourself with the course structure and content.	

CHAPTERS	1	2	3	4	5	6	7	8	9	10	11	12	13	14	15	16	17	18
3. Pace yourself so you will study at least two or three times each week. Plan carefully so you can complete the course within the allowed enrollment period. Complete at least one lesson each study session.																		
4. Read Scripture references in more than one translation of the Bible for better understanding.																		
5. Underline, mark, and write notes in your IST.																		
6. Use a notebook to write additional notes and comments.																		
7. As you work through each chapter, make good use of reference tools, such as a study Bible, a comprehensive concordance, a Bible dictionary, and an English dictionary.																		
8. Complete all interactive questions and learning activities as you go.																		
9. In preparation for the Test Yourself, review the objectives for each lesson in the chapter and your notes and highlights to reinforce the key principles learned in the chapter.																		
10. Discuss with others what you are learning.																		
11. Apply what you have learned in your spiritual life and ministry.																		
UNIT EVALUATIONS																		
Review for each Unit Progress Evaluation by rereading the																		
a. lesson objectives to be sure you can achieve what they state.																		
b. questions you answered incorrectly in Test Yourself.																		
c. lesson material for topics you need to review.																		

Student Planner and Record

*This chart is for you to record your personal progress in this course. Be sure to keep it **up to date** for quick reference.*

In the boxes below, record the unit number, the date you expect to complete each chapter, the date you do complete the chapter, and the date of review.

Unit Number	Chapter Number	Expected Completion Date	Actual Completion Date	Date Reviewed
	1			
	2			
	3			
	4			
	5			
	6			
	7			
	8			
	9			
	10			
	11			
	12			
	13			
	14			
	15			
	16			
	17			
	18			

UNIT EVALUATIONS	Date Completed
Unit Evaluation 1	
Unit Evaluation 2	
Unit Evaluation 3	
Unit Evaluation 4	
Unit Evaluation 5	
Unit Evaluation 6	

WRITTEN ASSIGNMENTS & FINAL EXAM	Date Completed
Service Learning Requirement (SLR) Report	
Final Examination	
SLR report & closed-book final exam materials submitted (The SLR report does not apply to the internship courses.)	

Effective Leadership

Welcome to the study of leadership skills. The course will guide you to a greater understanding of the nature of leadership and the principles you can apply to grow as a leader. Such principles become the tools a leader needs to provide effective leadership for the local church.

It has been wisely noted that everything rises and falls on leadership. While programs and activities can keep people active and good preaching can maintain their interest, it is leadership that establishes growth, both in the individual and in the church itself. Simply put, church leaders must truly learn how to be effective leaders.

In Unit 1 of this study, the content will focus on the spiritual formation of a leader. We will discover the qualities necessary to be a godly leader. The first chapter focuses on our ability to lead ourselves while the following chapter defines the heart a leader must possess. Other chapters discuss the nature of the calling to lead and blend illustrations from biblical leaders with the personal experiences of the author. The unit concludes with a look at how God develops a leader through various times of testing. Indeed, such tests will be ongoing through the life journey of the leader.

Unit 2 focuses on how a leader's direction is formed. The first chapter identifies the mission of the church and how the local body must possess a sense of their function and mission from the Word of God. The unit continues with a look at vision, both the process of discovering it and the need to effectively communicate that vision to those one leads. In later chapters, various principles that form the how-to of leadership come into focus. The student will journey through Moses' leadership dilemma and the process suggested by his father-in-law to make the leadership load bearable.

Unit 3 offers a valuable summary of many leadership principles and ideas. The student will learn valuable truths that can govern an entire life of leading others. Specific attention will be given to people skills and how they form the boundaries of a leader's success. After all, leadership is a people business. The course concludes with guidance in establishing and maintaining priorities amidst the leader's primary work of making decisions.

Course Description   MIN251 Effective Leadership (5 CEUs)

This course is a biblical approach to the principles of leadership that applies those principles in the church setting, giving the student the practical skills needed to serve in leadership in the local church.

In addition to using your Bible, we recommend that you also use *Developing the Leaders Around You* by John Maxwell to enhance your learning experience.

Course Objectives

Upon completion of this course, you should be able to

1. Identify biblical examples of leadership and explain lessons that can be learned from these leaders.
2. Explain the characteristics of a leader's heart and how they are cultivated.
3. Explain the requirements of the godly leader for guiding the church of Jesus Christ.
4. Identify the various tests of leadership and what they seek to develop in a leader's life.
5. Explain the mission of the church as provided in God's Word.
6. Explain the process of vision from its inception to its communication to the body.
7. Describe the recommendations of Moses' father-in-law and how they apply to modern leadership.
8. Explain the five levels of leadership and how we can progress to the highest levels.
9. Describe how people skills impact leadership and explain the ways in which such skills are developed.
10. Identify and explain key principles concerning time management and how a person can focus his or her greatest energy on the highest of his or her priorities.

BEFORE YOU BEGIN

Successfully completing this course requires that you apply content you study in a ministry activity. The instructions for this Service Learning Requirement (SLR) are found in the Essential Course Materials in the back of this IST. Please take time now to become familiar with these instructions so that you can be planning your SLR activity throughout your study of this course.

Spiritual Formation

Leadership has become a buzzword in both secular and Christian circles. Therefore, for the purposes of this spiritual study, we must first discuss self-leadership before discussing effective principles, skills, and methods of leadership. The term *self-leadership* refers to a person's ability to exercise self-control under the guidance of the Holy Spirit, an ability that leads to a consecrated and compassionate walk with the Lord that will induce others to follow and imitate. We begin our first unit with a look at the spiritual formation and character development of a leader. Many people have had success based on giftings of leadership, but because they failed to develop spiritually, they will ultimately fail. Our prayer is that this course will equip you to lead God's people through the application of effective principles, skills, methods, *and* the guidance of the Holy Spirit.

In the autumn of 1992, a sixty-foot ocean racer called the Coyote was built for America's premier solo sailor, Mike Plant. He set out alone on the racer's maiden voyage across the Atlantic en route to France, where he would enter an around-the-world race. Six days later, on October 27, the US Mission Control Center, the National Oceanic and Atmospheric Agency, and the Canadian Mission Control Center all received a distress signal from the Coyote. The Coast Guard could not immediately follow up on the signal because of insufficient signal duration and lack of registration information on the device sending the signal. At the family's request, the Coast Guard began a search on November 13 from Bermuda, but bad weather forced the Coast Guard to suspend the search. On November 22, the Coyote was sighted by a passing tanker off the Irish coast. Then British aircraft conducted a flare search that revealed that the racer was upside down with the stem keel intact, but the ballast bulb was missing. It had either fallen off the keel or had been knocked off. Without the stabilizing force of the 8,400-pound bulb at the end of the keel below the waterline, the Coyote had capsized. Mike's body was never found (Wayzata Sailing School, under "The Mike Plant Memorial Sailing Fund"; Buchanan, under "Above it All?"; McCormick, under "Ten Years After"; Bree, under "The Passion of Mike Plant").

That story reminds me of our initial topic. We can spend a lifetime dealing with the things *above deck*, the things people see: how we look, what we say, and how we act. However, the things that are *below the waterline*, meaning the things that are within and that others do not see, will ultimately make or break us in the test of our leadership.

As you study Unit 1, take a personal inventory of what you are doing to ensure that the weight below the waterline in your life is properly attached and balanced. We are referring to the character and integrity issues of life. If you are not developing that which is within, character and self-leadership, your ship will ultimately capsize.

Chapter 1   Leading Yourself Before Leading Others

Lessons

CHAPTER 1

Leading Yourself Before Leading Others

On February 15, 1921, Dr. Evan O'Neill Kane, a sixty-year-old New York surgeon performed the first appendectomy using a *local* anesthetic. In doing so, he pioneered a radical change from the standard use of general anesthesia. Dr. Kane had seen too many deaths and disabilities caused by ether, so his groundbreaking surgery proved to the medical world that administrating a *local* anesthetic in the specific body area needing surgery would lessen the patient's risks and accelerate his or her rate of recovery.

The astonishing twist to this account of the first use of local anesthetic is that Dr. Kane was both the surgeon and the patient! No one else had been willing to consent to having this new, radical procedure that allowed the patient to remain awake throughout the surgery. With nurses and three other doctors standing by in case he had trouble, Dr. Kane deadened his abdomen and successfully removed his own appendix while propped up with a mirror hanging over his lower body. His assistants then closed his incision with stitches (Kane Community Hospital, under "A Brief History of Kane's Hospitals; Aurandt, under "Integrity").

Dr. Kane's courage improved the well-being of future patients, and his innovation has positively affected our lives today. His accomplishment required a vision, a confidence in his own ability, a strong impetus to teach by example, and a desire to benefit those in need. These motivations lead to effective leadership.

A public leader casts vision, and then he or she equips, trains, and encourages others. Leaders can easily get caught up in spending many of their days doing little else but assisting others with their challenges. However, a leader must also make time to inventory his or her life in solitude and reflect on the hard questions about *self*. Sometimes leaders need to *operate* on themselves!

In copy do
exercise.   ⟵

LESSON 1.1

1   What is character, and
why is it so essential in the
life of a leader?

1.1.1
OBJECTIVE

*Identify and explain the
key elements required to
be an effective leader.*

Self-Leadership: How Did Daniel Do It?

Daniel is a favorite character of many Bible students. Although he was not the leader of a nation or culture, God allowed him to ascend to the highest levels of influence around kings and governors. God gave Daniel the ability to discern the critical issues of his day before the leaders of both the Babylonian and Persian empires. Perhaps no other biblical character introduced prior to him provides an example of such a high degree of integrity and character. A study of Daniel's life reveals a man who regularly took inventory of his life and did surgery on his spirit as needed! Because Daniel knew how to lead himself, he was eventually catapulted into the responsibility of leading others.

Tim Elmore wrote, "Character enables the leader to do what is right even when it is difficult" (under "College Relationships: Qualities of Effective Leadership"). Character is the foundation on which the effective leader's life is built. If a person does not have character, then he or she cannot develop trust from followers, and that trust is essential for any organization or group of people to grow and improve. Many nations have been held hostage by leaders who lack character.

Even leaders having authority in lower positions have a negative influence if they lack character. For instance, educators may neglect the golden opportunity to nurture character in their students. Oftentimes, schools overemphasize academics, but teach little or nothing about character-building. They *produce* students who can get a job because of good grades, but who often cannot keep a job because they lack business ethics and personal values. In the world of athletics, great physical attributes and abilities can get a player a spot on a team, but character and team play will keep him or her on the team.

Character, integrity, and personal holiness are not meant to be flat words on a page. Leaders who practice these attributes have had and will continue to have great impact on followers, nations, and civilizations. If a leader does not keep his or her word, becomes corrupt, selfish, and myopic, suffering follows and

igs ruled with truth and walked in
.srael's corrupt kings ruled recklessly,
.red.

Self-Examination

.1g on the character scale. Is it time for you to
.o take the scalpel of the Word of God in hand—a
. begin a surgery on yourself? Are you keeping
.g what you start? Are you being a good steward of
.ed to you? Is your gaze on that which is instructive or
. the Lord can answer these questions truthfully. For the
.r leadership ability, take this opportunity to ask them.

Daniel's life for insights to help emerging leaders understand
.ig trust outwardly and nurture integrity inwardly. We find
.e-defining verse in Daniel 1 that best captures the sterling
.aniel, even as a young man: "But Daniel resolved not to defile
.δ). Daniel's stand, especially as a young man, was remarkable
.wever, the verse does not have its greatest impact until you consider
.xt in which he took his stand. When he was an adolescent, Daniel and
.f the brightest Hebrew youth were taken as captives from Jerusalem to
b.. lon. Daniel most likely came from a noble family (1:3), and when he got
to Babylon, he was put into service in the palace. From this narrative we gain
a sense of the dramatic, almost overnight, change in Daniel's environment and
lifestyle, and we gain insights into Daniel's emerging integrity.

Four Changes in Daniel's Life

When Daniel went from Jerusalem to Babylon, from prince to servant, and
from familiar surroundings to strange surroundings, he was confronted with four
radical changes.

Change 1: He Was Given a New Home (1:1–3)

In a short period of time, Daniel lost his safe and secure home environment in
Jerusalem and was forcibly taken to a new dwelling in a radically different country.
His home country was theistic. His new country was the headquarters of idol
worship. Everything had changed and was unfamiliar, uncomfortable, and alien.
Many Christian college students can identify with Daniel's plight. A high school
student from a Christian home, perhaps even a Christian high school, is thrust into
his or her freshman year at a major secular university. Many new freshmen leave the
comforts of home for the new surroundings of a dormitory. They may give up their
private bathroom at home to share a community bathroom and shower facility on a
dorm floor. They can go from living in a quiet home to living in non-stop clamor.

Many missionaries know Daniel's plight. The shock of going from the comforts of
home to a new country has had a lasting impact on many a sincere soul who wanted
to reach the world for Jesus. A person only has to have a chat with a relatively new
missionary to discover the stress and strain of making a home in a strange and new
place. Daniel experienced that kind of strain too. Later, we will see how he responded.

LESSON 1.2

1.2.1 OBJECTIVE

List the temptations in Daniel's life, and explain how they can be found in modern experience as well.

3 How can accumulating knowledge become a threat to the foundations of our character?

Change 2: He Was Given a New Knowledge (1:4)

Daniel, even as a young student, had made his mark in understanding specific disciplines of learning. He was part of a group described in verse 4: "young men without any physical defect, handsome, showing aptitude for every kind of learning, well-informed, quick to understand, and qualified to serve in the king's palace." All of this previous learning had occurred in a monotheistic, God-fearing context. Now Daniel was in Babylon.

At the time of his capture, Daniel was a student of Hebrew history, but in Babylon, he began to be indoctrinated into the different worldview of the Chaldean/Babylonian school of thought. He grew up believing there was one God; His name was Jehovah. In Babylon, he was being taught that there were many gods, that humans were central to all issues of life, and that considerations of origin and destiny were not essential elements of good thinking. Daniel also had to learn a new language, the "tongue of the Chaldeans" (v. 4). Imagine every kind of egocentric thought being hurled on you by the foreign nation's most learned scholars in a palatial environment along with the challenge of learning a new language with all its nouns, verbs, and adjectives. How could Daniel possibly keep his integrity in an environment like this?

Change 3: He Was Given a New Diet (1:5)

If you have ever traveled abroad, you know that one of the challenges you may encounter is in eating the local fare. History is filled with stories of travelers who are offered food that they do not desire and much less recognize. Add to that the stress of pleasing your hosts as you sit at their tables.

For Daniel, the food of the Babylonians was not only new, but had symbolic and spiritual consequences. The food placed before him violated much of the Hebrew dietary laws. To partake of some of this food would have gone against his faith and his conscience. The integrity of Daniel's character was being tested again. Did he have the backbone to take a stand? What about his commitment to self-discipline? Would he have the inner strength to refuse the food?

Change 4: He Was Given a New Name (1:6–7)

4 How can a new place automatically bring perceptions of the leader, even if they are not accurate, and what can the leader do to combat such perceptions?

Names really matter. That is why parents put so much thought into choosing just the right one. Names are important to us, and they certainly mattered in ancient cultures too. Daniel's name in his native language meant "judge of God." Much of his identity was intentionally attached to his name. His parents chose the appropriate name for the kind of man they hoped he would become. And, in fact, Daniel later sat in seats of righteous judgment representing God at various occasions.

His captors, however, gave Daniel a new name. In a classic example of how a cult-like culture attempts to sever a person from his or her past, his Babylonian masters told him that his name would be *Belteshazzar*. The name embodied the epitome of pagan religious acts and beliefs. It was a name that represented everything Daniel was not!

Think for a moment about your own name. Perhaps your name has biblical or Christian significance. Now think of some of the names that are represented by the great enemies of the Bible or Christianity. Imagine someone officially forcing one of those names on you. Then imagine that offensive name appearing on your passport or driver's license and there was nothing you could do about it.

1.3.1
OBJECTIVE

*Explain the impact
Daniel's decision had on
his own life.*

Daniel's Right Response to the Wrong Influences

Daniel was faced with stressful issues that cut to the heart of who he was: his past, his present, and his future. How would he respond?

We have summarized the four big changes in Daniel's life: a new home, a new knowledge, a new diet, and a new name. Frankly, most people would have been devastated, especially at such a young age. Some would have grudgingly adapted and simply made the best of things. Some would have, under such stress, tragically taken their lives. But Daniel responds out of a godly character: "But Daniel resolved not to defile himself" (v. 8). The early days in Babylon became the defining days for Daniel and how he would live the rest of his life separated from the comforts and familiarities of Jerusalem. Character enables a person to do what is right even when it is difficult. When Daniel made up his mind not to pollute himself with Babylonian propaganda, he communicated credibility, courage, consistency, respect, and trust. He became the gold standard for other Hebrew young people who had also been hurled into the new system. He gave them a reason to overcome and celebrate in their God.

The Benefits of Diplomacy

5   How did Daniel's captors respond to his decision not to defile himself?

Providentially, in the early years of Daniel's life he learned some wonderful skills of diplomacy. As the story of his integrity unfolds, we find Daniel using great wisdom and diplomacy in responding to his captor's wishes. Instead of being a prophet like Elijah or a preacher like John the Baptist, issuing ultimatums and proclaiming judgments, Daniel becomes the calm and cool diplomat. After all, he knew he was a guest in another country and that he might even become a permanent guest. So, he presents his situation to his new authorities in a compelling manner—all the while not negotiating away even one conviction of his spiritual life. Take a look at verses 8–16:

> But Daniel resolved not to defile himself with the royal food and wine, and he asked the chief official for permission not to defile himself this way. Now God had caused the official to show favor and sympathy to Daniel, but the official told Daniel, "I am afraid of my lord the king, who has assigned your food and drink. Why should he see you looking worse than the other young men your age? The King would then have my head because of you."

> Daniel then said to the guard whom the chief official had appointed over Daniel . . . "Please test your servants for ten days: Give us nothing but vegetables to eat and water to drink. Then you compare our appearance with that of young men who eat the royal food, and treat your servants in accordance with what you see." So he agreed to this and tested them for ten days.

> At the end of ten days they looked healthier and better nourished than any of the young men who ate the royal food. So the guard took away their choice food and the wine they were to drink and gave them vegetables instead.

In a sober and diplomatic manner, Daniel approached his immediate supervisor with a request. Note that before he made the request, he had already established a relationship with that individual (v. 9). Daniel said that he knew the food they were given was to strengthen them for their assignments. He explained that if he and his friends were allowed to continue eating the diet of their youth—for just ten days— their work would be better, their attitudes would be better, and their general health and welfare would be at a higher standard than the others. Everyone would benefit!

The plan worked. In a diplomatic and gracious manner, Daniel made his stand and kept his integrity. This narrative reminds Christians who must live and work in hostile environments that if they are good workers, good producers, and ethical in conduct, they will build a solid ground from which to negotiate better working standards and more wholesome office atmospheres. Godly workers can generate more options and lessen hostilities in the workplace toward other Christians. Sometimes, we have this picture of Christians taking their stands in the courtroom or on the street as protestors, or of writing a protest letter to an elected official. Some or all of these methods are viable ways to take a stand. But Daniel portrays another way: diplomacy, graciousness, and kindness demonstrated by efficient workers who are committed to the long-term best interest of their supervisors.

Early Decisions Set a Pattern in Daniel's Life

The patterns we establish early in life, whether good or bad, will impact our future decisions. Our choices direct the lives we lead, so early, good choices are important. Daniel decided early not to pollute himself externally or internally with things, elements, or surroundings that could derail his passionate pursuit of God. Consequently, he became a model of character and integrity.

Note the following two examples from Daniel's adult life. He acted in an honorable way in both instances because of his early decision to live a life of integrity.

Daniel Told the Truth Even When it Was Risky

In Daniel 2, we read the familiar story of Daniel being summoned to interpret Nebuchadnezzar's dream. What stands out about the story, in the context of our study, was that when Daniel was eventually brought in to interpret the dream, there was heightened tension in the palace. The king was deeply disturbed and could not figure out his dream. He had already called in his "dream team" to explain its meaning. He told them if they could not properly interpret the dream he would have them cut into pieces! After the dream experts had failed and were facing execution, Daniel approached an official of the king and tactfully asked if he could interpret the dream. After a time before the Lord, Daniel entered the king's presence and told him that no man could interpret the dream, but that there was a God in heaven who could. Then he gave the interpretation that was "true" and "trustworthy" (2:45).

The result of the accurate interpretation was that God was glorified, the king was impressed, and Daniel was promoted to a higher level of influence within Nebuchadnezzar's kingdom. Daniel took a risk to interpret the dream. He took a risk to tell the truth about what the dream meant. Tough as it may have been, he could do it because he had become a man of deeply rooted convictions and trust in God; polluting himself with pride and lies was never an option.

He Lived the Truth Even When it Was Unpopular

In Daniel 6, an older Daniel had risen to one of the highest levels of power and influence directly under the king. He had weathered two kingdoms (Babylonian and Persian) and managed to be of such importance that both governments found him essential to achieving their success. With his increased fame and position, he also became the focus of more intense jealousy by colleagues who resented his ascent. His co-workers set out to destroy his public influence. They used all the investigative forces of government to find something in his past that they might use to force him out of office. Their conclusion: he was a faithful and trustworthy public servant. The only thing they could find wrong with Daniel was that he was a person of faith—that he loved God (6:5)!

The jealous peers made a proposal to the king that appealed to his ego. They recommended a new law be implemented demanding that all citizens pray only to King Darius as god. Any prayers to any other gods would be high treason and would lead to execution. Darius approved the idea. He signed a decree making it law, and with it also sentenced Daniel to possible death. Daniel had professed for all those years that Jehovah was God, and they knew he would never deny his God. They must have been smug and delighted, anticipating Daniel's death. As the biblical record tells us, Daniel was sentenced to be thrown in a den of lions. We know, too, that God saved him. Darius understood the error of his ways and God received the glory. Once again Daniel took his place in the government, faithfully doing his work, honoring his God, and maintaining his integrity.

LESSON 1.4

1.4.1
OBJECTIVE
State at least five steps you can take toward being a person of integrity and character.

6   What steps can you take to help discipline yourself to be a person of integrity and character like Daniel?

Build a Godly Foundation Early

Develop and maintain your own character and integrity. Here are some early and practical steps to help you accomplish that:

- Discipline yourself to do two necessary things you do not like every week.
- Fix your eyes on a clear, specific goal.
- Learn the *whys* behind God's commands.
- Interview a leader who has integrity, determining how the quality was developed.
- Write out the promises you have made and take responsibility for all your actions and emotions.
- Monitor and adjust (when necessary) the motives behind your actions.

Daniel possessed character. Combine character with his courage and you have an incredible man of God. Mix in God's favor and you have a man who influenced influencers and led nations through good and bad times. In the late 1800s, Philip Paul Bliss wrote the words and music for a popular Sunday school song about Daniel, an ideal hero. The chorus contained these words: "Dare to be a Daniel; dare to stand alone; dare to have a purpose firm; dare to make it known" (Snider, under "Just Who Is Daniel?"; "Philip Paul Bliss," under Cyberhymnal; "Blessed Bliss" under Christian History Institute).

May the Lord provide in the twenty-first century, men and women of God who will dare to be Daniels! The following is a prayer, composed with the help of my colleague, Tim Elmore. I include it here to help you on your journey toward possessing greater character and integrity:

Lord, give me insight into what makes up a healthy, effective leader. Make me sensitive to Your Spirit and show me the areas in which I need to grow and develop. Please help in this area of character. Help me to be the same person I am when people are not watching me as I am when people are watching me. Thank You for Daniel's example. Thank You that people who love You can make a difference in a lost world. I desire to be transformed in my heart and mind so that I might reflect the qualities of a leader who, like King David, is *after Your own heart*. Amen!

Test Yourself

*Circle the letter of the **best** answer.*

1. Dr. Kane's discovery of a local anesthetic demonstrated what aspect of leadership?
a) Encouraging others
b) Training
c) Vision
d) Character

2. Which of the following statements concerning character is *not* true?
a) A person's character has little impact on trust.
b) One must have strong character to establish trust.
c) Character enables the leader to do what is right even when it is difficult.
d) If a leader does not keep his or her word, suffering follows and the strength of societies dissolves.

3. Which of the following accurately describes Daniel's experience in a new home?
a) Babylon offered familiar activities and customs.
b) Everything was new and foreign to Daniel.
c) Daniel's new home offered him plenty of personal accountability.
d) Daniel found the wealth and comforts of Babylon to be attractive.

4. Which of the following demonstrates the different thinking Daniel found in Babylon?
a) Daniel's home was monotheistic; Babylon was polytheistic.
b) Daniel's home taught that God was the center of all things; Babylon placed humans in the central place.
c) Daniel's homeland held to a great dependence on God; Babylon was a place of great human achievement.
d) All of the above are true.

5. Which of the following was true of the food offered to Daniel in Babylon?
a) It violated the dietary customs of his homeland.
b) It was of lesser variety than Daniel was used to.
c) It was limited to bread and water for all the prisoners.
d) It was similar to the food of Daniel's homeland.

6. By giving Daniel a new name, the Babylonians sought to
a) sever Daniel from the familiar things of his past.
b) change Daniel's identity and remove hope of returning to his homeland.
c) connect Daniel to Babylonian culture.
d) do all of the above.

7. Which of the statements below is *not* a part of Daniel's response?
a) He refused the food he was offered.
b) He decided he would not defile himself.
c) He decided it would be easier to influence his captors if he pretended to be one of them.
d) He maintained his personal habits of worship and prayer.

8. Which of the following statements reflects his captors' response to Daniel's stance?
a) He was treated with respect and given opportunity to prove himself.
b) He was immediately killed.
c) He was removed from the place of privilege and sent to do slave labor.
d) He was immediately made ruler over one-half of the land.

9. Which of the following statements is *not* true of Daniel?
a) He told the truth even when it was risky.
b) He chose to do everything exactly as he was told in order to survive.
c) He lived the truth even when it was unpopular.
d) He consistently demonstrated strong character.

10. Which of the following will aid you in the development of character?
a) Discipline yourself to do the things you know are right even though you do not enjoy doing them.
b) Ask those who demonstrate integrity how they built such character into their lives.
c) Write out the promises you have made and take responsibility for them.
d) All of the above will aid you.

Responses to Interactive Questions
Chapter 1

Some of these responses may include information that is supplemental to the IST. These questions are intended to produce reflective thinking beyond the course content and your responses may vary from these examples.

1   What is character, and why is it so essential in the life of a leader?

Character is trustworthiness. Character is putting the needs of those you are leading ahead of your own.

2   What makes Daniel 1:8 such an amazing statement?

Daniel had numerous opportunities to live differently. He was taken from his homeland, away from his accountability. He was taken by an enemy and could have given up on his own way of life. He was surrounded by the luxuries of Babylon and could have easily chosen a different life.

3   How can accumulating knowledge become a threat to the foundations of our character?

Just as Daniel experienced a new education, leaders who study in secular settings often encounter ideas that are contrary to the principles of God's Word. Great education often brings the influence of other philosophies and worldviews. While knowledge of such ideas is important, the leader must be cautious that his or her own views remain attached to the right Source.

4   How can a new place automatically bring perceptions of the leader, even if they are not accurate, and what can the leader do to combat such perceptions?

For Daniel, his new name connected him with something he was not. The leader in a new setting may be viewed through the impressions people have of the place where he or she leads. A leader may be judged inaccurately or unfairly attached to the values of the group he or she leads. His or her only recourse is the same as Daniel's: Leaders must faithfully live by their own values so that their true character will be ultimately revealed.

5   How did Daniel's captors respond to his decision not to defile himself?

Through Daniel's diplomacy and God's intervention, he was able to initially be well-received by his captors.

6   What steps can you take to help discipline yourself to be a person of integrity and character like Daniel?

This will be a personal response. Some of the options suggested in the text include the following: Discipline yourself to do two things you do not like every week. Set clear, specific goals. Write out the promises you have made. Monitor your own motives daily.

The Heart of a Leader

"And David shepherded them with integrity of heart; with skillful hands he led them" (Psalm 78:72).

Every leader has an opportunity to make a positive difference in society. Tragically, there are times when a properly equipped leader does not arise to face a given challenge and everyone loses. Why is this so? Many times, it is because people have not prepared their hearts to serve.

Leadership skills are essential and must be learned and nurtured, but the first step is to address the heart because the *being* part of leadership must come before the *doing* part of leadership. Leadership skills can be harmful in the hands of a person whose heart is not right toward God, so this chapter will focus on developing the heart of a leader, particularly the Christian leader.

A godly heart is foundational to Christian leadership. Of course, a good heart does not automatically produce an effective leader. It is entirely possible for a leader to possess a Christ-like heart, a love for God, and a desire to make a difference, yet not be effective in leading others. While a Christ-like heart is the foundation of leadership, it is not the end of the journey. In Acts 9:3–6, Paul is traveling to Damascus when he has a dramatic encounter with Jesus. Paul responds by asking the right questions in the right order: "Who are you, Lord?" and then, "What would you have me to do?" These questions should still guide the lives of leaders today.

Lesson 2.1   God Uses Leaders with These Qualities: Part One

Objectives

2.1.1   *Identify, explain, and implement the primary steps of preparing your heart for the task of leadership.*

2.1.2   *Describe the tools for shaping a leader's mind and demonstrate their applications.*

Lesson 2.2   God Uses Leaders with These Qualities: Part Two

Objectives

2.2.1   *Describe how giftings, anointing, and personal confidence operate in the life of the leader.*

2.2.2   *Explain in detail the issues of integrity and humility in the life of a leader.*

God Uses Leaders with These Qualities: Part One

God Uses Leaders Who Have a Purpose

There are different kinds of gifts, but the same Spirit. There are different kinds of service, but the same Lord. There are different kinds of working, but the same God works all of them in all men. Now to each one the manifestation of the Spirit is given for the common good. (1 Corinthians 12:4–7)

Now you are the body of Christ, and each one of you is a part of it. (1 Corinthians 12:27)

Every leader who has been mightily used of God has discovered his or her God-given purpose in life. Leadership expert John Maxwell lists three crucial steps to successful leadership in his book, *Your Roadmap for Success*: (1) Know your purpose in life; (2) Grow to reach your maximum potential; and (3) Sow seeds that benefit others (Maxwell 2002, 11).

Establishing our purpose is foundational to the life of leadership effectiveness. While God works uniquely in each individual's life to make His will known, we can say that for everyone, God uses both our brokenness and our spiritual gifts to clarify and validate our individual purpose or mission.

God Uses Our Brokenness to Reveal Our Purpose

When we fully surrender to the Lordship of Christ, we begin to see the world through the eyes of Christ. When we begin to see others the way Christ sees them, our hearts are soon broken with the things that break the heart of God. The brokenness becomes a revealer of our growing relationship with God and the burden that begins to grow in our hearts as leaders. The heart of a surrendered child of God is gripped with a sense of urgency about real needs in the lives of people. Whether it is Mother Teresa burdened for the starving of Calcutta, Bob Pierce gripped by needy children around the world, or Billy Graham broken over lost souls in America's major cities, a vision to make an eternal difference seems to begin when a Christian's heart is broken over a specific need that requires personal involvement.

God Uses Our Giftedness to Reveal Our Purpose

God's purpose for our lives is closely aligned with our strengths in ministry. Our Father assigns us where we can best use our gifts and abilities to our maximum potential for His greatest glory. In this sense, the giftedness becomes a revealer of how and where we can best serve Him. When we are using God-given strengths in kingdom work, we experience our greatest fulfillment and we perform to our greatest effectiveness. It is then that we love what we do regardless of the work's difficulties and demands.

Do you know your God-given purpose? As a help, ask yourself these questions:

- What are my burdens?
- What are my spiritual gifts?
- What are my natural talents?
- What are my desires and passions?
- What do others affirm about or within me?
- What are my dreams and visions?
- What opportunities lie before me?

2.1.1
OBJECTIVE

Identify, explain, and implement the primary steps of preparing your heart for the task of leadership.

---

1   How does giftedness reveal the calling to leadership?

God Uses Leaders Who Move Past Hindrances

Therefore, since we are surrounded by such a great cloud of witnesses, let us throw off everything that hinders and the sin that so easily entangles, and let us run with perseverance the race marked out for us. Let us fix our eyes on Jesus, the author and perfecter of our faith, who for the joy set before him endured the cross, scorning its shame, and sat down at the right hand of the throne of God. (Hebrews 12:1–2)

Character and integrity are indispensable. Character can be defined as self-leadership. Once you have learned to take responsibility for governing your own will, others will want to follow you. Again I emphasize this: Self-leadership is the foundation on which the leader's life is built. Leadership operates on the basis of trust. If people do not trust you, they will not follow you. Character adds these intangibles to a person's life:

1. Character communicates credibility.
2. Character garners respect.
3. Character creates consistency
4. Character earns trust.

To develop strong character, a person must choose to develop his or her personal discipline, identity, convictions, values, and ethics (Notebook 1: Million Leaders Mandate 2003, 11–12).

A Christian's character must be rooted in the character of Christ himself. The process begins when we are born-again. The things of our old natures pass away. All things become new. There is an instant transformation of the heart resulting in a desire to be like Jesus. Our passion to be Christ-like is intensified as we surrender our hearts and lives fully to the control of the Holy Spirit. The journey continues as our minds are saturated with the Word of God. With His help we are enabled to think like Jesus: His thoughts become our thoughts, His values our values, His choices our choices, and His priorities our priorities.

Our personalities are refined by life's experiences. Often it is daily interaction with caustic, abrasive people that polishes the rough edges from our lives. Sometimes it is the difficult places, the adversities, and the battles that mold us into conformity to the beautiful image of our Savior. A great sculptor was looking at a large piece of marble when he was asked what he planned to create from the rough stone. He replied that he intended to produce an angel. He was asked how he would do this. The master craftsman replied, "Simply remove everything that is not part of an angel." God is working in our lives to remove everything from our character that is not like Jesus. It is liberating to give Him all that hinders our spiritual growth.

God Uses Leaders Who Are Completely Available to Him

Therefore, I urge you, brothers, in view of God's mercy, to offer your bodies as living sacrifices, holy and pleasing to God—this is your spiritual act of worship. Do not conform any longer to the pattern of this world, but be transformed by the renewing of your mind. Then you will be able to test and approve what God's will is—his good, pleasing and perfect will. (Romans 12:1–2)

2   What part does obedience play in the life of the leader and why is it so important?

Being completely and consistently available to God's call and good will is the same as being totally at God's *disposal*. He can pour you out or fill you in whenever He sees the need; He sees the *big picture* all the time. His plan simply requires, on our part, total surrender to God. But as we serve Him more, we come to realize that surrender is the route to our spiritual growth and the enhancement of our ministry. Of course this process does a major overhaul to the attitudes that we possessed at the beginning of our journey as a spiritual leader. Eventually each leader who earnestly desires to guide others must allow God to modify his or her attitudes and desires. Then we can relax.

1. We will have no need to prove our self-worth because God will validate our self-worth.

2. We will not need to struggle to gain status because we have nothing to lose.

3. We will not need to put on a mask because we have nothing to hide.

The story of Jim Elliott and his missionary colleagues who died in South America is well-known. The five of them were brutally murdered by the people they were trying to reach with the message of God's love and salvation. These devoted missionaries' lives truly reflected what Jim had penned in his journal years before their deaths: "He is no fool who gives what he cannot keep to gain what he cannot lose" (Elliot 1958, 108). As faithful servants called of God, they had prayed like their Savior in Gethsemane, "Not my will, but yours be done" (Luke 22:42) and then placed themselves unreservedly at the disposal of the Master. They believed that the Christian's calling in life is to a Person, not to a place or a position. When Jesus is in full control in our lives, reigning and ruling over our hearts, bending our wills to conform to His will, we can be at peace with His selection of the place and position of our service. When He makes clear our assignment, whatever its circumstances, our reply is "Yes, Lord."

In the spring of 2005, a young Muslim girl was walking across the campus of the largest university in her country. Since 1979 her homeland had been dominated by radical factions. The government, controlled by an extremist religious group, persecuted Christians, repressed the people (especially the women), and supported all sorts of terrorism worldwide. This college girl had become a Christian in response to a popular film that had been smuggled into her country and shown in a secret location on her campus. After giving her heart to Christ, she desired to share her faith with family and friends. She knew the cost could be her life. One morning during her prayer time she decided she would witness the next time God gave her an opportunity. Like Queen Esther, she vowed to God, "If I perish, I perish" (Esther 4:16). On the way to her first class she became strongly impressed to share her faith with the professor, but beyond being frightened, she had no idea what to say to him. She again promised the Lord her obedience, although she knew the result could be imprisonment or death.

When the class ended and all students had left, she approached him, slowly sharing out of her heart about how Jesus had changed her life. She was amazed when he began to weep and share the account of a dream he had experienced the night before. God had gone before her and prepared his heart. He told her that in his dream he stood with a huge mass of people before the great God of the universe. He realized that he was about to receive a sentence of eternal punishment. In his dream he began to run everywhere, searching frantically for Mohammed, who could save him from punishment. Mohammed was nowhere to be found. The professor told his student, "I heard a loud voice in my dream saying, "Mohammed is not real. Jesus is the true and only Savior!" He asked her how he could know Jesus as his Savior. This professor became a Christian.

A few days later, a similar experience happened as the young woman was being taxied to her campus. God spoke to her heart that she was to witness to the taxi driver. At first she hesitated, knowing he had radical opinions and could drive her directly to the secret police if provoked. But she again shared about Jesus.

Immediately he began to weep and stopped his taxi on a side street. He said, "Last night I saw Jesus in a dream. In my own language I heard him say that He died to give me peace in my heart. What does this mean?" Within minutes the taxi driver had discovered the peace that "transcends all understanding" (Philippians 4:7).

While still in college this young lady began a house church in the city of her grandparents, a city of approximately 700,000 people without a single church or gospel witness until she arrived. One young Christian placed herself absolutely at God's disposal, choosing to obey at any cost.

God Uses Leaders Who Prevail in Prayer

"The prayer of a righteous man is powerful and effective" (James 5:16).

OBJECTIVE

Describe the tools for shaping a leader's mind and demonstrate their applications.

Jesus lists three kinds of prayer in Matthew 7:7. He said we must learn *to ask*. This is the prayer in which we lay hold of God's promises by faith. He said we must learn *to seek*. This is the prayer of dedication in which we seek to know God's will. And He encourages us *to knock* (Notebook 1: Million Leaders Mandate 2003, 12). This is the prayer of intercession whereby we stand in prayer for someone who cannot or will not pray for him- or herself. A leader continues to labor in this area during his or her service and in every life circumstance.

3   Which of the three kinds of prayer listed do you find most common in your prayer life and which kind do you find most difficult? Explain your responses.

God Uses Leaders Who Are Students of His Word

Do your best to present yourself to God as one approved, a workman who does not need to be ashamed and who correctly handles the word of truth. (2 Timothy 2:15)

All Scripture is God-breathed and is useful for teaching, rebuking, correcting and training in righteousness, so that the man of God may be thoroughly equipped for every good work. (2 Timothy 3:16–17)

4   What three questions help us to interpret Scripture?

The leader who is a student of God's Word does not simply read the Bible for the sake of knowing what content is found where. This servant has come to know that it is necessary to study God's Word. The aim in searching the Scripture is to understand its meaning. You will have the help of the Holy Spirit as you study; it has been said that the Bible is the only book that is always read in its author's presence. Bible study involves a process of asking and answering questions about what you are reading:

What did it mean to the original audience?

What is the universal and timeless principle we can learn now?

What should we do in response to it?

If you determine the answers to those questions, you come closer to forming a correct interpretation for each passage you study. You can also enhance your understanding through study Bibles and other resources, mentoring, and group study.

God Uses Leaders Who Carry a Life-Changing Message

"As you hold out the word of life—in order that I may boast on the day of Christ that I did not run or labor for nothing" (Philippians 2:16).

In Romans 1:14–16, the apostle Paul mentions three elements that should be true for every leader who wants to be used by God to present the gospel of Jesus Christ. He or she knows that it is the most vital message and that it will meet the needs of any man, woman, or child, anywhere in the world. All believers should make these three commitments:

1. I am obligated (v. 14)—I am persuaded that sharing the message is a debt I owe to the world.

2. I am eager (v. 15)—I am compelled by a fire within to share this message with the world.

3. I am not ashamed (v. 16)—I am moved by the privilege to share it because it alone can save us.

Sometimes young children have more boldness and inhibition about telling others about Jesus. One young mother had to take her six-year-son to the hair salon with her when the babysitter cancelled at the last minute. The little boy asked one of the stylists if she wanted to know how to become a Christian. She smiled at him, but said, "No, thanks." He did not give up easily; he simply pleaded, "Don't you want to go to heaven?" Leaders should rekindle this kind of enthusiasm and persistence, becoming obligated, eager, and not ashamed.

LESSON 2.2

5 What is faith and why is it essential for the leader to be a person of faith?

God Uses Leaders with These Qualities: Part Two

God Uses Leaders Who Expect Results

Without weakening in his faith, he faced the fact that his body was as good as dead—since he was about a hundred years old—and that Sarah's womb was also dead. Yet he did not waver through unbelief regarding the promise of God, but was strengthened in his faith and gave glory to God, being fully persuaded that God had power to do what he had promised (Romans 4:19–21).

Hebrews 11:1 defines faith: "Now faith is being sure of what we hope for and certain of what we do not see." Hebrews 11:13 describes men and women of faith and what they each had in common:

- Vision: Each of them *saw* the promises from far off.
- Confidence: Each of them was assured of the promises of God.
- Passion: Each of them embraced and owned the promises as his or her own.
- Resolve: They confessed that they were pilgrims on the earth.
- Dreams: Their God-given dreams, not their memories, consumed them.

God Uses Leaders Who Serve in Attitude and Action

Your attitude should be the same as that of Christ Jesus: Who, being in very nature God, did not consider equality with God something to be grasped, but made himself nothing, taking the very nature of a servant, being made in human likeness. And being found in appearance as a man, he humbled himself and became obedient to death—even death on a cross! (Philippians 2:5–8)

6 What are the key points made in Philippians 2:5–8 concerning Christ's attitude and actions?

In the passage above, Paul instructs us to embrace the same mindset that compelled Jesus to lead by serving in attitude and action. Although He was God, He did not cling to His position, but rather to His purpose. His priorities were always aligned with His Father's priorities; He was not conscious of position, but conscious of purpose. He knew *the* way to accomplish His purpose was to serve people, meeting them in their needs, right where they were. Leaders naturally arise when someone determines to serve, because (1) that need sparks passion from within; (2) the need causes one to respond with action; and (3) this action will likely move others to cooperate.

An attitude of humility is essential to servant leadership. Here are some thoughts on humility from the book, The Bible on Leadership: *From Moses to Matthew--Management Lessons for Contemporary Leaders*:

> A leader is no more intrinsically important than his people, but his actions are.

> No matter how much you achieve or how much acclaim you are given, you are still human.

> Express sincere appreciation for your team. Where and who would you be without them?

> Recognize the interdependence of yourself and your followers; the head is useless without the arms or the feet.

> Honor the unique gifts of each member of your team.

> As you rise higher, your mistakes have more impact and your need for a humble perspective actually increases.

> Don't hold people to standards you are not meeting yourself.

> To humble oneself is risky, but it usually pays off in increased credibility.

> A leader is "greater" than others only insofar as he serves them.
> (Woolfe 2002, 89).

God Uses Leaders Who Are Prompted by the Gifts Within

Until I come, devote yourself to the public reading of Scripture, to preaching and to teaching. Do not neglect your gift, which was given you through a prophetic message when the body of elders laid their hands on you. Be diligent in these matters; give yourself wholly to them, so that everyone may see your progress. Watch your life and doctrine closely. Persevere in them, because if you do, you will save both yourself and your hearers. (1 Timothy 4:13–16)

2.2.1
OBJECTIVE
Describe how giftings, anointing, and personal confidence operate in the life of the leader.

Leaders naturally arise when they identify their gifts and see opportunity to use them. Leaders who are used and led by God know the importance of finding their gifts for the sake of ministry. A leader should first identify the primary gift that God has placed in his or her life. Knowledge of your gift will make you want to exercise it so that it is developed. It is important to intentionally find avenues to develop your gift. When you do, you are investing in your own growth, while providing one of the best examples for other believers and the future of your role in leadership. Seeking will result in matching your gift with the right place. When you use your gift in an effective place of service, you will have a platform of influence. Maintain an awareness of this influence and serve accordingly. You can expect the fruits of your labors to eventually flourish because you have been faithful in the use of your gift.

God Uses Leaders Who Empower Others

Jesus knew that the Father had put all things under his power, and that he had come from God and was returning to God; so he got up from the meal, took off his outer clothing, and wrapped a towel around his waist. After that, he poured water into a basin and began to wash his disciples' feet, drying them with the towel that was wrapped around him. (John 13:3–5)

In John 13 Jesus modeled a servant's heart when He washed the disciples' feet. Note what enabled Him to do this. It was a strong sense of security in His identity. Leaders who are not secure in their identity in Christ will eventually sabotage their leadership. Insecure leaders become their own worst enemy. They cannot share victories or sorrows. The Law of Empowerment teaches us that only secure leaders give their power to others. There is a distinct difference between those with a sense of security with self and those who lack that feeling of security. Consider the contrasts noted between the two types by studying the lists in the following diagram (Maxwell 2000b, 189).

7 How does security affect servanthood?

Secure Leaders	Insecure Leaders
focus on "towels" of service	focus on titles of position
draw strength from identity	draw strength from image
pursue service to others	pursue status among others
want to add value to others	want to gain value from others

God Uses Leaders Who Depend on the Anointing of the Holy Spirit

Do not get drunk on wine, which leads to debauchery. Instead, be filled with the Spirit. Speak to one another with psalms, hymns and spiritual songs. Sing and make music in your heart to the Lord, always giving thanks to God the Father for everything, in the name of our Lord Jesus Christ. (Ephesians 5:18–20)

Peter was one of the most outspoken of the disciples and one of the most prominent leaders in the New Testament. Peter's cowardly denial of Jesus disappoints us, and yet we admire his courageous leadership in the early church. In Acts 4 we read about the following three admirable qualities in Peter that are manifested after he has been filled with the Holy Spirit.

2.2.2
OBJECTIVE
Explain in detail the issues of integrity and humility in the life of a leader.

1. Spirit-Filled

We read in Acts 4:8 that Peter is "filled with the Holy Spirit." Prior to Acts 2, we could say that Peter was *filled with self*. His life prior to Pentecost is dominated by self-centeredness, selfishness, and self-sufficiency, and that was the source of his inconsistency, instability, and even the denial of the Lord.

In Acts 2 Peter is emptied of his self-focus and filled with the Spirit of the resurrected Christ. In Acts 3, Peter and John are serving the Lord in a beautiful spirit of oneness. Their hearts are set ablaze with a mutual passion to reach a lost world. Their hearts are beautifully knitted together in love. No longer are they in a competition with each other, no longer seeking recognition and honor. Now they model genuine servanthood and exemplify disciples who desire that all praise and honor be given to the Lord Jesus!

8 How would you describe the anointing of the Spirit in the life of a leader?

2. Christ-Centered

In Acts 4:12 Peter continues to proclaim the name of Jesus, boldly declaring to the rulers, elders, and teachers of the law that "Salvation is found in no one else, for there is no other name under heaven given to men by which we must be saved." The role of the Holy Spirit in our lives is to lift up Jesus.

Like all who experienced the purifying work of God in Acts 2, the central theme of Peter's world now is Jesus, his Savior and Lord. He is consumed with a passionate desire to effectively proclaim Christ and His salvation to all who are lost.

In the same way, Spirit-filled disciples proclaim Jesus through these five representative words that begin with the letter *l*; each represents an expression for serving the Lord:

- *Lips*: He is the theme of their lives.
- *Lives*: Their deeds are consistent with their words.

- *Love*: Their motives and actions are controlled by a John 3:16 quality of love, love flowing through them.
- *Liberty*: Their hearts overflow with a victorious spirit of praise. They are enabled to praise God in even the most difficult of circumstances.
- *Loot*: Their lives are marked by biblical stewardship. They joyfully give their time, talents, and treasure to His service (Coker quoted by Carter 2000, 43).

3. Christ-Like

In verse 13 the Scripture states that the enemies of the gospel "took note that these men had been with Jesus." Yes, they saw Jesus in Peter and John. Their lives have become imitations of His life. The beauty of Jesus is seen in these common men who have made an uncommon surrender to the Lordship of Christ.

God Uses Leaders Who Maintain Integrity

Do you not know that in a race all the runners run, but only one gets the prize? Run in such a way as to get the prize. Everyone who competes in the games goes into strict training. They do it to get a crown that will not last; but we do it to get a crown that will last forever. Therefore I do not run like a man running aimlessly; I do not fight like a man beating the air. No, I beat my body and make it my slave so that after I have preached to others, I myself will not be disqualified for the prize. (1 Corinthians 9:24–27)

A heart of integrity is necessary for effective leadership. Consider these reasons:

1. Leadership functions on the basis of trust.
2. Integrity has high influence value.
3. Our tendency is to work harder on our image than on our integrity.
4. Integrity means the leader lives the truth in his or her own life before leading others.
5. A charismatic personality may draw people, but only integrity will keep them.
6. Integrity is a victory, not a gift.
7. You will only become what you are becoming right now.
8. Leaders are to live by a higher standard than followers (Notebook 1: Million Leaders Mandate 2003, 15).

The best leader has the heart of a servant. A servant-leader serves the mission and serves those on mission with him or her. This type of leader's objective is to lead as Jesus led, and he or she is willing to be treated as Jesus was treated. Some will follow your leadership; others will throw stones at you. The point is that the servant-leader does not seek a position; the goal of all seeking is to be like Jesus.

If you were to evaluate yourself, how do you feel you would rank in the area of character? How active is your leader's heart? What are some activities you could include in your life in order to develop a stronger character?

Test Yourself

Circle the letter of the *best* answer.

1. Which of the following is *not* on John Maxwell's list of the three crucial steps on the journey of successful leadership?
a) Grow to reach your maximum potential.
b) Sow seeds that benefit others.
c) Choose large organizations.
d) Know your purpose in life.

2. What is the best description of brokenness?
a) Allowing your heart to break over a specific need and being motivated to make a difference in meeting that need
b) Admitting your weaknesses readily
c) Making a list of personal failures for regular review
d) Maintaining a neutral self-image so pride will not take hold

3. Which of the following is *not* one of the questions to be asked in determining your God-given purpose?
a) What do others affirm about me?
b) What are my desires and talents?
c) What are my burdens?
d) What will my current income allow me to do?

4. What does character do for a leader?
a) Communicates credibility
b) Creates consistency
c) Earns trust
d) All of the above will benefit a leader.

5. Which of the following is one of the three types of prayer and its proper definition?
a) Seek—this is the prayer of faith.
b) Knock—this is the prayer of dedication, seeking to know God's will.
c) Seek—this is the prayer of dedication, seeking to know God's will.
d) Ask—this is the prayer of intercession, praying for those who cannot pray for themselves.

6. Which of the following must a Bible student consider to understand the meaning of the biblical text?
a) One time—What did it mean to the original audience?
b) All time—What is the universal and timeless principle to be learned?
c) Now time—What should we do in response to it?
d) A Bible student must consider all of the above.

7. Which of the following is *not* one of the items the men and women of Hebrews 11 had in common?
a) Survival skills
b) Confidence
c) Dreams
d) Passion

8. Which of the following is a characteristic of a secure leader?
a) Focuses on titles
b) Wants to add value to others
c) Pursues status with others
d) All of the above are characteristics of a secure leader.

9. Which of the following characterizes anointed leaders?
a) Their deeds are consistent with their words.
b) Their hearts overflow with praise to God.
c) Their lives are marked by biblical stewardship.
d) All of the above are true.

10. Which of the following statements is *not* true concerning humility?
a) As you rise higher in leadership, your mistakes have less impact.
b) A leader is not more important than his or her people, but his or her actions *are* more important.
c) Humility is risky but it usually pays off in increased credibility.
d) A leader must recognize the interdependence of himself or herself and those he or she leads.

Responses to Interactive Questions
Chapter 2

Some of these responses may include information that is supplemental to the IST. These questions are intended to produce reflective thinking beyond the course content and your responses may vary from these examples.

1 How does giftedness reveal the calling to leadership?

God has equipped those He calls with the gifts needed for leadership. Giftedness becomes a revealer of how and where we can best serve Him.

2 What part does obedience play in the life of the leader and why is it so important?

As we serve Him more, we come to realize that surrender is the route to our spiritual growth and the enhancement of our ministry. Of course this process does a major overhaul to the attitudes that we possessed at the beginning of our journey as a spiritual leader. Eventually each leader who earnestly desires to guide others must allow God to modify our attitudes and desires.

3 Which of the three kinds of prayer listed do you find most common in your prayer life and which kind do you find most difficult? Explain your responses.

While this will be a personal response, the student will choose among *Ask* (supplication), *Seek* (dedication), and *Knock* (intercession).

4 What three questions help us to interpret Scripture?

Bible study involves a process of asking and answering questions about what you are reading:

What did it mean at one time, to the original audience?

What is the universal and timeless principle we can learn now?

What should we do in response to it?

5 What is faith and why is it essential for the leader to be a person of faith?

Hebrews 11:1 defines faith: "Now faith is being sure of what we hope for and certain of what we do not see." Hebrews 11:13 describes men and women of faith and what they each had in common:

- Vision: Each of them *saw* the promises from far off.
- Confidence: Each of them was assured of the promises of God.
- Passion: Each of them embraced and owned the promises as his or her own.
- Resolve: They confessed that they were pilgrims on the earth.
- Dreams: Their God-given dreams, not their memories, consumed them.

6 What are the key points made in Philippians 2:5–8 concerning Christ's attitude and actions?

Although He was God, He did not cling to His position, but rather to His purpose. His priorities were always aligned with His Father's priorities; He was not conscious of position, but conscious of purpose. He knew *the* way to accomplish His purpose was to serve people, meeting them in their needs, right where they were. Leaders naturally arise when someone determines to serve, because (1) that need sparks passion from within; (2) the need causes one to respond with action; and (3) this action will likely move others to cooperate.

7 How does security affect servanthood?

When leaders are secure, they focus on service, draw strength from identity, pursue service to others, and want to add value to others.

8 How would you describe the anointing of the Spirit in the life of a leader?

This will be a personal response but could include some of the following: Anointing is the evidence of the Holy Spirit in a leader's life. The anointing will be evidenced in supernatural authority and ability. The anointing does not bring perfection, but aids an individual's pursuit of righteousness. The anointing of the Spirit always maintains a focus on Christ.

CHAPTER

The High Calling of Leadership

"So then, men ought to regard us as servants of Christ and as those entrusted with the secret things of God. Now it is required that those who have been given a trust must prove faithful" (1 Corinthians 4:1–2).

About four hundred individuals in the Bible were given leadership responsibilities, but only about 25 percent of them finished their lives in the will of God. That is, approximately one hundred of those leaders completed their journey on earth in a context of obedience to His will. All who finished strong had this in common: they were lifelong learners. Obviously, our leadership example is Jesus, and Luke said this of Him: "And Jesus grew in wisdom and stature, and in favor with God and men" (Luke 2:52). Our Lord, in His sinless perfection, grew obediently and conclusively.

Years ago, an internationally known news correspondent was asked by a journalism student, "What advice can you give to aspiring journalists?" He replied, "Read the great writers and listen to good talkers." That is great advice for aspiring leaders too. The leaders who most positively impact societies around the world are lifelong learners. They never stop growing in their desire to better their lives and increase their knowledge. They read great writers and listen to good talkers.

The apostle Paul was a lifelong learner. He told the Philippians that even though he was well-educated, he had not yet attained all of the spiritual and eternal realities that his heart longed for in this life. Paul's hunger for learning was evident even toward the end of his life while in prison. We read Paul's request to Timothy to bring him his "scrolls" (books) and "parchments" (the Scriptures) (2 Timothy 4:13) so that he could continue to read, learn, and stay encouraged.

During his years of ministry, Paul wrote extensively on the subject of leadership. Some of his writings focused on leadership directly, in which he gave clear instructions about what leaders should and should not do. He reminded the young pastors that their examples should be the models for all. Other writings indirectly warned the local believers against taking leaders and their support for granted, instructing them to treat leaders with respect, according to their God-given authority. Regardless of place or context, Paul knew the value of leadership.

In 1 Corinthians 4, Paul provides some significant insights about what a Christian leader should look like. One of the many principles the Bible emphasizes is that leadership is not bound in a title, but it is formed in the heart of a godly leader. Paul believed if a leader would faithfully follow his recommendations, outlined in verses 1–2, that servant would finish his or her life on earth in glorifying obedience to God.

The first two verses of 1 Corinthians 4 are actually a continuation of the previous chapter, which has spiritual maturity as its primary focus: "You are of Christ, and Christ is of God." By the time the reader begins chapter 4, Paul clearly describes what those who belong to Christ (and have been given leadership roles) need to remember and to execute in their lives. The call to leadership includes a calling to high standards.

Lesson 3.1   Leadership Requires Accountability and Service

Objective

3.1.1   Explain the accountability and servant mentality required to be an effective spiritual leader.

Lesson 3.2   Leadership Requires Able Management and Faithfulness

Objective

3.2.1   Describe the responsibility of being an effective steward, and demonstrate such responsibility.

Lesson 3.3   Leadership Leads to Fruitfulness

Objective

3.3.1   Identify the key components of success for a spiritual leader, and describe the path to achieving such success.

1   Define accountability as it relates to the life of a leader.

3.1.1
OBJECTIVE

Explain the accountability and servant mentality required to be an effective spiritual leader.

Leadership Requires Accountability and Service

Accountability

For societies where leadership qualifications are minimized to questionable standards, Paul provides another perspective, starting with accountability. "So then, men ought to regard us" (1 Corinthians 4:1). The word *regard* means "to reckon or account." It comes from the same Greek root that gives us the English word *logic*. In Paul's day, it was a bookkeeping term that meant "to calculate," "to number," or "to be precise." The verb form of the word means "to put together in one's mind various calculations."

This is a sobering reminder that the life of a leader is one of *accountability*. Paul's position is that accountability is a logical obligation for a leader to embrace. Conversely, the concept infers that for a leader to live a life void of accountability is *illogical*. It makes no sense at all. Tragically, many leaders live and lead without submitting to accountability. The church world is not excluded from this indictment. As an illustration we consider the role of a bookkeeper or an accountant. Today in our world, a bookkeeper serves an organization, whether religious or secular, by handling the financial accounts of business transactions. Likewise, an accountant is the person who inspects and audits financial records and makes reports. Oftentimes, a financial audit can make or break the future of an organization. Many times professional bookkeepers and accountants are responsible for making sure the books of a business or of a ministry are balanced and accurate. An unwillingness to be audited has sometimes spelled doom and closed the doors of many organizations. People neither trust nor desire to build relationships with organizations that tend to cloak their financial dealings. Openness is expected and makes good business sense.

Paul is telling the Corinthians, in chapter 4, that Christian leaders are to be like open books—with nothing to hide. In other words, Christian leaders should be willing to be held accountable for their actions, first to God and then to their constituents. If a leader does not adhere to structures of accountability, the result will be *a leader out of balance*. An unbalanced leader is an unhealthy leader who will produce an unhealthy organization.

We know that Jesus was the only servant-leader who had a perfect record. Even in the lives of stellar leaders, those we are calling "opened-book leaders," there exists liabilities, weaknesses, and vulnerabilities. If ever these liabilities or vulnerabilities are purposefully hidden and unchecked, they can cause a leader to fall.

When a leader agrees to be held accountable, he or she will realize a continual blessing. Many leaders have discovered the value of being a part of an "accountability group." Such groups are beneficial, particularly, for leaders who constantly face temptations to cut corners, make unwise choices, or to neglect their personal or ministry commitments.

Accountability is essential in the life of an effective Christian leader. For instance, in 1 Corinthians 3–4, Paul relates four accountability relationships to underscore the importance of the issue.

First is the example of the *masters and servants relationship* (3:5). Paul and Apollos were the leaders, yet they were also servants. Here is a vivid reminder that those who are in leadership must be held accountable in their dual roles as masters and servants. Then Paul mentions the *farmer and soil relationship* (3:6). He teaches a lesson regarding the concept of sowing seeds in soil to reap a harvest. For the seed to take root, the farmer must be responsible to plant at the correct time and in the correct place and to apply water and fertilizer. To reap a harvest, the farmer does not act alone; he depends on the elements of seeds, soil, sun, water, and fertilizer.

Another example of accountability is portrayed in the *co-workers relationship* (3:9). Anyone who works with others is more effective if he or she is in an accountability relationship. A worker who does not commit to the success of another worker diminishes production, lessens morale, and sours the attitudes of the organization. The fourth accountability example Paul gives is that of *the father and son relationship* (4:14). Parents are accountable to their children and children to their parents. Healthy families understand and practice this two-way principle of accountability. Parents are accountable to provide safety, security, and loving nurture for their children. Children are accountable to parents for their conduct and obedience.

2   What are some of the results when a leader lacks accountability?

Whether in the marketplace or at home, the Christian leader must be held to a tangible level of accountability; if an accountability relationship is not in place at the leadership level, the organization will experience chaos, less productivity, and division among the people working for a common mission. Spiritual power comes when leaders are covered with an umbrella of accountability and when their relationships and lives are supported within fences of protection. Christian leaders are to be people with consistent and meaningful boundaries of accountability, endeavoring to live balanced lives. Followers deserve this kind of leader.

Service

Paul teaches the importance of service as his instruction continues in 1 Corinthians 4: "So then, men ought to regard us as servants" (v. 1). The word Paul uses for *servant* also means "minister." The meaning comes from a Greek word which refers to attendants, slaves, and servants.

3   How do you define servanthood?

Originally the word was used to describe those who were slaves on a ship, whose job it was to row the oars in the galley, the lowest part of a ship. A galley slave had the most menial job on the ship; he existed in squalid conditions. Over time, the word *servant* was used when referring to anyone under the authority of another. Paul is clear: Christian leaders are to be "servant" leaders.

Christian leadership is not about achieving power or authority. The late Ray Steadman wrote:

Our churches are not to be hierarchies of bosses, but "lower-archies" of servants, where Christians compete not to lead and rule, but to love and serve. . . . In the church we have popes, bishops, priests, reverends, chairmen, superintendents, and authorities of every description. We even have unofficial "church bosses" and "power brokers"—those individuals in the church who are feared and obeyed, even when they have no official title or job description in the church structure. But that is not the kind of authority Jesus modeled and taught to His church. He taught that those who serve, regardless of their title, are the ones who earn the mantle of authority in His church. (1993, 354)

In 1 Corinthians 14:40, Paul writes, 'But everything should be in a fitting and orderly way." The church needs organization and God has given offices and titles for people to lead. However, the strength of leadership in the Christian community does not come with a title; it comes with an orientation of serving others before self.

It is appropriate to ask, "To whom is the servant to be loyal?" Paul says that above all else leaders are servants "of Christ" (4:1). Again, this is the image of the under-rowers of ancient Greece and Rome. Only the heavy laborers are the shepherds over the local bodies, serving under the headship of Jesus Christ. We can think of leaders as the galley slaves of Christ. In many circles this is still a novel idea.

How does the local church or any Christian organization go forward? A body of believers progresses when servant leaders tirelessly and sacrificially provide the locomotion and acceleration, like those who row a boat in the lowest parts of a ship. Try to imagine a church without servant leadership. Perhaps you do not have to imagine; you may know of such a church! If you do, you know that body is not advancing.

A Christian leader will never serve people rightly until he or she serves the Lord rightly, and the only way to do that is to take on the form of a servant leader. Our Lord demonstrated servant-leadership in a most vivid manner in John 13:1–20, where He washed the feet of His disciples. These eight points form His mode of leadership.

Christ-like servant leaders do the following:

1. are motivated by love to serve others (vv. 1–2).
2. possess a security that allows them to minister to others (v. 3).
3. initiate servant ministry to others (vv. 4–5).
4. receive servant ministry from others (vv. 6–7).
5. resist what will interfere with their relationship with Jesus (vv. 8–9).
6. teach servant-hood by their example (vv. 12–15).
7. live a blessed life (vv. 16–17).
8. are guided by the opposite philosophy of that promoted by the world (vv. 18–19).

Every leader will be faced with the temptation to *power up* on people, to force an issue, or feel like there must be a win. But Jesus sets another standard, a higher standard. Those who are called to lead must remember that at the core of their ability to influence others for God is the essential need for a servant's heart.

3.2.1
OBJECTIVE

Describe the responsibility of being an effective steward, and demonstrate such responsibility.

4   Explain the role of a steward.

5   How is Joseph a strong illustration of a leader's stewardship, even though he was but a servant in the house of Potiphar?

6   What does Paul mean by the "secret things" of God?

Leadership Requires Able Management and Faithfulness

Able Management

"So then, men ought to regard us as servants of Christ and of those entrusted with the secret things of God" (1 Corinthians 4:1).

Some Bible translations speak of being "stewards of the mysteries of God." The words *entrusted* and *steward* are interchangeable. A steward is someone who has been entrusted with grave responsibility or with valuable material possessions, perhaps even entrusted with individuals who belong to the master.

Often in the Bible when an individual is entrusted with something, it is in the context of being a house manager. In both the Old and New Testaments affluent owners would hire someone to manage their property. This manager's responsibility extended during the owner's presence or absence. Not only was the property or persons to be cared for, but there were other employees who needed supervision. Even the children of the owner were often to be cared for by the steward.

In Genesis 39, the role and responsibility of house manager was given to Joseph. He was the steward or manager in Potiphar's home.

Joseph found favor in his [Potiphar's] eyes, and became his attendant. Potiphar put him in charge of his household, and he entrusted to his care everything he owned. From the time he put him in charge of his household and all that he owned, the Lord blessed the household of the Egyptian because of Joseph. . . . So he left in Joseph's care everything he had; with Joseph in charge he did not concern himself with anything except the food he ate. (vv. 4–6)

Undoubtedly, Joseph had a budget, a schedule, events to plan, and staff meetings to supervise. His was a big job for an important person. There were challenges, temptations, and expectations. Being a manager of a home was not easy then, and it is not easy now. Anyone who manages a home with children knows that managing a home and a family is not trouble-free.

Paul speaks of the steward managing the "secret things" of God. It seems Paul is directly speaking in this context to those who have been called to positions where they must teach the Word of God and are to be sensitive to the Spirit of God. The words *secret things* and *mysteries of God* literally carry the idea of the things only known by divine revelation. Paul is making a strong case for the importance of a leader taking God's revealed word and giving instructions from that word to the household of God. In short, Paul is sharing the importance of a Spirit-empowered communicator being a Bible manager! None of the mysteries of the divine revelation are to be held back. All of it is to be taught; even the parts that the believers may never fully understand in this life. That is part of what makes them mysteries.

A Bible manager or steward is to present to the household of God all truth. The great mysteries of our faith like the virgin birth, predestination, the Trinity, and the sovereignty of God are to be fully proclaimed even though they may not be fully understood.

Therefore, since through God's mercy we have this ministry, we do not lose heart. Rather, we have renounced secret and shameful ways; we do not use deception, nor do we distort the word of God. On the contrary, by setting forth the truth plainly we commend ourselves to every man's conscience in the sight of God. (2 Corinthians 4:1–2)

Unlike so many, we do not peddle the word of God for profit. On the contrary, in Christ we speak before God with sincerity, like men sent from God (2 Corinthians 2:17).

All Scripture is God-breathed and is useful for teaching, rebuking, correcting and training in righteousness (2 Timothy 3:16).

Perhaps the reason many Christians experience spiritual malnutrition is that they are hearing from preachers who are giving them either an unbalanced diet of biblical truth or not managing the Bible well in their public proclamations. All leaders who teach the Bible need to ensure they are answering questions that society is asking today, not five, ten, fifteen, or twenty years ago.

While handling God's Word well is not the only management requirement of a pastor, it certainly is the most serious of responsibilities. Other demands may include managing a staff, a congregation, a myriad of ministries, a demanding personal schedule, and carving out time for sermon preparation. A leader understands that the Word of God plays a critical role in his or her life, calling, and public ministry. When you get one opportunity to influence your people every week from the pulpit, make sure you get the *Bible manager* duty right! A leader who cannot manage the mysteries of God will have a challenge managing the mysteries of a church, be they spiritual mysteries or mysterious aggravations. Being a student of the Word of God is essential to caring for the house of God.

Faithfulness

"Now it is required that those who have been given a trust must prove faithful" (1 Corinthians 4:2).

"Moreover it is required in stewards, that a man be found faithful" (1 Corinthians 4:2, KJV).

7   Why is faithfulness a key component to success for a spiritual leader?

More than anything else, Paul stresses that Christian leaders are to be faithful and trustworthy. God does not require brilliance, cleverness, articulation, creativeness, or popularity. That may be what some pulpit committees require, but not God! All those characteristics can blend together for His glory and perhaps make someone a popular speaker. But what God requires is that His leaders be faithful, trustworthy souls.

8   How would you define faithfulness?

In a church world filled with job opportunities, listed with all kinds of descriptions, it is refreshing to know that first and foremost God wants His leaders to keep their word, show up on time, be honest in their dealings, be square in their relationships, do their very best, and just love Him with a childlike love.

Paul commended faithfulness in people's lives when he saw it:

- In Timothy's life: "For this reason I am sending to you Timothy, my son whom I love, who is faithful in the Lord. He will remind you of my way of life in Christ Jesus, which agrees with what I teach everywhere in every church" (1 Corinthians 4:17).
- In the life of Epaphras: "You learned it from Epaphras, our dear fellow servant, who is a faithful minister of Christ on our behalf" (Colossians 1:7).
- In Tychicus' life: "Tychicus will tell you all the news about me. He is a dear brother, a faithful minister and fellow servant in the Lord" (Colossians 4:7).
- In his own life: "I give a judgment as one who by the Lord's mercy is trustworthy" (1 Corinthians 7:25).

The Lord Jesus spoke of a faithful servant in Matthew 24:45–47:

Who then is a faithful and wise servant, whom the master has put in charge of the servants in his household to give them their food at the proper time? It will be good for that servant whose master finds him doing so when he returns. I tell you the truth, he will put him in charge of all his possessions.

When Jesus comes again, He is going to judge His servants according to their faithfulness to His commandments. When all is considered, God supplies His word; God provides the Holy Spirit; God supplies all of the spiritual gifts; and God supplies the power to do the work of the ministry. Just about the only thing that you and I have left to offer God to accomplish His eternal work is our faithfulness, our basic requirement.

LESSON 3.3

9   What is fruitfulness?

OBJECTIVE
Identify the key components of success for a spiritual leader, and describe the path to achieving such success.

Leadership Leads to Fruitfulness

Fruitfulness

If a leader is accountable, serves, manages, and is faithful, then in time, fruit will grow around that leader and the reproduction of leaders will be apparent for all to see. All around the world, Christian leaders are learning the power of bearing fruit by multiplying themselves in the lives of people they are mentoring and training. John Maxwell says, "To add growth, lead followers; to multiply, lead leaders" (1998, 205).

Russia has experienced one of the greatest surges of church planting in a ten-year period since Pentecost. Over six thousand new churches have been planted in the former Soviet Union between the years 1993 and 2003. One of the pastors on the cutting edge of new church planting is Pastor Yuri. Pastor Yuri leads a church of three thousand in a city of about one million people. But in addition to his local church, Pastor Yuri has been multiplying himself over and over by training, resourcing, and financing other ministers who lead over three hundred other church plants, all founded in a seven-year period. Because this man has been accountable, has been desirous to serve, has managed God's Word effectively, and has been so very faithful, God has allowed him to bear much fruit in a short period of time.

In 1995, Maxwell started a ministry called EQUIP, an international leadership training organization in Atlanta that has experienced explosive growth in leadership development. Armed with a three-year curriculum and world-class trainers, EQUIP is systematically training nearly 1 million Christians in Asia, Africa, Europe, and Latin America. The leadership of EQUIP is convinced that if the church is going to bear much fruit for the fulfillment of the Great Commission, then an army of leaders must be trained and resourced (www.iequip.org).

The apostle Paul spent most of his life in training and discipling leaders. His missionary journeys and church planting initiatives all had leadership development components. He poured his life into a wide array of men and women from various cultures and socioeconomic backgrounds. But his passion was always to find leaders and give them the tools to do the work of ministry. As Paul found potential leaders he modeled and taught them the importance of at least five things. All are summarized in the first two verses of 1 Corinthians 4. The five things are these: (1) Be accountable; (2) Be a servant; (3) Be a trustworthy manager; (4) Be faithful; and (5) Be fruitful. If we will meet those initial requirements, a life of fruitfulness will follow.

Test Yourself

Circle the letter of the *best* answer.

1. Which of the following is true concerning the nearly 400 leaders recorded in the Bible?
a) All were Israelites.
b) Each experienced a supernatural moment of calling.
c) Only about 25 percent finished their lives in the will of God.
d) All of the above are true.

2. Which of the following is *not* one of the accountability relationships the apostle Paul addresses?
a) Coach and athlete
b) Masters and servants
c) Farmers and soil
d) Father and son

3. Which of the following is a characteristic of a servant leader?
a) Is motivated by love to serve others
b) Receives servant ministry from others
c) Lives a blessed life
d) All the above are characteristics of a servant leader.

4. Which of the following is *not* illustrated by the example of the farmer and the soil?
a) Accountability
b) Diligence
c) Efficiency
d) Patience

5. To whom is the servant to be loyal?
a) To those he or she serves
b) To the body of Christ
c) To the One who has called him or her
d) The servant is to be loyal to all of the above.

6. Which of the following is *not* a true statement concerning Joseph?
a) He managed Potiphar's household.
b) He saw himself as accountable to both God and his master.
c) He felt that he had to be obedient only to his Babylonian captors.
d) He sought to honor God by his service to Potiphar.

7. Which of the following does God require from His leaders?
a) Faithfulness
b) Brilliance
c) Articulation
d) Creativity

8. Which of the following co-laborers of Paul does Paul use to illustrate faithfulness?
a) Timothy
b) Epaphras
c) Tychicus
d) He uses all of the above.

9. Which of the following is the mark of a true leader?
a) Fruitfulness
b) Excellence
c) Organization
d) Creativity

10. Which passage contains the path for a life of fruitfulness?
a) Romans 8:18–19
b) 2 Corinthians 2:5–7
c) 1 Corinthians 2:14–15
d) 1 Corinthians 4:1–2

Responses to Interactive Questions
Chapter 3

Some of these responses may include information that is supplemental to the IST. These questions are intended to produce reflective thinking beyond the course content and your responses may vary from these examples.

1   Define accountability as it relates to the life of a leader.

Accountability is the recognition of responsibility to others. Accountability is acknowledging that our choices and decisions have an impact on others and that impact must be considered carefully. A leader must demonstrate awareness that even his or her personal decisions affect others. Accountability often requires a leader to adhere to a higher standard than others.

2   What are some of the results when a leader lacks accountability?

Chaos in relationship, little or no productivity, division in homes and in the organization, prideful behavior, and weak responses to temptations.

3   How do you define servanthood?

This will be a personal response, but should include a clear sense of putting the needs of others ahead of your own.

4   Explain the role of a steward.

A steward is to be entrusted with responsibility for something or someone. A steward manages that which he or she is steward over. In Bible days, an affluent owner would hire someone to manage the property, in the context of being a house manager.

5   How is Joseph a strong illustration of a leader's stewardship, even though he was but a servant in the house of Potiphar?

Joseph's commitment to quality stewardship brought great trust from his master. Joseph was able to make a significant impact because of his stewardship, even though he lived in a foreign land as a slave. Joseph was not treated fairly, but he always responded righteously and thus gained his master's trust.

6   What does Paul mean by the "secret things" of God?

Paul is speaking in this context to those who have been called to positions where they must teach the Word of God and are to be sensitive to the Spirit of God. The words *secret things* and *mysteries of God* imply things only known by divine revelation. Paul is making a strong case for the importance of a leader taking God's revealed word and giving instructions from that word to the household of God as a "Bible manager." None of the mysteries of the divine revelation are to be held back. All of it is to be taught, even the parts that we may never fully understand in this life. That is part of what makes them mysteries.

7   Why is faithfulness a key component to success for a spiritual leader?

God requires His leaders be faithful, trustworthy souls. First and foremost God wants His leaders to keep their word, show up on time, be honest in their dealings, be square in their relationships, do their very best, and love Him with a childlike love. People follow leaders who are trustworthy.

8   How would you define faithfulness?

This will be a personal response, but could include consistency in righteousness, availability to God's purposes, willingness to direct all glory to Christ, a refusal to quit when things become difficult, and a consistent spirit of servanthood.

9   What is fruitfulness?

Fruitfulness is the reproduction of a leader's character in the lives of others. Fruitfulness includes leading others to discover Christ's grace and love and to choose His purposes for our lives. Bearing fruit is the command of Christ for those who follow Him.

The Leadership Test for Potential and Maturity

"Test me, O Lord, and try me, examine my heart and my mind" (Psalm 26:2).

Potentially, nearly every moment of life is a test. However, we can also encounter *seasons* of testing, and during those prolonged times, if we are alert to them, God will strengthen us to pass the tests. The book of James warns us that leaders will experience more scrutiny, testing, and judgment than followers do (3:1).

Tests are common. Tests are administered daily in schools. Objects are tested too; many products and appliances are tested before they are sold. Nearly every part of a new car is put through intensive tests to check for safety and performance. Similarly when God tests leaders, He takes them through a type of crucial screening that reveals what they are made of. These screenings make us better leaders.

All of the biblical leaders who were mightily used of God were also tested. Some of them went through prolonged seasons of testing. Abraham, Moses, Esther, Job, David, Samuel, and Paul are but a few of the examples. Testing often came in the area of their faith, to see if they would trust God regardless of the circumstances or the forces arrayed against them. Would they trust God when everything seemed hopeless? Would they trust God when delays seemed to be the order of the day? Would they trust and obey Him when friends and family members were giving up and they had to stand alone? Would they be willing to risk all for His kingdom's sake?

Testing also came their way in the *motives* arena. Would they serve God faithfully even if no one noticed? Would they be willing to serve in dark, difficult, lonely places with no applause from others? What were their true motivations for serving?

Lesson 4.1   The Purposes of Testing

Objective
4.1.1   State the varied purposes of testing, and identify such purposes in your own life.

Lesson 4.2   The Definition and Blessing of Testing

Objective
4.2.1   Identify and explain what constitutes real testing in the life of the leader.

Lesson 4.3   The Ten Tests of Leadership Development

Objective
4.3.1   Identify and describe the ten tests that can develop leaders.

The Purposes of Testing

If our lives were too easy, perhaps we would likely become lazy and complacent. Faith grows when it is tested. In the tests we learn to trust God completely; then our souls are firmly anchored in Him, the bedrock of our faith.

Joseph's story is one about faith in the fiery crucible of life. In the middle of rejection, false accusations, and prison isolation, his faith rose up stronger. Joseph's story reveals that tests are vital to the process of building an effective Christian leader. The book of Genesis contains only three chapters about the creation of our world, but it contains thirteen chapters about the building of Joseph into the leader God could trust and use in a vital role of leadership. For instance, early in Joseph's life God instilled several dreams within the boy's heart (Genesis 37). God had marked him for greatness, but the journey to the realization of that dream was long and difficult.

First, Joseph's favorite son status with Jacob garnered him major resentment from his brothers. When he unwisely shared his dreams with his brothers, Joseph clearly did not follow the principles for winning friends and influencing people. So when his brothers sold him into slavery and he was taken away to a strange land, we can imagine that his dreams became a distant memory. No longer did Joseph envision his brothers bowing before him. Instead he probably anticipated a cruel taskmaster ready to beat him if he resisted commands.

Joseph now faced the ultimate test. Would he abandon his faith in God and toss his God-given dreams aside, or would he cling tenaciously to the God of Israel and all that He promised? Adversity presses hard and taunts us: "Can God be trusted? A dream delayed is a dream denied!" However, Joseph did not become bitter. Throughout his years of testing he embraced the disciplines of servanthood, self-control, and suffering.

Joseph learned to work hard as a servant of Potiphar. The favorite son learned the role of servant, submitting to authority. He learned to follow instructions many years before God would trust him to give orders to others. He discovered the importance of *followership* before he was given a place of *leadership*.

In Potiphar's house Joseph developed his self-control. He learned that Satan will test a child of God at a point of vulnerability. The testing in our private lives may be the most difficult challenge of all. For instance, when we are alone in front of a computer connected to the Internet, how do we handle temptation? If God cannot trust us in private, why should He ever trust us in public ministry? Joseph was young, handsome, lonesome, and far from the eyes of his parents. Yielding to his master's wife could have meant his ticket to freedom, but he refused her advances. With God's help, he ran from sexual temptation; ironically, his courageous self-restraint led to his imprisonment.

As an innocent prisoner, Joseph learned trust and patience. Throughout all of his trials, he was always able to keep looking upward. He believed that God's hand was upon His life, though his circumstances declared otherwise. His season of testing was long and severe, but because of his faithfulness throughout the entire ordeal, God placed him in a strategic leadership role where his dreams finally came true.

4.1.1
OBJECTIVE

State the varied purposes of testing, and identify such purposes in your own life.

1 What are some of the possible purposes for Joseph's servanthood under Potiphar?

2 Identify one of your most recent times of suffering and make a list of the lessons you learned and other lessons that God may have been teaching you through the suffering.

OBJECTIVE

Identify and explain what constitutes real testing in the life of the leader.

3   Explain the three inward conditions that testing reveals in the leader.

The Definition and Blessing of Testing

Testing as it relates to leadership can be defined as an opportunity which challenges leaders to demonstrate their level of maturity and to grow in faith and obedience. Every test that a Christian leader encounters reveals the state of the inner person, the heart of the servant. A leader operates out of one of three different conditions of the heart, and his or her reaction or response will be determined by that inward state. Those conditions can be described as inward poverty, inward plateau, and inward progress.

When you fail to trust God and act obediently, you are reflecting a condition we call *inward poverty*. Sometimes a time of testing may reveal that you are immature and your growth has stagnated; in this condition you are speaking or acting out of your *inward plateau.* This is when your life shows the need for growth because mediocrity in your spiritual leadership is evident. The third condition is called *inward progress* and it is our ideal. With inward progress, your heart is marked by mature faith and consistent obedience (Notebook 2: Million Leaders Mandate 2003, 3).

Abraham was tested. God's purpose was to check the condition of Abraham's heart. We find the story recorded in Genesis 22:1–2, 9–13, and a commentary on this incident is in Hebrews 11:17–19. God had asked for the sacrifice of Abraham's son, Isaac, the long-awaited, promised son. Although God told Abraham to offer Isaac as a sacrifice, Abraham still trusted God. This was Abraham's test and he passed it successfully, proving he had settled the issues of obedience and lordship.

David, one of Israel's greatest leaders, had to endure many tests all throughout his lifetime. Listen to his insight and note how aware he was of the need for testing:

O righteous God, who searches minds and hearts . . . (Psalm 7:9)

Though you probe my heart and examine me at night, though you test me, you will find nothing; I have resolved that my mouth will not sin. (Psalm 17:3)

Test me, O Lord, and try me, examine my heart and my mind. (Psalm 26:2)

Search me, O God, and know my heart; test me and know my anxious thoughts. See if there is any offensive way in me, and lead me in the way everlasting. (Psalm 139:23–24)

Tests are beneficial, and leaders should welcome them. They tell us the truth when other friends cannot, or will not, be so blunt. The apostle Paul closes his final letter to the Corinthians with these sobering words: "Examine yourselves to see whether you are in the faith; test yourselves" (2 Corinthians 13:5). And consider the positive results James tells us we should expect from tests, no matter how difficult they are at the time: "Consider it pure joy, my brothers, whenever you face trials of many kinds, because you know that the testing of your faith develops perseverance. Perseverance must finish its work so that you may be mature and complete, not lacking anything" (James 1:2–4).

4   What is the difference between spiritual formation and skill formation?

Tests are the tools of *spiritual formation* for shaping us into God's instrument. But we (all of us) usually need more than one lesson before things become clear about what God is saying to us or trying to do. This may mean that we will experience times of failure in our roles of leadership. When a godly man or woman fails in a leadership role, it is important to understand that spiritual formation is only the first step in building an effective Christian leader. A leader may have failed not because of some personal flaws in character (which is where we usually lay the blame) but because of deficiencies in what I call skill formation. *Competence in the basic skills of leadership must be learned!*

Progress in this area requires commitment to a daily growth plan. This is how a skillful leader is developed, daily. Skillful leaders feed on books, tapes, and other resources that will help grow communication skills, relational skills, motivational skills, attitude skills, team-building skills, problem-solving skills, conflict-resolving skills, and so forth.

Then, if a leader wants to experience maximum impact for the Kingdom, he or she will endeavor to blend godly character and leadership skills into a focused, strategic plan for ministry. He discovers his God-given purpose. She refuses to dabble in countless activities. Or, a husband and wife in leadership will give themselves to those activities that strategically maximize their impact. Each learns to multiply his or her influence by training, equipping, and developing other leaders. Strategic formation becomes the priority; compound results are the outcome.

The Story of Erwin Patricio

5   Explain the three "bases" of a leader's development as described in the story of Erwin Patricio.

In his book, *Big Picture People,* Doug Carter (Senior Vice President of EQUIP) shares the story of Erwin Patricio. His story illustrates the key components of growth toward mature leadership. The following is an excerpt from Carter's book.

Erwin Patricio was a member of the Tohono O'odham tribe (also known as the Papago tribe), a group of about 10,000 Native Americans who live on a reservation that sprawls across the southern Arizona desert.

By age 30, Erwin had earned the name "the reservation drunkard." He was a sixth grade dropout who had become an alcoholic and a failure at everything he had touched in life. But one hot afternoon a missionary visited his home. Erwin treated the missionary with utmost contempt, even threatening to kill the missionary if he returned to Erwin's adobe hut. But, even in the face of threats upon his life, the missionary persisted. Soon Erwin stumbled into a little Indian church and gave his heart to Christ. Erwin was wonderfully transformed by the power of the gospel. Old things passed away and all became new! Within a few weeks he became convinced that God was calling him to preach the gospel.

He applied for admission into a very fine Bible college in New Mexico. The registrar at the Bible college mistakenly overlooked the fact that Erwin had not attended high school. You will recall that my Indian friend had quit school in the sixth grade! She admitted him to the freshman class. Four years later he graduated as the valedictorian of his class, and shortly after he completed college, I heard Erwin preach. The first time I heard his personal testimony I felt very strongly that the Holy Spirit was directing me to ask him to prayerfully consider becoming the chaplain at the school I directed for Native American youth. Almost immediately he accepted the challenge and moved his family to the campus of the Southwest Indian School.

He and I spent hours in prayer and in discussions of ministry issues. I developed a special love and appreciation for this deeply spiritual man. I admired his devotion to Christ, his faithfulness to the Word of God and to prayer, his burden for the lost, and his passion to make a difference. He was very Christ-like in character; yet he often failed when placed in a leadership role. As I observed his struggles, I was reminded that a sterling character and deep love for the Lord are not enough to make one effective in ministry.

After several conversations with Erwin, I committed myself to a mentoring role in his life. We did ministry side by side. What an incredible journey we took together! Years later, Rev. Kevin Myers, a dear friend and pastor in the Atlanta area, shared with me a leadership development model that perfectly described my journey with Erwin. Pastor Kevin talked about a baseball diamond with the bases as three key steps in the process of growth as a leader: *calling* as home plate, *character* as first base, *community* as second base, and *competence* as third base.

Erwin was a giant at first base, but had he remained at first base his impact for Christ's kingdom would have been very minimal. I did my very best to help him work on second base issues. He worked hard to improve his communications skills and his people skills. He developed excellent vision casting, team-building and conflict resolution skills. Though as his skills improved, a new problem arose. He was pulled in a thousand directions. Soon he was dabbling in countless projects and ministries. Rather than doing a few things exceedingly well and leaving a mark, he was dabbling in 40 things and leaving a blur.

I began to discuss third base issues with Erwin. He needed to move his leadership to third base. Third base is where a leader gains perspective, learns to focus, establishes priorities, shifts from activity to accomplishment, and moves from success to significance by a God-inspired strategy to make a maximum impact for Christ and His Kingdom. He has to be more than a *doer*—he has to become a *developer* of others. (Carter 2000, 33–34)

Five Truths about Testing

These five truths should be embraced by every minister if he or she is to keep growing to be like Christ:

1. We all experience tests at each stage of our growth.

2. Our goal should be to pass every test.

3. Testing always precedes promotion.

4. Self-promotion and human promotion cannot replace divine promotion.

5. Just as a product is never used until it is tested, so will it be with each of us.

Sometimes a point is more easily understood with the help of a visual. Study the following diagram to more clearly understand the truths about the value of being tested.

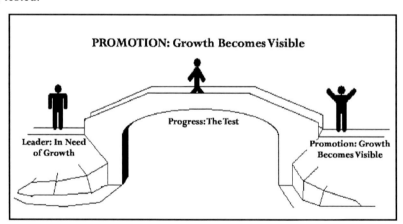

The Ten Tests of Leadership Development

Our parents' words were true: Anything worth having is worth working for. Obviously the leadership preparation process will be hard work and it will be slow and painful at times. Listed here are ten categories of tests (Notebook 2: Million Leaders Mandate 2003, 5–7) that we may be put through on the journey to becoming effective servant-leaders. If we know the purpose of each test and its biblical basis, then we can more easily weather the discomfort. God is setting in motion His plan. Our tests do not take Him by surprise; He is in control of them.

4.3.1
OBJECTIVE
Identify and describe the ten tests that can develop leaders.

6   Why might the test of small things be one of the most difficult tests for a leader?

1. **Faith Test**. This is a test in small things that comes to determine our faithfulness and potential for greater opportunities.

> Be careful then, how you live—not as unwise but as wise, making the most of your opportunities, because the days are evil. (Ephesians 5:15–16)

> Whoever can be trusted with very little can also be trusted with much, and whoever is dishonest with very little will also be dishonest with much. (Luke 16:10)

2. **Motivation Test**. This test comes to the one who is doing what is right, to examine why he or she is doing the tasks.

> "Does Job fear God for nothing?" Satan replied. "Have you not put a hedge around him and his household and everything he has? You have blessed the work of his hands, so that his flocks and herds are spread throughout the land. But stretch out your hand and strike everything he has, and he will surely curse you to your face." (Job 1:9–11)

> "And when you pray, do not be like the hypocrites, for they love to pray standing in the synagogues and on the street corners to be seen by men. I tell you the truth, they have received their reward in full. But when you pray, go into your room, close the door and pray to your Father, who is unseen. Then your Father, who sees what is done in secret, will reward you." (Matthew 6:5–6)

7   Explain the stewardship test and how your own stewardship has been tested.

3. **Stewardship Test**. This test proves how strategically and generously we handle the resources we control.

> And then He told them this parable: "The ground of a certain rich man produced a good crop. He thought to himself, 'What shall I do? I have no place to store my crops.' Then he said, 'This is what I'll do. I will tear down my barns and build bigger ones, and there I will store all my grain and my goods. And I'll say to myself, "You have plenty of good things laid up for many years. Take life easy, eat, drink and be merry!"' "But God said to him: 'You fool! This very night your life will be demanded from you. Then who will get what you have prepared for yourself?' This is how it will be with anyone who stores up things for himself but is not rich toward God. (Luke 12:16–21)

> His master replied, "Well done, good and faithful servant! You have been faithful with a few things; I will put you in charge of many things. Come and share your master's happiness." (Matthew 25:21)

4. **Wilderness Test**. This test shows our spiritual dryness and reveals our willingness to change and grow.

> He led you through the vast and dreadful desert, that thirsty and waterless land, with its venomous snakes and scorpions. He brought you water out of hard rock. He gave you manna to eat in the desert, something your fathers had never known, to humble and to test you so that in the end it might go well with you. (Deuteronomy 8:15–16)

5. **Credibility Test**. This test reveals the depth of our integrity, to see if we will compromise under pressure.

But the Lord said to Samuel, "Do not consider his appearance or his height, for I have rejected him. The Lord does not look at the things man looks at. Man looks at the outward appearance, but the Lord looks at the heart." (1 Samuel 16:7)

When Peter came to Antioch, I opposed him to his face, because he was clearly in the wrong. Before certain men came from James, he used to eat with the Gentiles. But when they arrived, he began to draw back and separate himself from the Gentiles because he was afraid of those who belonged to the circumcision group. The other Jews joined him in his hypocrisy, so that by their hypocrisy even Barnabas was led astray. (Galatians 2:11–13)

6. **Authority Test**. This test comes to expose your attitude and willing submission toward God-given authority.

The men said, "This is the day the Lord spoke of when he said to you, 'I will give your enemy into your hands for you to deal with as you wish'" [meaning Saul as he slept soundly in a cave] . . . He said to his men, "The Lord forbid that I should do such a thing to my master, the Lord's anointed, or lift my hand against him; for he is the anointed of the Lord." With these words David rebuked his men and did not allow them to attack Saul." (1 Samuel 24:4, 6–7)

As for those who seemed to be important—whatever they were makes no difference to me; God does not judge by external appearance—those men added nothing to my message. On the contrary, they saw that I had been entrusted with the task of preaching the gospel to the Gentiles, just as Peter had been to the Jews. (Galatians 2:6–7)

8 What is the forgiveness test and when have you experienced this test?

7. **Forgiveness Test**. This test comes to show our willingness to forgive others for offenses.

Make every effort to live in peace with all men and to be holy; without holiness no one will see the Lord. See to it that no one misses the grace of God and that no bitter root grows up to cause trouble and defile many. (Hebrews 12:14–15)

And when you stand praying, if you hold anything against anyone, forgive him, so that your Father in heaven may forgive you your sins. (Mark 11:25–26)

9 What is the warfare test and why is the warfare test necessary?

8. **Warfare Test**. This test exposes our ability to fight the good fight of faith and to overcome every adversity we face.

For God said, "If they face war, they might change their minds and return to Egypt." (Exodus 13:17)

If you have raced with men on foot and they have worn you out, how can you compete with the horses? If you stumble in safe country, how will you manage in the thickets by the Jordan?" (Jeremiah 12:5)

9. **Time Test**. This test reveals the quality of your response to God-given opportunities and your commitment to faithful service until the task is completed.

For if you remain silent at this time, relief and deliverance for the Jews will arise from another place, but you and your father's family will perish. And who knows but that you have come to royal position for such a time as this? (Esther 4:14)

Let us not become weary in doing good, for at the proper time we will reap a harvest if we do not give up. (Galatians 6:9)

When he had finished speaking, he said to Simon, "Put out into deep water, and let down the nets for a catch." Simon answered, "Master, we've worked hard all night and haven't caught anything. But because you say so, I will let down the nets." When they had done so, they caught such a large number of fish that their nets began to break. (Luke 5:4–6)

Do not let this Book of Law depart from your mouth; meditate on it day and night, so that you may be careful to do everything written in it. (Joshua 1:8)

10. **Lordship Test**. This test usually occurs in one of your areas of strength.

You find it difficult to trust God because you can rely on your own ability. It reveals your heart response to whom or what has the final authority in your life. It is clear in the passage below that the command of Jesus did not make sense to Peter, a skilled fisherman. Nevertheless, he obeyed. His own knowledge and ability was surrendered to the authority of Jesus, the Lord of his life.

When He had finished speaking, he said to Simon, "Put out into deep water, and let down the nets for a catch." Simon answered, "Master, we've worked hard all night and haven't caught anything. But because you say so, I will let down the nets." When they had done so, they caught such a large number of fish that their nets began to break. So they signaled their partners in the other boat to come and help them, and they came and filled both boats so full that they began to sink. (Luke 5:4–7)

Do not let these tests discourage you from fulfilling God's leadership plans for your life. Yes, your deepest emotions will be activated by these tests, but pray, persevere, and celebrate your victories.

Test Yourself

Circle the letter of the *best* answer.

1. Which of the following did Joseph learn in the household of Potiphar?
a) He learned to work hard.
b) He learned self-control.
c) He learned faith in times of adversity.
d) He learned all of the above.

2. Which of the following is *not* one of the revelations of a leader's testing?
a) Inward penitence
b) Inward plateau
c) Inward poverty
d) Inward progress

3. In Kevin Myers's baseball diamond illustration, which is first base?
a) Community
b) Character
c) Competence
d) Communication

4. The test of motivation
a) proves our faithfulness and potential.
b) proves how we handle resources.
c) reveals why we do the right thing.
d) displays our integrity.

5. The test of credibility
a) reveals how we handle resources.
b) displays our integrity.
c) proves our faithfulness and potential.
d) reveals why we do the right thing.

6. The test of stewardship
a) displays our integrity.
b) proves our faithfulness and potential.
c) proves how we handle resources.
d) reveals why we do the right thing.

7. The wilderness test
a) reveals our spiritual dryness and willingness to change and grow.
b) proves our faithfulness and potential.
c) exposes our attitude and willing submission toward God-given authority.
d) shows we are not easily offended.

8. The test of forgiveness
a) exposes our attitude and willing submission toward God-given authority.
b) shows our spiritual dryness and willingness to change and grow.
c) proves our faithfulness and potential.
d) reveals we are not easily offended.

9. The test of small things
a) reveals the quality of our response to God-given opportunities and our commitment to finish the task.
b) proves our faithfulness and potential.
c) exposes our attitude and willing submission toward God-given authority.
d) exposes our ability to overcome every adversity we face.

10. The test of time
a) reveals the quality of our response to God-given opportunities and our commitment to finish the task.
b) exposes our attitude and willing submission toward God-given authority.
c) exposes our ability to overcome every adversity we face.
d) reveals we are not easily offended.

Responses to Interactive Questions
Chapter 4

Some of these responses may include information that is supplemental to the IST. These questions are intended to produce reflective thinking beyond the course content and your responses may vary from these examples.

1 What are some of the possible purposes for Joseph's servanthood under Potiphar?

He learned to work hard; perhaps this was necessary to balance his favored status in his home. He learned to follow orders long before he would be in a place to give them. He learned self-control. He was given opportunity to demonstrate his integrity in a place where his former accountability no longer existed.

2 Identify one of your most recent times of suffering and make a list of the lessons you learned and other lessons that God may have been teaching you through the suffering.

This will be a personal response.

3 Explain the three inward conditions that testing reveals in the leader.

Poverty—the test reveals failure to trust God and act obediently.

Plateau—the test reveals that you are not growing but have settled for mediocrity.

Progress—the test reveals that you have grown as a leader and are responding with increasing maturity.

4 What is the difference between spiritual formation and skill formation?

Spiritual formation is the interior development of the leader's character and righteousness, while skill formation focuses on his or her competence in the various tasks.

5 Explain the three "bases" of a leader's development as described in the story of Erwin Patricio.

(*Calling* is home plate.) First base is *character development*. At this base the leader's internal life is the focus and becomes the foundation of all that follows. The second base is the *development of community*. Various skills are pursued that will give the minister the ability to fulfill his or her assigned task. The third base is *competence development*. Here the leader learns to maximize his or her success by focusing on the area of his or her giftings and the mentoring relationships he or she must establish to develop others.

6 Why might the test of small things be one of the most difficult tests for a leader?

Leaders feel compelled to accomplish big things. Often a leader has more of a big picture mentality and may lack patience with smaller things. Leaders often fail to realize that the smaller assignments lead to trust with larger assignments.

7 Explain the stewardship test and how your own stewardship has been tested.

Stewardship tests reveal our sense of ownership and responsibility. A steward is one who manages resources that are owned by another. Being faithful with what God has entrusted to us is essential. God may test stewardship by taking away what is rightfully His or by giving us more to see how we will manage it. There will also be a personal response.

8 What is the forgiveness test and when have you experienced this test?

The forgiveness test determines how easily we are offended and how quickly we will be willing to forgive. Clearly this test will require that we be offended in some way, thus experiencing something negative. There will also be a personal response.

9 What is the warfare test and why is the warfare test necessary?

The warfare test provides us with the opportunity to publicly demonstrate what we have developed in private. We must face the battle in order to prove ourselves. In the warfare test, both our dependence on God and our faith in Him is often tested.

UNIT PROGRESS EVALUATION 1

Now that you have finished Unit 1, review the lessons in preparation for Unit Progress Evaluation 1. You will find it in Essential Course Materials at the back of this IST. Answer all of the questions without referring to your course materials, Bible, or notes. When you have completed the UPE, check your answers with the answer key provided in Essential Course Materials. Review any items you may have answered incorrectly. Then you may proceed with your study of Unit 2. (Although UPE scores do not count as part of your final course grade, they indicate how well you learned the material and how well you may perform on the closed-book final examination.)

Strategic Formation

This unit contains the most important elements needed to enable a local church ministry to reach its highest potential. I was raised in the ministry by my parents, who celebrated fifty years of ministry in the Assemblies of God. My dad was a doer of ministry, so the only thing I knew about ministry was *doing* ministry. However, in this unit we will study the balanced, biblical process used by the first-century church. That church changed the world.

Unfortunately, many of our churches today follow other models of ministry instead of the first-century model. These chapters relate how the first-century church functioned and the philosophy that enabled Christians to turn the world upside down. My prayer is that as you study these chapters you will understand how the local church should function and what the role of the pastor is in that context.

We can read many books on the market regarding these issues. *The Purpose Driven Church* by Rick Warren has been a popular book that addresses many of these basic concepts, and yet I find that 82 percent of the churches I work with have yet to implement the principles found in those chapters. I firmly believe that the biblical model will work no matter what the culture or setting. So as you study the material in this unit, I trust you will look for ways of implementing the principles it teaches.

Chapter 5   The Mission of the Church

Lessons
5.1   The New Testament Church Mission
5.2   The Significance of a Mission Statement and Four Tests of a Great Mission

Chapter 6   The Vision of the Church

Lessons
6.1   What Is Vision and How Important Is It?
6.2   The Process of Vision
6.3   Casting the Vision

Chapter 7   A Biblical Model of Ministry

Lessons
7.1   The Biblical Priorities
7.2   The Biblical Purpose
7.3   The Biblical Principle
7.4   Releasing a Church's Possibilities

Chapter 8   The Jethro Principle of Leadership

Lessons
8.1   The Equipping Pastor
8.2   The Jethro Principle

The Mission of the Church

In 1981 I became the pastor of a church of approximately two-hundred people in Winston-Salem, North Carolina. In my first meeting with the leadership of the church I asked this question: What is the mission of this church? There were approximately twenty-five people in the room that evening. To my astonishment I got a different answer from every person as to why the church existed. Unfortunately this is the problem in a multitude of churches across the country because congregations have never established a clear, directed mission statement.

The mission statement of the church states clearly why the local body exists. But before any local church makes plans to reach its own community, the group must understand its mission. The primary source for clarity on the church's mission during any age or any location in the world is the book of Acts.

The mission statement of the church discloses the church's core biblical values. For example, the mission of the Assemblies of God is stated as follows: "The Assemblies of God is committed to fulfilling a four-fold mission. Our primary reason for being is to: (1) Evangelize the lost; (2) Worship God; (3) Disciple believers; and (4) Show compassion." (under "Mission" at www.ag.org). This statement clearly establishes the reason why the Assemblies of God exists.

In Acts 2:42–47, Peter gives us the mission of the first-century church. From the Day of Pentecost when three thousand were added to the church, that body of believers was able to turn their world upside down. And because of their drive the known world was declared Christian by the end of the first century. How did they do this? By defining their mission and focusing on the fulfillment of it.

Lesson 5.1   The New Testament Church Mission

Objective

5.1.1   *Describe the mission of the New Testament church, giving scriptural evidence of the mission.*

Lesson 5.2   The Significance of a Mission Statement and Four Tests of a Great Mission

Objectives

5.2.1   *Explain the reasons an organization such as the church can benefit from developing a mission statement.*

5.2.2   *Explain and demonstrate ability to apply the four tests of a great mission.*

5.1.1
OBJECTIVE

Describe the mission of the New Testament church, giving scriptural evidence of the mission.

1   Why do you believe worship is an integral part of the life of the church?

2   Describe the fellowship of the early church and how fellowship in the local church is similar today.

The New Testament Church Mission

Four ingredients shaped the mission of the first-century church (Acts 2:42–47). A closer look at the mission statement of the Assemblies of God, which was written in an attempt to align its purpose with the teachings and examples of the Bible, will show how the New Testament principles can be embraced as a standard.

Worshippers

"Every day they continued to meet together in the temple courts" (Acts 2:46).

Worship is an integral part of who we are as people. The people gathered corporately in worship as well as house to house. It was more than an event on Sunday; worship was an attitude of life. The Scripture says that we are to worship in spirit and in truth. We are to worship the Lord with our intellect, but we are also to worship the Lord with our spirit because worship is intended to be transformational; we become like what we worship. If we worship God, then we become like Him. The intent of worship is not only to acknowledge who God is, but to praise Him, to invite His holiness to be transmitted into us as we worship Him in spirit and in truth.

Many churches have become caught up in specific methods of worship and in the staging of the music; this focus can detract from the real purpose and need for worship. In worship we align ourselves with what is going on in heaven. Heaven experiences continual, overflowing worship. The angels of God are singing, "Holy, holy, holy is the Lord" (Revelation 4:8). So when we as a corporate body of people align ourselves with heaven's agenda, we bring heaven down to where we are. When you acknowledge Him, His presence is manifested in your life.

Commitment to Biblical Fellowship

"All the believers were together and had everything in common. . . . Every day they continued to meet together in the temple courts. They broke bread in their homes and ate together with glad and sincere hearts" (Acts 2:44, 46).

The lifestyle of early believers reflected the kingdom of God. I believe this is the key to life, health, and a clear knowledge of *who* and *what* we are as the body of Christ today. Many Christians need to experience what biblical relationship is all about. What does it mean to be a member of the body of Christ? The words *one another* occur 108 times in the New Testament. The Christian life is a community lifestyle: we pray for one another; we minister to one another; we serve one another; and we love one another. Believers are people who give themselves to one another.

The Christian concept of community is similar to a marriage. If marriage partners are both *takers*, no one's needs are being met. If a marriage has one taker and one giver, one spouse's needs are not being met. However, if a marriage has two givers, then the relationship is ideal. The body of Christ is not about getting; it is about giving. Unfortunately, today's mentality asks, "What has the church done for me lately?" The Scripture clearly teaches in the New Testament that the Lord does not dwell in temples made with hands; He dwells in the hearts and the lives of people. The church is the sum total of the body of Christ that meets together. So, whatever you want the church to be, that is what each of us individually must be.

Growth among the Disciples

"They devoted themselves to the apostles' teaching and to the fellowship, to the breaking of bread and to prayer" (Acts 2:42).

Once people come to faith in Jesus Christ, the church has the responsibility to help develop these new believers in their walk with God, to essentially make them disciples of Jesus Christ. What is a disciple? I believe there are five roles for a disciple to fulfill: saint, student, servant, steward, and soldier.

- *Saint.* A saint is a person who has come to faith in Jesus Christ. His or her life has been radically changed by His grace and this person walks in newness of life.

- *Student.* The word *disciple* means "learner." As Christians we should never stop learning and growing in the Word of God and our obedience to it.

- *Servant.* Jesus said, "The greatest among you will be your servant" (Matthew 23:11). When Jesus was with His disciples in those final hours, He demonstrated servant leadership. As they gathered in the upper room and everyone was seated, He began to pour water from a pitcher into a basin and He washed the disciples' feet. They had been fighting over position and status (Luke 22:24), but Jesus washed their feet. Later that evening, Jesus said, "As I have loved you, so you must love one another" (John 13:34). Serving God is not about status and position; it is about having the heart of a servant to love and care for people.

- *Steward.* A disciple is a steward of three specific things: time, talent, and resources. When a person is growing in his or her relationship with God, he or she recognizes how valuable time is. We are accountable to God for how we use our time. Unfortunately, many people *spend* time rather than *invest* time. Time can be spent on a lot of things, but time is invested when it is spent with people. We are also stewards of talents. We are responsible for what we do with what God has given us. A person who has grown as a disciple has discovered his or her giftings and is using those gifts to advance God's kingdom and serve others. We are stewards of the resources God has given us too. How we spend the resources that have been put in our hands is a direct reflection of our understanding of what is important in this world.

- *Soldier.* A disciple recognizes that he or she is a soldier of the Cross. Scripture says, "The weapons we fight with are not the weapons of the world. On the contrary, they have divine power to demolish strongholds" (2 Corinthians 10:4). A battle is raging in this world. A disciple understands that but also recognizes that ultimately the battle has been won by God. We are to fight the good fight of faith, to stand, and keep on standing. The disciple implements the Word in daily living to live a victorious life.

Reaching Out in Evangelism

"And the Lord added to their number daily those who were being saved" (Acts 2:47).

A primary purpose for remaining in this world is to reach the lost. We are living in America in a post-Christian society. This means the evangelists of today's church must be totally different from those of days past. The average American has no church background or understanding of who God is. People today will not be reached by newspaper ads or big names; they will only be reached through relationship. Unfortunately, this is the reason why so many churches are not reaching people. Traditionally, the church has been taught to stay away from the world, to move among Christians as much as possible. The result is that most Christians do not have relationships with people who are outside the church. We will never be able to reach others until we can build relationships with them and earn the right and seize the opportunity to share Christ with them.

When I am working with a church that is experiencing some conflict, I can be assured of one thing regarding its people: they have lost their vision for a lost world. When people stop focusing on reaching people outside the church, then the only thing left for them to do is to become self-centered. Self-centered people will find fault with one another. Unfortunately, churches can go months without seeing someone come to faith in Jesus Christ. That is a tragedy. The church should extend God's love to those in need and connect with people who are hurting. This is a sign of the church becoming outward focused. I often ask churches how much money they are spending on the lost. The response is that most of the funds are spent on those who are currently attending and almost nothing on the unsaved.

Most churches are not even prepared for people to come to Christ. Every church should have trained workers who know how to minister to the people who decide to follow Christ. A follow-up process should be in place to help people become established and to grow in their walk with God.

In summary, the mission of the church is to disciple people who (1) are committed to live their lives in worship, (2) will walk in biblical relationship and love toward others, (3) will grow in the Word of God and in obedience, and (4) will comfort a hurting world. These four purposes answer the question of why the church exists. Every church should have a written mission statement that includes those four purposes. Every major corporate organization that succeeds in this country has a written mission statement. This must be true for the local church as well.

OBJECTIVE

Explain the reasons an organization such as the church can benefit from developing a mission statement.

3   Why should a local church's mission statement remain the same?

4   What is the source of a local church's mission and why?

5   What is the mission statement of the church you attend? If one does not exist, what do you feel it should include?

The Significance of a Mission Statement and Four Tests of a Great Mission

Long-Term Direction and Stability for a Church

Often pastors take churches on a spiritual and emotional roller coaster. The result is that churches suffer an identity crisis. No matter who the pastor is or what changes are made reflecting the vision of the church, the mission should remain the same. It provides stability for a local church so that they understand what they are to do as a body of Christ.

A Church's Biblical Philosophy

The mission of the church is not up for vote or discussion; it must reflect what the Word of God says the church is to be. In fact, we do not get to decide the mission. In Chapter 6 we will discuss the vision of the church, which is different for every church. However, essentially, the mission is the same for every Christian church. A biblical mission statement says that the ministry is grounded in the written Word of God and exists to fulfill what the Scripture teaches the local church is to be and do.

The Heart of Your Ministry

The mission should be the pulse of the church. Everything we do must be to fulfill the mission. In fact the church should not be involved in doing anything that does not advance the mission of the church.

Four Tests of a Great Mission

5.2.2
OBJECTIVE
Explain and demonstrate ability to apply the four tests of a great mission.

Use these four questions to test your mission statement for appropriateness and effectiveness, and then revise it if necessary.

1. Can your congregation quote it?

6   Why should a church's mission statement be quotable by the congregation?

A mission statement is not a slogan, although slogans can be effective in advertising and political campaigns. The mission must be a clearly articulated statement that is able to be understood by an elementary-age child in the church. If it needs to be explained after it is stated, then it needs revision.

2. Do your ministries line up with it?

All ministries of a church must in some way help to fulfill the mission. It is easy to place a lot of activities on a church calendar and never fulfill the mission of a church. That is why successful churches fill their schedule with meaningful events and processes that help them to fulfill the mission.

3. Does the Bible affirm it?

The ultimate question for every mission statement should be this: *Is it biblical?* It must clearly state what the Scripture teaches regarding why the church exists. This is probably the most important question that must be answered.

4. Does it matter to your church?

7   How can the leader be certain that the mission statement matters to the congregation?

Many churches have developed mission statements that are printed in brochures and other promotional materials, but many times the statement is not kept in front of the people. Make your mission statement visible to the entire church body. For instance, at the beginning of each year when you announce the year's objectives, you can reinforce the mission statement and indicate how the new objectives fit into your mission. It must be talked about frequently if people are going to stay centered on what the church is doing.

The mission of the church entails four aspects of involvement: worship, fellowship, discipleship, and evangelism. It is imperative for the senior pastor to allow members of the church leadership to formulate that statement. It can be done by a single pastor, but I have found that it is essential for the leadership of a church to assume ownership of the mission statement and design one that is unique to each local body.

Test Yourself

Circle the letter of the ***best*** answer.

1. Which of the following is *not* mentioned as true of the early church in Acts 2?
a) They met for worship.
b) They ate together.
c) They held annual councils.
d) They shared their possessions.

2. Which of the following is *not* related to the idea of fellowship?
a) In the early church men sat apart from women during worship services.
b) Jesus commanded us to love one another.
c) Our fellowship is to be based on shared relationship with Christ.
d) All of the above are related to the idea of fellowship.

3. Which of the following is *not* one of the words that describe a disciple of Jesus Christ?
a) Saint
b) Servant
c) Apostle
d) Soldier

4. Which of the following is a part of the mission of the church?
a) People who are committed to live their lives in worship
b) People who walk in biblical relationship and love toward others
c) People reaching out their arms to touch a hurting world
d) All of the above are part of the mission of the church.

5. Which of the following is *not* a basis for the significance of a mission statement?
a) A mission statement provides long-term direction and stability.
b) A mission statement provides a competitive advantage.
c) A mission statement declares a church's biblical philosophy.
d) A mission statement captures the heart of your ministry.

6. Which is among the four tests of a great mission?
a) It is quotable.
b) It matches ministries.
c) It is affirmed by Scripture.
d) All of the above are among the four tests of a great mission.

7. Which of the following is *not* a use of a mission statement?
a) To change the constitution and bylaws
b) To evaluate and potentially eliminate ministries
c) To keep the efforts of the group on track
d) To determine the viability of a ministry possibility

8. Which of the following works against the idea of a quotable mission statement?
a) Visual concepts
b) Short phrases
c) Alliterative word usage
d) Long sentences

9. When a church is in conflict, what could be the possible cause?
a) A lost sense of the need to reach the lost
b) Disagreement over the true mission of the church
c) No awareness of the mission of the church
d) All of the above are possible causes.

10. Which of the following is *not* a part of the Assemblies of God statement concerning the mission of the church?
a) A place where men and women of all nationalities and social strata can fellowship together
b) A corporate body where people can worship God
c) An agency of God to evangelize the world
d) A channel of God's purpose to build a body of saints being perfected in His image

Responses to Interactive Questions
Chapter 5

Some of these responses may include information that is supplemental to the IST. These questions are intended to produce reflective thinking beyond the course content and your responses may vary from these examples.

1   Why do you believe worship is an integral part of the life of the church?

Scripture instructs us to worship. We should worship because it is intended to be transformational; we become like what we worship. Worship invites the transmission of His holiness into us as we praise Him. We align ourselves with what is going on in heaven when we worship Him; we bring heaven down to where we are.

2   Describe the fellowship of the early church and how fellowship in the local church is similar today.

The sharing of meals still continues as a key means of fellowship within the body of Christ. In all eras, the Christian lifestyle is a community lifestyle, meaning we pray for one another, minister to one another, serve one another, and love one another. We give ourselves to one another. The body of Christ has always been about giving.

3   Why should a local church's mission statement remain the same?

No matter who the pastor is or what changes are made reflecting the vision of the church, the mission should remain the same. It provides stability for a local church so that they understand what they are to do as a body of Christ.

4   What is the source of a local church's mission and why?

The local church does not exist independent of the purposes of God; therefore, it must allow God's Word to shape its mission. A biblical mission statement says that this ministry is grounded in the written Word of God and exists to fulfill what the Scripture teaches the local church is to be and do.

5   What is the mission statement of the church you attend? If one does not exist, what do you feel it should include?

This will be a personal response.

6   Why should a church's mission statement be quotable by the congregation?

The mission must be a clearly articulated statement that is able to be understood by an elementary-age child in the church. If it needs to be explained after it is stated, then it needs revision.

7   How can the leader be certain that the mission statement matters to the congregation?

Make your mission statement visible to the entire church body. It must be talked about frequently if people are going to stay centered on what the church is doing. It is imperative for the senior pastor to allow members of the church leadership to formulate that statement. It can be done by one pastor, but I have found that it is essential for the leadership of a church to assume ownership of the mission statement and design one that is unique to each local body.

CHAPTER

The Vision of the Church

Toward the beginning of the twentieth century, the United States Olympic team crossed the Atlantic Ocean by ship to participate in the games that year. As you might imagine the deck of the ship was a picture of activity. One story says that the athletes were preparing themselves by running, jumping, and lifting weights. That is, everyone except Jim Thorpe, the great Native American athlete. Jim was sitting on a deck chair with his eyes closed. He looked like he was simply relaxing in the sun. When his coach spotted him, he confronted Jim. "Thorpe, what do you think you are doing?" With a smile on his face Thorpe opened one eye and responded, "I'm watching myself win the decathlon."

Whether he knew it or not, Jim Thorpe was practicing one of the powerful workouts practiced by many athletes. He was using the power of vision, those mental images we all have on the inside of us to move us toward the goal. Interestingly, Jim Thorpe did go on to win the decathlon that year, and his clear inward vision played a major role.

Vision is not some New Age idea. It is a New Testament idea! In fact, saints have tapped into the power of a God-given vision as far back as Noah and Abraham (Hebrews 11:13). We all think in pictures. If I say the word *elephant* to you, you do not picture the letters of that word; you picture in your mind a big gray animal. God designed our minds to work this way, so when we tap into pictures of a better tomorrow, those images propel us toward reaching that full vision (Elmore 2001, 14).

Lesson 6.1   What Is Vision and How Important Is It?

Objective
6.1.1   Explain the differences between God-given vision and human-made vision.

Lesson 6.2   The Process of Vision

Objective
6.2.1   Identify the key steps in pursuing God's vision and developing a vision statement.

Lesson 6.3   Casting the Vision

Objective
6.3.1   Define the process by which vision is communicated and implemented.

What Is Vision and How Important Is It?

All good leaders are driven by vision. Vision is foresight with insight based on hindsight; it is seeing the invisible and making it visible. The Bible says without a vision the people perish (Proverbs 29:18). This is a more immediate application of that verse: Without a vision, people in your community will perish without Christ. Thus, the vision of the church is a spiritual priority. It is an informed bridge from the present to a better future (Notebook 1: Million Leaders Mandate 2003, 15).

As leaders called by God it is our job to carry out His vision. We cannot afford to assume our own agendas, nor plan without divine inspiration. I have used the following grid as a checklist on whether I am moving my people into God's plan or mine (Elmore 2001, 18).

Human-Made Vision	God-Given Vision
You create it based on your gifts and skills.	You receive it as a revelation from God.
Its fulfillment depends on you staying ahead of others.	Its fulfillment depends on your obedience.
Other similar organizations are seen as competitors.	Other similar organizations are seen as complementary.
Its goal is to build your organization and generate greater numbers.	Its goal is to serve people, advance God's rule, and honor God.
It is accompanied by an expected, but accepted stress, inwardly and outwardly.	It is accompanied by inward peace and outward opposition.
It may be put aside for something better.	It is compelling and captivating until fulfilled.

If you have a vision from God it must move from your heart alone to a visible, comprehensible position before your people. To be a leader you not only must conceive the vision, you must cast the vision.

Your role is like that of an artist; you paint pictures in the minds of your listeners to help them see what you see as they listen to you. In the role that is much like a prophet, you speak words of conviction about the future, prophetically. As you speak out of the conviction of your communion with God about the future, the people will know the reality in their spirits. As a lobbyist, you represent the cause with the aim of compelling people to join you in the effort.

The mission of the church answers this question: *Why does the church exist?* The vision of the church answers this question: *What will the church become if God's vision is fulfilled?* The vision is the dream for the church given by God and, although birthed in the heart of the pastor, it is ultimately owned by the congregation.

The Importance of Vision

First, in the present, vision creates tremendous enthusiasm and energy about the future of your church. Many good people do not stay in a particular local church because they cannot see the church becoming anything more than what it is. But when people capture a vision about what the church can become, they get excited and are mobilized to see God's plan and purpose fulfilled.

Secondly, a vision captures and maximizes the special uniqueness about the local church. While the mission is basically the same for every church because it is the biblical mandate given by God, no two churches have the same vision. Hence, it is foolish for a pastor to try to take someone else's vision and franchise

---

6.1.1
OBJECTIVE

Explain the differences between God-given vision and human-made vision.

1   What are some of the key characteristics of God-given vision?

2   In what way is the vision caster an artist and a prophet?

3   How does a vision statement relate to the church's uniqueness?

it at a different location. Every church is unique with a different pastor, different culture, different people, and different location. All these things impact God's vision for each local church.

Thirdly, the vision draws people in and calls them to commitment and involvement. There are two things that are true of almost every individual in a local church. Each wants to be a part of something bigger than him- or herself, and every individual wants to make a difference with his or her life. This is only accomplished through a compelling vision given by God.

6.2.1
OBJECTIVE
Identify the key steps in pursuing God's vision and developing a vision statement.

4   Explain the first step in pursuing God's vision and developing a vision statement.

The Process of Vision

Step 1: The Pastor Must Hear from God

George Barna says that approximately 10 percent of pastors in America have effectively articulated a vision for their church. He also said that business people are walking away from the church *en masse* today because of their frustration with a pastor who lives week by week and has no idea where he or she is going. Their frustration level is so high that they are only connected to the church for social reasons, but their money and time are somewhere else (Barna 1992).

This course will not give you a vision; you cannot get a vision from a book. If you are to capture God's heart and vision for your church, then it requires you to personally spend time in the presence of God. Vision can only come from seeking the Lord. What will our church look like in five years if God is able to do what He desires? When you ask yourself that question, then you will know that you are ready to be actively working with the Lord and your people.

Step 2: Plan for the Use of the Gifts, Talents, and Potential of the Congregation

Vision is different for every church because each church and its community are different. The Holy Spirit is so creative that He does not have to do the same thing the same way twice. He can give you the keys to your community. He will open doors of opportunity for a church that will seek His leadership and direction.

An illustration of this can be drawn from my experience as a pastor of First Assembly of God in Winston Salem, North Carolina, in 1981. During the first year as the pastor, I began to seek God's vision for our church. One day I decided I would try to get connected with other ministers in my section of the community. I called the president of the ministerial association to introduce myself. In that conversation he shared with me a dilemma that the ministerial association was facing. Apparently the NBC television network had been giving a free hour of prime time broadcasting on Sundays to several downtown churches. The dilemma was that only four churches could be accommodated, and the network wanted the ministerial association to be in charge of this selection.

As we talked together he indicated that he was meeting with the television executives that following Thursday, and he invited me to come along. The following Thursday I showed up, though I had no idea why I was there; after all I was a new pastor in town. But as the group discussed what to do, the producers indicated that the plan would allow for a chosen group of churches in the fall and some newer churches in the next season. In the middle of that discussion the president of the ministerial association spoke up and said First Assembly (our church!) was ready to go on television *right then*. I was blown away. All I could manage to say was, "Yes, we are." A few months later our Sunday morning service was to be on television live from eleven to twelve o'clock to potentially 1,500,000 homes. It was an opportunity for people to see inside our facilities and gain a proper perspective about our church. The exposure became a catalyst to take our church to the next level. The impact of television to our little church made us step up in faith. The ministry lasted for fourteen years. We did touch our community, in His timing and in His way.

Step 3: Involve the People

5 Why is it essential that people be involved in the formation of the vision statement and in the fulfillment of the vision?

If God gives you, as a pastor, a vision that you can fulfill by yourself, then you did not get it from God. Any vision that God gives you will be so big that you or even a handful of people in your congregation could never accomplish it. God's vision can only be accomplished by the mobilization of the church body using their gifts and talents to accomplish His plan. John Maxwell says that the person who is lonely at the top was never really a leader. Leaders never go anywhere by themselves. Leaders always take people with them.

6.3.1
OBJECTIVE

Define the process by which vision is communicated and implemented.

6 Explain the idea of embracing the vision as it relates both to the leader and to the people.

Casting the Vision

Once the vision is developed in your own mind, the next process is to share the vision with others. You will need to help others to see the vision of the future that you see. Here are ten key factors to take into consideration as you help others capture God's vision for the church.

Ten Key Factors for Sharing the Vision

Factor 1: Embrace and Own the Vision

For others to catch the vision and embrace it, you must first embrace the vision yourself. This would seem obvious, but it is missed by many. Why would others invest in a vision that their leader is not completely sold on? You need to believe whole-heartedly in the vision and make it your own. Here are several ways to determine if you have done this:

- Natural Talents: What do you do well naturally?
- Spiritual Gifts: What has God gifted you to do?
- Inward Desires: What do you want to do?
- Results and Fruits: What is produced when you do it?
- Affirmation and Recognition: What do others confirm about you?
- Burdens and Passion: What convictions do you feel compelled to pursue?
- Fulfillment and Satisfaction: What do you deeply enjoy doing?
- Circumstances and Opportunities: What is in front of you as an opportunity? (Elmore 2001, 22)

Factor 2: Engage the Soul of the People

A ancient Chinese proverb speaks of the will being like a cart that is pulled by two horses: the mind and the emotions. Both horses need to be moving in the same direction to pull the cart forward. In order to bring people into the vision, we must speak to their minds and emotions. You cannot just try to convince people of the importance of the vision; you must speak to their hearts and stir their souls.

Factor 3: Speak to Their Needs

If your vision does not fit a need, people will not see the importance of it for their lives. You need to understand the people and know the keys to their hearts. Here are some important questions to use as you try to determine the needs of the people:

- What do they cry about?
- What do they sing about?
- What do they dream about?
- What do they laugh about?
- What do they plan for?
- What do they talk about?

If you know these things, then you know the things that move the heart of people. If your vision speaks to these areas, then it will motivate.

Factor 4: Paint Pictures in Their Minds

People think and remember in pictures. Images fill their minds as they watch television, movies, or scan sites on the Internet. In order to drive your vision home, know that everyone needs a point for their head and a picture for their heart.

Factor 5: Communicate the Benefits of Buying Into the Vision

Unfortunately, when people are asked to embrace something, the first thought for many is, *what is in it for me?* They rarely do anything until they see the personal benefits for their investment. In other words, people will not change until they know enough to be able to change, care enough that they want to change, or hurt enough that they have to change!

Factor 6: Model Personal Commitment and Call for Others to Commit

The number one motivational principle is this: People do what people see. They rarely follow mere talk; instead, they will watch the one who is casting the vision to see just how committed that one is to the big idea, before jumping in themselves.

Factor 7: Allow Time for Acceptance

Marketing experts and salespeople tell us that people generally need to hear an idea seven times before they will embrace it and call it their own. But the time frame for acceptance will vary according to the group and their circumstances. About 20 percent of the people are early adopters; this means that the leadership of the church must take ownership first. Approximately 60 percent of a congregation will follow the leadership. Then there is approximately 20 percent who are the antagonists who may never get on board.

Factor 8: Create an Atmosphere

Good leaders and visionaries create an atmosphere with a sense of destiny, a sense of family. Cultivating an atmosphere is essential. High moral standards, positive peer pressure, and momentum are a leader's best friends.

Individuals have differing levels of influence with various groups. Employing others can take advantage of fresh ideas in communication. Multiple voices can help avoid the impression that the vision is the idea of one individual.

7 What must be communicated to the people in casting the vision?

8 Explain the importance of allowing time for acceptance and why such time is necessary.

9 What are the advantages of employing others in the casting of vision?

Factor 9: Employ a Variety of People to Help Cast the Vision in a Trickle-Down Process

One person cannot connect with everybody. The leader responsible for communicating the vision should employ a variety of others who complement him or her and can do so in a fresh way. The vision is circulated best when the 20 percent, the leadership in the church, begins to speak the vision into their spheres of influence, and these receivers will eventually connect with the entire congregation.

Factor 10: Demonstrate Passion

Passion begets passion. We must demonstrate passion and communicate enough credibility to make people want to follow the vision. What makes people want to listen to us as spiritual leaders? They will listen to you when they see your

- Sacrifice,
- Identification with their needs,
- Integrity and trustworthiness,
- Experience and credibility,
- Humility, and
- Courage and conviction.

In 1994 I began to seek the Lord for His direction regarding the future of our church. What would our church look like by the year 2000, if God were to do what He desired? I began to meet with our key leadership and challenge them to pray with me. Approximately three months later, we met in a retreat setting and began to share what God had put in our hearts. Out of our time of meetings we were able to determine what we believed God was saying to us about the future of the ministry. It is always important when we are making decisions about vision that we follow the New Testament pattern, "It seemed good to the Holy Spirit and to us" (Acts 15:28).

We took the things we believed God had spoken to us and put them into a booklet. On a Sunday in 1995 I launched this vision and put it into the hands of every person in our church. Attached to the vision booklet was a card that simply said, "I commit my time, talents, and resources to God's vision for our church." When people signed their cards and turned them in, we gave them a lapel pin to wear that indicated that they were committed to the vision of our church. One thing the Lord taught me over the years was that vision is never about buildings, it is always about ministry to people. Although there were buildings that needed to be built to fulfill the vision God had put in our hearts, they were the tools and the vehicles, not the vision itself. When I left the church at the end of 1997, approximately 70 percent of everything in the booklet had been fulfilled. I could not have done that; the people of God together took ownership of God's vision for our church, and the result was that God did supernatural things to move our church to the next level.

Someone once said to effectively communicate the vision for a church, you must see it clearly, show it creatively, and say it constantly, remembering that no church has a future unless its dreams are bigger than its memories (Notebook 1: Million Leaders Mandate 2003, 19).

Test Yourself

Circle the letter of the *best* answer.

1. Which of the following is *not* a characteristic of God-given vision?
a) Its fulfillment rests on obedience.
b) Its goal is to serve people.
c) Other similar organizations are seen as competitors.
d) It is accompanied by inward peace and outward opposition.

2. Which of the following is *not* a characteristic of a human-made vision?
a) It is compelling and captivating until fulfilled.
b) You create it based on your gifts and skills.
c) Its fulfillment rests on staying ahead of others.
d) Its goal is to build your organization and generate volume.

3. Which of the following roles must the leader fulfill in communicating the vision?
a) Artist
b) Prophet
c) Lobbyist
d) The leader must fulfill all of the above roles.

4. True of vision is that it
a) discourages people and decreases commitment.
b) makes your church seem like every other.
c) creates enthusiasm and energy.
d) creates confusion as to the direction the church should pursue.

5. The truth regarding vision that is illustrated by the image of a cart being pulled by two horses is that
a) we need to return to old-fashioned methods.
b) to bring people into the vision, we must speak to their minds and emotions.
c) we should consider at least two options before settling on one vision.
d) the vision should be fulfilled within the lowest budget possible.

6. Which of the following must be involved in considering vision?
a) The people's unique gifts
b) The talents of the congregation
c) The individual and collective potential of the people
d) All of the above must be involved in considering vision.

7. God's vision can only be accomplished by the mobilization of
a) the church body using their gifts and talents.
b) the senior pastor and two or three professional consultants.
c) a broad donor base.
d) the pastoral staff and the church's lay leaders.

8. Which of the following is one of the questions listed in our text that can evaluate whether or not you have made the vision your own?
a) Is your church retaining newcomers?
b) What has been done before in this church?
c) What are the financial considerations?
d) What convictions do you feel compelled to pursue?

9. Which of the following is one of the questions that will help you determine the people's needs that your vision must address?
a) What do they persistently ask for?
b) What do they talk about?
c) What do they complain about?
d) What do they budget for their recreational spending?

10. Which of the following indicates the depth of our passion to others?
a) Our courage and conviction
b) Our personal sacrifice
c) Our integrity and trustworthiness
d) All of the above indicate our passion.

Responses to Interactive Questions
Chapter 6

Some of these responses may include information that is supplemental to the IST. These questions are intended to produce reflective thinking beyond the course content and your responses may vary from these examples.

1 What are some of the key characteristics of God-given vision?

Received as a revelation from God. Its fulfillment rests on personal obedience. Other churches are seen as complimentary, not competitors. It is accompanied by inner peace.

2 In what way is the vision caster an artist and a prophet?

He or she is an artist because he or she paints a picture inside the hearts of the people. He or she is a prophet in that he or she speaks concerning the future with conviction. He or she is a prophet when he or she portrays God's intentions for the future of the organization.

3 How does a vision statement relate to the church's uniqueness?

A church's vision statement must capture what sets the particular congregation apart from other similar groups. A vision statement should reveal God's intended plan for the unique giftings of the group.

4 Explain the first step in pursuing God's vision and developing a vision statement.

The first step is the pastor's pursuit of God's vision for the church. This step is achieved only through prayer and deep seeking of God's direction. Until the pastor has a sense of God's plan and his or her part in that plan, the pastor cannot lead the congregation in the pursuit of a vision statement.

5 Why is it essential that people be involved in the formation of the vision statement and in the fulfillment of the vision?

God's vision will be greater than the pastor can achieve on his or her own. God's vision will require the participation of His church. The gifts and insights of God's people can be beneficial to the formation of the vision statement. The people must have a part in developing the vision if they will achieve ownership in that vision.

6 Explain the idea of embracing the vision as it relates both to the leader and to the people.

The leader must identify deeply with the vision and must begin to see his or her role in fulfilling that vision. The leader must believe wholeheartedly in the vision for it to be fulfilled. The people must be engaged in a similar desire, both heart and mind, if they will buy into and help fulfill the vision.

7 What must be communicated to the people in casting the vision?

The manner in which the vision fulfills their needs; the clear picture of the vision fulfilled; the benefits of buying into the vision; the commitment necessary to fulfill the vision.

8 Explain the importance of allowing time for acceptance and why such time is necessary.

Likely leaders who form the vision statement have been working with that vision for some time. The people will need opportunity to process the vision as well. Only about 20 percent of people are "early adopters." Most people require time to buy into any type of direction. Change is difficult, particularly if the change is something someone else has designed.

9 What are the advantages of employing others in the casting of vision?

Individuals have differing levels of influence with various groups. Employing others can take advantage of fresh ideas in communication. Multiple voices can help avoid the impression that the vision is the idea of one individual.

A Biblical Model of Ministry

A number of years ago I was in a travel ministry assisting churches, and I visited a small church one Sunday morning with a dedicated young man who had been the pastor about a year. He was frantically working fourteen to sixteen hours a day, neglecting his family. It seemed as if no progress was being made in the church. As we sat for lunch on that Sunday, he said to me, "I am just at the point of total exasperation." I said to him, "You cannot continue trying to do everything in this church by yourself." He said, "But I do not have any trained leaders; there is nobody here who knows how to do anything." I said, "When do you suppose you will have some trained leaders? Will they drop from the sky or come by osmosis? No! You will have trained leaders when you stop long enough to train them." That is the greatest challenge that pastors face.

We want to see the ministry advance; we want to see souls saved; we want to see lives changed; and we want to see the body mobilized into ministry. We have to come to a fresh understanding of the way that can really happen. For too long we have lived under the professional pastoral mentality that dictated that we do the work of the ministry, rather than fulfill what God's Word says.

We have considered the things that get people interested in training, but no leader can overlook the realities that can prevent the training and equipping process from taking place in the local church. Other hindrances matter little if the leader's position is out of sync. If pastoral leadership is either ignorant of or refuses to release the ministry that God has ordained for His body, it is a guarantee that the people will not grow and fulfill the mission that God has for them as a local body.

Training can be hampered or blocked by a lack of spirituality. If there is no spiritual life in the body that would create a hunger to be used of God to see the Kingdom advanced, the people cannot expect to grow or to be equipped. Many believers who sit in the pews have yet to understand that they themselves are ministers of God's Word.

I believe the Holy Spirit wants to bring a fresh perspective on Ephesians 4 to each of our hearts. He wants us to see God's heart and plan for the advancement of His kingdom in these last days. I firmly believe that we have the greatest opportunity we have ever had to reach people with the gospel of Jesus Christ. The church cannot afford to remain stagnant or to be trapped in the traditions, even Pentecostal traditions, of the way we have always done things. The only sure way of getting the job done is to follow God's Word; that alone sparks the change in our understanding and initiates change in our strategies. We must take advantage of the opportunities that God is bringing to us in these days.

Lesson 7.1   The Biblical Priorities

Objective

7.1.1   Explain the justification for and responsibility placed on the leaders of the church to develop the ministry gifts of its people.

Lesson 7.2   The Biblical Purpose

Objective

7.2.1   Describe the reasons behind training people for leadership.

Lesson 7.3   The Biblical Principle

Objective

7.3.1   Describe the benefits of equipping ministry for the development of ministers, the healing of past hurts, and the preparation for future potential.

Lesson 7.4   Releasing a Church's Possibilities

Objective

7.4.1   Explain the reasons why a focus on growing people is an essential requirement of the local church and its leaders.

LESSON 7.1

7.1.1
OBJECTIVE

Explain the justification for and responsibility placed on the leaders of the church to develop the ministry gifts of its people.

1   Explain the responsibility placed on church leaders to develop the gifts of the people.

2   What are the implications of this responsibility when the leader views each individual he or she leads?

The Biblical Priorities

Preparing People for Works of Service

Ephesians 4:11–12 says that the gift ministries to the church (apostles, prophets, evangelists, pastors, and teachers) are to be employed to prepare God's people for works of service so that the body of Christ may be built up. One of the most difficult things for me to recognize and understand was the fact that the first priority of my ministry was not visiting the sick. The first priority of my ministry was not administering my church. The first priority of my ministry was not counseling. But my first priority was to prepare God's people to be everything God had called them to be.

Every Person in the Body Has a Gift of Ministry

Every believer in your church has a spiritual gift. This concept has a broad scriptural base. It rests on the idea that the church, the whole church, is a priestly people. The New Covenant of the New Testament has made the weakest, most inadequate person competent to minister. God has poured out His Spirit upon the whole church in this age. The church is to be a servant people, a gifted people, and a people who are of the Kingdom, endowed with multi-faceted gifts and graces of ministry. The primary task of our lives as leaders is to equip people to fulfill their ministries.

Every Person Has a Gift of Ministry

Our God has a gift for each of His children, so that they might serve Him. Jesus gathered the Twelve about Him, trained them, and, once they were enabled, released them for ministry. Paul always had people around him, training and equipping them. Jesus trained people so that ministry could happen in this world. He came to develop a people who would minister. He imparted to them His own passion for spreading the gospel.

For a pastor to do the work of a ministry is to say that all the gifts and talents for the body to function reside within him or her. All of us know that is not true, yet so often we live and breathe and minister as if the talents all rest in us as leaders! No person can ever embody all the gifts for ministry given by God to the church.

The entire setting of Ephesians 4 is the concept of unity that every person has something to contribute so that the body functions as one body, so that the local church functions as one unit. For that to take place, every gift, talent, and ability of that church must be brought to the surface and exercised. If that ever happens in the church of Jesus Christ, the impact upon our world will be far more than we have ever dreamed possible. We must multiply our efforts. Our time is short. We must abandon the ways that suit our taste, our ego, and our convenience. We must find and implement God's way of training people.

Paul led many to the Lord and brought some to his side in ministry. He taught people how to minister. He imparted to them his own passion for spreading the gospel of Christ. Paul was rarely alone. He believed that God's order was team ministry. He traveled as part of a team. They captured his vision. In Romans 16:1–9 he talks of people he was training. Phoebe was a servant of the church; Priscilla and Aquila were fellow workers in Christ; Mary labored much with Paul's team; and Epenetus was his first convert in the province of Asia. He refers to over twenty people in those verses alone. I believe if we are to see the Holy Spirit bring renewal to His church in these days, we must again see the Lord's way of advancing His church.

LESSON 7.2

7.2.1
OBJECTIVE
Describe the reasons behind training people for leadership.

3   Explain the priority of growing people and why it is essential for the work of ministry.

The Biblical Purpose

Equipping the People

The purpose of training leadership is not to have a better program. The purpose of training leadership is not to have a well-oiled machine. Neither is it to have people help us as leaders get the job done. The purpose, as Paul outlines in Ephesians 4, is that the body might be built up, that we may all grow up in Him, and that we all reach the unity of the faith and knowledge of the Son of God; this is maturity. The leader's job is not to train people for tasks but to grow people up in Jesus!

If our desire is to grow a great church, or a big ministry, then we miss the point. The point is to grow people, people who function in all of God's plan and purpose for their lives. We want people to become everything God has ordained them to be, people finding their lives and efforts of service fulfilled in Jesus. Being a member of the church is not like having membership in a club. We cannot simply drop something in the offering plate, attend the meetings, serve once in a while on a committee, and think we are fulfilling our requirement in the body of Christ. In fulfillment of God's mandate, serve one another, pray for one another, love one another, and reach out to others beyond our walls.

For all the reasons above, every member of the body is essential. We cannot exist without one another. Each person in the church body has an essential function. Every member knows or should know his or her place. It is unfortunate when this is not a reality. There are usually various training programs operating in the church. Our task must also be to ensure everyone that those programs are effective. I believe if there is to be any effort put forth, it must be our best. The kingdom of God is worthy of the best-equipped, best-trained, best-organized ministries there can be. Too often we have settled for half-hearted, poorly prepared people to work for God.

The Lord dealt with me about the issue of using any warm body possible for ministry in the church. In times past, I distributed ministry survey sheets among our church family. Those ministry survey sheets listed potential opportunities that members could checkmark to show their particular interests. But, we had things on them that our church was not even doing. So, the last time I distributed a survey sheet like that, we collected all the sheets in our office and our staff began to look at them. What I discovered was that for the most part, people checked areas of interest in which we were not prepared to equip them. I made a vow to God that day in a staff meeting that I would never distribute a ministry survey sheet until I was fully prepared to begin orientation and training for specific ministries in which people had shown interest.

Pastors often excite people with the challenge of ministry, but fail to move them to the next step of preparing them, training them to do the work of the ministry. So Paul said our job is to prepare God's people for works of service, but that is not where it ends.

Building Up the Body

4   In what way does growing people enlarge the effectiveness of the church?

The body of Christ is built up when the people of God have all found a place to exercise the gifts and the talents that God has put in their lives, thus allowing the body of Christ to function and flow together. This is when we extend the church's ministry into the community.

Achieving Spiritual Maturity

5   Explain how such an environment leads to spiritual maturity.

The process of growing people in the Lord is to help them find out who they are. "I can do everything through him who gives me strength" (Philippians 4:13). They can then believe that they have gifts and talents that God can use. Our significance is in Jesus. They begin to find fulfillment. And that should be the motivating factor in our lives as leaders. Why do we want people involved in ministry? Ministry is a privilege, it is time we excited people with the challenge. Fulfillment for a leader comes in equipping and training people, which matures them in the faith.

LESSON 7.3

7.3.1
OBJECTIVE
Describe the benefits of equipping ministry for the development of ministers, the healing of past hurts, and the preparation for future potential.

6   In what ways will the local church be a training ground for future ministry?

The Biblical Principle

More than a *program* for training people, we need in our churches an environment of relational and spiritual attitudes where people are empowered and enabled to grow. The Bible teaches that the local church is the training ground for ministry. I am convinced that those young people who learned how to minister in their home churches are best prepared to pastor and lead congregations. Home churches are training grounds, where a variety of people from all walks of life are brought together to serve the same cause. We learn from each other, grow, and change into His image. I deeply appreciate our training institutions: the Bible and liberal arts colleges that help to equip and train our young people for lives of ministry in Christ, but there is no substitute for the local church as a place of equipping and preparing people for ministry. If the local church would fulfill its plan and purpose in growing people in Jesus, then our Bible colleges and other training institutions would be able to add expertise to the training and equipping that had already begun on the local level.

The Greek word used for "equipping" or "preparing" in the New Testament is *katarismos*. It is used in four different ways in the New Testament. I want to mention two of them here. The first occurrence is in Matthew 4, where James and John are mending the fishing nets of their father Zebedee. This word for mending is a classical Greek word which would refer to the putting of a bone back in its correct relationship with the other bones of the body. This causes me to think of the many people in our church pews who have broken relationships or are in wrong relationship with the church and need to be aligned with God's purposes. The other instance of *katarismos* appears when Paul instructs the Corinthian church to be united in mind and thought. This is one of the works of training and equipping people for ministry, mending the lives that are in wrong relationship to the rest of the body.

The Repairing Process

7   How does ministry in the local church help overcome past hurts?

The benefit of this mending principle was driven home to me and our local assembly recently. A man came to my church a few months after I became the pastor. He was a member at a church down the road. He came to me to complain about *his* pastor, and said he wanted to check out our church. I told him the first thing he needed to do was to go back and make things right at the other church. I said that he could not join First Assembly until he had made things right there, so he stormed out of my office. About three weeks later the other pastor called me and asked if I had met with this man. I said that I had. The pastor continued, "I do not know what you said to him, but he came to my office, knelt down in front of me, and asked me to forgive him for the hurt he had caused this church." But the next time the man returned to worship with us, he came to me at the end of the service and offered me a big thank you. He further explained, "I carried something in my heart and spirit for over twenty years. For the first time in twenty years I am a free man!" That man became an incredible support for my life and ministry.

You have to love people enough to help them. There are a lot of people sitting in pews on Sunday mornings who once were involved in ministry. Somewhere in the past they got their feelings hurt; somebody upset them. They made a decision not to do anything again. They have kept their promise, sitting on a pew sulking, souring, and miserable. The tragedy is these people lose out because they do not have it right. A repairing process needs to begin in their lives. At some point you have to love them enough to help them. What we have not done very well is to help people come to terms with the calling of God in their lives; they have not identified what their gifts are or how to use them for God's glory.

In Matthew 4:21 we are told that James and John were laboring at repairing the nets. If a net gets torn or a link is unthreaded, it is dragged over the bottom of the lake or seabed; maybe it rips on a jagged edge under the water. Then it becomes useless to the fisherman, and a wise fisherman knows that immediate repair is the best policy. At other times the fishermen find debris and other unwanted things in their nets when they haul in their catch. Too much debris will drain unnecessary strength and effort; the goal is always to net good, usable fish! God has called each of us as His leaders to help mend the broken areas of people's lives that would prevent them from functioning and being what God has called them to be. The repairing process is aligning people with God's plan and purpose for their lives. Jesus had a repairing job to do with Peter. The man who stood to proclaim the gospel on the Day of Pentecost was there fully furnished because Jesus had patiently repaired some broken places in his life.

The Pastor, One of Many Trainers

The pastor is involved in preparing people to do those things that God has called them to do. Another meaning of *kartartizo* is "to create" or "to form." It is the idea of a potter taking clay in his or her hands and forming it into a vessel of honor. Hebrews 13:20–21 says that "the God of peace . . . will equip you with everything good for doing his will." The equipping process is building into the lives of people what they need to function as servants of God in the church and in the world. So Paul describes to Timothy "that the man of God may be thoroughly equipped for every good work" (2 Timothy 3:17). This only happens through the preaching and teaching of the Word of God.

In a letter Paul instructed Timothy on how to recognize and handle false doctrine in finances, in godly conduct, and in the characteristics of a good soldier. Paul called him to courage and faithfulness. He equipped Timothy to be strong, single-minded, secure, sound in faith, sanctified, and a servant. These are the kind of responsibilities he explains in Ephesians for the job of the pastor/teacher, and he demonstrates every aspect of it in his training of Timothy. No wonder he says by the end of his first letter, "Timothy, guard what has been entrusted to your care" (1 Timothy 6:20).

We are trying to build in the lives of people a biblical understanding of the gifts and talents God has put in our people's lives. As leaders we attempt to imitate Christ in fashioning His church into His image! We become the models, just like Jesus models for us. Models are needed in the local church for people to see and understand these principles. We are saying that ministry is not optional for the believer. Our message is that everyone is gifted. We are teaching and re-teaching that everyone must discover his or her own gift. And we, as leaders, are to proclaim that everyone will be held accountable for his or her gifts.

So the equipper is a repairer. He or she takes the brokenness of people's lives either through past difficulties and conflict within the church family or through their disobedience and brings them into right relationship with the Lord. The equipper is also a preparer. He or she is involved as a potter would be with clay in structuring, molding, and forming those ingredients, concepts, and philosophies of ministry that will allow individuals to be released to function in fulfillment of all God's plan and purpose for them.

7.4.1
OBJECTIVE

Explain the reasons why a focus on growing people is an essential requirement of the local church and its leaders.

8　In what way did Christ's daily effort with the disciples demonstrate love?

Releasing a Church's Possibilities

How does a church become a training and equipping church? We have already said that there has to be an atmosphere created for it to happen. There must be principles that are in focus for everyone. There should be an organizational structure that will allow for the possibilities. And there has to be a leader who is willing to be a servant because only in a servant ministry can the full release of God's plan and purposes for His entire body be fulfilled.

Jesus so beautifully illustrates this servant heart in John 13:1–17. He is with twelve men who are closer to Him than any other earthly beings. John tells us in verse 1 that He manifested a specific love toward them: "Having loved them, He loved them to the end." The word "end" is not the word for "finish." It says, having loved them, He continued to love them, committing himself to them to the very point of reaching His objective in their lives. As He was coming to the brink of those hours before He was going to the Cross, He was in fact training His disciples in how to love and serve. He said, "I have set an example that you also should wash one another's feet" (John 13:15). Then He drives home His point: "Now that you know these things, you will be blessed if you do them (v. 17). Jesus lays the groundwork not only for a call to follow and obey Him, but for the fulfillment He wants to bring in their lives.

Most of us have looked at those verses in John 13, and we have interpreted Christ saying, "Love one another as I have loved you, as I will indicate by my death on the cross for you." So, we conclude, we ought to be willing to lay our lives down for one another, or to literally die for each other. It was too soon for the disciples to relate those words with Jesus' death—we connect death because we are looking back and know, from hindsight, that the Cross was coming very soon. But the disciples would not have understood that in this context. They more likely understood that He meant to express their love for each other as humbly and earnestly complete as He had just done toward them. This understanding is more in line with the meaning conveyed in the Greek words that are used in this passage. He is saying, "When I took your foot in my hand and washed and dried it, and when I looked into your eyes as I did it, I was serving you. You love one another like that. This is the expression of a servant heart."

In just a couple more verses of the passage we are told that Jesus dismisses Judas from the room. He could have dismissed him before the foot-washing began. But there is a profound message for all of Jesus' disciples to learn (then and now). We know from the text that Jesus was fully aware while He was washing Judas' feet that within six hours He would stand in a garden outside Jerusalem and say, "Judas, are you betraying the Son of Man with a kiss?" (Luke 22:48). Now Jesus is washing his feet, aware of the fact that the feet He is washing are already set on a course that will result in His death on the Cross. And He loves him anyway!

The Bible says Jesus also laid aside His garments and "wrapped a towel around his waist" (v. 4). In the ancient world, the servant wore the towel. Men of high position wore robes that came down to the ankle. Jesus wore a robe because He was recognized as a rabbi. In one move Jesus takes off the robes and puts on the garment of a servant. The message is clear for us. It is a message that says lay aside any role or position of superiority or status.

I recently saw a sign which read: *Servant: One who gains pleasure in making another succeed.* If we are to lead people into the fulfillment, we have to see the priority of the training and equipping process. We cannot afford to continue to ignore the call of the Holy Spirit upon us as pastors and leaders to equip people for ministry. The results will bring joy and gladness to the heart of the pastor.

The Lord renewed the excitement and joy in my life through the story of His dealings with Moses. We know that Moses spent forty years in the desert because he tried to accomplish God's purpose through his own plans and strength. Forty years later, the Lord appeared to him in a burning bush. Why did the burning bush not happen twenty years before? Or ten? I believe it took that long for the juices of Moses' own zeal to dry up!

Moses felt burned up and burned out. Then came a day when he saw another kind of flame. He saw a flame in all its glory and splendor, but what it was resting upon was not being destroyed. Moses is catching a picture of the difference between the works of God and the works of humanity. He is standing in front of a bush, which gives us a clear message that God has a program that neither involves people being burned up with bitterness, nor burned out as a result of tension and stress. When His fire comes upon a person, it accomplishes the intended objective without destroying the vehicle or vessel. The fire did not need the bush for fuel; the fuel for the fire was the Holy Spirit!

Test Yourself

Circle the letter of the *best* answer.

1. What must leaders sometimes do so that their people become what they are called to be?
a) Assign them a specific task each month
b) Remove them from leadership roles for a season of prayer
c) Help them to mend the broken areas of their lives
d) Advise them to try many areas of ministry until one fits their gifts

2. Which of the following is *not* among the ministry gifts mentioned in Ephesians 4?
a) Administrator
b) Apostle
c) Evangelist
d) Teacher

3. The first priority of pastoral ministry is
a) responding to denominational directives.
b) establishing outreach ministries.
c) preparing pulpit ministry.
d) preparing people for works of service.

4. How did Jesus demonstrate the work of equipping others?
a) He died for the sins of the world.
b) He raised the dead.
c) He invested in the lives of His disciples.
d) He performed many miracles.

5. The purpose of training leadership is to
a) have more effective ministry programs.
b) build up the body of Christ.
c) have greater ministry efficiency.
d) have help in getting the job done.

6. God's call for His people is
a) that every member of the body give life to others.
b) that every member of the body be essential.
c) that every member know his or her place in the body.
d) all of the above.

7. Which of the following is *not* a benefit of equipping ministry?
a) It will establish the pastor's leadership in the community.
b) The church will be built up.
c) People will grow into spiritual maturity.
d) It will equip God's people.

8. What is the principal training ground for ministry?
a) Bible colleges
b) Evangelistic outreach events
c) A library of Christian books
d) The local church

9. The Greek word *katarismos* means
a) "dividing."
b) "encouraging."
c) "uniting."
d) "preparing."

10. What illustration did Jesus use to demonstrate the idea of servanthood?
a) Dismissing the servants in the upper room
b) Telling the parable of the talents
c) Giving His disciples the Great Commission
d) Removing His robe, wrapping himself with a towel, and washing His disciples' feet

Responses to Interactive Questions
Chapter 7

Some of these responses may include information that is supplemental to the IST. These questions are intended to produce reflective thinking beyond the course content and your responses may vary from these examples.

1   Explain the responsibility placed on church leaders to develop the gifts of the people.

The Bible designates the responsibility of equipping the saints as the key responsibility of those in church leadership. The gifts of apostle, prophet, evangelist, pastor, and teacher are given for the primary purpose of preparing God's people for works of service.

2   What are the implications of this responsibility when the leader views each individual he or she leads?

Every individual has gifts of ministry that are to be used to strengthen the church. The leader must see that every person has something significant to contribute. The leader cannot limit him- or herself to focus on only those few he or she has found capable. He or she must pursue aiding each person to find his or her gift and place of ministry.

3   Explain the priority of growing people and why it is essential for the work of ministry.

If a minister is focused on growing a church or a large ministry, he or she will likely use people to achieve personal goals. The purpose of the church is to grow people—they are the "business" the church is truly in. Growing people will grow the church, but growing the church without growing people will create a very unstable environment.

4   In what way does growing people enlarge the effectiveness of the church?

When people are actively exercising their gifts, the church is more fully able to minister to its members and its community. Many pastors are familiar with the weakness of a church where people are not involved in the work of ministry. People who are growing attract growth in other people.

5   Explain how such an environment leads to spiritual maturity.

The goal of Christian ministry is to lead people to spiritual maturity. The common sense pursuit of spiritual maturity involves the intentional effort to grow people.

6   In what ways will the local church be a training ground for future ministry?

The local church becomes the environment where individuals learn the basics of ministry, both tasks and heart, and can then become capable of pursuing wider ministry settings. There is not a substitute for ministry experienced and gained at the local church level. No other training program can offer the same degree of on-the-job ministry training as offered by the local church.

7   How does ministry in the local church help overcome past hurts?

The effort to grow people may reveal hurtful experiences in previous ministry efforts. Through new efforts, old hurts can be conquered and new freedom gained. Often people who have experienced a hurt will be reluctant to engage in ministry again.

8   In what way did Christ's daily effort with the disciples demonstrate love?

He revealed a commitment to them. He sought to grow them and made great efforts to accomplish such a task.

The Jethro Principle of Leadership

William Shakespeare became famous for writing tragedies. Shakespearean tragedies have become world renowned. Their popularity has spanned generations because they describe everyday people confronting one tragic circumstance after another. In our world, some tragedies come unexpectedly. Other tragedies come either because of the tragic choices someone has made or as the result of another's evil intent. Some tragedies, like those of Shakespeare, are acted out on a stage, with the actors using a script; unfortunately others are played out in real life—in some of our churches! Many pastors are living out ministerial tragedies!

The problem is pandemic! Many wonderful pastors are desperately trying to do what God tells them to do but, in the process, are creating a codependency between themselves and their congregations. Consequently, the churches are not growing because the pastors have acquired a sense of personal and professional fulfillment, essentially from people needing them. As one church consultant says, "Many pastors are not going to let their people do stuff in the church because that minimizes the significance of the pastor's role in the eyes of the members." A pastor who leads his or her church in this manner will become a tragedy, and the church will become a billow of tragedies.

The problem is that the codependency style of leadership is not biblical. Many pastors begin their ministries with the most sincere of hearts as doers, not as equippers or developers. They begin their careers really wanting to serve people and please God. And there is absolutely nothing wrong with that. But problems occur when the pastor is not intentionally teaching and equipping the flock to serve people and to please God.

As we discussed in the previous chapter, it is the responsibility of a pastor to equip God's people. While that may not be in a church's written job description for the pastor, it certainly is high on God's list of priorities. The Word of God explicitly teaches (Ephesians 4) that a pastor is to spend more time equipping and developing rather than nurturing. This is not to discount the occasions for nurturing or showing compassion toward those with whom he or she does serve individually, but it is to emphasize the idea that developing leaders in a church setting is one of the most nurturing and compassionate things a pastor can do.

Lesson 8.1   The Equipping Pastor

Objective

8.1.1   Explain the differences between a "doing" ministry and a "developing" ministry, and demonstrate proficiency as an equipper.

Lesson 8.2   The Jethro Principle

Objectives

8.2.1   Describe the benefits of Jethro's recommendation, and explain the potential benefits of modern applications.

8.2.2   Describe the differences between dumping and delegating, and formulate a process to apply the principles learned.

LESSON
8.1

1 What motivates a pastor to build a codependent relationship between him- or herself and the congregation?

2 What reasons does Chuck Swindoll give for leaders "cracking up"?

8.1.1
OBJECTIVE

Explain the differences between a "doing" ministry and a "developing" ministry, and demonstrate proficiency as an equipper.

The Equipping Pastor

The Nurturing Pastor

The very nature of nurturing is that it can become all-consuming; combine this aspect with a leader who has a need to be needed, and the situation becomes an almost irreversible magnet drawn toward tragedy. In addition, there are people in every congregation who have known Christ for decades and are still living in crisis every week. Mix all of this imbalanced emotional drive together and you have an endless flow of pain and dysfunctional relationships that lands right in the lap of the pastor! And if the pastor is ill-equipped at developing others, he or she is stuck consoling and wiping tears for, perhaps, the entire years of ministry.

Author Chuck Swindoll writes these good words:

Someone has said, "Good men die young." We could easily add to that " . . . and most leaders crack up." Why is this true? Among the many reasons one could give, one is predominant: Leaders have the tendency to do too much and delegate too little. It is easy to become so addled with petty details and problems that they cannot find enough time to accomplish the essentials of their jobs. And when they try to compensate by putting in more work time, they eventually become exhausted, frustrated, angry and lonely. (1984, 75)

Swindoll clearly diagnoses the problem. Our churches are filled with pastors who are doers/nurturers, not delegators/equippers.

The Equipping Pastor

The opposite of the nurturing pastor is the equipping pastor whose focus is to develop people for ministry. The primary objective of the equipping pastor is to develop people, adding value to their lives and directing them toward accomplishing clear and important avenues of service. The developing pastor not only equips, but also empowers others to do the work of the ministry. The pastors who equip and develop their members into leaders focus on the potential of people. They are constantly training, equipping, discussing, sharing, challenging, and casting vision about the future.

The story is told of a pastor who went to a new church. He had been there three or four weeks, and the grass was growing high all around the building. He called a deacon on the phone and said, "You know the grass is growing up all around this building. Somebody needs to get over here and cut the grass." The deacon said, "Well, you know our former pastor used to cut the grass." The pastor said, "Well, I called him and he does not want to do it anymore!" The former pastor was a nurturer. The new pastor had all the markings of an equipper and developer. The sad fact is that a pastor who is cutting the church's grass today will be cutting the church's grass until Jesus comes, unless that pastor learns to move from nurturer to equipper.

The following chart lists the differences that a pastor experiences as he or she makes the transition from being a doer, the solo performer, to ultimately readying a network of others who are developed into ministers ready for their God-given service.

The Transformation of the Equipping Leader from Doer/Nurturer to Equipper/Developer		
DOING	**EQUIPPING**	**DEVELOPING**
Care	Training for Ministry	Training for Personal Growth
Immediate need focus	Task Focus	Person Focus
Relational	Transactional	Transformational
Service	Management	Leadership
Ministry	Ministry by addition	Ministry by multiplication
Immediate	Short term	Long term
Feeling better	Unleashing	Empowering
Availability	Teaching	Mentoring
Focus on Nurture	Focus on specific ministry	Focus on specific leader
No curriculum	Curriculum set	Curriculum Flexible
Need-Oriented	Skill-Oriented	Character-Oriented
Maintenance	Doing	Being
What is the problem?	What do I need?	What do they need?
Problem-focused	Purpose-focused	Person-focused
They begin to walk	They will walk the first mile	They will walk the second mile

LESSON 8.2

8.2.1
OBJECTIVE

Describe the benefits of Jethro's recommendation, and explain the potential benefits of modern applications.

3   What weakness did Jethro identify in his son-in-law's leadership style?

The Jethro Principle

When ministers decide to become leaders, they make an important decision that will entirely change the future of their ministry. Their focus is shifted from evaluating their own self accomplishments to evaluating themselves based on what they can accomplish through others.

In Exodus 18:17–27, we are reintroduced to one of Israel's patriarchs, Moses. In the same passage, we are also introduced to his father-in-law Jethro. While Moses was the leader, God used Jethro to teach Moses some valuable lessons in leadership. As the passage begins, Moses is a nurturer. By the time the passage concludes, Moses is an equipper.

Because Moses was their leader, the children of Israel looked to Moses for help and counsel. In fact, there were so many people seeking his counsel that a long line formed. When Moses took his seat in the morning, he stayed there until the evening. Moses was listening to people's disputes, giving advice, making judgments, and explaining to people the meaning of the Word of God. Jethro is observing his son-in-law at work and makes some keen observations. The following verses take us inside the situation:

"Moses' father-in-law replied, 'What you are doing is not good. You and these people who come to you will only wear yourselves out. The work is too heavy for you; you cannot handle it alone. Listen to me now and I will give you some advice, and may God be with you'" (vv. 17–19).

Delegation: a Safeguard from Tragic Endings

Herein lies some of the greatest advice Moses would ever receive: initiate the Jethro Principle. This is a principle that teaches the importance of delegation and empowerment. Perhaps no other principle of leadership so precisely defines successful pastoral leadership (and other arenas of leadership for that matter) than the "Jethro Principle." The leader must learn how and when to delegate!

When individuals surrender their lives to a full-time Christian vocation, they enter an arena filled with on-going, unending, seemingly infinite problems and complexities. Ministry should be Christ-centered, but it is also "people-focused." Without people, there would not be the structural outlets to release spiritual gifts or meaningful channels to serve others. But how well are people being served when their leader is weary, overworked, and underappreciated?

The demands on pastors in local churches are enormous. Pastors are like members of an emergency trauma center at your local hospital. These trained and talented people care for hurting souls on a regular basis, many of whom are suffering because of a genuine crisis in their lives. Long before there were trauma centers, "crisis care" was a normal part of the minister's daily work environment. Many pastors are doing the best they can, but often wonder why they are living in the haze of a twilight zone. Some sit all day and listen to a long list of problems with no end in sight. Like Moses, what they are doing is not good for them.

Mark Coppenger, a pastor in Evanston, Illinois, recently wrote about crisis, the church, and the days in which we live:

> The church is always in crisis mode. A new convert throws her live-in boyfriend out of the house, and now she has to make up the difference in the rent. You get word that a junior high Sunday school teacher is telling her class that without a "special act of God" they're second rate Christians. A van load of youth are injured on the way to church camp. The local plant closes and three of your deacons are out of work. A staff member quits in a flurry of recrimination. A prominent member shows up on the DUI list of the local paper. A business meeting ignites over item III, Section B, in the budget. And that is just this week. (Coppenger 2001, under "Leading in Troubled Times")

How do you suppose Moses felt at the end of the day after hearing all those problems from all those people? Thank God for Jethro! This dear man comes alongside his son-in-law and gives him some great advice: first let go and accept the help of others. Then Moses was able to get back to what was his primary assignment.

Our Priorities: the Word of God and Prayer

4   Upon what did Jethro insist that Moses focus?

"Jethro told Moses, 'Listen now to me and I will give you some advice, and may God be with you. You must be the people's representative before God and bring their disputes to him. Teach them the decrees and laws, and show them the way to live and the duties they are to perform'" (vv. 19–20). This wise and practical man reminded Moses that he needed to be the people's representative before the Lord. He told him that the priorities should rest in teaching God's law and statutes, interceding in prayer, and instructing the people in how to live holy lives. He explained that the shared efforts would result in the multiplication of completed work. The one-on-one method that Moses was using had drained his strength and that of the people.

Surround Yourself with Qualified People

Jethro gave further advisement:

'But select capable men from all the people—men who fear God, trustworthy men who hate dishonest gain—and appoint them as officials over thousands, hundreds, fifties and tens. Have them serve as judges for the people at all times, but have them bring every difficult case to you; the simple cases they can decide for themselves. They will make your load lighter, because they will share it with you. If you do this and God so commands, you will be able to stand the strain, and all these people will go home satisfied.' (vv. 21–23)

Moses was learning how to delegate and how to teach others lessons he was still learning himself. He needed help, and Jethro said, "This is the way to do it." The plan was for Moses to use his time for administrating the most important and pressing issues. The non-essential things, though still important, could be managed by other capable people on Moses' team. Do not neglect the result of this managerial arrangement: Moses could perform at a higher level and have more strength at the end of the day. Others could be utilized under his leadership and most importantly, the people's needs would be met and they would be at peace.

5   Explain the key differences between nurturers and leaders.

Look at the contrast in the two types of positions: the nurturer versus the leader. The difference is clear.

Nurturers	Leaders
Serves people.	Serves people.
Directly meets the needs of the people.	Empowers others to meet needs.
Draws fulfillment from doing the work.	Fulfillment from equipping others.
Plays defense to survive.	Plays offense to do the work.
Reacts to moment-by-moment needs.	Creates opportunities to mentor others.
Focuses on the immediate.	Focuses on the ultimate big picture.
Shepherds others.	Equips others / develops leaders.

The following is a story in my personal transition from a leader who assumed the full role of nurturer to one who was changed as I learned to apply the principles taught by Jethro to my own ministry *and* my sphere of influence.

In my church, I made the hospital visits to every member who was sick. Then I found a member of the church who loved ministering to people. I asked him if he would like to visit hospital patients with me sometime, and he heartily agreed, saying he would love to go. So, we arranged some times to visit together. I taught him how to minister in a hospital, including all the dos and do nots of that ministry. Three or four months later, while I was speaking at an out-of-town event, I was informed that one of our members was taken to the hospital. I called the man I had trained, filled him in on the situation, and asked him if he would visit that person in my absence. He was glad to do it. I knew he said *yes* without hesitation because by then he knew how to conduct a hospital visit; he had been trained and equipped to do ministry in that environment.

Together, this man and I developed a hospital ministry team in our church. He found other people to go with him, and he would train them as I had trained him. When I left that church years later, there were seventy-two workers on our hospital ministry team! Until a pastor changes what he or she is doing, he or she will be the only person visiting the hospitals. This is one principle every pastor needs to remember: *never do ministry alone.*

The Twin Realities in the Jethro Principle

6 How did Moses respond to Jethro's recommendation and what was the result?

From this story of Jethro advising Moses comes two huge realities that cannot be overlooked if we want to affect change in our own ministries. First is the fact that Moses changed his way of thinking. In John Maxwell's book *Thinking for a Change*, he writes: "If you change your thinking, you will change your life" (2003, 3). Moses' life was forever changed because he began to think differently about how he approached his work, his time, his people, his family, his energy, even his calling as the leader of the nation of Israel. Maxwell summarizes three reasons why good thinking is so important; namely, it creates the foundation for good results; it increases the leader's potential; and it produces more good thinking once you develop the habit (2003, 3).

All three points are valid. Through delegation, Moses and the entire nation of Israel began to lay the foundation for good results. No nation has too many good leaders. By executing his vision for the nation through empowering other leaders around him, Moses was modeling a principle that would influence Israel for generations.

Thinking differently also increased Moses' own potential. Through his new leadership structure he secured more time to be alone with God, dream big dreams for his nation, develop his own skills, and think through challenges that were unique to his role.

Additionally, Moses made these leadership changes and then stayed with them! In other words, he started doing things differently, too. It is not easy to let go of the old ways. After all, we know what the other way will produce. This is why a change of perspective on what you, as a leader, should be doing and handling is so necessary. Moses realized that he was even able to think more clearly. It was only when he began to take on more than he should that he got weary, angry, impatient, and fell back into the old way of behaving. This should give each of us a stronger incentive to make good thinking a habitual way of life.

So, Moses changed his way of working, *drastically*. Before receiving Jethro's advice, he had gone to work with no end in sight. Perhaps there were times when the line of people was as far as his eye could see and each concern presented its own challenge, so the people would keep waiting and waiting. After Jethro stepped in, things got better organized; they started flowing. Now Moses only had to handle big items. And frankly, that is exactly what Moses needed to be doing. In truth, that is where pastors need to be, focusing on the big items that are before them and their people. Instead, many pastors are so bogged down in taking care of the little things that they lose sight of the greater reason God called them into the ministry.

So how do we, as growing leaders, put a new mentality about change into practice in our churches (or future churches), our organizations of Christian service, and our communities of influence and service? I offer the following suggestions on ways of changing how you work in the ministry.

1. Practice restraint. When equipping others, a leader needs to exercise restraint and give those being trained opportunities to succeed and fail. The natural tendency will be for the experienced leader/trainer to fix-it. But the wise equipper gives room for those in the learning process to fail.

2. Become adaptable. The world around us is changing rapidly. And with rapid change comes the need for leaders, while being firm and fixed in their values, to be flexible and adaptable in their approaches.

3. Plan for personal and corporate long-term health. When leaders make changes in the way they work, they can expect some changes in their personal health and the health of the church. God designed us to delegate. Life with all of its challenges is just too difficult to handle alone. One writer says this in reference to how a minister should handle the work of the ministry: "He (God) never meant for us (the individual) to tackle a task that required more than one person to accomplish it."

Dumping Versus Delegating

OBJECTIVE

Describe the differences between dumping and delegating, and formulate a process to apply the principles learned.

7   What is dumping and what frustrations are attached to it?

8   What is delegating and how does it differ from dumping?

You might find at this point in the lesson a renewed sense of joy about the ministry. You are already thinking about various ones to whom you can delegate some of your responsibilities. However, be careful that you are not *dumping* responsibilities instead of *delegating* them.

There is a difference. Dumping is when you give someone a job or responsibility that you do not want. You say, "God bless you," and leave them with it. That is it. Often in their excitement of passing along responsibilities, senior leaders will hand down tasks without training and equipping those on the receiving end, be it associates or laypeople. If your ushers are not trained in the basics of being an usher, they will think their greatest ministry contribution is holding up the back wall of the auditorium as they lean against it. If you ever go to a church where ushers do not greet people and serve the worshippers in attendance, you are in a church that does not place a high priority on usher training. When leaders fail to teach the workers, each worker will make up his or her own rules. This is the real danger of dumping.

On the other hand, delegating is where you pass the baton on to another; but before, during and soon after you have made the transfer, you spend time with the recipient, teaching, training, and modeling the ministry before him or her. As people are equipped, they become more comfortable on their own and soon they are training others, just as they were trained. Remember those ushers who are holding up the back walls, and find the motivation to choose delegation and development.

A final word about the Jethro principle: There is a distinct five-step development process. It goes like this:

1.   I do it while you watch.

2.   We do it together.

3.   You do it while I watch.

4.   We evaluate.

5.   You do it while another watches.

Tim Elmore (2001), vice president of leadership development for EQUIP, says that "Nearly every lasting movement in history endured because the first group of leaders reproduced their leadership and values into a second generation of leaders. It became a movement because it was about multiplication and not addition."

Test Yourself

Circle the letter of the *best* answer.

1. Which of the following is true of the role of a pastor?
a) The pastor's primary task is to equip people for ministry.
b) The pastor often spends the majority of time nurturing people.
c) The pastor's task is both similar to and more than that of a shepherd.
d) All of the above are true in regard to the role of a pastor.

2. Which of the following is *not* a trait of the *doing* pastor?
a) Is task-focused
b) Places a high priority on being relational
c) Spends much time in care ministries
d) Offers a high level of availability to the needs of people

3. Which of the following is *not* a trait of the *equipping* pastor?
a) Serves the church through management
b) Is task-focused
c) Trains people for ministry
d) Focuses on immediate needs

4. Which of the following is *not* a trait of the *developing* pastor?
a) Seeks ministry through multiplication
b) Focuses on empowering people
c) Focuses on short-term matters
d) Trains people for personal growth

5. What advice did Moses' father-in-law provide?
a) To assign mentors to young people
b) To delegate responsibilities to qualified men
c) To work longer hours
d) To establish a reward system for law-abiding behavior

6. What aspect of focus do we see both in the apostles and in Jethro's advice to Moses?
a) Insuring that the widows were being fed
b) Mapping out the direction to the Promised Land
c) Focusing on the Word of God and prayer
d) Communicating the vision for the Promised Land more effectively

7. Which of the following is a trait of a nurturer?
a) Draws fulfillment from doing the work
b) Empowers others to meet needs
c) Creates opportunities to mentor others
d) Focuses on the big picture

8. Which of the following is a trait of a leader?
a) Shepherds others
b) Reacts to moment-by-moment needs
c) Directly meets the needs of people
d) Finds fulfillment in equipping others

9. What must be included in the art of delegating?
a) Giving both responsibility and authority
b) Training the individual effectively
c) Explaining the assignment clearly and defining the measurement of success
d) All of the above must be included

10. What is *dumping*?
a) Giving someone a task you do not want and leaving him or her without support
b) Letting someone else find joy in serving by connecting with their gifts
c) Training people to do the assignments they have been given
d) When parents drop off kids for children's church and return for them after morning service

Responses to Interactive Questions
Chapter 8

Some of these responses may include information that is supplemental to the IST. These questions are intended to produce reflective thinking beyond the course content and your responses may vary from these examples.

1   What motivates a pastor to build a codependent relationship between him- or herself and the congregation?

A pastor may lack confidence in the ability of others. A pastor may gain great personal fulfillment from being needed. A pastor may fear becoming less important or necessary in the eyes of the people. A pastor may have trouble relinquishing control.

2   What reasons does Chuck Swindoll give for leaders "cracking up"?

Leaders have the tendency to do too much. Leaders have the tendency to delegate too little. Such leaders are easily saddled with petty details that are not worthy of their time investment. Such leaders frequently cannot find sufficient time to do the primary functions of their work.

3   What weakness did Jethro identify in his son-in-law's leadership style?

Moses was trying to do too much. Moses was making no use of the talent around him. Moses was involved in situations that did not require his involvement. Moses had allowed nurturing to dominate his leadership.

4   Upon what did Jethro insist that Moses focus?

Jethro insisted that Moses focus on the Word of God and prayer.

5   Explain the key differences between nurturers and leaders.

Nurturers directly meet the needs of people; leaders empower others to meet needs. Nurturers gain fulfillment from doing the work; leaders gain fulfillment from equipping others. Nurturers play defense to survive; leaders play offense to do the work. Nurturers react to moment-by-moment needs; leaders focus on the big picture. Nurturers shepherd others; leaders develop other leaders.

6   How did Moses respond to Jethro's recommendation and what was the result?

Moses changed his way of thinking and his way of working. The demands of the congregation of Israel were met more efficiently and other leaders gained opportunity to exercise their individual gifts.

7   What is dumping and what frustrations are attached to it?

Dumping is handing off an unwanted responsibility without the training or resources to achieve the task. Dumping creates a negative environment where the individual feels neglected and unappreciated. Dumping brings an unsatisfactory result as people do not know how to be effective in their task. Dumping tends to leave people to their own ideas of how to accomplish the task.

8   What is delegating and how does it differ from dumping?

Delegating is spending time training an individual for the assigned task. Delegating equips the individual by establishing the parameters of success, while dumping leaves successful performance undefined.

UNIT PROGRESS EVALUATION 2

Now that you have finished Unit 2, review the lessons in preparation for Unit Progress Evaluation 2. You will find it in the Essential Course Materials section at the back of this IST. Answer all of the questions without referring to your course materials, Bible, or notes. When you have completed the UPE, check your answers with the answer key provided in the Essential Course Materials section, and review any items you may have answered incorrectly. Then you may proceed with your study of Unit 3. (Although UPE scores do not count as part of your final course grade, they indicate how well you learned the material and how well you may perform on the closed-book final examination.)

Skill Formation

Once I understood that everything rises and falls on leadership, this knowledge changed my perspective on life as a minister. No organization has ever grown past its leadership. Church growth just does not work that way. Therefore, this unit contains chapters that deal with leadership skills and how a leader uses the time, talent, and resources given to him or her by God. Becoming a leader is a process, not an event. We tend to overestimate the importance of events and underestimate the importance of process. Leaders are not made in a day; they are made daily. Material contained in this unit reflects some of the principles that I learned from a close friend of almost twenty-five years, John Maxwell. He has been an incredible student of leadership and continues to write best-selling books on the subject, books with which you are probably familiar. I believe that sharing what I have learned in implementing the principles John Maxwell teaches can benefit you. Since nothing can grow past its leadership, we must effectively train Christian leaders in these days if we are to see the kingdom of God advance and people reached with the gospel. May these chapters stimulate your desire to grow to your potential in God.

Principles of Leadership

You are a leader, and this means the primary responsibility of the church under God rests with you. To be effective leaders we must follow the principles that will enable us to grow to effectively lead others. No doubt the weight of leading God's people can seem an overwhelming burden; however, remember that leadership is an occupation to which God has called you. This fact brings the promise of His help through the ministry of the Holy Spirit. An effective leader knows he or she needs help. Good leaders are never lone wolves.

In addition to maintaining a consistent prayer life to receive God's guidance and maintaining continual contact with the people you lead, the effective leader must know their needs and frequently remind them of the ultimate goal.

Increasing your knowledge of the principles of leadership in this chapter will give you confidence. Retaining them at the center of your thought life will equip you with the fundamental, biblical resources that have proven successful for seasoned leaders of God's people.

Lesson 9.1   Foundations of Leadership

Objective
9.1.1   Identify and explain the seven core principles of leadership and how they relate to the work of the church.

Lesson 9.2   Five Levels of Leadership

Objective
9.2.1   Explain each of the five levels of leadership, and identify the level of your own leadership.

Lesson 9.3   Climbing the Steps of Leadership

Objective
9.3.1   Describe the process of proceeding up the levels of leadership and evaluate your current level of leadership.

We have studied Daniel and Moses; the third key biblical leader to consider is Nehemiah. You will remember that Nehemiah had a high position in the Persian court as a cupbearer to Artaxexes, the emperor. A reading of the Book of Nehemiah reveals this wise official to be a man of compassion, loyalty, political shrewdness, and religious fervor. He had exceptional organizing and managing skills and powerful leadership abilities. It is no wonder that the discouraged Jewish remnant in Jerusalem were drawn to him; he successfully rallied the people to rebuild walls despite the hostility of neighboring enemies. From his Old Testament book we can glean the following seven principles that are time-tested, proven, and universal.

9.1.1
OBJECTIVE

Identify and explain the seven core principles of leadership and how they relate to the work of the church.

1 Explain the definition of leadership.

1. Leadership Is Influence

Influencing people in a positive way depends on building relationships, so influencing is a process that takes time. I learned this fairly rapidly after becoming a pastor in 1981. I had been with the new church for several weeks when I decided to move the piano from one side of the platform to the other. I thought that as the pastor I could do this if I wanted to, but when the two major influences of the church showed up on Sunday morning they were extremely agitated. Someone said, "Pastor, who told you that you could move that piano? We do not want that piano there." I learned a great deal about leadership that Sunday. I also learned something about change. My title did not carry the authority or the influence to lead change in that instance. I also discovered something about moving pianos that day. You do not move a piano in one Sunday. You move a piano one inch each Sunday. Change is a process, not an event. If you are going to be a change agent, you must first have influence.

A constant question that arises with pastors is this: "What do I do when I am the pastor and someone else has the influence?" The answer is simple. You influence the influencer. It is important to spend time with the people who have the influence in the church so that you can influence them in the direction you want to see the church go.

2. Everything Rises and Falls on Leadership

2 Why is leadership so essential?

I learned that everything rises and falls on leadership. This was another one of those life-changing concepts about guiding a church that helped me in the ministry. Why does one church grow and another does not? Why does one church advance and another does not? It is a leadership issue. Again, no church has ever grown past its leadership. In other words, no church can go past the ability of a pastor to effectively lead it. For instance, if a person *is only willing* to lead a congregation of two hundred and he or she becomes the pastor of another church of four hundred, it will only be a matter of time until that individual will have his or her new flock down to two hundred.

This reality says to me that my church could not grow past *me!* So I must continue to grow if I want my ministry to grow. I spent sixteen years as a pastor on a growth curve. Every week I was pastoring a church larger than I had ever pastored before. I came to believe that if I did not continue to grow, the church would not grow either. I, in fact, was the lid on the church. I chose to stretch and still desire to. Everything rises and falls on leadership.

3. Leadership Takes Responsibility for the Steps of Growth

At some point you need to take responsibility for whatever you have. Jokingly it has been said if you have been at your church three years you cannot blame the former pastor for what you have. At some point you have to take responsibility for your ministry. One of the things the Lord taught me in my ministry was this: whatever you build the church on is what you are going to live with. If you build it on hype then you will have hype, if you build it on discipleship then you will have discipleship. The Lord holds each of us responsible for what we do with the ministry He has given us. As an under-shepherd you ultimately must accept responsibility for the ministry God has given you.

3   What two things must leadership absolutely possess and why?

4. The Supreme Value of Leadership Credibility

In Unit 1 of this course we talked about the issue of integrity and credibility. Pastors so often lose credibility when they promise or promote things that they do not or cannot fulfill. It is important that we not communicate publicly things we plan to do and then not fulfill them. This will result in teaching people to doubt whatever we say because our credibility has been lost. Credibility involves consistency, faithfulness, and being a person of our word. The greater the credibility, the more effective our leadership will be.

5. Leaders Possess Tremendous Faith in People

If you do not believe in your people, you do not have to tell them, they can sense it. So you need to ask yourself, "Do I have faith in my people? Do I see their potential?" Jesus gathered twelve men close to Him and invested in them because He saw the potential in their lives. They were chosen for this close relationship not because they had it all together, but because the Lord saw potential. People tend to rise to the leader's expectations of them. If you do not like people, if you do not have faith in people, then you probably should not be in public ministry—especially not in the church. The ministry is simply about the people. When you look at a congregation of people, do you see the problems, or do you see the potential? Know that your view of people determines your effectiveness in ministry to them. Leaders believe in people.

4   Explain the statement that *leadership can be taught* and how it affects your own potential for leadership.

6. Leadership Can Be Taught

People often ask me if leaders are born as leaders. My answer is *yes*. People possess varying gifts and leadership. But one thing I know is that everyone can become a better leader than what he or she is at the present time. Leadership can be taught.

7. Great Leaders Are Effective Communicators of Vision

Leaders see things that do not exist. Leaders have the ability to help people capture God's plan and purpose for their lives. Unit 2 deals specifically with this critical area of leadership. Managers take things that exist and organize them. Leaders create things that do not exist. Although we need managers in ministry, if we are going to see churches built and growing, they must be pastored and led by visionary leaders.

Probably one of the most effective charts that John Maxwell ever developed was the Five Levels of Leadership. Understanding this chart will enable you to more effectively see the process and progression of leadership in ministry.

9.2.1
OBJECTIVE

Explain each of the five levels of leadership, and identify the level of your own leadership.

5 What is the *position* level of leadership?

6 What is the *permission* level of leadership?

Five Levels of Leadership

The following information is taken from John Maxwell's book *Developing the Leader Within You.* Every leader should have knowledge of John Maxwell's five levels of leadership. It is a valuable resource to consult and re-consult throughout your leadership years. *Developing the Leader Within You* is not a book that you will relegate to your bookshelf. Many people read it through several times each year; some keep dog-eared copies on their desks (1993, 11–13).

1. Position

- *Rights* of the job are the basis for this leadership; people follow because they have to.

Note: Influence on this level will not extend beyond the lines of the job description. The only authority possessed is what the title gives. The longer one stays at this level, the higher the turnover rate and the lower the morale of the people.

This is the lowest level of influence for a leader. He or she must rely on his or her title to get people to follow. There is nothing wrong with titles, but if you must have a title for people to follow you something is wrong and you are not really leading. Jesus never had a position or title, yet He had huge influence—through building relationships, meeting needs and offering hope. His authority came from God and the life He lived, not from an assigned position or title. At level one, authority comes only from your title.

A biblical example is Rehoboam: "If today you will be a servant to these people . . . they will always be your servants. But Rehoboam rejected the advice the elders gave him" (1 Kings 12:7–8).

2. Permission

- The bond of *relationship* is the basis for this leadership—people follow because they want to.

Note: People will follow this leader beyond the stated authority. This leader allows work and ministry to be fun and joyful. If a leader stays too long on this level without rising, it will cause highly motivated people to become restless.

Influence at this level extends beyond a leader's stated authority because there is established connection with people relationally. This person has communicated trust and credibility, and others now choose to follow this leader out of devotion rather than duty. This level is an improvement from level one because you are influencing from your person, not your position. However, leaders must recognize there is a difference between being liked as a friend and being followed as a leader. Experiencing a mere relationship without producing any results for the church or organization will eventually fail to motivate people to make sacrifices, take risks, and follow.

A biblical example is Nehemiah. "You see the trouble we are in: Jerusalem lies in ruins, and its gates have been burned with fire. Come, let us rebuild the wall of Jerusalem, and we will no longer be in disgrace . . . so they said, 'Let us start rebuilding.' So they began this good work . . . I answered them by saying, The God of heaven will give us success" (Nehemiah 2:17–18, 20).

Nehemiah connected with the Jews on many relational levels: national pride, spiritual vision, renewed relationship with God, personal participation, common goal-setting, sense of ownership, and commitment to individual responsibilities.

7   What is the *production* level of leadership?

3. Production

- Prior *results* are the basis for this level of leadership—people follow because of what has been accomplished for the organization or the church.

Note: This is the level of leadership that generates a sense of success. They like the leader and what he or she is doing. Problems are fixed with little effort because of momentum. People sense godly success for the church through this leader.

People like the results they have seen. At this level, they not only enjoy a relationship with the leader, but enjoy the results he or she has produced. There is fruit in the church and fulfillment in the people who participated in the journey. People love to follow a leader who gets things done. They love to be part of a team that wins. This describes leadership at this level.

A biblical example is David:

All the tribes of Israel came to David at Hebron and said, "We are your own flesh and blood. In the past, while Saul was king over us, you were the one who led Israel on their military campaigns. And the Lord said to you, 'You will shepherd My people Israel, and you will become their ruler.'" (2 Samuel 5:1–2)

David was called *a man after God's own heart*. At each step of David's journey with the Lord he gained conquests; and though he suffered, he gained more and more influence and respect as he progressed. David offered a clear vision that united the people, sought to please the Lord first, solved problems, produced results, and shared responsibilities and the credit.

8   What is the *people development* level of leadership?

4. People Development

- The ability to *reproduce* is the basis for this leadership—people follow because of what has been nurtured in them.

Note: This is the level where long-range growth occurs. A person's commitment to developing leaders will insure ongoing growth to the church and to individuals.

At this point, a leader gains a new level of authority. This individual personally impacts the lives of "team members" by pouring his or her life into others. He has not only been a minister, but a mentor to others. She has developed the potential of key people. On this level, a leader reproduces him- or herself and brings about spiritual multiplication in the church.

A biblical example is Paul: "And the things you have heard me say in the presence of many witnesses entrust to reliable men who will also be qualified to teach others" (2 Timothy 2:2). Paul referred to Timothy as "his true son in the faith" (1 Timothy 1:2).

Paul mentored Timothy, Titus, Priscilla and Aquila, Luke, Onesimus, Philemon, and many others as he helped them to move into their various works of ministry. He also instructed them to duplicate themselves in others. Paul's strategies for explosive growth were to attract and select potential leaders, mentor and develop them as emerging leaders, give them assignments to prove their potential, and release them to serve and reproduce other leaders.

9   Define the *personhood* level of leadership.

5. Personhood

- *Respect* for life and service principles is the basis for this: people follow this leader because of who he or she is and what this one represents.

Note: This step is reserved for leaders who have spent years growing people and organizations. Few make it to this level.

A biblical example is Samuel: "The Lord was with Samuel as he grew up, and he let none of his words fall to the ground. And all of Israel from Dan to Beersheba recognized that Samuel was attested as a prophet of the Lord" (1 Samuel 3:19–20).

As a child, Samuel learned to recognize God's voice. Hearing and walking with Him gave Samuel access to God Almighty; His word for His people; wisdom to teach and admonish those God would use; and eventually a record of truth and faithfulness as His witness. Samuel exhibited the heart of a servant leader and caused all of Israel to assemble and mourn for him (1 Samuel 25:1). At this final step on the ladder to leadership, Samuel demonstrated faithful servanthood and a life of integrity; he was a consistent producer of leaders (Notebook 3: Million Leaders Mandate 2003, 30).

9.3.1
OBJECTIVE

Describe the process of proceeding up the levels of leadership, and evaluate your current level of leadership.

Climbing the Steps of Leadership

Educators often use a diagram of a stairway when teaching the process of an endeavor. As you visualize the stairway to becoming an effective leader, remember these seven truths (Notebook 3: Million Leaders Mandate 2003, 31) regarding your leadership climb.

Seven Leadership Truths

1. The higher you go, the longer it takes.

2. The higher you go, the higher the level of commitment.

3. The higher you go, the easier it is to lead.

4. The higher you go, the greater the growth.

5. You never put aside the principles of the base level or the levels below your current level.

6. As a leader you will not be on the same level with all of those who work with you.

7. You must work to carry other leaders with you up the steps of leadership.

This is the point at which each leader and every potential and growing leader would logically ask, "How does one climb these leadership steps?" It takes asking God to grow you into an effective leader, while you determine to develop confidence in your people skills. For when it comes to people, every relationship has a chance to develop that person. (Note that the focus is outward toward others.) Teach yourself to be observant among your people and maintain a list of potential leaders you can invest in. Then prioritize your discipleship efforts, and you will find systematic ways to train people.

A point will come where you will need to select and develop key leaders. Then use the powerful impact of modeling; determine to live a life others want to imitate. Always remember that people are your most valuable asset.

How did Jesus do it? He did three things to develop His disciples.

1. He inspired them. The Lord Jesus was a visionary. He cast a vision for these men so that they were willing to drop everything, leave their occupations, and follow Him. He inspired them with an incredible opportunity, a journey for their lives. Excite people with the challenge of ministry.

2. He instructed them. He taught them what to do.

10 Describe the three things Jesus did to develop His disciples and identify an individual you believe has pursued each of these in helping to develop you.

3. He involved them. He let them do the task. One of the great challenges is to let people work who cannot do it like we do it. God did not call you to accomplish all tasks. He called you to equip God's people to lead and work. What you have to be willing to do is to let other people do it even though they do not lead and work just like you would or maybe not do it as well as you could, but that is not the point. The point is you are not supposed to be doing it. You are going to transfer everything you know about leadership; you are going to do everything to disciple those people, but you are going to have to let them do it.

Jesus was the greatest risk taker of all. He left this earth in the hands of a band of men who were not perfect and needed to grow more, but He had invested something in them and at some point he had to let them get their feet in the water. You can follow that example. Let them attempt it. If they fail, help them pick it back up. You are there to help them succeed. You are not there to take it back. John Maxwell wrote a book on this topic entitled, *Failing Forward* (2000a). No great thing has ever been done for God without failing at some point. It is what you do when it does not work that determines those who succeed and those who do not. You learn from those mistakes, but you keep moving forward and growing.

Developing Leaders Versus Developing Followers

We end this chapter with the following pairs of insightful comparisons. Note these differences in developing leaders as opposed to developing followers. Establish now a priority to train leaders.

Leaders who develop followers need to be needed.
Leaders who develop leaders want to be succeeded.

Leaders who develop followers want to be recognized.
Leaders who develop leaders want to be replaced.

Leaders who develop followers focus on weakness.
Leaders who develop leaders focus on the strengths.

Leaders who develop followers hold on to position and power.
Leaders who develop leaders give away position and power.

Leaders who develop followers grow their ministry by attracting more followers.
Leaders who develop leaders grow their ministry by developing more leaders.

Leaders who develop followers grow through events.
Leaders who develop leaders grow through process.

Leaders who develop followers grow outside in.
Leaders who develop leaders grow inside out.

"Outside in" growth feeds off of charisma.
"Inside out" growth feeds off of commitment.

If you develop a follower, you add.
If you develop a leader, you multiply.

Leaders who develop followers impact only the people they touch.
Leaders who develop leaders impact people beyond themselves.

Test Yourself

Circle the letter of the *best* answer.

1. What is leadership?
   a) Giving orders and getting what you want
   b) Getting people to do your work
   c) Influence
   d) Solving everyone's problems

2. Which of the following is true of leadership?
   a) Everything rises and falls on leadership.
   b) Leadership takes responsibility for every area of the task.
   c) Leadership requires the leader to possess faith in people.
   d) All of the above are true statements about leadership.

3. What is the most important ingredient to good leadership?
   a) Organization
   b) Credibility
   c) Authority
   d) Strong will

4. Which of the following is true of position leadership?
   a) Your authority comes from relationship.
   b) It is the second level of leadership.
   c) People follow you because they have to.
   d) This is where people sense success.

5. Which of the following is true of production leadership?
   a) People follow because of what you have done for the organization.
   b) People follow because of what you have done for them personally.
   c) Your influence is limited to the assigned tasks.
   d) People follow out of devotion rather than duty.

6. Which of the following is true of permission leadership?
   a) People follow because of what you have done for them personally.
   b) It is the first level of leadership.
   c) People follow because they want to.
   d) This is where long-range growth occurs.

7. Which of the following is not true concerning climbing the steps of leadership?
   a) The higher you go, the less commitment you are required to demonstrate.
   b) The higher you go, the longer it takes.
   c) You never really leave the base level or the levels where you are.
   d) You will not be on the same level with everyone you lead.

8. Which of the following is among the list of ways to climb the leadership levels?
   a) Develop confidence in your people skills.
   b) Recognize that people are your most valuable asset.
   c) Live a life others want to imitate.
   d) All of the above are among the ways to climb the leadership levels.

9. Which of the following is true of leaders who develop followers?
   a) They want to be replaced.
   b) They focus on weakness.
   c) They give away position and power.
   d) They grow their ministry by developing more leaders.

10. Which of the following is true of leaders who develop leaders?
    a) They grow inside out.
    b) They grow ministry by attracting more followers.
    c) They need to be needed.
    d) They hold on to position and power.

Responses to Interactive Questions
Chapter 9

Some of these responses may include information that is supplemental to the IST. These questions are intended to produce reflective thinking beyond the course content and your responses may vary from these examples.

1 Explain the definition of leadership.

Leadership is influence. Leadership may have little to do with position or elected authority. It is the individual who truly influences others who demonstrates the true characteristics of leadership.

2 Why is leadership so essential?

Everything rises and falls on leadership. Leadership must ultimately be responsible for every aspect of the task. A church cannot grow past the ability of its leaders to lead.

3 What two things must leadership absolutely possess and why?

A leader must have credibility. Without credibility a leader will lack the trust necessary for people to follow him or her. A leader must possess faith in people. Without such confidence a leader will be unwilling to develop people. He or she will live under the constant frustration of failures rather than reaching the potential he or she can have.

4 Explain the statement that *leadership can be taught* and how it affects your own potential for leadership.

Leadership seems to come naturally to some, but the true nature of a leader can be learned, even by those who seem to lack a natural proclivity for leading others. This question also calls for a personal response which should center on the individual's perception of his or her own natural leadership ability.

5 What is the *position* level of leadership?

At this level people follow because your position requires them to follow. The influence of position leaders does not extend beyond the requirements of the job description. This leader relies on a title for people to follow him or her.

6 What is the *permission* level of leadership?

At this level people follow because they have chosen to follow. People will follow the permission leader because they have given him or her permission to influence their direction.

7 What is the *production* level of leadership?

At this level people follow the leader who has accomplished significant things for the organization. People choose to follow production leaders because they have achieved a history of success. This level will allow the leader to lead beyond the boundaries of his or her title. This level ultimately requires that a level of success be maintained or a higher level achieved.

8 What is the *people development* level of leadership?

At this level people follow because of what the leader has done for them. This level provides a new level of authority that often extends into a long-term relationship. This level requires a commitment to delegate and mentor those the leader has selected.

9 Define the *personhood* level of leadership.

At this highest level, people follow because of what the leader represents. Typically this level is reserved for those who have a long history of developing people. This level often focuses primarily on the leader's character and the principles by which he or she leads.

10 Describe the three things Jesus did to develop His disciples and identify an individual you believe has pursued each of these in helping to develop you.

Jesus inspired them with His vision for a kingdom. Jesus instructed them with His efforts to teach and train them for the work of ministry. Jesus involved them by allowing them to do the work of ministry.

Cultivating People Skills in Your Leadership

In John 13:15, Jesus said, "I have set you an example that you should do as I have done for you." Clearly, no one exemplified people skills better than Jesus did. Everywhere He went, people followed Him. Why? Because it was obvious that people were His passion. He met their needs wherever He encountered them. Jesus touched people physically, spiritually, and emotionally.

Likewise, the basis of leadership is people. An old adage states, "He who thinks he leads, but has no followers, is only taking a walk." If you cannot relate to and connect with people, they will not follow you. Relationships will make or break a leader over time. Effective leaders avoid focusing on themselves and their own success. They are others-minded, helping others reach their maximum potential. Inability to get along with people can seriously cripple one's leadership effectiveness. As John Maxwell often says, "People will not go along with you if they cannot get along with you."

Perhaps the most useful person of all is the one who knows how to get along with people. After all, pastors and other Christian workers are in the *people business*. We must learn to understand people and their personalities and temperaments, and then we should find effective ways to connect with them.

We must learn to serve others and to add value and blessing to them. We add value to others when we

- highly value people as unique and special gifts from God.
- make ourselves more valuable by continuing in our personal and professional growth and development.
- know and relate to what others value.
- value what God values (Maxwell 2004, 80–81).

Lesson 10.1   Leadership and People

Objective

10.1.1 Explain how a leader's management of people will ultimately define the boundaries of his or her leadership success.

Lesson 10.2   What Every Leader Should Know about People

Objective

10.2.1 List and explain the emotional characteristics of people and how a leader must respond to them.

Lesson 10.3   Keys to Becoming a People Person

Objective

10.3.1 Identify and explain the means by which an individual can grow in his or her people skills.

10.1.1
OBJECTIVE

Explain how a leader's management of people will ultimately define the boundaries of his or her leadership success.

1   How must a leader view the importance of people in order to be truly effective?

2   Using the analogy of the Good Samaritan, describe a time when you have seen people treated as the Jewish man was treated by the priests.

Leadership and People

Here are four truths regarding leadership and people:

1. People are a church's most appreciable *asset*.

2. A leader's most important asset is *people skills*.

3. A good leader can lead various groups because effective leaders understand and relate to all people, regardless of their personalities.

4. You can have people skills and not be a good *leader*, but you cannot be a good leader without people skills.

Jesus told this story in response to a man who asked, "Who is my neighbor?" (Luke 10:29). He spoke of a man who was robbed and beaten alongside a road and left for dead. Soon, a couple of religious leaders walked by but never stopped. It is likely they were on their way to some religious activity. Then a Samaritan came by and helped the man, caring for him until he was well again. Jesus then asked the man to identify the neighbor in the story. He taught that relationships and ministry are not confined to your immediate circle of friends (Luke 10:36–37). He taught that relationships are more important than many spiritual activities we practice (Matthew 5:23–24).

Self-Perception and Serving Others

The parable of the Good Samaritan illustrates how we treat others based on how we see ourselves. Notice the different ways the victimized man was treated in this story.

1. The robbers used people. They manipulated others. They saw the man as *a victim to exploit*.

2. The priests were law keepers. They were self-righteous. They saw the man as *a problem to avoid*.

3. The Samaritan was despised. He knew how it felt to be ignored. He saw the man as *a person to be loved*.

As a leader, you will have these three options too: to exploit people, to avoid people, and to love people. The goal is to look past their faults and see their needs (Notebook 1, Million Leaders Mandate 2003, 30–31).

Leadership Is Relationships

Years ago, several Christian leaders met together in a summit. Their goal was to summarize the Christian faith in a single sentence. They actually took the goal a step further. They summarized Christianity in a single word. The one word they chose was *relationships*.

What separates us from all the religions in the world is the centrality of relationships. Our faith is built around relationships, not creeds or disciplines. When Jesus was asked about the greatest commandment, He responded, "'Love the Lord your God with all your heart and with all your soul and with all your mind and with all your strength'" (Mark 12:30, a vertical relationship), and to "'love your neighbor as yourself'" (Matthew 19:18, a horizontal relationship). Jesus did not say, "By this will all men know that you are my disciples: that you have memorized fifty verses of Scripture." Instead, He said that the way the world would know we are His disciples is how we handle our relationships. How well do we love people? John Maxwell writes, "People do not care how much you know, until they know how much you care" (1998, 107).

3   Of the four word pictures provided in the text, which do you believe is the most essential for the leader and which do you believe best characterizes your people skills?

A Definition for Spiritual Leadership

A spiritual leader is one who assumes responsibility for the health and development of his or her relationships. Here are four word pictures that describe a spiritual leader:

1. **Host**. A spiritual leader is much like a host. Good hosts take initiative and make others feel comfortable. As a leader, you must *host* the relationships and conversations of your life. Leaders are not guests in relationships. Knowing what a good host does in his or her home, we ought to be able to do that same thing with people everywhere.

2. **Doctor**. A spiritual leader is much like a doctor. Good doctors ask questions. They probe until they see the need. As you attempt to discern people's needs, ask questions until you discern their condition. Only then do you begin to address their needs. Do not give a prescription before a diagnosis.

3. **Counselor**. A spiritual leader is much like a counselor. Good counselors are active listeners and interpret what they hear. As a leader with solid people skills, you must become an active listener. You should non-verbally communicate that you understand the person and identify with him or her. We earn our right to speak by listening.

4. **Guide**. A spiritual leader is much like a guide. Guides do not merely fellowship with others; they get them to the destination. A leader's people skills must result in his or her ability to take people to a destination. Our purpose is not to be liked by people, but to take them on a journey and to reach a goal they might not have reached alone (Notebook 1: Million Leaders Mandate 2003, 31–32).

Leaders should take the appropriate role according to the needs of the person or persons they are leading. Our job is to connect with people, so that we can take them on the journey.

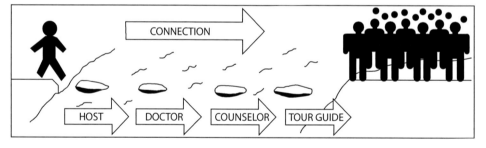

10.2.1
OBJECTIVE

List and explain the emotional characteristics of people and how a leader must respond to them.

4   How and why should a leader respond to the insecurities people demonstrate?

What Every Leader Should Know about People

Leaders should study and remember the following basic facts about human nature and then minister to people accordingly.

Facts about Human Nature

1. People are insecure. Give them confidence.

Key principle: Hurting people hurt people (Maxwell 2005, 25). Secure people offer security to people.

- Most people are insecure in some area of their lives.

- Most insecure people are looking for security.
- A secure environment is provided only by secure and confident people.

"Let us encourage one another" (Hebrews 10:25).

2. People like to feel special. Honor them.

Key principle: To deal with yourself, use your head. To deal with others, use your heart.

5   How might a leader be tempted to respond to people's need for honor, and how should he or she respond?

Do these things when you affirm and honor someone with your words:

- Make your words sincere. Be genuine about what you say.
- Make your words specific. Be pointed and specific about what you say.
- Make your words public. Share the honoring word in front of others.
- Make your words personal. Get beyond general gratitude; speak personally to them.

"Be devoted to one another in brotherly love. Honor one another above yourselves" (Romans 12:10).

3. People look for a better tomorrow. Give them hope.

Key principle: The key to today is a belief in tomorrow.

Everyone lives for something better to come. Where there is no hope in the future, there is no power in the present. Years ago a study was done to see what effective pastors had in common. They had one common characteristic—to offer hope to their people.

"Yet this I call to mind and therefore I have hope: Because of the Lord's great love we are not consumed, for his compassions never fail" (Lamentations 3:21–23).

4. People need to be understood. Listen to them.

Key principle: To connect with others, understand the keys to their hearts (Maxwell and Dornan 1997, 172).

Answering the following questions about individuals is vital to knowing their hearts:

- What do they talk about?
- What do they cry about?
- What do they dream about?
- What do they laugh about?
- What do they plan about?

"Rejoice with those who rejoice; mourn with those mourn" (Romans 12:15).

5. People lack direction. Navigate for them.

Key principle: Most people can steer the ship; a leader helps chart the course (Maxwell 1998, 33).

- Leaders must know the way.
- Leaders must go the way.
- Leaders must show the way.

To the elders among you, I appeal as a fellow elder, a witness of Christ's sufferings and one who also will share in the glory to be revealed: Be shepherds of God's flock that is under your care, serving as overseers—not because you must, but because you are willing, as God wants you to be; not greedy for money, but eager to serve. (1 Peter 5:1–2)

6. People are needy; address their needs first.

Key principle: People must receive ministry before they can minister.

Most people think this way:	Leaders should respond this way:
Their situation is unique.	Put their people first.
Their problems are the biggest.	Know their people's needs.
Their faults should be overlooked.	See the total picture.
Their time is most precious.	Love people to help them grow.

"Each of you should look not only to your own interests, but also to the interests of others" (Philippians 2:4).

7. People get emotionally low. Encourage them.

Key principle: What gets rewarded gets done.

Years ago, an experiment was conducted to measure people's capacity to endure pain. How long could a bare-footed person stand in a bucket of ice water? It was discovered that when there was someone else present offering encouragement and support, the person standing in the ice water could tolerate the pain twice as long as when there was no one present.

"Therefore, as God's chosen people, holy and dearly loved, clothe yourselves with compassion, kindness, humility, gentleness and patience. Bear with each other and forgive whatever grievances you may have against one another. Forgive as the Lord forgave you" (Colossians 3:12–13).

8. People want to succeed. Help them win.

Key principle: Reach out and help others achieve their goals. Victory has a thousand fathers; defeat is an orphan.

What do these words have in common?

high morale	enthusiasm	momentum
optimism	energy	excitement

Victory! Everyone wants to be on a team that experiences victories and reaches the goal the team is pursuing. Leaders provide this for others.

"Two are better than one, because they have a good return for their work: If one falls down, his friend can help him up. But pity the man who falls and has no one to help him up!" (Ecclesiastes 4:9–10).

9. People desire relationships. Provide community.

Key principle: Practice the 101 percent principle with people: Find the 1 percent you have in common with someone, and give it 100 percent of your attention (Maxwell 2005, 188).

God's Word is all about community—from the Garden of Eden in the beginning, to the city of God in the end. We were never intended to take the Christian journey alone. The New Testament teaches us that we are members of one another." The word *saint* (in the singular form) does not appear once in the New Testament. However, the word *saints* (in the plural form) appears many times.

"If one part suffers, every part suffers with it; if one part is honored, every part rejoices with it" (1 Corinthians 12:26).

10. People seek models to follow. Be an example.

Key principle: People do what people see.

The early followers of St. Francis of Assisi wanted to know what to do when they went out into the streets to minister. "Preach the gospel at all times," St. Francis advised. "If necessary, use words."

"Follow my example, as I follow the example of Christ" (1 Corinthians 11:1).

10.3.1
OBJECTIVE
Identify and explain the means by which an individual can grow in his or her people skills.

Keys to Becoming a People Person

Building Strong Relationships

Follow these five foundational principles for building strong relationships (Toler 2004, 168–172).

1. You must like yourself before you can like others.

- Establish your worth according to God's value system. You are created and redeemed. Learn to be comfortable with yourself.
- Focus on God and not your own situation. His power with you gives you confidence.
- Do not compare yourself with others.
- Find one thing you are good at and then specialize until you are special.
- Develop friendships with confident, positive people.
- Develop a godly character. Learn to lead yourself. (This is spiritual formation.) You must be credible.
- Compassionately and consistently serve others, expecting nothing in return.

2. You must initiate relationships.

In order to have friends, you must become a friend. Leaders find the people, not the other way around. Leaders understand these ABCs of relational skills:

- Attract people.
- Believe in people.
- Connect with people.

Who are the leaders who always *attract* people?

- They are always surrounded by people.
- People want to be with them.
- People are eager to know them better.

The following qualities are always evident in the lives of those who *attract* people:

- They have learned to smile. They laugh at themselves.
- They respect the opinions of others.
- They uplift others with words of encouragement and affirmation.
- They are focused on serving others. They are not wrapped up in their own importance. Billy Graham once said, "The smallest package I ever saw was a man wrapped up wholly in himself."
- They do not whine and complain.

Who do you know who truly *believes* in people?

- People trust them.
- People will share their innermost thoughts and feelings with them.

- People follow them with loyalty and devotion.

The following qualities are always present in the lives of those who *believe* in people:

- They see God-given potential in every person.
- They deliberately focus on the strengths they see in other people.
- They believe every person has a unique place of fruitful service in God's kingdom.

Who do you know who effectively *connects* with people?

- People desire to be on their team.
- People will go "the extra mile" to help them reach a God-given vision.
- People are loyal to them.

The following qualities are seen in the lives of those who truly *connect* with people.

- Their leadership offers a sense of confidence to others.
- Their vision provides a clear direction for others.
- Their humility communicates a desire and willingness for others to share their dream and help it become reality.
- Their passion energizes others.
- Their generosity is outpoured upon others.
- Their victories are shared with others.

The Atlanta airport is always overflowing with people. It is often called "the world's busiest airport." In one of the concourses there are four businesses located side-by-side, each serving meals. During the breakfast hour each morning all four businesses fill their serving counters with almost identical food. Bacon, sausage, eggs, grits, toast, biscuits, and so on can be seen displayed in similar quantity and quality. One of the four businesses has a very long line of customers every morning. Interestingly, this business has the least accessible location of the four. Every day the other three food providers have very few, if any customers. Again, all four are offering identical menus at comparable prices.

What is the difference between the business that attracts a long line of hungry folks who are willing to wait in line and other similar businesses in the same vicinity with similar food that attract very few buyers? Please remember that these are airline travelers, usually in a hurry and eager to avoid another line. Why would they stand in line at this one business while competitors have no lines?

Observant travelers through the Atlanta airport know the reason for the difference. Before six o'clock every morning a middle-aged, African-American woman takes her place behind the food-serving counter. In a strong but friendly voice she begins to wish every potential customer a warm "Good morning!" With a contagious smile on her face and in her voice she exclaims, "We'll prepare breakfast your way. If you have a preference, we can do it! How do you like your eggs, your toast, and your bacon? Just tell us. We are here to serve breakfast the way you like it."

Between "Good morning," "Have a great day," and "God bless you," she again explains their "can do" philosophy of breakfast to please the customer. Often she greets by name a pilot, flight attendant, custodian, or frequent traveler, expressing joy in seeing them and wishing them a wonderful day.

At each of the other three counters stand several idle employees who are half asleep. There is a frown on each face. They seem to hate the very thought of work so early in the morning. There are no greetings, no warm "good mornings," no lighthearted banter with travelers, no promises of special service, no well-wishes for the day, and no customers or very few at best.

One customer standing near the back of the line turns to another and says, "I walked from another concourse to eat at this counter. They prepare my bacon extra crispy, and that greeter's smile sets a positive tone for my day. Her attitude brings me back to this place every time I fly through Atlanta."

One woman who knows the ABCs of relationships has made her enterprise successful. She attracts people, believes in people, and connects with people.

6   How can we encourage others for the sake of building relationships?

3. Make encouraging others a daily habit.

Encouragers always have lots of quality friendships.

*   Believe in people. Place a *10* on every head. How you see them is how you will treat them.
*   Express appreciation often.
*   Honor them. Make them feel special by offering words of praise.
*   Deal in hope. Point to a better tomorrow. Be enthusiastic about life and the future.

4. Learn and practice the art of listening.

Place yourself in the other person's shoes. "What is your opinion?" is a great question to ask. It will help you learn the following:

*   What they know
*   What they feel
*   What they want

5. Walk slowly through crowds.

*   Listen to people.
*   Be quick to forgive.
*   Learn to laugh. Life is serious business, but do not take yourself too seriously.

Roadblocks to Great Relationships

If a potential leader exhibits the following characteristics, his or her leadership ministry will subsist in a weak position:

prideful	fearful of rejection	unpredictable	undependable
self-centered	fearful of failure	unstable	pessimistic
insecure	moody	inconsistent	unpleasant

Assess where you are at the present. What do you struggle with most in relationships? Now, list some people, people you believe God is challenging you to host and lead more effectively.

Apply what you have learned in this chapter by asking yourself this question: How can I begin to overcome the things that hinder relationships and then begin to connect with the people involved?

Test Yourself

Circle the letter of the *best* answer.

1. Which of the following statements is *false*?
    a) People are a church's most appreciable asset.
    b) A leader's most important asset is people skills.
    c) The leader does not have to able to relate to different types of people.
    d) You can have people skills and not be a good leader.

2. In the story of the Good Samaritan, what is true of the priests?
    a) They were law keepers.
    b) They saw the man as a victim to exploit.
    c) They knew how it felt to be ignored.
    d) They saw the man as a person to be loved.

3. According to the lesson, within the word picture of a *counselor*, the leader must
    a) ask probing questions.
    b) be an active listener.
    c) show hospitality.
    d) take people on a journey.

4. Which of the following statements is true concerning the insecurity of people?
    a) Most people are insecure in some area of their lives.
    b) Most insecure people are looking for security.
    c) A secure environment can only be provided by secure and confident people.
    d) All of the statements above are true.

5. When you affirm someone with words, you should
    a) speak only in general terms.
    b) be specific.
    c) later write down what you said.
    d) avoid making public statements because someone may become jealous.

6. Which of the following questions can help discern what people really care about?
    a) What do they cry about?
    b) What do they dream about?
    c) What do they plan about?
    d) All of the above are helpful questions.

7. Which of the following statements is true concerning what most people think?
    a) They think their situation is unique.
    b) They put the needs of others ahead of their own.
    c) Their problems are not bigger than those of others.
    d) They see the total picture.

8. Which of the following is *not* a part of establishing your own self worth?
    a) Focus on God and not your own situation.
    b) Establish your worth according to God's value system.
    c) Solve all your issues before you try to help others.
    d) Compassionately and consistently serve others.

9. Which of the following is true concerning those who believe in others?
    a) They focus on the strengths they see in others.
    b) They believe every individual has something to contribute to God's kingdom.
    c) They see God-given potential in everyone.
    d) They believe all of the above statements.

10. Which of the following is *not* a roadblock to establishing great relationships?
    a) Confidence
    b) Insecurity
    c) Pride
    d) Negative attitude

Responses to Interactive Questions
Chapter 10

Some of these responses may include information that is supplemental to the IST. These questions are intended to produce reflective thinking beyond the course content and your responses may vary from these examples.

1   How must a leader view the importance of people in order to be truly effective?

The leader must see people as his or her greatest resource and his or her reason-for-being. He or she must realize that ministry is a people business. He or she must recognize that people skills are his or her most valuable asset.

2   Using the analogy of the Good Samaritan, describe a time when you have seen people treated as the Jewish man was treated by the priests.

This will be a personal response. It should focus on a leader treating people as a problem to avoid.

3   Of the four word pictures provided in the text, which do you believe is the most essential for the leader and which do you believe best characterizes your people skills?

This will be a personal response. It is two-fold. First the answer should be according to importance and then according to your own perceived ability. As long as you draw on the four analogies listed, there is no incorrect answer.

4   How and why should a leader respond to the insecurities people demonstrate?

Most people are insecure in some area of their lives. The leader should respond with encouragement. He or she must be careful not to magnify that insecurity or add to it. By caring for people's insecurities, he or she creates a safe environment for growth.

5   How might a leader be tempted to respond to people's need for honor, and how should he or she respond?

The leader might be frustrated with this or unwilling to honor people in fear that they will become prideful. The leader should affirm people in a sincere manner. He or she should make praise specific, public, and personal.

6   How can we encourage others for the sake of building relationships?

Express belief in them. Show them our appreciation often. Make them feel special by offering words of praise. Be enthusiastic about life and the future.

CHAPTER

Priorities and Decision Making

Mistaken priorities lie at the heart of ineffective leadership. In Matthew 23:24 Jesus scolded the Pharisees for confusing what was and was not important: "You blind guides! You strain out a gnat but swallow a camel" (Matthew 23:24). Their priorities were enforcing laws and rules. Christ's priorities were the spiritual needs of others. Great leaders know the heart of their people and lead with a focus on the maximum spiritual development of their people.

Because we are spiritual leaders we know that Jesus died for us and that our ultimate mission is the Great Commission (Matthew 28:19–20). We also know that the Bible rarely gives us step-by-step instructions for a given task. Consequently, we must ask God for wisdom, keep the big picture in mind, lead from God's priorities, and make the most of our time since the days are evil (Ephesians 5:15–17).

Getting More from Each Day

Test yourself and see. The following quiz (Notebook 1: Million Leaders Mandate 2003, 23) is based on the concepts of Jimmy Calano and Jeff Salzman, founders of Career/Track, a national training organization in the United States (adapted in Elmore 2001, 78).

Check *yes* or *no*:

1. Do you plan tomorrow's work today?	❑ Yes ❑ No
2. Do you perform routine chores at your daily low energy times and creative tasks at your high peak?	❑ Yes ❑ No
3. Do you get unpleasant duties out of the way as soon as possible?	❑ Yes ❑ No
4. Do you mentally preview the day's work at the beginning of the day?	❑ Yes ❑ No
5. Are you able to deal with people who waste your time?	❑ Yes ❑ No
6. Do you know how to log your time; that is, occasionally write down just how long it takes to accomplish each day's tasks?	❑ Yes ❑ No
7. When you promise that you will get something done on time, do you always try to keep your word?	❑ Yes ❑ No
8. Do you set aside a portion of each day to think, create, and plan?	❑ Yes ❑ No
9. Is your workplace tidy? Can you find what you need without wasting time?	❑ Yes ❑ No
10. Do you have an efficient filing or organization system?	❑ Yes ❑ No
11. Do you know how to choose your most productive tasks?	❑ Yes ❑ No
12. Do you know exactly what your top priorities are?	❑ Yes ❑ No
Figure Your Score	

If you answered *yes* to ten or more questions, you handle your time excellently.

If you answered *yes* to seven to nine questions, you are good, but still need to grow.

If you answered *yes* to six or less questions, you are wasting valuable time and may not even know it.

Now identify the areas where you can improve.

Lesson 11.1   Biblical Answers on Priorities

Objective

11.1.1 State and illustrate from the Scriptures how to select and remain focused upon good priorities.

Lesson 11.2   The 80/20 Principle

Objective

11.2.1 Demonstrate proficiency in both explaining and implementing the 80/20 principle.

Lesson 11.3   Making the Most of Your Time

Objective

11.3.1 State and explain the principles of maximizing time, and identify important steps to be taken to make the best use of your time.

11.1.1
OBJECTIVE

State and illustrate from the Scriptures how to select and remain focused upon good priorities.

1   What does Mark 1:35–38 tell you about Jesus' approach to daily life?

Biblical Answers on Priorities

What Was Jesus' Priority?

Very early in the morning, while it was still dark, Jesus got up, left the house and went off to a solitary place, where he prayed. Simon and his companions went to look for him, and when they found him, they exclaimed: "Everyone is looking for you!" Jesus replied, "Let us go somewhere else—to the nearby villages—so I can preach there also. That is why I have come." (Mark 1:35–38)

Life is a series of choices. Even Jesus, the Holy One, made important decisions each day about the use of His time. He knew that His earthly ministry would be very brief and that He had no time to waste. In the passage above, Mark reminds us that intimacy with His Father was Jesus' highest priority. Jesus knew that private prayer must precede public ministry. While Jesus had many demands upon His time, He never neglected the place of prayer. On His knees, Jesus daily received strength and guidance that kept Him focused on His mission.

What Is the Christian's Priority?

She had a sister called Mary, who sat at the Lord's feet listening to what he said. But Martha was distracted by all the preparations that had to be made. She came to him and asked, "Lord, don't you care that my sister has left me to do the work by myself? Tell her to help me!" "Martha, Martha," the Lord answered, "you are worried and upset about many things, but only one thing is needed. Mary has chosen what is better, and it will not be taken away from her." (Luke 10–42)

The story of Mary and Martha is often misunderstood. It is clearly not a condemnation of those who work hard. Neither is it a criticism of those who serve others. It is a strong and forceful reminder of the priority of sitting at the feet of Jesus. Frankly, we have nothing to teach others until we have first been taught by the Master. We must never cease to be students of His Word. Leaders are always learners.

What Is the Priority of Church Leaders?

So the Twelve gathered all the disciples together and said, "It would not be right for us to neglect the ministry of the word of God in order to wait on tables.

Brothers, choose seven men from among you who are known to be full of the Spirit and wisdom. We will turn this responsibility over to them and will give our attention to prayer and the ministry of the word." (Acts 6:2–4)

Very soon after the launch of the church in Acts 2, the leaders of the church discovered that a myriad of duties had overwhelmed them. It had become impossible for them to handle all the responsibilities they had assumed. They had to make some hard decisions about where they would invest their time. Knowing that God had given them the primary assignment of teaching the Word, they realized the crucial need to recruit, train, and empower others to handle numerous other duties. They discovered that *doing* the work was not nearly as important as *developing* a team of leaders to handle the work. After all, when we develop leaders, multiplication—not addition—is always the result!

2   How must a leader deal with distractions that could easily disrupt his or her priorities?

What about Distractions and Hindrances?

Therefore, since we are surrounded by such a great cloud of witnesses, let us throw off everything that hinders and the sin that so easily entangles, and let us run with perseverance the race marked out for us. (Hebrews 12:1)

When we have a God-given vision, we establish goals or mileposts along the journey that show our progress toward the realization of the dream. We prioritize our daily activities based on their contribution to the fulfillment of the vision. Each activity is evaluated in light of its impact on our progress toward established goals.

The greatest distraction we face is the tendency to lose focus and to begin to dabble in countless activities that do not advance toward the goal. Insecurity will hinder us from training others and delegating tasks to them. Insecure leaders fear that others will outshine them and gain excessive favor with the people.

3   Using Scripture to support your conclusions, explain your current priorities in ministry and how you stay focused on them.

How Does Our Purpose Help Us with Our Priorities?

Do you not know that in a race all the runners run, but only one gets the prize? Run in such a way as to get the prize. Everyone who competes in the games goes into strict training. They do it to get a crown that will not last; but we do it to get a crown that will last forever. Therefore I do not run like a man running aimlessly; I do not fight like a man beating the air. No, I beat my body and make it my slave so that after I have preached to others, I myself will not be disqualified for the prize. (1 Corinthians 9:24–27)

Effective leaders are secure in their calling and God-given purpose. They serve with their eyes always on the vision God has placed before them. Their highest priority is to see that vision become a reality. They understand this requires daily personal discipline that keeps them on target. They know that dreams are not realized in a day, but by a daily, consistent, all-consuming commitment to the activities that produce maximum results. A lack of self-discipline can sabotage even the most gifted leader. Talent and ability are wasted in the hands of a lazy person.

11.2.1
OBJECTIVE

*Demonstrate proficiency
in both explaining and
implementing the 80/20
principle.*

4   Explain the 80/20
principle as it relates to the
subject of priorities.

The 80/20 Principle

"Teach us to number our days aright, that we may gain a heart of wisdom" (Psalm 90:12).

The 80/20 principle teaches us that if we focus our attention on our most important activities, we gain the highest return on our effort. In fact, if we accomplish the top 20 percent of our most important priorities, we will accomplish 80 percent of the results we desire. The principle can be applied to your everyday life to enable you to lead more effectively. Look at the 80/20 principle this way: List on a sheet of paper ten responsibilities that you must handle each day. Now, number them from one to ten based on the order of their impact upon the realization of your God-given vision. (The activity producing most results will be number 1. The activity that is least productive should be number 10.) The 80/20 principle declares that if you focus on items 1 and 2 (20 percent of the list), you will see 80 percent of desired fruitfulness for the Kingdom.

If you embrace the wrong priorities, this principle will work against you—80 percent of your effort will only gain you 20 percent of the results and fruit you desire (Maxwell 1993, 19–21).

Examples of the 80/20 principle:

Time:	20 percent of our time produces 80 percent of the results.
Counseling:	20 percent of the people take up 80 percent of our time.
Work:	20 percent of our effort gives us 80 percent of our satisfaction.
Ministries:	20 percent of the ministries provide 80 percent of the fruit.
Leadership:	20 percent of the people make 80 percent of the decisions.
Workers:	20 percent of the members do 80 percent of the ministry.
Mentoring:	20 percent of the influencers are where you should invest your time.

Lessons Learned from the 80/20 Principle

Activity does not equal accomplishment. Your goal should not be simply to stay busy. Look for the wisest people and places in which to invest your time.

- Work smarter, not harder. Working smarter means working on what you can do and delegating things others can do. What good is it to work extremely hard when it accomplishes little?

- Organize or agonize. If you can learn to organize, then you can become more efficient in getting things done. This in turn will save you a lot of time and frustration.

- Evaluate or stagnate. Determining where you stand in relation to your goal is important. To move to the next level of leadership you must evaluate your current situation.

- Schedule your priorities. Control your day or your day will control you! Do not spend your day filling the requests of others. The issue is not prioritizing your schedule, but scheduling your priorities.

- Reacting is not leading. When you lose control you are no longer acting as a leader, but instead you are reacting to the urgent. If you forget the ultimate, you will become a slave to the immediate.

- Say *no* to little things. Leaders must say *no* to the little things so they can say *yes* to the big things. If someone else can do it, delegate it!

Saying *No* Gracefully

5 Why must a leader learn to say *no*?

When we know who we are, what our gifts are, and what our calling is, it is much easier to determine when to say *yes* and when to say *no*. When a task will not further your goal, you need to say *no*. The way you say *no* is just as important as deciding to say it.

Say *no* to the idea—not to the person.

Make sure the person understands that you are not rejecting him or her. You are simply saying no to what he or she wants you to do. Give his or her idea affirmation, but explain that it does not fit in with the things that you need to accomplish.

Respond in the best interest of the person doing the asking.

Make sure the person knows that you are not just choosing the easy response, but that you want to genuinely help him or her. Communicate that your time constraints would actually prevent you from doing the quality of work they deserve.

Defer creatively. Come up with an alternative.

Think of a way that person can complete the task. Express your confidence in him or her to do the job or maybe assist in finding others to help. You will be giving the person a hand in solving the problem.

LESSON 11.3

11.3.1
OBJECTIVE

State and explain the principles of maximizing time, and identify important steps to be taken to make the best use of your time.

Making the Most of Your Time

Tips for Efficient Management

Our goal is to get more done with less stress. One secret is to center our thoughts on the results we want rather than dwelling and fretting on our constant whirl of activity. Train yourself to concentrate time and energy on one task at a time. Here are more tips for efficient time management:

- Make to-do lists. Write out what you want to accomplish.
- Set your priorities. Put the most important items at the top of the list.
- Avoid perfectionism. Do things with excellence, but perfectionism may be an extreme to avoid.
- Question everything. Do not allow habits or emotion to keep you from eliminating items from your calendar and to-do list.
- Welcome tension. Do not let stress paralyze you. Let it move you to your goal.
- Avoid clutter. Clutter will get in your way. Putting everything in its proper place will save wasted searching time (Notebook 1: Million Leaders Mandate 2003, 26).

6 To avoid procrastination, in what order should things be listed?

- Avoid procrastination. First things are first. Easy things and fun things come afterwards.
- Control interruptions and distractions. Minimize the amount of time that people take away from your main objective.
- Staff your weaknesses. Know your strengths as a leader, and employ staff members or volunteers who are gifted in the areas of your weaknesses.
- Use a calendar. Organizing your days will save time and prioritize tasks.

Thoughts about Time

7   What facts does the text offer concerning time?

God created time for us. He unfolded time in daily doses of day and night. Each person on Earth is given days of equal length. We may be able to increase our skills or even our wealth but unlike Joshua, who commanded the sun to stand still, we cannot increase the length of a day by even one tick of the clock. Time is a constant reminder of our humanity. Each glimpse at the clock or watch is a powerful reminder that we are created beings. Like the potter who shapes the clay, God created us and left His fingerprints upon us. Apart from His touch, we are little more than "the dust of the ground" (Genesis 2:7).

Time will run out. There is coming a day when time will cease to exist. Time is a constant reminder that we are on a collision course with eternity. Time is but the prelude to a never-ending period that is without beginning and without ending. We could even say that time is a parenthesis inserted into eternity. While eternity has no starting point and no finish line, time clearly has a beginning point and an ending point.

Time can be invested for eternal significance. While time is temporary, the consequences of its use are of eternal proportions. Time is a constant reminder of our freedom to make choices.

Every human has the same amount of time each day. Time is a constant reminder of our need to prioritize our lives. We cannot lengthen a day, but we can wisely invest the day for maximum impact.

Time wasted cannot be recovered. Time is a constant reminder of the need to invest our lives wisely. We either spend time or invest time. Time either slips away as the tide or it is channeled into causes of eternal significance.

Inasmuch as we can do nothing without using some of the time allotted to us, it seems to me that we need to give some careful thought to our stewardship of time.

Below are some action steps:

Take an inventory of how you are using your time. Just as a review of a person's checkbook declares boldly where the dollars are being invested, so a review of our calendar of appointments, our day-timer, or daily planner reveals how our time is being used.

Identify your priorities. Here is the key question: Where should I be investing my time?

Are you spending time with God? Have you reserved time alone with God each day? Bob Reccord in his great little book, *Beneath the Surface: Steering Clear of the Dangers that Could Leave You Shipwrecked*, recalls the Titanic and reminds us that there are icebergs everywhere. Our hidden problems will destroy us. Bob reminds us that temptation is inevitable and cautions us of the tragic consequences of flirting with temptation. As someone has said, "Each of us is always just one step away from stupid." Bob Reccord turns our attention to Joseph who, when tempted, ran and as a result, "the Lord was with Joseph and gave him success in whatever he did" (Genesis 39:23). David, on the other hand, stayed and fell flat! If we stay close to God, we can stay clean (Reccord 2002, 70).

Are you spending time with your spouse? Does your calendar show dates and getaways with your spouse? I plead with you to invest richly in your marriage. George Barna (1992) says that Christian marriages are falling apart at a rate even higher than the general population!

Do you reserve time to invest in your children? Put their birthdays, athletic events, school and church functions, and so forth on your calendar. Do not wake up one morning to discover that your kids are grown and gone, and you totally missed their childhoods.

Do you reserve time for the maintenance of your health? Do you walk, run, jog, exercise, or engage in some form of regular activity designed to help keep you physically fit?

What about time reserved for maximum impact investments (high return investments) such as dreaming, planning, goal-setting, personal growth, mentoring your inner circle of associates, and equipping members of your team? You must learn to control your calendar, or it will control you. If you do not control your calendar, others will.

Maximize the amount of time invested in using your strengths. Play to your strengths. Focus on the use of your giftedness and skills. Do not spend your time trying to correct your weaknesses, trying to be someone you are not. Of course, if you lack discipline or have a negative attitude, you must improve in those areas. Those weaknesses will sabotage everything positive you are trying to do.

Empower someone to keep you accountable for the use of your time. You need someone who can ask you tough questions about your priorities in the use of your time. If you have not given someone permission to tell you that you are wrong, then you may begin to think you are better than you really are.

No discussion about time management would be complete without a look at the life of Christ to see how He invested His time. After all, His public ministry was very brief. He had to make tough decisions every day about the use of time. A review of the Gospels reveals clearly the priority of prayer in His life; prayer was not a postscript or afterthought. Jesus' relationship with His Father was His top concern. His public life involved mass crusades, feeding the hungry, a healing ministry, and much more, but without any doubt He invested most of His time in the lives of the Twelve. He taught, trained, equipped, and mentored them. He invested most of His time in His ministry associates, with special time reserved for the three in His inner circle. John Maxwell's "Law of the Inner Circle" says, "A leader's potential is determined by those closest to him." Jesus poured himself into Peter, James, and John. He empowered them. He released them to do ministry.

Jesus knew that a great dream requires a great team. John Maxwell often states, "A great dream without a great team is a nightmare!" Every day Jesus invested most of His time in building His leadership team and preparing them for the day that the Great Commission would be assigned to them. Every leader who desires to make a maximum impact for eternity must learn to develop and lead leaders. Major time and energy must be invested in the high priority of training godly leaders.

In a major city of the Arab world is a thriving, growing church of over one thousand faithful Christians. Only four years ago this congregation's weekly attendance was under ninety. Sadly, the weekly average of about ninety had remained the same for nine long years. When the young pastor and his wife arrived at this church almost a decade earlier, their hearts were flooded with dreams, excitement, and great expectations. Just out of Bible college, the vision of a growing church burned brightly.

This young couple loved the Lord and worked hard in pastoral ministry. They prayed frequently and fervently for the church to grow. They made adjustments in the style of music. They hosted gifted evangelists from other nations. They tried early morning prayer meetings and midnight prayer meetings. But the church did not grow.

When the pastor departed his city to travel to a neighboring country to attend an EQUIP leadership conference, he explained to his wife that he was going to the conference, "just to get away from my church and people." He admitted that he was discouraged, questioning his call to ministry, thinking about resigning from his church, and looking for secular work. His dream of a growing church had long since faded.

As he listened to the American speaker during the opening session of the EQUIP conference in Lebanon, he made a shocking discovery. He realized that he was the problem at his church —not his vision, not his people, not his message, and not his Lord. His lack of effective leadership skills had placed a lid or ceiling on his church's ability to grow. He learned that he had to grow as a leader before his church could grow. He also learned that it was not his responsibility to do all the ministry at his church. His role was to be an equipper of laity and a developer of leaders.

Throughout the two days of the conference, hope sprang in his heart as he received help that would enable him to grow his leadership skills. He was also given materials that he could use to mentor other leaders in his church.

He returned to his Islamic homeland with renewed vision and passion. He returned with a plan for personal growth and a strategy to recruit, train, and empower leaders. Four years later his church had grown from under ninety to over one thousand! The weekly youth outreach of the church touches the lives of over three thousand university students from a dozen or more Arab nations.

As the pastor has mentored dozens of other leaders, several of them have been called into Christian ministry. Eight have planted churches: three in Jordan, four in Syria and one church in Baghdad, Iraq. The Iraqi church now averages over one thousand in weekly attendance.

One discouraged pastor found hope and help when he learned that leadership skills can be taught and learned. He is now seeing a multiplied impact across the Arab world as he reproduces himself in the lives of other leaders. (This information was reported by Doug Carter, senior vice president with EQUIP.)

Determining Daily Priorities

Referring to these three important questions (Maxwell 1993, 25–27) will consistently be of help to you in your leadership ministry:

1. Requirement: What is *required* of me?

When you feel overwhelmed by obligations, stop and sort out your *must dos* from your *choose-to-dos*. Our obligations in life are the biggest priorities we have, but more often than not, you will find that you really do not have to do many things; you choose to do them. Simply ask: What must I do? What is truly required of me?

2. Results: What gives the greatest *return*?

When sorting out priorities, ask the question: What gives me the greatest results? You should spend most of your time working in the area of your greatest strength. A wise person wastes no energy on pursuits for which he or she is not fitted. Find your gift and capitalize on your time using it. What activities achieve the most results when you do them?

3. Reward: What gives me the greatest *reward*?

Finally, as you sort through personal priorities, look for the element of personal fulfillment. God provides deep satisfaction when you do what He has gifted and called you to do. Nothing is easier than neglecting the things you do not want to do. As you draw closer to your God-given mission, you will experience deeper fulfillment. Where do you find your greatest rewards?

Think back to the 80/20 principle. Remember: Activity does not equal accomplishment. Answer the following questions based on your own leadership strengths and priorities:

What activities result in the greatest amount of fruit for you as a leader?

Which of your leadership roles produce the deepest amount of personal fulfillment?

Who are the potential leaders around you that you can equip for ministry or leadership?

What are other priorities you should pursue as you endeavor to lead people?

Test Yourself

Circle the letter of the **best** answer.

1. Which of the following statements is *false* concerning Jesus' priorities?

a) Jesus got up early in the morning for quiet time with the Father.

b) Jesus knew that private prayer must precede public ministry.

c) Jesus allowed the needs of people to dictate His daily schedule.

d) Jesus had many demands on His time.

2. Which of the following is *not* one of the reasons the apostles appointed deacons?

a) They did not know how to distribute food.

b) They needed to focus on prayer and teaching.

c) They had to determine the best way to invest their time.

d) God's plan included the involvement of other leaders.

3. Which of the following is *not* an accurate use of the 80/20 principle?

a) 20 percent of our time produces 80 percent of our results.

b) 80 percent of the people make 20 percent of the decisions.

c) 20 percent of the workers do 80 percent of the ministry.

d) 20 percent of the leader's time should be spent in counseling.

4. Which of the following statements is *false*?

a) Activity does not equal accomplishment.

b) Reacting is not leading.

c) Working harder will help you learn to work smarter.

d) A leader must organize or agonize.

5. Which of the following will help the leader say *no* gracefully?

a) Say *no* to the person, but evaluate the idea at a later time.

b) Respond in terms of the best interests of the individual.

c) Do not try to come up with a creative alternative.

d) Take responsibility for each idea.

6. Which of the following will help the leader make the most of his or her time?

a) Welcome tension.

b) Avoid perfectionism.

c) Make to-do lists.

d) Do all of the above.

7. Which of the following will *not* help the leader make the most of his or her time?

a) Use a calendar.

b) Question everything.

c) Staff your strengths.

d) Rely heavily on an administrative assistant.

8. Which of the following statements is *not* true concerning time?

a) God created plenty of time.

b) Everyone has the same amount of time to use.

c) Time will run out.

d) Time is temporary, offering no eternal significance.

9. Which of the following is an action step for making good use of your time?

a) Take an inventory of how you currently use time.

b) Identify your priorities.

c) Reserve time for family relationships.

d) All of the above are action steps for making good use of time.

10. Which question is NOT important when determining daily priorities?

a) What is expected of me?

b) What is required of me?

c) What gives the greatest return?

d) What gives the greatest reward?

Responses to Interactive Questions
Chapter 11

Some of these responses may include information that is supplemental to the IST. These questions are intended to produce reflective thinking beyond the course content and your responses may vary from these examples.

1   What does Mark 1:35–38 tell you about Jesus' approach to daily life?

Jesus' choice to spend time in solitude reveals His recognition that He needed such time to focus His mind and heart on His mission and to communicate with the Father.

2   How must a leader deal with distractions that could easily disrupt his or her priorities?

According to Hebrews 12, he or she must throw off such distractions. He must set aside those things that do not focus on his or her priorities, even if they are good things.

3   Using Scripture to support your conclusions, explain your current priorities in ministry and how you stay focused on them.

This will be a personal response, but it should connect with the text.

4   Explain the 80/20 principle as it relates to the subject of priorities.

The idea is that if one focuses his or her energy on the 20 percent of his or her tasks that are most important, he or she will experience the greatest fruitfulness. At the same time, the leader who focuses energy on the remainder of the list will see much less productivity because he or she is not fulfilling the primary mission.

5   Why must a leader learn to say *no*?

The demands or desires of others will seldom match a leader's priorities. If a leader does not protect his or her time, no one else will. If a leader cannot say *no* to those things that are disconnected from his or her priorities, he or she will ultimately be driven by the demands of others rather than by the mission and priorities.

6   To avoid procrastination, in what order should things be listed?

The first things we must do are the first or most important things. We should do the easy or fun things last. That way they feel like a reward and require less of our energy, since we have used more energy in the earlier tasks. The things we would tend to put off must be done before the easy and fun things.

7   What facts does the text offer concerning time?

God created time for our benefit. Time is limited and will run out. Time can be invested for eternal significance. Everyone has the same amount of time each day. Time wasted cannot be reclaimed.

Teamwork

Have you ever stopped to consider that *one* is too small of a number to accomplish anything great? When you think about great movements throughout history, God always used teams of people working together to change the world. He usually does not call lone rangers. He calls members of the body of Christ. God wants us to work together.

When lightning struck Wayne Burkholder's barn near Farmerstown, Ohio, it burned down in a hurry. When seven hundred men in his Amish community showed up two weeks later to help him rebuild his new barn, it went up in a hurry, too. The men began arriving in their Amish buggies right after breakfast, and the roof was on the barn when they broke for lunch. What nature ruined in less than six hours, teamwork was able to raise in less than six hours (Elmore 2001, 78).

How foreign this approach may sound to the independent mindset we have in America. Yet God did not create us for the kind of things that we often celebrate in this country: the maverick spirit, the renegade, the individual, and the lone ranger. We have adopted a do-it-on-your-own mentality, yet ministry was not designed to be done alone.

All good leaders are driven by a dream. But every leader will need to take part in making that dream a reality. God did not design leadership in the body of Christ to take place in a vacuum, isolated and alone. In order to make the dream work, you need teamwork. Jesus selected a team of twelve. Paul traveled with a team of workers made up of Luke, Timothy, Barnabas, Silas, Mark, Demas, and others. In the Old Testament, Moses had his team of elders; David had his mighty men; and Elijah had his school of prophets. Ministry was designed to take place in teams. We are to do it together (Elmore 2001, 78).

Imagine how long it would have taken Wayne Burkholder to resurrect his barn had he been left to do it on his own. Without a team coming together to help rebuild his barn, the Burkholder barn might still be in ruins. Dreams are much harder to get off the ground when tackled alone, but when a team is brought together it is astounding what can be accomplished. Not only does teamwork get the job done more effectively than one person can, but a community is formed out of it. People find meaning in being part of a team not just by arriving at the goal, but in the relationships that are formed in the process of getting there.

Lesson 12. 1   Biblical Examples of Teamwork

Objective

12.1.1 Identify and explain key portions of Scripture that illustrate teamwork within the ministry setting.

Lesson 12.2   What Makes an Effective Team?

Objective

12.2.1 State and explain the internal characteristic necessary to be a part of an effective team.

Lesson 12.3   Building a Strong Team

Objective

12.3.1 Identify the means of assembling an effective team, and evaluate the effectiveness of current and past team experiences.

12.1.1
OBJECTIVE

Identify and explain key portions of Scripture that illustrate teamwork within the ministry setting.

1 What was Nehemiah's task and why was teamwork needed to accomplish that task?

2 Explain the significance of half of the men guarding the work while the other half rebuilt the walls.

3 Why is it unusual to see Paul step forward as the key influencer on the ship's journey?

Biblical Examples of Teamwork

Nehemiah 3–4

Nehemiah knew that a broken wall was a disgrace to God, but he also knew he could not rebuild it alone. He had to recruit a team of men to rebuild the wall around Jerusalem. If you read Nehemiah 3–4, you will see the number of people it took to accomplish such a task. Listed is name after name of families who undertook different tasks to rebuild various parts of the wall, and some men even acted as guards to protect the builders from their enemies who were trying to thwart their efforts.

From that day on, half of my men did the work, while the other half were equipped with spears, shields, bows and armor. The officers posted themselves behind all the people of Judah who were building the wall. Those who carried materials did their work with one hand and held a weapon in the other, and each of the builders wore his sword at his side as he worked. (Nehemiah 4:16–18)

Not only did they rebuild it, the team got the impossible task done in fifty-two days! But each person had specific tasks. Some played offense and laid bricks; others played defense and carried swords. Each person worked on a separate part of the wall, and everyone knew the role he or she played best.

Acts 27

Toward the end of Acts, Paul is taken prisoner and finds himself on a ship heading toward Rome to appear before Caesar. Along the journey they encounter a terrible storm and are shipwrecked. Despite being a prisoner, Paul steps forward as the coach who guides the passengers to safety.

After the men had gone a long time without food, Paul stood up before them and said: "Men, you should have taken my advice not to sail from Crete; then you would have spared yourselves this damage and loss. But now I urge you to keep up your courage, because not one of you will be lost; only the ship will be destroyed. Last night an angel of the God whose I am and whom I serve stood beside me and said, 'Do not be afraid, Paul. You must stand trial before Caesar; and God has graciously given you the lives of all who sail with you.' So keep up your courage, men, for I have faith in God that it will happen just as he told me. Nevertheless, we must run aground on some island." (Acts 27:12–26)

When daylight came, they did not recognize the land, but they saw a bay with a sandy beach, where they decided to run the ship aground if they could. Cutting loose the anchors, they left them in the sea and at the same time untied the ropes that held the rudders. Then they hoisted the foresail to the wind and made for the beach. But the ship struck a sandbar and ran aground. The bow stuck fast and would not move, and the stern was broken to pieces by the pounding of the surf. The soldiers planned to kill the prisoners to prevent any of them from swimming away and escaping. But the centurion wanted to spare Paul's life and kept them from carrying out their plan. He ordered those who could swim to jump overboard first and get to land. The rest were to get there on planks or on pieces of the ship. In this way everyone reached land in safety. (Acts 27:39–44)

Paul, as an inmate, became the chief influencer on the ship during the storm. He provided clear direction to everyone and gave the confidence that they would reach their goal.

*State and explain the
internal characteristic
necessary to be a part of
an effective team.*

4   Why must team members
have the capacity to care for
one another?

What Makes an Effective Team?

We have overviewed what is necessary to make up a good team, but it is time to dig deeper. What is required in a team in order to accomplish its goal? When you reduce it to the fundamentals, there are ten main components that make a team effective. As we work our way through these, evaluate the team you are currently on or a team that you have been a part of in the past to determine how effective you really are.

An Effective Team Cares for One Another

Think about it; what motivates you to be a team player? What pushes you to give 110 percent to your team? Is it because you feel a sense of duty or obligation? Is it a sense of *have-to* that provides the incentive? Usually not. Though this may carry you so far, ultimately it is because of the relationship you form with your team members that motivates you to give your all for the team. Without feeling cared for, the members will soon check out. Look at these three principles that help explain why relationship is so essential for the success of a team.

Three Principles of Relationships a Leader Needs to Know

- The Second Mile Principle: People go the first mile because of a sense of duty. They go the second mile because of relationship.
- The Connection Principle: Leaders always touch a heart before they ask for a hand. If you connect relationally with your followers, they will gladly join you in the work.
- The Host Principle: Good leaders always host the conversations and relationships of their lives. They initiate as a host rather than wait for others to serve as a guest.

Jackie Robinson was the very first African-American to play in the major leagues. He played his first game for the Brooklyn Dodgers in April of 1947. He had the talent to play in the major leagues, but the first month was horrendous for him. Many of his own teammates did not want him on the team. There was a petition passed around the team declaring that they did not want to play with a black man. Even in Brooklyn, he was jeered and booed by the hometown fans. When they traveled, he had to stay in separate hotels because during that time there were white men's hotels and black men's hotels. He could not eat meals at restaurants with the rest of the Dodgers either. He could not even drink from the same water fountain as the rest of the guys. Here he was a major league player, and he was alone. Reflecting on that time, Jackie said he did not think he would have made it if it had not been for Pee Wee Reese.

Pee Wee Reese was the captain of the team. He came up to Jackie a month after he was on the team, shook his hand, and apologized for the rest of the guys. From that time on, he took Jackie Robinson under his wing. It was not a moment too soon.

Jackie Robinson wrote later that the trip to Cincinnati to play the Reds was especially hard. Crosley Field was a bellowing frenzy of booing, hissing, and yelling. One spectator even threw a black cat onto the field. Then it happened. A ground ball was hit to him. He reached down to field and he bobbled the ball. He lost his concentration. The fans went wild as they booed and screamed obscenities at him. Jackie just stood there with his head down waiting for the next pitch. It was at that moment that Pee Wee Reese decided he had to do something. He ran up to the pitcher's mound to call a time-out. Then he walked over to Jackie. He put his arm around Jackie's shoulder and stared at the crowd. Jackie said later that the noise subsided just like someone had turned down a loud radio. Jackie told Pee Wee Reese, "I think that arm around my shoulder saved my career."

There are people near you right now who need an arm around their shoulders. Effective teams care for one another (Elmore 2001, 82).

An Effective Team Knows and Practices What Is Important

5   Evaluate your team: Does your team care for one another? What would be your score on a scale of 1 to 10? In what ways can you ensure people feel cared for on your team?

An effective team is clear about its vision. It understands what it has been called together to do and knows its purpose. Everything the team does is in line with accomplishing that vision. No energy or time is wasted on things that do not contribute to the big picture. However, an ineffective team is unclear in its purpose and therefore in its priorities. The team may eventually accomplish its goal, but it may zigzag its way there, wasting time, energy, and resources along the way. Without clarity of vision, without knowing what is important and practicing it, the team's actions are like the blind leading the way.

An elderly woman stood on a busy street corner, hesitant to cross because there was no traffic signal. As she waited, a gentleman came up beside her and asked, "May I cross over with you?" Relieved, she thanked him and took his arm.

The path they took was anything but safe. The man seemed to be confused as they dodged traffic and walked in a zigzag pattern across the street. "You almost got us killed!" the woman exclaimed in anger when they finally reached the curb. "You walk like you are blind!" "I am," he replied. "That is why I asked if I could cross with you."

An Effective Team Grows Together

6   Do you know what the vision of your team is? State your vision in a sentence or two.

Effective teams do not ever stay the same. Teams fall apart when they do not change and grow. As a leader you must minister, serve, lead, and live off of today's growth, not yesterday's truth. If you stop growing today, you will stop leading tomorrow. Great teams are never satisfied with where they are. They are always pushing for growth and development; they invite change.

7   What are your team's top three priorities?

There are several reasons why growth is important for a team.

- The leader's growth determines the organization's growth; you cannot lead beyond where you have grown yourself.
- Life and society are constantly changing—if you are not addressing the changing needs of society, your work will be irrelevant.
- The leadership team must be of one accord. You need to be moving forward in the same direction.
- Leaders must improve to stay in front. If you are not improving, you will fall behind.

There are numerous, documented stories on the Internet regarding real-life stories of successful teamwork. These can be easily gathered and used to teach the benefits of teamwork to your staff and your congregation. For instance, there was a community in California whose schools were in desperate need of repair. The schools had leaky roofs; asbestos was still present; and classroom space was extremely cramped. Parents and other concerned community residents met to list the needed improvements, and they drafted a bond issue. They set up a campaign headquarters where they organized phone work, sent out mass mailings, and educated the community on the schools' specific needs. Their efforts resulted in the bond issue being passed with 88 percent of the voters casting ballots in favor of the improvements. Together the group accomplished its goal. One person could not have won the victory alone. Here is the truth about teamwork in a nutshell: Individuals win trophies, but teams win championships (Notebook 2: Million Leaders Mandate 2003, 22).

An Effective Team Has a Chemistry that Fits

8   Evaluate yourself further. As a team, are you growing together? What can you do to grow as a leader? What can be done to encourage growth on your team?

9   Explain a team's chemistry.

Have you ever just clicked with someone? You meet a person, start a conversation with him or her, and find that you really connect. There is similar chemistry that occurs within a team when the right combination of people comes together. This is a match, a fit that enables the team members to work in harmony with one another. The chart below lists some elements that contribute to the right chemistry occurring on a team.

Relationships are strong.	Players are appreciated.	Desires are similar.
Morale is high.	Trust is evident.	Wins are frequent.
Roles are clear.	Motives are pure.	Abilities are complementary.
Benefits are for everyone.		

CBS radio newsman Charles Osgood told the story of two ladies who lived in a convalescent center. Each had suffered an incapacitating stroke. Margaret's stroke had damaged her left side, while Ruth's stroke restricted her right side. Both of these ladies were accomplished pianists but had given up hope of ever playing again.

The director of the convalescent center, observing the frustration of these women, decided to try something. He sat them down at a piano and encouraged them to play solo pieces, but together. As Margaret began playing with her good right hand and Ruth with her good left hand, a beautiful song emerged. What one was not able to do alone, two could do together—in harmony.

An Effective Team Places an Individual's Rights Below the Team's Best Interest

Being part of a team means understanding that the whole (the team) is greater than its parts (the individuals). There is a cooperation that is necessary for a team to succeed, which requires individual sacrifice. There must be a transition from a *me* mindset to an *us* mindset (Elmore 2001, 85).

John Wooden was one of the greatest basketball coaches in NCAA history. As coach of the UCLA Bruins, he won more consecutive championships than anyone.

John led his team by values. He believed that the team was more important than any one player. He made sure that no player became a Mr. Big. No one had special rights. One rule he enforced, in fact, was that no player was allowed to have facial hair. More than once he was challenged on this rule when a great player with a mustache or a beard would join the team.

When Bill Walton joined the squad as a freshman, he was already a star, out of Helix High School in La Mesa, California. Bill later went on to the NBA and led the Portland Trailblazers to a championship. He was a great player—but he had a beard. After hearing the rule about facial hair, he approached Coach Wooden and said, "I am going to keep my beard, coach." Walton expected special treatment because of his talent. He assumed he would be an exception. But team values were more important to Wooden. The coach just smiled and said, "We are going to miss you, Bill" (retold in Elmore 2001, 85).

The chart below lists the characteristics that effective team members will demonstrate.

Carry your load.	See the big picture.
Respect other team members.	Give up your rights.
Understand their value.	Represent the team's position, not yours.
Look for ways to add value to them.	Privately and publicly affirm one another.
Come together ready to contribute.	Accept responsibility for the team's standings.

12.3.1
OBJECTIVE
Identify the means of assembling an effective team, and evaluate the effectiveness of current and past team experiences.

10 How does an effective team require that individuals and their contributions be valued?

Building a Strong Team

An Effective Team Knows Everyone Plays a Special Role

It is easy to start playing the comparison game when you are on a team, to feel that your role is considerably less important or valuable compared to other team members.

Consider this: In March of 1981, President Ronald Reagan was shot by John Hinkley Jr. and was hospitalized for several weeks. Although Reagan was the nation's chief executive, his hospitalization had little impact on the nation's activity. Government and civil life continued.

On the other hand, suppose the garbage collectors in this country went on strike, as they did in Philadelphia some years ago. The city was not only in a literal mess, but also the pile of decaying trash quickly became a health hazard. A three-week, nationwide garbage strike could paralyze the United States

The story leaves us to wonder: Who is more important, the President or a garbage collector? Scripture tells us to stop asking that question. We are all necessary, and often the most insignificant parts of the body of Christ are the most indispensable! (Read 1 Corinthians 12.)

1 Corinthians 12:18–23, 25–26:

But in fact God has arranged the parts in the body, every one of them, just as he wanted them to be. If they were all one part, where would the body be? As it is, there are many parts, but one body. The eye cannot say to the hand, "I don't need you!" And the head cannot say to the feet, "I don't need you!" On the contrary, those parts of the body that seem to be weaker are indispensable, and the parts that we think are less honorable we treat with special honor. And the parts that are unpresentable are treated with special modesty, while our presentable parts need no special treatment. But God has combined the members of the body and has given greater honor to the parts that lacked it, so that there should be no division in the body, but that its parts should have equal concern for each other. If one part suffers, every part suffers with it; if one part is honored, every part rejoices with it.

11 As a team, do you understand and appreciate the role of the others? What unique roles do the members of your team play?

An Effective Team Has a Strong Bench

Think about the purpose of the bench in sports. It is not just a place to sit for supporting players who are not on the floor, but it serves a variety of other purposes as well. It is a place for strategy. During a time out, the team huddles at the bench and figures out the strategy for the next play. It is a place for rest. When a player on the floor gets tired, he or she sits on the bench to catch his or her breath while another player goes in for the exhausted teammate. It is a place for assistance. Whether getting signals from the coach to the players on the floor or receiving first aid, it is the place where team members look for help. The bench is a place that represents both unity and depth.

It is important to maintain the proper attitude, whether on the floor or on the bench, for a team to work.

Here are the attitudes to avoid if a team wants to be effective:

Wrong Attitudes of Players on the Floor	Wrong Attitudes of Players on the Bench
We are more important.	I do not have to be ready.
We do not need them.	I do not have to pay attention.
I do not want to sit down.	I am not contributing to the team.

If these attitudes are present on a team, then it moves away from a *we* mentality to an *us against them* mentality. A team that has a good bench does not use it as a distinguishing point between team members. There is no better and best on a team, whether you are on the floor or on the bench. The bench is not a point of division, but it is a necessary place of support and strategy.

12 Does your team have a strong bench? How can your team develop a better bench?

An Effective Team Knows Exactly Where the Team Stands

A team knows where it stands because there is a scoreboard that everyone can see. Players glance at the scoreboard continually during a game to measure their progress. When the game is over, at least they know if they have won or lost.

Imagine you are at a basketball game. The players are running up and down the court, shooting the ball, blocking shots; occasionally one side steals the ball from the other. Everything seems normal in this game except one thing: there is no rim on the backboard. The players shoot the ball, but we can only guess whether the ball would have gone in. At halftime no one knows for sure what the score is—it is all speculation.

Sounds absurd, right? What team would continue to play in a game if the team members did not know where they stood?

An Effective Team Pays the Price

There is no success without sacrifice. If I succeed without sacrifice, then it is because someone who went before me made the sacrifice. If I sacrifice and do not see success, then someone who follows me will reap success from my sacrifice (Notebook 2: Million Leaders Mandate, 2003, 23).

Here is an account from Stu Webber that illustrates the need for sacrifice on a team:

We'd been running every day, but this was something else. We'd been sweating from the time we rolled out of the sack before daybreak, but now moisture drained from every pore in our bodies. Sure, this was the physical training stage of US Army Ranger School, and we expected exertion, even exhaustion. But this was no morning PT rah-rah in T-shirts.

We ran in full field uniform. As usual, the word was, "You go out together, you stick together, you work as a unit, and you come in together. If you don't come in together, don't bother to come in!"

Somewhere along the way, through a fog of pain, thirst, and fatigue, my brain registered something strange about our formation. Two rows ahead of me, I noticed one of the guys out of sync. A big, rawboned redhead named Sanderson. His legs were pumping, but he was out of step with the rest of us. Then his head began to loll from side to side. This guy was struggling, close to losing it.

Without missing a step, the ranger on Sanderson's right reached over and took the distressed man's rifle. Now one of the rangers was packing two weapons: his own and Sanderson's. The big redhead did better for time. But then, while the platoon kept moving, his jaw became slack, his eyes glazed and his legs pushed like pistons. Soon his head began to sway again.

This time, the ranger on the left reached over, removed Sanderson's helmet, tucked it under his own arm, and continued to run. All systems go. Our boots thudded along the dirt trail in heavy unison. Tromp-tromp-tromp-tromp.

Sanderson was hurting, really hurting. He was buckling, going down. But no. Two soldiers behind him lifted the pack off his back, each taking a shoulder strap in his free hand. Sanderson gathered his remaining strength and squared his shoulders. And the platoon continued to run. All the way to the finish line.

We left together. We returned together. And all of us were the stronger for it. Together is better. (retold in Elmore, 2001, 89)

An Effective Team Says *Yes* to the Right Questions

The final component to discovering whether your team is effective or not is in being able to answer *yes* to the right questions. There are ten questions that every team should ask and hopefully answer with a *yes*. Ask these ten questions about your team. If you respond with a *no*, reflect on ways that you can change it to a *yes* answer.

1. Do we trust each other?

    When the concept of work teams and quality circles was new to the United States in the 1970s, critics said that work teams could not succeed because individuals are conditioned to compete with each other, not to work together. Is your team proving the critics wrong by trusting each other and working together?

2. Do we have concern for each other?

3. Do team members feel free to communicate openly?

    If a team were to have only one ground rule, a good one would be that members encourage each other to communicate openly and freely. In such an environment, a team can achieve anything.

4. Do we understand our team goals?

    Without a clear focus on team goals, even the best teams will drift.

5. Do we have a commitment to those goals?

    Teams need to believe in their goals and not simply see them as something abstract or demanded by outside forces.

6. Do we make good use of each member's abilities?

   Do members feel they are making a worthwhile contribution? Do we look for the best talents of each member and put them to work in the group?

7. Do we handle conflict successfully?

   Conflict is natural in any group situation. Success is judged by how it is handled within the team as a whole. Is it redemptive? Is it constructive?

8. Does everyone participate?

   One symptom of a team on the decline is when one or two members begin to dominate. The others allow it to happen because they have grown indifferent.

9. Do we respect our individual differences?

   There are team members with whom you personally may never find yourself in agreement. But do you respect those team members nonetheless? It is the individual differences that make your team unique and special.

10. Do we like being members of this team?

    True success depends on enjoying what you do, and that includes enjoying your team and liking the people with whom you work.

13 In what areas is your team weak? What can you do to make your team more effective?

A few years ago, the Special Olympics were held in the Pacific Northwest. Hundreds of families traveled to participate with their disabled children. One race became an object lesson in teamwork for everyone. It was the 440-yard race.

Nine runners lined up at the starting blocks, each of them hoping to win the gold medal. When the gun fired, they took off. They were in a dead heat when one of the runners fell. He was shaken up, but he brushed himself off and attempted to catch up to the rest of the pack. In his haste, however, he stumbled and fell again. This time, he recognized there was no way to win the race. He could not even catch up to the pack. So he just sat there and began to cry.

One by one, the rest of the runners heard him crying. Within a moment, each of them stopped running and turned their attention toward their comrade. Suddenly, without any encouragement, they all sprinted across the field to their fellow runner and helped him up. Each of them hugged him, and then they did something unforgettable. They all joined hands and started toward the finish line. They decided to finish the race together.

The crowd was stunned. Everyone was quiet as they pondered who was going to get the medals. Suddenly, they broke into applause. They realized it did not matter. These physically and mentally disabled kids had taught the onlookers a huge lesson in teamwork.

Test Yourself

CHAPTER 12

Circle the letter of the *best* answer.

1. Which of the following is *not* true of Nehemiah's team?
a) Each man had a turn in guarding the work of others.
b) The names of the participating families were added to the record of the work.
c) Nehemiah took the glory of the success for himself.
d) The work was completed in an extraordinarily short amount of time.

2. Which of the following is *not* true of Paul's team in Acts 27?
a) Paul's leadership occurred because he was highly respected from the outset of the voyage.
b) Paul confronted the other leaders with their wrong decision to set sail.
c) Paul succeeded in leading because he was interested in each individual on the team.
d) Paul's success came largely because he was not selfish in his agenda.

3. What is the *second mile principle*?
a) Leaders always touch a heart before they ask for a hand.
b) People go the first mile because of duty, but they go the second mile because of relationship.
c) Leaders must require people to go a second mile to establish loyalty.
d) All team efforts should have two goals: the first mile and the second mile.

4. Which of the following is *not* one of the reasons why growth is important for a team?
a) The leader's growth determines the organization's growth.
b) The team's environment is constantly changing.
c) A team's growth allows team members to pursue separate goals.
d) Leaders must grow in order to stay out in front.

5. Which of the following is *not* a trait of good chemistry?
a) High morale
b) Individuals define their own roles.
c) Abilities are complimentary.
d) Victories are frequent.

6. Which of the following is a part of the code of cooperation?
a) Respect other team members.
b) See the big picture.
c) Give up your individual rights.
d) All of the above are parts of the code.

7. Which of the following reflects a wrong attitude of a *player-on-the-floor*?
a) "We are more important than those on the bench."
b) "I do not have to be ready when called on to play."
c) "I am not contributing to the team."
d) "I do not have to pay attention because I am not in the game."

8. Which of the following is a benefit of the scoreboard?
a) The team knows when it is winning or losing.
b) The team knows how success is measured.
c) The team knows how much time they have to finish their efforts.
d) All of the above are benefits.

9. Which of the following statements is/are a part of the sacrificial spirit of an effective team?
a) There is no success without sacrifice.
b) If I sacrifice and do not succeed, others will benefit from my sacrifice.
c) If I succeed without sacrifice, my success is due to the sacrifice of those who have come before me.
d) All of the above.

10. Which of the following is *not* one of the *yes* questions that help identify an effective team?
a) Do team members remain silent when they see concerns in a team member's performance?
b) Do we handle conflict successfully?
c) Do we like being a part of this team?
d) Does everyone participate?

Responses to Interactive Questions
Chapter 12

Some of these responses may include information that is supplemental to the IST. These questions are intended to produce reflective thinking beyond the course content and your responses may vary from these examples.

1 What was Nehemiah's task and why was teamwork needed to accomplish that task?

Nehemiah sought to rebuild the walls around Jerusalem. A team was needed because of the magnitude of the task. A team was needed because there were numerous tasks requiring differing capabilities. A team was needed because the benefits would extend to all the people rather than merely to Nehemiah.

2 Explain the significance of half of the men guarding the work while the other half rebuilt the walls.

The threat to the work was real, making the guarding of the effort necessary. Each man participated both in guarding and in working. Through this effort of teamwork, the work could go forward unhindered.

3 Why is it unusual to see Paul step forward as the key influencer on the ship's journey?

He is a prisoner. His initial warnings were disregarded, meaning his level of influence was not high at the beginning of the journey but must have grown throughout the journey.

4 Why must team members have the capacity to care for one another?

Every team member must submit his or her own personal success to the overall success of the team. When team members care for one another, they desire success for each other as much as they desire success for themselves. A team's leader must demonstrate that his or her interest in the success of the team is not selfishly motivated.

5 Evaluate your team: Does your team care for one another? What would be your score on a scale of 1 to 10? In what ways can you ensure people feel cared for on your team?

Personal response.

6 Do you know what the vision of your team is? State your vision in a sentence or two.

Personal response.

7 What are your team's top three priorities?

Personal response.

8 Evaluate yourself further. As a team, are you growing together? What can you do to grow as a leader? What can be done to encourage growth on your team?

Personal response.

9 Explain a team's chemistry.

Chemistry is the way a team fits together. Good chemistry comes when the right people come together on a team. Chemistry does not require identical abilities, but a shared sense of direction. Chemistry affects how a team operates. Good chemistry is seen when team members bring out the best in each other.

10 How does an effective team require that individuals and their contributions be valued?

An effective team values the individual contributions of each team member. An effective team seeks to develop additional team members for future participation (i.e. a bench). An effective team insists that each team member be treated with appropriate value and respect.

11 As a team, do you understand and appreciate the role of the others? What unique roles do the members of your team play?

Personal response.

12 Does your team have a strong bench? How can your team develop a better bench?

Personal response.

13 In what areas is your team weak? What can you do to make your team more effective?

Personal response.

UNIT PROGRESS EVALUATION 3 AND FINAL EXAMINATION

You have now concluded all of the work in this independent-study textbook. Review the lessons in this unit carefully, and then answer the questions in the last unit progress evaluation (UPE). When you have completed the UPE, check your answers with the answer key provided in Essential Course Materials at the back of this IST. Review any items you may have answered incorrectly. Review for the final examination by studying the course objectives, lesson objectives, self-tests, and UPEs. Review any lesson content necessary to refresh your memory. If you review carefully and are able to fulfill the objectives, you should have no difficulty passing the closed-book final examination.

Taking the Final Examination

1. **All final exams must be taken closed book.** You are not allowed to use any materials or outside help while taking a final exam. You will take the final examination online at www.globaluniversity.edu. If the online option is not available to you, you may request a printed final exam. If you did not request a printed final exam when you ordered your course, you must submit this request a few weeks before you are ready to take the exam. The Request for a Printed Final Examination is in the Forms section of Essential Course Materials at the back of this IST.

2. Review for the final examination in the same manner in which you prepared for the UPEs. Refer to the form Checklist of Study Methods in the front part of the IST for further helpful review hints.

3. After you complete and submit the online final examination, the results will be immediately available to you. Your final course grade report will be e-mailed to your Global University student e-mail account after your Service Learning Requirement (SLR) report has been processed.

4. If you complete the exam in printed form, you will send your final examination, your answer sheets, and your SLR report to Berean School of the Bible for grading. Your final course grade report will be sent to your GU student e-mail account. If you do not have access to the Internet, your grade will be sent to your mailing address.

Reference List

Aurandt, Paul. 1980. More of Paul Harvey's The Rest of the Story. New York: William Morrow & Co. 111-112. Quoted in Integrity. Sermon Illustrations. www.elbourne.org/sermons/index.mv?illustration+2810.

Barna, George. *The Power of Vision: How You Can Capture and Apply God's Vision for Your Ministry*. Ventura: Regal Books, 1992.

Biography: Philip Paul Bliss, 1838–1876. The Cyber Hymnal. www.cyberhymnal.org/bio/b/l/bliss_pp.htm (accessed January 19, 2006).

Blessed Bliss. Glimpses, Issue 144. Christian History Institute. www.chi.gospelcom.net/GLIMPSEF/Glimpses /glmps144.shtml (accessed January 19, 2006).

Bree, Marlin. 2005. Broken Seas. Sailing Breezes. St. Paul, Minn.: Marlor Press. Quoted in Sailing Breezes. www.sailingbreezes.com/Sailing_Breezes_Current/Articles/May05/BrokenSeasPt2.htm (accessed January 17, 2006).

Brief History of Kane's Hospitals, A. Kane Community Hospital. www.kanehosp.com/getpage .php?name+history (accessed January 17, 2006).

Buchanan, Rob. 2003. Above It All? DigitAll Magazine. Summer.www.samsung.com/Features /BrandCampaign/magazinedigitall/2003_summer/features (accessed January 17, 2006).

Carter, Doug. 2000. *Big Picture People: Overcoming a Knothole View of Life*. Kansas City, MO: Beacon Hill Press.

Coppenger, Mark. 2001. Leading in Troubled Times. Lifeway Christian Resources. www.lifeway.com/pastor.

Elliot, Elisabeth. 1958. *Shadow of the Almighty: The Life and Testament of Jim Elliot*. New York: Harper and Row.

Elmore, Tim. College Relationships: Qualities of Effective Leadership. iamnext. www.iamnext.com/people /leader.html (accessed January 17, 2006).

Elmore, Tim. 2001. *Portrait of a Leader, Book Two*. Atlanta, GA: EQUIP.

Empowering the Community. Teamwork: Parent/School Success Stories. Parent Portal. www.Ihsparent.org /GettingInvol-TeamworkSucc.html (accessed March 24, 2006).

Harrison, Dave, and Sherry Harrison. Str8fromBrazil Update. Blog entry: Wednesday, November 23, 2005. www.xanga.com/str8from brazil (accessed January 2, 2006).

Kowarick, Lucio. Housing and Living Conditions in the Periphery of Sao Paulo: An Ethnographic and Sociological Study. Working Paper CBS-58-04, Centre for Brazilian Studies. University of Oxford, January–March 2004. www.brazil.ox.ac.uk/working papers/Lucio%Kowarick%2058pdf (accessed January 2, 2006).

Maxwell, John. 1993. *Developing the Leader within You*. Nashville: Thomas Nelson, Inc.

———. 1997. *The Success Journey: The Process of Living Your Dreams*. Nashville: Thomas Nelson, Inc.

———. 1998. *The 21 Irrefutable Laws of Leadership*. Nashville: Thomas Nelson, Inc.

———. 2000a. *Failing Forward*. Nashville: Thomas Nelson, Inc.

———. 2000b. *The 21 Most Powerful Minutes in a Leader's Day*. Nashville: Thomas Nelson, Inc.

———. 2002. *Your Roadmap for Success*. Nashville: Thomas Nelson, Inc.

———. 2003. *Thinking for a Change: 11 Ways Highly Successful People Approach Life and Work*. New York: Warner Business Books.

———. 2004. *Equipping 101*. Nashville: Thomas Nelson, Inc.

———. 2005. *Winning with People*. Nashville: Thomas Nelson, Inc.

Maxwell, John, and Jim Dornan. 1997. *Becoming a Person of Influence*. Nashville: Thomas Nelson, Inc.

McCormick, Herb. Ten Years After. Cruising World. www.cruisingworld.com/article.jsp?ID=201372&typeID=419&catID=0 (accessed January 15, 2006).

Meyers, Kevin. "The Diamond Journey of Faith" curriculum. Referred to in Darlene Hudson. Take Me Out to the Ball Game. The Fourth Wall. Perimeter, a Covenant School newsletter. www.perimeter.org/School/pcs_fourth100103.html (accessed January 2, 2006).

Meyers, Kevin. "The Diamond Journey of Faith" curriculum. Referred to in Bill Streger. Kaleobill: Leadership Archives. The Diamond Journey. www.kaleobill.com/archives/leadership/index.php (accessed January 2, 2006).

Mike Plant Memorial Fund. Wayzata Sailing School. www.wayzatasailing.org/mikeplant/About.htm. (accessed January 17, 2006).

Notebook 1 (series of 6): Million Leaders Mandate. 2003. Atlanta, GA: EQUIP.

Notebook 2 (series of 6): Million Leaders Mandate. 2003. Atlanta, GA: EQUIP.

Notebook 3 (series of 6): Million Leaders Mandate. 2003. Atlanta, GA: EQUIP.

Reccord, Bob. 2002. *Beneath the Surface: Steering Clear of the Dangers that Could Leave You Shipwrecked*. Nashville, TN: Broadman and Holman Publishers.

Snider, Eric. Just Who Is Daniel? Homepages.utoledo.edu. www.homepages.utoledo.edu/esnider/danielspec.htm (accessed January 19, 2006).

Steadman, Ray. 1993. *Loving God's Word: Exploring the Gospel of John*. Grand Rapids: Discovery House Publishers.

Swindoll, Charles. 1984. *Insight for Living Devotional Guide*. Fullerton, Calif.: Insight for Living Publications.

Toler, Stan. 2004. *Secret Blend*. Colorado Springs: Waterbook Press.

Woolfe, Lorin. 2002. *The Bible on Leadership: From Moses to Matthew—Management Lessons for Contemporary Leaders*. American Management Association.

Essential Course Materials

CONTENTS

CHECKLIST OF MATERIALS TO BE SUBMITTED TO BEREAN SCHOOL OF THE BIBLE

at Global University; 1211 South Glenstone Avenue; Springfield, Missouri, 65804; USA:

❑ Service Learning Requirement Report (required)
❑ Round-Tripper Forms (as needed)
❑ Request for a Printed Final Examination (if needed)

Service Learning Requirement Assignment

BEREAN SCHOOL OF THE BIBLE

SLR INSTRUCTIONS

This Service Learning Requirement (SLR) assignment requires you to apply something you have learned from this course in a ministry activity. Although this assignment does not receive a grade, it is required. You will not receive credit for this course until you submit the satisfactorily completed SLR Report Form. This form will not be returned to you.

Seriously consider how you can design and complete a meaningful ministry* activity as an investment in preparing to fulfill God's calling on your life. If you are already involved in active ministry, plan how you can incorporate and apply something from this course in your ongoing ministry activity. Whether or not full-time ministry is your goal, this assignment is required and designed to bring personal enrichment to all students. Ask the Holy Spirit to guide your planning and completion of this ministry exercise.

> * Meaningful ministry is defined as an act whereby you give of yourself in such a way as to meet the needs of another or to enhance the well being of another (or others) in a way that exalts Christ and His kingdom.

You will complete the SLR by following these instructions:

1. Complete a ministry activity of your choice that you develop according to the following criteria:

   a. Your ministry activity must occur during your enrollment in this course. Do not report on activities or experiences in which you were involved prior to enrolling in this course.

   b. Your ministry activity must apply something you learned in this course, or it must incorporate something from this course's content in some way. Provide chapter, lesson, or page number(s) from the independent-study textbook on which the activity is based.

   c. Your ministry activity must include interacting with at least one other person. You may choose to interact with an individual or a group.

   d. The activity you complete must represent meaningful ministry*. You may develop your own ministry activity or choose from the list of suggestions provided in these instructions.

   e. Consider a ministry activity outside your comfort zone such as sharing the message of salvation with unbelievers or offering loving assistance to someone you do not know well.

2. Then fill out the SLR Report Form following these instructions OR online by accessing the online course. Students who will take the final exam online are encouraged to complete the online report form.

3. Sincere reflection is a key ingredient in valid ministry and especially in the growth and development of your ministry knowledge and effectiveness.

4. Global University faculty will evaluate your report. Although the SLR does not receive a grade, it must be completed to the faculty's satisfaction before a final grade for the course is released. The faculty may require you to resubmit an SLR Report Form for several reasons, including an incomplete form, apparent insincerity, failing to interact with others, and failure to incorporate course content.

Do NOT submit your SLR notes, essays, or other documents; only submit your completed SLR Report Form. No prior approval is needed as long as the activity fulfills the criteria from number one above.

Suggested SLR Ministry Activities

You may choose to engage in any valid and meaningful ministry experience that incorporates this specific course's content and interacts with other people. The following list of suggestions is provided to help you understand the possible activities that will fulfill this requirement. Choose an idea that will connect well with your course material. You may also develop a ministry activity that is not on this list or incorporate content from this course in ministry activity in which you are actively involved at this time:

- Teach a class or small group of any size.

- Preach a sermon to any size group.

- Share the gospel with non-believers; be prepared to develop new relationships to open doors to this ministry. We strongly encourage you to engage in ministry that may be outside your comfort zone.

- Lead a prayer group experience or pray with individual(s) in need, perhaps over an extended period.

- Disciple new believers in their walk with Jesus.

- Interview pastors, missionaries, or other leaders on a topic related to something in your course (do not post or publish interview content).

- Intervene to help resolve personal conflicts.

- Personally share encouragement and resources with those in need.

- Organize and/or administer a church program such as youth ministry, feeding homeless people, transporting people, visiting hospitals or shut-ins, nursing home services, etc.

- Assist with starting a new church.

- Publish an online blog or an article in a church newsletter (include a link in your report to the content of your article or blog).

- For MIN327 only: present a summary of risk management to a church board or other leadership group; interview community business people regarding their opinion of church business practices.

To review sample SLR Reports and to access an online report form, go to this Web address: library.globaluniversity.edu. Navigate to the Berean School of the Bible Students link under "Resources for You." Another helpful resource is our GlobalReach Web site: www.globalreach.org. From that site you can download materials free of charge from Global University's School for Evangelism and Discipleship. These proven evangelism tools are available in many languages.

BSB SERVICE LEARNING REQUIREMENT (SLR) REPORT

Please print or type your responses on this form, and submit the form to Berean School of the Bible. Do not submit other documents. This report will not be returned to you.

MIN251 Effective Leadership, Second Edition

Your Name.. Student Number .... Date ....

1. **Ministry activity date** .... **Description of ministry activity and its content:** Briefly describe your ministry activity in the space provided. (You are encouraged to engage in ministry such as sharing your faith with unbelievers, or other activities that may be outside your comfort zone.)

....

....

....

Identify related course content by chapter, lesson, or page number. ....

....

2. **Results:** What resulted from your own participation in this activity? Include descriptions of people's reactions, decisions to accept Christ, confirmed miracles, Spirit and water baptisms, life changes, etc. Describe the individuals or group who benefited from or participated in your ministry activity. Use numbers to describe results when appropriate (approximate when unsure).

....

....

....

....

Record numbers here: Unbelievers witnessed to?....................... New decisions for Jesus?.......................

Holy Spirit baptisms?....................... Other?...

3. **Reflection:** Answer the following questions based on your experience in completing this assignment.

Did this activity satisfy an evident need in others? How so? ....

....

Were you adequately prepared to engage in this activity? Why or why not? ....

....

What positive or negative feelings were you aware of while you were completing this activity? ....

....

In what ways were you aware of the Holy Spirit's help during your ministry activity? ....

....

What would you change if you did this ministry activity again? ....

....

What strengths or weaknesses within yourself did this assignment reveal to you?...................................

....

....

Did you receive feedback about this activity? If so, describe: ....

....

....

Unit Progress Evaluations

The unit progress evaluations (UPEs) are designed to indicate how well you learned the material in each unit. This may indicate how well prepared you are to take the closed-book final examination.

Taking Your Unit Progress Evaluations

1. Review the lessons of each unit before you take its unit progress evaluation (UPE). Refer to the form Checklist of Study Methods in the How to Use Berean Courses section at the front of the IST.

2. Answer the questions in each UPE without referring to your course materials, Bible, or notes.

3. Look over your answers carefully to avoid errors.

4. Check your answers with the answer keys provided in this section. Review lesson sections pertaining to questions you may have missed. Please note that the UPE scores do not count toward your course grade. They may indicate how well you are prepared to take the closed-book final examination.

5. Enter the date you completed each UPE on the Student Planner and Record form, located in the How to Use Berean Courses section in the front of this IST.

6. Request a printed final examination **if** you cannot take the final examination online. You should do this a few weeks before you take the last unit progress evaluation so that you will be able to take the final examination without delay when you complete the course.

UNIT PROGRESS EVALUATION 1
MIN251 Effective Leadership, Second Edition
(Unit 1—Chapter 1–4)

MULTIPLE CHOICE QUESTIONS

Select the best answer to each question.

1. The effective leader's life is built on the foundation of
   a) trustworthiness and self-discipline.
   b) confidence and self-assurance.
   c) education and experience.
   d) eloquence and professionalism.

2. Daniel is a model of an effective leader because he
   a) knew how to lead himself.
   b) was young and vibrant.
   c) lived away from his family.
   d) loved God with all his heart.

3. Daniel struggled with a new knowledge in that
   a) he learned to integrate his old teachings with his new beliefs.
   b) he was required to teach his beliefs to the Babylonians.
   c) the Babylonians taught polytheism, not just one God, Jehovah.
   d) the Babylonians taught him Deism.

4. Why was it difficult for Daniel to accept a new name?
   a) He would have chosen a different, more respectable, name.
   b) His new name did not reflect his character.
   c) His name was regal, and he felt unworthy of it.
   d) His new name was common.

5. In response to Daniel's stand to eat only certain foods, his captors
   a) gave him respect and the opportunity to prove himself.
   b) laughed at him and mocked him.
   c) sent him to do slave labor.
   d) forced him to eat what the king required.

6. Daniel's leadership style differed from other biblical prophets in that he
   a) was a strong preacher.
   b) boldly proclaimed judgments.
   c) used a team approach.
   d) was a calm and cool diplomat.

7. Establishing godly patterns early in life is important because
   a) future decisions depend on our established patterns.
   b) it helps us earn the respect of those we lead.
   c) it gives us more time to establish our leadership.
   d) early mistakes prevent God from using us effectively.

8. Daniel's peers tried to destroy his influence and reputation because
   a) the king had overlooked Daniel's lack of qualifications.
   b) they envied his effectiveness and ascent to leadership.
   c) Daniel attempted to discredit them.
   d) Daniel was disloyal to the king.

9. When taken to Babylon, Daniel responded to the changes by
   a) determining not to let himself feel anything; he just wanted to survive.
   b) rebelling against his captors and enduring their punishment.
   c) complying with all the new expectations to please his captors.
   d) resolving early not to defile himself.

10. Interviewing a leader with integrity and monitoring your motives are two steps toward
    a) learning God's commands.
    b) taking responsibility for your actions.
    c) disciplining yourself to be a person of integrity and character.
    d) gaining respect of those around you.

11. According to Acts 22:6-11, Paul's two questions at his conversion were "Who are you, Lord?" and
    a) "Where are you, Lord?"
    b) "Why are you blinding me?"
    c) "What do you want me to do?"
    d) "What have I done wrong?"

12. According to John Maxwell, what are the three crucial steps to successful leadership?
   a) Know your purpose, grow to your maximum potential, and sow seeds that benefit others.
   b) Know your purpose, articulate your purpose to those you lead, and sow seeds that benefit others.
   c) Articulate your purpose to those you lead, grow to your maximum potential, and sow seeds that benefit others.
   d) Know your purpose, grow to your maximum potential, and articulate your purpose to those you lead.

13. Which statement MOST COMPLETELY describes how God uses our brokenness for effective ministry?
   a) God keeps us humble.
   b) He allows us to see needs through His eyes, developing a true burden to meet the needs.
   c) He keeps us from developing a prideful spirit, even when faced with successful ministry.
   d) God needs to break our will and self-motivation.

14. A secure leader is one who
   a) focuses on titles of position.
   b) draws strength from image.
   c) pursues status among others.
   d) wants to add value to others.

15. In Hebrews 11, each person's embracing and owning God's promises as his or her own showed
   a) vision.
   b) confidence.
   c) passion.
   d) dreams.

16. In Hebrews 11, each individual's assurance of God's promises showed the quality of
   a) vision.
   b) confidence.
   c) resolve.
   d) dreams.

17. The five words that represent how Spirit-filled disciples serve the Lord are
   a) lips, love, lasting, liberty, loot.
   b) lips, lives, lasting, liberty, loot.
   c) lips, lives, love, liberty, loot.
   d) love, lives, lasting, liberty, loot.

18. A leader who is willing to let others see inside his or her life has a high level of
   a) authenticity.
   b) accountability.
   c) accuracy.
   d) availability.

19. The apostle Paul did NOT describe the accountability relationship between
   a) master and servant.
   b) farmer and soil.
   c) mother and child.
   d) coworkers.

20. A pastor's most serious responsibility is to
   a) handle God's Word accurately and relevantly.
   b) manage staff successfully.
   c) prepare a weekly sermon.
   d) balance his or her personal and professional life.

21. According to John Maxwell, the best way to "multiply" your ministry is to
   a) lead followers.
   b) advertise.
   c) lead leaders.
   d) develop a five-year plan.

22. Joseph's extended season of testing may have come because he
   a) already knew how to follow; he just needed to learn how to lead.
   b) needed to provide a positive role model for Potiphar's wife.
   c) was not yet old enough to fulfill God's dream for him.
   d) needed to learn trust and patience.

23. Every growing leader should embrace the truth that
   a) tests occur only at certain stages of growth.
   b) every promotion is followed by a test.
   c) self-promotion and human promotion cannot replace divine promotion.
   d) our goal should be to pass most of our tests.

24. Which test examines why we do certain tasks?
   a) Faith test
   b) Credibility test
   c) Motivation test
   d) Forgiveness test

25. Which test reveals whether we are depending on our own ability?
   a) Faith test
   b) Warfare test
   c) Wilderness test
   d) Lordship test

After answering all of the questions in this UPE, check your answers with the answer key. Review material related to questions you may have missed, and then proceed to the next unit.

UNIT PROGRESS EVALUATION 2
MIN251 Effective Leadership, Second Edition
(Unit 2—Chapter 5–8)

MULTIPLE CHOICE QUESTIONS

Select the best answer to each question.

1. Which book gives tremendous insight into the early church's growth and operations?
   a) Luke
   b) Acts
   c) 2 Corinthians
   d) James

2. How was worship manifested in the early church?
   a) The music took at least half of their service time.
   b) Worship was designed to be a great event.
   c) Worship was a regular part of their routine.
   d) Worship was more than an event; it was a life attitude.

3. The word *disciple* means
   a) "follower."
   b) "learner."
   c) "teacher."
   d) "encourager."

4. The most effective means of reaching the unsaved in our current society is through
   a) newspaper advertising.
   b) Christian coffee shops.
   c) relationships.
   d) door-to-door evangelism.

5. What is NOT a reason to have a mission statement?
   a) It provides long-term direction and stability for a church.
   b) It captures the heart of the church's ministry.
   c) It gives evangelists a sense of the church's needs.
   d) It declares a church's biblical philosophy.

6. The mission statement should be understood on
   a) a graduate level.
   b) a college level.
   c) a high school level.
   d) an elementary level.

7. What characterizes God-given vision?
   a) It is created on the leader's gifts and skills.
   b) Its fulfillment depends on the leader's obedience.
   c) Other organizations are seen as competitors.
   d) It may be put aside for something better.

8. Human-made vision is
   a) based on the goal to build the organization.
   b) received as a revelation from God.
   c) accompanied by inward peace and outward opposition.
   d) captivating until fulfilled.

9. The vision of the church answers what question?
   a) Why does the church exist?
   b) What is this church about?
   c) Where would we like to see our church in five years?
   d) What will the church become if God's vision is fulfilled?

10. It is true that vision
    a) discourages people and decreases commitment.
    b) makes one church seem like every other.
    c) creates enthusiasm and energy.
    d) creates confusion about the direction the church should pursue.

11. Many business people become frustrated with the church because
    a) the church caters to the uneducated.
    b) most churches lack vision and direction.
    c) it is more common to work on Sunday.
    d) the church's social life does not relate to them.

12. The people should be involved in forming and implementing the vision statement because
    a) involvement prevents conflict.
    b) involvement gives new people a sense of belonging.
    c) leaders take others with them, developing more leaders.
    d) the pastor should use his or her time for other things.

13. The vision must connect with a person's
    a) mind and emotions.
    b) soul and spirit.
    c) body and mind.
    d) eyes and ears.

14. Which principle is NOT a factor in sharing the vision?
    a) Paint pictures on the inside of people.
    b) Advise against personal commitment.
    c) Create an atmosphere.
    d) Embrace the vision.

15. Which of the pastor's responsibilities listed is the most important?
    a) Administration of the church
    b) Development of leaders
    c) Visitation
    d) Counseling

16. The purpose of training leadership is to
    a) develop better programs.
    b) provide assistance for the pastor.
    c) encourage fellowship and friendships.
    d) help people grow in Christ.

17. The most effective training ground for ministry is
    a) a Bible college.
    b) the local church.
    c) Berean courses.
    d) seminaries.

18. The Greek word *katarismos* means
    a) "preparing."
    b) "encouraging."
    c) "uniting."
    d) "dividing."

19. In helping the people become active in ministry, a pastor must
    a) assign them a specific task each month.
    b) advise them to try many areas of ministry until one fits their gifts.
    c) help them to mend the broken areas of their lives.
    d) provide feedback once a year.

20. Jesus demonstrated the work of equipping others by
    a) dying for the sins of the world.
    b) rising from the dead.
    c) investing in His disciples' lives.
    d) performing many miracles.

21. According to Chuck Swindoll, pastors get burned out because they
    a) delegate too much.
    b) disregard the important details.
    c) are doers or nurturers.
    d) resist codependency.

22. An equipping pastor is one who
    a) focuses on people's past successes.
    b) leads every committee.
    c) develops programs.
    d) directs people toward important avenues of service.

23. The opposite of an equipping pastor is a
    a) nurturing pastor.
    b) growing pastor.
    c) delegating pastor.
    d) secure pastor.

24. Accomplishing ministry through others is called the
    a) Moses principle.
    b) Jericho principle.
    c) Jethro principle.
    d) priesthood principle.

25. "Dumping" a task onto others means
    a) handing down a task without training.
    b) working alongside a person until he or she feels comfortable.
    c) inviting laypeople to accompany the pastor in ministerial duties.
    d) reading and discussing a book together.

After answering all of the questions in this UPE, check your answers with the answer key. Review material related to questions you may have missed, and then proceed to the next unit.

UNIT PROGRESS EVALUATION 3
MIN251 Effective Leadership, Second Edition
(Unit 3—Chapter 9–12)

MULTIPLE CHOICE QUESTIONS

Select the best answer to each question.

1. Who was responsible for rebuilding the Jerusalem walls?
    a) Moses
    b) Nehemiah
    c) Daniel
    d) Joshua

2. If someone else in the congregation carries the influence, a pastor should
    a) influence the influencer.
    b) ask the influencer to leave the church.
    c) assert his or her authority.
    d) try to develop a new influencer.

3. What is NOT a core principle of leadership?
    a) Leadership is influence.
    b) Everything rises and falls on leadership.
    c) The supreme value of leadership is credibility.
    d) Leadership is inborn; it cannot be taught.

4. The lowest level of leadership is
    a) permission.
    b) position.
    c) production.
    d) people development.

5. Which statement is NOT one of the seven leadership truths?
    a) The higher you go, the easier it is to lead.
    b) At each level, you may put aside the principles of the level underneath.
    c) You will not be on the same level with all of those who work with you.
    d) The higher you go, the greater the growth.

6. A church's most appreciable asset is its
    a) people.
    b) building.
    c) solid programs.
    d) good savings plan.

7. A leader's most important asset is his or her
    a) people skills.
    b) business skills.
    c) good education.
    d) years of experience.

8. In the story of the Good Samaritan, the priests saw the injured man as
    a) a victim to exploit.
    b) a problem to avoid.
    c) a person to be loved.
    d) none of the above.

9. A key principle of human nature is that
    a) hurting people reach out in love to others.
    b) we must use our heads to deal with ourselves and others.
    c) the key to today is a belief in tomorrow.
    d) connecting with others means getting inside their head.

10. Which statement describes how most people think?
    a) Their time is most precious.
    b) They are willing to put others first.
    c) They are willing to bypass their own problems.
    d) They want their faults addressed.

11. The *ABCs* of relational skills are
    a) attract, believe, and connect.
    b) attract, believe, and care.
    c) admire, befriend, and connect.
    d) admire, believe, and connect.

12. One roadblock to great relationships is
    a) moodiness.
    b) humility.
    c) stability.
    d) dependability.

13. The key principle in the story of Mary and Martha in Luke 10 is
    a) condemnation of those who work hard.
    b) the priority of sitting at Jesus' feet.
    c) criticism of those who serve.
    d) the importance of hospitality.

14. Jesus' top priority was
    a) servanthood.
    b) ministry.
    c) leadership development.
    d) prayer.

15. Which statement is NOT an example of the 80/20 principle?
   a) Twenty percent of our time produces 80 percent of the results.
   b) We must focus our time on 80 percent of the influencers.
   c) Twenty percent of the people make 80 percent of the decisions.
   d) Twenty percent of the members do 80 percent of the work.

16. We should be willing to say "no" to a task when
   a) it does not further our goal.
   b) the person suggesting it is not on our leadership team.
   c) we personally dislike the person suggesting it.
   d) we do not have time to think about it.

17. Making to-do lists, avoiding clutter, and controlling interruptions are all tips for
   a) a good secretary.
   b) avoiding perfectionism.
   c) efficient time management.
   d) saying "no" gracefully.

18. What is NOT a principle for handling time?
   a) Identify your priorities.
   b) Play to your strengths.
   c) Enlist an accountability partner.
   d) Remember that time is endless.

19. How did Nehemiah use the concept of teamwork?
   a) Half of the men worked while half provided security.
   b) The men constantly rotated their jobs.
   c) He chose only the most able men.
   d) He became the main influencer on the ship sailing to Rome.

20. The biblical attitude toward teamwork is that
   a) leaders should stand alone, with a team under them.
   b) it is important and scriptural.
   c) it should be used only occasionally.
   d) teams should have no clear leader.

21. What is NOT true of Paul's team in Acts 27?
   a) Paul became the leader because he was highly respected from the voyage's outset.
   b) Paul confronted the other leaders with their wrong decision to set sail.
   c) Paul's successful leadership came from his interest in each individual on the team.
   d) Paul's success came largely because he was not selfish in his agenda.

22. "Leaders always touch a heart before they ask for a hand" is part of the
   a) second-mile principle.
   b) connection principle.
   c) host principle.
   d) care principle.

23. What is NOT characteristic of an effective team?
   a) People work together, even if they do not care for each other.
   b) The team practices what is important.
   c) The team grows together.
   d) The team has a chemistry that fits.

24. The team bench represents
   a) inferiority.
   b) lack of necessity.
   c) organizational structure.
   d) unity and depth.

25. Playing a basketball game without a rim on the backboard is likened to
   a) paying the price.
   b) not knowing where the team stands.
   c) keeping a strong bench.
   d) having a chemistry that fits.

After answering all of the questions in this UPE, check your answers with the answer key. Review material related to questions you may have missed. Review all materials in preparation for the final exam. Complete and submit your SLR assignment and take the closed-book final examination.

Taking the Final Examination

1. **All final exams must be taken closed book**. You are not allowed to use any materials or outside help while taking a final exam. You will take the final examination online at www.globaluniversity.edu. If the online option is not available to you, you may request a printed final exam. If you did not request a printed final exam when you ordered your course, you must submit this request a few weeks before you are ready to take the exam. The Request for a Printed Final Examination is in the Forms section of Essential Course Materials at the back of this IST.

2. Review for the final examination in the same manner in which you prepared for the UPEs. Refer to the form Checklist of Study Methods in the front part of the IST for further helpful review hints.

3. After you complete and submit the online final examination, the results will be immediately available to you. Your final course grade report will be e-mailed to your Global University student e-mail account after your Service Learning Requirement (SLR) report has been processed.

4. If you complete the exam in printed form, you will send your final examination, your answer sheets, and your SLR report to Berean School of the Bible for grading. Your final course grade report will be sent to your GU student e-mail account. If you do not have access to the Internet, your grade will be sent to your mailing address.

Answer Keys

- Compare your answers to the Test Yourself quizzes against those given in this section.

- Compare your answers to the UPE questions against the answer keys located in this section.

- Review the course content identified by your incorrect answers.

ANSWERS TO TEST YOURSELF

MIN251 Effective Leadership, Second Edition

Answers below are followed by the number of the objective being tested. For any questions you answered incorrectly, review the lesson content in preparation for your final exam.

Chapter 1
1. C 1.1.1
2. A 1.1.1
3. B 1.2.1
4. D 1.2.1
5. A 1.2.1
6. D 1.2.1
7. C 1.3.1
8. A 1.3.1
9. B 1.3.1
10. D 1.4.1

Chapter 2
1. C 2.1.1
2. A 2.1.1
3. D 2.1.2
4. D 2.1.1
5. C 2.1.2
6. D 2.1.2
7. A 2.2.1
8. B 2.2.1
9. D 2.2.1
10. A 2.2.1

Chapter 3
1. C 3.1.1
2. A 3.1.1
3. D 3.1.1
4. C 3.1.1
5. D 3.1.1
6. C 3.2.1
7. A 3.2.1
8. D 3.2.1
9. A 3.3.1
10. D 3.3.1

Chapter 4
1. D 4.2.1
2. A 4.2.1
3. B 4.2.1
4. C 4.2.1
5. B 4.3.1
6. C 4.3.1
7. A 4.3.1
8. D 4.3.1
9. B 4.3.1
10. A 4.3.1

Chapter 5
1. C 5.1.1
2. A 5.1.1
3. C 5.1.1
4. D 5.1.1
5. B 5.2.1
6. D 5.2.2
7. A 5.2.1
8. D 5.2.2
9. D 5.2.1
10. A 5.2.1

Chapter 6
1. C 6.1.1
2. A 6.1.1
3. D 6.1.1
4. C 6.1.1
5. B 6.3.1
6. D 6.3.1
7. A 6.2.1
8. D 6.3.1
9. B 6.3.1
10. D 6.3.1

Chapter 7
1. C 7.3.1
2. A 7.1.1
3. D 7.1.1
4. C 7.1.1
5. B 7.2.1
6. D 7.2.1
7. A 7.3.1
8. D 7.3.1
9. D 7.3.1
10. D 7.4.1

Chapter 8
1. D 8.1.1
2. A 8.1.1
3. D 8.1.1
4. C 8.1.1
5. B 8.2.1
6. C 8.2.1
7. A 8.1.1
8. D 8.2.1
9. D 8.2.2
10. A 8.2.2

Chapter 9
1. C 9.1.1
2. D 9.1.1
3. B 9.1.1
4. C 9.2.1
5. A 9.2.1
6. C 9.2.1
7. A 9.3.1
8. D 9.3.1
9. B 9.3.1
10. A 9.3.1

Chapter 10
1. C 10.1.1
2. A 10.1.1
3. B 10.1.1
4. D 10.2.1
5. B 10.2.1
6. D 10.2.1
7. A 10.2.1
8. C 10.3.1
9. D 10.3.1
10. A 10.3.1

Chapter 11
1. C 11.1.1
2. A 11.1.1
3. D 11.2.1
4. C 11.2.1
5. B 11.2.1
6. D 11.3.1
7. C 11.3.1
8. D 11.3.1
9. D 11.3.1
10. A 11.3.1

Chapter 12
1. C 12.1.1
2. A 12.1.1
3. B 12.2.1
4. C 12.2.1
5. B 12.2.1
6. D 12.2.1
7. A 12.3.1
8. D 12.3.1
9. D 12.3.1
10. A 12.3.1

UNIT PROGRESS EVALUATION ANSWER KEYS

MIN251 Effective Leadership, Second Edition

Answers below are followed by the number of the objective being tested. For any questions you answered incorrectly, review the lesson content in preparation for your final exam.

UNIT PROGRESS EVALUATION 1

1.	A	1.1.1		14.	D	2.1.2
2.	A	1.1.1		15.	C	2.2.1
3.	C	1.2.1		16.	B	2.2.1
4.	B	1.2.1		17.	C	2.2.2
5.	A	1.2.1		18.	B	3.1.1
6.	D	1.3.1		19.	C	3.1.1
7.	A	1.3.1		20.	A	3.2.1
8.	B	1.3.1		21.	C	3.3.1
9.	D	1.3.1		22.	D	4.1.1
10.	C	1.4.1		23.	C	4.2.1
11.	C	2.1.1		24.	C	4.3.1
12.	A	2.1.1		25.	D	4.3.1
13.	B	2.1.1				

UNIT PROGRESS EVALUATION 2

1.	B	5.1.1		14.	B	6.3.1
2.	D	5.1.1		15.	B	7.1.1
3.	B	5.1.1		16.	D	7.2.1
4.	C	5.1.1		17.	B	7.3.1
5.	C	5.2.1		18.	A	7.3.1
6.	D	5.2.2		19.	C	7.3.1
7.	B	6.1.1		20.	C	7.4.1
8.	A	6.1.1		21.	C	8.1.1
9.	D	6.1.1		22.	D	8.1.1
10.	C	6.1.1		23.	A	8.1.1
11.	B	6.2.1		24.	C	8.2.1
12.	C	6.2.1		25.	A	8.2.2
13.	A	6.3.1				

UNIT PROGRESS EVALUATION 3

1.	B	9.1.1		14.	D	11.1.1
2.	A	9.1.1		15.	B	11.2.1
3.	D	9.1.1		16.	A	11.2.1
4.	B	9.2.1		17.	C	11.3.1
5.	B	9.3.1		18.	D	11.3.1
6.	A	10.1.1		19.	A	12.1.1
7.	A	10.1.1		20.	B	12.1.1
8.	B	10.1.1		21.	A	12.1.1
9.	C	10.2.1		22.	B	12.2.1
10.	A	10.2.1		23.	A	12.2.1
11.	A	10.3.1		24.	D	12.3.1
12.	A	10.3.1		25.	B	12.3.1
13.	B	11.1.1				

Forms

The following pages contain two course forms: the Round-Tripper and the Request for a Printed Final Examination.

1. For students who do not have access to e-mail, we are including one **Round-Tripper** for your use if you have a question or comment related to your studies. If you do not have access to the Internet, you will want to make several photocopies of the Round-Tripper before you write on it. Retain the copies for submitting additional questions as needed. Students who have access to e-mail can submit questions at any time to bsbcontent@globaluniversity.edu.

2. Students who do not have access to the Internet-based tests may request a printed final examination. For faster service, please call Enrollment Services at 1-800-443-1083 or fax your **Request for a Printed Final Examination** to 417-862-0863.

ROUND-TRIPPER

MIN251 Effective Leadership, Second Edition   Date ....

Your Name .... Your Student Number ....

Send questions and comments by e-mail to bsbcontent@globaluniversity.edu. If you do not have access to e-mail, use this form to write to Berean School of the Bible with questions or comments related to your studies. Write your question in the space provided. Send this form to Berean School of the Bible. The form will make its return, or round-trip, as Berean School of the Bible responds.

YOUR QUESTION:

FOR BEREAN SCHOOL OF THE BIBLE'S RESPONSE:

PN 02.13.02

GLOBAL UNIVERSITY

1211 South Glenstone Springfield, MO 65804
1-800-443-1083 * Fax 1-417-862-0863
www.globaluniversity.edu

BEREAN SCHOOL OF THE BIBLE
REQUEST FOR A PRINTED FINAL
EXAMINATION

NOTE: All final exams are to be taken closed-book.

Final examinations are available online at www.globaluniversity.edu.

Taking the test online gives immediate results and feedback. You will know your test grade and which learning objectives you may have missed.

Students who do not have access to the Internet-based tests may request a printed final examination. For faster service, please call Enrollment Services at **1-800-443-1083** or fax this form to **417-862-0863**.

If preferred, mail this form to:
    Berean School of the Bible, Global University
    Attn: Enrollment Services
    1211 South Glenstone
    Springfield, MO 65804

Please allow 7–10 business days for delivery of your final examination. **You may only request an exam for the course or courses in which you are currently enrolled.**

_____
Student Number

_____
Name

_____
Address

_____

_____
City, State, Zip Code

_____
Phone

_____
E-mail

Certified Minister	**Licensed Minister**	**Ordained Minister**
☐ BIB114 Christ in the Synoptic Gospels	☐ BIB212 New Testament Survey	☐ BIB313 Corinthian Correspondence
☐ BIB115 Acts: The Holy Spirit at Work in Believers	☐ BIB214 Old Testament Survey	☐ BIB318 Pentateuch
☐ BIB117 Prison Epistles: Colossians, Philemon, Ephesians, and Philippians	☐ BIB215 Romans: Justification by Faith	☐ BIB322 Poetic Books
	☐ THE211 Introduction to Theology: A Pentecostal Perspective	☐ THE311 Prayer and Worship
☐ BIB121 Introduction to Hermeneutics: How to Interpret the Bible	☐ THE245 Eschatology: A Study of Things to Come	☐ MIN325 Preaching in the Contemporary World
☐ THE114 Introduction to Pentecostal Doctrine	☐ MIN223 Introduction to Homiletics	☐ MIN327 Church Administration, Finance, and Law
☐ THE142 Assemblies of God History, Missions, and Governance	☐ MIN251 Effective Leadership	☐ MIN381 Pastoral Ministry
	☐ MIN261 Introduction to Assemblies of God Missions	☐ MIN391 Advanced Ministerial Internship
☐ MIN123 The Local Church in Evangelism	☐ MIN281 Conflict Management for Church Leaders	
☐ MIN181 Relationships and Ethics in Ministry	☐ MIN291 Intermediate Ministerial Internship	
☐ MIN191 Beginning Ministerial Internship		

Signature_____   Date_____

A NEW SHORT TEXTBOOK

PREVENTIVE MEDICINE
FOR THE TROPICS

Third Edition

ADETOKUNBO O. LUCAS
O.F.R., B.Sc., M.D., D.P.H.,
D.T.M. & H., F.R.C.P., S.M.Hyg.,
F.M.C.P.H.(Nig), F.F.P.H.M. (UK)

Professor of International Health, Harvard School of Public Health, Harvard University, Boston
Formerly Professor of Preventive and Social Medicine,
University of Ibadan

HERBERT M. GILLES
B.S.c, M.D. (Malta), M.Sc., D.Sc., F.R.C.P., F.F.P.H.M. (UK)
F.M.C.P.H.(Nig.), D.T.M. & H., D.Med.Sc. (Karolinska, Stockholm)

Emeritus Professor, University of Liverpool
Visiting Professor of Public Health, University of Malta
Formerly Professor of Tropical Medicine and Dean,
Liverpool School of Tropical Medicine, Liverpool
Formerly President of the Royal Society of
Tropical Medicine and Hygiene

Edward Arnold
A division of Hodder & Stoughton
LONDON MELBOURNE AUCKLAND

The authors acknowledge with thanks the contribution of Julian Abela-Hyzler in preparing the illustrations.

© 1990 A O Lucas and H M Gilles

First published as *A Short Textbook of Preventive Medicine for the Tropics* by Hodder and Stoughton in Great Britain 1973

British Library Cataloguing in Publication Data

Lucas, Gilles
  A new short textbook of preventive medicine for the
    tropics.-3rd.ed.
  1. Tropical regions. Preventive medicine
  I. Title   II. Lucas   III. Gilles, H. (Herbert Michael)
  614.440913

  ISBN 0-340-53591-1

All rights reserved. No part of this publication may be reproduced or transmitted in any form or by any means, electronically or mechanically, including photocopying, recording or any information storage or retrieval system, without either prior permission in writing from the publisher or a licence permitting restricted copying. In the United Kingdom such licences are issued by the Copyright Licensing Agency: 33-34 Alfred Place, London WC1E 7DP.

Whilst the advice and information in this book is believed to be true and accurate at the date of going to press, neither the author nor the publisher can accept any legal responsibility or liability for any errors or omissions that may be made. In particular (but without limiting the generality of the preceding disclaimer) every effort has been made to check drug dosages; however, it is still possible that errors have been missed. Furthermore, dosage schedules are being continually revised and new side-effects recognized. For these reasons the reader is strongly urged to consult the drug companies' printed instructions before administering any of the drugs recommended in this book.

Typeset in 10/12pt Palatino by Colset Private Limited in Singapore Printed and bound in Great Britain for Edward Arnold, a division of Hodder and Stoughton Limited, Mill Road, Dunton Green, Sevenoaks, Kent TN13 2YA by The Bath Press, Avon

Contents

* by Dr David Nabarro, Senior Research Fellow, Department of International Community Health, Liverpool School of Tropical Medicine, Liverpool
† by Professor M Khogali, Professor of Preventive and Social Medicine. Faculty of Medicine, Kuwait University, PO Box 24923, Safat, Kuwait

To
Kofo and Merja

Preface

In revising the text and updating the presentation of material for the third edition, the authors have taken note of the comments and suggestions of reviewers and users of the book.

A large number of illustrations have been added, in particular to demonstrate the geographical distribution and lifecycles of tropical diseases. Introductory tables in the four infection chapters list all the diseases with their agents, and within the text each description is prefaced by a summary of its salient features.

The revised text includes a new chapter on 'Non-communicable disease: health in transition'. It has been included to highlight the dynamic changes in the health of some tropical countries. With progressive industrialization of developing countries, the non-communicable diseases of the Western World are gaining in importance as causes of morbidity and mortality. The epidemiology and control of these conditions (e.g. heart disease, hypertension, cancer, road traffic accidents) is readily available in other standard textbooks.

Nutrition plays a central part in the promotion of health in the tropics. This chapter has been completely rewritten.

Since the last edition, infection with the human immunodeficiency virus (HIV) has come into prominence as a global problem. So far, there is no satisfactory chemotherapy for curing the infection and no vaccine for preventing it. For the time being, the prognosis in symptomatic cases is poor; once the infection progresses to the full-blown picture of the acquired immunodeficiency syndrome (AIDS), the outcome is uniformly fatal. The control of this disease therefore is based on traditional public health measures: chiefly by preventing the transmission of infection through sexual contact, transfusion of blood products and contaminated hypodermic needles. A new section on HIV infection has been included in this edition.

The section on smallpox has been retained because of the many lessons that can still be learnt from the eradication of the disease. It was a valuable demonstration of the value of international collaboration in health. It is a useful illustration of the successful application of epidemiological surveillance in disease control.

Twelve years ago, representatives of all nations signed the Declaration of Alma Ata committing their governments to the goal of 'Health for All by the Year 2000'. They adopted primary health care as the key strategy for achieving this goal. These concepts are now being translated into practical programmes. Developing countries are strengthening their health services to enable them to meet this challenge. According to the principles laid down at Alma Ata, nations will endeavour to provide access to health care on the basis of equity and social justice. Ministries of health are increasingly involving their counterparts in agriculture, education, housing and other relevant departments in inter-sectoral action for health. The strategy of primary health care also implies a meaningful involvement of individuals, families and communities in the planning, implementation and evaluation of health programmes.

Modern health technologies—drugs, vaccines, diagnostic tests and methods of pest control—provide new and improved tools for tackling the major parasitic and infectious diseases in the tropics. However, the basic principles of preventive medicine remain valid and must continue to be emphasized: health care workers in developing countries should adopt the slogan, 'HEALTH, HABIT and HABITAT' as a reminder of the important role of behaviour and the environment on human health.

1990
A O Lucas
H M Gilles

1
The Tropical Environment

Man's total environment includes all the living and non-living elements in his surroundings. It consists of three major components: physical, biological and social. Man's relationship to his environment is reciprocal in that the environment has a profound influence on man whilst, at the same time, man extensively alters his environment to suit his needs and desires (Fig. 1.1).

Physical environment

This refers to the non-living part of the environment—air, soil, water, minerals; and climatic factors such as temperature and humidity. The physical environment is extremely variable in the tropics covering arid deserts, savannahs, upland jungle, cold dry or humid plateaux, marshlands, high mountain steppes or tropical rain forest.

Climatic factors such as temperature and humidity have a direct effect on man, his comfort and his physical performance. The physical environment also exerts an indirect effect on man by determining the distribution of organisms in his biological environment: plants and animals which provide him with food, clothing and shelter; animals which compete with him for food; and parasites and their vectors which produce and transmit disease.

Man alters the natural characteristics of his physical environment sometimes on a small scale but often on a very large scale. He may clear a small patch of bush, build a hut and dig a small canal to irrigate his vegetable garden; or he may build large cities, drain swamps, irrigate arid zones, dam rivers and create large artificial lakes. Many such changes have proved beneficial to man but some aspects of these changes have created new hazards.

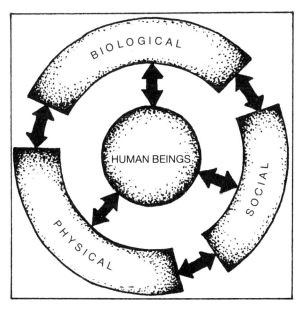

Fig. 1.1 *The interaction between human beings and their environment*

Biological environment

All the living things in an area—plants, animals and microorganisms—constitute the biological environment. They are dependent on each other and ultimately, on their physical environment. Thus, nitrogen-fixing organisms convert atmospheric nitrogen into the nitrates which are essential for plant life. Plants trap energy from the sun by photosynthesis. A mammal may obtain its nourishment by feeding on plants (herbivore) or on other animals (carnivore) or both (omnivore). Under natural conditions, there is a balanced relationship between the growth and the size of the population of a particular species, on the one hand,

and its sources of food and prevalence of competitors and predators, on the other hand.

Man deliberately manipulates the biological environment. He cultivates useful plants to provide food, clothing and shelter, and he raises farm animals for their meat, milk, leather, wool and other useful products. He hunts and kills wild animals and other predators, and he destroys insects which transmit disease or which compete with him for food.

In many parts of the tropics, insects, snails and other vectors of disease abound and thrive. This is partly because the natural environment favours their survival but also because, in some of these areas, relatively little has been done to control these agents.

Social environment

This is the part of the environment which is entirely man-made. In essence it represents the situation of man as a member of society: his family group, his village or urban community, his culture including beliefs and attitudes, the organization of society, politics and government, laws and the judicial system, the educational system, transport and communication, and social services including health care.

There is much variation in the extent of technical development in the various countries in the tropics. Some of these countries are now highly developed whilst others are still in the early stages. Some of the developing countries show certain common features—limited central organization of services, scattered populations living in small self-contained units, low level of economic development, limited educational facilities, and inadequate control of common agents of disease. Some of these communities are still held tightly in the vicious circle of ignorance, poverty and disease (Fig. 1.2).

Many areas in the tropics are in transition. Rapid economic development and the growth of modern industries is causing mass migrations from rural to urban areas. Faster means of transportation, progress in education, the control and eradication of major endemic diseases, and other developments are effectively breaking the chains of disease, poverty and ignorance. At the same time new problems are emerging, including those resulting from the social and psychological stresses imposed

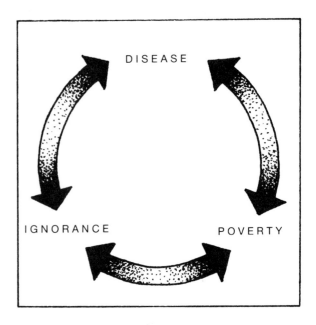

Fig. 1.2   *The cycle of ignorance, poverty and disease*

by these bewildering changes and their destructive effects on traditional family life and communal relationships.

In these transitional societies there have been marked changes in the patterns of disease. Communicable diseases which were formerly the predominant causes of disability, disease and death are now being replaced by non-communicable diseases and conditions. Malnutrition in the form of the deficiency of specific nutrients is being succeeded by problems resulting from over-indulgence, thus obesity is replacing marasmus as the predominant nutritional problem. Alcoholism and drug abuse are emerging as manifestations of social stresses and tensions.

The ecological approach to preventive medicine

In preventive medicine, it is useful to consider the reciprocal relationship between man and his total environment. In the search for the causes of disease, it is not sufficient merely to identify the specific agent of a disease, such as a virus or a parasite, but it is desirable to identify the influence of environmental factors on the interaction between man and the specific agent. For example, the typhoid bacillus (*Salmonella typhi*) is known to be the causative agent of disease but the occurrence of outbreaks of typhoid is determined by various environmental factors: water supply, methods of sewage disposal, prevalence of typhoid carriers, personal habits of the people (cleanliness), use of raw water, attitude to and use of medical services, including vaccination. Similarly, a specific nutritional deficiency, such as ariboflavinosis, should not be viewed merely as a discrete metabolic defect but it should be seen in the context of the food habits of the community including food taboos, the level of education and income of the population and the local agriculture.

From this ecological approach, one can derive a rational basis for the control of disease within the population. Typhoid control should go beyond the treatment of the individual patient, to include immunization of susceptible groups, protection of water supplies, safe disposal of waste and improvement of personal hygiene. Malnutrition is managed not only by giving pills containing concentrated nutrients but also by giving suitable advice about diet and promoting the cultivation of nutritional foods both commercially by farmers and privately in home gardens; in more complex situations management may extend to promotion of welfare services such as unemployment benefits and food supplements for the needy.

The health worker should seek suitable opportunities for improving the health of the people through action on the environment. It is important that these lessons should be repeatedly emphasized.

The individual and the family can do much about the cleanliness of the home and its immediate surroundings thereby reducing the occurrence of a number of infectious diseases. Domestic accidents, especially in such high risk areas as the kitchen and the bathroom, can be prevented by careful attention to the environment in the home. The individual needs to recognise *how* the environment in the home affects the health of his family, *why* he must act to improve the situation and *what* he and his family can do to deal with the problem.

The community should be approached as a whole to deal with the widespread problems which affect many families, and also for help with those problems which require action beyond the means of individual families. For example, certain environmental situations result from cultural habits which are common in the local community, e.g. collection and storage of water, disposal of human and other wastes, and the preparation of meals.

An adequate supply of safe water for each family and, especially in large villages and in urban areas, the disposal of waste often requires organization at the community level. In most developing countries, modern development projects and urbanization are introducing new risks. It is therefore necessary to ensure that these new initiatives should be carefully examined at the community level with regard to their appropriate siting and safe management, with minimal risk to the environment.

At the national and international level, large scale projects such as the creation of man-made lakes, irrigation projects and mining of minerals including oil, require careful assessment of their environmental impact. The adverse effects can best be minimized by careful planning so that as far as possible protective measures can be incorporated into the design of these projects.

Some developed countries, facing problems of disposing of toxic chemicals and radioactive waste have resorted to dumping them in developing countries. The serious concerns raised by these events should lead to tighter international controls.

Developing countries are also involved in dealing with environmental issues which are of global dimensions: the denudation of the tropical forest and its probable adverse effects on climate; the use of chlorofluorocarbons (CFCs) that destroy the ozone layer; and the extensive use of fossil fuel and consequent increase in greenhouse gases.

Further reading

WHO Technical Report Series No. 586 (1976). *Health Hazards from New Environmental Pollutants.*

WHO Technical Report Series No. 718. (1985). *Environmental pollution in relation to development.*

2

Health Statistics

The assessment of the health of the individual is made on clinical grounds by medical history, physical examination, laboratory tests and other special investigations. Theoretically, the health of a whole community can be assessed by conducting repeatedly a detailed clinical assessment of each individual. In practice, it is assessed less directly by the collection, analysis, and interpretation of data about important events which serve as indicators of the health of the community—deaths (mortality data), sickness (morbidity data) and data about the utilization of medical services.

It is widely recognized that the lack of reliable data in developing countries is an important obstacle to the effective management of health care and other social services. It is necessary to develop and improve information systems which decision-makers and health-care-givers can use for planning, implementing and evaluating services.

Types of data

Vital statistics

These are records of certain vital events: births, deaths, marriages and divorces, obtained by registration (*see* p. 6). Their most important application in assessing health is in the generation of mortality rates (*see* p. 10).

Morbidity statistics

Data on the occurrence and severity of sickness in a community may be obtained from a number of sources within the medical services (*see* Table 2.1). It is both more difficult to collect and to interpret than the data of vital statistics (*see* p. 11 and Fig. 2.1) but allows a more detailed analysis of health status and services.

Health service statistics

Two types of data can be derived from the operation of the health services:

- Resources data
- Institutional records

Resources

Data about the resources available for the delivery of health care to the community are necessary for the efficient management of health services. The inventory should include data on all health institutions, both government and private (hospitals, health centres, dispensaries, medical clinics) and details of the numbers of various types of health personnel (doctors, nurses, midwives, etc.).

The distribution of these resources in relation to the population should also be noted. This shows how far the people in each community have to travel to reach the nearest institution which can provide them with various types of care. For example, how far is the nearest antenatal clinic, the referral centre at which caesarean section can be performed or blood transfusion given?

Institutional records

Records generated by health facilities can provide much useful information about the demand for and

Table 2.1 Sources of different types of health statistics

Source	Examples	Type of data
Census	Local, national	Total count; age, sex distribution
Epidemiological surveys		
Questionnaires	Sickness surveys	Current or past illness Sickness absence from work/school
Physical examination	Nutritional survey Goitre survey	Anthropometric measurements Physical examination
Special investigations	Serological surveys Tuberculosis survey	Prevalence of HIV infection Tuberculin sensitivity established
Medical institutions		
Out-patient clinics	Health centre	Clinical records — pattern of diseases
Special clinics	Specific groups: e.g. Maternal & Child welfare	Attendance records Health profile of women and children
	Specific disease clinic: e.g. tuberculosis, sexually transmitted diseases	Clinical and epidemiological features
In-patient services	—	Clinical records, laboratory results, autopsy data
Data collected for other purposes		
Routine medical examination	School entrants	Nutritional status, immunization rates
	Pre-employment/Army recruits	Profile of health status of young adults
	Insurance	Baseline data, prevalence of risk factors
Sickness absence records	Schools, industry	Early warning of epidemics

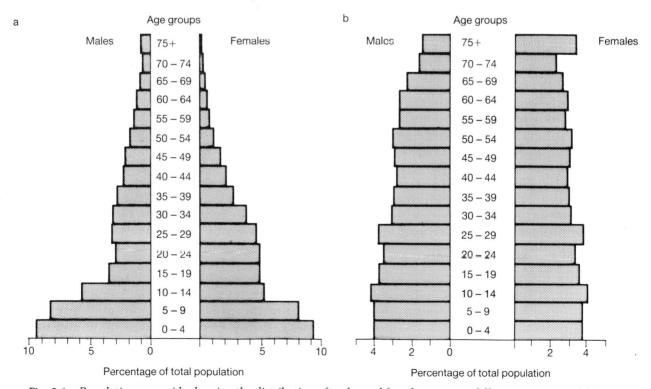

Fig. 2.1 *Population pyramids showing the distribution of males and females amongst different age groups (a) in a developing country, (b) in an industrialized country*

utilization of health services and about the extent to which various target groups within the population are being served. For example, what proportion of eligible children have been immunized? How many pregnant women received antenatal care and gave birth under the supervision of trained personnel?

Such information can be used to plan and modify the health services. By relating the performance of the institutions to their resources, one can monitor efficiency and guide health policy. For a discussion of the use of statistics in monitoring the performance of health services, see Chapter 10.

Data from other sectors

Apart from data derived from the health services, information relevant to health can be obtained from other sectors of government:

- Education (literacy rates, especially in girls and women)
- Public works (housing, water supply, sanitation)
- Agriculture (food production and distribution)
- Economic planning and development (poverty, economic indicators)

Collection of data

A variety of mechanisms are used for the collection of the data which form the basis of health statistics (Table 2.1). In order that health statistics from various communities can be compared, standardization of these methods is essential nationally and desirable internationally.

Census of the population

This is required to provide the essential population base for calculating various rates. The census usually includes not only a total count of the population but also a record of the age and sex distribution, and some other personal data.

Population pyramid

The age and sex structure of the population is often displayed in the form of a histogram showing the percentage distribution of each sex at 5-year age intervals. The shape is roughly pyramidal: the base, representing the youngest age-group, tapering to a narrow peak in the oldest age-group.

In most developing countries the pyramid is typically broad, with a rapid tapering off in the older age-groups. This represents the characteristic feature of a relatively young population. The shape of the pyramid is determined by the high birth rate and high child death rate in these communities (Fig. 2.1a).

In more developed countries, the population pyramid shows more gradual decline, indicating the relatively older population with a low death rate in childhood (Fig. 2.1b).

National censuses

In most countries, censuses are held periodically, usually every ten years.

Local censuses

The public health worker may need to conduct a census on a small scale in a local area where national census data are unobtainable or not sufficiently accurate for a proposed epidemiological survey. For some studies, the census is conducted on the basis of the number of persons who are actually present on the census date in the defined area; this *de facto* population may include temporary residents and visitors but may exclude permanent residents who happen to be away. For other studies, especially where a longitudinal survey is planned, the census enumerates all persons who are normally resident in an area, i.e. this *de jure* population would exclude temporary residents and visitors but include permanent residents who are temporarily away.

Registration of births and deaths

The registration of births and deaths is compulsory in the developed countries but only in some of the developing countries. Births and deaths are two important events which can be clearly recognised by lay persons and as such the data can be collected by literate laymen. In addition to recording the fact of death, it is useful to establish the cause of death. The certification of the cause of death is done at various levels of sophistication, ranging from simple diagnoses that can be made by auxiliaries to more difficult diagnoses that can only be obtained from elaborate investigations of the patients by highly trained personnel and post-mortem examination by competent pathologists.

Methods to improve registration

In many developing countries there is difficulty in obtaining a complete registration of births and deaths. Even where the local laws make such registrations compulsory, the enforcement of these regulations is difficult and unpopular. Various devices have been tried to improve the quality of the data:

Registration centres
These should be conveniently sited so that each person has reasonable access to the registration centre in his district. The registration centre should be adapted to the local social structure, using such persons as village heads, heads of compounds, religious scribes, or institutions that are appropriate in the particular area.

Rewards and penalties
In some countries the population is induced to register births by attaching rewards to the possession of birth certificates. For example, the government free primary school may be available only to children whose births have been registered. Unduly harsh penalties against defaulters are not to be recommended because such actions may antagonize the public and alienate them from other public health programmes and personnel.

Education
Regardless of the method of registration adopted, the success of the scheme will depend on being able to get appropriate and sufficient information to the general public about the programme. They must know why the procedure is considered necessary and what benefits it may bring to both the individual and the community.

Notification of disease

National notification

In every country there is a list of certain diseases, cases of which must be reported to the appropriate health authority. It includes communicable diseases, but in addition there are specific regulations about the reporting of certain industrial diseases.

The notification of acute epidemic diseases is designed to provide the health authorities with information at an early stage so that they can take urgent action to control outbreaks of these infections. For example, the early notification of a case of typhoid would enable the health authorities to confine the epidemic to the smallest possible area in the shortest possible time. The notification of chronic and non-epidemic infections provides information which can be used in the long term planning of health services and also in the assessment and monitoring of control programmes.

The validity of notifications

Various factors may limit the usefulness of notifications in the control of disease. These problems, and their possible solutions, are displayed in Table 2.2.

Concealment of cases
Fear of forcible confinement in an isolation hospital, or of ostracism by the community (in diseases that carry a social stigma, e.g. leprosy, venereal disease) may result in concealment of disease.

This may be avoided by *education* to explain how notification can help both the individual and the community. *Feedback* of the compiled data allows those who contributed to see how this information is being used.

Table 2.2 Factors limiting the usefulness of notification and methods of overcoming them

Problems	Solutions
Concealment of cases	Education Feedback
Errors of diagnosis: • Missed diagnosis • Over diagnosis	Improved diagnosis: • Laboratory services • Training • Standard diagnostic criteria
Incomplete reporting	Simple forms

Errors of diagnosis

In well-equipped hospitals and health centres, clinical diagnosis is facilitated by laboratory and other diagnostic services—haematology, microbiology, histopathology, radiology, etc. These facilities are usually more limited in small peripheral institutions such as the primary health care clinics in remote rural areas. In such situations, and sometimes in poorly-equipped hospitals in developing countries, health personnel have limited access to laboratory services and have to rely on their clinical skills.

Under these conditions, diagnosis may be missed, particularly in cases that are atypical, mild or subclinical. In certain diseases, a high proportion of those infected do not feel or appear ill but may transmit infection (i.e. they act as carriers). Over diagnosis may also occur.

The quality and comparability of the diagnoses obtained in such situations may be improved by:
Providing good laboratory services—with particular emphasis on simple techniques which the staff can use effectively and on equipment which can be maintained locally
Training health personnel—to improve their clinical and laboratory skills
Establishing standard diagnostic criteria—including the use of simple algorithms

Incomplete reporting

Correctly diagnosed cases may remain unreported due to ignorance or negligence on the part of the health worker.

Simple forms assist case reporting. Where levels of literacy are low, colour-coded cards carrying the address of the health office and village have been used. The village head can notify a case merely by posting a card of the appropriate colour.

International notification

A few diseases are subject to notification on the basis of international agreement. These internationally notifiable diseases, known also as 'quarantinable' or 'convention' diseases, are governed by International Sanitary Regulations. Formerly, six diseases were included (smallpox, plague, cholera, yellow fever, louse-borne typhus and louse-borne relapsing fever). Diseases currently notifiable to the World Health Organization are:

- Plague
- Cholera
- Yellow fever

Where health services are poorly developed, many cases of notifiable diseases are not recognized and are not reported. Thus, the official records include an incomplete and uncertain proportion of the cases which have occurred. In some instances, national authorities are reluctant to publicize outbreaks of communicable diseases for fear that such information could affect their tourist industry or have other damaging effects on the image of the country.

The World Health Organization is therefore putting emphasis on strengthening the capabilities of developing countries to carry out effective surveillance of major communicable diseases, and on its coordinating role in collecting information about infections which tend to spread from country to country, e.g. influenza, HIV infection.

Data from medical institutions

Hospitals, health centres, clinical laboratories and other medical institutions provide easily accessible sources of health statistics (*see* Table 2.1), but such institutional data must be used and interpreted most cautiously.

Limitations

The pattern of disease, as seen in hospitals and in other medical institutions, is distorted by many factors of selection which operate from the patient's home to the point at which he is seen and his condition diagnosed in an institution (Fig. 2.2). With regard to the patient, his action depends on his awareness that he is sick and his knowledge that relief is available at a particular institution. He then makes his choice of treatment from the various alternatives which are available to him:

- Self-treatment with traditional or modern drugs
- Treatment by traditional healers
- Treatment by quacks or other unqualified persons
- Modern medical treatment by a private medical practitioner or at the dispensary, health centre or hospital.

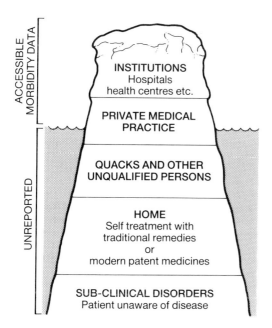

Fig. 2.2 *The iceberg phenomenon of morbidity assessment. Data from institutions such as hospitals represent an unknown proportion, and in some cases a very small proportion, of the cases in the community. Institutional cases are often no more than the tip of the iceberg; the nature and extent of the larger mass beneath the surface can only be discovered by well-designed epidemiological studies*

Factors in the institutions which influence the pattern of disease include:

- The types of services offered by the institution
- Accessibility of the institution including such factors as the distance from the patient's home and the fees charged
- The special interests and reputation of the personnel.

Thus, for example, the establishment of a bacteriological laboratory in a hospital might lead to an increase in the frequency with which certain diseases such as typhoid are diagnosed. The appointment of a specialist obstetrician in a hospital may lead to a concentration of difficult obstetric problems as a result of referrals from other doctors and self-selection by patients who have heard of the specialist's reputation. A free clinic may attract large number of patients, including relatively large numbers of the poor, whereas an expensive private clinic will be used mainly by the rich and those who have financial provision through insurance.

In addition to these selection effects, another defect of institutional data is that although the numerator (i.e. number of cases) is known, the denominator (i.e. the population at risk) is not easy to define. Comparisons from community to community on the basis of institutional data are difficult and fraught with the danger that erroneous conclusions may be based on the distorted pattern of hospital data.

In spite of these limitations and dangers, the information derived from medical institutions may supplement data from other sources (*see* Table 2.1).

Analysis of data

Rates

Health statistics may be presented as absolute numbers but they are often expressed as rates, i.e. the number of events are related to the population involved, and, in order to simplify comparisons, rates are usually expressed in relation to an arbitrary total, e.g. 1000, 100 000 or 1 000 000.

$$\text{RATE} = \frac{\text{Number of persons affected or number of events}}{\text{Population at risk}} \times 1000$$

Crude rates

Rates which are calculated with the total population in an area as the denominator are known as *crude* rates (Table 2.3). Crude rates from different populations cannot be easily compared, especially where there are striking differences in the age and sex structure of the population. Thus, the crude death rate may be relatively high in a population which has a high proportion of elderly persons compared with the rate in a younger population. If the death rate is to be used as an indicator of the health status of a population, adjustment of the crude rate is required. This may be done by standardizing the crude rate for age, sex or other peculiarities of the population. The adjustment is made to a standard population.

Specific rates

Alternatively, rates may be calculated using data

Table 2.3 Some commonly used mortality rates in public health

Rate	Calculation ($\times 1000$)
CRUDE RATES	
Crude birth rate	$= \dfrac{\text{No. of live births in a year}}{\text{Mid-year population}}$
Crude death rate	$= \dfrac{\text{No. of deaths in a year}}{\text{Mid-year population}}$
Natural increase rate	$= \dfrac{\text{No. of live births minus no. of deaths in a year}}{\text{Mid-year population}}$
SPECIFIC RATES **Pregnancy and puerperium**	
Fertility rate	$= \dfrac{\text{Total no. of births in a year}}{\text{No. of women aged 15–49 years}}$
Maternal mortality rate	$= \dfrac{\text{Annual no. of maternal deaths due to pregnancy, childbirth and puerperal conditions}}{\text{Total no. of births in a year}}$
Stillbirth rate	$= \dfrac{\text{Annual no. of fetal deaths after 28 weeks gestation}}{\text{Total no. of births in a year}}$
Perinatal mortality rate	$= \dfrac{\text{Annual no. of stillbirths and deaths in the first 7 days}}{\text{Total no. of births in a year}}$
Infants and children	
Neonatal mortality rate	$= \dfrac{\text{Annual no. of deaths in the first 28 days}}{\text{No. of live births in a year}}$
Post-neonatal mortality rate	$= \dfrac{\text{Annual no. of deaths between 28 days and 1 year}}{\text{No. of live births in a year}}$
Infant mortality rate	$= \dfrac{\text{Annual no. of deaths in the first year}}{\text{No. of live births in a year}}$
Child death rate	$= \dfrac{\text{Annual no. of deaths between 1 and 4 years}}{\text{No. of live births in a year}}$
Under five mortality rate	$= \dfrac{\text{Annual no. of deaths under 5 years}}{\text{No. of live births in a year}}$

from specific segments of the population. These rates, using the particular population at risk as the denominator, are called specific rates (Table 2.3). For example:

$$\text{Age/sex specific death rate} = \frac{\text{No. of deaths in people of a specified age/sex}}{\text{No. of people in the specified age/sex group}} \times 1000$$

The death rate in a total population may be analysed separately for each sex in one-year age groups, or more conveniently, in five-year or ten-year age groups.

Vital statistics: mortality rates

The various rates calculated from vital statistics may be used either to reflect the health status of a community as a whole, or to study the health problems and needs of specific groups. For example, rates of maternal death, stillbirth and perinatal mortality are of value in the analysis of obstetric problems and obstetric services.

The overall health of the community may be assessed using standardized death rates, although in practice, the mortality rates of the most susceptible age groups have proved to be more sensitive indicators.

Infant mortality rate

The infant mortality rate is widely accepted as one of the most useful single measures of the health status of the community.

The infant mortality rate may be very high in communities where health and social services are poorly developed. Experience has shown that it can respond dramatically to relatively simple measures. Thus, with the establishment of maternal and child health services, the infant mortality rate may fall from being very high (200–300/1000 live births) to a moderate level (50–100/1000 live births).

In the most advanced nations the rate is low (below 20/1000 live births). Even in these developed communities, the infant mortality rate shows striking differences in the different socio-economic groups: it may be as low as 10 deaths/1000 live births in the upper socio-economic group whilst it is 40 deaths/1000 live births in the lower socio-economic group of the same country.

Neonatal and post-neonatal mortality

The infant mortality rate is usually subdivided into two segments: the neonatal and the post-neonatal death rates (Table 2.3).

The neonatal death rate is related to problems arising during:

- Pregnancy (congenital abnormalities, low birth-weight)
- Delivery (birth injuries, asphyxia)
- After delivery (tetanus, other infections)

Thus, neonatal mortality rate is related to maternal and obstetric factors.

The post-neonatal mortality rate on the other hand is related to a variety of environmental factors and especially to the level of child care.

Improvement in maternal and child health services brings about a fall in both the neonatal and the post-neonatal death rates, but the fall occurs more dramatically in the latter rate. Thus, at high infant mortality rates (200 deaths/1000 live births); most of the deaths occur in the post-neonatal period but at very low levels (20 deaths/1000 live births); a high proportion of the deaths are neonatal and are mainly due to such problems as congenital abnormalities and immaturity.

Under five mortality rate

In developed countries, the first year of life represents the period of highest risk in childhood and the death rate is very low in older children. In many tropical developing countries, although the first year does represent the period of highest risk, a high mortality rate persists in the older children. Thus, the infant mortality rate taken by itself underestimates the loss of child life. The under five mortality rate (U5MR), defined as the annual number of deaths of children under five years of age/1000 live births, is used to complete the picture.

The U5MR is low (below 20/1000) in developed countries, but shows a wide range in developing countries. Some developing countries—Chile, Costa Rica, Cuba—have achieved low U5MRs comparable with the rates in developed countries. However, the rates are above 150/1000 in a number of developing countries, especially in Africa (Table 2.4).

The United Nations Children's Fund (UNICEF) is advocating the use of U5MR as 'the single most important indicator of the state of the world's children'. UNICEF made this choice because it found that:

> 'U5MR reflects the nutritional health and the health knowledge of mothers; the level of immunization and ORT* use; the availability of maternal and child health services (including pre-natal care); income and food availability in the family; the availability of clean water and safe sanitation; and the overall safety of the child's environment.'

Morbidity statistics

In addition to vital statistics, data about the occurrence of sickness within the community can provide more detailed assessment of the health of the community.

Difficulties of collection

Morbidity data are, however, more difficult to collect and interpret than the records of births and deaths (*see* Fig. 2.2).

Births and deaths are easily recognizable events

---

* ORT = Oral rehydration therapy

Table 2.4 Under five mortality rates—U5MR* in some developing countries (1987)

U5MR*	AMERICAS	MIDDLE EAST & N. AFRICA	SUB-SAHARAN AFRICA		ASIA
< 50	Argentina Chile Costa Rica Cuba Jamaica Panama Trinidad & Tobago	Kuwait United Arab Emirates	Mauritius		China Korea N. Korea S. Malaysia Singapore Sri Lanka
50 –	Brazil Colombia Dominican Republic Ecuador El Salvador Mexico Nicaragua Paraguay	Iran Iraq Jordan Lebanon Syria Tunisia Turkey	Botswana		Burma Mongolia Papua New Guinea Philippines Thailand
100 –	Guatemala Honduras Peru	Algeria Egypt Libya Morocco Oman Saudi Arabia	Congo Ghana Lesotho Zimbabwe	Cote D'Ivoire Kenya Zambia	India Indonesia
150 –	Bolivia Haiti	Yemen	Benin Cameroon Liberia Nigeria Tanzania Uganda	Burundi Gabon Madagascar Sudan Togo Zaire	Bangladesh Laos Pakistan
200 –		Democratic Yemen	Burkina Faso Togo Mauritania Rwanda	Central African Republic Uganda Niger Senegal	Bhutan Kampuchea Nepal Somalia
250 –			Angola Guinea Mali Sierra Leone	Ethiopia Malawi Mozambique	Afghanistan

* Under five mortality rate = annual number of deaths of children under 5 years per 1,000 live births

which can be recorded by lay persons. Success in the collection of morbidity statistics depends on the extent to which individuals recognize departures from health and also on the availability of facilities for the diagnosis of illnesses. Thus, the quality of morbidity statistics depends on the extent of coverage and the degree of sophistication of the medical services.

Whereas each vital event of birth and death can occur only on one occasion in the lifetime of any person, sickness may occur repeatedly in the same person. In addition one person may suffer from several disease processes concomitantly.

The various sources of morbidity data have been shown in Table 2.1.

Morbidity rates

In describing the pattern of sickness in a community, various morbidity rates are calculated (Table 2.5). These fall into four major groups:

Table 2.5 Morbidity rates

Rate	*Calculation (× 1000)*
Incidence rate (*persons*) =	$\dfrac{\text{No. of persons starting an episode of illness in a defined period}}{\text{Average no. of persons exposed to risk during the period}}$
Incidence rate (*episodes*) =	$\dfrac{\text{No. of episodes of illness starting during the defined period}}{\text{Average no. of persons exposed to risk during the period}}$
Prevalence rate =	$\dfrac{\text{No. of persons who are sick at a given time}}{\text{Average no. of persons exposed to risk}}$
Fatality rate =	$\dfrac{\text{No. of deaths ascribed to a specified disease}}{\text{No. of reported cases of the specified disease}}$
Average duration of illness =	$\dfrac{\text{Sum of duration of illness of cases in the sample}}{\text{No. of cases in the sample}}$

Incidence rates

These describe the frequency of occurrence of new cases of a disease or spells of illness. The incidence rate may be defined in terms of numbers of persons who start an episode of sickness in a particular period, or alternatively, in terms of the number of episodes during that period.

Prevalence rate

The prevalence rate of illness can be defined as the number of persons who are currently sick at a specific point in time.

Fatality rate

This is the number of deaths in relation to the number of new cases of a particular disease. It is, in part, a measure of the severity of the disease, efficacy of therapy and the state of host immunity.

Duration of illness

The average duration of illness can be calculated per completed spell of illness, per sick person, or per person. For example, in an outbreak of guinea worm infection, record the duration in weeks of disability for each case (defined arbitrarily as the period when the infection prevented attendance at work, school or usual occupation). Find the average duration of disability per case by dividing the sum by the number of affected persons.

Statistical classification of disease

The use of standard classification of diseases and injuries has greatly aided the statistical analysis of morbidity and mortality data. Through the United Nations and the World Health Organization, an internationally recommended classification has been evolved, which is periodically revised. Although this classification may be extended or modified to suit local and national conditions, the essential structure for international comparisons must be preserved.

The cause of death can be defined as 'the morbid condition or disease process, abnormality, injury or poisoning leading directly or indirectly to death. Symptoms or modes of dying such as heart failure, asthenia, etc., are not considered to be the cause of death for statistical purposes'.

These causes of death are classified broadly under seventeen main sections (Table 2.6).

Table 2.6 Classification of disease†

I	Infective and parasitic diseases
II	Neoplasms
III	Allergic, endocrine, metabolic and nutritional diseases
IV	Diseases of the blood and blood-forming organs
V	Mental, psychoneurotic and personality disorders
VI	Diseases of the nervous system and sense organs
VII	Diseases of the circulatory system
VIII	Diseases of the respiratory system
IX	Diseases of the digestive system
X	Diseases of the genito-urinary system
XI	Complications of pregnancy, childbirth and the puerperium
XII	Diseases of the skin and cellular tissue
XIII	Diseases of the bones and organs of movement
XIV	Congenital malformations
XV	Certain diseases of early infancy
XVI	Symptoms, signs and ill-defined conditions
XVII	Accidents, poisoning and violence*

* Alternative classifications of items in group XVII are: E XVII (external cause) and N XVII (natural cause). The E and N classifications are independent and either or both can be used.
† Based on the International Classification of Diseases, 9th Revision, WHO.

In the rural areas of the tropics where facilities are limited and autopsies infrequent, e.g. in many provincial hospitals, the use of individual headings gives an impression of precision to diagnoses which is often not justified. The use of cause groups (e.g. diarrhoeal disease) in these circumstances permits a more valid estimate of the size of the problem, focuses on the necessity for corrective action and makes it easier to detect change over a period of time.

Certification of the cause of death

This is usually provided by the physician who was in attendance on a sick patient during his last illness. The certificate is made out on a form which is usually based on the international form of medical certificate of cause of death. This form is in two parts (Fig. 2.3).

In many developing countries, only a small proportion of deaths occur under the supervision of trained doctors. In the other cases, a certificate of death may be provided by other categories of

CAUSE OF DEATH		Approximate interval between onset and death
I Disease or condition directly leading to death	(a) .... due to (or as a consequence of)	....
Antecedent causes Morbid conditions, if any, giving rise to the above cause, stating the underlying condition last	(b) .... due to (or as a consequence of) (c)	....
II Other significant conditions contributing to the death, but not related to the disease or condition causing it	....	....

I   This does not mean the mode of dying, e.g. heart failure, asthenia, etc. It means the disease, injury, or complication which caused death.

Fig. 2.3   *International form of the medical certificate for the cause of death. Details vary from country to country but usually include the items in this example*

staff including health auxiliaries. Attempts have been made to evolve for the use of such staff simple classifications of causes of death, based mainly on symptoms and broad descriptions. Such methods of recording crude causes of death can be of great value if the data are interpreted with care. These statistics should, however, be tabulated separately from certifications from qualified physicians.

Computers in health services

Computers are being used for storing and analysing data in public health programmes, epidemiological surveys and community-based research projects. Technical advances in recent years have made available compact, reliable computers which are relatively cheap and are simple to operate ('user friendly'). New, small, lap-top models are more powerful than some large mainframe computers of a few decades ago which cost ten times as much. Hand-held equipment is being used in the field for the direct entry of data which is subsequently transferred to larger machines for storage, analysis and mathematical modelling. Used imaginatively, computer technology is a powerful management tool for monitoring and evaluating health programmes and special projects.

The new technology should be introduced cautiously. Before selecting hardware and software,

there should be a careful analysis of needs, capabilities of staff, reliability of power supplies and facilities for servicing equipment. There should be provision for the training of staff so that they can follow established procedures in a disciplined manner.

Presentation of data

The aim of presenting data is to produce a precise and accurate demonstration of the information, summarized to simplify and highlighted to draw attention to the most important features. This may be achieved both numerically and graphically.

Numerical presentation

At its simplest, numerical presentation may be no more than an arrangement of the figures in order of magnitude, so that the range of the data from the smallest to the largest is clearly displayed.

Summary statistics

Simple statistical calculations can indicate salient features of the data. For example, a series of values can be summarized by calculating statistics such as:

Mean, median or mode Each is a single value which is representative of the series of figures, i.e. an average.

Range or standard deviation These are measures of dispersion which show the degree of variability within the series of values.

Tabulation

For tabular presentation, data are sorted, arranged, condensed and set out in such a way as to bring out the essential points. Often the raw data are classified, compressed and grouped into a frequency distribution. For example, rather than showing the individual ages of persons, data may be classified into 5-year or 10-year age-groups, with a record of the number of persons in each group. For effective presentation, a few simple rules must be observed:

Title This should clearly describe the material contained within the text. Three elements commonly feature in the title:

- *What?*–the material contained in the table
- *Where?*–location of the study
- *When?*–time of the study

Labelling Each column and each row should be clearly labelled and the units of measurement stated. If a rate is used, the base of measurement and the number of observations must be stated.

Totals The totals for columns and rows should be shown where appropriate.

Footnotes Abbreviations and symbols should be explained in footnotes except when they are well known and universally familiar (e.g. £, $, etc.).

Graphic representation

Statistical data can be summarized and displayed in the form of graphs, geometric figures or pictures. The aim of the graphic representation is to provide a simple, visual aid such that the reader will rapidly appreciate the important features of the data.

Bar chart

Each item in the group is represented by a bar, the *length* of which is proportional to the absolute or relative frequency of events. It is particularly useful in representing discrete variables (Fig 2.4).

Histogram

A histogram is a special type of bar chart used to display numerical variables. The variable of interest is shown on one axis as a continuous scale split into classes. Adjoining bars are drawn, their areas representing the frequency of events. If the class intervals are constant, the frequency may be given on the other axis (Fig. 2.5). The age and sex distribution of a population may be displayed in the form of a histogram to produce a population pyramid (*see* Fig. 2.1).

Pie chart

This consists of a circle which is divided into sectors, with the area or each sector proportional to the value of each variable (Fig. 2.6).

Graphs

The simplest graph shows two variables: one on the horizontal axis and the other on the vertical axis (Fig. 2.7).

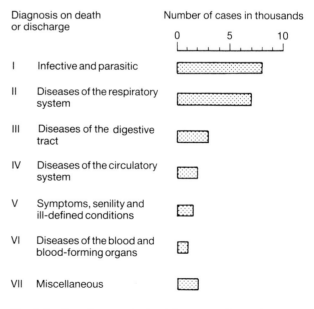

Fig. 2.4 *Bar chart analysis of the cases admitted to Laciport Hospital in 1989*

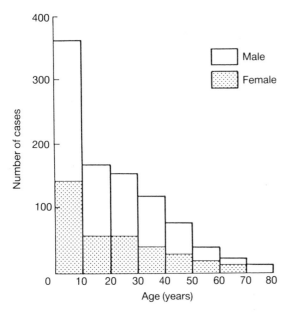

Fig. 2.5   *Histogram showing the age and sex distribution of cases of tetanus, Laciport Hospital 1986–89 inclusive*

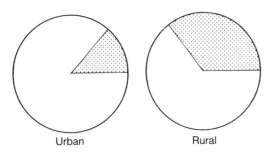

Fig. 2.6   *Pie chart showing the prevalence of hookworm infection in Laciport State in 1989*

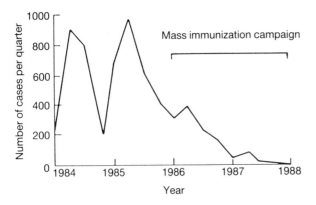

Fig. 2.7   *Graph of the numbers of cases of poliomyelitis notified in Laciport State from 1984–88*

The use of health statistics

There is a tendency to over-emphasize the collection of statistics and to pay insufficient attention to their use. Much information collected at great cost remains unused in the archives of health departments. A few examples illustrate how statistics can be used in a dynamic way to identify and deal with problems affecting the health of the community.

Local uses

The delivery of health care at the primary level generates much raw data. At the health post, the dispensary, the maternal and child welfare clinic and the general practitioner's clinic, data can be collected and used in a simple but effective manner. For example, the pattern of diseases seen at the clinic can be summarized using simple classification in broad diagnostic groups. In this way the proportion of attendances due to common problems—diarrhoeal diseases, acute respiratory infections, minor injuries—can be monitored. A sudden change can call attention to an epidemic, and trends over time can also be observed.

At a health centre, for example, each service unit should be encouraged to collect and display statistics on high priority problems. The section of the clinic which treats sick patients should show cases of acute diarrhoea in a simple graph so that comparisons can be made day by day, week by week, and month by month. This allows the success of the programme to be gauged as well as indicating any sudden increase in the number of cases. The child welfare clinic should display the number of children they have immunized to show both the uptake over time (by comparing vaccination and birth rates) and the proportion completing the course (by indicating the numbers entering and finishing the programme).

No specific list can be prescribed for all centres but each centre should select a few priority problems for careful scrutiny. These data can form the basis of discussions among the staff and with the community for the strategy to deal with specific problems.

District and national collation and planning

In addition to the collection of data for local use, the primary health care unit should also pay attention to the need to contribute accurate data for use at the district and national level.

District level

A community physician in charge of a district should use the data provided by peripheral units to obtain an indication of the pattern of diseases and operation of the health services. Trends which may not be apparent in one local unit may become obvious on compilation of data from several dozen districts. For example, an outbreak of diarrhoeal disease may be confined to a small area involving one or two villages, but an increase in the number of cases over a wider area may call attention to a more serious problem.

The district officer should also select data that would give information about the health problems within the district. In addition to the data on diseases, the information about the operation of the health services should be examined—what proportion of children are being immunized community by community; what proportion of pregnant women receive ante-natal care and how many deliver their babies under supervision? Scrutiny of such information would enable the

district officer to assess the performance of the health teams, and to gauge the community response.

National level

At the national level, the statistical unit serving the Ministry of Health can be a most valuable resource for decision making. Data that are carefully collected, evaluated and interpreted should form the basis of defining the priorities for health care, for allocating resources and for monitoring progress. Such national data can be analysed to show distribution by geography, and other relevant variables. National health data can also be compared with data from other countries especially with countries that have a similar ecological setting.

Further reading

WHO Technical Report Series No. 599. (1977). *New Approaches to Health Statistics.*

WHO. (1987). Evaluation of the strategy for health for all by the year 2000. In *Seventh Report on the World Health Situation. Volume 1: Global Review.* WHO, Geneva.

UNICEF. (1989). *The State of the World's Children.* Oxford University Press, Oxford.

3
Epidemiology

Originally, the term 'epidemiology' meant 'the study of epidemics', but the techniques which were originally used in the study and control of epidemics have also been usefully applied in the study of non-communicable diseases. In its modern usage, the term epidemiology refers to the study of the distribution of disease in human populations against the background of their total environment. It includes a study of the patterns of disease as well as a search for the determinants of disease.

The modern definition of epidemiology includes three important elements:

All diseases included—The term is no longer restricted to the study of infections but it includes cancer, malnutrition, road accidents, mental illness and other non-communicable diseases. Epidemiological techniques are also being applied to the study of the operation of health services.

Populations—Whereas clinical medicine is concerned with the features of disease in the individual, epidemiology deals with the distribution of disease in populations, communities or groups.

Ecological approach—The frequency and distribution of disease are examined against the background of various circumstances in man's total environment—physical, biological and social. This is an ecological approach: the occurrence of disease is examined in terms of the interrelationship between man and his total environment.

Disease distribution

Three major questions are usually asked in epidemiology:

WHO? What is the distribution of the disease in terms of *persons*?

WHERE? What is the distribution of the disease in terms of *place*?

WHEN? What is the distribution of the disease in terms of *time*?

Answers to these questions provide clues to the factors which determine the occurrence of the disease.

Epidemiological methods

The epidemiological tool: the rate

The basic tool of epidemiology is the rate—it relates the number of cases to the population at risk. In order to compare populations of different sizes easily, the rate is usually expressed as the number of events in an arbitrary total, e.g. 1000 or 100 000.

Two main types of rates are calculated:

Incidence rate

This indicates the occurrence of new cases within a stated period:

$$\text{INCIDENCE RATE} = \frac{\text{No. of new cases in a stated period}}{\text{Population at risk}} \times 1000$$

Prevalence rate (point prevalence rate)

This is the number of cases which are present within the population at a particular point in time.

$$\text{PREVALENCE RATE} = \frac{\text{No. of current cases at a specified time}}{\text{Population at risk}} \times 1000$$

Incidence, prevalence and duration

There is obviously some relationship between the rate at which new cases occur and the number of cases present at any particular point in time. The third factor to be considered is the *duration* of the illness.

The prevalence rate would rise if:

- the incidence of illness increases but the average duration remains unchanged
- the incidence rate remains unchanged but the average duration of the illness increases

Thus, the prevalence rate is dependent on the combination of these two factors, incidence rate and duration of illness. Under certain conditions where no marked changes are occurring in these factors, there is a simple mathematical relationship:

$$\begin{array}{ccc} \text{Prevalence} = & \text{Incidence} & \times \ \text{Average} \\ \text{rate} & \text{rate} & \text{duration} \end{array}$$

This relationship changes if the incidence rate is rapidly altering, as in an acute epidemic, if the disease is episodic or if the average duration of the illness is changing, perhaps in response to treatment.

Epidemiological study design

There are three main types of epidemiological studies: descriptive, analytical and experimental.

Descriptive epidemiology

This is the first phase of epidemiological studies in which the distribution of disease is described in terms of the three major variables: people, place and time. The various characteristics needed to qualify the questions: 'Who is affected? In what place? And at what time?' are listed in Table 3.1. The answers to these questions together with knowledge of the clinical and pathological features of the disease and information about the population and its environment, assist in developing hypotheses about the determinants of the disease. These hypotheses can be tested by analytical studies.

Table 3.1 Some of the variables used to describe the distribution of disease in descriptive epidemiology

People	Age, sex, marital status Race, ethnic group, religion Occupation, education, socioeconomic status Personal habits—use of alcohol and tobacco
Place	Climatic zones Country, region, state, district Urban or rural Local community, city wards Precise location in an institution
Time	Year, season, day Secular trends, periodic changes Seasonal variations and other cyclical fluctuations

Analytical epidemiology

Two types of study are employed:

Case-control studies

For case-control studies (also known as retrospective studies or case history studies) a group of affected persons is compared with a suitably matched control group of non-affected persons. For example, in a study designed to test the hypothesis that cigarette smoking is an important factor in causing lung cancer, a number of patients with this disease (cases) were questioned about their smoking habits. Similar questions were asked of a group of patients who had cancer at other sites (controls). This enquiry showed significant differences in the smoking habits of cases compared with controls. It was a case history study in that the subjects were selected on the basis of being *affected* or *non-affected* persons.

Cohort studies

For cohort studies, a group of persons who are exposed to the suspected aetiological agent are compared with matched control subjects who have not been similarly exposed. For example, in a further study on cancer of the lung, a large group of persons were questioned about their smoking habits. The incidence rate of cancer of the lung among the smokers (exposed) was compared with the rate among non-smokers (non-exposed). Thus in this cohort study the subjects were selected on the basis of *exposure* or *non-exposure*.

Case-control *versus* cohort design

Compared with cohort studies, case-control studies have the advantage of being relatively quick, easy and cheap. A significant number of cases can be assembled for the case history study and a variety of hypotheses can be rapidly screened. The more promising theories can be further examined by the more laborious, time-consuming and expensive cohort studies. The latter have the advantage of giving a more direct estimation of the risk from exposure to each factor.

Experimental epidemiology

This involves studies in which one group which is deliberately subjected to an experience is compared with a control group which has not had a similar experience. Field trials of vaccines and of chemoprophylactic agents are examples of experimental epidemiology. In such trials, one group receives the vaccine or drug, whilst the control group is given a placebo; alternatively, a new vaccine or drug may be compared with a well-established agent of known potency. Apart from trials of prophylactic and therapeutic agents, there are not many opportunities for experimental epidemiology in man. Those studies which are theoretically possible may not be feasible or ethical.

Epidemiological data

As in clinical medicine, epidemiological data may be obtained in the form of answers to questions, physical examination of persons and results of laboratory and special investigations. In assessing the value of a particular method the following qualities should be considered:

Sensitivity—the ability of the test to detect the condition when it is present (*true positive*). A highly sensitive test will be positive whenever the condition is present; a less sensitive test will be positive in a proportion of cases, but will give a *false negative* case in others.

Specificity—the ability of the test to differentiate cases in which the condition is present from those in which it is absent. A highly specific test will be negative whenever the disease is absent (*true*

Table 3.2 The relationship between the results of a screening test and the true health status of subjects

Test result	Disease	
	Present	Absent
Positive	A	B
Negative	C	D

A = true positive; B = false positive; C = false negative; D = true negative

$$\text{Sensitivity} = \frac{\text{No. of true positives}}{\text{Total no. of positive results}} = \frac{A}{A+B}$$

$$\text{Specificity} = \frac{\text{No. of true negatives}}{\text{Total no. of negative results}} = \frac{D}{C+D}$$

negative); a less specific test will give some *false positives*.

Table 3.2 shows how the specificity and sensitivity of a screening test may be calculated.

Repeatability—the extent to which the same result is obtained when the test is repeated on the same subject or material. The variation which occurs on repeating the test may be due to the following:

- Variation in the item being measured
- Limitation in the accuracy of the instrument of measurement
- Observer variation

Observer variation (also known as observer error or bias) may occur between repeated measurements by the same observer (*intra-observer variation*) or there may be differences between the findings of two observers when they measure or classify the same object (*inter-observer variation*). Observer variation can be minimized by:

Standardizing the procedures for obtaining the measurements and classifications.

Defining the criteria in clear objective terms.

Training observers in the methods to be adopted to ensure uniform standard techniques.

Providing standard reference material such as photographs or standard X-ray films for direct comparison.

Taking 'blind' measurements and making the classifications without knowledge of the status of the patient, whether he is a 'case' or a 'control' subject. In the double-blind technique, subjects are randomly allocated to treatment and control groups; neither the subjects nor the observers know to which group each subject is assigned. Thus, there is 'blind' assignment of subjects as well as 'blind' assessments of the results.

The uses of epidemiology

Epidemiology is a powerful tool of proven value in public health practice. The epidemiological approach should be more extensively used in defining and solving health problems in developing countries. The key role of surveillance in the control of disease is discussed on p. 29. Specialist epidemiologists have an important role in planning and managing the epidemiological services at district and national level, for designing and executing major epidemiological studies, for tackling difficult problems and for training personnel. However, other health personnel who are not specialized in this discipline can and should use epidemiological methods in their work.

At the primary health care unit, epidemiological methods should be used to determine the most common causes of death, disease and disability, to find out which persons are at highest risk and to identify the determinant factors. Epidemiological methods should also be used to solve specific health problems. If, for example, data show that acute diarrhoeal diseases are among the commonest causes of death in a rural district, the most appropriate interventions can best be designed on the basis of epidemiological analyses of the problem. What is the distribution of the cases according to age, sex, geographical area and season? Among the cases, what is the case fatality rate in different age-groups? The data obtained at the health centre may not be sufficient to provide answers to these questions. A simple house to house survey will provide some of the missing data and additional information about sources of water supply, cooking practices, food storage and other relevant matters. Such surveys could draw attention to polluted water supplies, unhygienic practices in the home and the need to promote the use of simple oral rehydration for young children who have acute diarrhoea. These studies do not call for elaborate protocols or for sophisticated statistical analyses and yet the findings can be very valuable in guiding and evaluating public health measures.

Epidemiology of communicable diseases

The components of communicable disease

Communicable diseases are characterized by the existence of a living infectious agent which is transmissible. Apart from the infectious agent, two other factors, the host and the environment, affect the epidemiology of the infection. The relationship between these three components may be illustrated using the following analogy:

Agent: The seed
Host: The soil
Route of transmission: The climate

Infectious agents

These may be viruses, rickettsiae, bacteria, protozoa, fungi or helminths. The biological properties of the agent may play a major role in its epidemiology.

In order to survive a parasite must be able to do the following:

- Multiply
- Emerge from the host
- Reach a new host
- Infect the new host

The ability of the infective agent to survive in the environment is an important factor in the epidemiology of the infection. The term, **reservoir of infection**, is used to describe the specific ecological niche upon which it depends for its survival. The reservoir may be human, animal or non-living material; for some infective agents, the reservoir may include several elements. The infective agent lives and multiplies in the reservoir from which it is transmitted to other habitats but cannot survive indefinitely at these other sites. For example, man is the reservoir of *Salmonella typhi* the cause of typhoid fever. From its reservoir in man, typhoid bacilli contaminate water supplies, milk and other food products and can infect susceptible hosts. Since the bacilli cannot survive indefinitely in these habitats, they do not represent the reservoir of typhoid infection but may serve as a **source of infection** (*see* below).

Human reservoir

This includes a number of important pathogens which are specifically adapted to man—the infective agents of measles, AIDS, typhoid, meningococcal meningitis, gonorrhoea and syphilis. The human reservoir includes both active cases and carriers. In some cases (e.g. salmonellosis) man shares the reservoir with other animals.

Carriers

A carrier is a person who harbours the infective agent without showing signs of disease but is capable of transmitting the agent to other persons. *Convalescent carriers* are persons who continue to harbour the infective agent after recovering from the illness. They may excrete the agent for only a short period; or they may become *chronic carriers*, excreting the organism continuously or intermittently over a period of years.

A *healthy carrier* is a person who remains well throughout the infection.

An *incubatory* or *precocious carrier* excretes the pathogens during the incubation period, before the onset of symptoms (e.g. AIDS) or before the characteristic features of the disease (e.g. the measles rash or glandular swelling in mumps) are manifested.

Carriers play an important role in the epidemiology of certain infections (poliomyelitis, meningococcal meningitis, typhoid and amoebiasis) where there are:

Large numbers of carriers may far outnumber the sick patients.

Healthy carriers. The carrier and his contacts do not know that he is infected, hence neither of them will take precautions to avoid transmission of the infection. He can continue with his normal daily routine, moving freely from place to place, making contacts over a wide area. On the contrary, the sick patient's contacts may be restricted to close family contacts, friends and visitors.

Chronic carriers may serve as a source of infection over a very long period and as a means of repeatedly re-introducing the disease into an area which is otherwise free of infection.

Animal reservoir

Some infective agents which affect man have their reservoir in animals. The term *zoonosis* is applied to those infectious diseases of vertebrate animals which are transmissible to man under natural conditions:

- Where man uses the animal for food, e.g. taeniasis
- Where there is a vector transmitting the infection from animals to man, e.g. plague (flea), viral encephalitis (mosquito)
- Where the animal bites man, e.g. rabies
- Where the animal contaminates man's environment including his food, e.g. salmonellosis

Health workers should collaborate closely with veterinary authorities in identifying and dealing with these problems.

Non-living reservoir

Many of these agents are saprophytes living in soil and are fully adapted to living free in nature. The vegatative forms are usually equipped to withstand marked changes in environmental temperature and humidity. In addition, some develop resistant forms such as spores which can withstand adverse environmental conditions, e.g. clostridial organisms: the infective agents of tetanus (*Clostridium tetani*), gas gangrene (*C. welchii*) and botulism (*C. botulinum*).

The source of infection

This term refers to the immediate source of infection, i.e. person or object from which the infectious agent passes to a host. This source of infection may or may not be a portion of the reservoir. For example, man is the reservoir of shigella infection; a cook who is a carrier may infect food that is served at a party; that item of food, rather than the reservoir, is the source of infection in that particular outbreak.

Route of transmission

This refers to the mechanism by which an infectious agent is transferred from one person to the other or from the reservoir to a new host. Transmission may occur by:

Contact, either directly, person to person, or indirectly through contaminated objects (fomites). Contact infections are more likely to occur where there is overcrowding, since this increases the likelihood of contact with infected persons. Hence they tend to be more marked in urban than in rural areas, and they are associated with overcrowding in households.

Some highly contagious infections spread through *casual contact*—the type of contact which occurs in day-to-day activities at home, work or school. Other infections may require close, *intimate contact* for transmission (e.g. sexually transmitted disease usually requires intimate contact with exchange of body fluids for infection to occur).

Inhalation of airborne infections. Poor ventilation, over-crowding in sleeping quarters and in public places are important factors in the epidemiology of airborne infections.

Ingestion, from contaminated hands, food or water.

Penetration of skin, directly by the organism itself (e.g. hookworm larvae, schistosomiasis) by the bite of a vector (e.g. malaria, plague) or through wounds (e.g. tetanus).

Transplacental infection. Some infective agents cross the placenta to infect the fetus in the womb, producing congenital infections (e.g. HIV, syphilis, toxoplasmosis)

Host factors

The occurrence and outcome of infection are in part determined by host factors. The term immunity is used to describe the ability of the host to resist infection. Apart from determining the occurrence of infection, the host's immune responses also modify the nature of the pathological reaction to infection. Allergic reactions in response to infection may significantly contribute to the clinical and pathological reactions. Resistance to infection is determined by non-specific and by specific factors.

Non-specific resistance

This depends on the protective covering of skin which resists penetration by most infective agents, and the mucous membranes, some of which include ciliated epithelium which mechanically scavenges particulate matter. Certain secretions—mucus, tears and gastric secretions—contain lysozymes which have anti-bacterial activity; in addition, the acid content of gastric secretion also has some anti-microbial action.

Reflex responses such as coughing and sneezing also assist in keeping susceptible parts of the respiratory tract free of foreign matter.

If penetration has occurred, the organisms may be eliminated through the actions of macrophages and other cells or through the effects of non-specific serological factors.

Specific immunity

Specific immunity may be due to genetic or acquired factors.

Genetic

Certain organisms which infect other animals do not infect man, and vice versa. This species-specificity is, however, not always absolute and there are some infective agents which regularly pass from animals to man (zoonoses).

There are also variations in the susceptibility of various races and ethnic groups, e.g. some people of African origin tend to have a high level of resistance to vivax malaria infection.

Specific genetic factors have been associated with resistance to infection, e.g. persons who have haemoglobin S are more resistant to infection with *Plasmodium falciparum* than those with normal haemoglobin AA (*see* p. 253).

Acquired

Acquired immunity may be active or passive. In active immunity the host manufactures antibodies in response to an antigenic stimulus. In passive immunity, the host receives pre-formed antibodies.

Active immunity may be naturally acquired following clinical or subclinical infection; or it may be induced artificially by administering living or killed organisms or their products.

The new born baby acquires passive immunity by the transplacental transmission of antibodies; in this way the newborn babies of immune mothers are protected against such infections as measles, malaria and tetanus in the first few months of life. Passive immunity is artificially induced by the administration of antibodies from the sera of immune human beings (homologous) or animals (heterologous). Protection from passive immunity tends to be of short duration, especially when heterologous serum is used.

Factors affecting host immunity

The resistance of the host to infection is affected by such factors as age, sex, pregnancy, nutrition, trauma and fatigue (*see* below). Certain infections (e.g. HIV, the aetiological agent of AIDS) some systemic diseases (e.g. diabetes mellitus, nephrotic syndrome) and immunosuppressive therapy may also undermine the resistance of the host.

Age
For some infections, persons at both extremes of age tend to be most severely affected, i.e. children and the elderly. Some infections predominate in childhood: this usually occurs in situations in which most children become infected and thereby acquire lifelong immunity. Other infections predominate in adults: this may be determined by exposure, e.g. industrial (anthrax) or sexual (gonorrhoea). Age may also influence the clinical pathological form of an infection, e.g. miliary tuberculosis is more likely in children whilst cavitating lung lesions are more likely in adults.

Sex
Some infective diseases show marked differences in their sex incidence; this is apart from infections which specifically affect the genital and other sex organs. Such infections as poliomyelitis and diphtheria often show a preponderance in females.

Pregnancy
Pregnancy increases susceptibility to certain infections: these occur more frequently, show more severe manifestations and have a worse prognosis than in non-pregnant women of a similar age-group, e.g. viral infections such as poliomyelitis; bacterial infections such as pneumococcal infection; and protozoal infection such as malaria and amoebiasis. However, there does not appear to be a uniform depression of resistance to all infections. Certain infections, e.g. typhoid and meningococcal infection, do not occur more frequently nor show greater clinical severity in pregnant women.

Nutrition
Good nutrition is generally accepted as an important measure in enhancing resistance to infection. Severe specific deficiency of vitamin A renders the cornea and the skin more liable to infection. In addition to such specific effects it has been noted that poorly nourished children are more liable to succumb to gastro-enteritis and measles. The relationship has not been definitely established in the case of some other infections; it seems likely that some infections are not adversely affected by nutrition.

Trauma and fatigue
Stress in the form of trauma and fatigue may render the host more susceptible to infections. One classical example is the effect of trauma and fatigue on poliomyelitis. The paralytic form of the disease may be precipitated by violent exercise during the prodromal period or by trauma in the form of injections of adjuvanted vaccine; paralysis tends to be most severe in the limb into which the vaccine was injected or which was subjected to most fatigue.

Herd immunity

The level of immunity in the community as a whole is termed 'herd immunity'. When herd immunity is low, introduction of the infection is likely to lead to severe epidemics. For example, the introduction of measles into an island population which had no previous experience of the infection resulted in massive epidemics. On the other hand, when herd immunity is high, the introduction of infection may not lead to a propagated spread. A disease may be brought under complete control when a high proportion of the population has been immunized; even though a small proportion remains non-immune the transmission of infection may virtually cease.

Control of communicable diseases

Establishing a programme

A programme for the control of a communicable disease should be based on a detailed knowledge of the epidemiology of the infection and on effective public health organization to plan, execute and evaluate the project. The epidemiological information should include knowledge of the local distribution of the infection, the major foci and the overall effect of the infection on the population.

The programme must include some mechanism for:

- Recognizing the infection and the confirmation of the diagnosis
- Notifying the disease to the appropriate authority
- Finding the source of infection
- Assessing the extent of the outbreak by finding other cases and exposed persons.

Recognition of the infection

For the early recognition of communicable diseases, it is necessary that physicians and medical auxiliaries should be able to recognise the clinical manifestations of the major infective diseases in the area. This is particularly important in the case of acute epidemic diseases such as cholera, where prompt action is required to prevent the disastrous spread of infection. Thus, the medical auxiliary at the most peripheral unit should be able to initiate appropriate action which would lead to the early recognition of the outbreak of an epidemic. Laboratory services should be used to support clinical diagnosis. Ideally there should be a Public Health Laboratory system which can process specimens from patients and from the environment.

Notification of diseases

A notifiable disease is one the occurrence of which must be reported to the appropriate health authority. The group includes the major epidemic diseases and other communicable diseases about which the health authorities require information. Some diseases are also notifiable internationally (*see* p. 8).

Identification of the source of infection

Epidemiological investigations are directed to finding the source of infection. This involves analysis of the information about the time sequence of the occurrence of cases and the history of the movements of the patients.

Incubation period

Knowledge of the incubation period of the infection (the interval between infection and onset of symptoms) is of great value in interpreting the data (Fig. 3.1).

For example, in tracing the likely source of a case of gonorrhoea the patient should list all sexual contacts in the preceding 5 days before the onset of symptoms. Similarly in a case of syphilis, the suspects would include all sexual partners in the three-month period preceding the appearance of the chancre. Figure 3.2 gives the range of values for the incubation periods of some common infectious diseases.

Knowledge of the incubation period is also helpful in identifying whether an outbreak has resulted from a simple common exposure (a point source epidemic) or from multiple sources. Propagation of an epidemic from a single source will give rise to cases which will all be present within the incubation period of the infection. The occurrence of cases later than the maximum known length of the incubation period indicates propagation of the epidemic from more than one source.

Certain infections can be prevented by immunization of the host during the incubation period:

Passive immunization with immunoglobulin can prevent or modify an attack of measles in a child who has been in contact with the infection.

Active immunization early in the incubation period can protect those exposed to the risk of infection—as for possible exposure to rabies.

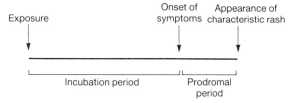

Fig. 3.1 *The dynamics of infection. The incubation period, defined as the time from infection of the host to the first appearance of symptoms is in practice taken from time of first exposure, which is easier to determine. The prodromal period is the interval between the onset of symptoms and appearance of clinical manifestations, e.g. in measles infection, the symptoms of fever and coryza will occur within 10 days of exposure (incubation period) with the characteristic rash appearing about 4 days later (prodromal period)*

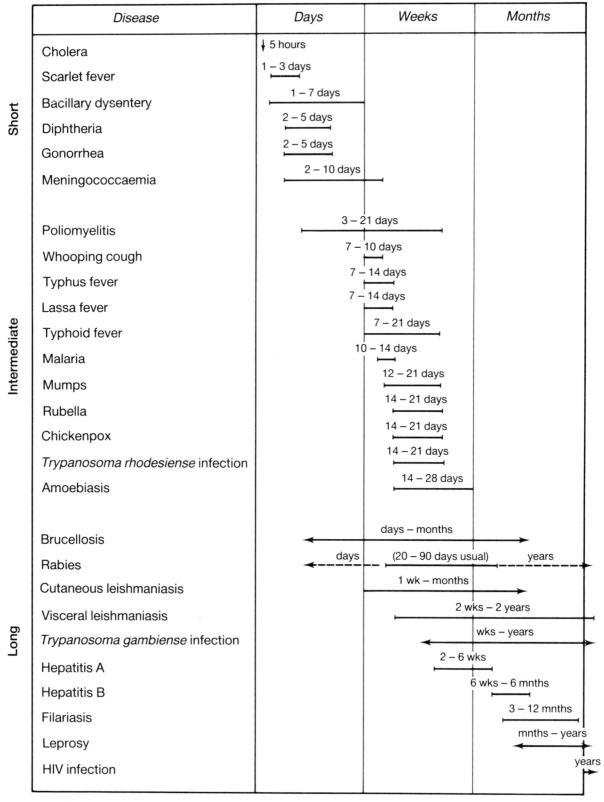

Fig. 3.2 *The range of values for the incubation periods of some common infectious diseases. (After Geddes, 1988).*

Assessment of the extent of the outbreak

This involves finding other infected persons in addition to those who have been notified, and identifying others who also have been exposed to the risk of infection: the contacts of known patients and others who have been exposed to a common source such as a polluted stream.

Methods of control

There are three main methods of controlling a communicable disease:

- Eliminate reservoir of infection
- Interrupt the pathway of transmission
- Protect the susceptible hosts

Elimination of the reservoir

Human reservoir
Where the reservoir is in man, the objective would be to find and treat all infected persons, both patients and carriers, thereby eliminating sources of infection. For some infections, segregation of infected persons through isolation or quarantine of those at risk may be required.

Isolation of patients—This is indicated in the control of acute epidemic diseases such as cholera, or for chronic infections such as lepromatous leprosy. Isolation of patients is indicated for infections which have the following epidemiological features:

- High morbidity and mortality
- High infectivity
- No significant extra-human reservoir
- Infectious cases easily recognizable
- Chronic carriers are not a significant part of the reservoir

Quarantine—This refers to the limitation of movement of persons who have been exposed to infection. The restriction continues for a period of time equal to the longest duration of the incubation period usual for the disease.

The zoonoses
Where the reservoir of infection is in animals, the appropriate action will be determined by the usefulness of the animals, how intimately they are associated with man and the feasibility of protecting susceptible animals. Where, as in the case of the plague rat, the animal is regarded as a pest, the objective would be to destroy the animals and exclude them from human habitations. Where, as in the case of rabies in an urban area, pet dogs are susceptible, the approach would be to protect them with rabies vaccine whilst destroying stray dogs. Animals that are used as food should be examined and the infected ones eliminated. This examination may take place in life, e.g. tuberculin testing of cattle, or it may take place after slaughter during meat inspection.

Non-living reservoir
Where the reservoir is in soil, elimination of the reservoir is not feasible but it may be possible to limit man's exposure to the affected area, e.g. in some areas, infection with *Histoplasma capsulatum* occurs in persons who go into bat-infected caves. Such exposure can be avoided.

Interruption of transmission

This mostly involves improvement of environmental sanitation and personal hygiene. The control of vectors also depends largely on alterations in the environment and, in addition, the use of pesticidal agents.

Protection of the susceptible host

This may be achieved by active or passive immunization. Protection may also be obtained by the use of anti-microbial drugs, e.g. chemoprophylaxis is used for the prevention of malaria, meningococcal meningitis and bacillary dysentery.

Mass campaigns are sometimes indicated for dealing with acute epidemics or as a method of controlling or eradicating endemic diseases. Any vaccine or drug used for a mass campaign must be effective, safe, cheap and simple to apply. Following the emergency operation of a mass campaign, the programme should be integrated into the basic health services of the community.

Artificial immunization in the control of infection

Passive immunization. Preformed antibodies are used mainly in the protection of individuals who are at risk of exposure to a specific infection or as treatment for sick patients. For example, travellers to places where infective hepatitis (Hepatitis A virus) is highly endemic may be protected by inoculation with immunoglobulin. Passive immunization is also recommended for protecting individuals who are unusually susceptible to infections, e.g. Varicella-Zoster immune globulin is indicated in a child under immunosuppressive therapy who is exposed to chickenpox.

Active immunization Since Edward Jenner demonstrated the value of cowpox in protecting against smallpox, active immunization has evolved to become a powerful tool in public health. In developing countries, vaccination has proved to be a cost-effective approach to disease control, requiring relatively simple technology. Vaccination is usually the preferred intervention in those diseases for which effective vaccines are available. Traditionally, vaccines may contain one of the following:

- Attenuated live organisms (e.g. measles, poliomyelitis)
- Killed organisms (e.g. pertussis, typhoid, cholera)
- Toxoids—denatured toxins (e.g. tetanus, diphtheria)

In order to be effective vaccines, the altered live organisms or their products must retain their ability to induce a protective immune response.

Strategies for using active immunization

Routine childhood immunization. Routine immunization of children against diphtheria, pertussis, tetanus, measles, poliomyelitis and tuberculosis is an important tool for the control of these infections and for the promotion of child health (*see* Chapter 11). Many developing countries have had difficulty in ensuring that children receive the prescribed course of immunizations.

WHO and UNICEF have jointly sponsored ventures aimed at improving the immunization programmes in developing countries. The *WHO Expanded Programme for Immunization* (EPI) assists health authorities to design, implement and evaluate their immunization programmes, train their health personnel and acquire vaccines and other essential supplies. UNICEF has included immunization as an important component of its

Child Survival Programme (*see* p. 284). These organizations are also involved in research aimed at solving the problems encountered in running the immunization programmes. For example, live vaccines must be refrigerated to maintain their potency otherwise they would deteriorate. WHO has tackled the problem of ensuring a continuous *'cold chain'* from the point of manufacture of the live vaccine to its delivery to children in the most remote rural areas of hot tropical countries.

Epidemic control Vaccines are also used to control outbreaks of diseases e.g. yellow fever (*see* Table 11.2).

New vaccines
Recent advances in immunology, molecular biology and genetic engineering have stimulated new approaches to the development of vaccines. Scientists are now able to identify more precisely the process by which immunity is acquired; to identify the antigenic components which induce protective immunity; and to produce relevant biological materials through the cloning of genes or the synthesis of peptides. These developments hold out the prospect of replacing the crude products of traditional vaccines with well defined antigens. There is also the hope that effective vaccines can be developed against malaria and other parasitic infections. The early results of this approach are very promising and the first vaccines of the new generation are being evaluated e.g. hepatitis B vaccine.

The use of drugs in the control of infections
Apart from the treatment of individual patients, antimicrobial agents are used as part of the strategy for controlling infectious diseases. The drug may:

- Protect the uninfected individual
- Arrest the progression of disease and reverse pathological damage
- Eliminate infection and thereby prevent further transmission of disease

These qualities are exploited in the use of drugs for:

- *Chemotherapy*—the treatment of sick individuals (although the term is also applied more broadly to cover other uses of drugs, including prophylaxis)
- *Chemoprophylaxis*—the protection of persons who are exposed to the risk of infection

- *Chemosuppression*—the prevention of severe clinical manifestations and complications in infected persons

Strategies

Drugs have been used successfully as the main strategy for the control of some endemic diseases. Strategies for large-scale use of drugs in disease control include the following variants:

Mass chemotherapy This strategy entails the treatment of all persons in the community whether infected at the time of the survey or not. The decision is usually based on the assumption that if 50 per cent or over of a particular population are found to be infected at a single examination of faeces, blood or urine, serial examinations will reveal that transmission is very high and that at some time or another, most of the community will acquire the infection. In such situations, it is more cost effective to treat everyone without establishing the presence of infection in each subject. Mass chemotherapy with penicillin was used extensively in the yaws campaign. A similar approach is being recommended for the use of ivermectin in areas where onchocerciasis is highly endemic.

Selective population chemotherapy This involves treatment of all persons that are found to be infected at initial and subsequent surveys, e.g. control of intestinal parasite infections, schistosomiasis control programmes, malaria eradication programmes.

Targeted chemotherapy This involves treating only those individuals harbouring heavy infections and/or high risk groups, e.g. treatment of persons aged 5–20 years for *S. haematobium* infection.

In highly endemic areas and in the absence of an integrated approach to disease control (involving sanitation, health education and community participation) prevalence rates of infection tend to return to pre-treatment levels within a relatively short time, usually a year. However, the intensity of infection remains low for a longer if variable period. Simulation models suggest that for some parasitic infections, targeted chemotherapy is most effective for the control of morbidity as opposed to the control of transmission. These various strategies for large scale use of drugs are being applied in the control of several parasitic infections notably schistosomiasis, malaria and onchocerciasis (*see* pp. 134, 186 and 213 respectively).

Drug specifications

Given the circumstances under which they will be used, the ideal drugs for use in developing countries should meet the following specifications:-

Efficacy The drug should be effective against all strains of the pathogen; the occurrence or emergence of resistant strains would limit the usefulness of the drug.

Safety The drug can be used safely by health personnel who have limited skills; it can be safely administered to persons who would not remain under continuous medical supervision; there should be a wide margin between the effective and the toxic dose; and there should be no dangerous side-effects.

Simple regimens The dosage regimen should be simple and preferably administered by mouth; single dose treatments should be available.

Acceptable The drug should be well tolerated by persons of the target age group and should have no unpleasant side-effects.

Affordable The cost of the drug should permit its use within the limited budgets of developing countries.

Few drugs have all these qualities but the specifications serve as a checklist for assessing the value of any drug that is proposed for large-scale use. When such widespread drug therapy is administered in public health programmes it must be realized that resistant strains may emerge and that some individuals will show undesirable side-effects.

Surveillance of disease

Surveillance of disease means the exercise of continuous scrutiny and watchfulness over the distribution and spread of infections and the related factors, with sufficient accuracy and completeness to provide the basis for effective control. This modern concept includes three main features:

- The systematic collection of all relevant data (Table 3.3)
- The orderly consolidation and evaluation of this data
- The prompt dissemination of the results to those who need to know, particularly those who are in a position to take action.

The surveillance of communicable diseases has two main objectives. The first objective is the recognition of acute problems which demand immediate action. For example, the recognition of an outbreak of a major epidemic infection such as cholera or the fresh introduction of it into a previously uninfected area, must be recognized promptly so that infection may be confined to the smallest possible area in the shortest possible time. Secondly, surveillance is used to provide a broad assessment of specific problems in order to discern long term trends and epidemiological patterns. Thus surveillance provides the scientific basis for ascertaining the major public health problems in an area, thereby serving as a guide for planning, implementation and assessment of programmes for the control of communicable disease.

The techniques of surveillance are now being applied to the control of non-infectious disease (*see* below):

- Environmental hazards associated with atmospheric pollution, ionizing radiation and road traffic accidents
- Diseases such as cancer, atheroma and other degenerative diseases
- Social problems such as drug addiction, juvenile delinquency and prostitution

Table 3.3 Sources of epidemiological data in the surveillance of disease

- Registration of deaths
- Notification of disease and reporting of epidemics
- Laboratory investigations
- Investigation of individual cases and epidemics
- Epidemiological surveys
- Distribution of the animal reservoir and the vector
- Production, distribution and care of vaccines, sera and drugs
- Demographic and environmental data

Epidemiology of non-infectious diseases

Epidemiological methods have been widely applied in the study of non-infectious diseases. Such studies have yielded many fruitful results, especially in providing the basis for taking effective preventive action long before the specific aetiological agent is identified or the mechanism of the pathogenesis of the disease are understood. For example, in the eighteenth century Lind demonstrated that the occurrence of scurvy was associated with lack of fresh fruit in the diet of sailors. He was able to take effective action in preventing scurvy by the use of lime juice more than 150 years before the recognition of vitamin C as the specific factor involved. Epidemiological studies have made important contributions to knowledge of the aetiology of various diseases including the following examples:

- *Nutritional disorders* (scurvy, beri-beri, pellagra, dental caries, goitre)
- *Cancer* (skin, lungs, penis, cervix uteri, breast, bladder, leukaemia)
- *Congenital abnormalities* (Down's syndrome, thalidomide poisoning)
- *Intoxications* (chronic beryllium poisoning, alcoholic cirrhosis)
- *Mental illness* (postpartum psychosis, neuroses, suicide)
- *Accidents* (home, road and industrial accidents)
- *Degenerative diseases* (tropical neuropathy, coronary artery disease, hypertension, arthritis)

The components in the aetiology of non-infectious disease

For the study of infectious diseases, it is convenient to use the simple model of 'agent', 'mode of transmission' and 'host'. This model needs to be modified in dealing with non-infectious diseases. Firstly, instead of a specific aetiological agent, the non-infectious disease may result from multiple factors. Secondly, since there is no infective agent being transmitted, it is more appropriate to replace this with 'environmental factors'. Thirdly, host factors cannot be analysed in terms of active or passive immunity but rather in terms of various host factors—genetic, social, behavioural, psychological, etc.—which modify the risk of developing these various diseases.

Risk factors

The concept of risk factors is increasingly used in the study of non-communicable disease. For example, many factors are associated with the occurrence of ischaemic heart disease including diet, exercise, and the use of cigarettes. From the public health point of view it is desirable to be able to assign different weights to each of these factors. How much does cigarette smoking contribute to the risk of the occurrence of ischaemic heart disease? Conversely, how much change in the rate can be expected if a group alters its smoking habits. Similarly, the same question can be asked with regard to diet and exercise. Furthermore, there is the possibility that the effects of individual factors are not merely additive but may interact. It is possible to obtain numerical estimates of the risk factors by the use of statistical methods including multiple regression and partial correlations.

Apart from the study of the aetiology of non-communicable diseases, the concept of risk factors has been applied to other health phenomena. In obstetric practice, for example, the outcome of pregnancy is influenced by maternal factors, environmental factors and in the health care given to the mother and the newborn baby. Thus prenatal mortality rate is associated with such factors as the age of the mother, the number of previous pregnancies, her past obstetric history, her stature (especially her height and the size and shape of her pelvis), and her state of health (especially the presence of diseases such as hypertension, diabetes and anaemia).

In some cases the risk factors relate directly to aetiological factors (cigarette smoking and cancer of the lung) but in other cases the risk factor identified may be a convenient, easily identified and measured indicator of an underlying aetiological factor. For example, the level of education of the mother can be identified as a risk factor in relation to the health status of the infant. The effect of the mother's education is indirect. It would have been more direct to measure maternal practices with regard to child care (specific indicators of care can be devised and validated). In many communities however the level of maternal education serves as an index of important environmental, social and economic factors which affect the health of the child.

In spite of these apparent differences, the basic epidemiological approach is identical: the epidemiological investigation of non-communicable disease involves a study of the distribution of the disease (descriptive), a search for the determinants of the distribution (analytical), and deliberate experiments designed to test hypotheses (experimental). The basic strategy is to discover populations or groups in which the disease is relatively rare: these groups can then be compared and contrasted in the hope of discovering the probable causes of the disease. The effects of making alterations in these supposed factors can be examined by controlled trials.

Further reading

WHO Technical Report Series No. 573. (1975). *The Veterinary Contribution to Public Health Practice*.

WHO Technical Report Series No. 637. (1979). *Parasitic Zoonoses*.

Last J.M. (ed). (1988) *A Dictionary of Epidemiology*. 2nd edition. Oxford Medical Publications, New York.

Vaughan J.P., Morrow R.H. (eds). (1989) *Manual of Epidemiology for District Health Managers*. WHO, Geneva.

4
Infections through the gastrointestinal tract

Viral infections
Gastroenteritis/meningitis (Coxsackie, echo,
reo, rota viruses)
Poliomyelitis (Polio virus)
Infectious hepatitis* (Hepatitis A virus)

Bacterial infections
Enteric fevers (*Salmonella typhi, S. paratyphi*)
Gastroenteritis (*Escherichia coli, Camplyobacter*
spp.)
Bacillary dysentary (*Shigella* spp.)
Cholera (*Vibriocholera*)
Brucellosis (*Brucella* spp.)
Food poisoning (*Salmonella typhimurium,
Staphylococcus aureus, Clostridium welchii*)

Protozoal infections
Amoebiasis (*Entamoeba histolytica*)
Giardiasis (*Giardia lamblia*)
Balantidiasis (*Balantidium coli*)
Toxoplasmosis (*Toxoplasma gondii*)
Cryptosporidiosis (*Cryptosporidium*)

Helminithic infections
NEMATODES (Roundworms)
Ascariasis (*Ascaris lumbricoides*)

Toxocariasis (*Toxocara canis, T. cati*)
Trichuriasis (*Trichuris trichiura*)
Enterobiasis (*Enterobius vermicularis*)
Dracontiasis/guinea worm (*Dracunculus
medinensis*)
Trichinosis (*Trichinella spiralis*)
Angiostrongyliasis (*Angiostrongylus
cantonensis*)
Gnathostomiasis (*Gnathostoma* spp.)

CESTODES (tapeworms)
Taeniasis (*Taeniae* spp.)
Diphyllobothriasis (*Diphyllobothrium latum*)
Hymenolepiasis (*Hymenolepis* spp.)
Hydatid disease (*Echinococcus* spp.)

TREMATODES (flukes)
Paragonimiasis (*Paragonimus* spp.)
Clonorchiasis (*Clonorchis sinensis*)
Opisthorchiasis (*Opisthorchis* spp.)
Fascioliasis (*Fasciola hepatica*)
Fasciolopsiasis (*Fasciolopsis bushi*)
Heterophyiasis (*Heterophyes heterophyes*)
Metagonimiasis (*Metagonimus yokogawi*)

*Other types of hepatitis not acquired through the gastrointestinal tract are also dealt with here.

Infective agents

A number of important pathogens gain entry through the gastrointestinal tract. Some of these cause diarrhoeal diseases (e.g. *Salmonella* and *Shigella* spp.) whilst others pass through the intestinal tract to cause disease in other organs (e.g. poliomyelitis, infective hepatitis). The pathogens include viruses, bacteria, protozoa and helminths. The boxed summary lists all the infections described in this chapter.

Physical and biological characteristics

In considering the epidemiology of these infections,

it is useful to note some of the physical and biological properties of each infective agent. The organisms vary in their ability to withstand physical conditions such as high or low temperatures and drying; and they also differ in their susceptibility to chemical agents including chlorine. The vegetative form of *Entameoba histolytica* is rapidly destroyed in the stomach but the cyst form survives digestion by gastric juices. Differences in the sizes of the organisms are also of epidemiological importance. Thus, simple filtration through a clay filter will eliminate most of the large organisms—bacteria, protozoa, and the eggs or larvae of helminths—from polluted water, but the filtrate will contain the smaller organisms such as viruses.

Transmission

Viruses, bacteria and cysts of protozoa are directly infectious to man as they are passed in the faeces, but in the case of helminths, the egg may become infectious only after maturation in the soil (e.g. *Ascaris*) or after passing through an intermediate host (e.g. *Taenia saginata*). The most important pattern of transmission is the passage of infective material from human faeces into the mouth of a new host and this is known as 'faeco-oral' or 'intestino-oral' transmission. It should be noted, however, that not all the pathogens which infect through the mouth are excreted in the faeces; for example, guinea-worm infection (*see* p. 64) is acquired by mouth but the larvae escape through the skin. On the other hand, the ova of hookworm (*see* p. 121) are passed in faeces but the route of infection is most frequently by direct penetration of the skin by the infective larvae.

The faeco-oral route

The direct ingestion of gross amounts of faeces is uncommon, except in young children and mentally disturbed persons. Faeco-oral transmission occurs mostly through unapparent faecal contamination of food, water and hands—the three main items which regularly make contact with the mouth (Fig. 4.1). It should be noted that minute quantities of faeces can carry the infective dose of various pathogens. Thus, dangerously polluted water may

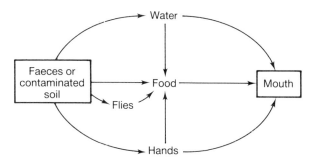

Fig. 4.1   *Pathways of faeco-oral transmission*

appear sparkling clear, contaminated food may be free of objectionable odour or taste, and apparently clean hands may carry and transmit disease.

As shown in the diagram, food occupies a central and important position. Not only can it be contaminated directly by faeces but also indirectly through polluted water, dirty hands, contaminated soil and filth flies. Water may be polluted directly by faeces or indirectly from the polluted soil on the river bank. There are many opportunities for the contamination of hands: the person may contaminate his hands on cleaning after defaecation or in touching or handling contaminated objects including soil. Contamination of the soil with faeces plays an essential role in the transmission of certain helminths which must undergo a period of maturation before becoming infectious (e.g. *Ascaris*).

Filth flies, in particular the common housefly, spread faecal material and play a role in the transmission of gastrointestinal infections. The housefly mechanically transfers faecal pollution by:

- Carrying faeces on its hairy limbs
- Regurgitating the contents of its stomach onto solid food as a means of liquefying it ('vomit drop')
- Defaecating on the food: its faeces may contain surviving organisms derived from human faeces

Although flies are physically capable of transmitting these infections, it is not easy to determine how important they are in particular epidemiological situations and it is likely that their significance has been exaggerated in relation to the other mechanisms of transmission.

Epidemic patterns in relation to the mode of transmission

Some of the infections which are acquired through the gastrointestinal tract characteristically occur in epidemic form, e.g. typhoid. The pattern of an epidemic is affected by the route of transmission. A water-borne epidemic is typically explosive: it may affect people over a wide area who have no other traceable connection but the use of the same source of water supply. Food-borne outbreaks may be more localized, affecting persons from the same household or boarding institution, those who feed communally at a hotel, restaurant, aeroplane or staff canteen, or those who have taken part in a festive dinner or picnic.

Host factors

Certain non-specific factors in the host play some part in preventing infection through the gastrointestinal tract. The high acid content and the antibacterial lysozyme in the stomach, and the digestive juices in the upper part of the intestinal tract destroy potentially infective organisms but do not constitute an impenetrable barrier to infection.

More significant is the specific immunity which can be derived from previous infections or from artificial immunization. Immunity is in part related to specific antibodies in the sera of those previously infected or artificially immunized. It has also been demonstrated that the intestinal mucosa may acquire resistance to certain pathogens such as cholera or poliomyelitis: this local resistance is mediated through a fraction of immunoglobulins (IgA) which are secreted by the mucosa.

Control of the infections acquired through the gastrointestinal tract

The most effective method of controlling these diseases can best be determined from a knowledge of the epidemiology of the infection with particular reference to the local community. Control can operate on each of the three components of infection:

The infective agent

- Sanitary disposal of faeces
- Elimination of human and animal reservoirs

The route of transmission

- Provision of safe water supply
- Protection of food from contamination
- Control of flies
- Improvement of personal hygiene

The host

- Specific immunization
- Chemoprophylaxis
- Specific treatment

The measures directed at infective agents and their transmission relate to the improvement of environmental sanitation and are mostly not specific to any particular infection.

Action can be taken at the level of the individual, the family, and the community. Control at community level may be by investigating specific outbreaks, e.g. at school or parties, instituting surveillance charts in the dispensary or primary health unit, or through health education.

Diarrhoeal disease

Diarrhoeal diseases, as a group, remain a major cause of death in developing countries, especially in pre-school children. Children under 3 years of age may experience as many as 10 episodes of diarrhoea/year. The main agents are:

- Enteroviruses
- *Escherichia coli*
- *Campylobacter* spp.
- *Entamoeba histolytica*
- *Giardia lamblia*

See sections on each of these agents and on gastroenteritis for further details.

Acute diarrhoea

Most episodes of diarrhoea last less than 7 days and can be effectively treated with oral rehydration, combined with an appropriate diet. Limited evidence suggests that vitamin A deficiency predisposes to increased risk of diarrhoeal illness and to increased risk of death in pre-school children.

Persistent diarrhoea

Persistance of an acute diarrhoeal episode for at least 14 days occurs in 3–20 per cent of cases. This leads to significantly increased mortality: 14 per cent of persistant cases are fatal compared with 1 per cent of acute cases. Risk factors in the development of persistant diarrhoea include:

- Age
- Nutritional status
- Immunological status
- Previous infections
- Concomitant enteropathogenic bacteria (e.g. enteroadherent *E. coli*; enteropathogenic *E. coli* and *cryptosporidia*)

The main goal in the clinical management of persistant diarrhoea is to maintain the child's hydration and nutritional status while the intestinal damage is being investigated and treated.

Control

Programmes for the reduction of morbidity and mortality include:

- Oral rehydration therapy—highly effective in preventing death from dehydration in *acute* episodes
- Promotion of breast feeding
- Improving weaning practices
- Improving water supply and sanitation
- Promoting personal and domestic hygiene
- Immunization—measles (rota virus and cholera in special circumstances)
- Specific chemotherapy for invasive bowel infections

Not all interventions are appropriate everywhere. Each country must decide which package of measures is likely to be most feasible and cost-effective. Rota virus and cholera immunization must await the results of field trials of the new vaccines.

Viral infections

The most common viral infections transmitted through the gastrointestinal tract are:

- Poliomyelitis and other enteroviral diseases
- Viral Hepatitis A

Enteroviral diseases

The enteroviruses, in addition to poliovirus, mainly include the **Coxsackie**, **echo** (enteric cytopathogenic human orphan), **reo, norwalk** and **rota viruses**. These viruses were first isolated from the faeces of patients during poliomyelitis investigations. Healthy persons may excrete enteroviruses for short periods, and in areas where standards of environmental sanitation are low, subclinical infection is prevalent among infants and young children. *It should be noted that the enteroviruses may interfere with oral poliomyelitis vaccination campaigns in the tropics.*

Coxsackie viruses are classified into two groups, A and B, and although frequently isolated from healthy persons they may cause a variety of human illnesses, e.g herpangina, summer grippe, vesicular stomatitis, virus meningitis, etc. The presence of Coxsackie Group B virus can interfere with poliomyelitis virus multiplication, while a mixed Coxsackie Group A and poliomyelitis virus infection might result in a more severe paralysis.

Echo viruses are also excreted by healthy persons, particularly children, but may cause illnesses such as diarrhoea and meningitis.

Reo viruses were first isolated from the faeces of healthy children but have also been found in children with diarrhoea and steatorrhoeic enteritis.

In 1973, Rotavirus was detected in the duodenal epithelium of infants with acute nonbacterial gastroenteritis. Clinically, children aged six months to three years are susceptible, with a peak incidence at 9–12 months, but older children and adults may excrete the virus. Data from community based studies in Guatemala and Bangladesh suggest that rotavirus accounts for approximately 20–40 per cent of severe diarrhoeas among young children in developing countries. Rotavirus has been shown to be a common intestinal infection in animals and has been demonstrated as a cause of diarrhoea in mice, calves, piglets, chickens, kittens, goats and other animals. Hospital acquired infection is common.

POLIOMYELITIS

Occurrence: World-wide
Organisms: Poliovirus
Reservoir: Man
Transmission: Food, water, droplet
Control: • Notification
  Isolation
  Safe disposal of faeces
 • Hygiene
  Immunization

Poliovirus is by far the most important enterovirus in the tropics. It causes an acute febrile illness, poliomyelitis, classically resulting in flaccid paralysis (infantile paralysis).

The *incubation period* varies from 3–21 days, with an average of about 10 days. Poliomyelitis is a notifiable disease.

Epidemiology

The disease has a world-wide distribution; it is hyperendemic in many areas of the tropics and subtropics but appears periodically in the form of epidemics. All of the known types of poliomyelitis virus (I, II and III) are prevalent although the virus strains responsible for paralytic illness in any area may vary, and at different periods in the same area one type or other may predominate. Large-scale epidemics may result if virulent wild-type virus (commonly type I) is reintroduced into a community with breakdown in vaccine delivery and poor socioeconomic and environmental conditions.

Poliomyelitis remains a serious problem in a large part of the developing world where the disease presents a constant threat to the childhood populations with important consequences for social and economic development. Lameness surveys have indicated that the incidence of paralytic poliomyelitis is greater than was previously estimated. In contrast a massive immunization campaign in the Americas has resulted in a marked reduction in the incidence of the disease.

Reservoir
Man is the reservoir of infection. The polio virus is excreted in the stools of infected cases, convalescent patients and healthy carriers.

Transmission
Poliomyelitis is a highly infectious disease and the alimentary tract is of prime importance as a portal of entry and exit of the virus, as it is with other enteroviruses. The virus is transmitted by food, water, or by droplet infection or flies.

Host factors
The incidence rates in males and females are similar. Trauma, excessive fatigue and pregnancy during the period of acute febrile illness and intramuscular injections some time before the acute episode, all seem to be provoking factors leading to paralysis. Tonsillectomy increases the risk of bulbar poliomyelitis. The mechanism of these various stresses is not clear.

The factor of greatest importance in determining the incidence of paralytic poliomyelitis is the state of immunity of the affected population. In many tropical countries where sanitation is primitive and living conditions are crowded and poor, conditions for the spread of poliovirus are good. Consequently, infants have the opportunity of coming into contact with all three types of poliomyelitis virus early in life, and few of them reach pre-school age without having been infected with at least one strain, although, clinically, the infection is in most cases unapparent. Immunity is acquired early: serum antibody surveys carried out among children in many parts of the tropics have shown that by the time they are 3 years old 90 per cent have developed antibodies against at least one type of poliomyelitis. In countries where the sanitary arrangements are good, the risk of contact with the virus at an early age is diminished and older persons are affected. Thus the most significant difference between the occurrence of poliomyelitis in the well-developed countries of the temperate zone and the less-developed areas of the tropics is in the distribution of cases in the various age groups.

Virology

There are three distinct types of polio virus, type I (Brunhilde), type II (Lansing) and type III (Leon), which invade the central nervous system. The viruses grow well in tissue culture, they resist desiccation but are killed in half an hour by heat (60°C). Most outbreaks are due to type I polio virus.

Laboratory diagnosis

The virus is isolated from specimens of faeces, throat swabs or from throat and nasopharyngeal washings.

Control

High standards of hygiene and mass immunization are the two most important measures of control.

The individual

The disease is notifiable and isolation of individual cases is highly desirable. This measure by itself is not enough to control an epidemic because of the large numbers of asymptomatic carriers. All pharyngeal and faecal discharges of patients should be treated with disinfectants and disposed of as safely as possible. Contacts should be protected with oral polio vaccine and kept under observation for a period of three weeks from the date of their last known contact. Tonsillectomy and dental extractions should be deferred when a poliomyelitis epidemic is present in the community and injections of any kind reduced to a minimum. Individuals should avoid over-exertion such as games, swimming, *etc.*

The community

Crowds should be avoided during epidemics. Food should be protected from flies and sanitary disposal of faeces encouraged. Health education aimed at raising the standards of personal hygiene should be rigorously carried out.

Rehabilitation for paralysed persons is essential. A 'lameness register' for all children entering school from the time an immunization programme is initiated (*see* below) may serve as an indicator of the impact of the programme.

Immunization

Immunization provides the most reliable method for the prevention of poliomyelitis and for controlling rapid spread during an epidemic. Two types of poliomyelitis vaccine are currently available: the killed 'Salk' vaccine which is given by injection and the attenuated 'Sabin' vaccine which is given by mouth. The advantages and disadvantages of each vaccine are compared in Table 4.1.

Live Sabin vaccine
A mild infection with the attenuated strain induces protection against the disease by stimulating the production of local SIgA antibodies. Unfortunately, evidence has accumulated that in many tropical countries the oral vaccine fails to provoke a satisfactory antibody response in a high percentage of recipients, probably because of interference by other enteroviruses (*see* p. 35). Despite this, however, the Sabin vaccine does in practice appear to afford protection against the disease, especially when used in *mass immunization* campaigns in the tropics, as excretion and trans-

Table 4.1 Comparison of polio vaccines

Vaccine	Advantages	Disadvantages
Live, Sabin	• Less expensive • Oral administration • Herd immunity • Possible immediate protection by interfering with poliovirus	• May cause paralytic polio • Less stable, especially in tropical climates • Interference by enteric viruses
Killed, Salk	• Safe • Stable • Reliable humoral immunity not affected by other viruses	• More expensive • Administration by injection • Wide coverage needed to protect populations

mission of the virus in the community generates herd immunity. It is the most practical and economical method of rapidly immunizing a large susceptible population and bringing an epidemic of poliomyelitis to an end. The simplest scheme for immunization is to give 3 doses of the trivalent oral poliomyelitis vaccine at intervals of 4 weeks, and a fourth dose at school entry (*see* Fig. 11.2).

Killed Salk vaccine

For immunizing small groups attending hospitals and clinics in the tropics the killed Salk vaccine might be preferable as it produces a reliable humoral immunity. Preparations are now available which incorporate killed poliomyelitis vaccine with triple antigen (DPT). A course of 3 injections given at 4-week intervals will thus provoke satisfactory immunity against tetanus, diphtheria, whooping cough and poliomyelitis. All children should be immunized against these diseases, and expatriates irrespective of age should be protected against poliomyelitis before going out to the tropics.

Continuous surveillance is necessary in order to prevent a build-up of susceptible individuals, and so preserve herd immunity. A global campaign to eliminate the disease is being contemplated.

Hepatitis

INFECTIOUS HEPATITIS (VIRAL HEPATITIS A)

Occurrence: World-wide
Organism: Hepatitis A Virus (HAV)
Reservoir: Man
Tranmission: Person-to-person, food, water
Control: • Personal and community hygiene
      • Immunization

The disease is characterized by loss of appetite, jaundice and enlargement of the liver. The *incubation period* varies from 15 to 40 days with an average around 20 days.

Epidemiology

The disease is widespread but is probably more common in the tropics and subtropics; in these areas, most infections are acquired in childhood and many are subclinical.

Reservoir

Man is the reservoir of infection, excreting the organism in the faeces and possibly urine. A viraemia also occurs.

Transmission

Faecal-oral spread is the most important mode of transmission by direct or indirect contact. Sporadic cases are probably caused by person-to-person contact, but explosive epidemics from water and food have also occurred. Food handlers can disseminate the infection. The ingestion of shellfish grown in polluted waters is attended by a risk of acquiring hepatitis A.

Host factors

Although in most parts of the tropics infective hepatitis is essentially a chilhood disease, many adult patients are also seen. In many countries the incidence of infectious hepatitis is rising. Factors affecting the severity of the disease include:
Age—children tolerate the infection and recover more rapidly than adults
Sex—men take longer than women to recover from an equivalent degree of liver damage
Pregnancy—exacerbates hepatitis
Strenuous exercise—in the early stages of the disease
Glucose-6-phosphate deficiency—a high frequency of G6PD deficiency has been found among patients with hepatitis and those with a genetic, enzyme defect have a longer and more severe course.

Hepatitis is a recognized hazard for 'overlanders' who return from tropical countries by bus or hitch-hiking. Hepatitis A infection is more common among male homosexuals especially those who practice oral-anal sex.

Hepatitis has many epidemiological similarities to poliomyelitis and is a sensitive indicator of poor community hygiene. A high incidence of acute coma and an increased death rate was associated in Accra and Ghana, with immigration, shanty town residency, lower socioeconomic status.

Virology and laboratory diagnosis

Virus A is associated with infectious hepatitis (short-incubation hepatitis). HAV is in the range of 25–28 nm and is identified by immune electron microscopy. Other serological tests for hepatitis A virus are complement fixation, immune adherence haemagglutination, and radioimmunoassay.

Control

Control depends on high standards of personal hygiene and proper sewage disposal. All measures of personal and community hygiene useful in reducing the spread of infection should be encouraged.

Individual

If patients are in hospital they should if possible be barrier nursed as for any faeces-carried infection. Food handlers should not resume work until three weeks after recovery.

Immunization

No vaccine against Hepatitis A virus (HAV) is available. Passive immunity may be conferred using human immune serum globulin (ISG). Even when it does not prevent infection it does modify the severity of the disease. It is useful in protecting family contacts during epidemics (0.05 ml/kg intramuscularly). For those going to the tropics a 0.02 ml/kg dose of a 16 g/100 ml solution gives passive protection for about 6 months. Recovery from a clinical attack creates a lasting active immunity. The successful adaptation of HAV to growth in cell cultures and modern DNA technology may well result in the production of a vaccine.

Other types of viral hepatitis

Other variants of acute hepatitis are referred to as hepatitis B; non-A, non-B hepatitis and delta hepatitis.

SERUM HEPATITIS (HEPATITIS B)

Occurrence: World-wide
Organism: Hepatitis B virus (HBV)
Reservoir: Man
Transmission: Inoculation
Control: Hygiene
          Active and passive immunization

Serum hepatitis is *not* transmitted by the faeco-oral route but is a blood-borne agent, transmitted by inoculation. It is only included here for convenience.

Hepatitis B virus causes long incubation hepatitis. It also gives rise to one of the ten most common cancers, hepatocellular carcinoma. There is evidence that HBV is the aetiological agent in up to 80 per cent of cases.

Epidemiology

The carrier state (defined as the presence of HBs Ag for more then six months—*see* below) rises from 0.1 per cent in parts of Europe to 15 per cent in several tropical countries. Globally, early childhood infections are the most common and most important. In China, Taiwan and Hong Kong, a large population of infections are acquired in the perinatal period, usually from a carrier mother.

Transmission may occur by:

- *Transfusion*—of blood or blood products
- *Accidental inoculation*—e.g. repeated use of hypodermic needles without adequate sterilization, in particular: drug addicts, mass immunization, tattooing and ritual scarification
- *Insect bites*
- *Perinatally*—from a carrier mother
- *Mouth to mouth*
- *Intercourse*
- *Serous exudates of skin ulcers*

Virology

HBV possesses at least 3 separate antigens: surface antigen (HBsAg); core antigen (HBcAg) and enzyme antigen (HBeAg). The HBeAg is a valuable marker of potential infectivity of HBsAg positive serum. Subdeterminants of both surface antigen and e antigen occur.

Control

Eradication is ultimately possible by a combination of hygienic practices in high-risk areas, vaccination of at-risk individuals and selective use of hepatitis B immunoglobulin (HBIG).

The plasma derived HBIG has been in use for some years. A genetically engineered recombinant DNA vaccine produced in yeast has recently been introduced. Three doses (at 0, 1 and 6 months) are required for complete protection. Protection appears to last 3–5 years. Synthetic peptides may be employed in the future.

Vaccination is required for groups at high risk of

infection (e.g. health care staff in contact with blood or patients; homosexuals, drug users, etc.) depending on epidemiological patterns, socio-economic factors, cultural and sexual practices. In areas of the world where perinatal infection is common, immunization of susceptible women of childbearing age and of infants, particularly those born to carrier mothers, is desirable. Administration of HBIG confers extra protection to these infants and those individuals accidentally exposed (e.g. health workers following needle-stick injuries and sexual partners of acute cases).

Vaccination should be considered for persons living in areas where the prevalence of hepatitis B is high, where over 10 per cent of the population may be carriers and where hepatocellular carcinoma is common. Several countries, e.g. Gambia, have embarked on programmes to immunize all newborn babies, and China is aiming at 85 per cent coverage by 1995.

NON-A, NON-B HEPATITIS

Two forms of non-A, non-B hepatitis are recognized. The first is due to a blood-borne agent and its epidemiology is similar to Hepatitis B. It is a common cause of hepatitis among intravenous drug users, dialysis patients, haemophiliacs and health care workers. The second is an *enteric* infection spread by ingestion of food or water contaminated with human faeces—like hepatitis A. The most dramatic of these water-borne outbreaks occurred in Delhi in 1955–56 involving 29 300 cases following faecal contamination of a water supply. In recent years similar epidemics have been reported from Nepal, India and South Eastern China. A high case fatality rate occurs among pregnant women, while the disease is mild in other persons affected. No vaccine is available.

DELTA HEPATITIS (HDV)

HDV is a small, incomplete virus incapable of independent replication, which can exist only in the presence of HBV. It gives rise to a more severe form of hepatitis. Two forms of infection have been recognized and are referred to as: *coinfection* together with acute HBV (i.e. HDV + HBV) and

superinfection of an HBV carrier (i.e. HDV + HBs Ag).

Delta hepatitis is endemic in the Eastern Mediterranean, the Middle East, North Africa, the Amazon basin and some Pacific islands.

Bacterial infections

The most important bacterial infections that gain entry through the gastrointestinal tract are:

- The enteric fevers
- Infant gastroenteritis
- The bacillary dysenteries
- Cholera
- Brucellosis
- Food poisoning

Enteric fevers

Occurrence: World-wide
Organisms: *Salmonella typhi*; *S. paratyphi* A, B, C
Reservoir: Sick patient, convalescent, carrier (faecal, urinary)
Transmission: Water, food, flies
Control: • Isolation, notification, search for source of infection
    Supervision of carriers
  • Sanitary disposal of excreta
    Purification of water, control of flies, food hygiene
    Immunization

These infections are caused by members of the *Salmonella* group: *Salmonella typhi* and *S. paratyphi* A, B or C. Paratyphoid fevers are food-borne rather than water-borne and both the rates of infection and fatality are much lower than for typhoid fevers. In other respects the diseases are very similar, and the same preventive measures are applicable to both. They are one of the most common causes of a pyrexia of unknown origin.

The *incubation period* is usually from 10 to 14 days.

TYPHOID FEVER

Bacteriology

S. typhi is a Gram-negative, aerobic, non-sporing rod-like organism. It can survive in water for 7 days, in sewage for 14 days and in ice-cream for 1 month. In warm dry conditions most of the bacilli die in a few hours. Boiling of water or milk destroys the organism.

There are many phage types of *S. typhi* and these have proved of great value in tracing the source of an epidemic. Outbreaks of chloramphenicol-resistant *S. typhi* Vi-Phage Type E1 have occurred in Mexico, South East Asia and India.

Epidemiology

The enteric fevers have a world-wide distribution although they are endemic only in communities where the standards of sanitation and personal hygiene are low. Typhoid fever presents one of the classical examples of a water-borne infection. All ages and both sexes are susceptible.

Reservoir
Man is the only reservoir of infection. This may be an overt case of the disease, an ambulatory 'missed' case or a symptomless carrier. About 2–4 per cent of typhoid patients become chronic carriers of the infection. The majority are faecal carriers. Urinary carriers also occur and seem more common in association with some abnormality of the urinary tract and in patients with *Schistosoma haematobium* infection. Although in most patients the focus of persistent typhoid infection in carriers is in the gall bladder, in some, the deep biliary passages of the liver have also been incriminated. This seems particularly so in Hong Kong, where an association between *Clonorchis sinensis* and *S. typhi* carriers has been demonstrated. An association between *Schistosoma mansoni* infection and *S. typhi* has been reported.

Transmission
Food handlers, especially if they are intermittent carriers, are particularly dangerous and have been responsible for many outbreaks of the disease. Close contact with a patient whether family or otherwise (e.g. nurse) may result in infection being transmitted by soiled hands or through fomites such as towels.

Contamination of water—the cause of major outbreaks—can occur through cross-connection of a main with a polluted water supply, faecal spread, by shellfish, particularly oysters which mature in tidal estuaries and are thus exposed to contaminated waters. Milk-borne outbreaks occur either by direct contamination from a carrier or indirectly from utensils. Ice-cream, other milk products, ice, fruit, vegetables and salads may be infected directly from a carrier or indirectly. Flies or infected dust may be sources of infection. Food (e.g. tinned meat, vegetables infected from human faeces used as manure) can also cause epidemics.

Laboratory diagnosis

A leucopenia with a relative lymphocytosis is often seen. Blood or 'clot' culture during the first two weeks of the disease usually yields *S. typhi*. After about the tenth day the *Widal test* (O and H agglutinations) becomes positive and rises progressively—a rising titre rather than absolute values is necessary for diagnosis. The *diazo test* is a red coloration given by the froth of the urine of typhoid patients when mixed with the diazo reagents. Despite its definite limitations it is a simple and useful diagnostic test in areas where laboratory facilities are minimal. It becomes positive during the second and third weeks. The *Vi reaction* is of help in the detection of the carrier state.

Control

The ultimate control of typhoid fever from a community depends on the sanitary disposal of excreta which will stop the dissemination of faecal matter from one person to another, the introduction of a permanent method of purification of water, and raising the standards of personal hygiene. In any outbreak of typhoid fever every attempt should be made to trace it to its ultimate source by the use of phage-typing, and serological tests, particularly for the presence of Vi antibody, to detect the chronic carrier.

The individual

Cases

All typhoid patients should be barrier nursed in a general hospital or removed to an infectious diseases hospital. Cases should be immediately notified and if possible the room from where they came should be cleansed and disinfected. All fomites should be likewise disinfected. The treatment of choice is still chloramphenicol 2 g daily for 14 days, while trimethoprim-sulphamethoxazole is a valuable substitute. The patients should remain in hospital until, following treatment, stools and urine are bacteriologically negative on three occasions at intervals of not less than 48 hours. The above measures are not all feasible in many parts of the tropics and a compromise must often be necessary.

Carriers

The chronic carrier is a difficult problem especially in the tropics. Each one should be assessed in relation to his occupation and kept under as much surveillance as possible. In patients in whom the gall bladder is the definite site of infection, surgery (cholecystectomy) should be carried out. The prolonged administration of ampicillin (4 g daily for 1–3 months) has also been used successfully to treat salmonella carriers; while a trimethoprim-sulphamethoxazole combination (Septrin) has given encouraging results.

The community

If the water supply is suspect (e.g. by the simultaneous occurrence of a large number of cases in a limited area) boiling or hyperchlorination is required. If food is implicated, it should be traced back to its source and enquiries made as to any recent illness among persons handling the food; samples of the food should be taken for medical examination. Milk should be pasturized or boiled. The use of fresh human manure as fertiliser should be actively discouraged and vegetables boiled or cooked before consumption. Food should be protected from flies, the numbers of which should be reduced to a minimum.

Immunization

Field trials in Yugoslavia, Poland, the USSR and Guyana have proved the value of typhoid vaccines, which have been shown to have a protective effect of nearly 90 per cent. Vaccines with a high content of Vi antigen are the most successful, and acetone-inactivated vaccines are superior to those killed by heat and phenol.

One subcutaneous injection of 500 million killed *S. typhi* gives adequate protection. For primary immunization of adults 0.5 ml subcutaneously on two occasions is given at a 4 week interval. One booster injection can be given every 5 years.

Recent studies indicate that the live attenuated oral vaccine is safe, stable and effective against typhoid fever for at least 2 years. Side reactions are fewer. It will probably supersede the injection.

GASTROENTERITIS

Occurrence: World-wide
Organisms: • *E. coli* groups
              • Enteroviruses
              • *Campylobacters*
              • Parasites
Reservoir: Man, animals
Transmission: Milk, water, food, flies
Control: • Oral rehydration
              Personal hygiene
              Encouraging breast feeding
              Sterilization of milk bottles and
              other utensils
           • Sanitary disposal of faeces
              Control of flies

Gastroenteritis is one of the commonest causes of childhood mortality in the tropics. Severe vomiting and diarrhoea leading to dehydration are the cardinal features. The *incubation period* is usually from 1 to 5 days. See p. 34 or a general discussion of diarrhoeal disease and its control.

Bacteriology

Although gastroenteritis in children can be due to a variety of causes, the bulk of infections in infants have been attributed to four groups of *Escherichia coli* or to viruses.

The four groups of *E. coli* which have been recognized as important diarrhoeal pathogens are:

Enterotoxigenic E. coli (ETEC) which produce enterotoxins

Enteropathogenic and enteroadherent E. coli (EPEC) which have been responsible for frequent outbreaks of infantile diarrhoea in many parts of the world and of which the following specific serotypes seem to be the most frequent—0111, 055, 026, 0229, 0125, 0126, 0127 and 0128

Enteroinvasive E. coli (EIEC) which have a pathogenesis similar to that of shigellosis

Enterohaemorrhagic E. coli which produce cytotoxins, one of which, venotoxin 1, is identical to Shiga toxin.

Echo, Coxsackie, reo and rota viruses cause diarrhoea in children (*see* p. 35) as do norwalk virus, enteric adenoviruses and measles.

Campylobacter spp. (*C. jejuni* and *C. coli*) have now been found world-wide, particularly in developing countries, where symptomatic infections tend to occur in the early years of life. Young animals are commonly affected, and poultry is often contaminated.

Parasitic causes of infantile diarrhoea are *E. histolytica*; *G. lamblia*; Trichinella; and Cryptosporidia.

Epidemiology

Infant gastroenteritis has a world-wide distribution but is especially common in the tropics. It has been estimated that 500 million episodes of diarrhoea occur annually among infants and children of Asia, Africa and Latin America, with more than 5 million deaths. The peak incidence occurs between 6 and 24 months.

Poverty, diet, fly infestation and ignorance of elementary hygiene are responsible for the maintenance and spread of the disease. Gastroenteritis is much less common among infants who are breast fed. The unfortunate newly acquired habit of early cessation of breast feeding now gaining ground in the tropics and its substitution by bottle feeding has contributed to an increased incidence of the disease among infants and is a retrograde step.

E. coli

ETEC have been responsible for outbreaks in Mexico, Morocco, Kenya, Brazil, Peru, Bangla-desh and India. There seem to be geographical differences in the type of enterotoxin produced by strains. The incidence of infection is highest in children under two years of age. ETEC have been isolated from water and food sources; it is presumed that humans are the major reservoir of infection. In a study in Bangladesh, 13 per cent of household contacts of hospitalized cases were found to be infected with ETEC. In developing countries EPEC are isolated from diarrhoea cases in the second six months of life. The aetiological significance of these isolations from sporadic cases of infantile gastroenteritis is unclear and controversial.

Campylobacters

There is some evidence that campylobacter enteritis may be an important cause of diarrhoea in the developing countries although the magnitude of the problem has yet to be determined. *C. jejuni* enteritis is a vehicle of infection; dogs may constitute another source of transmission.

Laboratory diagnosis

This is based on isolating the organism—an *E. coli* group, enterovirus, campylobacter, or parasite—from the faeces. A membrane filter assay for detection of heat-labile toxin (LT) production by *E. coli* has recently been described and may prove to be an important technique for the study of the epidemiology of enterotoxigenic *E. coli* in the third world.

Control

The individual

Oral rehydration is the cornerstone of management. If the WHO formula is not available (*see* p. 47), a homemade one can be prepared using 1 level teaspoon of salt (5 g) and 8 level teaspoons of sugar (40 g) in 1 litre of water. Intravenous therapy is only occasionally indicated. The child should be treated with the appropriate antibiotic where indicated.

Scrupulous attention to personal and general cleanliness is necessary for the prevention of gastroenteritis. The continuation of breast feeding for as long as possible should be encouraged. If artificial feeding must be used, rigorous attention to the sterilization of all utensils used for the preparation of the feed and of the bottles should be maintained. It is wiser in these instances to teach mothers how to feed their infants using a cup and spoon, since these are easier to clean than bottles. Personal cleanliness, e.g. hands and nails, must be enforced in all households containing infants and young children.

The community

Control of flies is imperative: all food, feeding utensils, especially bottles and teats, must be stored in fly-proof surroundings. The sanitary disposal of faeces, and constant health education is necessary, especially emphasizing the value of breast feeding and its protective properties against gastroenteritis.

BACILLARY DYSENTERY (SHIGELLOSIS)

Occurrence: World-wide
Organisms: *Shigella* spp.
Sources of infection: Sick patient, convalescent, carrier (e.g. food handler)
Transmission: Faecal contamination of food, water or fomites; flies
Control: • Adequate treatment of the patient
    Sanitary disposal of faeces
   • Pure water supply
    Food hygiene
    Control of flies

Bacillary dysentery is characterized by diarrhoea (containing blood, mucous and pus), fever and a sudden onset of abdominal pain. The *incubation period* is 1 to 7 days. Shigellosis is a notifiable disease in some countries.

Bacteriology

Species and varieties of the genus *Shigella* (non-mobile, Gram-negative bacilli) are numerous and they can be conveniently classified into four main subgroups:

- *Sh. dysenteriae* (10 serotypes)
- *Sh. flexneri* (8 serotypes)
- *Sh. boydii* (15 serotypes)
- *Sh. sonnei* (15 colicen types)

The proportion of infections due to individual serotypes varies from country to country, and within the same country at different times. Multi-resistance (i.e. to sulfonamides, tetracycline, ampicillin and chloramphenicol) is prevalent in many developing countries.

Epidemiology

Since 1968 several epidemics due to *Sh. dysenteriae 1* have been recorded from various countries in the tropics. In Central America, the epidemic lasted about 4 years (1969–72) causing around half a million cases and 20 000 deaths. In Burundi between 1982 and 1985, there were 101 487 cases and more than 2 000 deaths.

Source of infection
Infection is derived from cases of the disease, from healthy convalescents (who can excrete organisms for up to 2 months or more); and from symptomless carriers who keep up infection in the community.

Transmission
The organisms, which are excreted in the faeces, may gain access to food through the soiled fingers of patients or carriers. Owing to the low infectious dose of shigella, they may also pass from person to person by contact with inanimate articles (fomites), e.g. lavatory seats, door handles, crockery, bedding and clothes. Fly-borne infection is an important factor in the social epidemiology of bacillary dysentery as well as of other faeces-transmitted diseases.

Host factors
Young children are more liable than older persons to acquire shigella infections, and when infected to suffer from clinical disease. Diarrhoeal diseases surveys carried out in Mauritius, Sudan, United Arab Republic, Ceylon, Iran, Bangladesh and Venezuela showed that morbidity and mortality was highest among children under the age of 3 years. Diarrhoea was commonest during the weaning period and greater in bottle-fed than breast-fed infants. Shigellae were isolated both

from children suffering from diarrhoea and from those having no diarrhoea.

Control

The individual

The patient should be treated at home or in hospital and barrier nursed if possible. Strict personal hygiene should be encouraged among the family contacts or nursing personnel looking after the case and the stools should be treated with a disinfectant before disposal, clothing and bed linen should be similarly treated. If the disease is notifiable, the Medical Officer of Health should be informed. Severe forms of shigellosis require appropriate antibiotic therapy.

The community

The most valuable community measures are provision for the sanitary disposal of faeces, a pure water supply, food hygiene and control of flies. Health education to increase the standards of personal hygiene and stop the transmission of the disease within a family and from food handlers is essential. Hands *must* be washed before food is handled and facilities for this must be made available. Specific strategies for the control of *S. dystenteriae 1* epidemics consist of their early detection, proper treatment of cases, proper nutritional management, appropriate antimicrobial therapy, surveillance and education of contacts.

CHOLERA

Occurrence:	India/Pakistan subcontinent, SE Asia, the Near East, Africa, Southern and Central Europe
Organisms:	*Vibrio cholerae* (classical and El Tor biotypes)
Reservoir:	Man
Transmission:	Water, food, flies
Control:	• Diagnosis, isolation, notification and antibiotics
	Search for source of infection
	Concurrent and terminal disinfection
	• Environmental sanitation
	Health education, personal hygiene
	International cooperation

This is a disease of rapid onset characterized by vomiting; profuse dehydrating diarrhoea with 'rice water stools' and marked toxaemia. Muscular cramps, suppression of urine and shock occur later. The *incubation period* is 1 to 7 days. Cholera is a notifiable disease.

Bacteriology

Vibrio cholerae was discovered by Koch in 1883 and is a delicate Gram-negative organism. There are two biotypes, classical and El Tor. Each biotype contains three serotypes—Inaba, Ogawa and Hikojima. The El Tor biotype is named after the El Tor quarantine station in Egypt, where it was first isolated in 1920.

The true cholera vibrio strains are now called *V. cholerae* O antigen-Groups 1 or 01. The global cholera problem at present is almost exclusively caused by the Ogawa and Inaba serotypes of the El Tor biotype of *V. cholerae 01*.

Epidemiology

Cholera of the classical biotype is now virtually limited to the Indo-Pakistan subcontinent and notably in the deltas of the Ganges and Brahmaputra rivers.

The first outbreak of cholera El Tor, was originally confined to a limited geographical area in the Celebes in Indonesia but has been spreading in a pandemic form since 1961 across Asia, through the whole of Africa into the mediterranean, Europe and now even to the Gulf coast of the USA—a total of 93 countries have so far been affected. Figure 4.2 shows the spread of the El Tor pandemic from 1961–1982. The disease is now established in Africa, with sporadic outbreaks occurring in the other zones affected. 93 countries have so far been affected.

Cholera El Tor has been proved capable of speedy and extensive spread over much wider areas than classical cholera, and in several such areas cases due to cholera El Tor have displaced those of classical cholera. In Calcutta, for instance, by the end of 1964 there was only one case of classical cholera for every ten or more cases of cholera El Tor. This epidemiological phenomenon is explained by the demonstration that the El Tor biotype eliminates the classical biotype in a few hours both *in vitro* and *in vivo*.

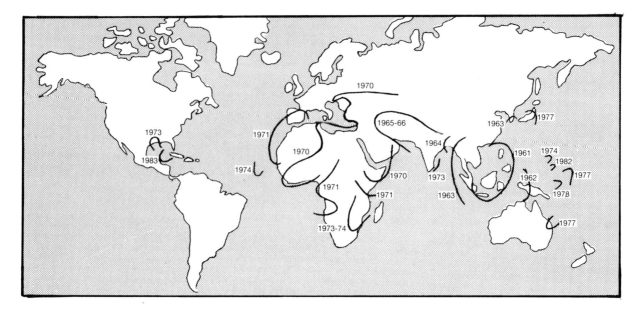

Fig. 4.2   *The spread of Cholera El Tor from 1961–82*

Cholera has a seasonal pattern but the season varies from locality to locality and can change dramatically.

Reservoir

The reservoir of infection is a sick person, a convalescent patient or a carrier (through the faeces or vomit). For every typical case of the disease there may be 10–100 other symptomless persons excreting the vibrio. The El Tor biotype produces a higher carrier:case ratio than that of the classical variety.

Transmission

Cholera may begin suddenly as a water-borne disease. In Calcutta, where cholera in endemic, the supply of filtered water falls short in summer and the people are found to use both unfiltered and tank water. Cholera also spreads by contaminated food (e.g. dates or shellfish), infected inanimate objects and by flies. Intrafamilial spread also occurs. Between outbreaks, several mechanisms of *V. cholerae* persistence are postulated:

- *Continuous transmission* by asymptomatic carriers or persons with mild disease
- *An aquatic reservoir*, e.g. seafood, plankton or water plants
- *Seasonal movement* of people or infected seafood

Host factors

Gastric acidity is a major factor in host resistance, the disease being more common in persons with hypochlorhydria. In order to flourish, cholera requires a combination of dense population and poor sanitation. For many years there was a tendency to overlook the role of symptomless carriers in the transmission of cholera, until it was shown that the carrier state in cholera El Tor may last for more than 12 years ('Cholera Dolores' in the Philippines) and that the vibrio can establish itself in the gall bladder.

Laboratory diagnosis

A definite diagnosis of cholera can be made only after isolation of *V. cholerae* from the faeces or rectal swabs of patients. The faeces should be transported to the laboratory as rapidly as possible in alkaline peptone water (pH 9.0). Four methods are available for the rapid recognition of cholera vibrios:

- Selective enrichment/fluorescent-antibody technique
- Oblique-light technique
- Gelatin-agar method
- Microscopic examination of a stool specimen may show large numbers of vibrios. It may be necessary to identify *V. cholerae* O—Group 1 or 01 for the specific diagnosis of cholera.

Control

During epidemics the clinical recognition of cases is relatively easy. Sporadic cases however can easily be missed and hence in endemic areas any case of severe gastroenteritis must be considered as cholera until the contrary is proved.

The individual

Early diagnosis, isolation and notification of cases is very important. A search for the source of infection should be made and steps taken to deal with that source when found. Concurrent disinfection of stools, fomites, house, linen, clothing, etc., should be carried out.

Oral rehydration has revolutionized the treatment of cholera and other acute diarrhoeal diseases with a dramatic drop in mortality.

The most suitable fluid for oral and nasogastric use is a glucose-salt solution which contains in one litre of water:

Sodium chloride (table salt)	3.5 g
Sodium bicarbonate (baking soda)	2.5 g
Potassium chloride	1.5 g
Glucose (dextrose)	20.0 g

The administration of antibiotics reduces the diarrhoeal period. *V. cholerae* 01 has developed resistance to tetracycline in Tanzania and Bangladesh. The potential for spread of resistant strains to neighbouring countries is a matter of concern. Before the patient is discharged from hospital, two negative stool cultures are required and terminal disinfection of bedding, etc. must be carried out.

Contacts

Attendants of patients must be instructed to observe scrupulous cleanliness and disinfection of their hands and should be forbidden to consume food or drink in the patient's room or to go into the kitchen. Selective chemoprophylaxis with a single dose of doxycycline to close family contacts is worth considering in situations when the secondary case rate is high. Detailed surveillance of every person who might have the disease is desirable but rarely feasible in most of the cholera-prone countries.

The community

Sanitation

Immediate steps must be taken to raise the existing standards of environmental sanitation and in particular to check all water supplies. Chlorination should be stepped up to 1.3 parts per million. Excreta and refuse disposal must be rigorously controlled and all other fly-breeding sources eliminated; if possible, houses should be sprayed with DDT.

Tracing the source

Bacteriological examination of pooled night-soil has been used to detect infections in Hong Kong, and from this source the infection can be traced backwards to its origin. The same method applied to latrines in Calcutta was not as successful.

Hygiene

Food sanitation should be enforced and all public swimming-pools closed. People should be instructed to boil water, to eat only cooked foods and raise their standards of personal hygiene.

Minimizing contact

Camps and hospitals for isolation of cases should be improvized. Congregations of persons, e.g. in markets, places of prayer, etc. should be discouraged during epidemics. Control of travellers and pilgrims especially from endemic areas of cholera should be rigidly and continuously enforced.

Treatment

The establishment of treatment centres for diarrhoeal diseases is advocated. Mass chemoprophylaxis may be justified for closed groups, e.g. refugee camps, when treatment can be administered to everyone concurrently, under supervision.

Cooperation

Countries must show a greater willingness to provide the WHO and their neighbours with a regular flow of information on their current states of cholera.

Immunization

The vaccines available at present are not helpful in the control of cholera; indeed a false sense of security is given to individuals and feelings of complacency to health authorities, who consequently often neglect the more effective precautions.

Realization of the limitations of vaccination has resulted in the abolition of the requirements of a certificate of vaccination against cholera in the International Health regulations. Unfortunately and inexplicably a few countries continue to demand such a certificate. The validity of a cholera vaccination certificate extends for a period of 6 months, beginning 6 days after the first injection of the vaccine, or, in the event of a re-vaccination on the date of that re-vaccination.

New and hopefully more effective as well as cheaper oral vaccines are being developed. The prolonged protection (for at least 3 years) that follows clinical cholera may either be due to the stimulation of local antibody response with persisting SIgA antibodies or to a mucosal immunological memory that can rapidly be boosted by reinfection. Preliminary studies from the International Centre for Diarrhoeal Disease Research at Dacca indicate that B-subunit (whole cell cholera vaccine) given either orally or intramuscularly induces a similar or higher immune mucosal response than clinical cholera.

Studies in children less than 2 years old in Bangladesh indicate that the injection of specific breast milk antibodies against cholera may protect against the development of severe symptoms.

Cholera control programme

Within a national Control of Diarrhoeal Diseases programme the following activities are considered important for cholera control:

- The formation of a national epidemic control committee

- Collection of stool specimens or rectal swabs from suspected cases
- Provision of local, regional, and reference laboratory services for the rapid identification of *V. cholerae* 01
- Training in clinical management of acute diarrhoea
- Continuing surveillance activities and maintenance of a diarrhoea cases record
- Early notification of changes in the pattern of diarrhoea ·
- Enforcement of basic principles of sanitation
- Continuing health education
- Establishment of mobile control teams in certain special circumstances
- Management logistics for supply and distribution requirements

Cholera will ultimately be brought under control only when water supplies, sanitation and hygienic practices attain such a level that faeco-oral transmission of *V. cholerae* 01 becomes an improbable event.

BRUCELLOSIS

Occurrence: World-wide

Organisms: *Brucella abortus, Br. melitensis, Br. suis*

Reservoir: Animals (e.g. cattle, goats, sheep, swine)

Transmission: Ingestion, contact, inhalation, inoculation

Control: Pasteurization of milk
Vaccination of herds

Brucellosis is one of the most important zoonoses—infections of animals which can affect man. The human disease is characterized by fever, heavy night sweats, splenomegaly and weakness. The *incubation period* varies from 6 days to as long as 3 months.

Bacteriology

Human disease is attributed to *Brucella abortus, Br. suis* and *Br. melitensis* from cattle, swine and goat exposure respectively. Brucella are small, non-motile, non-sporing, Gram-negative coccobacilli. Apart from their different CO_2 requirements, the members of this group resemble each other closely in their cultural characteristics.

Epidemiology

The infection is widely distributed but is particularly prevalent in the countries around the Mediterranean Sea and the Near East. Brucellosis is more prevalent in the tropics than is generally supposed and has been widely reported from Africa, South America, the Near East (Saudi Arabia, Kuwait) and India.

Reservoir
Many animals can serve as sources of infection for man, among which the most important are cattle, swine, goats and sheep.

Transmission
The modes of transmission from animals which are discharging brucella are ingestion, contact, inhalation and inoculation. Infection by ingestion may occur by the gastrointestinal route and also by penetration of the mucous membrane of the oral cavity and throat. The transmission of brucella by ingestion of contaminated milk, milk products, meat and meat products is well recorded. Viable *Brucella* may be present in the viscera and muscles of infected carcasses for periods of over 1 month. Camel meat and water are also vehicles of infection. Contact with infected material, e.g. placentae, urine, carcasses, etc., is a common mode of infection and brucellosis is an occupational disease of veterinarians, farmers etc. Air-borne infection through the mucous membranes of the eye and respiratory tract can occur, while accidental inoculation has been recorded among veterinarians and laboratory workers.

Brucellosis results in economic loss to animal husbandry: there is loss of protein food from animal abortion, premature births, infertility and reduced production of milk.

Laboratory diagnosis

The laboratory diagnosis of brucellosis includes bacteriological and serological methods as well as allergic tests. Brucella organisms can be cultured from the blood, bone marrow, synovial fluid, lymph nodes and other sources. A progressive rise of antibody titre occurs in acute brucellosis and the serum agglutination test nearly always gives significantly positive results in the presence of active infection. The interpretation of the agglutination test is not always easy since, owing to the occurrence of latent and past infections, a certain number of persons in countries where the disease is endemic have very high titres. The complement fixation test can also be used in the diagnosis of chronic brucellosis, while the intradermal test when positive, only indicates a state of specific allergy and must be interpreted with great caution. It is a useful adjunct to other methods of diagnosis especially in epidemiological surveys.

Control

The main control of human brucellosis rests in the pasteurization of milk and environmental sanitation of farms.

The individual

Those having direct contact with herds should observe high standards of personal hygiene. Exposed areas of skin should be washed and soiled clothing renewed. Employees in the slaughter houses should wear protective clothing when handling carcasses and these should be removed and disinfected after use. The antibiotic of choice for the specific treatment of brucellosis is tetracyclin.

The community

Pasteurization of milk is the most important method of prevention of human brucellosis; when this is not possible all milk should be boiled before use. Health education and propaganda should be carried out. Infected animals should be segregated and possibly slaughtered. High standards of animal husbandry must be encouraged and, when possible, animals should be vaccinated.

Immunization

Man
Vaccination in man is dangerous. A living vaccine 19-BA (a derivative of *Br. abortus* strain 19) has been used however, in the USSR in persons at high risk of brucella infection.

Animals

Vaccination of animals can result in control and even eradication of brucellosis among them. Living attenuated vaccines of *Br. melitensis*, and 19-*Br. abortus* have been widely and successfully used. Killed vaccines are also available.

Bacterial food poisoning

Food poisoning in the tropics is commonly due to three species of bacteria:

- *Salmonella* spp. (the most important)
- *Staphylococcus aureus*
- *Clostridium welchii*

SALMONELLA FOOD POISONING

Occurrence: World-wide
Organism: *Salmonella* spp.
Reservoir: Animals
Transmission: Meat, meat products and eggs
Control: • Personal and food hygiene
       • Inspection of abattoirs
          Health education of caterers and
          food handlers

Salmonella food poisoning typically presents with diarrhoea, vomiting and fever. The *incubation period* is usually 12 to 24 hours.

Bacteriology

Salmonellae have been subdivided into as many as 17 000 serotypes, the majority being named after the place where they were first isolated. The commonest type causing food poisoning is *S. typhimurium* which is widely distributed in the mammal, bird and reptilian kingdoms.

Epidemiology

This is world-wide, but infection is commoner in tropical communities with low hygiene standards.

Reservoir

The source of infection is usually salmonella-infected animals, e.g. cattle, poultry, pigs, dogs, cats, rats and mice.

Transmission

Meat is the common mode of transmission either as a result of illness in cattle or by contamination from intestinal contents in unhygienically maintained abattoirs. Other vehicles of infection are eggs and egg products (as a result of faecal contamination of the shell) and milk and milk products. Foodstuffs can be infected at any stage from the abattoir to the home by rats and mice, and by subclinically infected human carriers during the processing or preparation of food. Typically, infection occurs as explosive small epidemics among groups of people who have eaten of the same food.

Laboratory diagnosis

Serological agglutination methods are needed to identify the type of salmonella, but the genus is readily recognized by standard bacteriological techniques.

Control

This is essentially a matter of food hygiene to be applied from the abattoir to the home.

The individual

No individual should handle foodstuffs except after thorough washing of hands. Any person suffering from diarrhoea should be debarred from handling or preparing food. High standards of personal hygiene must be maintained by any person connected with food whether cooked or uncooked.

The community

Veterinary inspection of abattoirs must be thoroughly and scrupulously carried out and inspection of animals done both before and after slaughter. Carcasses of animals suffering from salmonellosis must be condemned for human consumption. The abattoirs should be hygienically maintained in order to avoid infection or contamination from intestinal contents. Meat and meat products should be thoroughly cooked and if possible refrigerated if they are to be served cold. If no refrigeration facilities are available, foods should be carefully stored away from rats, mice, flies and kept as cool as is feasible in the circumstances. Health education is needed to raise the general standards of personal and food hygiene.

STAPHYLOCOCCUS FOOD POISONING

Occurrence: World-wide
Organisms: Enterotoxin-producing
                staphylococci
Reservoir: Man
Transmission: Semi-preserved foods
Control: • Personal hygiene of food handlers
         • Food hygiene and refrigeration

Staphylococcus food poisoning is characterized by an abrupt onset with nausea and vomiting sometimes accompanied by diarrhoea and shock. The *incubation period* is from 1 to 6 hours (i.e. very short) which is a differential point from salmonella food poisoning.

Bacteriology

Certain strains of coagulase-positive staphylococci which produce a heat resistant enterotoxin are responsible for this type of food poisoning. They must be differentiated from the non-enterotoxin producing *Staphylococcus aureus* and *S. albus*.

Epidemiology

The disease is world-wide.

Reservoir
The source of infection is man, i.e. food handlers carrying the organism in the nose, throat, hand and skin lesions such as boils, carbuncles and whitlows. Food is contaminated either by droplet infection or by direct contact with infected cutaneous lesions.

Transmission
The mode of transmission is through manufactured semi-preserved foods eaten cold such as hams, tinned meats, sauces, custards, cream fillings of cakes and unpasteurized milk due to staphylococcal infection of cattle. A sudden outbreak of vomiting and diarrhoea in a group of persons who have partaken of the same meal within a few hours

suggests staphylococcus food poisoning. Any occasion for mass feeding as occurs at funerals, weddings, schools and other institutions, is liable to result in staphylococcus food poisoning. In these instances food is often pre-cooked, stored and then served cold or after rewarming.

Laboratory diagnosis

If an unconsumed portion of the suspected food is still available this should be sent to the laboratory for examination of enterotoxin-producing staphylococci.

Control

This consists of the proper education of food handlers and high standards of food hygiene.

The individual

All food handlers should be educated in personal hygiene and excluded from contact with foodstuffs if they suffer from purulent nasal discharges or pyogenic skin lesions until they are cured.

The community

High standards of catering should be maintained and hygienic techniques for handling, preparation and storage of foods used. Whenever possible, cooked foods should be refrigerated and the adequate heat treatment of all milk and milk products is essential.

CLOSTRIDIUM WELCHII FOOD POISONING

Occurrence: World-wide, New Guinea ('pig-bel')
Organism: *Cl. welchii*
Reservoir: Man, animals
Transmission: Ingestion of meat
Control: Cooking and storage of meat,
           vaccination

Clostridium welchii food poisoning presents with diarrhoea and pain; vomiting is not very common. The *incubation period* is 12 to 24 hours.

Bacteriology

There are many serotypes of *Cl. welchii*. The rod-like organisms require anaerobic conditions in which to grow. They are Gram-positive and produce endospores. In New Guinea *Cl. perfringens* (*Cl. welchii*, type C) is thought to be associated aetiologically with 'pigbel' (*see* below).

Epidemiology

The condition is world-wide. A diffuse sloughing enteritis of the jejunum, ileum and colon known as *'enteritis necroticans'* or *'pigbel'* is very common in New Guinea.

Reservoir and transmission

The source of infection can be human, animal, or fly faeces, and the spores of *Cl. welchii* survive for long periods in soil, dust, clothes and in the environment generally. The carrier rate in human populations varies from 2 per cent to 30 per cent. The mode of transmission is by ingestion of meat which has been pre-cooked and eaten cold, or reheated the next day prior to consumption.

In New Guinea the disease in both epidemic and sporadic forms, is related to pig feasting, which is an integral and complex part of the indigenous cultures of all highland tribes. Males are affected more often than females. The fatality rates vary from nil to 85 per cent.

Laboratory diagnosis

Cl. welchii can be isolated from the stools of individuals suffering from the disease and from food remnants.

Control

A proper standard of food hygiene is the most effective method of controlling *Cl. welchii* food poisoning.

All meat dishes should be either cooked and eaten immediately or refrigerated until required. Reheating of foodstuffs should be avoided and in New Guinea special precautions should be taken when pig-feasting occurs. A successful vaccine has been developed with a clostridial toxoid prepared from C cultures.

Protozoal infections

The most important protozoal infections transmitted by the faeco/oral route are:

- Amoebiasis
- The flagellate infestations
- Balantidiasis
- Toxoplasmosis
- Cryptosporidiosis

AMOEBIASIS

Occurrence: World-wide
Organism: *Entamoeba histolytica*
Reservoir: Man
Transmission: Contaminated hands, food
Control: • Personal hygiene
         • Sanitary disposal of faeces

Amoebiasis is caused by the protozoan *Entamoeba histolytica*. The parasite lives in the large intestine causing ulceration of the mucosa with consequent diarrhoea.

Applied biology

The amoeba lives in the lumen of the large intestine where it multiplies by binary fission. Under suitable conditions it invades the mucous membrane and submucosa. If red blood cells are available, the amoeba will ingest them. When diarrhoea occurs, amoebae are expelled to the exterior, and then are found in the freshly passed fluid stools. Amoebae are very sensitive to environmental changes, and so are short lived outside the body.

When there is no diarrhoea and other conditions are favourable for encystation, the amoebae cease feeding, become spherical, secrete a cyst wall and the nucleus divides twice to form the characteristic mature four-nucleate cyst. There are two other characteristic structures: a glycogen vacuole which acts as a carbohydrate reserve, and chromatoid bodies which are a ribosome store. Cysts kept cool and moist remain viable for several weeks.

The cyst is the infective form, and when ingested hatches in the lower part of the small intestine or upper part of the large intestine. The four-nucleate amoeba undergoes a series of nuclear and cytoplasmic divisions, each multinucleate amoeba giving rise to eight uninucleate amoebae, which establish themselves and multiply in the large intestine.

The sizes of the cysts range from 7–15 μm and are uniform for any particular strain. Strains can be divided into two groups: those producing cysts over 10 μm and those below 10 μm in diameter. The strains producing small cysts are now held to belong to a separate species, *E. hartmanni*. Infections with *E. hartmanni* are symptomless.

Epidemiology

Amoebiasis has a world-wide distribution, but clinical disease occurs most frequently in tropical and subtropical countries. In temperate climates the infection is often non-pathogenic and symptomless.

In certain areas of Africa, Asia and Latin America, the prevalence of asymptomatic infections ranges from 5 per cent to more than 80 per cent. Recent estimates suggest that 500 million people/year are infected with *E. histolytica* and approximately 8 per cent will develop overt disease. 40 000–100 000 deaths/year are attributable to invasive amoebiasis. Globally, amoebiasis is the third most common parasitic cause of death—after malaria and schistosomiasis.

Reservoir
The reservoir of disease is man. Although several animals harbour *E. histolytica*—monkeys, dogs, pigs, rats, cats—they are thought to be of no epidemiological importance in human infections. The disease is spread by cyst passers, who may be divided into two main groups:

- Convalescents who have recovered from an acute attack
- Asymptomic individuals who can recall no clinical evidence of infection

The latter possibly are the more common source of infection, even in countries with high standards of hygiene. Bad sanitation is more important than climate in the predominance of overt infection in the tropics. Carrier rates of *E. histolytica* among symptomless subjects have varied from 5 per cent in temperate areas with good hygiene to 80 per cent in some tropical communities.

Transmission
The parasite can be transmitted by direct contact through the contaminated hands of cyst carriers, e.g. in institutions; it is also transmitted indirectly by means of contaminated food, such as raw vegetables fertilized with fresh human faeces; and through the food infected by food handlers and flies. Amoebic dysentery is not infrequently a house or family infection. Infected water has occasionally been held responsible for the transmission of large outbreaks of the disease.

Host factors
Among the host factors influencing the epidemiology of the disease we have to consider the following:

Sex Any differences that have been reported in the incidence of the disease between males and females are probably related to exposure rather than a true sex susceptibility to the infection. The disease seems to appear in fulminating form in pregnant and puerperal women. This may be a corticosteroid effect.

Age Amoebiasis in childhood is not uncommon. It usually occurs in the age-group nil to 6 years, as those between the ages of 7 and 14 years seem to enjoy a greater immunity to ill effects from *E. histolytica* infection than others.

Race All races are susceptible to the disease. Although the infection is often milder in Europeans, this is probably related to sanitary standards, diet, and freedom from debilitating disorders, rather than to a genuine racial factor. Reports from Madras indicate that amoebiasis was twenty times more frequent in Hindus than in Muslims, while in Durban the incidence and severity of amoebic dysentery is greater in Africans than in Indians or Europeans.

Immunity There is no evidence that amoebiasis confers any protective immunity and the infection can persist for many years after its establishment. The general condition of patients plays an important role; thus, severe cases of amoebiasis are often seen among soldiers on active service.

Diet Milk and iron supplementation can influence the invasiveness of *E. histolytica*.

Laboratory diagnosis

The clinical diagnosis of amoebiasis has to be confirmed by identification of *E. histolytica*.

Microscopy

During an attack of amoebic dysentery the motions are loose, offensive, and contain mucus and blood; faecal elements are always present. On microscopical examination motile amoebae, some with engorged red cells, will be found in the freshly passed stool or in specimens removed at sigmoid-oscopy or proctoscopy.

In asymptomatic infections, and during remission, the stool is semiformed and contains *E. histolytica* cysts. They can be seen to contain one or more bar-shaped chromatoid bodies and staining with iodine reveals one to four nuclei and a glycogen mass. Repeated stool examinations (six specimens collected at weekly intervals) should be made before absence of infection can confidently be assumed. Concentration techniques for cysts are available, and cultural methods may assist diagnosis in scanty infections.

Immunological and biochemical identification

Complement-fixation, precipitin, and intradermal tests have all been used with varying success. New techniques, e.g. latex agglutination and amoebic gel-diffusion tests, with improved antigens promise better results. The fluroescent antibody test has proved very reliable.

Isoenzyme techniques can now differentiate pathogenic from non-pathogenic *E. histolytica*.

Control

The main method of control is the provision and use of facilities for the sanitary disposal of faeces coupled with personal cleanliness.

The individual

Raising the standards of personal hygiene through health education is the only method that can be applied to the individual, e.g. advice on washing of hands, especially after defaecation. Food handlers, e.g. cooks, are a specially important group to train. Adequate treatment of individual infections with metronidazole or other amoebicides reduces the reservoir of infection.

The community

The provision of a safe water supply and facilities for sanitary disposal of faeces are the main control measures applicable to the community. The use of human faeces as fertilizers should be discouraged. In areas where a pure water supply is not available, water should be boiled and raw vegetables and fruit thoroughly washed and dipped in boiling water. Food should be protected from flies.

Other amoebae

Infection of the human gut may occur with other amoebae, namely *Entamoeba coli*; *Dientamoeba fragilis*; *Endolimax nana*; and *Iodamoeba butschlii*. There is controversy, however, concerning the actual pathogenecity of these organisms. *Naegleria fowleri* has been reported as causing a fatal necrotizing meningoencephalitis.

Flagellate infestations

A number of flagellate protozoa commonly parasitize the human intestine and genito-urinary tract:

- *Trichomonas hominis*
- *Chilomastix mesnili*
- *Trichomonas vaginalis*
- *Giardia lamblia*

The ones with real claims to pathogenecity are *G. lamblia* and *T. vaginalis* which are found both in the tropics and in temperate countries. *T. vaginalis* urethritis is common in males: for an account of Trichomoniasis *see* p. 95. Giardiasis is described below.

GIARDIASIS

Occurrence: World-wide
Organism: *Giardia lamblia*
Reservoirs: Man and animals
Transmission: Contaminated hands, food
Control: • Personal hygiene
  • Sanitary disposal of faeces

Heavy infection with *G. lamblia* is often accompanied by diarrhoea or steatorrhoea.

Applied biology

The trophozoite lives in the upper part of the small intestine particularly the duodenum and jejunum. In appearance it resembles a half-pear split longitudinally measuring 12–18 μm in length. It reproduces itself by a complicated process of binary fission. The cysts (which are the infective forms) occur in the faeces, often in enormous numbers. They are oval in shape, contain at first two nuclei which divide, giving rise to four in the mature cyst.

Epidemiology

Reservoir
Man is the source of infection. *G. lamblia* is harboured by many animals, but these rarely play a part in the epidemiology of human infections.

Transmission
The infection is transmitted by the ingestion of cysts, as a result of insanitary habits or contaminated food.

Host factors
It is common in children and in adults, sometimes causing symptoms of malabsorption in both, due to mechanical irritation rather than invasion of the mucous membrane. Giardia infections may persist for years and the parasite may invade the biliary tract. 'Overlanders' are particularly prone to acquire the infection.

Recent outbreaks have occured in communities with the following features in common:

- Surface water (streams, rivers, lakes) rather than well water is used
- Chlorination is the principal method for disinfecting water
- Water treatment does not include filtration

These outbreaks exemplify the increasing frequency with which Giardia is being implicated as the cause of water-borne outbreaks of diarrhoea. It is also evident that chlorine levels used in routine disinfection of municipal drinking water (0.4 mg/l free chlorine) are not effective against Giardia cysts, although hyperchlorination (5–9 mg/l free chlorine residual) may be successful.

Laboratory diagnosis

Diagnosis of infection is made by finding cysts of the parasite in formed stools; cysts and vegetative forms in fluid stools or duodenal aspirates.

Control

The main control measures are the provision and use of a safe method of excreta disposal and the raising of personal standards of hygiene. Boiling is the most reliable method for killing Giardia cysts in water.

BALANTIDIASIS

Occurrence: World-wide
Organism: *Balantidium coli*
Reservoir: Man and animals, especially pigs
Transmission: Contaminated hands, food
Control: • Personal hygiene
      • Sanitary disposal of faeces

Balantidiasis in man has been recorded from most parts of the world, and is caused by infection with the ciliate protozoon, *Balantidium coli* which is a common parasite of the pig. Infection can cause severe diarrhoea.

Applied biology

The large ovoid cysts are passed in the faeces and contain the parasite which may be seen moving actively. The enclosed balantidium then loses its cilia, and sometimes two individuals are found in the same cyst. *B. coli* reproduces asexually by tranverse fission. Transmission of infection takes place by ingestion of cysts, but the subsequent life-cycle is not known.

Epidemiology

The reported incidence in man is very variable (0.4–5.1 per cent) and depends on whether or not freshly collected specimens of faeces are examined. Epidemics have been reported from mental institutions, and in Papua New Guinea a high incidence of infection has been recorded.

Reservoir

B. coli has been found in the intestinal contents of man and a large number of animals—wild boars, sheep, horses, rats, frogs, monkeys, etc., but domestic pigs are much the most important reservoir hosts. Infection in man is comparatively rare despite man's close contact with pigs in many countries, and in more than 50 per cent of human cases there may be no history of contact with pigs.

Transmission

It is possible that man is most often infected by fingers, food, drinking water, or soil contaminated by pigs' faeces containing balantidia, usually in the encysted form. Handling of the intestines of infected animals or transmission by flies are other possible modes of spread. Furthermore, the possibility of infection from green vegetables grown in soil fertilized by pig excrement must be borne in mind, especially as cysts may remain viable for weeks in moist faeces.

Laboratory diagnosis

The stools are bloody and mucoid. Examination of faeces will reveal the typical large ovoid cysts 45–60 μm in length, containing the parasite. The trophozoites may also be seen in freshly collected stools: the protozoon is oval in shape and of variable size (20–30 μm in length by 40–60 μm in breadth). The body is clothed with a thick covering of cilia arranged in longitudinal rows. Both the direct and indirect fluorescent antibody techniques have recently been applied in the diagnosis of *B. coli*.

Control

High standards of personal hygiene must be maintained, especially among persons in close contact with pigs—gloves should be worn when handling the intestines of potentially infected animals. Green vegetables should be washed and dipped in boiling water. Environmental sanitation of piggeries should be encouraged. Sanitary disposal of faeces and purification of water are the main control measures for the community.

TOXOPLASMOSIS

Occurrence: World-wide
Organism: *Toxoplasma gondii*
Reservoirs: Man, other mammals
Transmission: Raw beef and pork, other modes to be identified
Control: • Personal hygiene
Thorough cooking of meat

Toxoplasmosis is caused by the intracellular sporozoon *Toxoplasma gondii*. The infection may be congenital or acquired. Clinically there are four types of acquired toxoplasmosis:

- Asymptomatic
- Acute
- Glandular
- Chronic

Applied biology

The lifecycle of *T. gondii* is similar to that of coccidian parasites and its taxonomic status is now considered to be a coccidian parasite related to the genus *Isospora*. When extracellular, the organism is crescent shaped, about 6 μm long. The cytoplasm stains blue and the eccentric nucleus stains red with Giemsa. In the intracellular stages *T. gondii* appears singly or in clusters within the reticulo-endothelial cells. Aggregations of the organisms may form pseudocysts. The cystic form of the parasite has reached 100 μm in diameter. Reproduction of the organism is by binary fission. Toxoplasma trophozoites and cysts characterize acute and chronic infections respectively, but cysts may form early in the acute stage and trophozoites may remain active for years in some chronic infections.

Epidemiology

Toxoplasmosis has a world-wide distribution. In the tropics it is probably commoner than is generally realized.

Reservoir and transmission

Man Man is the main reservoir of human infection. The method of transmission of *T. gondii* from person to person is unknown except in congenital infections. Surveys of various populations have shown that a high incidence of asymptomatic infection occurs in the warm or hot humid areas, and a low incidence in the cold areas and hot dry areas. In general, there does not appear to be any difference in infection rate between urban and rural populations, between sexes or between races in the same environment.

Animals *T. gondii* is widely distributed in the animal kingdom, being particularly common in cats, dogs and rabbits. However, in spite of the circumstantial evidence indicating a possible transmission between animals and man, it is probable that both may become infected from a common source or sources. Ingestion of raw beef and pork meat are a recognized mode of infection and it has been demonstrated that infection was particularly high in a tuberculosis hospital in France, where the children were fed raw or underdone meat. Antibodies, however, are found just as frequently in vegetarians as in meat eaters in India. High infection rates have also been found in sewage workers, rabbit trappers, laboratory workers and nurses. The role of droplet infection and mechanical subcutaneous inoculation by biting, or blood-sucking arthropods, in the transmission of toxoplasmosis, has yet to be proved. Toxoplasma can be transmitted inside the egg of the cat roundworm *Toxocara cati*, but this is not likely to be the main mode of infection in man.

Laboratory diagnosis

Haematology
In the blood there may be a leucocytosis or leucopenia. An eosinophilia has been described. There may be a mild degree of anaemia and a leukaemoid reaction and atypical lymphocytes may be seen.

Isolation
Toxoplasma may be isolated from blood, cerebro-spinal fluid, saliva, sputum, lymph nodes, skin, liver and muscle; by intraperitoneal injection of the biopsy or other material into mice, guinea-pigs or hamsters. Mice are the most suitable medium for culturing the organism as they do not suffer from toxoplasmosis.

Serology
A number of serological tests have been described for the detection of antibodies to *T. gondii*. The cytoplasm-modifying test of Sabin-Feldman (dye-test) is the one most widely used. It is a sensitive test which shows the presence of antibody in many members of the normal adult population. The most convincing method of diagnosing active toxoplasmosis is by the demonstration of at least a four-fold rise in titre, coupled with the isolation of toxoplasma in the tissues or body fluids by inoculation of mice.

Other serological tests in common use are: complement-fixation test; direct agglutination test; haemagglutination test; fluorescent antibody test. Recently a toxoplasma neutralization test and a micro-agglutination test have been described.

Control

The most effective treatment for both man and animals is a combination of pyrimethamine and sulphonamides. Intimate contact with sick animals should be avoided, and ingestion of raw meat discouraged.

CRYPTOSPORIDIOSIS

Occurrence: World-wide
Organism: *Cryptosporidium* spp.
Reservoir: Animals, especially calves
Transmission: Faeco-oral
Control: • Avoid contact with animals
  Personal hygiene

Cryptosporidium causes intractable, profuse, watery diarrhoea in immunosuppressed and immuno-compromised individuals. It is thought to be a major contributory cause of death in AIDS patients. It is probably a more important cause of diarrhoea in children in the tropics than has hitherto been realized.

Applied biology

Cryptosporidium is a coccidian parasite with an extracellular lifecycle in mucoid material on the surface of the epithelial cells of the gut.

Epidemiology

Cryptosporidiosis has a world-wide distribution. It is a common cause of diarrhoea in children in the tropics, with heavy infections reported from Costa Rica and Bangladesh. The incidence of infection is highest in the warm humid months.

Reservoir and transmission
Cryptosporidiosis is a zoonotic infection. The main mode of transmission is by the faeco-oral route from calves and other animals through contamination of food. Person-to-person transmission, particularly between children and within households, also occurs.

Host factors
In adults infected with AIDS, cryptosporidiosis is an opportunistic infection causing death from severe diarrhoea and malabsorption.

Laboratory diagnosis

Oocysts are found in the stools and can be best demonstrated by coverslip flotation using Sheather's sugar solution and staining with a modified Ziehl-Neelsen technique.

Control

Contact with animals, especially calves, should be avoided and improvement in personal hygiene at homes, schools and nurseries emphasized.

Helminthic infections

Many important helminths are transmitted through the gastrointestinal tract and the infections they give rise to can be classified as in Table 4.2.

Table 4.2 Classification of helminthic diseases transmitted through the gastrointestinal tract

Roundworms	Flatworms	
(Nematodes)	Tapeworms (Cestodes)	Flukes (Trematodes)
Ascariasis	Taeniasis	Paragonimiasis—Lung fluke
Toxocariasis	Diphyllobothriasis	Clonorchiasis ⎱Liver
Trichuriasis	Hymenolepsiasis	Opisthorchiasis ⎰flukes
Enterobiasis	Hydatid disease	Fascioliasis
Dracontiasis		Fasciolopsiasis ⎱Intestinal
Trichinosis		Heterophyiasis ⎰flukes
Angiostrongyliasis		Metagonimiasis
Gnathostomiasis		

Nematode (roundworm) infections

ASCARIASIS

Occurrence: Hot humid climates of the world
Organism: *Ascaris lumbricoides*
Reservoir: Man
Transmission: Contaminated hands, food, drink
Control: • Personal hygiene
 • Sanitary disposal of faeces
   Chemotherapy

This disease, due to the large intestinal roundworm, *Ascaris lumbricoides*, is often symptomless and infection is discovered incidentally; occasionally it causes intestinal obstruction in children.

Applied biology

The adult worms of *A. lumbricoides* live in the small intestine. Their colour is yellowish-white and they may reach a length of 40 cm. The female is prolific, laying up to 200 000 eggs a day. The typical egg has a yellowish-brown mamillated appearance. Ascaris eggs are resistant to cold and to disinfectants in the strengths in normal use. They are killed by direct sunlight and by temperatures of about 45°C. Under optimum conditions, eggs may remain viable for as long as 1 year.

Lifecycle (Fig. 4.3)
The eggs are passed in the faeces, and providing the environment is suitable a larva develops within the egg and becomes infective in about 10 days. After eggs containing larvae are swallowed by man, the

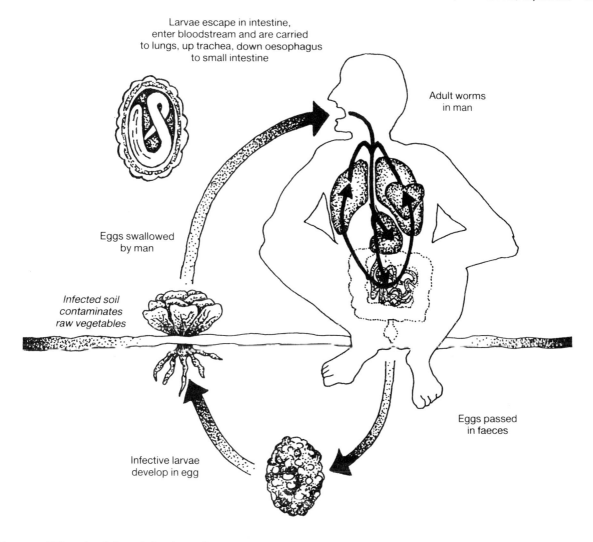

Larvae escape in intestine,
enter bloodstream and are carried
to lungs, up trachea, down oesophagus
to small intestine

Adult worms
in man

Eggs swallowed
by man

*Infected soil
contaminates
raw vegetables*

Infective larvae
develop in egg

Eggs passed
in faeces

Fig. 4.3   Lifecycle of *Ascaris lumbricoides*

young worms hatch, are set free in the small intestine and begin the migration. This takes them through the wall of the small intestine and by way of the hepatic portal system to the liver. They are then carried by the bloodstream to the right heart and to the lungs, where they remain for several days, after which they migrate passively up the bronchi and trachea to the pharynx. They are now swallowed and re-enter the small intestine where they become sexually mature in about 2 months.

The migratory phase of larval development in the liver and lungs requires 8–15 days and is associated with fever, allergic dermatitis, eosinophilia and pneumonitis or pneumonia.

Epidemiology

A. lumbricoides has a world-wide distribution the incidence of which is largely determined by local habits in the disposal of faeces. Its highest prevalence is in the hot humid climates of Asia, Africa and tropical America.

Reservoir and transmission
Man is the reservoir of infection which is spread by faecal pollution of the soil. The eggs are swallowed as a result of ingestion of soil or contact between the mouth and various inanimate objects carrying the adherent eggs. Contamination of food or drink

by dust or handling is also a source of infection. Eggs of ascaris pass unaltered through the intestine of coprophagous animals and can thus be transported to locations other than human defaecation sites. The well-protected eggs withstand drying and can survive for lengthy periods.

A. suis, which infects pigs, is morphologically identical and can mature in man, but cross-infection has not been proved.

Host factors

Although all age-groups show infection in endemic areas, the incidence and intensity are highest in the younger age-groups. Infants may be parasitized soon after birth by ova on the mother's fingers. The observed variation in incidence and intensity with age is probably due to differences in behaviour and occupational activities between children and adults, as well as to the development of acquired resistance. Evidence has accumulated that ascaris infection retards growth in children. Clinical signs of protein-energy malnutrition increase in ascaris-infected children and significantly decrease after deworming.

The prevalence of ascaris infection in children can be usefully used as an index of faeco-oral transmission in a community.

Laboratory diagnosis

The microscopical diagnosis of ascariasis can be confirmed by examination of faeces samples. Because of their characteristic morphology and colour the ova can be found relatively easily in 'direct smears'. Concentration and quantitative techniques are available.

In epidemiological studies, serological tests (e.g. larval microprecipitation test) are useful to detect early infections as well as the lung manifestations of the larval stages of ascaris infection.

Control

The main method of control is the sanitary disposal of human excreta, complemented by chemotherapy.

The individual

Health education should raise standards of personal hygiene and mothers should encourage

young children not to defecate indiscriminately. Chemotherapy will reduce morbidity even if it does not significantly affect transmission.

The community

Sanitation

A method of sanitary disposal of faeces (i.e. some type of latrine acceptable to the people and best suited to the terrain—*see* Chapter 12) should be introduced and its use encouraged. The provision and use of such facilities is particularly important for groups that spend long hours working out of doors (e.g. farmers). Human faeces should not be used as a fertilizer unless previously composted so that the resulting high temperature can kill the eggs. Mass treatment of pre-school and school children may be undertaken using a single dose of one of the broad-spectrum antihelminthics (*see* p. 125). In Kenya, targeted chemotherapy of schoolchildren has been shown to improve growth.

Chemotherapy can be utilized as the short-term approach to control, fortified by improvements in personal hygiene and sanitation as the long-term solution for ascaris and the other faeco-orally transmitted helminth infections.

TOXOCARIASIS

Occurrence: World-wide
Organisms: *Toxocara canis* and *T. catis*
Reservoir: Dogs and cats
Transmission: Handling infected household pets
                      or their faeces.
Control: Personal hygiene
                 Treatment of household pets

Evidence has now accumulated that human disease due to larval migration of *Toxocara canis* and *T. cati* constitutes an important public health problem, and although the majority of reports to date have emanated from the more developed countries, we believe that it is merely a question of time before these infections are widely reported from the tropics as a major cause of some of the otherwise unexplained clinical syndromes seen in these areas.

The liver and eye are the most common organs involved, with an associated hypereosinophilia.

Applied biology

T. canis and *T. cati* are parasites of dogs and cats and their presence in the human host is an abnormal migration of their larval phase.

Under favourable conditions, the eggs passed in the dog's faeces become infective in 2–3 weeks. From the swallowed eggs emerge the second-stage larvae which penetrate the intestinal walls and reach the liver. The majority of larvae remain in the liver but others may pass on to the lungs or other organs of the body, including the central nervous system and the eye. Occasionally the larvae complete their cycle of development in the human host, resulting in infection with adult *T. canis* or *T. cati*.

It is possible that nematode larvae other than Toxocara may be involved in visceral larva migrans. Viral encephalitis due to larval migration has been reported and the transmission of poliomyelitis virus by larvae of toxocara has been postulated.

Epidemiology

The majority of human cases have been reported from the eastern half of the United States, but the disease has been recognized in the Philippines, Mexico, Hawaii, Turkey, Puerto Rico and other countries. Toxocaral infection of dogs has been reported from Malta, Nigeria, Uganda, Kenya, Tanzania, Mexico and India.

Reservoir and transmission
The reservoir of infection is the dog, or less frequently the cat. Infection is acquired by ingesting soil which has been contaminated, usually by dogs' faeces.

Host factors
Young children are particularly susceptible to toxocariasis because of their habit of eating dirt, and of handling soiled fur of puppies and then putting their fingers in their mouths. The severity of the disease depends upon the numbers of worms that have invaded the body and the duration of infection. It has been shown that puppies are more infected than adult dogs and that the incidence among bitches is lower at all ages.

Laboratory diagnosis

A high, stable persistent eosinophilia reaching levels of 60 per cent is a prominent feature. Toxocara larvae can be identified in biopsy material and provide the most certain means of making a definite diagnosis. The fluorescent antibody test has also been used.

Control

Elimination of infection in puppies and dogs is the most effective way of controlling the disease. Puppies used as household pets should be regularly examined and treated with one of the piperazine compounds. Dog owners should avoid public parks as defecation sites for their pets. Children should be instructed in habits of personal hygiene.

TRICHURIASIS

Occurrence: World-wide
Organism: *Trichuris trichiura*
Reservoir: Man
Transmission: Contaminated hands, food and drink
Control: • Personal hygiene
      • Sanitary disposal of faeces

This infection is due to the whipworm *Trichuris trichiura* and it is often symptomless. Heavy infections of over 1000 worms, however, may cause bloody diarrhoea with anaemia and prolapse of the rectum.

Applied biology

Lifecycle (Fig. 4.4)
The sexually mature worms, which are about 5 cm long, have a whiplike shape and live in the caecum and upper colon of man. After fertilization, the eggs are passed in the faeces within 4 weeks of infection and embryonic development takes place

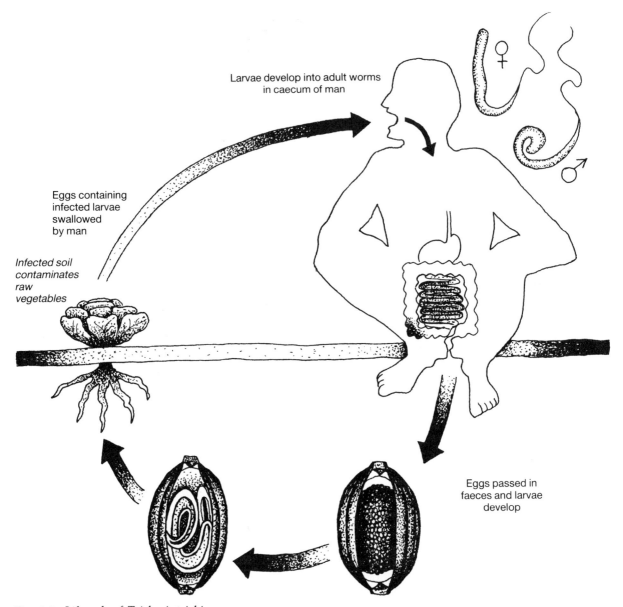

Fig. 4.4   Lifecycle of *Trichuris trichiura*

in the soil. Under favourable conditions of moisture and temperature the larvae develop inside the eggs within 2–5 weeks. The embryonated eggs are infective.

When the eggs are ingested by man the larvae escape into the upper small intestine and migrate directly to the caecum, where they become adults within 1–3 months.

Epidemiology

Trichuriasis occurs throughout the world but is more prevalent in the warm humid tropics.

Reservoir and transmission

Man is the reservoir of infection. Soil pollution is the determining factor in the prevalence and intensity of infection in a community, and clay soils are more favourable than sandy soils. Transmission occurs through the insanitary habit of promiscuous defaecation; and infection usually results from the ingestion of infective ova from contaminated hands, food or drink. Although trichuris infection of domestic and other animals occurs, it is unlikely that animal reservoirs play a part in the epidemiology of human infection. Coprophagous animals can transport trichuris eggs to locations other than human defaecation sites, since the eggs are passed unaltered through their intestine.

Host factors
The high prevalence in children is probably due to greater exposure to infection.

Laboratory diagnosis

Microscopy
Direct smear examination of faeces will reveal the characteristic lemon-shaped ova. An egg count on an ordinary wet faecal smear (containing about 2 mg of faeces) of more than 100 ova is indicative of a heavy infection. Concentration and quantititative techniques can be applied. The mucoid sticky stools may contain a preponderance of eosinophil cells and Charcot-Leyden crystals.

Haematology
Eosinophilia (10–20 per cent) is usually present, especially in massive infections. An associated microcytic hypochromic anaemia may be seen.

Control

- Sanitary disposal of faeces
- Personal hygiene

ENTEROBIASIS

Occurrence: World-wide
Organism: *Enterobius vermicularis*
Reservoir: Man
Transmission: Contaminated hands, dust
Control: Personal hygiene

This infection due to the pinworm *Enterobius vermicularis* may be symptomless or there may be mild gastrointestinal discomfort and pruritus ani. It is prevalent throughout the world and is probably less common in the tropics than in countries of the temperate zone.

Applied biology

The female worm is about 8–13 mm long while the male worm (which is rarely seen) is only 2–5 mm.

They both live in the caecum, where copulation takes place. The gravid females then migrate to the colon and rectum and at night pass through the anus to deposit their eggs on the perianal skin and genitocrural folds. Within a few hours larvae develop within the eggs, which are now infective. Upon ingestion by man, the larvae hatch in the duodenum and mature in the caecum. The lifecycle from egg to adult lasts 3–7 weeks. The survival of the ova depends upon temperature and humidity; viability being greatest in cool, moist surroundings.

Epidemiology

Enterobiasis is prevalent throughout the world and is probably less common in the tropics than in countries of the temperate zone.

Reservoir and transmission
Man is the reservoir of infection. The ova from the perianal region are transferred to night clothes, towels and bedding, and infection may follow when these are handled. Infective ova may be present in the dust and infection can therefore take place by inhalation. The intense pruritus around the perianal regions results in scratching and the hands, especially beneath the finger nails, become contaminated. Ova are transferred directly to the mouth or indirectly through food and other objects which have been handled. Occasionally the larvae, after hatching in the perianal regions, re-enter the anus and migrate to the caecum, where they mature (retroinfection). The highest incidence of enterobiasis is in school-children from 5 to 15 years. It is very prevalent in crowded districts with faulty hygiene, in institutional groups, and among members of the same family.

Host factors
There may be a racial susceptibility to infection, thus Puerto Rican children living in crowded conditions in New York had a lower incidence of infection than white, non-Puerto Rican children.

Laboratory diagnosis

Adult female worms may be found in the faeces or perianal skin. The method of choice for making a diagnosis is the Scotch adhesive tape swab applied to the perianal region in the morning before bathing or defaecation. Ova are indetified by their asymmetrical shape and well-developed embryo when the tape is mounted on a slide for examination. The Scotch tape can be also applied to that part of the person's clothing which has been in contact with the perianal region. At least three examinations should be carried out before a negative diagnosis is made. Enterobiasis is very infectious and if one person is infected in a household all other members of the family should be suspect.

Control

Because entrobiasis is an infection of families or institutions, all members should be examined and those positive treated simultaneously. Scrupulous cleanliness, frequent washing of the anal region, the hands and the nails, especially after defecating, controls the infection. Cotton drawers and gloves should be worn at night and boiled daily. The drug treatment of choice is Viprynium (Vanquin) in a single dose of 5–30 ml.

DRACONTIASIS (GUINEA WORM)

Occurrence: Tropical Africa: Indian Subcontinent
Organism: *Dracunculus medinensis*
Reservoir: Man
Transmission: Water contaminated with cyclops
Control: • Boiling of water
• Provision of safe drinking water

The guinea worm *Dracunculus medinensis* has been known since ancient times. It results in the formation of skin ulcers with extrusion of embryos on contact with water. The ulcers frequently become infected and are a cause of disability and school absenteeism.

Applied biology

The sexually mature female is up to 1 m long and 2 mm in diameter; the uterus, which occupies most of the body, contains millions of embryos. The male is small and its fate after copulation is not known.

Lifecycle (Fig. 4.5)

When the gravid female is ready to discharge the larvae, the cephalic end of the worm approaches the skin and secretes a substance which causes a blister to form. When the surface of the blister comes into contact with water, the anterior end of the vagina protrudes and the uterus expels the embroys into the water until the supply is exhausted. The female worm then shrivels and dies.

The larvae liberated in water must be taken up by suitable species of cyclops, in which they develop into infective forms in about 3 weeks. Man becomes infected by drinking water containing infected cyclops. These are digested by the gastric juices and the freed larvae penetrate the wall of the digestive tract and eventually migrate to the subcutaneous tissues. The female worm requires about 1 year before she is ready to discharge her embryos.

Epidemiology

It occurs in local distributions in Africa, the Middle East, India, Pakistan, the Caribbean islands, Guyana and Brazil. The number of cases reported from these regions in 1988 is shown in Table 4.3.

Transmission
Contamination of water with larvae from infected persons takes place when such persons draw drinking water from shallow ponds or wells. The water in these ponds, being stagnant with a high organic content, favours the presence of the vector species of cyclops. In the dry season in some areas these ponds are much frequented since they often

Table 4.3 Cases of guinea worm reported in 1988*

Country	Number of cases
Nigeria	653 492
Ghana	71 767
Benin	13 892
India	12 023
Pakistan	1 111
Ethiopia	751
Cameroon	746
Mali	584
Sudan	542
Togo	156

* CDC/WHO *Collaborating Centre for Research, Training and Control of Dracontiasis*. June 1, 1989.

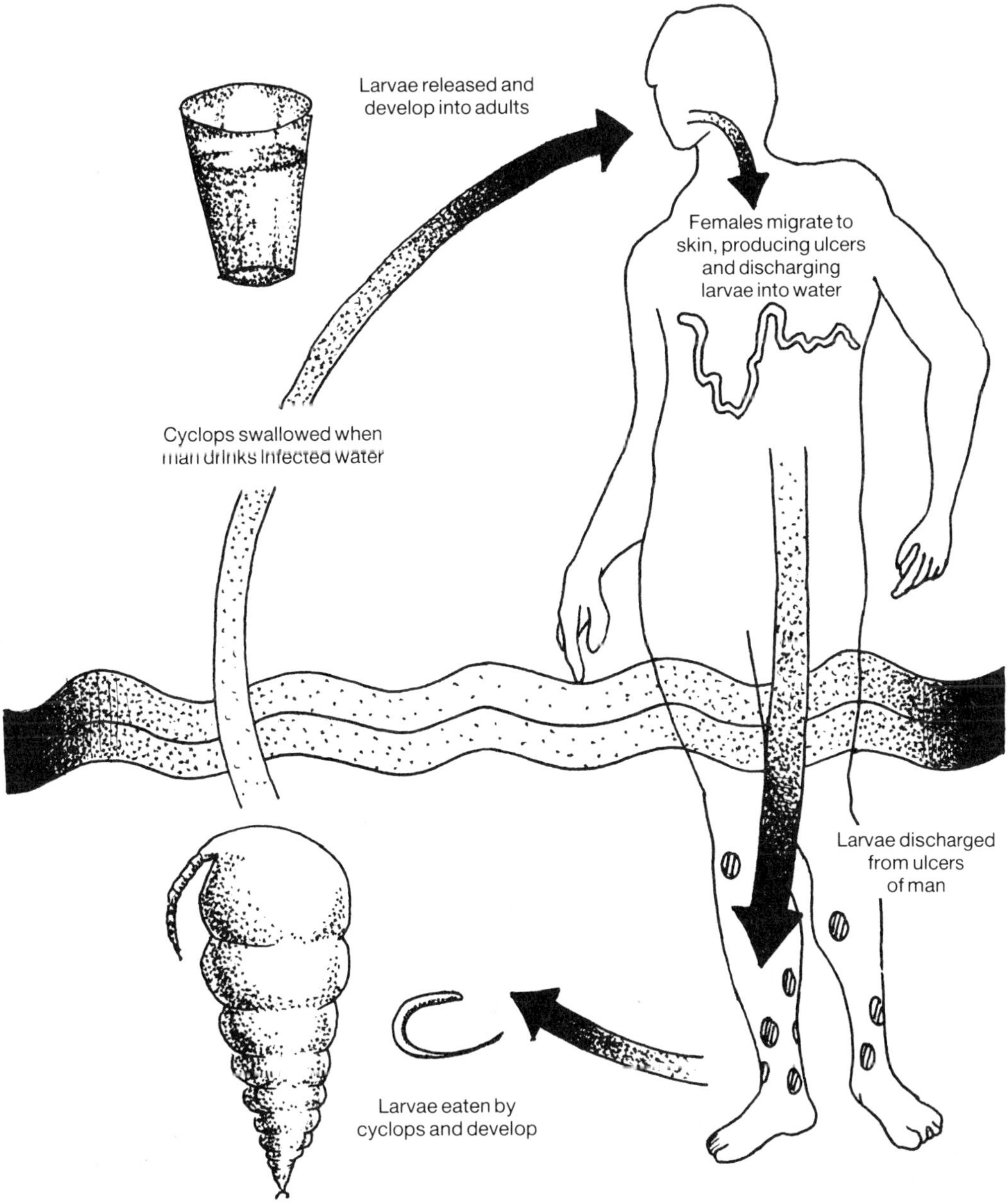

Fig. 4.5 Lifecycle of *Dracunculus medinensis* (Guinea worm)

provide the only readily accessible source of water, thus creating a high cyclops: man contact ratio. In other places, transmission may occur during the rains when surface pools exist which disappear in the dry season. Infection can also be contracted when drinking water while bathing in contaminated pools or during ritual washing of the mouth in the performance of religious ablutions.

Host factors
It has been suggested that gastric acidity may be responsible for resistance to infection in some exposed persons, but this hypothesis has been repudiated.

Control

Individual
Treatment of individual infections with niridazole, mebendazole or thiabendazole has given good results.

Community
Transmission can be interrupted by installing a piped water supply, providing wells with a sanitary well-head, straining or boiling all water for human consumption. DDT at 1 part/million, chloride of lime or 'Abate' (Cyanamid) will achieve immediate though temporary control of infected waters by killing the cyclops intermediate host.

Health programmes
The elimination of this economically important water-borne disease from extensive areas has been a goal of the Water Decade's (1980–90) planned activities. Within affected countries guinea worm endemic foci should be given priority for the construction of safe water supplies.

India, the first country to plan an eradication programme, hopes to eliminate the disease by the early 1990s. When the programme began in 1980 there were approximately 50 000 cases. There has already been a 60 per cent decline in the number of endemic villages and a 76 per cent drop in the number of cases. This has been achieved by a combination of factors:

- Efficient case finding
- Provision of safe water in 85 per cent of affected villages
- Health education
- Use of pesticide (Abate)

A global strategic plan for guinea worm eradication (1989–1995) has been announced.

TRICHINOSIS

Occurrence: World-wide
Organism: *Trichinella spiralis*
Reservoir: Pigs
Transmission: Eating inadequately cooked pork or pork products
Control: Adequate cooking of pork meat

Trichinosis is caused by encysted larvae of *Trichinella spiralis*. The disease is characterized by diarrhoea with abdominal pain, followed by a febrile illness with severe muscular pain.

Applied biology

The adult worms are found in the small intestine of a number of carnivorous animals including the pig, bush-pig, rats, hyenas and other hosts. Their lifespan in the intestine is approximately 8 weeks.

After fertilization, the female worms bury themselves in the intestinal mucosa and each produces about 1500 larvae. The larvae migrate via the intestinal lymphatics to the thoracic duct and into the blood-stream, whence they are distributed to the muscles. Here they develop and become encysted between the muscle fibres in 4–7 weeks. Calcification occurs in about 18 months but the encysted larvae remain alive for many years. When food containing encysted larvae is ingested by a suitable host the larvae are released by the action of the digestive juices on the capsule and the cycle is repeated in the new host. In susceptible animals the larvae grow into sexually differentiated adults which on mating produce larvae which then invade striated muscle. In man, infection terminates at the cystic stage.

Epidemiology

This parasite is more prevalent in temperate than in tropical countries and is mainly confined to those countries where pork is eaten. Serological tests have shown that in many communities the incidence of infection is apparently higher than the number of clinically diagnosed cases, and it is obvious that many light infections pass unnoticed. In recent years small and large epidemics have occurred. Congenital trichinosis has been reported.

Reservoir and transmission

Pigs are the chief reservoir of infection. Trichinosis in man results from eating raw or inadequately cooked pork or pork products, e.g. sausage meat. In Kenya, the bush-pig is a common source of infection. Pigs become infected chiefly from eating uncooked slaughter-house refuse containing infected meat scraps; occasionally rats (which have a high natural infection rate of trichinosis) can be a source of infection when they are eaten by pigs.

Laboratory diagnosis

Haematology

One of the most constant, single, diagnostic aids in trichinosis is a rising eosinophilia of 10–40 per cent.

Microscopy

Parasitological diagnosis is based on the finding of the encysted larval worms in a thin piece of muscle biopsy compressed between two glass slides and examined under a low magnification of the microscope. In light infections, when direct examination is negative, the biopsy specimen should be incubated overnight in an acid-pepsin mixture and the centrifuged deposit examined for larvae.

Serology

Recently, intradermal and serological tests have been widely used. They include:

- Complement fixation test (CFT)
- Bentonite agglutination test
- Latex agglutination test
- Cholesterol agglutination test
- Fluorescent antibody test

The CFT can provide a diagnosis in the first week of the disease—the specificity of the test is high. The bentonite, latex, cholesterol agglutination tests are excellent tests for diagnosing recent infections, but are unreliable in chronic infections.

Control

Adequate cooking of pork and other meats eg. hare, polar bear, dog, etc. will essentially protect the individual. Legislation compelling all pig feed containing meat to be cooked virtually stops transmission of trichinosis to the pig.

Mebendazole or albendazole kills or sterilizes trichinella adult worms and may prevent trichinellosis.

ANGIOSTRONGYLIASIS

Occurrence: SE Asia and Oceania
Organism: *Angiostrongylus cantonensis*
Reservoir: Rodents
Transmission: Snails
Control: Adequate cooking and cleaning of vegetables

Angiostrongyliasis is an eosinophilic meningitis due to the nematode worm *Angiostrongylus cantonensis*.

Applied biology

A. cantonensis is essentially a parasite of rats and only occasionally infects man. The eggs hatch in the faeces of the rat in which they are expelled, and the infective larvae invade certain snails or slugs. These are later eaten by rats, which thereby become infected. The lifecycle in man is unknown, but young adult worms have been found in the cerebrospinal fluid and the brain where they measured 8–12 mm in length.

Epidemiology

Sporadic, small epidemics occur in certain Pacific Islands, including Tahiti and Hawaii, and in South-East Asia including Vietnam and Thailand. It has been suggested that *A. cantonensis* originated in the islands of the Indian Ocean (Madagascar, Mauritius, Ceylon) and then spread eastwards to South-East Asia and so to the Pacific area, and that the giant African snail *Achatina fulica* might have been instrumental in the spread of the parasite.

Reservoir and transmission

Rats are the reservoir. Human infection results from the accidental ingestion of infected snails, slugs and land planarians (worm-like creatures) found on unwashed vegetables, such as lettuce. The peak incidence of eosinophilic meningitis occurs in the cooler, rainy months between July and November, the period of highest consumption of lettuces and strawberries which when unwashed lead to infection. It is also the season when freshwater prawn may become infected from snails and slugs washed into rivers and estuaries. This was thought to be the main source of local, human infection in Tahiti.

Eating raw or pickled snails of the genus *Pila* is considered the mode of infection in Thailand; the percentage of positive snails for *A. cantonensis* infections varying from 1.8 to 72 per cent. In Malaysia, the shelled slug *M. malayanus* has been shown to shed infective third-stage larvae, but no human cases have yet been reported.

Host factors

In Thailand, males are affected twice as frequently as females, the highest attack rate occurring in the second and third decade.

Laboratory diagnosis

Examination of the cerebrospinal fluid reveals increase in protein and a strikingly high eosinophilia (60–80 per cent). Larval worms are sometimes found in the CSF and can be identified as *A. cantonensis* on microscopy.

Control

The infection is prevented by not eating unwashed vegetables and strawberries and uncooked snails, slugs and prawns infected with larvae. Efficient rat control will reduce the reservoir of infection.

GNATHOSTOMIASIS

Occurrence: Thailand
Organism: *Gnathostoma spinigerum*
Reservoir: Domestic and wild cats
Transmission: Eating or preparing raw fish or chicken
Control: Adequate cooking

Gnathostoma infection may present as 'creeping eruption', transitory swellings of eosinophilic meningitis.

Applied biology

The lifecycle in the definitive animal hosts (felines, dogs and foxes) is well known, and involves two intermediate hosts—a cyclops and a fish or an amphibian. Man is an unnatural host and the immature worms may locate either in the internal organs or near the surface of the body. As the larvae rarely develop into adults the lifecycle in man is not known. Adults have, however, been reported in the intestine and ova have been found in human faeces.

Epidemiology

Reservoir

The normal hosts for *Gnathostoma spinigerum* are domestic and wild felines, dogs and foxes. Human infections have, however, been reported from Israel, the Sudan, India and the Far East. The majority of human cases to date have occurred in Thailand, where a substantial animal reservoir has been reported. The parasite has been isolated from cats, dogs, domestic pigs, fresh-water fish, eels, snakes, frogs, leopards, chickens and fish-eating birds. One per cent of dogs in Bangkok are infected with gnathostomiasis. In Thailand human infection usually results from eating fermented fish, which is a Thai delicacy much liked by women. The dish known as *Somfak* is made up of raw freshwater fish, cooked rice, curry, salt and pepper and then wrapped in banana leaves. Recently it has been shown experimentally that penetration of the skin by the 3rd stage infective larva can occur.

There is a possibility therefore that in addition to *ingestion*, human infection is possible during the preparation of raw fish dishes or raw chicken dishes by the 3rd-stage larva penetrating the bare skin of the hands of individuals preparing these meals. Other ways for man to acquire the infection is by eating other forms of raw fish, frogs, and possibly snakes infected with encysted larvae.

Human infection has occasionally been attributed to *G. hispidum*, the definitive host in this instance is the pig.

Laboratory diagnosis

Diagnosis in human infections depends on finding the immature worms and identifying them. Cutaneous tests with antigens from larval or adult worms as well as precipitin tests have been used for diagnosis. Eosinophilia is present.

Control

The infection is prevented by not eating uncooked fish and meats of other animals infected with encysted larvae. Ancylol (disophenol) kills both the larval and adult forms of *Gnathostoma* in dogs and cats. Unfortunately the compound is too toxic for man.

Cestode (tapeworm) infections

TAENIASIS

Occurrence: World-wide
Organisms: *Taenia solium*, *T. saginata*, *Cysticercus cellulosae*
Reservoir: Man
Transmission: Uncooked meat
Auto-human infection (cysticerosis)
Control: • Personal hygiene
Individual specific treatment
• Sanitary disposal of faeces
Thorough cooking of meat

Taeniasis occurs in all countries where beef or pork are eaten. The larval stage of *T. solium* produces cysticercosis (*see* below). Clinical features of taeniasis are often absent, the patients only becoming aware of the worm infection when segments are passed in the stool.

Applied biology

The morphological features characteristic of *T. saginata* and *T. solium*, are shown in Table 4.4. Each mature segment of either worm contains a set of male and female reproductive organs. The ova of *T. saginata* and *T. solium* are indistinguishable from each other morphologically.

Lifecycle: Taeniasis

The lifecycle and pathogenesis of *T. saginata* (Fig. 4.6) and *T. solium* (Fig. 4.7) are similar, with the exception of the classical intermediate hosts which are cattle and pigs respectively.

The adult worms live in the small intestine of man only. The respective intermediate hosts become infected by swallowing eggs or mature segments passed in the faeces. The embryos hatch, penetrate the intestinal wall and are carried by the bloodstream to the skeletal muscles, as well as to the tongue, diaphragm and liver. The sites of predilection appear to vary in different areas, and in these sites the larvae invaginate, grow and encyst to become the infective *Cysticercus bovis* and *C. cellulosae* in about 10 weeks.

The encysted bladder-like larval forms are pearly-white in colour with an opalescent transparency and denser spot on one side where the heads of the future adult worms are invaginated. The cysts of *C. bovis* live for about 9 months, while those of *C. cellulosae* remain viable for an average of 3–6 years.

Table 4.4 Comparison of the morphological features of adult *T. saginata* and *T. solium*

Species	Length	Head	Uterus
T. saginata	4–10 m	4 suckers 0 hooks	20–25 lateral branches
T. solium	2–8 m	4 suckers Double crown of hooks	7–12 lateral branches

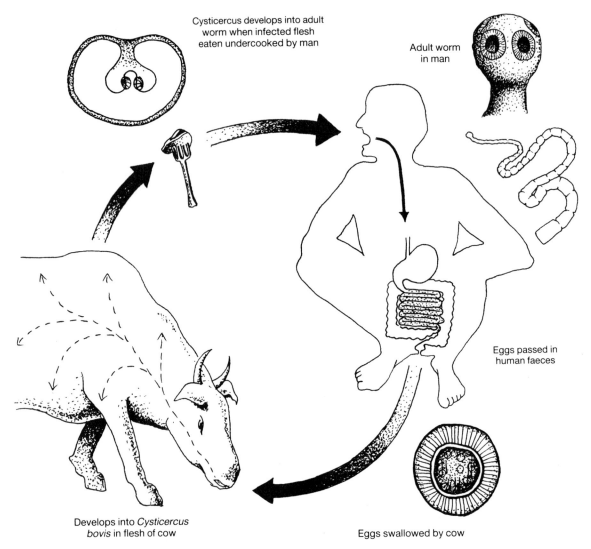

Cysticercus develops into adult worm when infected flesh eaten undercooked by man

Adult worm in man

Eggs passed in human faeces

Develops into *Cysticercus bovis* in flesh of cow

Eggs swallowed by cow

Fig. 4.6   Lifecycle of *Taenia saginata*

When infected beef or pork is ingested by man, the cysts are dissolved by the gastric juices; the worms pass to the small intestine, their heads evaginate and attach themselves to the intestinal wall, and within 2–3 months develop into adult worms discharging gravid segments.

Lifecycle: Cysticercosis

Direct infection of man by larval worms of *T. solium* produces a condition known as cysticerosis. For this to occur, man must be exposed to a source of ova:

- Water and food contaminated by faeces of flies

- Unclean hands transferring eggs from the adult worm carrier
- Auto-infection by carrying eggs from the anus to the mouth on the fingers
- Auto-infection by massive regurgitation of ova from the small intestine into the stomach

The liberated larvae penetrate the intestinal mucosa and are then carried by the bloodstream to various parts of the body where they encyst, the commonest sites being the subcutaneous tissues, skeletal muscles and the brain. The cysticercus takes about 4 months to develop and becomes enveloped in a fibrous capsule, which eventually calcifies and may be seen radiologically.

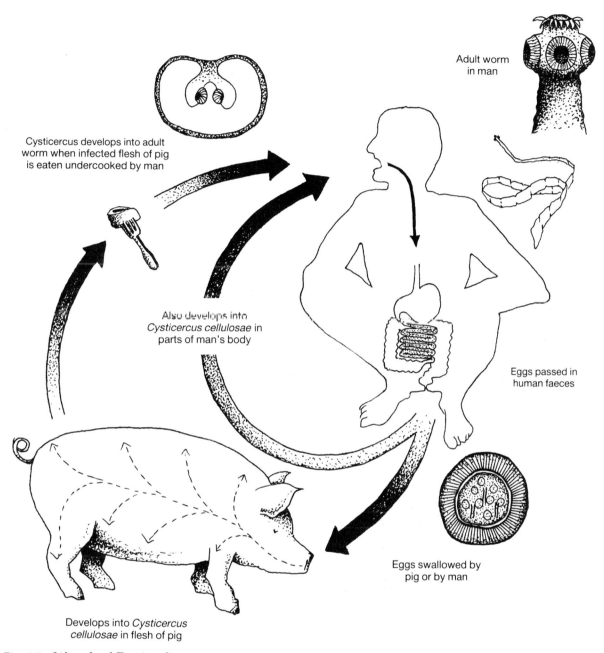

Adult worm
in man

Cysticercus develops into adult
worm when infected flesh of pig
is eaten undercooked by man

Also develops into
Cysticercus cellulosae in
parts of man's body

Eggs passed in
human faeces

Eggs swallowed by
pig or by man

Develops into *Cysticercus
cellulosae* in flesh of pig

Fig. 4.7 Lifecycle of *Taenia solium*

The lifecycle of the cysticercus ranges from a few months up to 35 years.

Epidemiology

The beef tapeworm *Taenia saginata* has a cosmopolitan distribution and is particularly common in the Middle East, Kenya and Ethiopia. The world incidence of *T. saginata* is much higher than that of *T. solium* and it is estimated that in some parts of Kenya infection rates of taeniasis in man may approach 100 per cent and that 30 per cent of cattle may harbour cysticerci.

The pork tapeworm *T. solium* is also widely distributed in Central and South America, Africa and South East Asia and its larval stage, *Cysti-*

cercus cellulosae, produces cysticercosis in man. In several countries (e.g. Ecuador) the prevalence of human neurocysticercosis is high and constitutes a serious public health problem.

Reservoir and transmission

Man is the only reservoir of infection. Man acquires *T. saginata* infection by eating raw or partially cooked beef, while cattle are infected by grazing on pastures fertilized by human faeces or which are flooded with sewage-laden water. The role of birds in the transmission of the disease is not clear.

T. solium is spread by the insanitary disposal of faeces, thus providing the pigs with a ready opportunity for infection when they ingest human excreta. Man is infected when eating uncooked or insufficiently cooked pork.

Host factors

Taeniasis is uncommon in young children and the incidence increases with age. The sexes are equally susceptible.

Laboratory diagnosis

'Direct smear' examination of the faeces occasionally reveals the typical taenia ova. The intact segments which are usually passed, can be compressed between two glass slides and the branches of the uterus at their origin from the main uterine stem can be counted and a differentiation easily made between *T. saginata* (20–35 branches) and *T. solium* (7–12 branches).

The haemagglutination test is positive in about 40 per cent of patients.

Cysticercosis diagnosis

Calcified cysts can be seen radiologically, while computerized axial tomograph (CAT) and radio-isotope scans of the brain show multiple small lesions.

Biopsy of palpable subcutaneous nodules may be diagnostic.

Control

Transmission of taeniasis and cysticercosis can be controlled by the sanitary disposal of human faeces, the thorough cooking of meat and raising the standards of personal hygiene.

The individual

All persons suffering from taeniasis should be dewormed with niclosamide (given in a single dose of 2 g) or praziquantel (a single dose of 5–10 mg/kg after a light meal). The thorough cooking of all beef and pork meat affords personal protection and health education should be carried out to raise the standards of personal hygiene, especially among persons harbouring *T. solium*.

The community

Sanitary disposal of human excreta is essential. Untreated human faeces should not be used as fertilizers and if possible human faeces should be avoided altogether as a means of manuring crops.

Strict abattoir supervision resulting in adequate inspection of carcasses and condemnation of infected meat should be carried out. If meat containing cysticerci has to be consumed it should be thoroughly cooked under the close supervision of a health officer.

Recently, community-oriented chemotherapy of *T. solium* taeniasis with praziquantel has been introduced in order to prevent local endemic neurocysticercosis.

DIPHYLLOBOTHRIASIS

Occurrence: Commoner in temperate zones
Organism: *Diphyllobothrium latum*
Reservoir: Man, fish-eating mammals
Transmission: Eating raw fish
Control: • Thorough cooking
      • Sanitary disposal of faeces
        Control of fishing and export of raw fish

Infection by the fish tapeworm *Diphyllobothrium latum* is characterized by a megaloblastic anaemia due to vitamin B_{12} deficiency.

Applied biology

The adult, which may be 10 m long, lives in the ileum of man or of other mammals, and may have as many as 4000 segments. The gravid segments disintegrate and the ova are passed in the faeces. On reaching water the ciliated embryo escapes and is swallowed by the first intermediate host—a freshwater crustacean (*Cyclops* or *Diaptomus* species)—in which it develops as a *procercoid*. When the infected crustaceans are swallowed by various freshwater fishes (salmon, pike, etc.) further development takes place in the musculature of these second intermediate hosts to form *plerocercoids*. When man and other animals eat raw fish the plerocercoid is liberated and attaches itself to the small intestine, where it grows into an adult in about 6 weeks.

Epidemiology

Diphyllobothriasis is more common in the temperate zones than in the tropics where it has been reported from the Philippines, Madagascar, Botswana, Uganda and Southern Chile.

Reservoir and transmission

Man and a number of fish-eating mammals, e.g. dog, cat, fox, pig, bear, seal, etc. are the reservoir of infection. Man is infected by eating raw or insufficiently cooked fish; the latter having acquired their infections in waters contaminated by faeces containing ova of *D. latum*. As with the other tapeworms, the adult fish tapeworm is long-lived. The export of raw fish may cause infection outside the endemic areas.

Laboratory diagnosis

If segments are passed in the faeces or vomitus, diagnosis can be made by seeing the typical rosette-shaped uterus when the segment is crushed between two glass slides. More commonly, however, 'direct smear' examination of the faeces will reveal the characteristic operculate ova.

Control

Thorough cooking of fish affords personal protection and all infected persons should be treated with niclosamide (Yomesan) or praziquantel in the same dosage as for taeniasis. Control of export of raw or smoked fish should be exercised. Sanitary disposal of the human faeces will reduce infection of fish, and fishing should be forbidden in infected waters.

HYMENOLEPIASIS

Occurrence: SE United States, S. America, India
Organism: *Hymenolepis* and *Drepanido-taemia* spp.
Reservoir: Man, rodents
Transmission: Contaminated water, food
Control: Personal hygiene
Sanitary disposal of faeces

Three dwarf tapeworm infections can occur in man due to *Hymenolepis nana*, *H. Diminuta* and *Drepanidotaemia lanceolata* respectively. They all occur in the tropics and subtropics.

Applied biology

The adult *H. nana* measures about 20 mm in length and contains 100–200 segments; it lives in the upper ileum attached to the intestinal mucosa by its globular head. The gravid segments rupture in the intestine and the eggs containing infective embryos are passed in the faeces. When ingested by man, the embryo penetrates an intestinal villus and develops into a cysticercoid larva. On maturity it ruptures the villus, returns to the intestine and attaches itself to the mucosa, giving rise to segments. About a month is required from the time of infection to the first appearance of ova in the faeces.

The adult of *H. diminuta* also inhabits the small intestine and is larger than *H. nana*. The ova containing the embryos are passed in the faeces and undergo a cycle of development in rat fleas and other insects. When man ingests food contaminated with these insects, the liberated larva attaches itself to the intestine.

D. lanceolata is an infection of birds and man has only very rarely been infected.

Epidemiology

H. nana is a common tapeworm of man in the south-eastern United States, parts of South America, and India. Man becomes infected by ingesting the ova in food or water that has been contaminated by human or rat faeces. The infection can also be transmitted directly from hand to mouth. Although rats and mice are commonly infected, man is the chief source of human infections, infection being spread directly from patient to patient without utilizing an intermediate host. Owing to their unhygienic habits, *H. nana* is more prevalent in children, with the highest incidence occurring between 4 and 9 years.

H. diminuta is an infection of rats and mice, man being an incidental host. The principal source of infection is food contaminated by rat and mice droppings on which the intermediate insect hosts also thrive. When man eats food containing these insect vectors he gets accidentally infected. Human infection is chiefly in children who ingest rat fleas.

Laboratory diagnosis

A moderate eosinophilia (4–16 per cent) occurs in both *H. nana* and *H. diminuta* infections. Diagnosis is made by finding the characteristic ova in the faeces.

Control

Personal hygiene, sanitary disposal of faeces and food hygiene will control these infections with dwarf tapeworms. The treatment of the individual is as for taeniasis, but it is advisable to repeat the dose after an interval of 3 weeks to kill any further tapeworms which may have emerged from their larval state in the intestinal villi.

HYDATID DISEASE

Occurrence: World-wide
Organism: *Echinococcus* spp.
Reservoir: Dogs
Transmission: Ingestion of infective ova
Control: • Personal hygiene
        Albendazole
     • Deworming of dogs (praziquantel)
        Abattoir hygiene

This disease can be caused by any one of three species of the genus *Echinococcus*: *Echinococcus granulosus*, *E. multilocularis* and *E. oligaettas*. Since the epidemiological and pathological features

of these three tapeworms are very similar, only a detailed description of *E. granulosus* is given here.

Applied biology

The adult echinococcus is a small tapeworm about 5 mm in length which inhabits chiefly the upper part of the small intestine of canines, especially dogs and wolves.

Lifecycle (Fig. 4.8)

When the ova passed in the faeces of dogs or wolves are swallowed by man or other intermediate hosts (e.g. sheep, cattle, horses, etc.) the enclosed embryo is liberated in the duodenum. It penetrates the intestinal mucosa, reaches the portal circulation, and is usually held up in the liver within 12 hours of ingestion to develop into a hydatid cyst. If the embryo passes the liver filter, it enters the general circulation, and thus reaches the lungs and other parts of the body. It then develops into a hydatid cyst wherever it eventually comes to rest.

Two main varieties of cysts occur:

• Unilocular (*E. granulosus*, *E. oligaettas*)
• Multilocular (*E. multilocularis*)

The *unilocular hydatid cyst* develops a wall with two layers, the outer layer is thick, laminated and elastic, while the inner layer is made up of a protoplasmic matrix containing many nuclei. Around the cyst there is a connective-tissue capsule formed by the tissues of the host. From the inner or germinal layer bulb-like processes arise which are termed brood capsules. By a process of localized proliferation and invagination of the wall of the brood capsules, numerous scolices (tapeworm heads) are produced. Each scolex is borne on a pedicle and has suckers and two rows of hooklets. Some of the brood capsules separate from the wall and may give rise to daughter cysts. From them granddaughter cysts may arise in a similar manner.

In some cases in which no effective encapsulation occurs, the daughter cysts develop as a result of evagination of the cyst wall producing the *multilocular* or *alveolar* hydatid cyst. This variety of hydatid cyst is due to *E. multilocularis*.

When the hydatid is eaten by definitive hosts—dogs, foxes, wolves and certain other carnivorous animals—the numerous larvae develop into sexually mature worms in a few weeks.

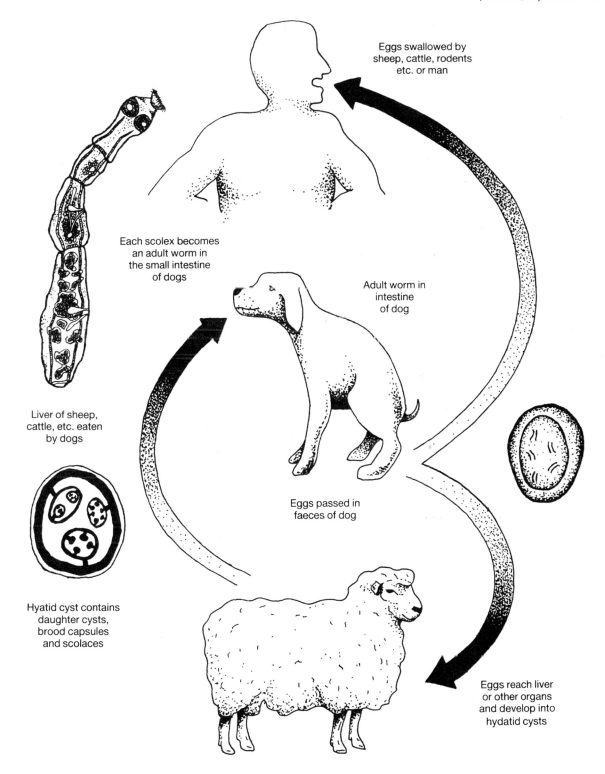

Eggs swallowed by sheep, cattle, rodents etc. or man

Each scolex becomes an adult worm in the small intestine of dogs

Adult worm in intestine of dog

Liver of sheep, cattle, etc. eaten by dogs

Eggs passed in faeces of dog

Hyatid cyst contains daughter cysts, brood capsules and scolaces

Eggs reach liver or other organs and develop into hydatid cysts

Fig. 4.8 Lifecycle of *Echinococcus granulosus* (hydatid disease)

Dogs are usually infected when they eat the infected viscera of sheep or cattle.

Epidemiology

Hydatid disease—caused by the larval form of *E. granulosus*—has a cosmopolitan distribution, being particularly prevalent in the sheep- and cattle-raising areas of the world.

Reservoir and transmission

Dogs are the main reservoir of human infection. Man acquires hydatid disease when he swallows infected ova as a result of his close association with dogs, and the insanitary habit of not washing his hands before ingesting food. The ova may live for weeks in shady environments but they are quickly destroyed by sunlight and high temperatures. The dog faeces contaminating fleeces of sheep can also be an indirect source of human infection.

The main cycle of transmission in Kenya is between dogs and domestic livestock. It has been shown that in Kenya hydatid cysts are present in more than 30 per cent of cattle, sheep and goats, though the disease in man occurs infrequently, except in the areas of Turkana. Canines are heavily infected while light infections have been recorded in wild carnivores, e.g. jackals and hyenas. Turkana tribesmen are the most heavily infected people in Kenya because of the intimate contact between children and the large number of infected canines in the area—here dogs are used to clean the face and anal regions of babies.

Host factors

Although infection is usually acquired in childhood, clinical symptoms do not appear until adult life.

Laboratory diagnosis

If the hydatid cyst ruptures, its contents (hooklets, scolices, etc.) may be found in the faeces, sputum or urine. Eosinophilia is present but is usually moderate in degree (300–2000/mm²) and there may be hypergammaglobulinaemia. Intradermal and serological tests, ultrasound technology and CT scanning are also used in diagnosis.

Control

This depends on raising the standards of personal hygiene, deworming of infected dogs with praziquantel (Droncit) and adequate supervision of abattoirs. Infected offal and meat should be destroyed, dogs excluded from slaughterhouses, and infected carcasses deeply buried or incinerated.

The individual

People must be warned of the danger of handling dogs or sheep and the importance of washing their hands immediately afterwards. The results of treatment with albendazole have shown great promise.

The community

Deworming of all infected dogs, if possible, is the best means of getting rid of the main reservoir of infection. The most suitable drug for this purpose is praziquantel (Droncit). In addition, all meat or offal containing hydatid cysts should be disposed of and thus be made inaccessible to dogs. Abattoir supervision and hygiene will exclude dogs from the premises and infected carcasses should be incinerated. In sheep-rearing areas burial or incineration of dead sheep should be carried out. Stray dogs should be eliminated.

Trematode (fluke) infections

PARAGONIMIASIS

Occurrence:	East and South-East Asia and West Africa
Organism:	*Paragonimus westermani*
Reservoir:	Man
Transmission:	Eating uncooked crab and crayfish
Control:	• Adequate cooking of crab and crayfish
	• Sanitary disposal of faeces

This infection is characterized by cough, expectoration of bloody sputum and, later, signs of bronchiectasis or lung abscess.

Applied biology: Lifecycle (Fig. 4.9)

The adult worm is a reddish-brown, oval fluke (about 10 mm long and 5 mm wide) which lives mainly in cavities in the lungs. From these pulmonary pockets the ova escape through the bronchioles and are discharged in the sputum or in the faeces if the sputum is swallowed. In other anatomical sites the ova reach the outside world only when abscesses are formed and rupture.

The contained miracidia hatch in water and enter a suitable species of snail (e.g. *Melania* spp.) in which they develop into cercariae. The cercariae emerge from the snail and penetrate the flesh

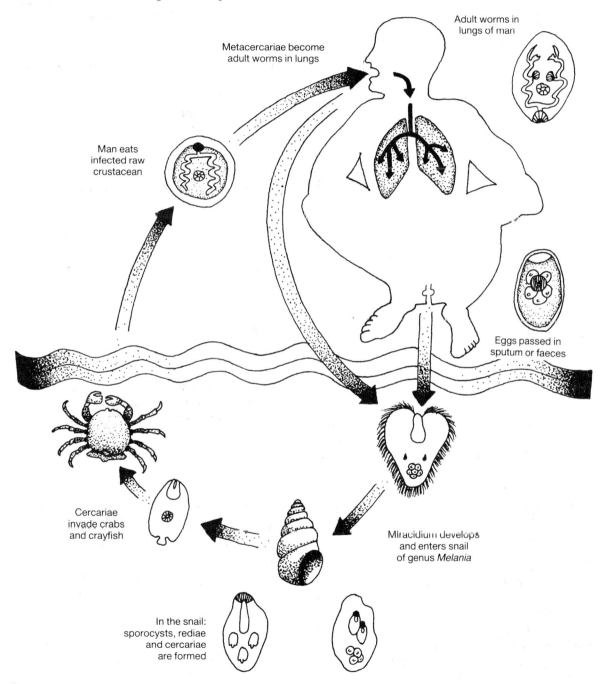

Fig. 4.9 Lifecycle of *Paragonimus westermani*

of certain freshwater crabs and crayfish, where they encyst. Man and susceptible animals are infected by eating these raw or partially cooked crustaceans.

After ingestion, the larvae encyst and penetrate the wall of the jejunum into the peritoneal cavity. They can pass through the diaphragm into the pleural cavity and finally burrow into the lungs where, enclosed in a cystic cavity, they grow to adult worms 5–6 weeks after ingestion.

Epidemiology

Paragonimiasis is due to the lung fluke *Paragonimus westermani*, which has a world-wide geographical distribution. It occurs focally throughout the Far East, South-East Asia, the Pacific Islands, West Africa and parts of South America (Fig. 4.10). A new species, *P. africanus*, which is considered to be a local causative agent of paragonimiasis, has been described from the Cameroons. Other species responsible for human infections are *P. heterotremus* and *P. szechuanensis* group.

Reservoir

Man is the reservoir of infection. Although a considerable domestic and wild animal reservoir of paragonimus infection exists, the part it plays in the epidemiology of human disease has yet to be fully determined.

Transmission

Transmission is maintained by faecal and sputum pollution of water in which the appropriate snails and vector crustaceans live, and by the custom of eating uncooked crabs and crayfish soaked in alcohol, vinegar, brine or wine. Infection can also occur during the preparation of such food, when encysted cercariae can be left on the knife or other utensils.

Host factors

Although in most areas infection is higher in males than in females, in the Cameroons women are infected three times as often as men. The peak age of incidence is between 11 and 35 years of age. It has been reported that during a measles epidemic in Korea, 80 per cent of paragonimus infections were produced by the administration of the fluid extract of crushed crabs given medicinally to the patients.

The infection may persist for many years after leaving endemic areas.

Laboratory diagnosis

Sputum

The infected sputum is characteristically sticky and bloody, usually of a dark, brownish red colour.

Microscopy

The characteristically-shaped eggs are usually found in the sputum or in the faeces on 'direct smear' examination or by concentration techniques. In the first year of infection eggs are seldom found but there is usually an eosinophilia of about 20–30 per cent.

Immunological tests

Precipitin reactions with crude and fractionated antigens, intradermal tests and complement-fixation tests have all been used for diagnostic and epidemiological purposes. Cross reactions with other trematodes limit the usefulness of these tests, although the weal is larger and more closely defined with the homologous antigen.

Control

Crabs and crayfish should be cooked before eating. Faecal pollution of water should be prevented. Elevation of standards of personal and public hygiene and the provision of latrines will reduce transmission. Praziquantel has been used both for individual treatment and community control.

CLONORCHIASIS

Occurrence: East Asia
Organism: *Clonorchis sinensis*
Reservoir: Man
Transmission: Eating raw or undercooked fish
Control: • Adequate cooking of fish
         • Sanitary disposal of faeces

This infection is caused by the oriental liver fluke *Clonorchis sinensis* and may be symptomless or result in severe liver damage with the possibility of malignant change.

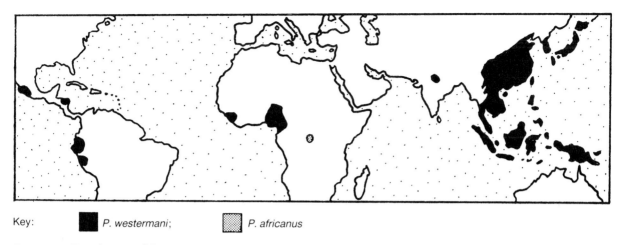

Key: ■ *P. westermani*; ▨ *P. africanus*

Fig. 4.10 *Distribution of Paragonimiasis*

Applied biology

The adult *C. sinensis* is a flat, transparent fluke which inhabits the bile ducts and sometimes the pancreatic ducts of man and other fish-eating mammals. It is from 10 to 25 mm long and 3 to 5 mm in breadth.

Lifecycle (Fig. 4.11)

Self-fertilization is the common means of reproduction and the ova are carried down the common bile duct to the duodenum and are passed in the faeces. On reaching water the ova are ingested by a suitable snail (e.g. genus *Bithynia*) and hatch in the snail's digestive tract. The enclosed miracidia develop in the snail host into sporocysts and rediae, within which cercariae develop. These eventually break out of the mother redia and escape into the water.

The cercariae with unforked tails penetrate the scales of one of several freshwater fishes (e.g. cyprinoid) and encyst in their flesh, skin and gills. Here they develop into numerous encysted metacercariae which are the infective forms, and which remain viable for 2 months after the death of the fish.

When ingested by man the metacercariae are freed by the action of the gastric and duodenal juices, and the larvae migrate to the common bile duct and then into the smaller biliary radicles where they mature into adults.

Epidemiology

Clonorchiasis is mainly found in the Far East. Endemic foci occur in Japan, South Korea, South Eastern China, Taiwan and Vietnam (Fig. 4.12).

Reservoir
Man is the reservoir of infection. As with paragonimiasis many animals harbour *C. sinensis*, but their importance in the epidemiology of the human disease has yet to be fully assessed.

Transmission
Man and other mammals are infected by eating raw or undercooked fish containing metacercariae. Fish ponds fertilized with fresh human faeces are a common source of infection. Infected fish exported to other countries can result in the spread of the disease to areas where the parasite is not normally found.

Host factors
Clonorchiasis is rare in infants under 1 year of age. It begins, however, at about 2 years, rising to 65 per cent in those aged 21–30 years and to a peak of 80 per cent in those dying between the ages 51 and 60 years. Males are more frequently infected than females, but there are no social differences in the prevalence of the disease because of the universal custom of eating raw fish. The lifespan of the worm is 25–30 years.

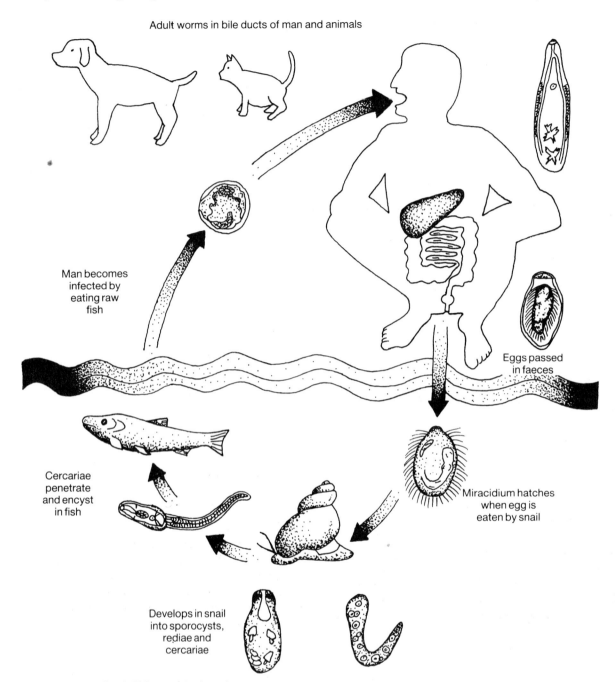

Adult worms in bile ducts of man and animals

Man becomes infected by eating raw fish

Eggs passed in faeces

Cercariae penetrate and encyst in fish

Miracidium hatches when egg is eaten by snail

Develops in snail into sporocysts, rediae and cercariae

Fig. 4.11   Lifecycle of *Chlonorchis sinensis*

Laboratory diagnosis

Microscopy
A definitive diagnosis is made by finding the typical operculated ova by 'direct smear' examination of the faeces or duodenal aspirate.

Haematology
There is usually a leucocytosis (23 000–48 200) with eosinophilia. In severe cases with secondary infection of the bile ducts there may be severe hypoglycaemia with blood sugars of 22–45 mg per cent; bilirubin levels of 3–10 mg per cent and a raised alkaline phosphatase.

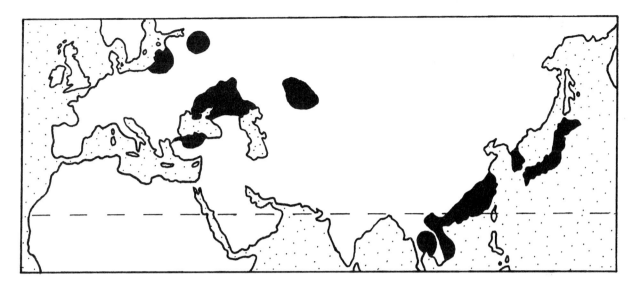

Fig. 4.12   Distribution of *Chlonorchis sinensis*

Control

Fish should not be eaten raw and the use of human faeces in fish ponds should be avoided. Sanitary disposal of faeces and raising the standards of personal and community hygiene will reduce transmission. Praziquantel has been successfully used both for individual treatment, and community control.

OPISTHORCHIASIS

Occurrence: South-East Asia
Organism: *Opisthorchis viverrini, O. felineus*
Reservoir: Man and animals
Transmission: Eating raw fish
Control: Adequate cooking of fish

This infection is very similar to clonorchiasis, resulting in enlargement of the liver and eventually malignant change.

Applied biology: Lifecycle

The lifecycle and pathogenesis of the two human hepatic trematodes *Opisthorchis felineus* and *O. viverrini* are similar to that of *C. sinensis*. The adults inhabit the distal bile ducts and the ova are passed out in the faeces. After ingestion by the appropriate snails (e.g. *Bithynia*) the miracidia develop into cercariae, which in turn penetrate the flesh of suitable species of freshwater fishes (e.g. cyprinoid family) in which they encyst and develop into metacercariae. When the metacercariae are ingested by a suitable host (man, domestic, wild and fur-bearing animals) they encyst in the duodenum and migrate to the distal bile ducts particularly those of the left lobe of the liver. The entire lifecycle takes about 4 months.

Epidemiology

In the tropics *Opisthorchis felineus* is prevalent in the Philippines, India, Japan and Vietnam, while *O. viverrini* has been reported from north and north-east Thailand and Laos. The largest number of human infections occur during the latter portion of the rainy season and the first part of the dry season, i.e. from September to February.

Reservoir
Man, domestic, wild and fur-bearing animals are the reservoir of infection. The chief reservoir of *O. felineus* is the cat.

Transmission
Man and the reservoir hosts are infected by the consumption of raw or insufficiently cooked fish.

Snails and fish are infected by faeces deposited on the sandy shores and washed into the streams.

In North-East Thailand 90 per cent of people over the age of 10 are infected with *O. viverrini* and it is estimated that of over 7 million persons in Thailand harbour the parasite. The source of infection is a popular dish called 'Keompla', consisting of raw fish, roasted rice, and vegetables seasoned with garlic, lemon juice, fish sauce and pepper. Chinese residents of Thailand who do not eat raw fish are free from infection.

Laboratory diagnosis

This is made by finding the ova on 'direct smear' examination of faeces or duodenal aspirate.

Control

Fish should be eaten only if cooked. The sanitary disposal of faeces and a raised standard of personal and public hygiene will reduce transmission. Praziquantel given as a single dose is effective for individual treatment and a large community chemotherapy control scheme involving 1.5 million people is being carried out in North-East Thailand, combining chemotherapy, health education and environmental hygiene measures.

FASCIOLIASIS

Occurrence: World-wide
Organism: *Fasciola hepatica*
Reservoir: Ruminants, especially sheep
Transmission: Eating contaminated lettuce or water cress
Control: Avoid eating wild lettuce or water cress

This infection by the trematode *Fasciola hepatica* (sheep-liver fluke) may be silent or may present with symptoms of chronic liver disease and portal hypertension.

Applied biology: Lifecycle

The adult worm, which is large (30 mm long and 13 mm broad), flat and leaf-shaped, lives in the bile ducts or liver parenchyma of sheep, cattle, goats and other mammals, and man. The eggs are passed in the faeces and hatch in a moist environment. The released miracidia then enter the appropriate species of snails (*Limnaea*), and develop successfully into sporocytes, rediae and cercariae. The cercariae then leave their snail host and encyst on various grasses and water plants. When this water vegetation is ingested by the appropriate hosts, the larvae excyst in the intestine, penetrate the mucosa, enter the liver through the portal circulation, and eventually reach the bile ducts, where they mature in about 3 months. *F. hepatica* obtains its nourishment from the biliary secretions and can absorb simple carbohydrates.

Epidemiology

Fascioliasis has a world-wide distribution in ruminants, being especially prevalent in the sheep-rearing areas of the world. In some areas, e.g. Hawaii, the causative agent of fascioliasis is *F. gigantica*.

Reservoir and transmission

The reservoir of infection is ruminants, especially sheep. Man usually contracts infection by eating lettuce or water cress contaminated by sheep or other animals' faeces. The highest incidence of infection occurs in low, damp pastures where the grasses and the water are infected with encysted cercariae.

Laboratory diagnosis

The finding of the typical operculated eggs in faeces ($150 \times 90 \mu m$) is diagnostic, but unfortunately these do not appear until about 3 months after infection. Duodenal intubation may reveal the ova in biliary secretions at an earlier stage of the disease. There may be a leucocytosis (12 000–40 000/mm³) and an eosinophilia of 40–85 per cent.

Intracutaneous and serological tests are useful but not specific or sensitive enough; the haemagglutination test is reputed to be the most sensitive.

Control

Lettuce or water cress should be sterilized by momentary immersion in boiling water, this will destroy the encysted cercariae. Praziquantel is effective against liver and lung fluke infections.

FASCIOLOPSIASIS

Occurrence: East and South-East Asia
Organism: *Fasciolopsis buski*
Reservoir: Man and pigs
Transmission: Eating raw water plants
Control: Adequate cooking of water plants

Fasciolopsiasis is caused by the large, fleshy fluke, *Fasciolopsis buski*. Infection is often symptomless, but with heavy infections abdominal pain with alternating diarrhoea and constipation may occur.

Applied Biology: Lifecycle (Fig. 4.13)

F. buski is normally an intestinal parasite of the pig and of man and inhabits the small intestine. The eggs are passed in the faeces and the miracidium is released and swims in water until it penetrates a suitable mollusc host of the genus *Segmentina*, where it develops into a sporocyst, redia and cercariae. When the encysted cercariae are ingested by man, the cyst wall is dissolved in the duodenum and the liberated larvae attach themselves to the mucosa, where they develop into adult worms whose nourishment is derived from the duodenal secretions. The egg output per worm is very high, averaging 25 000 eggs/day.

Epidemiology

Fasciolopsiasis is found mainly in China, but also in India, Indo-China, Thailand, Malaysia, Indonesia, Taiwan and Europe.

Reservoir and transmission
Man, who is a source of infection, is infected when he eats raw waterplants contaminated with encysted cercariae. Pigs are also an important animal reservoir, infecting the stagnant ponds in which edible water plants grow. The commonest source of infected edible water plants are the water caltrops and water chestnuts which are often cultivated in ponds fertilized by human faeces. In China, these tubers are eaten raw and fresh from

July to September and, as they are peeled with the teeth, an easy entry of the cercariae to the mouth is provided.

Laboratory diagnosis

The diagnosis can be made by finding the characteristic operculated ova in the faeces. There may be a leucocytosis and eosinophilia. Occasionally, adult flukes are vomited or found in the faeces.

Control

This consists of adequate cooking of the potentially infected foods and prevention of faecal pollution of water in which they grow. Provision of latrines and the raising of standards of personal and public hygiene by health education helps to reduce transmission. Praziquantel is the drug of choice for individual treatment.

HETEROPHYIASIS AND METAGONIMIASIS

These conditions are due to infection by two very minute flukes, *Heterophyes heterophyes* and *Metagonimus yokogawai*. The pathogenicity of these parasitic infections is very low, unless aberrant ova enter the circulation when the spinal cord may be affected. Both flukes have similar lifecycles and epidemiology.

Lifecycle

The adults live in the upper part of the small intestine embedded in mucus or in the mucosal folds. The eggs containing miracidia are passed in the faeces and, on ingestion by suitable snails, develop into sporocysts, rediae and cercariae. The cercariae then leave the snails and enter the appropriate fish, in which they encyst into infective metacercariae. When the fish are eaten raw or partially cooked the metacercariae are liberated and the larvae develop into adult worms in the small intestine.

The first snail intermediate hosts for *H. heterophyes* are brackish water snails (e.g. *Pirinella conica*), while the second intermediate hosts are mullets; for *M. yokogawai* the hosts are

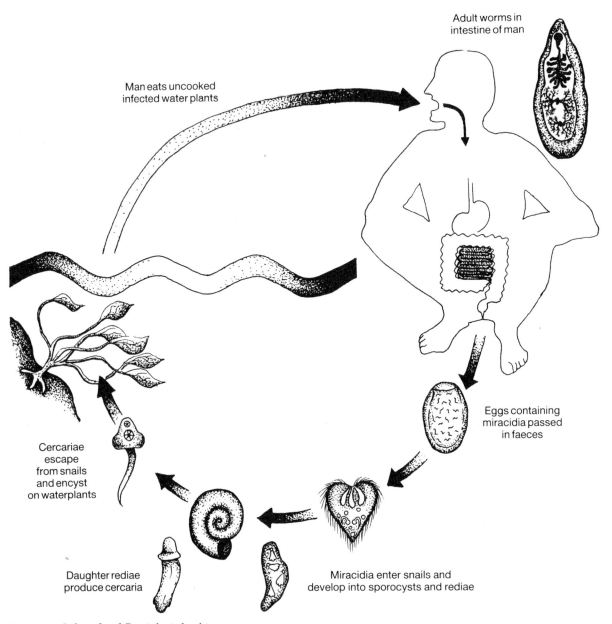

Fig. 4.13   Lifecycle of *Fasciolpsis buski*

snails of the *Semisulcospira* species and salmonoid and cyprinoid fishes.

Epidemiology

In the tropics the *H. heterophyes* is found in Egypt, Tunisia, South China, India and the Philippines, while *M. yokogawi* occurs in the Far East and Indonesia. In addition to man, other mammals are also infected and, like clonorchis infection, heterophyiasis and metagonimiasis are acquired by eating raw or partially cooked infected fish.

Diagnosis

Diagnosis is made by finding the characteristic ova in the faeces. There may be eosinophilia.

Control

Praziquantel is the drug of choice for individual treatment. Control depends on avoiding eating raw and partially cooked infected fish and raising the standards of personal and community hygiene. For further details on methods of food hygiene and disinfection *see* pp. 300–301.

Further reading

H.M. Gilles. (1986). *Epidemiology and Control of Tropical Diseases*. W.B. Saunders Co. p. 755.

WHO Technical Report Series No. 691 (1983). *Prevention of liver cancer.*

WHO (1987). *Guidelines on prevention and control of trichinellosis.*

WHO (1983). *Guidelines for surveillance, prevention and control of taeniasis/cysticercosis*. VPH/83/49. p. 207.

WHO Technical Report Series No. 749. (1987). *Prevention and Control of Intestinal Parasitic Infections*. p. 86.

WHO/CDD. (1986). *Guidelines for Cholera Control*. WHO/CDD/SER/80.4 Rev. 1. p. 24.

WHO/CDD. (1988). *Guidelines for the Control of Epidemics due to Shigella Dysenteriae 1*. WHO/CDD/SER/88.12. p. 15.

Feachem, R.G. (1986). Preventing Diarrhoea: What are the Policy Options? *Health Policy and Planning*. **1**(2); 109:117.

WHO/CDD. (1988). *Vitamin A and Diarrhoea—Update No. 3.*

UNICEF. (1987). *A simple solution—how oral rehydration is averting child death from diarrhoeal dehydration*. A UNICEF Special Report—Geneva.

WHO. (1989). *The Treatment and Prevention of Acute Diarrhoea*. 2nd edition. WHO, Geneva.

CDD. (1989). *Persistent Diarrhoea—Update No. 4*. WHO. Geneva.

5
Infections through skin and mucous membranes

HUMAN CONTACT
Viral infections
Chickenpox (Varicella-zoster virus)
Viral haemorrhagic fevers (Lassa fever virus,
    Marburg virus, Ebola virus)
Acquired immune deficiency syndrome
    (Human immunodeficiency viruses)

Protozoal infections
Trichomoniasis (*Trichomonas vaginalis*)

Bacterial infections
Lymphogranuloma venereum (*Chlamydia
    trachomatis*, serotypes L1–3)
Soft chancre (*Haemophilus ducrei*)
Granuloma inguinale (*Calymmatobacterium
    granulomatis*)
Gonorrhoea (*Neisseria gonorrhoeae*)
Venereal syphilis (*Treponema pallidum*)
Yaws (*Treponema pertenue*)
Pinta (*Treponema carateum*)
Endemic syphilis (*Treponema pallidum*)
Trachoma (*Chlamydia trachomatis*,
    serotypes A–C)
Inclusion conjunctivitis (*Chlamydia
    trachomatis*, serotypes D–K)

Leprosy (*Mycobacterium leprae*)

Fungal infections
Superficial fungal infections (*Epidermophyton*
    spp. *Trichophyton* spp., *Microsporon* spp.,
    Mallassezia furfur)
Candidiasis (*Candida albicans*)

Arthropod infections
Scabies (*Sarcoptes scabei*)

OTHER SOURCES
Viral infection
Rabies (Rabies virus)
Bacterial infections
Tetanus (*Clostridium tetani*)
Buruli ulcer (*Mycobacterium ulcerans*)
Leptospirosis (*Leptospira* spp.)
Anthrax (*Bacillus anthracis*)

Helminthic infections
Hookworm (*Ankylostoma duodenale, Necator
    americanus*)
Strongyloidiasis (*Strongyloides stercoralis*)
Schistosomiasis (*Schistosoma* spp.)

* Sexually transmitted infections

Infections transmitted through skin and mucous membranes may be divided into two groups (as above):

One group requires human contact for transmission: either directly (person-to-person) or indirectly (through fomites).

In the other group, infection is acquired from various non-human sources: infected soil (hookworm), water (schistosomiasis, leptospirosis), animal bites (rabies), or through wounds (tetanus).

The infective agents

The agents include viruses, bacteria, fungi and arthropods, as listed in the summary above.

Physical and biological characteristics

Some of the agents which are transmitted by direct person-to-person contact are notably delicate organisms which do not survive long outside the human host and cannot become established in any part of the environment, either in an alternate host or in an inanimate object such as soil or water. The venereally transmitted diseases such as gonorrhoea and syphilis are the best examples of this group; the usual mode of infection is therefore through intimate contact, mucous membrane to mucous membrane, or skin to skin.

Some of the other infective agents which can survive in the environment for relatively longer periods, may be spread indirectly through the contamination of inanimate objects.

In most of these infections man is the sole reservoir of infection, although some of the superficial fungal infections may be acquired from lower animals.

Transmission

Infection by *direct contact* may result from touching an infected person; or more intimate contact through kissing and sexual intercourse may be required especially in the case of venerally transmitted diseases.

Indirect contact through the handling of contaminated objects such as toys, handkerchiefs, soiled clothing, bedding or dressings may be sufficient for the transmission of some infections.

Environmental factors which aid the transmission of these infections include high population density as in urban areas, overcrowding within households and poor environmental and personal hygiene.

Patterns of spread

A contact infection would tend to spread from an infected source to susceptible persons in the same household and to others who make contact with him at work and in other places. There is therefore a tendency for cases of contact infections to occur in clusters among household contacts, and within groups of persons who have close contacts, e.g. children's play groups, schools and factories. In the case of venereal diseases, the clustering occurs in relation to those who are in sexual contact.

Host factors

The behaviour of the human host is an important factor in the occurrence of certain contact infections. For example, a high level of personal cleanliness discourages the spread of some superficial infections. Age is another important factor, as for example in infections such as scabies and tinea capitis to which children are generally more susceptible than adults. The occurrence of venereal diseases is largely determined by the sexual behaviour of the host.

In some of the infections, e.g. measles, one attack confers lasting immunity but this is not a general rule for all the contact infections. Thus, repeated attacks of gonorrhoea may occur. The herd immunity that is derived from the high frequency of an endemic treponemal infection such as yaws may protect the community, though not the individual, from venereal syphilis.

Control of contact infections

The infective agent

- Elimination of the reservoir by case finding, selective or mass treatment

The route of transmission

- Improvement of personal hygiene
- Elimination of overcrowding
- Avoidance of sexual promiscuity

The host

- Specific immunization, e.g. tetanus
- Chemotherapy and chemoprophylaxis, e.g. yaws

The eradication of smallpox

In May 1980, the eradication of smallpox from the world was formally declared at the World Health

Assembly in Geneva. This unique achievement was the result of a global campaign, initiated and co-ordinated by the World Health Organization (WHO) in collaboration with national health authorities and governments. The final certification of eradication was based on a stage by stage, country by country, region by region examination of evidence which led to the final conclusion that the transmission of smallpox is no longer occurring in the world. This declaration was based on the following facts:

- No new cases reported for over 2 years
- The dormant virus becomes uninfectious within 1 year
- No animal reservoir
- Mutation of the virus is very unlikely

Vaccination policy

It is now generally agreed that it is no longer desirable to vaccinate populations routinely against smallpox nor is it necessary for governments to require a certificate of smallpox vaccination from international travellers. Most governments have adopted this policy.

Laboratory stocks of variola virus   By international agreement, four centres which provide adequate security against accidental infection have been designated for holding stocks of variola virus. According to the agreement reached among the nations, other stocks should have been destroyed or transferred to the four centres.

Vaccine stocks   Even though most people are firmly convinced that smallpox has been eradicated, stocks of vaccine are still being held. This is a wise precaution in support of the policy of suspending routine vaccination.

Lessons learned from the eradication of smallpox

Cooperation
First and foremost, this successful campaign illustrates the value of international collaboration. Governments throughout the world contributed to the success through generous donations in cash and kind, through various forms of technical cooperation including the free exchange of information and through the coordinating function of the WHO.

Technical improvement
Technical improvements in the vaccine (freeze-drying) and in vaccination (the bifurcated needle), aided the eradication of smallpox.

Surveillance
More important than the technical advances was the development of a revised strategy for the application of these tools. At first, smallpox campaigns were largely based on repeated rounds of immunization of the population. In the course of the eradication programme, the importance of epidemiological surveillance was recognized. The systematic tracing of foci of infection through surveillance techniques proved to be a powerful measure in the campaign. The value of epidemiological surveillance is a most important lesson which should be applied in the control of other communicable diseases.

Infections transmitted through human contact

Viral infections

CHICKENPOX

Occurrence: World-wide
Organism: Varicella-zoster virus
Reservoir: Man
Transmission: Contact, droplets, fomites
Control: • Immunization of high-risk groups
         • Notification (to exclude smallpox)

Chickenpox is an acute febrile illness with a characteristic skin rash. The *incubation period* is usually from 2 to 3 weeks. The aetiological agent is the varicella-zoster virus.

Epidemiology

Chickenpox is a common infection all over the world.

Reservoir and transmission
Man is the reservoir of infection. Transmission is from person to person, either directly through

contact with infectious secretions from the upper respiratory tract and through droplet infection or indirectly through contact with freshly soiled articles. The patient remains infectious for about 1 week from the onset of the illness.

Host factors

Host factors play an important part in determining the clinical manifestations of this infection. In most cases, it is a mild, self-limiting disease. It tends to be more severe in adults than in children. The overall case fatality rate is low, but it is high in cases complicated with primary viral pneumonia. Fulminating infection with haemorrhagic bullae may occur in patients on corticosteroid therapy.

One attack of chickenpox usually confers lifelong immunity; the patient may subsequently exhibit a recrudescence of infection in the form of herpes zoster from latent infection.

Laboratory diagnosis

The organism may be isolated from the early skin lesions or from throat washings. A rising titre of complement-fixing antibodies in acute and convalescent sera is also diagnostic.

Control

The disease is usually notifiable, the main interest being in investigating cases and outbreaks to exclude smallpox. Infected persons may be isolated from other susceptibles. New anti-viral agents, viradabine and acyclovir are effective in the treatment of zoster.

Immunization

Routine immunization is not indicated but children at high risk, e.g. leukaemia patients, may be protected passively with varicella-zoster immunoglobulin or may be immunized with a live attenuated vaccine.

Viral haemorrhagic fevers

There are several viral haemmorrhagic fevers that infect man:
The arbovirus infections (see Chapter 7)

- Chikungunya fever
- Dengue fever
- Rift Valley fever
- Yellow fever
- Kyasanur Forest disease
- Crimean haemorrhagic fever
- Omsk haemorrhagic fever

Smallpox (now eradicated)

Arenaviridae

- Argentinian haemorrhagic fever (Junin virus)
- Bolivian haemorrhagic fever (Machupo virus)
- Lassa fever

Filoviridae

- Marburg virus disease
- Ebola virus disease

In this section we shall deal with these last three, relatively recently discovered diseases: Lassa fever; Marburg virus disease; and Ebola virus disease. The epidemiology of these diseases is far from clear but for transmission all seem to require intimate exposure to the patient or exposure to his or her blood or other bodily secretions.

Prevention of transmission in hospital

Risk factors for nosocomial or person-to-person spread are:

- Care of an infected individual
- Contact with infected needles
- Contact with blood or secretions
- Preparation of a body for burial
- Sexual contact

Nosocomial infections have followed obstetric care, laparotomy, and resuscitation procedures. Patient management by barrier nursing techniques is sufficient to prevent nosocomial transmission provided it is applied rigorously.

Ideally, patients should be managed at the hospital where they are first admitted, as they do not tolerate the stress of transfer well, and evacuation increases the potential for secondary transmission.

LASSA FEVER

Lassa fever is an acute febrile disease caused by a virus belonging to the arenavirus group. Since it was first described in 1969, outbreaks of varying size and severity have occurred in Nigeria, Liberia and Sierra Leone. Lassa virus has been isolated from blood, pharyngeal secretions and urine.

Reservoir and transmission

The multimammate rat, *Mastomys natalensis*, is the possible reservoir host of Lassa fever. The rodent virus is primarily transmitted to man by contamination of skin abrasions. Once it has been successfully transmitted from its natural reservoir host to man, it is capable of adaptation to man-to-man transmission. Lassa fever does not appear to be a highly communicable disease. Airborne spread, mechanical transmission and accidental inoculation occur.

Host factors

No seasonal, yearly, sex or age pattern has been seen. In West Africa, there are an estimated 300 000–500 000 cases of Lassa fever each year, with a case fatality of 1–2 per cent. Subclinical infections are, however, quite frequent and in some villages in West Africa as many as 50 per cent of the population have antibody to Lassa fever virus (i.e. evidence of past infection). The disease is particularly severe in pregnant women.

Control

Patients suspected of Lassa fever should be isolated. Collection of specimens must be done wearing a mask and protective clothing. High-risk contacts should be identified and kept under active surveillance. Post exposure prophylaxis with Ribavirin is now recommended for persons known to have been exposed to Lassa virus (e.g. by needle-stick injury). Vaccination is a possibility for the future. Strict barrier nursing procedures must be observed with hospitalized patients.

MARBURG VIRUS DISEASE

The first documented outbreak of Marburg virus disease occurred in 1967 in Marburg, West Germany and Belgrade, Yugoslavia. Contact with the blood, organs and cell cultures of imported African green monkeys was responsible for the epidemic. A total of 31 people were affected and seven died; all secondary cases survived. The disease appeared again in a young Australian man

who was admitted to a Johannesburg hospital in February 1975 after having toured Rhodesia and Zambia. His female travelling companion and one female attendant nurse were also infected. The index case died, the other two survived. Two cases were reported from Kenya in 1980.

Although in the 1967 epidemic the immediate source of infection was the African green monkey no reservoir–host–vector chain has yet been consistently identified in nature. The *incubation period* is estimated to be between three and nine days.

Control

This is the same as for Lassa fever above.

EBOLA VIRUS DISEASE

Two outbreaks of Ebola haemorrhagic fever occurred in the Southern Sudan and in Zaire in 1976. One of the outbreaks appeared to have originated in the workers of a cotton factory while the other was hospital based. A second epidemic occurred in the Southern Sudan in 1979.

Transmission of the disease requires close contact with an acute case such as nursing a patient. The *incubation period* is 7–14 days. The fatality rate is high (between 30–50 per cent) but subclinical infections do occur; thus 11 per cent of case contacts in hospital and in the local community had antibodies to Ebola virus. No animal reservoir has yet been identified, and the cycle of transmission is not known.

Both Marburg virus and Ebola belong to a new family of viruses known as the Filoviridae—filamentous viruses.

Control

This is the same as for Lassa fever.

Sexually transmitted diseases

These are infections which are specifically transmitted during sexual intercourse. Although various other infections may be transmitted during sexual intercourse, the commonly recognized venereal diseases include:

Viral infections

- AIDS
- Herpes genitalis

Protozoal infections

- Trichomoniasis

Bacterial infections

- Lymphogranuloma venereum
- Soft chancre
- Granuloma inguinale
- Gonorrhoea
- Venereal syphilis

Various infections

- Non-gonococcal urethritis

All these diseases are described in this chapter, with the exception of herpes genitalis and non-gono-coccal urethritis which are common problems outside the tropics and are beyond the scope of this book.

Infective agents

The infective agents include viruses, bacteria and protozoa, but most of them share the characteristic of being delicate, being easily killed by drying or cooling below body temperature, with the reservoir exclusively in man. Hence, transmission is mainly through direct close contact but rarely indirectly through fomites.

Transmission

Lesions are generally present on the genitalia, and the infective agents are also present in the secretions and discharges from the urethra and the vagina. Extragenital lesions may occur through haematogenic dissemination as in syphilis or through inoculation of the infective agent at extragenital sites. Transmission occurs through:

- Genital contact
- Extragenital sexual contact, e.g. kissing
- Non-sexual contact, e.g. congenital syphilis, gonococcal ophthalmia neonatorum, or accidental contact as when doctors, dentists or midwives handle tissues infected with syphilis

- Fomites, e.g. soiled moist clothing such as wet towels, may transmit vulvovaginitis to pre-pubescent girls
- Blood and blood products, e.g. HIV infection

It is not uncommon for patients to claim that they contracted the venereal infection through some indirect contact such as the lavatory seat; such mechanism is extremely unlikely and the patient will usually admit to sexual exposure once his confidence has been obtained.

Host factors

The most important host factor is sexual behaviour, the significant feature being sexual promiscuity. The transmission of a venereal disease almost always implies sexual activity involving at least three persons. For if A infects B, it implies that A has also had sexual contact with at least one other person X, who infected A. Thus, venereal diseases have the highest frequency in those who are most active sexually, particularly those who indulge in promiscuous sexual behaviour with frequent changes of partners: promiscuity before marriage and infidelity after marriage represent the major behavioural factors underlying the transmission of venereal disease, whilst sexual abstinence and marital fidelity are protective. Thus, young adult males away from home (sailors, soldiers, migrant labourers, etc.) are often at high risk.

Cultural factors

Cultural attitudes to sex also play an important role. In some communities sexual matters are treated on a system of double standards in that whilst young unmarried girls are expected to remain chaste, young men are permitted or even encouraged to indulge in promiscuous sexual activities often with a small group of notorious women including prostitutes. Even after marriage, similar standards may apply: married women may be veiled, confined to special quarters in the household, or chaperoned on outings, but with little or no restrictions on the extramarital sexual activities of the male. A more permissive attitude to sexual relations has developed in some communities, which now tend to take a liberal view of all forms of sexual relations regardless of the sex or the marital status of the partners.

Changing patterns of sexual behaviour

The pattern of sexual behaviour is undergoing major changes in developing countries as they evolve from rural traditional societies to modern urban industrial communities. There is also greater mobility from one community to the other, and easier communication through books, the cinema and television. The overall effect of these changes is to challenge and destabilise traditional values and customs especially with regard to sexual behaviour. On the one hand, those who fear and respect sexual mores dictated by religious beliefs, strict parents, public opinion and the law, are less likely to indulge in promiscuous sexual behaviour than those who are no longer bound by these considerations. The risk of unwanted pregnancy and of contracting sexually transmitted diseases also discourage sexual promiscuity. Self release through masturbation avoids these two risks. On the positive side, interest in work and absorbing leisure pursuits also tend to diminish promiscuity. The use of sex for gain encourages sexual promiscuity and increases the risk of spread of these infections.

Control

The general guide-lines for the control of venereal diseases include action at the level of agent, transmission and host.

Infective agent

Eliminate the reservoir of infection

The reservoir is exclusively human; it includes untreated sick patients but inapparent infection especially in women represents the most important part of the reservoir. The identification and treatment of the promiscuous female pool is of great importance: regular medical examination and treatment of known prostitutes, inhabitants of brothels, and other places where promiscuous sexual behaviour is known to occur. Such medical supervision of prostitutes cannot entirely eliminate the risk of infection.

Transmission

Discourage sexual promiscuity

Through sex education, make the community aware of the dangers of sexual promiscuity. One objective would be to influence young persons before their sexual habits become established.

Encourage stable family life by providing married quarters in work camps, etc.

Local prophylaxis

The use of rubber condoms diminishes but does not eliminate the risk of infection.

Careful toilet of the genitals with soap and antiseptic creams immediately after exposure also gives partial protection.

Host

Specific prophylaxis

Specific immunization is not available against any of the venereal diseases. Although a measure of protection can be obtained by using antibiotic chemoprophylaxis, this approach can be dangerous for the individual and the community. Chemoprophylaxis may suppress the acute clinical manifestations but the disease may remain latent and progress silently to late complications. The widespread use of a particular antibiotic in sub-curative doses may encourage the emergence and dissemination of drug-resistant strains.

Early diagnosis and treatment

Patients This is one of the most important measures for the control of venereal diseases. Facilities for the diagnosis and treatment of those diseases must be freely accessible to all infected persons. Experience has shown that in order to reach the whole community everyone must have access to a free and confidential service.

Contacts In addition to treating the patient, sexual contacts must be investigated and treated. In highly promiscuous groups where sexual activities occur in association with the use of alcohol or drugs, the details of the chain of transmission may be difficult to unravel. In such cases, one may use the technique of 'cluster tracing'. Apart from seeking a list of sexual exposures with dates, the patient is asked to name friends of both sexes whom he feels may profit from investigation for venereal diseases.

Acquired Immune Deficiency Syndrome (AIDS) and other HIV infections

Occurrence: World-wide (high concentrations in certain areas)

Organism: Human immunodeficiency viruses— HIV-1, HIV-2

Reservoir: Man

Transmission: Sexual contact, blood transfusion, contaminated needles, perinatal infection

Control: Education, screening of blood donors and blood supplies, counselling of patients

During the past decade, the world has been affected by the epidemic of a new viral infection which causes the Acquired Immune Deficiency Syndrome (AIDS). Two related retroviruses, Human Immunodeficiency Viruses HIV-1 and HIV-2, have been identified as the aetiological agents of the disease.

Clinical features (Table 5.1)

A few weeks after infection, some patients have a brief, self-limiting mononucleosis-type of illness in the course of which specific antibodies to the virus appear in the blood. Next follows a long period, usually lasting several years, during which the patient is asymptomatic but can transmit the infection to others. At this stage, a positive serological test is a marker of exposure to infection.

The full-blown clinical picture of AIDS is characterized by the occurrence of otherwise unexplained opportunistic infections (i.e. infections with organisms, normally benign in healthy individuals, but which cause severe pathology in persons whose immune systems are depressed), certain cancers (notably Kaposi's sarcoma), and neurological manifestations including dementia.

An intermediate phase, the AIDS-related complex (ARC), includes fever, loss of weight and persistent lymphadenopathy. The immune deficiency in this disease results mainly from reduction in the number of T4 lymphocytes, the helper T cell. The T4 cell count has been used as an additional criterion for classifying the course of the infection.

Table 5.1 The clinical spectrum of HIV infections

Stage	Disease	Clinical features
Initial	Acute infection	Mononucleosis-type illness Seroconversion
Intermediate	Asymptomatic infection	None
	AIDS-related complex (ARC)	Fever, weight loss, persistent lymphadenopathy
Late	Full-blown AIDS	Opportunistic infections: • *Pneumocystis carinii* pneumonia • disseminated CMV infection • CNS toxoplasmosis • atypical mycobacterial infection • oesophageal candidiasis • cryptosporidium infection • herpes virus infection Secondary cancers: • Kaposi's sarcoma Neurological disease: • AIDS dementia complex

There is much variation in the pace of progress of the disease and it is influenced by the coexistence of modifying factors. So far no drug has been found to cure the disease or render the patient non-infectious, but one drug, azidothymidine (AZT) causes temporary regression of the disease and prolongs life.

The incubation period is long and variable and is currently estimated to be 2 to 10 years but may be longer.

Virology

Two retroviruses have been identified as the aetiological agents of AIDS. (A retrovirus is characterized by coding its genetic material in RNA instead of in DNA. Other retroviruses have been associated with immunodeficiency and cancers in animals.) Human immunodeficiency virus, HIV-1, formerly called the Lymphadenopathy associated virus (LAV) or the Human T-lymphocyte virus type III was discovered in 1983. More recently, a new strain, HIV-2 was discovered in West Africa (*see* Figure 5.1). HIV binds specifically to T4

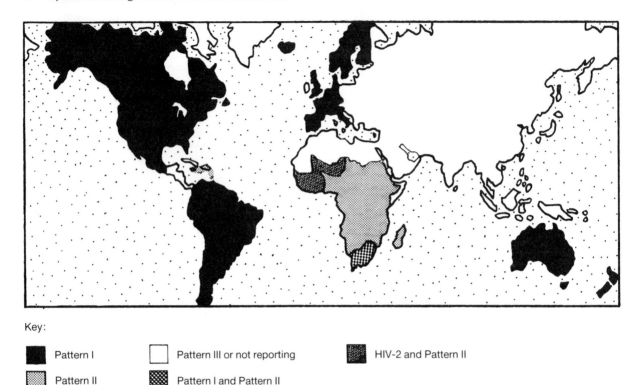

Key:

■ Pattern I   □ Pattern III or not reporting   ▨ HIV-2 and Pattern II

▦ Pattern II   ▧ Pattern I and Pattern II

Fig. 5.1 *Distribution patterns of HIV infection*

lymphocytes and eventually destroys them. The virus also invades other cells and lies dormant in them for long periods.

Epidemiology

The disease has now been reported from over 130 countries and the problem has assumed pandemic proportions. The pattern is still evolving and it is not easy to predict long term trends. Although fewer than 100 000 cases of AIDS have been reported world-wide, WHO estimates that 5–10 million persons have already been infected. Even the most optimistic projections indicate that the situation in the world as a whole will worsen significantly in the coming years and may reach catastrophic proportions in some communities which already show high prevalence: in some places, up to 20 per cent of sexually active adults are infected.

Reservoir

The reservoir of infection is in human beings. Although there are related viruses in animals, there is no evidence of naturally occurring zoonotic infection.

The infective agent is present in blood and is excreted in various body fluids (saliva, semen, breast milk) of infected persons even during the latent phase when the patient is asymptomatic.

Transmission

Transmission occurs through the transfer of body fluids by four main routes:

Sexual
The disease was initially associated with male homosexual practices. Homosexual or bisexual men remain the predominant high risk group in Western Europe and North America where cases show a male/female ratio of 10 to 1. In Africa, however, heterosexual transmission is common

and the infection occurs with equal frequency in men and women.

Perinatal infection
Children born to infected women acquire infection and progress to clinical disease.

Blood transfusion and tissue transplantation
Many patients, especially haemophiliacs, have acquired infection through receiving contaminated blood or blood products. The infection can also be transmitted by tissue transplantation.

Intravenous drug abusers
Drug addicts become infected by sharing unclean needles and other paraphenalia with infected persons.

The best epidemiological evidence confirms that infection is *not* transmitted through casual contact in the household, office or school nor during other normal social activities. Biting insects do not seem to play a role in the transmission of the infection.

Patterns of spread
The World Health Organization has recognized three main epidemiological patterns of spread (Fig. 5.1):

Pattern I
In Western Europe, North America, Australia, New Zealand and most areas of South America, occurrence is mainly in homosexual/bisexual men and in intravenous drug abusers. Limited heterosexual transmission occurs mainly in the contacts of i.v. drug abusers. Transmission through blood transfusion has been virtually eliminated by excluding high risk donors and screening blood.

Pattern II
This is found in parts of Africa (mainly central and southern Africa), the Caribbean and some areas of South America. Transmission is mainly heterosexual. Both sexes are equally affected and perinatal transmission to the infant is a significant problem. Homosexual transmission is not a major factor but transfusion of contaminated blood remains a public health problem.

Pattern III
The infection has more recently reached Asia, the Pacific (excluding Australia and New Zealand) the Middle East, Eastern Europe and some rural areas of South America. The prevalence of the infection is still low and it occurs mainly in travellers.

Host factors
Some host factors which facilitate infection have been identified, notably the presence of genital ulcers. Cases of direct inoculation, as in blood transfusion, suggest that all persons are susceptible to infection and that once it is established, there will be progression to clinical disease and fatal outcome. There is no effective vaccine.

Laboratory diagnosis

Antibody detection
The presence of the specific antibody to HIV-1 or HIV-2 is confirmation of exposure to the infection. ELISA tests are commonly used for screening sera and more specific tests e.g. Western blot technique, for confirmation.

Blood cell count
With progression of the disease there is a persistent fall in the T4 cell count from the normal level of 800 to below $400/mm^3$ blood.

Delayed hypersensitivity reaction
Defects in the delayed hypersensitivity reaction occur in the later stages of the disease.

Associated disorders
Laboratory tests are used to identify opportunistic infections which affect these patients, to diagnose Kaposi's sarcoma and to evaluate the neurological damage.

Control
In the absence of effective treatment or specific prophylactic measures, the most logical approach to the control of the infection is to reduce transmission whilst providing humane care for patients. The most important tool is modification of human behaviour through education directed at each of the four modes of transmission:

Sexual behaviour

Avoidance of exposure   Ideally, sexual activities should be confined to persons who are in permanent monogamous relationships—ONE MAN, ONE WIFE, FOR LIFE.

Reducing the risk of infection   Whenever sexual activity cannot conform to the ideal, measures should be taken to reduce the risk of infection for example by the use of condoms. Such measures do not assure absolute protection.

Perinatal infection

Infected women of childbearing age should be counselled on avoidance of pregnancy through the use of contraceptives.

Blood transfusion

Donors who belong to high risk groups and their sexual partners should be excluded. Donated blood should be screened to avoid transfusing infected specimens.

Contaminated needles and other equipment

Great care should be exercised in handling blood and other human specimens which are potentially infected. Instruments should be carefully disinfected and whenever feasible disposable needles and syringes should be used. Intensive education should be given to drug abusers to avoid the sharing of contaminated needles. If economically possible, free needles should be provided.

Practical programmes

These theoretical considerations have to be translated into practical programmes. Many countries have set up national programmes for the control of the disease.

Surveillance

The first requirement of such a programme is a good surveillance system for collecting and analyzing relevant data about the infection in the population, the prevalence and the distribution of the infection, the high risk groups, patterns of behaviour—especially sexual activities, state of knowledge of the population about AIDS and other sexually transmitted infections and community attitudes to AIDS and the patients. Serological surveys should be used to gather information about the distribution of latent infection.

Education

A strategy should be developed to educate the public about 'Safe Sex', promoting abstinence in young persons and stable monogamous relationships among adults but advising the use of the condom where people deviate from the ideal. Major efforts should be made to reduce the use of blood transfusion to the absolute minimum and to ensure that all transfused products are safe. In developed countries some patients store some of their own blood for use during planned surgery or childbirth; but most developing countries do not have the appropriate infrastructure to use this approach. Programmes for the control of drug abuse should be intensified.

Public education should seek to replace irrational fears with sound knowledge about the infection. Patients should be sympathetically counselled and protected from unfair discrimination.

Protozoal infection

TRICHOMONIASIS

Occurrence: World-wide
Organism: *Trichomonas vaginalis*
Reservoir: Man
Transmission: Sexual contact, indirect contact
          through fomites
Control: As for other venereal diseases
          Improvement in general hygiene

This is a chronic infection of the genital tract of both sexes. In the female it presents with vaginitis accompanied by copious discharge; in the male, with urethritis.

The *incubation period* is from 1 to 3 weeks.

Parasitology

The causative agent is *Trichomonas vaginalis*, a protozoan flagellate.

Laboratory diagnosis

Microscopy of wet film preparation of vaginal or urethral discharge may show the motile organism. The organism can also be identified in stained smears.

Epidemiology

Trichomoniasis has a world-wide distribution.

Man is the reservoir of infection, the infected genital discharges being the source of infection. Transmission is by sexual intercourse or by indirect contact through contaminated clothing and other articles.

Clinical manifestations occur more frequently in males than in females. The flagellate is commonly found in women during the reproductive period, and vaginal infection may be associated with lowered vaginal acidity.

Control

Although the general principles for the control of venereal diseases apply, the main approach is the treatment of infected persons and their sexual partners. Improvement in personal hygiene is also important.

Bacterial infections

LYMPHOGRANULOMA VENEREUM

Occurrence: Tropics and subtropics mainly
Organism: *Chlamydia trachomatis* (serotypes L1–3)
Reservoir: Man
Transmission: Genital sexual contact, indirect contact
Control: As for other venereal diseases
Sulphonamides and broad-spectrum antibiotics

This is a chronic infection of the genitals which spreads to involve regional lymph nodes and the rectum. Typically it produces ulcerative lesions on the genitalia with induration of the regional lymph nodes ('climatic bubo'). Anal and genital stric-tures may occur at a late stage; so also may ele-phantiasis of the vulva. Extragenital lesions and general dissemination occasionally occur.

Virology

Lymphogranuloma venereum (LGV) is one of a range of diseases caused by *Chlamydia trachomatis* (*see* p. 104). Unlike trachoma and inclusion conjunctivitis (*see* p. 105, 106) the serotypes of LGV, L1–3, cause systemic disease rather than being restricted to the mucous membrane surfaces.

Laboratory diagnosis

Stained smears of pus and other pathological material may show virus particles. The organism can be identified on culture in the yolk sacs of embryonated eggs. The complement fixation test becomes positive some 2 to 4 weeks after the onset of the illness. A skin test, the Frei test, is available, but cross-reactions with other viral infections of the psittacosis group may occur depending on the purity of the antigen. It tends to remain positive for long periods.

Epidemiology

The infection is endemic in many parts of the tropics and subtropics.

Reservoir and transmission
Man is the reservoir of infection, the source being the open lesions in patients with active disease. Transmission is mainly by sexual contact but also by indirect contact through contaminated clothing and other fomites.

Host factors
As with other venereal diseases, the sexual behaviour of the host is a major factor determining the distribution and spread of this infection. Recovery from a clinical attack does not confer immunity.

Control

The main principles are as for other venereal diseases. The early stages of infection respond to sulphadiazine, but tetracyclines are the drugs of choice especially for the severe or advanced cases.

SOFT CHANCRE (CHANCROID)

Occurrence: Tropics, especially seaports
Organism: *Haemophilus ducrei*
Reservoir: Man
Transmission: Sexual contact, accidental infection through non-sexual contact
Control: As for other venereal diseases
Sulphonamides or streptomycin, tetracycline, chloramphenicol in resistant cases

This is an acute venereal infection which typically presents as a ragged painful ulcer on the genitalia (known as soft chancre in contrast to the hard chancre of syphilis). The inguinal lymph nodes become enlarged and may suppurate (buboes). Extragenital lesions may be found on the abdomen, fingers or other sites.

The *incubation period* is usually from 3 to 5 days but it may be very short (24 hours) where the lesion affects mucous membranes.

Bacteriology

The causative agent is *Haemophilus ducrei*, a Gram-negative non-sporing bacillus.

Epidemiology

The infection occurs in many parts of the world, especially in tropical seaports.

Reservoir
Man is the reservoir of infection. The open lesions are the most important source of infection although it has been suggested that the carrier state may exist in women.

Transmission
Sexual contact is the usual mode of transmission but extragenital lesions may occur from non-sexual infection of children or accidental infection of doctors, nurses or other medical personnel who come into contact with infected lesions.

Laboratory diagnosis

Microscopy of the stained smear of the exudate from ulcers or pus from the regional lymph nodes may show a mixed flora including Gram-negative bacilli. The organism can be isolated on culture of pus from the ulcer or bubo. An intradermal skin test is available but it does not differentiate active infections from previous attacks.

Biopsy of the regional lymph nodes may also provide useful information.

Control

The general measures for the control of venereal diseases apply to the problem of chancroid. Active infections usually respond to treatment with sulphonamides but in resistant cases, antibiotics such as streptomycin, tetracycline, or chloromycetin may be used.

GRANULOMA INGUINALE

Distribution: Tropics and subtropics
Organism: *Calymmatobacterium granulomatis*
Reservoir: Man
Transmission: Contact, including sexual contact
Control: General hygienic measures as for other venereal diseases

This is a chronic infection which presents with granulomatous lesions of the genitalia; regional lymph nodes may be affected and metastatic lesions occur. The *incubation period* is 1 week to 3 months.

Organism

The aetiological agent is *Calymmatobacterium granulomatis* (formerly *Donovania granulomatis*).

Epidemiology

The infection occurs in various parts of the tropics and subtropics, particularly in poorer communities. Man is the reservoir of infection. Transmission may be by sexual contact, but non-sexual contact may also be important.

Laboratory diagnosis

Stained smears from active lesions show the typical Donovan bodies. A skin test is available and the complement fixation test can also be used in diagnosis.

Control

General hygienic measures are important. Known cases should be treated with antibiotics (streptomycin, tetracycline, chloramphenicol or erythromycin). Contacts should be examined and treated if indicated.

GONORRHOEA

Occurrence: World-wide
Organism: *Neisseria gonorrhoeae*
Reservoir: Man
Transmission: Sexual contact, rarely through fomites
Eye infection during delivery
Control: As for other venereal diseases
Toilet to the eyes of newborn babies

In the male, this disease usually presents as an acute purulent urethritis with spread in some cases to involve the epididymis and testis. Late complications include urethral stricture, urethral sinuses and sub-fertility.

A high proportion (80–90 per cent) of infected females are unaware of the infection; the others present with symptoms of urethritis and urethal or vaginal discharge. Complications in the female include bartholinitis, salpingitis, pyosalpinx and pelvic inflammatory disease. Late complications include sub-fertility resulting from tubal obstruction.

The *incubation period* is usually between 2 and 5 days, occasionally shorter (1 day), but may be as long as 2 weeks. It is usually notifiable nationally.

Bacteriology

Neisseria gonorrhoea is a Gram-negative diplococcus, with a characteristic bean shape. It dies rapidly outside the human body, being susceptible to drying and heat.

Epidemiology

The distribution is world-wide with particular concentrations at seaports, and in areas having a high concentration of migrant labour or military personnel.

Reservoir

Man is the reservoir of infection; the most important component is the female pool with asymptomatic infection.

Transmission

Transmission of the infection is mostly by:

Sexual genital contact

Indirect contamination This may produce infection in prepubertal females. Vulvovaginitis may occur in a young girl who is infected by sharing towels or other clothing with an infected older relative. Post-pubertal girls do not become infected in this way; some cases of vulvovaginitis in young girls are the result of sexual contact with infected males.

Ophthalmia neonatorum This infection occurs in the course of delivering the baby of an infected mother.

Host factors

All persons are susceptible. There is no lasting immunity after recovery: repeated infections are common. As with other venereal diseases, the most important host factor is sexual behaviour.

Laboratory diagnosis

Clinical diagnosis can be confirmed by bacteriological examination of stained smears of urethral discharge, cervical discharge or other infected material: the characteristic diplococci, some within pus cells, can be seen. The organisms can also be cultured on chocolate agar as a form of enrichment medium or on selective media such as the Thayer–Martin medium which contains antibiotics which suppress the growth of other organisms. Fluorescent antibody techniques are also available for diagnosis.

Control

The control of gonorrhoea is posing a difficult problem in most parts of the world. Various factors have contributed to this difficulty:

- Revolutionary change in sexual mores
- Replacement of the condom by effective contraceptive techniques which do not provide a mechanical barrier to infection
- Emergence of drug resistant strains

The control of gonorrhoea is based on the principles set out in the section on venereal diseases. Gonococcal ophthalmitis can be prevented by treating all infected pregnant women and by toilet to the eyes of all newborn babies. The latter consists of instilling one drop of 1 per cent silver nitrate into the eyes of every newborn baby. Alternatively, tetracycline ointment may be used, with the added advantage of protection against chlamydial infection.

Treponematoses

The treponematoses are diseases caused by spirochaetes which belong to the genus *Treponemata*. The most important diseases in this group, both venereal and non-venereal, are shown in Table 5.2.

There has been much speculation about the origin and differentiation of these organisms. One view regards the organisms as being virtually identical but apparent differences in clinical manifestations result from epidemiological factors; the other view regards the organisms as separate but related entities. In practical terms, the pattern of treponemal diseases is still evolving with the eradication of the non-venereal treponematoses from endemic areas and with the rise in the frequency of venereal syphilis in some areas where the disease was previously not recognized as an important public health problem.

Table 5.2 The trepanomatoses

Venereal	
Venereal syphilis	*Treponema pallidum*
Non-venereal	
Yaws	*Treponema pertenue*
Pinta	*Treponema carateum*
Non-venereal syphilis	*Treponema pallidum*

VENEREAL SYPHILIS

Occurrence: World-wide
Organism: *Treponema pallidum*
Reservoir: Man
Transmission: Sexual contact, non-sexual contact, transplacental
Control: Education
Control of sexual promiscuity
Early detection and treatment of infected persons, including serological screening

This is a chronic infection which is characterized clinically by a localized primary lesion, a generalized secondary eruption involving the skin and mucous membranes, and a later tertiary stage with involvement of skin, bone, abdominal viscera, cardiovascular and central nervous systems.

The *incubation period* is usually 2 to 4 weeks but may be from 9 to 90 days. The primary lesion is usually a painless sore associated with firm enlarged regional lymph nodes. The initial lesion tends to heal spontaneously after a few weeks. Six weeks to 6 months or even a year later, secondary lesions appear usually as a generalized non-itchy, painless and non-tender rash, shallow ulcers on the oral mucosa, widespread lymphadenopathy and mild systemic disturbance, including fever. These manifestations regress spontaneously and the infection enters a latent phase which may last for 10 years or more before the tertiary lesions appear, although spontaneous healing may occur during the latent stage.

Bacteriology

The spirochaete *Treponema pallidum* is a thin organism, 1–15 μm long with tapering ends; there are about 5–20 spirals. Fresh preparations under dark-ground illumination show its characteristic motility.

The organism is delicate, being rapidly killed by drying, high temperatures (50°C), disinfectants such as phenolic compounds, and by soap and water. It may survive in refrigerated blood for 3 days and may remain viable for several years if frozen below −78°C.

Epidemiology

Although venereal syphilis was previously unknown or was not recognized in some parts of the world, the distribution of the venereal infection is now virtually world-wide.

Reservoir

Man is the reservoir of infection, the sources of infection being moist lesions on the skin and mucosae, and also tissue fluids and secretions such as saliva, semen, vaginal discharge and blood.

Transmission

Transmission is mainly venereal through genital or extragenital contact, but it may be non-venereal.

Venereal transmission Genital contact may lead to infection, the organisms penetrating normal skin and mucous membranes. In the male, the infection may be quite obvious in the form of a primary chancre on the penis but the infective female may be unaware of a similar lesion on her cervix. Inapparent infection in the female, especially the promiscuous female, is an important source of infection.

Infection may also be transmitted during sexual play from extragenital sites such as the mouth during kissing; the infected partner may develop primary lesions on the lips, tongue or breast.

Non-venereal transmission This may be accidental, through touching infected tissues as in the case of dentists or midwives.

Congenital infection may occur in a child who is born to an infected mother, even though the mother is at a latent phase. Intra-uterine syphilitic infection may be associated with repeated abortions, still-births, or congenital infection in a live child. Lesions may be present at birth, but more commonly clinical signs appear later.

Host factors

The most important host factor in the epidemiology of syphilis is sexual behaviour, a high frequency of infection being associated with sexual promiscuity. A current infection with syphilis may provide some immunity, but if super-infection occurs, the clinical manifestations may be modified. There is some degree of cross-immunity to syphilis in persons infected with the other non-venereal treponematoses but such immunity is not absolute.

Laboratory diagnosis

Dark-field microscopy

Examination of exudates from primary and secondary lesions under a dark-ground microscope usually reveals the characteristic shape and movements of the spirochaete.

Serological tests

Blood and cerebrospinal fluid may be tested for syphilis using a variety of serological tests. They fall into two main groups:

Non-treponemal antigen These tests are based on the presence of the antibody complex (reagin) in syphilitic infections. This complex may be detected by using a flocculation test, e.g. VDRL slide test, Kahn test, Mazzine cardiolipin, or Kline cardiolipin. Alternatively, a complement-fixation test may be used, e.g. Kolmer test. These non-specific tests are prone to false-positive reactions associated with certain diseases (Table 5.3).

Table 5.3 Diseases associated with false-positive reactions in serological tests for syphilis

Spirochaetal	Leptospirosis Relapsing fever
Protozoal	Malaria Trypanosomiasis
Bacterial	Leprosy Tuberculosis
Viral	Atypical pneumonia Glandular fever Lymphogranuloma venereum
Other	Collagen vascular disease Vaccination for smallpox, yellow fever

Treponemal antigen tests These include the Treponema Pallidum Immobilization test (TPT), Fluorescent Treponemal Antibody (FTA) and the Reiter Protein Complement-Fixation test (RPCFT). These tests specifically detect anti-treponemal antibody and are therefore less likely to give false-positive reactions.

Neither type of test can differentiate syphilis from other treponemal infections. A positive serological test therefore indicates the probable presence of a specific treponemal infection, the nature of which can be determined on clinical and circumstantial evidence.

Serological tests usually become positive 1–2 weeks after the appearance of the primary lesions, and are almost invariably positive during the secondary stage of the illness but may later become negative spontaneously or after successful chemotherapy at any stage.

Control

The general principles for the control of venereal diseases apply to the control of syphilis.

General health promotion

Through health and sex education make the population aware of the danger of promiscuous sexual activity. Young persons especially should be encouraged to take up diversional activities in the form of games, hobbies and other absorbing interests. Although the provision of good recreational facilities is highly desirable, it cannot however, by itself, produce a significant change in sexual habits.

Control of prostitution and promiscuous sexual behaviour

There are conflicting views about the best way to deal with the problem of prostitution in relation to venereal disease. At the one extreme it is suggested that prostitution being a social evil should be totally abolished, if necessary, by imposing severe penalties. An alternative view holds that whilst it may be desirable to abolish prostitution, it is not feasible to do so, and that harsh laws merely drive the practice underground and discourage the prostitutes and their partners from seeking appropriate medical treatment. In place of clandestine prostitution, licensed brothels are allowed to operate under the close supervision of the health authorities. Neither method provides a satisfactory solution.

The role of prostitutes in the transmission of syphilis varies from community to community. In some societies, professional prostitutes make a major contribution but, in others, much of the transmission results from promiscuous behaviour not involving immediate financial gain.

Early diagnosis and treatment

Serology plays an important role in the detection of cases of syphilis, especially in the latent phase.

Whenever feasible, there should be routine serological screening of pregnant women, blood donors, those who are about to get married, immigrants, hospital patients, prisoners and other groups.

Where there is a high probability that a person has been infected, such as the contact of a patient with open lesions, 'epidemiological treatment' (i.e. treatment on the basis of presumptive diagnosis) should be given. Penicillin is the drug of choice: given early and in appropriate doses, syphilitic infection can be eradicated. Other antibiotics, e.g. tetracyclines, may be used if the patient is allergic to penicillin. There is as yet no effective artificial immunization against syphilis.

YAWS

Occurrence: Tropics and subtropics—Now well controlled or eradicated from most areas

Organism: *Treponema pertenue*

Reservoir: Man

Transmission: Direct contact

Control: Mass survey and chemotherapy
Improvement of personal hygiene

This non-venereal treponemal infection mainly affects skin and bones, rarely if ever affecting the cardiovascular or the nervous system. The skin lesions may be granulomatous, ulcerative or hypertrophic; destructive lesions of bone and hypertrophic changes are late lesions of bone.

The *incubation period* is usually about 1 month, varying from 2 weeks to 3 months.

Bacteriology

The infective agent, *Treponema pertenue*, cannot be distinguished from *T. pallidum* on microscopy (light, phase contrast or electron).

Epidemiology

The disease was highly endemic in many parts of the tropics and subtropical zones of Africa, South-East Asia, the Pacific, the Caribbean and Central and South America. There has been a marked fall in the incidence of the disease, but constant surveillance is required to detect resurgence and institute prompt and energetic treatment. Several thousand cases were reported from Ghana in 1979 and sporadic cases have since been seen elsewhere in the tropics.

Reservoir and transmission

Man is the reservoir of infection, the source of infection being the often moist skin lesions in the early phase of the disease. Transmission is mainly by direct contact, but flies, especially *Hippelates pallipes*, may carry the infection from a skin lesion to a susceptible host. Transplacental transmission does not occur.

Host factors

Most early cases are seen in children under 15 years. The disease occurs predominantly in rural communities where there is the combination of poverty, low level of personal hygiene, warm humid climate, and where children, especially, usually wear little clothing.

Laboratory diagnosis

Dark field microscopy

Exudates from moist lesions will reveal the spirochaete.

Serological tests

Blood serology becomes positive at an early stage of the infection, but tends to become negative when the disease has been latent for several years. None of the serological tests can differentiate syphilis from other treponemal infections.

Control

Yaws has been successfully controlled and virtually eradicated from some parts of the world where it had been highly endemic. The successful programme, backed by the World Health Organization, consisted of:

- *An epidemiological survey by*—clinical examination of the entire population
- *Mass chemotherapy*—patients (including those with latent infection) and contacts were treated with a single intramuscular injection of long acting penicillin in oil with 2 per cent aluminium monostearate (PAM)

- *Surveillance*—periodic clinical and serological surveys

Apart from such specific campaigns, general improvement in personal hygiene and in the level of living standards has contributed greatly to the disappearance of the disease.

PINTA

Occurrence: Tropics and subtropics (America, Africa, Middle East, India, Phillipines)
Organism: *Treponema carateum*
Reservoir: Man
Transmission: Direct and indirect contact
Control: As for yaws

This is a spirochaetal infection which initially presents as a superficial non-ulcerating papule. Later flat hyperpigmented skin lesions develop, and these may become depigmented and hyperkeratotic. The *incubation period* is from 7 to 20 days.

Bacteriology

The infective agent is *Treponema carateum* a spirochaete which is morphologically indistinguishable from *T. pallidum*.

Epidemiology

Pinta occurs predominantly in the dark-skinned people of Mexico, Central and South America, North Africa, Middle East, India, the Philippines and some areas in the Pacific.

Reservoir

Man is the reservoir of infection; the patients with early active lesions are the sources of infection.

Transmission

Transmission is mainly from direct non-venereal contact, or through indirect contact. It has been suggested that certain biting insects play a role but this is not proven.

Host factors

Infection is commoner in children than in adults. The relatively high frequency of cases in negroid persons may be related to socio-economic factors and personal habits, rather than to genetic factors. There is some cross-immunity with syphilis and other treponemal infections but protection is partial and syphilis may co-exist with pinta.

Control

As for yaws.

ENDEMIC (NON-VENEREAL) SYPHILIS

Distribution: Tropical Africa, Middle and Near East, Southern Europe
Organism: *Treponema pallidum*
Reservoir: Man
Transmission: Direct and indirect contact
Control: Mass survey and chemotherapy with penicillin
Improvement in personal hygiene

This refers to a manifestation of infection with *Treponema pallidum* in an epidemiological situation in which the infection is highly endemic with non-venereal transmission occurring predominantly in young persons.

A primary chancre is not commonly encountered and it is mainly extragenital. In the secondary stage, mucosal lesions (mucous patches) occur in the mouth, tongue, larynx and nostrils. Condylomata lata are also found in the moist areas: anogenital area, groins, axillae, below the breasts and the angles of the mouth. A variety of other skin lesions may also be present at this stage. Late lesions include skin gummata, nasopharyngeal ulceration, and bone lesions (osteitis, gummata). Cardiovascular and neurological involvement may occur but are apparently rare. Congenital infection is also rare.

The *incubation period* is 2 weeks to 3 months.

Bacteriology

The causative organism, *T. pallidum*, is indistinguishable from the aetiological agent of venereal syphilis.

Epidemiology

The infection is found in remote rural areas in parts of tropical Africa, the Middle and Near East, and southern Europe. It has virtually been eliminated from most of these areas where it was formerly endemic.

Reservoir and transmission
Man is the reservoir of infection. Transmission is by close person-to-person contact; indirect transmission may occur through sharing pipes, cups and other utensils.

Host factors
The distribution of the disease is associated with poverty, overcrowding and poor personal hygiene. Early infections occur predominantly in childhood.

With improvement in social conditions, the endemic syphilis recedes, few children become infected but adults acquire venereally transmitted syphilis.

Laboratory diagnosis

The organism can be seen under dark-field microscopy from wet lesions such as mucous patches and condylomata. Serology becomes positive by the time that secondary lesions occur.

Control

As for yaws.

Chlamydial infections

The spectrum of clinically distinct diseases produced by infection with the different serotypes of *Chlamydia trachomatis* is summarized in Table 5.4. They include lymphogranuloma venereum (LGV— *see* p. 96), trachoma and inclusion conjunctivitis (TRIC) agents and also the strains involved in various genital tract infections. With the exception of lymphogranuloma venereum strains which have a predilection for lymph nodes, *Chlamydia trachomatis* only grows in the columnar epithelial cells found in the conjunctiva, cervix, urethra, the respiratory and gastrointestinal tracts and the rectal mucosa. This is reflected in the spectrum of diseases that they cause.

Table 5.4 Serotypes and diseases of *Chlamydia trachomatis*

Serotypes	Diseases	
L1, L2, L3	Lymphogranuloma venereum*	
A, B, C	Trachoma*	
D–K	Inclusion conjunctivitis* Non-gonococcal urethritis Post-gonococcal urethritis Epididymitis Proctitis Cervicitis Salpingitis Perihepatitis	in adults
	Inclusion conjunctivitis Pneumonia Otitis media	in neonates

* Described in this chapter

The members of this species are natural parasites of man only in contrast to the other species of chlamydia, *Chl. psittaci* (*see* p. 149), which is primarily a pathogen of birds, only occasionally infecting man.

TRACHOMA

Occurrence: World-wide, uneven distribution, mainly tropical and sub-tropical
Organism: *Chlamydia trachomatis* (serotypes A, B, C)
Reservoir: Man
Transmission: Contact, fomites, mechanically by flies
Control: • Improvement in personal hygiene
• Mass treatment with systemic or topical antibiotics or sulphonamides

Trachoma is a major cause of blindness in the tropics and is characterized by a mucopurulent discharge initially progressing to a chronic kerato-conjunctivitis, with the formation of follicles, with hyperplasia, vascular invasion of the cornea and, in the late stage, gross scarring with deformity of the eyelids. Vision may be impaired, and in severe cases it may lead to blindness.

The *incubation period* is from 4 to 12 days.

Bacteriology

The organism responsible for trachoma *Chlamydia trachomatis* is also termed the TRIC agent (trachoma inclusion conjunctivitis agent). It was first isolated with certainty in Peking and confirmed in the Gambia. Trachoma is caused by serotypes A, B and C.

Epidemiology

The occurrence of the infection is world-wide, including tropical, subtropical, temperate and cold climates, but the distribution of disease is uneven, being mostly in the Middle East, Mediterranean coast, parts of tropical Africa, Asia and South America (Fig. 5.2). In the United States of America, it selectively affects certain groups such as American Indians and Mexican immigrants. It is estimated that throughout the world 300 million persons are infected with trachoma and 20 million are blind.

Reservoir and transmission
Man is the reservoir of infection. The common mode of transmission is mechanical from eye to eye by contaminated fingers, cloths, towels, bed clothes and flies (particularly *Musca sorbers*). Infected nasal discharge and tears can also be agents of transmission. The severer the infection the greater is the degree of virus shedding.

Host factors
In most areas of the world infection occurs in children under 10 years of age. It is particularly common where there is poor personal hygiene; exposure to sun, wind and sand may aggravate the clinical manifestations.

Immunity to trachoma is only partial and non-protective. Cell mediated immunity develops eventually, leading to hypersensitivity which is responsible for the blinding complications of trachoma. The disease traces a variable course with spontaneous healing in some cases or progressive damage in others. In countries with a high incidence of bacterial conjunctivitis, particularly of the seasonal epidemic variety, the severity of the trachoma is increased and disabling complications are more frequent. In other areas, e.g. the Gambia, the disease is mild, and serious sequelae uncommon.

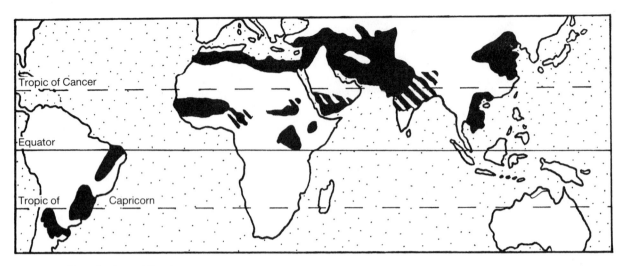

Fig. 5.2 *Distribution of Trachoma*

Laboratory diagnosis

Intracytoplasmic inclusion bodies 0.25–0.04 μm in diameter, staining purple with Giemsa or reddish-brown by iodine, may be seen in conjunctival scrapings. These elementary particles have been termed Halberstaedter–Prowazek bodies and are the principal microscopic diagnostic feature in trachoma but are also seen in inclusion conjunctivitis of the newborn. The number of inclusions tends to be proportional to the intensity of the infection and are most numerous in scrapings from the upper lid.

In early lesions neutrophils may be abundant. In later lesions plasma cells, lymphoblasts and macrophages containing necrotic debris (Leber cells) may be seen.

The agent may be cultured in the yolk of the sac of the embryonated egg.

Control

Improvement of living standards and mass treatment campaigns are the most effective methods for the prevention of trachoma.

The individual

Topical or systemic treatment with sulphonamides, erythromycin, tetracycline or doxycycline is very effective. Surgical treatment is required for the complications, such as entropion, etc.

Hygienic measures include improvement in personal cleanliness, and avoiding the sharing of handkerchiefs, towels and eye cosmetics. It involves health education and the provision of adequate water supply.

The community

The main objectives are to reduce shedding of virus and to stop transmission.

Topical administration of antibiotics is effective but because the period of treatment is long (6 months) compliance falls off as does the persistence of health personnel. This regime is most effective in schools 'a captive population' where it has been successfully used both curatively and prophylactically. It is important to bear in mind, however, that in areas of high endemicity the main reservoir of infection is the preschool child and suitable mass campaigns against this particular age group are also vitally important.

Active research on vaccination is making slow progress. It only provides partial protection, and on the whole, has so far proved disappointing.

INCLUSION CONJUNCTIVITIS

Occurrence: World-wide
Organism: *Chlamydia trachomatis*, (serotypes D–K)
Reservoir: Man
Transmission: Intrapartum, contact, swimming
Control: • Early treatment
  • Chlorination of swimming pools

Inclusion conjunctivitis is a condition similar to but milder than trachoma. It produces an acute purulent conjunctivitis in neonates (ophthalmia neonatorum) and a follicular conjunctivitis in adults.

The *incubation period* is 5–12 days.

Virology

The causative agent is *Chlamydia trachomatis*, serotypes D–K, which differ from those producing trachoma in that their primary habitat is the human genital tract rather than the eye.

Epidemiology

The distribution of infection is probably world-wide but the frequency is not fully appreciated except in places where interested clinicians have adequate laboratory facilities.

Reservoir
Man is the reservoir of infection, the usual habitat of the organism being the genital tract: the cervix in females, the urethra in males. The genital infection is often asymptomatic in women, but an important cause of non-gonococcal (NGU) and post-gonococcal (PGU) urethritis in men (*Chlamydia trachomatis* has been isolated from 30–60 per cent of men with NGU and 70 per cent of cases of PGU).

Transmission
The newborn baby is infected from its mother's genital tract during delivery, which may lead to pneumonia or otitis media in addition to inclusion conjunctivitis. The infection may also be transmitted mechanically from eye to eye, but adults often acquire the infection in the swimming pool.

Control

Topical treatment with tetracycline ointment is usually effective but sulphonamides may also be administered by the oral route. Routine eye toilet of newborn babies is of no apparent value. Systemic treatment with erythromycin is effective against all forms of neonatal disease.

Chlorination of swimming pools is useful in preventing adult infections.

LEPROSY*

Occurrence:	Indian subcontinent, tropical Africa, South-East Asia, South America
Organisms:	*Mycobacterium leprae*
Reservoir:	Man
Transmission:	Intimate contact
Control:	• Individual treatment with triple drug therapy
	• Survey
	Static dispensaries or mobile clinics
	Education
	BCG and/or prophylactic dapsone

This is an infection due to the specific microorganism, *Mycobacterium leprae*, which is of low invasive power and pathogenicity. The four main clinical forms described are: indeterminate leprosy, tuberculoid leprosy, borderline leprosy (probably the commonest form) and lepromatous leprosy (Figure 5.3). The *incubation period* is long and indefinite.

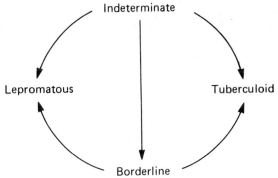

Fig. 5.3 *Natural history of leprosy*

Bacteriology

Mycobacterium leprae is a slender rod-like organism which is both acid and alcohol fast and Gram-positive. It is found singly or in masses

*We are grateful to Dr S. Browne for the liberal use of his writings in the preparation of this section.

(globi). The viable organism stains deeply and uniformly; irregular staining or beading indicates non-viability. The bacilli are scanty in some clinical forms of leprosy (indeterminate and tuberculoid), while they are very numerous in the lesions of lepromatous leprosy. The organism has never been consistently cultured on artificial media. *M.leprae* has been successfully inoculated into the footpads of mice; it thrives in the armadillo and the hedgehog.

Epidemiology

This disease is common in the Indian subcontinent, tropical Africa, South-East Asia and South America (Fig. 5.4). Small foci of infection exist in southern Europe and in the countries bordering the Mediterranean. Leprosy has been introduced by immigrants into countries that have been free of indigenous cases for many years, e.g. the United Kingdom. It is estimated that the total number of cases throughout the world may well exceed 12 million.

Reservoir
Man is the only source of infection. There is no positive evidence for the existence of an extrahuman reservoir of leprosy bacilli; nor for different strains.

Transmission
The infectiousness of leprosy is not high, and repeated skin to skin contact seems to be necessary. The mechanism of contagion probably consists of the transfer of living *M. leprae* from skin to skin, and the introduction of the bacilli into the corium by some slight and unremembered trauma. The discovery of the viability of the large numbers of bacilli emerging from the nasal mucosa of patients with lepromatous leprosy is very important pointing to inhalation as a mode of transmission. *M. leprae* may also be shed by such patients from lepromatous skin ulcers, in the milk of lactating mothers and in much smaller numbers from the skin appendages. The role of fomites, contaminated by skin squames or by nasal secretions is not clear. Conjugal infections are usually 5 per cent or less.

While prolonged and intimate contact is still classically considered to be necessary for infection to develop, there are well-authenticated cases of patients acquiring the infection after a brief passing contact with a person suffering from leprosy. Studies have shown that immunological conversion has

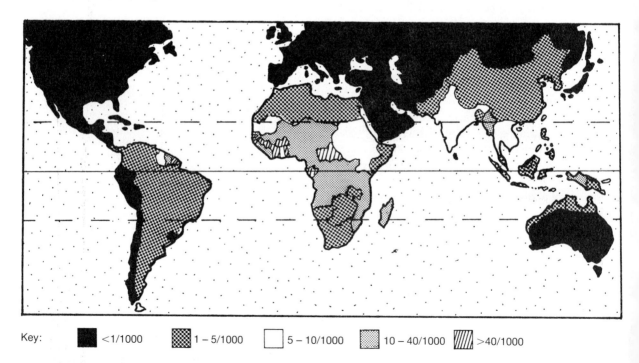

Key: ■ <1/1000   ▨ 1 – 5/1000   □ 5 – 10/1000   ▨ 10 – 40/1000   ▨ >40/1000

Fig. 5.4   *Distribution of leprosy per 1000 population*

taken place in a large proportion of leprosy contacts. These observations provide a firmer basis for placing leprosy in the group of infectious diseases (e.g. tuberculosis, and poliomyelitis) in which the rate of transmission of the infecting agent is very significantly higher than the disease attack rate. It is quite rare, for example, for workers in leprosaria to contract leprosy. Although leprosy is commonest in moist and humid lands, climatic factors *per se* are probably not important.

Host factors

Even those exposed to repeated contact with open cases of leprosy may not contract the disease. Children and adolescents are commonly held to be more susceptible than adults, as are males more than females, but these generalizations are not as definite as they are sometimes made out to be. Hormonal influences may play a part, since there seems to be an increased incidence at puberty in both sexes, and clinical exacerbation of the disease may occur during pregnancy and particularly after parturition. Racial and genetic susceptibility affect the pattern of the disease from Central Africa since, as one moves eastwards or westwards from this central point, the ratio of lepromatous to tuberculoid patients increases.

The diverse clinical manifestations of *M. leprae* infection result from differences in immunological response:

In lepromatous leprosy, the host offers little resistance to the infection, which is severe and progressive.

Tuberculoid leprosy, at the other end of the spectrum, is characterized by cell-mediated immunity and a Type IV hypersensitivity response to the lepromin test (*see* below). Despite much tissue and nerve destruction there is a strong tendency towards spontaneous healing.

Recent work has emphasized the complex nature of the immune response in leprosy. Both immunoglobulins and lymphocyte-mediated immune mechanisms are involved. Patients whose resistance is impaired lack cell-mediated immunity.

The lepromin test

The antigens used for the lepromin test are prepared by the maceration of tissue containing great numbers of bacilli, such as a nodule obtained from a patient suffering from active lepromatous leprosy. The organisms are killed by heat or by

other means. A refined lepromin is obtained by treating the tissue with chloroform and ether, and then centrifuging at high speed. The deposit is suspended in carbol-saline. The test is performed by injecting 0.1 ml of antigen intradermally; the site of injection is inspected after 24 hours, and daily thereafter. There are other methods of preparing a suitable antigen from bacillus-containing material and sundry modifications of the test.

There are two types of cutaneous response to the lepromin test. The early reaction of *Fernandez* consists of an erythematous infiltrated area which appears 24–72 hours after injection, while the *Mitsuda* reaction is nodular in form and most intense 21–30 days after injection. The early reaction is now interpreted as a response to soluble substances of the bacillus, and the late reaction as resistance to the bacillus excited by insoluble substances. Variation of the intensity of the lepromin test occurs among leprosy patients as well as among contacts. The best site for the inoculation is the anterior aspect of the forearm.

The Mitsuda reaction is negative in pure lepromatous leprosy, strongly positive in major tuberculoid leprosy, and variably positive in intermediate forms. BCG vaccination may result in conversion of a negative lepromin reaction to positive, this conversion occurring in a variable proportion of subjects to a variable degree.

Neither an early nor a late lepromin reaction proves immunity. The lepromin test is essentially an allergic reaction, though many leprologists believe that the reaction tests both allergy and immunity to leprosy bacilli. The proportion of persons in endemic areas giving positive Mitsuda reactions increases with age from nil at birth up to 80 per cent in adults. It has been speculated that an intrinsic natural factor (N) exists that gives an individual the capacity to react specifically to *M. leprae*. Thus about 20 per cent of the population, for no apparent reason, will not become lepromin-positive however strong the natural or artificial extrinsic stimuli may be, this minor group probably lacking intrinsic factor N.

Social and psychological factors

In no other disease do social and psychological factors loom so large as in leprosy. Since no specific psychological changes can be attributed to leprosy *per se*, the factors determining the psychological changes that occur are rather the outcome of the patient's attitude to his disease and the attitude of society.

In the patient, traditional beliefs as well as guilt feelings may result in either apathy and resignation or a resentful aggressiveness towards society. Leprosy in the present 'incarnation' may be regarded as retribution for misdeeds in a previous one, so that nothing can or should be done to ameliorate it. When seen as punishment for a sexual misdemeanour, leprosy may lead to such intense feelings of remorse and recrimination that suicide is contemplated or even committed. On the other hand, the person with leprosy may be led to believe that his only hope of cure is to deflower a virgin and thus pass on his disease to someone else.

Tolerance by society is the exception rather than the rule. As a result the patient tries to conceal his trouble for as long as possible, for the consequences may be compulsory segregation or shunning of the whole family by the community. Apparently healthy relatives are regarded as 'tainted' and may find it impossible to secure marriage partners, or those already married may be forced into divorce. Concealment of early (and treatable) leprosy lesions not only allows the disease to progress to irreversible deformity but also perpetuates an endemic situation.

Laboratory diagnosis

The cardinal point in diagnosis is the demonstration of *M. leprae* in a smear of clinical lesion stained by the Ziehl–Neelson method. The best sites for taking smears are:

- The active edge of the most active lesion
- The ear lobes
- The mucosa of the nasal septum

Biopsy of typical macules, nodules, infiltrations or enlarged nerves is often used. Bacterial assessment of patients with leprosy is made by counts on skin smears or biopsy specimens, from which two indices, the *Morphological Index* (M.I.) and the *Bacteriological Index* (B.I.) can be derived:

The morphological index is the average percentage of morphologically normal and viable (i.e. solid-staining or deeply staining) bacilli in smears from the various sites.

The bacteriological index, expressed by various notations (0–4 or 5/6), is a measure of the average concentration of recognizable bacillary forms in smears from various sites on the skin (and possibly nasal mucosa).

Control

Where determined and sustained efforts can be made, leprosy can be cured in the individual and controlled in the community.

The individual

Primary and secondary dapsone resistance has become increasingly common throughout the world occurring in lepromatous (LL) and borderline (BL) cases. Primary dapsone resistance is now estimated to be as high as 37 per cent in South India and Mali. Moreover, there is emerging the relatively new problem of persistence of leprosy bacilli. In this situation the majority of *M. leprae* are killed but some of the bacilli survive and are able to multiply after a period of quiescence—'persisters'.

Triple drug therapy is mandatory if resistance is to be minimised using rifampicin and dapsone, with either prothionamide, clofazimine or ethionamide as the third drug. Multidrug regimes have proved successful in practice. A six month course may be sufficient in paucibacillary cases and two years for multibacillary disease.

The community

The threshold below which leprosy ceases to be a public health problem depends on a number of factors and probably varies from country to country.

In lands where leprosy is more highly endemic (namely most of the tropics and subtropics) its control is a most difficult problem. All the adverse factors are present in some degree, namely:

- Overcrowding and low standards of hygiene
- Lack of medical services
- Limited financial resources
- Ignorance and prejudice
- Competition for treatment from other diseases that are:
  fatal (malaria)

more prevalent (schistosomiasis, onchocerciasis)

more amendable to control (poliomyelitis, water-borne diseases, trachoma)

Although the factors that determine the persistence or disappearance of leprosy in a community are still unknown, the general principles of control of a slightly contagious bacillary disease can be applied to leprosy, namely:

- Reduction of contagious sources by chemotherapy to a level at which there is little danger of spread
- Control of the frequency and duration of potentially infective contacts
- Tracing and supervision of all persons exposed to infection

Achieving these aims involves survey, education and treatment. The methods used depend on the incidence of leprosy in the community, the state of the existing medical services and the willingness of the authorities to accord leprosy control the place its importance deserves.

Survey

This may mean a whole-population survey, a pilot or sampling operation, or be limited to certain readily available groups such as schoolchildren, schoolteachers, workmen and their families, or army and police recruits. When the prevalence is high, regular whole-population surveys conducted annually by teams of auxiliaries working under a doctor are essential.

Clinical examination of stripped subjects, conducted with due regard to privacy and social habits, is the rule. Doubtful lesions are examined by the doctor in charge, smears are taken and either stained on the spot or fixed for subsequent staining at the central laboratory. If possible, contacts of known leprosy patients are seen even more frequently. Treatment is instituted at once for all patients in whom active leprosy has been diagnosed. Advantage is taken of the presence of relatives and fellow villagers to establish good public relations and to embark on a suitable scheme of education.

From the beginning, leprosy should be integrated into the comprehensive medical service for the control of transmissible diseases and treatment provided for leprosy patients suffering from other diseases as well. This also fosters good public relations, for duplication of services is avoided and the health of the whole community is improved.

Site of treatment

Dispensary The mainstay of the anti-leprosy campaign in an urban or rural area in the developing countries is the all-purpose dispensary in the charge of a competent paramedical worker. After being instructed in the rudiments of leprosy diagnosis and treatment, the latter is able to recognize early leprosy, ensure regularity of treatment of all patients and participate in health education, simple physiotherapy, etc.

The dispensary may either be static or take the form of a mobile clinic. The choice will be determined largely by local conditions, such as the status of the public health service, distribution of the population, the prevalence of leprosy, local communications, etc.

The drugs used should be restricted to a few and they should be given according to a simple codified regime. The great majority of patients, whatever the form or stage of leprosy and whatever their age and sex, may be safely and satisfactorily treated in this fashion, and the risk of untoward side-effects is minimal.

The mobile clinic—whether for leprosy only or an all-purpose type—has proved its worth in Francophone Africa. The itinerary is planned so that regular visits are paid every so often along a certain route. Patients foregather at set points from surrounding villages and hamlets to receive a supply of drugs sufficient to last until the next visit. Paramedical workers travel on bicycles where the truck cannot go, rejoining it further along the route. The essential features of the service are diagnosis, examination of contacts and the taking of slit-smears. While the drawbacks and shortcomings of this system are obvious, it is the only way of tackling the leprosy problem in a scattered population with primitive and precarious communications. One real disadvantage of rural control schemes is that patients no longer suffering from active disease may have to walk long distances to receive a supply of anti-leprosy tablets that have no effect on their burnt-out disease, but with possible worsening of the ulcers on their anaesthetic feet. The campaign will inevitably suffer as a result.

Segregation village   When arable land is available and the patients can support themselves by farming, the temporary expedient of the segregation village has much in its favour, provided the goodwill of tribal chiefs and populace has been assured. Sometimes the local authorities themselves take the initiative. The village should fall within the purview of a resident medical auxiliary who may also have either a small ward for inpatients or access to beds in a local hospital. If such villages can be properly supervised and patients can return home when this is deemed advisable, they may play a useful part in the leprosy campaign. However, they may also perpetuate false notions about leprosy; the inmates stay on and acquire a landed and vested interest in the village, perhaps holding the local population to ransom by begging. In some countries (for instance Korea) these communities, which include cured patients, raise enormous problems. Their upkeep makes heavy financial demands on the government, and special schools have to be set up for the children, thus strengthening the fears of the healthy population that leprosy sufferers transmit a taint. The segregation village is now in general out of favour.

Central hospital   This is an essential element in a leprosy control scheme: at any one time about 1 per cent of the patients will be inpatients. Facilities available should include: reconstructive surgery, pre- and post-operative physiotherapy, training in the use of anaesthetic limbs, occupational therapy or vocational training, and the provision of prostheses.

Prophylaxis

Vaccination   BCG vaccination has given conflicting results. Further research is focused on developing second generation vaccines based on genetically engineered material. A vaccine based on killed *M. leprae* is undergoing field trials.

Chemoprophylaxis   Dapsone given to children under 15 years of age who were contacts of lepromatous and other bacteriologically positive index cases, has given encouraging results in India but has been less convincing in the Philippines.

Superficial fungal infections

Occurrence:	World-wide, but certain manifestations, e.g. clefts, are more severe in the tropics
Organisms:	Various species of *Epidermophyton*, *Trichophyton*, and *Microsporon*; also *Malassezia furfur*
Reservoir:	Man, animals and soil
Transmission:	Direct contact, indirect contact with contaminated articles
Control:	• Personal hygiene
	• Sanitation in baths and pools

A wide variety of fungi infect skin, hair and nails, without deeper penetration of the host tissues. The infective agents include species of *Epidermophyton*, *Trichophyton*, *Microsporon* and *Mallassezia furfur* (causative agent of Tinea versicolor).

The various clinical manifestations include favus, ringworm of the scalp, body, feet (athlete's foot) and nails; some produce dyspigmentation, e.g. Tinea versicolor. The lesions are mostly disfiguring but apart from the aesthetic aspect some are disabling, e.g. athlete's foot could lead to splitting of the skin and secondary bacterial infection.

Epidemiology

These infections have a world-wide distribution but some of the clinical manifestations such as ringworm of the feet tend to be more severe in the moist tropics. There are geographical variations in the incidence of various species, e.g. the predominant cause of Tinea capitis in North America is *Microsporon audouini* but it is *Trichophyton tonsurans* in South America.

Reservoir
Man and animals represent the main reservoir of many of these infections but some of the fungi are also found in the soil. Domestic pets play an important role for some infections, e.g. *Microsporon canis* which is transmitted from dogs and cats.

Transmission
Transmission may be from direct contact but also indirectly through contact with contaminated

floors, barbers' instruments, clothing, combs and other personal articles.

Host factors

All age and racial groups are susceptible to these infections but some of the infections show variation with age and sex, e.g. ringworm of the scalp due to *Microsporon audouini* is most prevalent in pre-pubertal children. Subclinical infections occur: some of these organisms can be cultured from persons who do not show clinical signs.

Laboratory diagnosis

Specimens for examination include scrapings from the skin and nails, and also infected hairs. The organisms may be demonstrated on microscopy of skin scrapings which can be cleared with a solution of 10 per cent potassium hydroxide. Some of the organisms can be cultured on selective media such as Sabouraud's glucose agar at 20°C. Some of the fungal lesions in hairy areas display fluorescence when examined under ultraviolet light ('Wood's light') and this serves as a useful screening test.

Control

Prompt identification and treatment of infected persons will help to reduce the reservoir of infection, but the existence of subclinical infections may limit the value of this measure.

General hygienic measures in homes, schools and public places such as baths and swimming pools can help reduce the hazard of infection. The sharing of towels and other personal toilet articles should be discouraged. The handling of animals including domestic pets is also an avoidable risk.

CANDIDIASIS

Occurrence: World-wide
Organism: *Candida albicans*
Reservoir: Man
Transmission: Contact, parturition
Control: Careful use of broad-spectrum antibiotics
Elimination of local predisposing factors
Treatment of pregnant women

This is a mycotic infection which usually affects the following sites:

- Oral cavity (thrush)
- Female genitalia (vulvovaginitis)
- Moist skin folds (dermatitis)
- Nails (chronic paronychia)

Rarely the organism becomes disseminated systemically in debilitated persons, e.g. leukaemia and other neoplasms especially when under treatment with corticosteroids, and broad-spectrum antibiotics.

The *incubation period* varies widely, but in children, it may be of the order of 2 to 6 days.

Mycology

Candida albicans is the main pathogenic organism producing these lesions; rarely other organisms such as *Saccharomyces* may produce a similar oral lesion.

Epidemiology

Candidiasis has a world-wide distribution.

Reservoir

Man is the reservoir of infection. The carrier state is very common, the organism being found as part of the normal oral and intestinal flora. The occurrence of disease is therefore largely determined by host susceptibility.

Transmission

Transmission is by contact with infected persons, both patients and carriers. The newborn infant may be infected by the mother during childbirth.

Host factors

Susceptible groups include:

- Newborn babies and infants
- Debilitated patients (e.g. diabetics, cachectic patients, advanced tuberculosis)

Local factors may predispose to candidiasis lesions:

- Ill-fitting dentures
- Tuberculous cavities
- Alterations is the normal gut flora—following treatment with broad spectrum antibiotics
- Prolonged soaking—e.g. housewives, cleaners, bar tenders, may develop paronychia

Control

This includes prompt treatment of infections using mycostatin, in severe cases. Genital infections should be treated in late pregnancy. Prolonged use of broad-spectrum antibiotics should be avoided.

SCABIES

Occurrence: World-wide, in overcrowded poor areas

Organism: *Sarcoptes scabiei*

Reservoir: Man

Transmission: Direct contact, or indirectly through contaminated clothing

Control: Improvement in personal hygiene
    Treatment of affected persons

This is an infection of the skin by the mite, *Sarcoptes scabiei*. The skin rash typically consists of small papules, vesicles and pustules, characterized by intense pruritus. Another typical feature is the presence of burrows which are superficial tunnels made by the adult mite. Secondary bacterial infection is common. Lesions occcur most frequently in the moist areas of skin, e.g. web of the fingers.

The *incubation period* ranges from a few days to several weeks.

Causative agent

The infective agent is the mite *Sarcoptes scabiei*. The female mite which is larger than the male, measures 0.3 to 0.4 mm. The gravid female lays its eggs in superficial tunnels. Within 3–5 days, the eggs hatch to larvae and nymphs which pass through four stages and finally moult after 3 weeks to become sexually mature adults. The adults pair and mate on the skin surface.

Epidemiology

The distribution of the disease is widespread in the tropics with particular concentration in poor overcrowded areas; it is also found in the temperate zones, especially in slums and where disasters such as wars have led to crowding and insanitary conditions.

Reservoir

Man is the reservoir of infection. There is a related species of mite in animals—*Sarcoptes mange*; man may acquire this infection on contact with infected dogs, but this mite cannot reproduce on human skin.

Transmission

Transmission of scabies is by direct contact with an infected person or indirectly through contaminated clothing. Infection may be acquired during sexual intercourse.

Host factors

All persons are apparently susceptible but infection is particularly common in children; several cases are commonly found within the same household.

Laboratory diagnosis

The adult mite can be seen using a hand lens, and identified under the microscope; the female mite can be brought to the surface by teasing the burrows with a sharp pointed needle.

Control

A high standard of personal hygiene must be maintained, with particular emphasis on regular baths with soap and water, frequent laundering of clothes, and the avoidance of overcrowding also help to prevent the spread of infection.

Infected persons should be treated by the application of benzyl benzoate emulsion or tetraethylthiuram monosulphide following a thorough bath. Other affected members of the family should be treated at the same time to prevent re-infection. Mass treatment may be useful in large institutions such as work camps.

Infections acquired from non-human sources

Non-human sources of infection through skin and mucous membranes include:

- Soil (tetanus, hookworm)

- Water (schistosomiasis, leptospirosis)
- Contact with animals or their products (anthrax)
- Animal bites (rabies)

The causative agents include viruses, bacteria and helminths.

Viral infections

RABIES

Occurrence: Endemic in most parts of the world *except* Great Britain, Australia, New Zealand, Scandinavia, parts of the West Indies and the Pacific Islands
Organism: Rabies virus
Reservoir: Wild animals, strays and pets
Transmission: Bite of infected animals
Airbone in restricted circumstances
Control: Immunization of pet dogs; control of stray dogs
Passive and active immunization after exposure
Prophylactic immunization of high-risk groups

Rabies is a viral infection which produces fatal encephalitis in man. The clinical features include convulsions, dysphagia, nervousness and anxiety, muscular paralysis and a progressive coma. The painful spasms of the throat muscles make the patient apprehensive of swallowing fluids (hydrophobia) even his own saliva. Once clinical signs are established the infection is invariably fatal.

The *incubation period* is usually 4 to 6 weeks but it may be much longer, 6 months or more.

Virology

Rabies virus is a myxovirus which can be isolated and propagated in chick embryo or tissue culture from mouse and chick embryos. The freshly isolated virus ('street virus') in experimental infections has a long incubation period (1 to 12 weeks) and it invades both the central nervous system and the salivary glands. After serial passage in rabbit brain, the virus ('fixed virus') multiplies rapidly solely in brain with a short incubation period of four to six days after experimental inoculation.

Epidemiology

The infection is endemic in most parts of the world with the exception of Great Britain, Australia, New Zealand, Scandinavia, areas of the West Indies and the Pacific Islands. The disease is most commonly encountered in parts of South-East Asia, Africa and Europe. There has recently been a dramatic spread of animal rabies in Europe, foxes being the main reservoir of infection.

Reservoir
Rabies is basically a zoonotic infection of mammals, especially wild carnivores in the forest (foxes, wolves, jackals). The urban reservoir includes stray and pet dogs, cats and other domestic mammals, and in a part of South America, vampire bats play an important role in spreading infection to fruit bats, cattle, and other animals including man.

Clinical features With the exception of the vampire bat which tolerates chronic rabies infection with little disturbance, other mammals rapidly succumb to this infection once clinical signs develop. At first, there may be a change in the behaviour of the animal: restlessness, excitability, unusual aggressiveness or friendliness. Later, there are signs of difficulty in swallowing fluids and food. Paralysis of the lower jaw gives the 'dropped jaw' appearance in dogs. Even at the terminal stage the animal may be running around, attacking indiscriminately ('furious rabies'). Finally it becomes comatose and paralysed ('dumb rabies').

Transmission
The transmission of the infection is by the bite of the infected animal, the virus being present in the saliva. It can also presumably be transmitted by the infected animal licking open sores and wounds. Airbone infection has been demonstrated in some special circumstances, notably in caves heavily populated by bats.

Laboratory diagnosis

Various laboratory tests are used to establish the diagnosis in suspected animals or in human cases. The rabies virus may be demonstrated in the brain tissue, saliva, spinal fluid and urine, but brain tissue is most commonly examined. Microscopic examination of the brain may show characteristic cytoplasmic inclusion bodies (Negri bodies) in the nerve cells especially those of the hippocampal gyrus. These may be demonstrated on microscopic sections of the brain or by staining smear impressions from fresh brain tissue. The organism can be demonstrated by inoculation of suspected material into mice (intracerebral) or into hamsters (intramuscular), infection being identified by the presence of Negri bodies in the brains of the animals which die, by the fluorescent antibody technique or by neutralisation tests using specific antibody.

Control

Animal reservoir

In urban areas, the problem is best tackled by the control of dogs; stray dogs should be impounded and destroyed if unclaimed. Pet dogs, and preferably also cats, should be vaccinated every 3 years. In rabies-free areas, the importing of dogs, cats and othe mammalian pets should be strictly controlled, such animals being kept in quarantine for at least 6 months. Whenever a dog is found to be rabid, other animals that have been exposed to it should be traced so that they can be vaccinated, kept under observation or destroyed.

The control of rabies in wildlife is much more difficult. The risk can be minimized by trapping and killing wild animals which serve as reservoir of rabies.

Post-exposure treatment

Local treatment

The wound should be cleaned thoroughly with soap or detergent; an antiseptic such as chlorine bleach should be applied.

Immunization

Rabies can be prevented in persons who have been exposed to risk by the use of active immunization alone (rabies vaccine) or in combination with

Table 5.5 Rabies immunization

Active
Human diploid cell rabies vaccine (HDCV)*
Duck-embryo vaccine (DEV)
Semple type rabbit vaccine
Passive
Rabies immunoglobulin, human (RIG)*
Antirabies serum, equine (ARS)

* Product of choice

passive immunization (rabies immunoglobulin). Immunoglobulin confers immediate protection while the patient responds to vaccination. The preparations available are listed in Table 5.5. The decision to use immunization should be based on a careful consideration of the risk in each case. Three points need to be carefully considered (*see* Table 5.6):

Prevalence of rabies in the area   Vaccine may not be indicated in areas which are consistently free of animal rabies.

Biting animal: its species and state of health   Carnivores are particularly important in the spread of rabies.

In the case of a dog bite, the animal should be captured alive if possible, and kept under observation for 10 days. If the animal has been killed or if it dies during the period of observation, steps should be taken to find out if it was rabid; the animal should be decapitated and the head sent to the laboratory. A dog which has been adequately vaccinated is unlikely to be rabid.

In the case of a wild animal, it should be killed and the brain examined for rabies. It must be assumed that there has been exposure to rabies in cases of unprovoked bites by wild animals, or if the biting animal has escaped or been detroyed without examination.

Severity of the bite: site and extent   This may be classified into severe or mild exposure:
Severe exposure includes cases of multiple or deep puncture wounds; bites on the head, neck, face hands or fingers. After such a severe exposure, the incubation period tends to be very short.
Mild exposure: single bites, scratches and lacerations away from the dangerous areas listed under severe exposure; also the licking of open wounds.

Table 5.6 Post-exposure immunization regimens for the prevention of rabies*

Species	Status at time of exposure	Treatment	
		Mild exposure	*Severe exposure†*
Domestic animal	Healthy	No immediate treatment	Immunoglobulin
		(Begin vaccine at first sign of rabies in biting animal)	
	Signs suggestive of rabies	Vaccine	Immunoglobulin and vaccine
		(Stop treatment if animal is normal 5 days after exposure)	
	Rabid	Vaccine	Immunoglobulin and vaccine
	Escaped, killed, unknown	Vaccine	Immunoglobulin and vaccine
Wild animal	Unprovoked attack	Immunoglobulin and vaccine	Immunoglobulin and vaccine

* Vaccine regimen (HDCV or DEV): 1ml on days 0,3,7,14,28,90.
   Immunoglobulin regimen: Single dose only, given at the beginning of prophylaxis—RIG, 20 i.u./kg; ARS, 40 i.u./kg
† Severe exposure = multiple or deep wounds; any bites to head, neck, face, hands or fingers

Pre-exposure treatment

Certain groups such as veterinarians, dog catchers and hunters, who run a high risk of rabies can be protected by using HDCV (*see* Table 5.5). Three 1 ml injections are given intramuscularly on days 0, 7 and 21.

If HDCV is not available DEV is also effective, e.g. two doses of 1 ml given subcutaneously 1 month apart, followed by a booster dose 6–7 months later.

Bacterial infections

TETANUS

Occurrence: World-wide, but very low incidence in developed countries as a result of immunization programme
Organism: *Clostridium tetani*
Reservoir: Man
Transmission: Through wounds
Control: • Toilet of wounds
   Penicillin prophylaxis
   Passive immunization (antitetanus serum)
• Active immunization (tetanus toxoid)

This is an acute disease characterized by an increase in muscle tone, with spasms, fever and a high mortality in untreated cases. Usually the hypertonia and the spasms are generalized, but in some mild cases the muscle rigidity may be confined to a local area (e.g. a limb) and spasms may also be localized to the laryngeal muscles. Trismus is usually an early symptom. A peculiar grimace 'risus sardonicus' is often noted in these patients. In tetanus neonatorum, the first symptom is failure to suck in a baby who had sucked normally for the first few days after delivery.

The *incubation period* is usually between 3 days and 3 weeks. The interval between the first symptom of stiffness and the appearance of spasms is known as the *period of onset*.

Bacteriology

Clostridium tetani is a Gram-positive rod, an obligate anaerobe, which forms terminal spores giving it a characteristic drumstick shape. The spores are highly resistant to drying and to high temperatures: they may withstand boiling for short periods.

Epidemiology

Tetanus is found world-wide with a high concentration in some parts of the tropics. Farmers and others living in rural areas are usually more frequently affected than urban dwellers. With routine immunization of children and prophylactic care of wounds, the disease is now rare in the developed countries.

Reservoir and transmission

The reservoir of infection is the soil and the faeces of various animals including man. The organism gains entry into the host through wounds; any wound may serve as the portal of entry for tetanus:

Post-traumatic Deep penetrating wounds especially when associated with tissue necrosis, and particularly when contaminated with earth, dung or foreign organic material. Superficial wounds including burns may also cause tetanus. The umbilical wound is the usual portal of neonatal tetanus.

Post-puerperal and post-abortal These arise from the use of contaminated instruments and dressings.

Post-surgical These may also be from instruments and dressings, but the infection may be endogenous, from the presence of the organism in the host's bowel or wounds.

Chronic ulcers and discharging sinuses Chronic ulcers, guinea-worm infections, chronic otitis media, infected tuberculous sinuses may serve as portals of entry.

Cryptogenic In a high proportion of cases, no focus is found, presumably some of these are due to minor injuries which have healed. All non-immune persons in all age-groups are susceptible. Infection does not confer immunity: repeated attacks occur.

Laboratory diagnosis

A firm clinical diagnosis can be made without laboratory tests. The isolation of the organism from the wound is of little value since it may be recovered from the wounds of persons who show no sign of tetanus.

Control

There are three main lines of prevention:

Antibacterial measures
These include the protection of wounds from contamination, adequate cleansing of wounds and careful débridement. Antibiotics especially long-acting penicillin can also be given to suppress the multiplication of *Clostridium tetani*. If the wound is old, i.e. more than twelve hours, tetanus may occur despite an adequate dose of penicillin.

Passive immunization
Tetanus antitoxin (ATS) in the form of horse serum is used. In the average case 1500 units are given although a larger dose may be required for patients who present with heavily contaminated wounds. Repeated doses of ATS will lead to sensitization of the patient creating the hazard of allergic reactions. These later doses are also rapidly eliminated from the body and therefore are less effective for prevention and treatment. Efforts have been made to replace serum antitoxin with human immunoglobulin containing tetanus antitoxin to avoid allergic reactions.

Active immunization
Active immunization with tetanus toxoid is the most satisfactory method of preventing tetanus. Ideally everyone should be given a course of active immunization. This is given in combination with diphtheria toxoid and pertussis vaccine in a triple vaccine formulation (DPT). Three doses, at monthly intervals starting a 2 months, are recommended. Booster doses of tetanus toxoid can then be given periodically, e.g. every 5 years or whenever the person is injured. Special preparations are available for combined active-passive immunization. Active immunization of the pregnant woman will protect the infant from neonatal tetanus.

The persistence of clinical cases of tetanus in any community is a direct indictment of the health authorities of the country concerned because tetanus toxoid is simple to administer, safe, effective and cheap. With the stimulus of the WHO expanded programme of immunization and the slogan of health care for all by the year 2000', tetanus should be one disease *at least* that should become rare in the developing world. The goal of the Expanded Programme on Immunization (EPI) is to reduce morbidity and mortality by providing immunization against the target diseases of diphtheria, pertussis, tetanus, measles, poliomyelitis and tuberculosis for every child in the world by 1990.

MYCOBACTERIUM ULCERANS INFECTION (BURULI ULCER)

Occurrence: Major foci in Uganda, New Guinea
Organism: *Mycobacterium ulcerans*
Reservoir: Probably grass
Transmission: Skin, by abrasion or insect bite
Control: Possible benefit from BCG vaccination

Mycobacterium ulcerans causes chronic necrotising ulcers of the skin and subcutaneous tissues. The predominance of lesions occur in the extremities. The usual *incubation period* is about 4–10 weeks.

Bacteriology

M. ulcerans grows preferentially at a temperature of 32–33°C. It belongs to the group of slow-growing mycobacteria requiring 4–18 weeks to grow from initial isolation.

Epidemiology

The infection has been recognized in Australia, Uganda, Zaire, West Africa, Malaysia, Mexico and Papua New Guinea. The condition is probably more widespread in the tropics than is generally reported, being confused with tropical ulcer.

The prevalence of Buruli disease varies considerably in the various reported areas. A careful recent study of the epidemiology of Buruli disease was carried out in Uganda, where the outstanding geographic feature was the distribution of Buruli lesions near the Nile. Thus, the section of the Kinyara refugee settlement closest to the Nile had the highest incidence of the disease. In these parts, more than 25 per cent of refugee children under 15 years of age developed Buruli lesions. The disease apparently is more common in sparsely settled regions, and may be related to the cultivation of previously undisturbed areas.

There is a peak seasonal incidence between September to November each year.

Reservoir and transmission
Both the reservoir and the mode of transmission are still uncertain.

The reservoir is probably grasses: atypical mycobacteria have been isolated from grasses in areas of high endemicity in Uganda.

Transmission is probably through abrasions or insect bites.

Host factors
Buruli disease occurs from infancy to old age, but the highest incidence is in children from 5 to 14 years. Among adults it is more common among women than men. Two factors are mainly responsible for the age and sex distribution: immunity to the disease and exposure to the agent. People with a naturally positive tuberculin reaction are partially protected from Buruli disease. The most important reasons for the age, sex distribution and differences in anatomical sites are probably attributable to differential exposure.

Laboratory diagnosis

Classically, histological examination of the lesions, reveals complete necrosis of subcutaneous tissue with numerous organisms in subcutaneous fibrous septa. There is a notable absence of inflammatory cells.

Control

The individual
The first principle of surgical treatment is excision of all involved tissue; the second is early covering of the denuded area with skin.

The community
BCG vaccination has given promising results. Health education emphasizing to the communities the significance of the early lesion—a small nodule—has resulted, in Uganda, in an overall reduction in total hospitalization and theatre time, as well as the elimination of crippling deformities.

LEPTOSPIROSIS

Occurrence: World-wide
Organisms: *Leptospira* species (various
                      serotypes)
Reservoir: Domestic and wild animals
Transmission: Contact with polluted water;
                          ingestion of water or food
Control: • Limit animal contact with human
                sources of water
                Avoid contact with contaminated
                water
            • Immunization

This is an acute febrile illness usually accompanied by malaise, vomiting, conjunctival infection and meningeal irritation; in severe cases, jaundice, renal involvement and haemorrhage may occur. The *incubation period* is from 3 days to 3 weeks.

Bacteriology

Leptospira are thin spirochaetal organisms, which can remain viable in water for several weeks. Many different serotypes have been identified, some of the common ones being *Leptospira icterohaemorrhagica* (the agent of Weil's disease), *L. canicola* (canicola fever), *L. pomona*, and *L. bovis*.

Epidemiology

Various pathogenic species of leptospira are present in most parts of the world. The occurrence of human disease is determined by the distribution of the organisms in animal reservoirs.

Reservoir
The reservoir of infection is in various vertebrates; both wild and domestic animals are involved—cattle, dogs, pigs, rats and other rodents, and reptiles. Urine is the source of infection.

Transmission
The infection may be acquired by contact with infected water, the organism penetrating the skin, or by ingestion of contaminated water or food.

Host factors
Certain occupations carry the risk of exposure to leptospirosis, e.g. fish workers, persons working in sewers, rice paddies, or other collections of surface water, and soldiers who may have to wade across streams.

Laboratory diagnosis

The organisms may be seen on microscopy of blood or centrifuged specimen of urine using dark ground illumination, or of a thick blood film stained with Giesma's technique. The organism can be isolated on culture or by inoculation of blood intraperitoneally into hamsters or guinea-pigs. The serotype is identified by serological tests. Agglutination and complement fixing antibodies can be detected in infected patients.

Control

Domestic animals should be segregated as far as possible from water sources for human use. The reservoir in wild animals should also be eliminated, e.g. by the control of rodents.

Human contact with potentially contaminated water should be avoided, and where such contact is unavoidable, protective clothing should be worn.

Immunization for persons at high risk has been suggested using the local strain of leptospira as antigen; similarly pet dogs can be vaccinated.

ANTHRAX

Occurrence: Widespread in agricultural areas
Organism: *Bacillus anthracis*
Reservoir: Farm animals
Transmission: Contact with infected animals
                          or their products; inhalation;
                          ingestion
Control: Isolation of sick animals
                  Careful disposal of infected carcasses
                  Disinfection of hides, skins and hair
                  Protective clothing (e.g. gloves)

This is an acute infection which may present as a localized necrotic lesion of the skin (malignant pustule) with regional lymphadenopathy; further dissemination will cause septicaemia. Pulmonary and gastrointestinal forms of infection occur from inhalation or ingestion of the infected material.

The *incubation period* is usually less than 1 week.

Bacteriology

The causative agent, *Bacillus anthracis*, is an aerobic, Gram-positive spore-bearing rod. The resistant spore survives drying, routine disinfection and other adverse environmental conditions; it remains viable for long periods on hides, skins and hair.

Epidemiology

The infection is endemic in most agricultural areas both tropical and temperate.

Reservoir

Anthrax is a zoonosis, the reservoir of infection being farm animals: cattle, sheep, goats, horses and pigs. The animal products such as hides, skins and hair (e.g. brushes) are potential sources of infection.

Transmission

Transmission may be by contact with these infected materials or animals. The organism may also be inhaled (wool sorter's disease) or swallowed, for example in contaminated milk.

Laboratory diagnosis

A smear of the skin lesion may show typical organisms as chains of large, Gram-positive rods. The organism can be isolated from skin, sputum or blood, by culture on blood agar. Virulence is tested by intraperitoneal injection into mice.

Control

Sick animals should be isolated. The carcasses of animals which die should be burnt or buried in lime, avoiding any contamination of soil. Animals and human beings at high risk can be immunized using a live attenuated vaccine. Animal products such as hides, bone meal, and brushes, should be disinfected usually by autoclaving where

feasible. Protective clothing especially gloves should be worn when handling potentially infected material.

Helminthic infections

HOOKWORM

Occurrence: Tropics and subtropical areas of Africa, South America and Asia
Organisms: *Necator americanus, Ankylostoma duodenale*
Reservoir: Man
Transmission: Contact with contaminated soil Oral (*A. duodenale*)
Control: • Wearing of shoes
   Chemotherapy
   Correction of anaemia
• Sanitary disposal of faeces

This is an important intestinal parasite which occurs commonly in warm climates especially in communities with poor environmental sanitation. Anaemia secondary to blood loss is the most important clinical feature of hookworm infection. Although light to moderate loads of infection may be tolerated in well-nourished persons who have an adequate intake of iron, heavy infection usually leads to iron-deficiency anaemia and occasionally to severe protein depletion. Thus, the occurrence of disease in hookworm infection depends on the interaction of the load of infection, the state of the iron stores and the diet of the host.

Parasitology: life cycle

The two main species which infect man are *Ankylostoma duodenale* and *Necator americanus*. Figure 5.5 illustrates their lifecycle. The adult worms living in the intestine, are attached to the intestinal wall from which they suck blood; they migrate from site to site. The eggs are passed in faeces, and after hatching the larvae mature in the soil where they may survive for many weeks. Man is infected on contact with soil, the infective larvae penetrating the unbroken skin and this may give rise to a pruritic rash ('ground itch'). The larvae migrate to the lungs and ascend the trachea to be

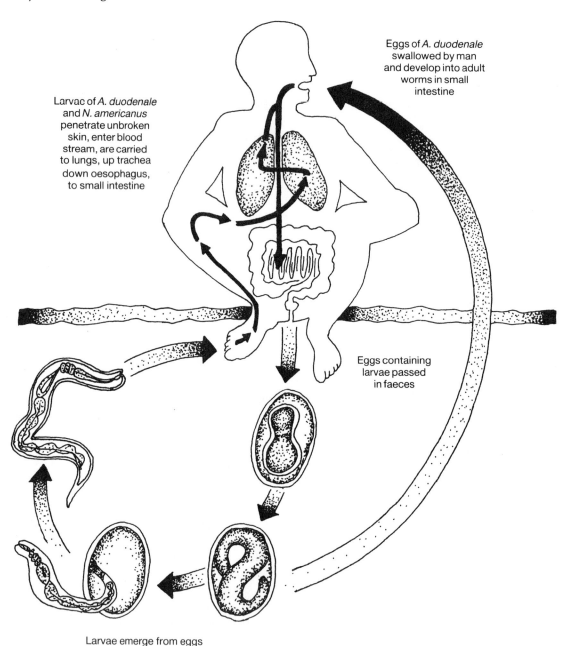

Eggs of *A. duodenale* swallowed by man and develop into adult worms in small intestine

Larvae of *A. duodenale* and *N. americanus* penetrate unbroken skin, enter blood stream, are carried to lungs, up trachea down oesophagus, to small intestine

Eggs containing larvae passed in faeces

Larvae emerge from eggs

Fig. 5.5   Lifecycles of *Ankylostoma duodenale* and *Necator americanus*

swallowed and carried to the intestine where the adult worms become established.

Ankylostoma duodenale (unlike *Necator americanus*) may also be contracted by the faeco-oral route.

The hookworms of cats and dogs, *Ankylostoma braziliense* and *A. caninum*, fail to achieve full maturity in man but may cause a serpiginous skin rash—cutaneous larva migrans.

Laboratory diagnosis

Hookworm infection is diagnosed by the identification of the eggs in stool; concentration methods are used for detecting light infections. Quantitative assessment of the load can be made by using a dilution method, e.g. the Stoll technique. The larvae can be cultured from stool on moist filter paper at room temperature (25°C). The species of worm can be identified from the larval stage or from expelled adults.

Epidemiology

Hookworm is endemic in the tropics and subtropics; it is receding from the more developed areas being most prevalent in the rural areas of the moist tropics. It occurs in various parts of tropical Africa, south-eastern USA, Mediterranean countries, Asia and the Caribbean (Fig. 5.6). In parts of West Africa, Central and South America, and elsewhere mixed infections of both species occur. *A. ceylanicum* has occasionally also been reported to cause disease in humans.

Reservoir
Man is the only important source of human hookworm infection. The epidemiology of the disease is dependent upon the interaction of three factors:

- Suitability of the environment for eggs or larvae
- Mode and extent of faecal pollution of the soil
- Mode and extent of contact between infected soil and skin

Survival of hookworm larvae is favoured in a damp, sandy, or friable soil with decaying vegetation, and a temperature of 24–32°C. *A. duodenale* eggs resist dessication more than those of *Necator*, while the development of hookworm larvae in the eggs and subsequent hatching can be retarded in the absence of oxygen.

Transmission
Insanitary disposal of faeces or the use of human faeces as fertilizer are the chief sources of human infection in countries where individuals are barefooted. Thus, it is to be expected that hookworm infection will have a higher prevalence in agricultural than in town workers—and that in many tropical countries it is an occupational disease of the farming community.

Oral route Experiments have shown that although *Necator* infection is acquired almost exclusively by the percutaneous route, *Ankylostoma* infection may be contracted either percutaneously or orally (*see* Fig. 5.5)—the latter mode of entry gives special significance to the reports of contamination of vegetables by these larvae and underlines the biological differences between the two species. Transmammary transmission of *A. duodenale* probably also occurs.

Seasonal shedding Contrary to the general belief, it has been shown that larvae of *A. duodenale* do not always develop directly to adulthood upon

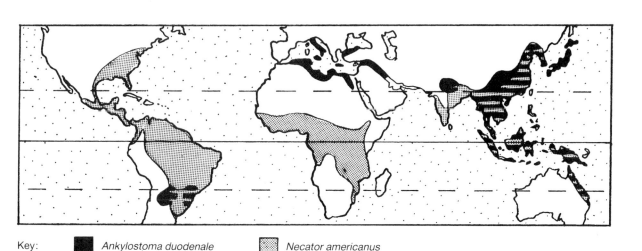

Key: ■ *Ankylostoma duodenale*   ▨ *Necator americanus*

Fig. 5.6 *Distribution of hookworm infection*

invasion of man. Thus, in West Bengal, India, arrested development (hypobiosis) appears to be a seasonal phenomenon which results in:

- Reduction of egg output wasted in seeding an inhospitable environment
- A marked increase in eggs entering the environment just before the monsoon begins

Host factors
Provided people are equally exposed to hookworm infection, both sexes and all ages are susceptible. In communities in which the parasite has long been endemic, the inhabitants develop a host/parasite balance in which the worm load is limited, thus although the infection rate in some rural areas of the tropics may be 100 per cent only a small proportion develop hookworm anaemia. It is not known whether these heavy infections resulting in anaemia are dependent upon repeated exposure to a high intensity of infection, or whether they are due to other factors.

Other factors
Although the basic epidemiology of hookworm infection is relatively simple, its quantitative epidemiology is much more complex. Some of the important features can be summarized as follows*:
Distribution of worm numbers/person tends to be highly aggregated in form, where most individuals harbour few parasites and a few harbour heavy burdens
Worm fecundity appears to decline as the worm burden within an individual increases
Changes with age as the average *intensity* of infection tends to be convex in form. Changes in *prevalence* with age are less convex in form than those observed for average intensity of infection
Predisposition of heavily infected individuals within a community due to a variety of yet undetermined factors (behavioural, social, nutritional or genetic)
Reinfection following chemotherapy tends to be common, the rate of return depending on a variety of circumstances. Longitudinal studies suggest that parasites are regularly lost and subsequently reacquired in the following transmission season and there is some evidence for herd immunity. However, if hookworms do elicit protective

*Based on studies by Anderson, Schad and others.

immunity in man, the concept remains to be conclusively proven.

Control

Control of hookworm infection involves four approaches:

- Sanitary disposal of faeces (*see* Chapter 12)
- Health education with community participation (*see* Chapter 13)
- Chemotherapy
- Correction of the anaemia

Sanitation and education

The provision of latrines and education in their proper usage are crucial to the control of hookworm infections. If fresh human faeces are used as fertilizer, they should be treated in order to kill the larvae either by composting before usage or by the addition of chemicals such as sodium nitrate, calcium superphosphate or ammonium sulphate. The wearing of protective footwear is a useful complementary measure.

The relationship of some key behavioural and social factors to the levels of hookworm infection by studying the defaecation behaviour of a population can have direct implications for control.

Chemotherapy: antihelminthics

Treatment strategy
The approach to treatment requires orientation in the context of intensity of infection, probability of reinfection and economic considerations. Three chemotherapeutic strategies can be used:

- Mass treatment of the whole community
- Selective chemotherapy of all those infected
- Targeted chemotherapy for heavy infections and/or high risk groups

In some instances, combinations of these approaches may be feasible, e.g. mass chemotherapy followed by targeted chemotherapy. These strategies are described on p. 28.

In non-endemic areas it is justifiable to treat all infections however light, whereas in endemic areas where reinfection is likely to occur only heavy or moderate infections are worth treating *unless simultaneous attempts* are also made to improve environmental hygiene. In the tropics, therefore, the main aim of helminthic treatment should be to reduce the load of infection below the level of clinical significance; complete parasitological cure is unnecessary except within the context mentioned above, or in patients who are severely ill from other causes such a protein-energy malnutrition, marasmus, tuberculosis, or sickle-cell anaemia.

Regimen

The recommended antihelminthics are relatively non-toxic and in most instances can be given straight away even to debilitated patients. When the anaemia is very severe (less than 5 g/100 ml) some practitioners prefer to raise the haemoglobin level to about 7–8 g/100 ml before dealing with the worm infection specifically. Patients with severe hypoalbuminaemia should be adequately and quickly dewormed.

Repeated treatments are usually necessary except in light infections. In the past, laxatives were routinely given before and after treatment; they are now usually considered unnecessary except in the presence of constipation.

The timing of chemotherapy is important. In countries where transmission is seasonal, two treatments are advocated: one at the beginning of the wet season will reduce the number of infective eggs in the environment, while a second treatment 4–6 weeks after the end of the rains, when overall prevalence is generally high, will reduce the chances of reinfection during the subsequent dry season. In areas of perennial transmission such a strategy will produce less impressive results.

Drugs

Several drugs are available for treating hookworm infections. Their efficacy varies according to the species in question. Broad spectrum antihelminthics, effective against more than one parasite, are useful in the treatment of multiple intestinal helminth infections, common in the rural tropics:

- Albendazole
- Mebendazole
- Pyrantel embonate
- Levamisole

When infection is light, the convenience, range and economic advantages of such compounds make them well worth considering. In heavy infection however, selective treatment for the appropriate species of helminthic infection is preferable.

In many countries of the tropics economic considerations must determine the choice of drug. In addition, ease of administration, number of doses, treatment time, side effects, palatability, shelf-life and storage requirements are all factors that have to be taken into consideration when comparing different drugs.

Anaemia

The response to iron therapy is usually rapid. A cheap and very effective treatment is ferrous sulphate, 200 mg thrice daily given by mouth and continued for three months after the haemoglobin concentration has risen to 12 g/100 ml. Even without deworming, this regime will rectify the anaemia and a rise in haemoglobin of 1 g/100 ml per week occurs; unless the worms have been removed, however, the haemoglobin will drop as soon as iron therapy is discontinued and antihelminthics are therefore mandatory in heavy infections. When indicated, e.g. if regular oral administration cannot be guaranteed, intramuscular or intravenous iron preparations are given.

STRONGYLOIDIASIS

Occurrence: World-wide
Organism: *Strongyloides stercoralis*
Reservoir: Man
Transmission: Contact with contaminated soil
  Auto-infection/faeco-oral transmission
Control: Sanitary disposal of faeces
  Personal hygiene

Strongyloidiasis is caused by the nematode *Strongyloides stercoralis*. The clinical picture varies from an asymptomatic infection to a creeping linear erythematous eruption (larva currens) malabsorption and disseminated fatal strongyloidiasis usually seen in the immunocompromized host including AIDS patients.

Parasitology: lifecycle (Fig. 5.7)

S. stercoralis has two lifecycles:

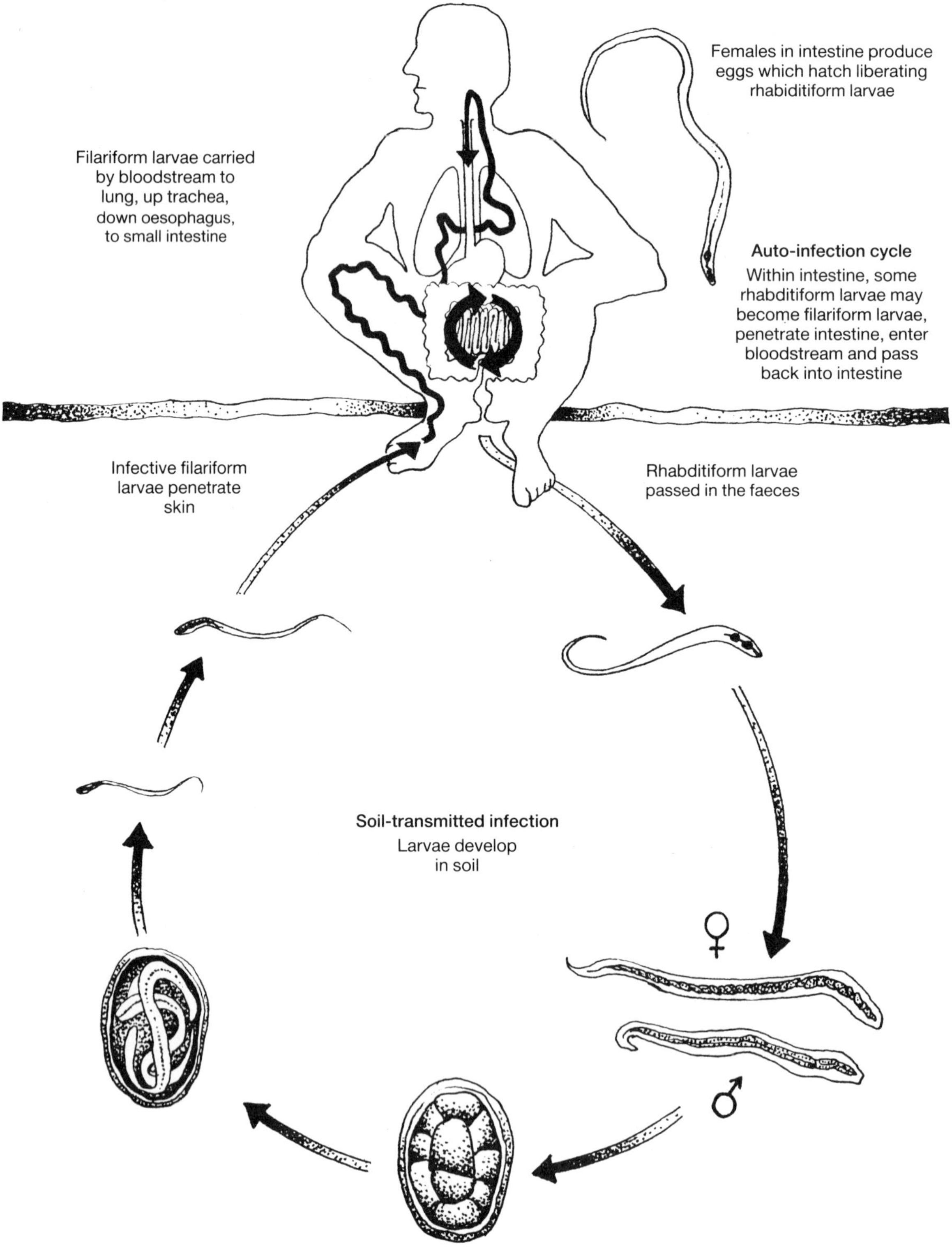

Females in intestine produce
eggs which hatch liberating
rhabiditiform larvae

Filariform larvae carried
by bloodstream to
lung, up trachea,
down oesophagus,
to small intestine

Auto-infection cycle
Within intestine, some
rhabditiform larvae may
become filariform larvae,
penetrate intestine, enter
bloodstream and pass
back into intestine

Infective filariform
larvae penetrate
skin

Rhabditiform larvae
passed in the faeces

Soil-transmitted infection
Larvae develop
in soil

♀

♂

Fig. 5.7 Lifecycle of *Strongyloides stercoralis*

- Soil transmitted infection—eggs produced by the adult female hatch in the human intestine, larvae from faeces develop into infective forms in the soil and penetrate the skin of man
- Auto-infection—some larvae develop into infective forms within the intestine or perianal region to re-infect the host or other persons by (short-chain) faeco-oral transmission

Soil transmitted infection

On penetration of the skin, the filariform larvae soon reach the venous bloodstream and are passively carried to the lungs. Here they break out of the capillaries into the alveolar spaces and migrate upward to the epiglottis. They are swallowed into the oesophagous, pass through the stomach and establish themselves in the mucosa of the duodenum and jejunum where the females begin the produce about 20–50 eggs/day. These eggs hatch in the intestine, liberating rhabditiform larvae which migrate down the intestine to be passed in the faeces. In an appropriate environment (warm and humid) the larvae pass through several phases to the infective filariform stage which penetrate the human skin to start the cycle again.

Auto-infection cycle

Transmission is also possible without a soil phase, as some of the rhabditiform larvae become infective filariform larvae within the intestine. They then penetrate the colonic mucosa or the perianal skin, to start a new parasitic cycle: similar to the soil-transmitted one but independent of external factors.

Epidemiology

The global distribution of *S. stercoralis* varies widely. It is most commonly found in South East Asia, Africa and Latin America. In Europe, pockets of strongyloidiasis have been identified in Yugoslavia, Romania and elsewhere. One of the areas of highest endemicity is Brazil: in some parts of the north-east a prevalence rate of 60 per cent has been reported.

Reservoir and transmission

Man in the reservoir of infection. Strongyloidiasis is transmitted most commonly through contact with soil contaminated with infective larvae. The free-living stages develop well in hot wet climates

and in soil rich in organic matter. Studies of infection in former prisoners of war from Thailand and Burma have shown that some may remain infected for more than 35 years after leaving the endemic area (auto-infection). A few cases of strongyloidiasis acquired from dogs have occurred.

Laboratory diagnosis

Special techniques for isolation of larvae are usually required, e.g. Baerman or Harada–Mori. Scanty larvae can sometimes be seen on direct examination of stools. Serological tests are also available.

Control

This is basically similar to that of hookworm infection (*see* p. 124). The most satisfactory drug for the treatment of strongyloidiasis is albendazole, whether at the individual or community level.

SCHISTOSOMIASIS

Occurrence: S. haematobium—tropical Africa, Middle East
S. mansoni—tropical Africa and South America
S. japonicum—China and other areas in Far East

Organisms: Schistosoma haemotobium, S. mansoni, S. japonicum, S. intercalatum, S. mekongi

Reservoir: S. haematobium—man
S. mansoni—man, some primates and rodents
S. japonicum—man, various domestic and wild animals

Vector: Snails

Transmission: Contact with infected fresh water

Control: Many methods (in particular, chemotherapy and moluscicides) integrated wherever possible

This remains one of the most important parasitic infections in the tropics. Human infection, due mainly to *Schistosoma haematobium*, *S. mansoni*

Table 5.7 A classification of the course of schistosomiasis based on parasitological, clinical and pathological aspects

Stage	Parasitology	Clinical findings	Pathology
Invasion	Migration and beginning maturation	Incubation period: cercarial dermatitis, if present	Slight inflammatory reactions in skin
Migration/maturation	Completion of maturation and early egg laying	Toxaemic stage of the disease (acute febrile stage): not always recognized or present	Allergic reactions, generalized and local, to products of eggs and/or young schistosomes
Established infection	Intensive egg laying accompanied by egg discharge	Early chronic disease: haematuria, intestinal manifestations possibly with cardiopulmonary or other complications	Local inflammatory reactions due to ova, resulting mainly in granuloma formation. Fibrosis is not a predominant feature
Late effects	Prolonged infection (usually with reduced or discontinued egg extrusion)	Late chronic disease: due to irreversible effects, and/or sequelae or complications	Progressive formation of fibrous tissue, with consequences according to the organs involved, intensity of infection and possibly other factors

and *S. japonicum*, causes chronic inflammatory changes with progressive damage to various organs. The localization of the worms varies from species to species. At first the lesions are granulomatous with damage to parenchymatous host cells; later fibrotic changes take place. Even after the worms have been eliminated, residual sequelae may persist.

Clinical features

Four clinical stages are identified (Table 5.7):

Local dermatitis
Local dermatitis occurs at the site of penetration ('cercarial dermatitis'), fever and malaise may occur after the appearance of the skin lesions.

Toxaemia
Later, during the migratory phase, more systemic manifestations may occur: fever, transient skin rashes, cough with radiological evidence of pulmonary infiltration and eosinophilia. These early manifestations of schistosomiasis are usually missed, and diagnosis is made only at the stage of established infection.

Early and late chronic disease
S. haematobium mainly affects the urogenital system and classically presents with haematuria; later frequency and dysuria may occur. The late effects of *S. haematobium* include contraction of the bladder, obstructive uropathy from involvement of the ureter and secondary bacterial infection; cancer of the bladder is associated with chronic vesical schistosomiasis.

S. mansoni and *S. japonicum* mainly affect the bowel with secondary changes in the liver. Initially, the patient may present with weakness, tiredness, loss of weight, anorexia, dysenteric symptoms, abdominal tenderness and hepatosplenomegaly. Late effects include progressive fibrosis of the liver and secondary portal hypertension. Infection with *S. japonicum* has been associated with cancer of the bowel. Ectopic lesions occasionally occur in the skin, brain, spinal cord and other sites.

Pulmonary arteritis may lead to cor pulmonale in severe long-standing schistosomiasis of all types.

Parasitology

These worms are trematodes with the peculiar morphological feature that the body of the male is folded to form a gynaecophoric canal in which the female is carried. The adult worms are found in the veins; *S. haematobium* are predominantly in the cervical plexus, *S. mansoni* in the inferior mesenteric veins and *S. japonicum* predominantly in the superior mesenteric veins.

Other schistosomes which infect man include *S. intercalatum, S. mekongi* and occasionally *S. bovis* and *S. matthei*.

Lifecycle (Figs. 5.8 and 5.9)

The female lays eggs which pass through the bladder (*S. haematobium*) or bowel (*S. mansoni, S. japonicum*) into urine and faeces respectively. A proportion of eggs are retained in the tissues and some are carried to the liver, lungs and other organs. If an excreted egg lands in water, it hatches and produces a free living form, the miracidium, which swims about with the aid of its cilia. It next invades an intermediate host, a snail of the appropriate species. Within the snail it undergoes a process of asexual multiplication, passing through intermediate stages to become the mature cercaria. The cercaria, which is the infective larval stage for man, emerges from the snail and swims, propelled by its forked tail. On contact with man, the cercaria penetrates the skin, sheds its tail and becomes a schistosomule. The latter migrates to the usual site for mature adults of the species.

Intermediate hosts

All the intermediate hosts of schistosomes are freshwater snails of the Gastropoda class in the orders Pulmonata and Prosobronchiata. Various species of Bulinus snails are the vectors of *S. haematobium*, whilst species of *Biomphalaria*, are the intermediate hosts of *S. mansoni*. Both *Bulinus* and *Biomphalaria* are aquatic snails which breed in ponds, lakes, streams, marshes, swamps, drains, dams, and irrigation canals. *Oncomelania* species, the intermediate host of *S. japonicum*, are amphibious snails, living in moist vegetation. These snail hosts are affected by physical factors such as temperature; and by chemical factors, pH and oxygen tension. The snails are hermaphrodite but not self fertilizing; they lay eggs usually on vegetation; these hatch and grow to mature adult forms.

During the dry season, the aquatic snails aestivate in the drying mud, with the openings of the shells covered with dried mucus. Although snails with immature infections may survive the dry season, those with mature infections usually die. *Oncomelania*, being an operculated snail, survives drying much better than the non-operculated snails.

Epidemiology

It has been estimated that a total of about 200 million persons are affected in various parts of the world.

S. haematobium occurs in many parts of Africa (North, West, Central and East Africa) and parts of the Middle East; *S. japonicum* occurs in China, the Philippines and other foci in the Far East; while *S. mekongi* is found in the countries around the Mekong river in S.E. Asia (Fig. 5.10).

S. mansoni is found in the Nile delta, West, East and Central Africa, South America and the Caribbean; *S. intercalatum* occurs in central Africa (Fig. 5.11).

Reservoir

Man is the main reservoir of *S. haematobium* but naturally acquired infection with *S. mansoni* has been found in various mammals (cats, dogs, cattle, pigs and rats) and they may constitute a part of the reservoir. In contrast, animal reservoirs both wild and domestic, contribute significantly to human *S. japonicum* infection. Other schistosomes, e.g. *S. bovis* and *S. matthei*, are basically infections of animals with occasional infection in man.

Transmission

Man acquires the infection by wading, swimming, bathing or washing clothes and utensils in the polluted streams. Certain occupational groups, e.g. farmers and fishermen, may be exposed to a high risk. Considerable interest exists in mathematical models of schistosome transmission and their relevance to control strategy.

Host factors

The age and sex distribution of schistosomiasis varies from area to area.

Age One fairly common pattern is of high prevalence rates of active infection in children, who excrete relatively large quantities of eggs, and a lower prevalence rate of active infection among

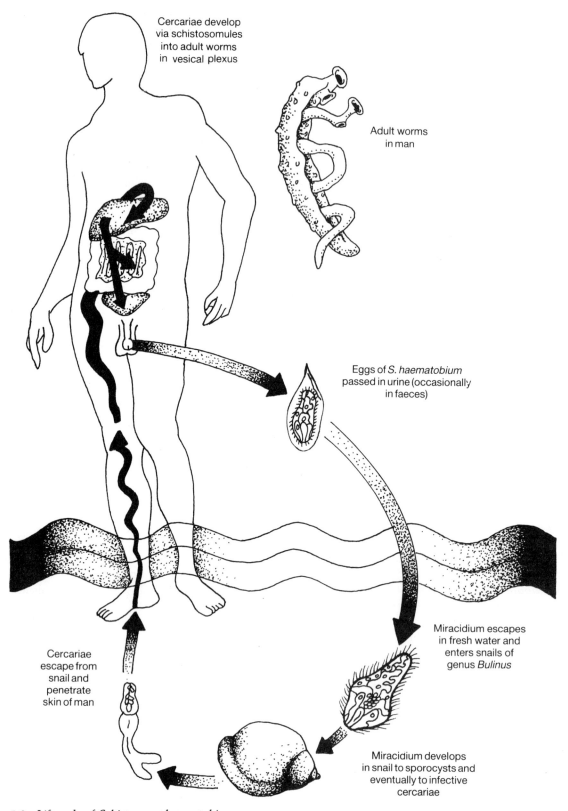

Cercariae develop
via schistosomules
into adult worms
in vesical plexus

Adult worms
in man

Eggs of *S. haematobium*
passed in urine (occasionally
in faeces)

Miracidium escapes
in fresh water and
enters snails of
genus *Bulinus*

Cercariae
escape from
snail and
penetrate
skin of man

Miracidium develops
in snail to sporocysts and
eventually to infective
cercariae

Fig. 5.8   Lifecycle of *Schistosoma haematobium*

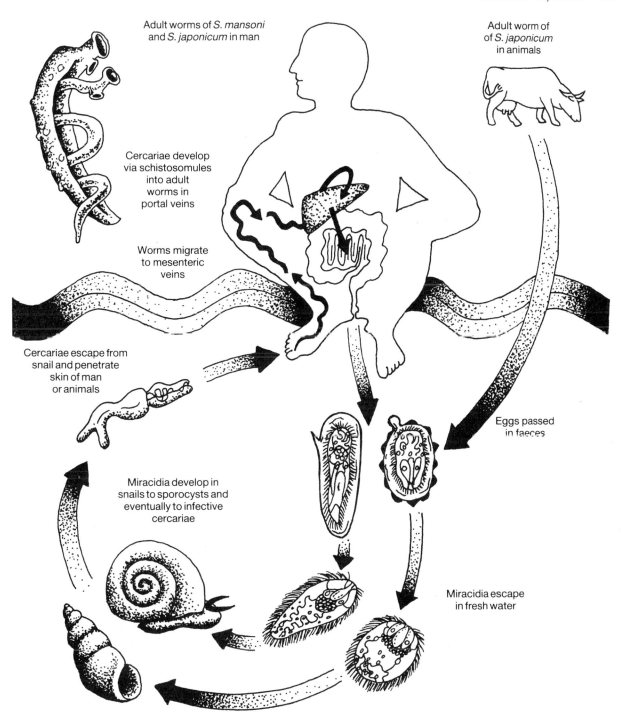

Adult worms of *S. mansoni* and *S. japonicum* in man

Adult worm of of *S. japonicum* in animals

Cercariae develop via schistosomules into adult worms in portal veins

Worms migrate to mesenteric veins

Cercariae escape from snail and penetrate skin of man or animals

Eggs passed in faeces

Miracidia develop in snails to sporocysts and eventually to infective cercariae

Miracidia escape in fresh water

Miracidia enter snails of genus *Oncomelania* and *Biomphalaria*

Fig. 5.9 Lifecycle of *Schistosoma mansoni* and *S. japonicum*

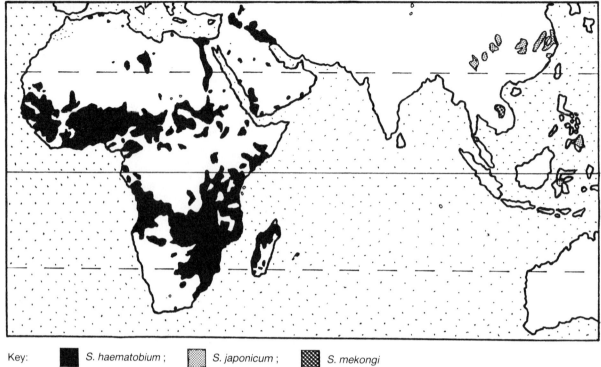

Key: ▮ *S. haematobium* ; ▦ *S. japonicum* ; ▩ *S. mekongi*

Fig. 5.10 Distribution of *Schistosoma haematobium, S. japonicum* and *S. mekongi*

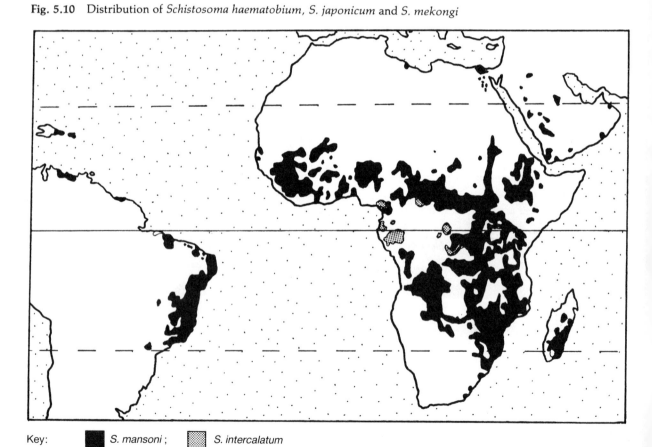

Key: ▮ *S. mansoni* ; ▦ *S. intercalatum*

Fig. 5.11 Distribution of *S. mansoni* and *S. intercalatum*

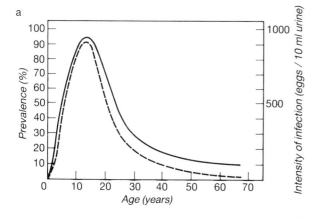

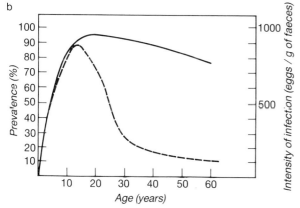

Fig. 5.12 Generalized distributions of prevalence
(——) and intensity (----) for (a) *Schistosoma
haematobium* infection; (b) *S. mansoni* infection
After: Sleight and Mott (1986)

adults; the latter show late manifestations and
sequelae. In general, age-prevalence-intensity data
for *S. haematobium* infection conform to
Fig. 5.12(a) while the typical age-prevalence-
intensity curve for *S. mansoni* infection is shown in
Fig. 5.12(b). The curve for *S. japonicum* is less well
defined. These age-related trends in prevalence and
intensity often parallel the age-related water
contact pattern.

Load of infection In general, the form of age-
prevalence curves remains the same whether the
mean intensity of infection is high or low.
Epidemiological studies indicate that the load of
infection is an important factor in determining the
severity of pathological lesions and clinical
manifestations.

Immunity Epidemiological evidence also sug-
gests that some degree of immunity to all schistoso-
mal infections also occurs in man.

Development: man-made water resources In the
past decade water resource development pro-
grammes were undertaken in endemic areas of the
world, and during this period an increase has been
observed in the transmission of schistosomiasis in
the areas around man-made lakes and irrigation
schemes. Real economic returns could well be seri-
ously jeopardised unless provision for human wel-
fare is made at the planning stage. The basis for our
current understanding of the epidemiology of
schistosomiasis is summarized in Table 5.8.

Table 5.8 Summary of the epidemiological knowledge
in schistosomiasis*

Detection and grading	• Schistosoma infections can be detected and graded by urine or faecal egg counts
Distribution	• The prevalence and intensity of infection varies greatly from one focus to another • Within a zone of endemic infection, transmission is frequently focal • Population growth, migration, and socioeconomic development schemes (e.g. water resources) aggravate and expand transmission
Intensity	• The mean intensity of infection tends to increase in parallel with the prevalence • Only a small proportion of an infected population carry heavy infections • The risk of fibro-obstructive disease is proportional to the intensity of infection. However, at each stratum of intensity of load there is variation in the pathological effects and clinical manifestations
Age	• In endemic areas, the prevalence and intensity of infection usually peaks between 10 and 17 years of age • The age-related rise and fall in the prevalence and intensity of infection often (but not invariably) parallels the age-related water contact pattern
Immunity	• Some individuals seem to develop immunity to superinfection

* After Sleigh and Mott. (1986). Schistosomiasis. In: *The
epidemiology and control of tropical diseases* Ed. HM Gilles
pp. 643–71. W B Saunders, London.

Laboratory diagnosis

Parasitological and immunological methods are
used in the diagnosis of schistosomiasis.

Parasitology

Urine
Eggs of *S. haematobium* are usually found in urine and occasionally in faeces. For a quantitative assessment of the load of infection, a 24-hour collection of urine can be examined, or timed collection around midday (e.g. 12 noon to 1 p.m.) when egg count is highest, may be used. Eggs of *S. mansoni* are occasionally found in urine.

Faeces
For *S. mansoni* and *S. japonicum* infection, examination of faeces may reveal the eggs; concentration techniques may be required for light infections; quantitative techniques are available and are useful in determining both pathogenicity as well as the effects of intervention.

Rectal biopsy
Rectal biopsy ('rectal snip') is useful in diagnosing infections, particularly those due to *S. mansoni* and *S. japonicum* but it is also positive in some cases of *S. haematobium*; the specimen is easily obtained by curetting the superficial layers of the rectal mucosa and examining the material fresh between two glass slides; it can later be fixed and stained.

Immunology

Immunological tests, e.g. circumoval precipitin (COP), Cercariahüllen, fluorescent antibody tests (ELISA) are used for the diagnosis of schistosomiasis; the tests are group specific and so cannot identify the particular infecting species. Some of the tests (e.g. COP) become negative after treatment or spontaneous cure, but others, e.g. the skin test, remain positive for indefinitely long periods. False positive results may occur in persons who have been exposed to avian and other non-human schistosomes. Antigen detection and DNA probes are being developed.

Other techniques for diagnosis and assessment

Other diagnostic techniques include cystoscopy, ultrasonography, pyelography, liver biopsy, biochemical tests of hepatic and renal function. These are mainly used for the detailed assessment of individual patients but some have been adapted for field survey. The frequency of gross haematuria, and the degree of haematuria and proteinuria detectable by chemical reagent strips, correlate with the intensity of infection.

Control

The control of schistosomiasis depends on a profound understanding of the epidemiology of the disease complex, and in particular of the biology, ecology, and distribution of the parasites, their snail intermediate hosts and mammalian reservoir hosts. A sound knowledge of the role of man and his behaviour in maintaining the infection is crucial. Moreover, the ultimate success of any control programme is dependent upon a full understanding of the local socio-economic conditions and upon the appreciation by the health authorities as well as by the community of the benefits of the proposed measures.

There are six basic approaches to the control of schistosomiasis:

- Elimination of the reservoir: chemotherapy
- Avoidance of pollution of surface water
- Elimination of the vector
- Prevention of human contact with infected water
- Health education
- Community participation

Ideally, control should involve an integrated approach, using as many as possible of these methods, as described below.

Elimination of the reservoir: chemotherapy

The use of *chemotherapy* in control requires a clear definition of aims, selection of the appropriate chemotherapeutic agent, and decisions on the dosage and frequency of administration to be followed as well as on the organization of the delivery system.

Primary and secondary control
While other approaches to schistosome control merely reduce transmission without any direct effects on human worm load, chemotherapy reduces the output of live eggs from the patient's body and, in doing so, diminishes transmission.

Moreover, killing worms in the treated individual not only reduces the risk of morbidity and mortality due to the disease, but also enables the patient to recover from reversible lesions. It is important to distinguish between these two beneficial effects. The second, a fall in disease risk, benefits only those who are treated, while the first, a reduction in transmission, helps the whole community. Even when the reduction in transmission is incomplete, the fall in disease risk may still be considerable.

Chemotherapy is thus a tool for both primary and secondary control of schistosomiasis.

Primary control The object of primary control is clearly to end egg output, especially in those most likely to pollute transmission sites. In situations where egg output cannot be reduced to zero, it is not known at what level persisting egg excretion ceases to be a public health problem. Some epidemiological models suggest that egg production is so great, relative to what is needed for continued transmission, that even a small residual percentage of egg output will be sufficient to maintain transmission at a considerable level; however, enough data are not yet available to test this hypothesis. Nor is it possible to say whether a few people with high egg excretion rates are epidemiologically more or less of a problem than a large number of people with a low egg output. It follows that the goal of primary control should be to reduce the egg output of as large a part of the population as possible to as near zero as can be obtained within the constraints of drug toxicity, cost, and possible effects on immunity.

Secondary control This is aimed at minimizing the pathological effects of the infection. The severity of schistosomiasis increases with rising egg output and intensity of infection. An appreciable proportion of patients with low egg excretion rates also show severe lesions, though it is not clear whether these lesions are due to a previous heavy infection or greater susceptibility to pathological consequences. Again, as with primary control, it is desirable to treat *all* infected individuals.

Agent
The drugs available for the control of schistosomiasis are metrifonate, oxaminiquine and praziquantel. With the exception of metrifonate, the antischisto-

somal drugs are expensive in relation to the health budgets of many developing countries although they are becoming progressively cheaper. Both the drug costs and the expenses of administering a multiple-dose regime may be reduced by shortening the course of treatment or decreasing the dose. The consequences of such reductions in parasitological terms must be assessed for each proposed regimen.

It is clear that the lower toxicity and simpler dosage regimens of the drugs now available will enable chemotherapy to play an increasing part in control programmes. Already, more than five million doses of oxaminiquine have been distributed in the Brazilian control programme, hundreds of thousands have received metrifonate in the Egyptian *S. haematobium* control measures, while a national control programme has been in existence in China for many years using snail control and praziquantel chemotherapy.

Strategies
The choice between mass chemotherapy, selective chemotherapy and targeted chemotherapy (*see* p. 29) depends upon balancing maximum control with safety and economic considerations:

Selective chemotherapy is ideal in terms of safety, since it avoids the administration of a hazardous drug to the uninfected population. However, this method involves the cost of identifying infected persons to receive treatment.

Mass chemotherapy, where prevalence of infection is high (e.g. over 50 per cent) is a feasible alternative at the price of a fall in safety and the increased cost of unnecessary treatment.

Targeted chemotherapy is used in situations where operational constraints necessitate that priority be given to the heavily infected or high risk groups (e.g. school children).

As the prevalence falls, both the costs of identification and unnecessary treatment will increase. For some drugs the cost is relatively low compared with that of case detection; but, since the drugs have to be imported into most endemic areas, the use of shadow pricing, in which such items as foreign exchange and local labour are differentially weighed, may alter this balance.

Most schistosomiasis control programmes use diagnosis based on the examination of excreta and apply treatment on the basis of individual risk. This is true, for example, of the large Egyptian programme, which uses an inexpensive drug distributed through the national primary health care facilities. However, in the extensive Brazilian programme, treatment of the whole community is undertaken at defined prevalences of *S. mansoni*.

Avoidance of pollution of surface water

This can be achieved by providing suitable sanitary facilities for the disposal of excreta and teaching people how to use them appropriately. It is important for the programme to include children since they usually have relatively high outputs of viable eggs. Unless the programme is highly successful, little benefit will be derived from these measures because infected communities usually produce many more eggs than are required to maintain infection in the snails.

Elimination of the vector

Physical
Alteration of the habitat (e.g. drainage of swamps) may solve the problem by eliminating the breeding sites of the snails. Where such a radical cure is not feasible, the situation can be improved by rendering the environment hostile to the snails, e.g. removal of aquatic vegetation, altering the flow rate of the streams, or building concrete linings to the walls of drains.

Chemical
Molluscicides are very useful now that they have become safer and more effective. The older chemicals, copper sulphate and sodium pentachlorophenate are being replaced by niclosamide ('Bayluscide') and N-trityl morpholine ('Frescon'). For the amphibian snail vectors of *S. japonicum*, calcium cyanamide or yuramin are very effective molluscicides. Endod (*Phytolaca dodecandra*) and *Swartzia madagascariensis* remain the most thoroughly studied field examples of a molluscicide of plant origin.

Molluscicides can be applied focally or area-wide depending on specific situations. Administration must be carried out under the direction of those who have expert knowledge and experience to assure effective action against the snails and minimal risk to man and other living things.

Biological
Control has been attempted by the use of predatory fishes, e.g. *Astatoreochronics albiacide*. The most successful biological method however has been through the use of the *Marissa cornuarietis* snail which feeds voraciously, thereby competing with *Biomphallaria glabrata* for food, as well as consuming their egg masses and their young. Great care needs to be applied in the use of this method lest the predator becomes a more serious menace.

Prevention of human contact with infected water

This requires the provision of alternative supplies of safe water, coupled with health education. Where contact with infected water is unavoidable, protective clothing such as rubber boots should be worn; this may prove impractical for peasant farmers or subsistence fishermen.

Health education

Human attitudes towards water and waterborne disease transmission frequently need to be modified, particularly in areas with endemic schistosomiasis.

Health education should be the responsibility of all health workers and should be based on a clear understanding of the people's perception of disease and its relation to the environment. Efforts should be directed towards those groups that are at greatest risk and most involved in transmission—usually young children. It is recommended that, whenever possible, efforts be positive rather than negative in orientation. In other words, it is better to encourage children to refrain from initially polluting water sources than to try to prevent water contact. Infection is likely to be associated with certain types of water-contact behaviour which will vary in different transmission situations. If a link is established between specific activities and schistosomiasis transmission, then these activities should be discouraged.

An effective health education programme should promote active community participation (*see* below). Such participation may range from a community installing its own water supply to a community simply cooperating with the health authorities in reducing contact with unsafe water bodies.

Community participation

Community participation must be considered as an essential element of any schistosomiasis control programme.

National interest should be promoted once the schistosomiasis problem is considered to be a serious public health problem. Governments or communities implementing schistosomiasis control programmes have the responsibility of organizing national or local efforts through mechanisms acceptable to the communities concerned.

Recognition of the problem by the local population and its awareness of the risks and possible consequences of infection must be the basis of its cooperation. To this end, the advice should be prepared in a clear, simple and convincing form, and presented in the most suitable style. Simple, inexpensive, and appropriate technology must be carefully selected and transmitted to those members of the community most involved in schistosomiasis control.

Community participation must be organized as an integral part of the basic health care activities and the primary health workers must be prepared to assume their responsibilities at the local level.

Further reading

WHO Public Health Papers No. 65. (1977). *Social and Health Aspects of Sexually Transmitted Diseases.*

WHO Technical Report Series No. 675. (19) *Chemotherapy of Leprosy for Control Programmes.*

Genta, R.M. (1987). Strongyloidiasis. In *Intestinal Helminthic Infections*, pp. 645–667. Edited by Pawloski, Z. Bailliere Tindall, London.

WHO Technical Report Series No. 746 (1987). *Community-based education for health personnel.*

WHO Technical Report Series No. 716 (1985). *Epidemiology of leprosy in relation to control.*

WHO Technical Report Series No. 643 (1980). *Epidemiology and control of schistosomiasis.*

WHO Technical Report Series No. 728 (1985). *The control of schistosomiasis.*

WHO Technical Report Series No. 736 (1986). *WHO Expert Committee on venereal diseases and treponematoses.*

WHO Technical Report Series No. 749 (1987). Prevention and control of intestinal parasitic infections.

WHO Technical Report Series No. 721 (1985). *Viral haemorrhagic fevers.*

WHO Technical Report Series No. 709 (1984). *Expert Committee on Rabies, Seventh Report.*

6
Infections through the respiratory tract

Viral infections
Measles (Measles virus)
Rubella (Rubella virus)
Mumps (Mumps virus)
Influenza (Influenza viruses)
Acute upper respiratory tract infection
    (Rhinoviruses, reoviruses, enteroviruses)
Infectious mononucleosis (Epstein–Barr virus)
Chickenpox* (Varicella-zoster virus)

Rickettsial infections
Q fever* (*Coxiella burneti*)

Bacterial infections
Tuberculosis (*Mycobacterium tuberculosis*)
Pneumococcal pneumonia (*Streptococcus pneumoniae*)

Other pneumonias (*Streptococcus pyogenes,*
    Staphylococcus aureus, Klebsiella
    pneumoniae, Haemophilus influenzae)
Psittacosis (*Chlamydia psittaci*)
Atypical pneumonia (*Mycoplasma pneumoniae*)
Meningococcal infection (*Neisseria meningitidis*)
Streptococcal infection, rheumatic fever
    (*Streptococcus pyogenes*)
Whooping cough (*Bordatella pertussis*)
Diphtheria (*Corynebacterium diphtheriae*)
Pneumonic plague† (*Yersinia pestis*)

Fungal infections
Histoplasmosis (*Histoplasma capsulatum*)

---

*See Chapter 5
†See Chapter 7

Infections of the respiratory tract are acquired mainly by the inhalation of pathogenic organisms.

Infective agents

The infective agents which cause respiratory infections include viruses, bacteria, rickettsiae and fungi. The spread of infection from the respiratory tract may lead to the invasion of other organs of the body. Bacterial meningitis is often secondary to a primary focus in the respiratory tract, e.g. infections due to *Streptococcus pneumoniae, Haemo-*

philus influenzae or *Mycobacterium tuberculosis.* In the case of meningococcal infection, there are usually no local symptoms from the primary focus of infection in the nasopharynx.

These pathogens vary in their ability to survive in the environment. Some are capable of surviving for long periods in dust, especially in a dark, warm, moist environment, protected from the lethal effects of ultraviolet rays of sunshine. For example, *M. tuberculosis* can survive for long periods in dried sputum.

Man is the reservoir of most of these infections but some have a reservoir in lower animals, e.g.

plague in rodents. Carriers play an important role in the epidemiology of some of these infections, e.g. in meningococcal infection carriers represent the major part of the reservoir.

Transmission

There are three main mechanisms for the transmission of airborne infections—droplets, droplet nuclei and dust.

Droplets
These are particles which are ejected by coughing, talking, sneezing, laughing and spitting. They may contain food debris and microorganisms enveloped in saliva or secretions of the upper respiratory tract. Being heavy, droplets tend to settle rapidly. The transmission of infection by this route can only take place over a very short distance. Because of their relatively large size, droplets are not readily inhaled into the lower respiratory tract.

Droplet nuclei
These are produced by the evaporation of droplets before they settle. The small dried nuclei are buoyant and are rapidly dispersed. The droplet nuclei are also usually small enough to pass through the bronchioles into the alveoli of the lungs.

Dust
Dust-borne infections are important in relation to organisms which persist in dust for long periods and dust can act as the reservoir for some of them. The organisms may be derived from sputum, or from settled droplets.

Other mechanisms
Streptococci or staphylococci may also be derived from skin and infected wounds.

Host

Non-specific defences
A number of non-specific factors protect the respiratory tract of man. These include mechanical factors such as the mucous membrane which traps small particles on its sticky secretions and cleans them out by the action of its ciliated epithelium. In addition, the respiratory tract is also guarded by various reflex acts such as coughing and sneezing which are provoked by foreign bodies or accumulated secretions. Mucoid secretions which contain lysozyme and some biochemical constituents of tissues have antimicrobial action.

Immunity
Specific immunity may be acquired by previous spontaneous infection or by artificial immunization. For some of the infections, a single attack confers life-long immunity (e.g. measles) but in other cases, because there are many different antigenic strains of the pathogen, repeated attacks may occur, e.g. influenza.

Control of airborne infections

The main principles involved in the control of respiratory infections are outlined under three headings—infective agent, the mode of transmission and host factors.

Infective agent

Elimination of human and animal reservoirs
Disinfection of floors and the elimination of dust.

Mode of transmission

Air hygiene Good ventilation: air disinfection with ultraviolet light (in special cases)

Avoid overcrowding Bedrooms of dwelling-houses and public halls

Personal hygiene Avoid coughing, sneezing, spitting or talking directly at the face of other persons. Face masks should be worn by persons with respiratory infections to limit contamination of the environment

Host

Specific immunization Active immunization (e.g. measles, whooping cough, influenza); passive immunization in special cases (e.g. gamma globulin for the prevention of measles)

Chemoprophylaxis e.g. Isoniazid in selected cases for the prevention of tuberculosis.

Viral infections

MEASLES

Occurrence: World-wide
Organism: Measles virus
Reservoir: Man
Transmission: Droplets, airborne, contact
Control: Active immunization with live
attenuated virus
Improvement in the nutrition of the
children

Measles is an acute communicable disease which presents with fever, signs of inflammation of the respiratory tract (coryza, cough), and a characteristic skin rash. The presence of punctate lesions (Koplik spots) on the buccal mucosa may assist diagnosis in the early prodromal phase. Deaths occur mainly from complications such as secondary bacterial infection, with bronchopneumonia and skin sepsis. Post-measles encephalitis occurs in a few cases.

The *incubation period* is usually about 10 days, at which stage the patient presents with the prodromal features of fever and coryza. The skin rash usually appears three to four days after the onset of symptoms.

Virology

The aetiological agent is the measles virus.

Epidemiology

Measles is a familiar childhood infection in most parts of the world. Until recent years there were a few isolated communities in which the infection was unknown, but the disease is endemic in virtually all parts of the world.

Reservoir and transmission

Man is the reservoir of infection. Transmission is by droplets or by contact with sick children or with freshly contaminated articles such as toys or handkerchiefs.

Host factors

The outcome of measles infection is largely determined by host factors, in particular the state of nutrition of the child. Measles tends to be a severe killing disease in malnourished children; the infection not infrequently precipitates severe protein–calorie malnutrition ('kwashiorkor'). It has been shown that measles has an immunosuppressive effect. One attack confers lifelong immunity. Babies are usually immune during the first few months of life through the transplacental transmission of passive immunity from immune mothers.

The disease tends to occur in epidemic waves; in some areas, large epidemics occur on alternate years in densely populated urban areas but at longer intervals in sparsely populated rural areas: the explosive outbreaks seem to occur only when there has been a sufficient accumulation of susceptible children.

Laboratory diagnosis

Serological tests show a 4-fold rise in antibody titres of haemagglutination-inhibiting (HI) and neutralizing (N) antibodies, between acute and convalescent sera.

Control

Isolation of children who have measles is of limited value in the control of the infection because the disease is highly infectious in the prodromal coryzal phase before the characteristic rash appears. Thus, often by the time a diagnosis of measles is made or even suspected, a number of contacts would have been exposed to infection.

Active immunization

The best means of reducing the incidence of measles is by having an immune population. Children should be vaccinated at 8 months, with one dose of live attenuated measles virus vaccine. The protection conferred appears to be durable (12 years). During shipment and storage, prior to reconstitution, freeze dried measles vaccine must be kept at a temperature between 2–8°C and must be protected from light.

Passive immunization

Measles infection may be prevented or modified by artificial passive immunization using immune gamma globulin. If the gamma globulin (0.25 ml/kg) is given early, within 3 days of exposure, the infection will be prevented; if a smaller dose (0.05 ml/kg) is given 4 to 6 days after exposure, the infection may be modified, the child presenting with a mild infection which confers lasting immunity. Since passive immunity by itself gives only transient protection, it is more desirable to achieve a modified attack rather than complete suppression of the infection unless the presence of some other serious condition in the child absolutely contraindicates even a mild attack.

RUBELLA ('GERMAN MEASLES')

Occurrence: World-wide
Organism: Rubella virus
Reservoir: Man
Transmission: Droplets, Contact (direct, indirect)
Control: Active immunization
Passive immunization if exposed
during pregnancy

Rubella or German measles is an acute viral infection which presents with fever, mild upper respiratory symptoms, a morbiliform or scarlatiniform rash and lymphadenopathy usually affecting post-auricular, post-cervical and suboccipital lymph nodes. The illness is almost always mild, but infection with rubella during the first trimester of pregnancy is associated with a high risk (up to 20 per cent) of congenital abnormalities in the baby.

The *incubation period* is 2 or 3 weeks.

Virology

The aetiological agent is the rubella virus.

Epidemiology

Rubella has a world-wide distribution. Man is the reservoir of infection which is spread from person to person by droplets or by contact, direct or through contamination of fomites. Infection results in lifelong immunity. Infection during early pregnancy may cause such abnormalities as cataract, deaf mutism and congenital heart disease in the baby.

Laboratory diagnosis

Clinical differentiation from other mild exanthematous fever may be difficult or impossible. The rubella virus can be isolated from culture of the throat washings in the catarrhal phase.

Control

The main interest is to prevent the infection of women who are in the early stages of pregnancy, and thus avoid the risk of rubella-induced fetal injury. One practical approach is the deliberate exposure of prepubertal girls to infection with rubella or vaccinating them with a single dose of vaccine. Pregnant women should avoid exposure to rubella, especially during the first 4 months of pregnancy; those who have been in contact with the disease should be protected with gamma globulin.

MUMPS

Occurrence: World-wide
Organism: Mumps virus
Reservoir: Man
Transmission: Droplets and contact
Control: Isolation of cases
Active immunization of susceptible
groups

This is an acute viral infection which typically affects salivary glands, especially the parotids, but may also involve the submandibular or the sublingual salivary glands. Pancreatitis, orchitis, inflammation of the ovaries or meningo-encephalitis may complicate the infection; some of the complications occasionally occur in the absence of obvious clinical symptoms or signs of salivary gland infection.

The *incubation period* varies from 2 to 4 weeks; usually it is about $2\frac{1}{2}$ weeks.

Virology

The infectious agent is the mumps virus.

Epidemiology

Mumps has a world-wide distribution.

Reservoir

Man is the reservoir of infection. The virus is present in the saliva of infected persons; it may be isolated as early as 1 week before clinical signs occur, and it may persist for 9 days after the onset of signs. Healthy carriers, who remain asymptomatic throughout the infection, may also transmit the infection. The source of infection therefore, includes sick patients, incubatory ('precocious') carriers and healthy carriers.

Transmission

The infection is transmitted by droplets or by contact, directly or indirectly, through fomites.

Host factors

One infection, whether clinical of subclinical, confers lifelong immunity. Artificial active immunization with live or inactivated vaccine provides protection for a limited period of a few years.

Laboratory diagnosis

The typical case can be identified clinically but confirmation of diagnosis may be required in atypical cases. Serological tests: haemagglutination, neutralization and complement-fixation tests are available; the organism may be cultured from saliva, blood or cerebrospinal fluid.

Control

Individual

The sick patient should be isolated, if possible, during the infectious phase; strict hygienic measures should be observed in the cleansing of spoons, cups and other utensils handled by the patient, and also in the disposal of his soiled handkerchiefs and other linen.

Vaccination

A live mumps virus vaccine is available. Routine vaccination of the general public is not recommended but this measure may be of value in protecting susceptible young persons in residential institutions in which epidemics occur frequently.

INFLUENZA

Occurrence: World-wide   local   endemic/epidemic picture; massive pandemics
Organism: Influenza viruses (A, B, C)
Reservoir: Man
Transmission: Airborne, contact
Control: Killed vaccine (identical antigenic strain)

This is an acute respiratory infection which is characterized by systemic manifestations—fever, rigors, headache, malaise and muscle pains, and by local manifestations of coryza, sore throat and cough. Secondary bacterial pneumonia is an important complication. The case fatality rate is low but deaths tend to occur in debilitated persons, those with underlying cardiac, respiratory or renal disease, and in the elderly.

The *incubation period* is usually 1 to 3 days.

Virology

There are three main types of the influenza virus—Influenza A, B and C; A and B types consist of several serological strains.

An important feature of the epidemiology of influenza is the periodic emergence of new antigenically distinct strains which account for massive pandemics. Most epidemic strains belong to type A. They have been recovered from various types of animals and birds which may well act as important sources of new strains showing *major* antigenic changes (antigenic *shift*.) Pandemics may originate where there is close contact between man and animals.

Sporadic cases and limited outbreaks occur yearly throughout the world and are the result of progressive, *minor* antigenic change (antigenic *drift*).

Laboratory diagnosis

The virus can be isolated on culture of throat washings. Serological tests include complement-fixation and haemagglutination tests; these can be performed on sera of acute and convalescent patients to show the rising titre of antibodies.

Epidemiology

Massive epidemics of influenza periodically sweep throughout the world with attack rates as high as 50 per cent in some countries. The pandemic may first appear in a specific focus (Asiatic 'flu, Hong Kong 'flu) from which it spreads from continent to continent. Rapid air travel has facilitated the global dissemination of this infection.

Reservoir and transmission

Man is the reservoir of infection of human strains of the influenza virus. The infection is transmitted by droplets, and also by contact both direct and indirect through the handling of contaminated articles.

Host factors

All age-groups are susceptible, but if the particular strain causing an epidemic is antigenically related to the cause of an earlier epidemic, the older age-group with persisting antibodies may be less susceptible.

Deaths occur mostly in cases with some underlying debilitating disease.

Control

Active immunization with inactivated influenza virus protects against infection with that specific strain. Polyvalent vaccines are also available but they are only effective if they contain the antigens of the particular strain causing the epidemic. Sometimes, it may be possible to prepare vaccine from strains which are isolated early in the epidemic for use in other areas or countries which have not been affected. Based on serological surveys and antigenic analysis WHO recommends vaccine formulations on a year to year basis.

ACUTE UPPER RESPIRATORY INFECTION

Occurrence: World-wide
Organisms: Rhinoviruses, reoviruses, some enteroviruses, etc.
Reservoir: Man
Transmission: Airborne, contact
Control: Avoid exposure of young children to infected persons

Acute infection of the upper respiratory tract is a common but mainly benign disease. The most typical manifestation, 'the common cold', presents with coryza, irritation of the throat, lacrimation and mild constitutional upset. Local complications may occur with secondary bacterial infection and involvement of the paranasal sinuses and the middle ear. Infection may spread to the larynx, trachea and bronchi.

The *incubation period* is from 1 to 3 days.

Microbiology

These symptoms can be induced by infection with various viral agents, including the rhinoviruses, certain enteroviruses, influenza, para-influenza, adenoviruses, reoviruses and the respiratory syncitial virus. Superinfection with various bacteria may determine the clinical picture in the later stages of the illness.

Laboratory diagnosis

Some of the viruses can be isolated from the throat washings or stool but this diagnostic test is not routinely done.

Epidemiology

Man is the reservoir of these infections. Transmission is by airborne spread, or by contact both direct and indirect (contaminated toys, handkerchiefs, etc.). All age-groups are susceptible but the manifestations and complications tend to be severe in young children. Repeated attacks are very common.

Epidemics occur commonly in households, offices, schools and in other groups having close contact.

Control

No specific control measures are available. Infected persons should avoid contact with others. The exposure of young persons to infected persons should be avoided if possible.

INFECTIOUS MONONUCLEOSIS

Occurrence: World-wide
Organism: Epstein-Barr virus
Reservoir: Man
Transmission: Airborne, contact
Control: No effective measures

This is an acute febrile illness which is characterized by lymphadenopathy ('glandular fever'), spleno-megaly, sore throat and lymphocytosis. A skin rash and small mucosal lesions may be present. Occasionally jaundice and rarely meningo-encephalitis may occur.

The *incubation period* is from about 4 days to 2 weeks.

Virology

The causative agent is the Epstein-Barr virus, which is also associated with Burkitt's lymphoma.

Laboratory diagnosis

In the acute phase, there is marked leucocytosis mainly due to an increase in monocytes and large lymphocytes. Heterophile antibodies to sheep red cells can also be demonstrated.

Epidemiology

Isolated cases and epidemics of the disease have been reported from most parts of the world.

Man is presumed to be the reservoir of infection, with saliva being regarded as the most likely source of infection. Transmission may be airborne or by person-to-person occuring in closed institutions for young adults; there is some suggestion that kissing may be an important route. Infection occurs mostly in children and young adults.

Control

No satisfactory control measures are available.

Bacterial infections

TUBERCULOSIS

Occurrence: World-wide
Organism: *Mycobacterium tuberculosis* (human and bovine strains)
Reservoir: Man, cattle
Transmission: Airborne—droplets, droplets nuclei and dust
Milk and infected meat
Control: General improvement in housing, nutrition and personal hygiene
Immunization with BCG
Chemoprophylaxis
Case finding and treatment

Tuberculosis remains one of the major health problems in many tropical countries; in some countries the situation is being aggravated by dense overcrowding in urban slums. Tuberculosis presents a wide variety of clinical forms, but pulmonary involvement is common and is most important epidemiologically, as it is primarily responsible for the transmission of the infection.

Primary complex
On first infection, the patient develops the primary complex which consists of a small parenchymal lesion and involvement of the regional lymph node; in the lungs, this constitutes the classical Ghon focus, with a small lung lesion and invasion of the mediastinal lymph node. In most cases the primary complex heals spontaneously, with fibrosis and calcification of the lesions, but the

organisms may persist for many years within this focus.

Early complications
In a small proportion of cases the primary complex progresses to produce more severe manifestations locally (e.g. caseous pneumonia) or there may be haematogenous dissemination to other parts of the body. Thus within a few years of the primary infection, especially during the first 6 months, there is the danger of haematogenous spread either focal (e.g. bone and joint lesions) or disseminated (in the form of miliary tuberculosis and tuberculous meningitis).

Secondary infection
Apart from the primary complex and its early complications, the 'adult' pulmonary form of tuberculosis may occur either as a result of the reactivation of an existing lesion or by reinfection. Destruction of the lung parenchyma, with fibrosis and cavitation are important features of this adult form. Clinically, it may present with cough, haemoptysis and chest pain, with general constitutional symptoms—fever, loss of weight and malaise; often it remains virtually asymptomatic especially in the early stages.

The *incubation period* is from 4 to 6 weeks.

Bacteriology

The causative agent is *Mycobacterium tuberculosis*, the tubercle bacillus. The human type produces most of the pulmonary lesions, also some extrapulmonary lesions; the bovine strain of the organism mainly accounts for extrapulmonary lesions. Other types of *M. tuberculosis* (avian and atypical strains) rarely cause disease in man, but infection may produce immunological changes, with a non-specific tuberculin skin reaction.

Tubercle bacilli survive for long periods in dried sputum and dust.

Laboratory diagnosis

The organism may be identified on examination of sputum and other pathological specimens (cerebrospinal fluid, urine, pleural fluid or gastric washings). The tubercle bacillus is Gram-positive, but because of its waxy coat it does not stain with the standard procedure. It is usually demonstrated by the Ziehl-Neelsen method, using hot carbolfuchsin stain; the tubercle bacillus like other mycobacteria resists decolourization with acid ('acid fast bacilli') but unlike the others it is also not decolourized by alcohol ('acid and alcohol fast').

The organism can be isolated on culture using special media, or by inoculation into guinea-pigs.

Tuberculin test

With the first infection with *M. tuberculosis*, the host develops hypersensitivity to the organism; this hypersensitivity is the basis of various tuberculin skin tests. The material used may be a concentrated filtrate of broth in which tubercle bacilli have been grown for 6 weeks ('old tuberculin') or a chemical fraction, the purified protein derivative (PPD). The skin reaction to tuberculin is of the delayed hypersensitivity type, and the tuberculin test result is usually read in 48 or 72 hours. In the Mantoux test, the material is injected intradermally, a positive reaction being denoted by an induration of 10 mm diameter or larger in response to five tuberculin units. The tuberculin test can also be performed using the Heaf gun.

The tuberculin test usually becomes positive 4 to 6 weeks after primary infection with tubercle bacilli; other mycobacteria may produce cross-sensitivity. A negative reaction usually indicates that the patient has had no previous exposure to tubercle bacilli but occasionally the test is negative in patients with overwhelming infection or in certain conditions which suppress the allergic response, e.g. measles, sarcoidosis.

The tuberculin test can be used in various ways:
Clinical diagnosis—the tuberculin test is usually positive in infected persons, and tends to be strongly positive in cases of active disease. In previously unexposed health workers seroconversion from negative to positive may be used as an indication of disease.
Identifying susceptible groups—a negative reaction usually indicates that the person has had no previous exposure to tuberculous infection and therefore, no acquired immunity.
Epidemiological surveys—to determine the pattern of infection and immunity in the community.

Epidemiology

Tuberculosis has a world-wide distribution. Until recently, it was absent from a few isolated communities where the local populations are now showing widespread infections with severe manifestations on first contact with tuberculosis.

Reservoir

Man is the reservoir of the human strain and patients with pulmonary infection constitute the main source of infection. The reservoir of the bovine strain is cattle, with infected milk and meat being the main sources of infection.

Transmission

Transmission of infection is mainly airborne by droplets, droplet nuclei and dust; thus it is enhanced by overcrowding in poorly ventilated accommodation. Infection may also occur by ingestion, especially of contaminated milk and infected meat.

Host factors

The host response is an important factor in the epidemiology of tuberculosis. A primary infection may heal, the host acquiring immunity in the process. In some cases the primary lesion progresses to produce extensive disease locally, or infection may disseminate to produce metastatic or miliary lesions. Lesions that are apparently healed may subsequently break down with reactivation of disease. Certain factors such as malnutrition, measles infection and HIV infection, use of corticosteriods and other debilitating conditions predispose to progression and reactivation of the disease.

Control

In planning a programme for the control of tuberculosis, the entire population can be conveniently considered as falling into four groups:

No previous exposure to tubercle bacilli They would require protection from infection.

Healed primary infection They have some immunity but must be protected from reactivation of disease and reinfection.

Diagnosed active disease They must have effective treatment and remain under supervision until they have recovered fully.

Undiagnosed active disease Without treatment the disease may progress with further irreversible damage. As potential sources of infection, they constitute a danger to the community.

The control of tuberculosis can be considered at the six levels of prevention:

- General health promotion
- Specific protection
  active immunization
  chemoprophylaxis
  control of animal reservoir
- Early diagnosis and treatment
- Limitation of disability
- Rehabilitation
- Surveillance

General health promotion

Improvement in housing (good ventilation, avoidance of overcrowding) will reduce the chances of airborne infections. Health education should be directed at producing better personal habits with regard to spitting and coughing. Good nutrition enhances host immunity.

Specific protection

Three measures are available: active immunization with BCG (Bacille Calmette Guerin), chemoprophylaxis, control of animal tuberculosis.

BCG vaccination

This vaccine contains live attenuated tubercle bacilli of the bovine strain. It may be administered intradermally by syringe and needle or by the multiple-puncture technique. It confers significant but not absolute immunity; in particular, it protects against the disseminated miliary lesions of tuberculosis and tuberculous meningitis.

Immunization strategy BCG vaccination may be used selectively in tuberculin-negative persons who are at high risk, e.g. close contacts, doctors, nurses and hospital ward attendants. A strain of BCG which is resistant to isoniazid has been developed; this can be used in vaccinating tuberculosis contacts who require immediate protection with isoniazid.

BCG may also be used more widely in immunizing tuberculin-negative persons, especially children, in the community.

In some developing countries where preliminary tuberculin testing may significantly reduce coverage, BCG may be administered in mass campaigns without tuberculin tests. The disadvantage of this method of 'direct BCG vaccination' is that those who are tuberculin-positive are likely to show more severe local reactions at the site of vaccination.

BCG vaccination of the newborn is widely practised in the tropics. Overall, the evidence suggests that it confers considerable protection against tuberculosis in infants and young children. The strategy introduced recently in expanded immunization programmes, is to give BCG vaccination a few months after birth. The implications of this different timing have yet to be assessed.

Disadvantages Various complications have been encountered in the use of BCG. These may be:
Local—chronic ulceration, discharge, abscess formation and keloids
Regional—adenitis which may or may not suppurate or form sinuses
Disseminated—a rare complication
One disadvantage of BCG vaccination is the loss of the tuberculin test as a diagnostic and epidemiological tool.

Chemoprophylaxis
Isoniazid has proved an effective prophylatic agent in preventing infection and progression of infection to severe disease. Treatment with isoniazid for one year is recommended for the following groups:

- Close contacts of patients
- Persons who have converted from tuberculin-negative to tuberculin-positive in the previous year
- Children under 3 years who are tuberculin-positive from naturally acquired infection

The tuberculin-negative person may be protected by BCG or INH; the decision as to which method to use would depend on local factors, the acceptability of regular drug therapy and the availability of effective supervision.

Control of bovine tuberculosis
The ideal is to maintain herds that are free of tuberculosis. Infected animals can be identified by the tuberculin skin test and eliminated. Milk, especially from herds that are not certified tuberculosis free, should be pasteurized. After slaughter, carcasses of cattle should be examined for signs of tuberculosis. Such infected meat should be condemned.

Early diagnosis and treatment

Case-finding operations should aim at identifying active cases at an early stage of the disease. This would depend on maintaining a high index of suspicion in clinical practice and carrying out routine screening, especially of high-risk groups.

Screening
Screening methods include tuberculin testing, sputum and chest X-ray examination.

Tuberculin test The interpretation of the tuberculin test would depend on local epidemiological factors

Sputum Microscopic examination of Ziehl-Neelsen stained smears of sputum is a simple cheap screening technique which is particularly useful in rural areas of developing countries where resources are limited.

Chest X-ray Mass miniature radiography (MMR) has been widely applied and has been particularly valuable in detecting pre-symptomatic disease, but it is relatively expensive to establish and run, it requires highly trained personnel and it has little specificity, showing many lesions which are definitely non-tuberculous or of doubtful origin.

High risk and special groups that should be screened include:

- Contacts of tuberculous patients (both household contacts and workmates)
- Persons who have cough persisting for 3 weeks or more
- Workers in hospitals and sanatoria
- Teachers, food handlers and other persons who come into contact with the public

Drug treatment

Regimen   There are now several drug regimens which offer virtually certain cure of tuberculosis. Treatment is based on a combination of isoniazid (INH) with one or more of the following: streptomycin, para-aminosalicylic acid (PAS), thiacetazone, pyrazanimide, ethambutol and rifampicin. Short course chemotherapy (20 weeks) with rifampicin, isoniazid and ethambutol has been advocated. The most effective double combination is INH with rifampicin, given over a 9 month period. Other combinations must be continued for at least 12 months. Although rifampicin is rather expensive, the shorter duration (which improves compliance) and the greater effectiveness, make a combination including this drug the regimen of choice.

Ambulant treatment has proved successful; in-patient care is required for only a few special cases. It is important to have adequate supervision of out-patient treatment by home visitors.

Limitation of disability

Apart from early diagnosis and effective drug treatment, steps should be taken to limit the physical, mental and social disability associated with the disease. The physical aspect may require active physiotherapy, e.g. breathing exercises, appropriate body exercises and support for diseased bones and joints. The mental disability may be limited by suitable diversional or occupational therapy and by simple reassurance or more expert psychotherapy.

Rehabilitation

This should, as always, commence from the beginning of the treatment of the patient. Most patients recover sufficiently well to return to their former occupation. Where chronic physical disability is unavoidable, the patient can be re-trained for alternative employment.

Careful health education of relatives and the community by breaking down prejudices will assist the rehabilitation of patients.

Surveillance of tuberculosis

For effective control of tuberculosis, there should be a surveillance system to collect, evaluate and analyse all pertinent data, and use such knowledge to plan and evaluate the control programme. The sources of data will include:

- Notification of cases
- Investigation of contacts
- Post-mortem reports
- Special surveys—tuberculin, sputum, chest X-ray
- Laboratory reports on isolation of organisms including the pattern of drug sensitivity
- Records of BCG immunization—routine and mass programmes
- Housing, especially data about overcrowding
- Data about tuberculosis in cattle
- Utilization of anti-tuberculous drugs

Usually these data are co-ordinated by one central tuberculosis authority which has the overall responsibility for the control of the disease

Pneumonias

A variety of organisms may cause acute infection of the lungs. The non-tuberculous pneumonias are usually classified into three-groups:

- Pneumococcal
- Other bacterial
- Atypical

PNEUMOCOCCAL PNEUMONIA

Occurrence: World-wide; epidemics occur in work camps, prisons
Organism: *Streptococcus pneumoniae*
Reservoir: Man
Transmission: Droplets, dust, airborne contact, fomites
Control: Avoid overcrowding
Good ventilation
Improve personal hygiene (spitting, coughing)
Chemoprophylaxis to control institutional outbreaks
Vaccination

Pneumococcal infection of the lungs characteristically produces lobar consolidation but bronchopneumonia may occur in susceptible groups. Typically the untreated case resolves by crisis, but with antibiotic treatment there is usually a rapid response. Metastatic lesions may occur in the meninges, brain, heart valves, pericardium or joints. Pneumonia and bronchopneumonia are two of the major causes of death in the tropics, especially in children.

The *incubation period* is 1 to 3 days. The disease is usually notifiable.

Bacteriology

The aetiological agent is *Streptococcus pneumoniae*, a Gram-positive lancet-shaped diplococcal organism. It is enveloped in a polysaccharide capsule. There are 75 or more antigenic types of pneumococcus, the typing being done by the effect of the specific serum on the capsule.

Epidemiology

The disease has a world-wide distribution.

Reservoir
Man is the reservoir of infection, this includes sick patients as well as carriers.

Transmission
Transmission is by airborne infection and droplets, by direct contact or through contaminated articles. Pneumococcus may persist in the dust for some time.

Host factors
All ages are susceptible, but the clinical manifestations are most severe at the extremes of age. Negroes seem to be more susceptible than Caucasians.

Pneumonia may complicate viral infection of the respiratory tract. Exposure, fatigue, alcohol and pregnancy apparently lower resistance to this infection. On recovery, there is some immunity to the homologous type.

Epidemics of pneumococcal pneumonia occur in prisons, barracks and work camps.

Laboratory diagnosis

The organism may be recovered on culture of the sputum, material from a throat swab and, less commonly, the blood. The specific type can be identified by direct serological testing of the sputum or, later, the organisms isolated on culture.

Control

The general measures for the prevention of respiratory infections apply—avoidance of overcrowding, good ventilation and improved personal hygiene with regard to coughing and spitting. Prompt treatment of cases with antibiotics would prevent complications. Chemoprophylaxis with penicillin is indicated in cases of outbreaks in institutions. A polyvalent polysaccharide vaccine is available and has been succesfully used in children with sickle cell disease.

OTHER BACTERIAL PNEUMONIAS

Occurrence:	World-wide
Organisms:	*Streptococcus pyogenes, Staphylococcus aureus, Klebsiella pneumoniae, Haemophilus influenzae*
Reservoir:	Man
Transmission:	Airborne, contact
Control:	Prevention and treatment of respiratory disease
	Improvement in housing conditions

The other bacteria which can cause pneumonia include:

S. pyogenes, S. aureus, K. pneumoniae, H. influenzae and *Chlamydia psittaci* (a zoonotic infection—*see* below)

Bacteriology and laboratory diagnosis

Although in some cases one particular organism predominates, it is not unusual to encounter mixed infections especially in persons with chronic lung disorders. The organisms can be isolated on culture of the sputum or occasionally from blood.

Epidemiology

These infections have a world-wide distribution and the organisms are commonly found in man and his environment. Transmission is by droplets, airborne infection and contact.

Host factors

The occurrence of infection is largely determined by host factors such as the presence of viral infection of the respiratory tract (e.g. influenza, measles) or debilitating illness (e.g. diabetes, chronic renal failure). Patients suffering from chronic bronchitis are particularly susceptible.

Control

The frequency of these bacterial pneumonias can be diminished by:

The prevention or prompt treatment of respiratory disease:

- Viral infection (e.g. measles and influenza vaccination)
- Upper respiratory infection (especially in children and the elderly)
- Chronic lung disease (especially chronic bronchitis)

Improvement in housing conditions

PSITTACOSIS

Occurrence: World-wide
Organism: *Chlamydia psittaci*
Reservoir: Birds (e.g. parrots)
Transmission: Airborne; person—person contact
Control: Quarantine of imported birds
        Antibiotic therapy to eliminate carriers
        Destruction of infected birds

This may present as an acute severe pneumonia which may prove fatal, but mild, subclinical infections do occur.

The *incubation period* is about 4 to 14 days.

Virology

The causative agent is *Chlamydia psittaci*.

Laboratory diagnosis

The organism may be isolated on culture of sputum, blood or vomitus, on yolk sacs of embryonated eggs or by inoculation into mice.

Serological tests on paired sera may show rising titres in complement fixing, neutralization or agglutination tests.

Epidemiology

The distribution of the disease in man is determined by infection in parrots, budgerigars and other psittacine birds. These birds are found in Australia, Africa and South America, but may be imported as pets to other parts of the world.

Reservoir

Psittacosis is basically a zoonotic infection of birds. The affected birds excrete the organisms in their faeces, and through the respiratory tract.

Transmission

Man acquires the infection by inhalation of the infective agent from bird faeces; those who own and handle such birds are at high risk. Person-to-person spread may occur in close contacts.

Control

The importation of these birds should be strictly controlled. They can be held in quarantine to ensure that they are free from infection; infected birds can also be detected on serological tests. Broad-spectrum antibiotics, e.g. tetracycline, can be used to eliminate the carrier state. In case of human infection, the source of infection should be traced and the bird destroyed.

ATYPICAL PNEUMONIA

Occurrence: World-wide
Organism: *Mycoplasma pneumoniae*
Reservoir: Man
Transmission: Droplets, contact
Control: General measures for controlling
        respiratory infection
        Treatment of patients with tetracycline

This is an acute febrile illness usually starting with signs of an upper respiratory infection, later spreading to the bronchi and lungs. Radiological examination of the lungs shows hazy patchy infiltration.

The *incubation period* is usually about 12 days, ranging from 7 to 21 days.

Infective agent

The infective agent is *Mycoplasma pneumoniae* (pleuro-pneumonia-like organism).

Epidemiology

The geographical distribution is world-wide. Man is the reservoir of infection. It is transmitted from sick patients as well as from persons with subclinical infection. Transmission is by droplet infection and by contact. Only a small proportion of infected persons (1 in 30) show signs of illness. After recovery, the patient is immune for an undefined period.

Laboratory diagnosis

The diagnosis can be established by showing a rising titre of antibodies to *M. pneumoniae*. The organism can also be identified by collecting throat swabs or washings at an early stage of the infection. During convalescence, patients usually develop cold agglutinins and agglutinins for streptococcus.

Control

General measures for the control of respiratory diseases apply (*see* p. 139). Treatment with tetracycline is advocated in cases of pneumonia.

MENINGOCOCCAL INFECTION

Occurrence: World-wide; epidemics: 'meningitis belt' of tropical Africa, recruits in military barracks
Organism: *Neisseria meningitidis*
Reservoir: Man
Transmission: Airborne, droplets, direct contact
Control: • Treatment of patients and contacts
   • Avoid overcrowding
     Mass immunization
     Surveillance

A variety of clinical manifestations may be produced when human beings are infected with *Neisseria meningitidis*: the typical clinical picture is of acute pyogenic meningitis with fever, headache, nausea and vomiting, neck stiffness, loss of consciousness and a characteristic petechial rash is often present. The wide spectrum of clinical manifestations ranges from fulminating disease with shock and circulatory collapse to relatively mild meningococcaemia without meningitis presenting as a febrile illness with a rash. The carrier state is common.

The *incubation period* is usually 3 to 4 days, but may be 2 to 10 days.

Bacteriology

N. meningitidis (meningococcus) is a Gram-negative, bean-shaped, diplococcal organism. It is differentiated from other neisserial organisms, including the commensal *N. catarrhalis*, by fermentation reactions. Several major antigenic strains (A, B, C, W-135, X and Y) have been identified on serological testing. In the 'meningitis belt' of Africa, type A is the major causative agent of most epidemics but outbreaks due to type C have also occurred.

Epidemiology

There is a world-wide distribution of this infection. Sporadic cases and epidemics occur in most parts of the world, e.g. in particular South America and the Middle East, but also in the developed countries of the temperate zone. Massive epidemics occur periodically in the so-called 'meningitis belt' of tropical Africa, a zone lying 5–15°N of the equator (Fig. 6.1) and characterized by annual rainfall between 300 and 1100 mm. In this zone, the epidemic comes in waves: the outbreaks usually begin in the dry season, reaching a peak at the end of the dry season, and end sharply at the onset of the rains. However, in 1989 an epidemic of meningitis due to *N. meningitis* type A occured during the rainy season in Tanzania (which is outside the meningitis belt).

Reservoir
Man is the reservoir of infection. The carrier state may be 5 to 20 per cent or even higher, during epidemics.

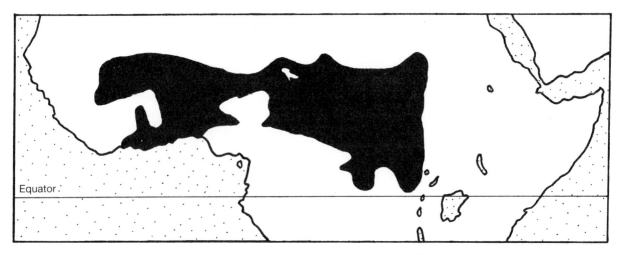

Fig. 6.1   *The 'meningitis belt' of meningococcal infection in tropical Africa*

Transmission

Transmission is by airborne droplets or by direct contact. It is a delicate organism, dying rapidly on cooling or drying, and thus indirect transmission is not an important route.

Host factors

Children and young adults are most susceptile, but in epidemics all age groups may be affected. In institutions such as military barracks, new entrants and recruits usually have higher attack rates than those who have been in long residence.

The genetically determined inability to secrete the water-soluble glycoprotein form of the ABO blood group antigens into saliva and other body fluids, is a recognized risk factor for meningococcal disease. The relative risk of non-secretors developing meningococcal infection was found to be 2.9 in a Nigerian study. The reasons why non-secretors are more susceptible are not known.

Laboratory diagnosis

The organism can be recovered from bacteriological examination of nasopharyngeal swabs, blood and cerebrospinal fluid. The cerebrospinal fluid will, in addition, show the typical changes of pyogenic meningitis: cloudy fluid, numerous pus cells, raised protein content, low or absent glucose.

Control

There are four basic approaches to the control of meningococcal infections:

- The management of sick patients and their contacts
- Environmental control designed to reduce airborne infections
- Immunization
- Surveillance

Sick patients and their contacts

The most effective and simplest treatment for the individual case is a single injection of 3 g of long-acting chloramphenicol (Tifomycine).

To prevent disease among *close* contacts rifampicin can be used coupled with immunization (*see* below), or immunization alone if rifampicin is ruled out because of economic considerations.

Sulphonamide resistance is now so widespread that it is inadvisable to use these drugs either for treatment or prophylactically.

Management of epidemics   A number of practical problems have to be solved in dealing with outbreaks of meningitis in rural Africa. The cases tend to overwhelm the local health services and they are usually supplemented by mobile teams which can be organized and rapidly deployed to deal with the emergency. A 'cold chain' must be maintained for storage of the vaccine. In the most peripheral units, the management of cases may have to rely mainly on auxiliary personnel.

Community: environmental control

Overcrowding should be avoided in institutions such as schools, boarding-houses and military barracks; the dormitories should be spacious and well-ventilated. In areas where people tend to live in cramped, overcrowded accommodation, they should be advised to sleep out of doors to limit the risk of transmission.

Immunization

Groups A, C, W-135 and Y capsular polysaccharide vaccines are now available and controlled field trials have demonstrated their efficiency in many areas. Thus, after a single dose, they provide a safe means of producing immunity for a limited period against the two most important serotypes responsible for epidemics in the tropics. Immunization provides the most effective means of controlling an epidemic. In malarious areas the concomitant use of anti-malarial drugs (e.g. single oral dose of 4 tablets of chloroquine) may enhance the antibody response to the vaccines.

Surveillance

For the effective control of this disease, a system of epidemiological surveillance must be established. Data derived from treatment centres, hospitals, laboratories and special surveys must be collated, evaluated, analysed and disseminated to those who have to take action in the field. National data on epidemics should be made available to neighbouring states and coordinated through the World Health Organization.

STREPTOCOCCAL INFECTIONS

Occurrence: World-wide; varying pattern from area to area
Organism: *Streptococcus pyogenes*, Group A
Reservoir: Man
Transmission: Airborne, contact or milk-borne
Control: As for other airborne infections
Pasteurization of milk
Penicillin or sulphonamide
prophylaxis

Streptococcus pyogenes, Group A haemolytic streptococci can invade various tissues of man—skin and subcutaneous tissues, mucous membranes, blood and some deep tissues. The common clinical manifestations of streptococcal infection include streptococcal sore throat, erysipelas, scarlet fever, and puerperal fever. Some strains produce an erythrogenic toxin which is responsible for the characteristic erythematous rash of scarlet fever. Rheumatic fever (*see* below) and acute glomerulonephritis result from allergic reactions to streptococcal infections.

Bacteriology

There are at least 40 serologically distinct types of Group A streptococci; some of these specific serological types tend to be associated with particular forms of streptococcal disease, e.g. Type 12, Group A is frequently associated with glomerulonephritis. Apart from Group A, other groups of streptococci, B, C, D and G, have been identified.

Epidemiology

Streptococcal infections have a world-wide occurrence, but the pattern of the distribution of streptococcal disease varies from area to area.

Reservoir
Man is the reservoir of infection; this includes acutely ill and convalescent patients, as well as carriers, especially nasal carriers.

Transmission
The sources of infection are the infected discharges of sick patients, droplets, dust and fomites. The infection may be airborne, through droplets, droplet nuclei or dust. It may be spread by contact or through contaminated milk.

Host factors
Although all age-groups are liable to infection, children are particularly susceptible. Repeated attacks of tonsillitis and streptococcal sore throat are common but immunity is acquired to the erythrogenic toxin and thus it is rare to have a second attack of scarlet fever with the scarlatinous rash.

Laboratory diagnosis

The organism can be isolated by culture of bacteriological swabs taken from the throat, nose or pus. The particular group and serological type can be identified from cultures grown on blood agar. Organisms can also be isolated from blood culture. A rising titre of the anti-streptolysin O antibody is also evidence of current streptococcal infection.

Control

The general measures for the control of airborne infections are applicable. In addition, such measures as the pasteurization of milk and aseptic obsteric techniques are of value.

Specific chemoprophylaxis with penicillin is indicated for persons who have had rheumatic fever and for those who are liable to recurrent streptococcal skin infections. The penicillin can be given orally in the form of daily doses of penicillin V or by monthly injections of long-acting benzathine penicillin. Sulphonamides can be used in place of penicillin, but they are less effective in preventing recurrences of rheumatic fever.

RHEUMATIC FEVER

Occurrence: World-wide: declining in developed countries but increasing in some tropical developing countries
Aetiology: Complication of Group A streptococcal throat infection
Reservoir: Man
Transmission: *See* 'Streptococcal infections'
Control: Control of streptococcal infections Long-term chemoprophylaxis to prevent recurrences

Rheumatic fever is a complication of infection with Group A haemolytic streptococci. The initial infection may present as a sore throat or may be subclinical; the onset of rheumatic fever is usually 2 to 3 weeks after the beginning of the throat infection. Apart from fever, the patient may develop pancarditis, arthritis, chorea, subcutaneous nodules and erythema marginatum. Resi-

dual damage in the form of chronic valvular heart disease may complicate clinical or subclinical cases of rheumatic fever, the complication is more liable to occur after repeated attacks.

Bacteriology and laboratory diagnosis

Group A haemolytic streptococci may be isolated from the bacteriological swab of the throats of some of these patients but not from the heart or the joints which are not directly invaded by the organism. A rising titre of anti-streptolysin antibody may also be demonstrated.

Epidemiology

The disease has a world-wide occurrence. Although there is a falling incidence in the developed countries of the temperate zone, it is becoming a more prominent problem in the overcrowded urban areas of some tropical and subtropical countries, e.g. in South East Asia and the Middle East.

Rheumatic fever represents an allergic response in a small proportion of persons who have streptococcal sore throat. The factors which determine this sensitivity reaction are not known.

Control

The control of rheumatic fever involves the control of streptococcal infections in the community generally and the prevention of recurrences by chemoprophylaxis after recovery from an attack of rheumatic fever.

PERTUSSIS (WHOOPING COUGH)

Occurrence: World-wide
Organism: *Bordetella pertussis*
Reservoir: Man
Transmission: Airborne, contact
Control: Active immunization with killed vaccine

Infection with *Bordetella pertussis* leads to inflammation of the lower respiratory tract from the trachea to the bronchioles. Clinically, the infection is characterized by paroxysmal attacks of violent cough; a rapid succession of coughs typically ends with a characteristic loud, high-pitched inspiratory crowing sound—the so-called 'whoop'.

The *incubation period* is usually 7 to 10 days but may be as long as 3 weeks.

Bacteriology

The pertussis organism is a Gram-negative rod which can be cultured on blood-enriched media. It can be differentiated by immunological tests from *B. parapertussis*, which produces a similar but milder disease.

Epidemiology

The disease has a world-wide distribution but there is falling morbidity and mortality following immunization programmes.

Man is the reservoir of infection. Transmission of infection may be airborne or by contact with freshly soiled articles.

Children under 1 year old are highly susceptible and most deaths occur in young infants.

Laboratory diagnosis

The organism can be recovered from infected patients during the early stages of the infection, from nasopharyngeal swabs or from cough plates, followed by culture on special media.

Control

Individual
The sick children should be kept away from susceptible children during the catarrhal phase of the whooping cough; isolation need not be continued beyond 3 weeks because the patient is no longer highly infectious even though the whoop persists.

Vaccination
Routine active immunization with killed vaccine is highly recommended for all infants. The pertussis vaccine is usually incorporated as a constituent of the triple antigen (Diphtheria-Pertussis-Tetanus) which is used for the immunization of children starting from 2 to 3 months.

DIPHTHERIA

Occurrence: World-wide, but now largely controlled in developed countries
Organism: *Corynebacterium diphtheriae*
Reservoir: Man
Transmission: Airborne, contact (direct, indirect), contaminated milk
Control: Active immunization with toxoid

This disease is caused by infection with *Corynebacterium diphtheriae* (Klebs–Loeffler bacillus). There may be acute infection of the mucous membranes of the tonsils, pharynx, larynx or nose; skin infections may also occur and are of particular importance in tropical countries. Much faucial swelling may be produced by the local inflammatory reaction and the membranous exudate in the larynx may cause respiratory obstruction. The exotoxin which is produced by the organism may cause nerve palsies or myocarditis.

The *incubation period* is 2 to 5 days. Diphtheria is usually included in the list of diseases which are notifiable nationally.

Bacteriology

C. diphtheriae is a Gram-positive rod, with a characteristic bipolar metachromatic staining. Virulent strains produce a soluble exotoxin which is responsible for the systemic manifestations and the sequelae of the disease. Three major types, *gravis*, *intermedius* and *mitis*, have been differentiated, as associated with severe, moderately severe and mild clinical manifestations respectively.

Epidemiology

Although there is a world-wide occurrence of the disease, this once common epidemic disease of childhood is now well controlled in most developed countries by routine immunization of infants.

There is evidence to suggest that in some parts of the tropics a high proportion of the community acquires immunity through subclinical infections, mainly in the form of cutaneous lesions.

Reservoir

Man is the reservoir of infection; this includes clinical cases and also carriers.

Transmission

The infective agents may be discharged from the nose and throat or from skin lesions. The transmission of the infection may be by:

- Airborne infection
- Direct contact
- Indirect contact through fomites
- Ingestion of contaminated raw milk.

Host factors

All persons are liable to infection but susceptibility to infection may be modified by previous natural exposure to infection and immunization. The newborn baby may be protected for up to 6 months through the transplacental transmission of antibodies from an immune mother.

The most severe illness is associated with faucial or laryngeal infection in children; nasal infections tend to be more chronic and less severe; and the cutaneous lesions which are often not recognized produce immunization of the host with low morbidity.

Susceptibility to infection may be tested by means of the **Schick test**: a test dose of 0.2 ml of diluted toxin is injected intradermally into one forearm, with a similar injection of toxin, destroyed by heat, into the other forearm to serve as a control. A positive Schick test, consists of an area of redness 1–2 cm diameter at the site of the test dose, reaching its maximum size in 3–4 days, later fading into a brown stain. This positive reaction is confirmed by the absence of reaction at the site of the control injection. Redness at both sides is recorded as a pseudo-reaction, and probably represents non-specific sensitivity to some of the protein substances in the injection. A negative Schick test is recorded when there is no redness at either injection site. Both the pseudo-reaction and the negative Schick test are accepted as indicating resistance to diphtheria infection.

Laboratory diagnosis

Clinical diagnosis can be confirmed by bacteriological examination of swabs of the nose and throat or of skin lesions.

Control

The individual

Anti-toxin should be given promptly on making the clinical diagnosis and without awaiting laboratory confirmation. Treatment with penicillin or other antibiotics may be given in addition to, but not instead of, serum. The patient should be isolated until throat cultures cease to yield toxigenic strains.

Contacts

Non-immune young children who have been in direct contact with the patient should be protected by passive immunization with anti-toxic serum and at the same time, active immunization with toxoid is commenced. Susceptible (Schick-positive) adult contacts should be protected with active immunization and a booster dose can be given to immune (Schick-negative) persons.

The community

The search for carriers and their treatment with antibiotics may be indicated in the special circumstances of an outbreak in a closed community such as a boarding school, but the major approach to the control of this infection is routine active immunization of the susceptible population.

Active immunization

Active immunization with diphtheria toxoid has proved a reliable measure for the control of this infection. It is usually administered in combination with pertussis vaccine and tetanus toxoid (DPT or triple antigen) from the age of 2 to 3 months. A booster dose of diphtheria toxoid is recommended at school entry and this may be given in combination with typhoid vaccine.

Fungal infections

HISTOPLASMOSIS

Occurrence: Parts of America, Africa, Asia and the Pacific
Organism: *Histoplasma capsulatum*
Reservoir: Soil, especially those contaminated with bird droppings
Transmission: Airborne from spores in soil
Control: Avoid exposure to infected areas

The classical form of histoplasmosis due to *Histoplasma capsulatum* presents a variety of clinical manifestations. Infection is mostly asymptomatic, being detected only on immunological tests. On first exposure there may be an acute benign respiratory illness, which tends to be self-limiting, healing with or without calcification. Progressive disseminated lesions may occur with widespread involvement of the reticulo-endothelial system; without treatment this form may have a fatal outcome.

The *incubation period* is from 1 to $2\frac{1}{2}$ weeks.

H. duboisii, a variant confined to tropical Africa produces distinct clinical and pathological features. Little is known about its reservoir, mode of transmission or other epidemiological factors.

Mycology

The causative agent is *H. capsulatum*, a dimorphic organism (both yeast phase and mycelial phase occur). In the host tissues only the yeast phase is found. Spores can survive in the soil for long periods. They flourish particularly well in soil that is manured by bird or bat droppings, especially in caves.

Laboratory diagnosis

The organism can be isolated on culture of pathological specimens—sputum, or biopsy material—by culture on selective media, e.g. enriched Sabouraud's medium. The skin test with histoplasmin is useful epidemiologically to detect inapparent infections, including old infections. Serological tests (e.g. complement fixation) are also positive on infection: a rising titre may indicate recent exposure or current disease.

Epidemiology

The infection is endemic in certain parts of North, Central and South America, Africa and parts of the Far East.

Reservoir
The reservoir is in soil especially chicken coops, bat caves and areas polluted with pigeon droppings.

Transmission
The infection is acquired by inhalation of the spores. Person-to-person transmission is rare.

Host factors
It is not clear why in some patients the infection progresses to severe disease.

Control

The main measure is to avoid exposure to contaminated soil and caves. Infected patients with significant disease can be treated with Amphotericin B.

Further reading

WHO Technical Report Series No. 588. (1976). *Cerebrospinal Meningitis Control*.

WHO Technical Report Series No. 652 (1980). *BCG Vaccination Policies*.

WHO Technical Report Series No. 571 (1982). *Tuberculosis Control*.

Blackwell, C.C. (1988). Non-secretion of blood group antigens—a genetic factor predisposing to infection by *N. meningitidis*. In *Gonococci and Meningococci*. pp. 633–36 Edited by Poolman, J.J. Martinus Nijhoff, Dordrecht.

7

Arthropod-borne infections

Arbovirus infections
Yellow fever
Dengue fever
Japanese B encephalitis
Kyasanur Forest disease
Other arboviruses: Sandfly fever, Rift Valley
  fever, Colorado tick fever

Rickettsial infections
Epidemic, louse-borne typhus (*Rickettsia
  prowazekii*)
Murine typhus (*Rickettsia mooseri*)
Scrub typhus (*Rickettsia orientalis*)
African tick typhus (*Rickettsia conori*)
Q fever (*Coxiella burneti*)

Bacterial infections
Plague (*Yersinia pestis*)
Tick-borne relapsing fever (*Borrelia duttoni*)

Louse-borne relapsing fever (*Borrelia
  recurrentis*)
Bartonellosis (*Bartonella bacilliformis*)

Protozoal infections
Malaria (*Plasmodium* spp.)
African trypanosomiasis (*Trypanosoma brucei
  gambiense, T.b. rhodesiense*)
South American trypanosomiasis (*Trypanosma
  cruzi*)
The leishmaniases (*Leishmania* spp.)

Helminthic infections
Filariases (*Wuchereria bancrofti, Brugia malayi*)
Loaiasis (*Loa loa*)
Onchocerciasis (*Onchocerca volvulus*)
Other filarial infections (*Tetrapetalonema
  perstans, T. streptocerca, Mansonella
  ozzardi, Dirofilaria* spp.)

Arthropods play an important, and in some cases a determinant role, in the transmission of some infections. The epidemiology of these infections is closely related to the ecology of the arthropod vector, and hence the most effective meaures for the control of these infections often relate to the control of the vector. The arthropod vector introduces a further dimension to the complex host-parasite interrelationship, and for some of these infections, a fourth factor is added when there is a non-vertebrate animal reservoir. Arthropod vectors of importance include various species of flies, mosquitoes, ticks and mites.

The infective agents

These include a wide variety of organisms ranging from viruses to helminths, as listed in the summary table above. The viral infections are known under the collective term 'arboviruses', a contraction of 'arthropod-borne viruses'.

Transmission

Vector-parasite relationship

The role of the vector in transmission may be either biological or mechanical.

Biological

The vector may be specifically involved in the biological transmission of the infective agent, in which case, this is an essential phase in the lifecycle of the agent. The phase within the vector which is often referred to as the **extrinsic incubation period** may involve:

- Morphological development without multiplication, e.g. filarial worms
- Asexual multiplication, e.g. arboviruses, plague
- Sexual multiplication, e.g. malaria

The extrinsic incubation is important epidemiologically, for only after its completion is the infection transmissible. Usually, the arthropod acquires the infection on biting an infected host but in a few specific instances the vector may acquire the infection congenitally by transovarian passage, e.g. mites in scrub typhus.

Mechanical

The vector may bring about a simple mechanical transfer of the agent from the source to the susceptible host. The vector may carry the infective agent on its body or limbs, or the infective agents may be ingested by the vector passing through its body unmodified and excreted in faeces. The housefly and other filth flies are important mechanical vectors of various infections especially gastrointestinal infections, e.g. shigellosis, which rely on the faeco-oral route of transmission. These are dealt with in Chapter 4.

Transmission from vector to host

The infected vector may inoculate the infective agents from its salivary secretions into a new host, e.g. malaria. In other cases, the host becomes infected through contamination of his mucous membranes or skin by the infective faeces of the vector, e.g. Chagas' disease; or by the infective tissue fluids which are released when the vector is crushed, e.g. louse-borne relapsing fever. The host may acquire infection by ingesting the vector: the transmission of guinea-worm occurs by this unusual route, when man ingests the infected cyclops, the crustacean intermediate host of this worm (*see* p. 64).

Host factors

Host preference

Many of the arthropod vectors which bite mammals show marked host preferences. Some of them bite man preferentially, and these are said to be *anthropophilic*; whereas others which bite animals preferentially are *zoophilic*. There is some evidence that mosquitoes are attracted to and bite some persons more often than others, but the basis for this preference is not as yet clearly understood.

Immunity

Acquired immunity plays an important role in the epidemiology of some of the arthropod-borne infections. For example, previous exposure to the yellow fever virus may confer lifelong immunity; some protection from yellow fever may also be derived from exposure to related viruses of the B group (*see* p. 163). In other cases, immunity is of short duration and is not absolute, e.g. plague.

Control of arthropod infections

Infective agent

Destruction of animal reservoir e.g. rats in the control of plague
Isolation and treatment of cases e.g. yellow fever patient is nursed in a mosquito-proof room or bed.

Transmission

Prevention of vector—host contact

Biological barriers e.g. clearing an area to free it of breeding and resting places for the vectors; siting houses away from known breeding places of mosquitoes.

Mechanical barriers e.g. protective clothing, screening of houses, mosquito nets.

Destruction of vectors

Trapping, collection and destruction   Various mechanical devices are in use, e.g. sticky strips to which flies adhere.

Insecticides   Some of these are active against the larval aquatic forms, others are directed against the adult vectors. For a full account of the various types, methods of application and effects of insecticides, *see* below.

Biological methods   These include the alteration of the physical environment, and alteration of the flora and fauna (*see* p. 161)

Host

Immunization e.g. yellow fever prophylaxis with a live attenuated virus
Chemoprophylaxis e.g. antimalarials

Insecticides in public health

Most of the insecticides manufactured are used in agriculture, many of them affect insects of importance in public health and may cause poisoning in man.

Mode of action

Insecticides in public health are used either for a quick knock-down or for a residual effect.

Knock-down insecticides

Most knock-down insecticides contain **pyrethrum** (sometimes with addition of DDT to improve their efficacy). They are used, usually as a fine spray, to get rid of adult insects quickly, but the effect lasts for only a short time. They can be used when rapid control is required, as in an epidemic of an insect-borne disease, or to kill insects in aircraft. This quick knock-down can be achieved with insecticidal fogs, smoke and aerial spraying.

Residual insecticides

For long-continued effect (e.g. 6 months duration) residual insecticides are used: DDT for example, applied to wall surfaces at a dose of 2 g/m², will kill mosquitoes that rest indoors, providing they are still susceptible.

DDT the oldest, is probably still the best, certainly for malaria control. It is relatively non-toxic. **Benzene hexachloride, (BHC)** is less long-lasting; **Dieldrin** is too toxic for general use without strict precautions.

Various **organic phosphorus insecticides** have been used in situations where DDT is not effective. These vary enormously in their toxicity, from **parathion** which is very dangerous indeed (it is used in agriculture but seldom in public health) to **malathion** which is only slightly more toxic than DDT. They are less long lasting and more expensive than DDT.

Methods of application

The insecticides can be applied in many ways, depending on the objective to be achieved. Some of these formulations are:

Aerosols, fogs, vapours, smokes

These are used where penetration is required but does not give a long-lasting residual effect. Recently ultra-low volume (ULV) aerosols have been popular, dispensing about 0.1 litre per minute of concentrated insecticide.

Aerial spraying

Spraying from low levels (up to 100 m) by slow-flying (250–320 km/h) aeroplanes, or by helicopters, may be useful for treating large or inaccessible breeding grounds of some pests, such as mosquito larvae in large swamps, or tsetse flies in extensive bush. Air spraying can be done only during stale air conditions. In tropical countries ground heating during the day produces violent air convection, which restricts spraying to about an hour either just after sunrise or just before sunset. Aerial spraying is very useful in epidemic situations.

Larvicides

These have been successfully used in the control of mosquitoes (*see* p. 186) especially when breeding sites are restricted or close to houses, e.g. *Aëdes aegypti* (*see* p. 167). They have also been successful in controlling *Simulium* (*see* p. 210). The decision of which insecticide and formulation should be used depends on the circumstances of the particular problem.

Water-dispersible powders (WDP)

These are used for applying insecticides to wall surfaces. They are cheap but messy, leaving a white deposit of inert powder on the wall. Most malaria eradication campaigns use 5 per cent DDT (WDP).

Solutions, emulsions

These have the same effect as water-dispersible powders. The solvent evaporates, leaving the insecticide on the wall. On some surfaces however, e.g. mud, soakage takes place and the insecticidal effect is markedly lessened.

Resistance

Insects of public health importance have developed resistance to insecticides. House flies rapidly become resistant (therefore good sanitation is the control method of choice); anopheline mosquitoes are less liable to become resistant to DDT, than to dieldrin or BHC. The only measure to overcome resistance is to change the insecticide or limit its use. The mechanisms of resistance are complex and beyond the scope of this book.

Toxicity

All the residual insecticides are toxic to man, but the degree varies enormously: DDT and BHC are only slightly toxic; parathion is extremely toxic.

Common-sense precautions, e.g. not eating when using insecticides, washing and changing clothes at the end of the day's work, avoiding contact and concentrated insecticides especially when in solution or emulsion, must be taken by everyone involved in spraying operations. Special precautions must be taken when anything more toxic than DDT or BHC is being applied.

Other effects of insecticides

There is a world-wide controversy about the relative damage caused by residual insecticides to wild-life and the benefits they give by increasing food production. It is important to appreciate in this context that indoor spraying does not contribute materially to the pollution of the environment and that pesticides widely used for agricultural purposes are a far greater hazard

in this respect. The decision as to the choice of insecticides, timing of application, dosage and formulation demands a careful study of each situation. Unless this is done, money may be wasted and the desired result may not be achieved.

Biological control

Because of the anxiety that has developed over the widescale use of insecticides, numerous attempts at biological control are being tried both in the laboratory and in the field. Biological control may be defined as the set of control measures designed to restrict the development of insect pests by:

- Modifying their environment and food supply (ecological control)
- Exposing them to their predators and parasites
- Disrupting their reproductive processes (genetic control).

Ecological control

Alterations in the shelter and food supply of the vector may be effected through:

Physical changes e.g. drainage of ponds, drying up of lakes, alteration in the speed and course of a river.

The fauna e.g. by driving away the big game from an area, there is a reduction in the food supply of *Glossina morsitans*, the vector of *Trypanosoma rhodesiense*.

The flora e.g. the clearance of low-level foliage to control *Glossina tachinoides* or of the water lily, *Pistia*, in the control of *Mansonia* larvae and pupae.

Predators and parasites

Biological agents have been extensively investigated for the control of arthropod pests. One successful application is the use of *Bacillus thuringiensis* (H14 strain) as a biological larvicide against the *Simulium* fly (*see* p. 214).

Genetic control

For example, Sterilization of males by genetic manipulation has had limited success in field conditions.

Arbovirus infections

The arthropod-borne viruses (arboviruses) may cause various syndromes in man:

- Fever
- Aseptic meningitits
- Encephalitis
- Haemorrhagic fever

Alternatively, they may present as atypical or subclinical infections only recognizable by antibody studies. The majority produce non-fatal infections.

Virology

Three main groups of arboviruses have been serologically defined: groups A (alphaviruses), B (flaviviruses) and C (bunyaviruses). The important viruses within these groups are listed in Table 7.1. A number of arthropod-borne viruses infecting man, including sandfly fever and Colorado tick fever do not fit into any of the groups so far described, which is indicative that other groups exist (*see* p. 168).

Epidemiology

The majority are zoonoses, and about 70 of the 200 different arboviruses identified are known to cause disease in man.

Mosquitoes are the most common vectors of arboviruses, ticks the next most common, and *Phlebotomus* and *Culicoides* the least frequently involved. Because infection usually produces prolonged immunity, attack rates occuring throughout all age-groups indicate the introduction of a new arbovirus, while disease confined to children implies re-introduction of a virus or overflow from a continuous animal cycle to susceptible humans.

Laboratory diagnosis

The definitive diagnosis depends upon isolation of the virus from patients early in the infection, with demonstration of a rise in antibody titre in the sera between the acute and convalescent stages of the disease.

Control

Control of the vector population, where practicable, will reduce the risk of infection. Steps can also be taken to avoid being bitten by vectors.

Arboviruses: group A (alphaviruses)

All the viruses in this group (about seventeen) have a number of general properties common to each other and to the rest of the arboviruses. The natural

Table 7.1 Classification of some clinically recognized arboviruses in the tropics

Group A (Alphaviruses)	Group B (Flaviviruses)	Group C (Bunyaviruses—C group)	Other groups
Chikungunya	Yellow fever*	Apeu	Bunyamwera group*
Mayaro	Dengue*	Caraparu	Simbum group: Oropouche
O,Nyong-Nyong	St. Louis encephalitis	Itaqui	virus*
Venezuelan equine	Japanese B encephalitis*	Marituba	Rift Valley fever virus*
encephalitis	Murray Valley encephalitis	Oriboca	
Western equine	Omsk haemorrhagic fever	Ossa	**Phleboviruses**
encephalitis	West Nile		Phlebotomous fever group:
Eastern equine encephalitis	Ilheus		Sandfly fever virus*
	Spondweni		
	Uganda S-H336		**Nairoviruses**
	Wesselsbron		Crimean-Congo group
	Tick-borne encephalitis		
	Kyasanur Forest disease*		**Orbiviruses**
			Colorado tick fever virus*

* Infections described in this chapter

vectors or suspected vectors for all known Group A viruses are mosquitoes. Clinically recognizable diseases of man have been described for:

Chikungunya virus which occurs in Africa, Thailand, Cambodia and India

Mayaro virus which is found in Trinidad, Brazil and Bolivia

O'Nyong-Nyong virus which produced an explosive epidemic disease in East Africa.

Venezuelan equine encephalitis virus. This is an apizootic disease of horses which affects man. Human outbreaks with fatalities have occurred in Venezuela, Colombia and Panama.

Arboviruses: group B (flaviviruses)

The diseases most important to man result from infections with arboviruses of this group, most of which have mosquitoes as their vectors, with the exception of a subgroup which are tick-borne. Antigenic cross-reactivity is marked in the group B viruses, so that in areas where there is a high endemicity, e.g. tropical Africa, serological diagnosis may be difficult, and the most rapid and definitive diagnostic method of active infection is by virus isolation.

Many infections are symptomless. The most important diseases (*see* below) are:

- Yellow fever
- Dengue fever
- Japanese B encephalitis
- Kyasanur Forest disease

Clinically recognizable disease has also been described for the following viruses in this group:

Murray Valley encephalitis virus which occurs in Australia and New Guinea producing a high attack rate in children

West Nile virus has been isolated in Africa, the Near East and India; it produces a dengue-like syndrome

Ilheus virus is found in South and Central America and Trinidad

Spodnweni, Uganda S-H336 and **Wesselsbron viruses** respectively occur in South Africa and Portuguese East Africa

YELLOW FEVER

Occurrence: South America, tropical Africa
Organism: Yellow fever virus
Reservoir: Man, monkeys
Transmission: *Aëdes* spp. bites
Control: Isolation
Vector control
Immunization

Yellow fever is an acute infectious disease of sudden onset and variable severity caused by a virus transmitted by mosquitoes. It is characterized by fever, jaundice, haemorrhagic manifestations and albuminuria. The *incubation period* in man is 3–6 days.

Epidemiology

Yellow fever is endemic in large areas of South America and tropical Africa (Fig. 7.1) The endemic zone in Africa approximately covers that part of the continent which lies between latitudes 15°N and 10°S. In South America the endemic zone stretches from south of Honduras to the southern border of Bolivia and includes the western two-thirds of Brazil, Venezuela, Colombia, and those parts of Peru and Ecuador which lie east of the Andes. Certain towns are considered as not forming part of these zones provided they continuously maintain an **Aëdes index** not exceeding 1 per cent. This index represents the proportions of houses in a limited, well-defined area in which breeding places of *Aëdes aegypti* are found.

Epidemics occur from time to time and have been described from Sudan, Ethiopia, Senegal, Gambia, Ghana and Nigeria as recently as 1986/87. In the urban epidemic in Nigeria, the estimated number of cases was 10000 with approximately 5000 deaths.

Yellow fever does *not* occur in Asia or the Pacific region, though the urban vector is widespread (*see* Dengue haemorrhagic fever, p. 167). It is not clear whether this is because the disease has not been introduced or because of a peculiar racial immunity, in any case the risk of introduction must be avoided at all costs. (Yellow fever 'receptive areas'.)

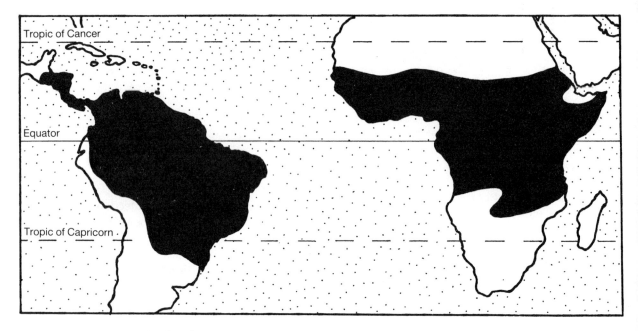

Fig. 7.1   *Distribution of yellow fever*

Reservoir and transmission

There are two main epidemiological forms of yellow fever:

- Urban type
- Jungle type

Urban type   The virus cycle is man-mosquito-man; this method of spread requires large numbers of susceptible hosts, and hence tends to occur in large towns. Villages, with frequent passage of people from one village to another, will also be suitable for this type of spread.

The mosquito vector is *Aëdes aegypti*, which is primarily a domestic mosquito which breeds in or near houses, with the female preferring to lay her eggs in water collecting in artificial containers, such as old tins, etc.

Urban-type yellow fever can effectively be controlled by anti-mosquito measures. This has been achieved in South America.

Jungle type   This may occur in endemic or epizootic forms. In the endemic form, the disease, which is primarily one of monkeys, is almost constantly present, and sporadic cases of human infection occur from time to time. The primary spread of the virus is from monkey to monkey, via *Haemagogus* spp. in South America (Fig. 7.2) and

A. africanus in Africa (Fig. 7.3): both these mosquitoes live in the tops of trees.

In South America, jungle yellow fever is transmitted to man when the *Haemagogus* species occasionally bites man, for example when a tree is felled.

In Africa, however, there is different way in which jungle yellow fever virus can be transmitted from the monkey to man. Certain monkeys have the habit of raiding crops, particularly bananas. Another mosquito, *A. simpsoni*, occurs on the edges of forests, and becomes infected by biting infected raiding monkeys, and then later bites the farmer when he collects his crop. *A. simpsoni* thus acts as a so-called 'link-host'.

Host factors

It is important to remember that, in endemic areas, many cases of yellow fever are mild illnesses resulting in subclinical infections leading to immunity among the indigenous population. There is evidence to suggest that the presence of extensive immunity to other group B viruses modifies the severity and spread of yellow fever.

Applied biology

Unmodified yellow fever virus attacks the cells of all three embryonic layers (pantropic). All strains

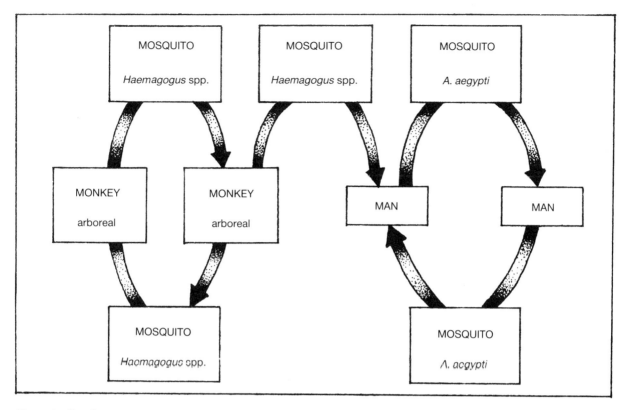

Fig. 7.2 *South american pattern of transmission of yellow fever*

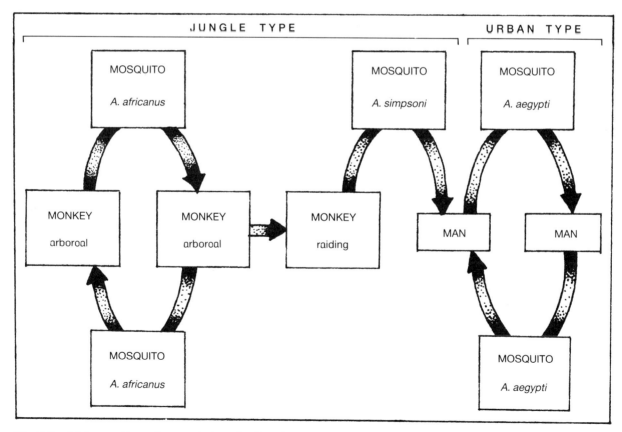

Fig. 7.3 *African pattern of transmission of yellow fever*

show some degree of neurotropism, but the severity of the illness is largely due to the degree of viscerotropism shown, i.e. the degree of affinity shown for the abdominal viscera, particularly the liver. The degree of virulence shown by the virus can be modified by serial passage through mouse brain, or by culture in chick embryos or in tissue culture and has lead to the production of a live attenuated vaccine.

Mosquitoes, the only insects able to transmit infection, act as biological transmitters. The virus actually multiplies in the mosquito host: after biting an infected person or monkey, the mosquito itself becomes infective after an interval of about 12 days (extrinsic incubation period) and remains infective for the rest of its life.

Laboratory diagnosis

Isolation
Virus isolation from the blood up to the 4th day of the disease is the diagnostic procedure of choice. Isolation of virus is by intracerebral inoculation of mice.

Serology
After the 3rd day of the disease the mouse protection test can be used. This test involves demonstrating whether or not mice are protected from a challenge dose of the virus by antibodies in the patient's serum. A second protection test should be made some 5 days later. A significant rise of titre in the second sample would confirm the diagnosis, while an unaltered titre would only indicate an immunity due to a past infection or vaccination. It must be borne in mind that there may be a cross-reaction with other viruses of the group B arbovirus group.

Neutralization, complement fixation, or haemagglutination inhibition tests are also employed, depending on the particular circumstances and the likelihood of previous exposure to other group B viruses.

Histology
Histology of the liver in fatal cases establishes the diagnosis. Occasionally virus can be isolated from this organ.

Control

The individual

Since the virus circulates in the blood during the first few days of the disease, a suspected case must be isolated for the first 6 days in a screened room or under a mosquito net. Steps should be taken at once to obtain laboratory confirmation of the diagnosis, but institution of control measures should not await results from the laboratory. Domestic contacts should also be isolated under screened conditions for 6 days, and the patient's house and all premises within a radius of 55 m (60 yards) should be sprayed with a residual insecticide.

The first cases of yellow fever in an epidemic are likely to be mistaken for other illness, especially viral hepatitis. It therefore very important always to remember the possibility of yellow fever in endemic areas and when in doubt to take blood for serological examination or specimens of the liver (if necessary with a viscerotome) from corpses. A life-long immunity follows recovery from the disease.

The vector

Breeding sites
In densely populated areas elimination of vector breeding must be undertaken at once. *A. aegypti* is a peri-domestic mosquito and will breed in practically anything that will hold water. This includes water containers such as jars and cisterns, as well as innumerable objects which may hold rain-water: defective gutters, old tins, jars and coconut shells (often hidden in the grass), and the bottoms of small boats and canoes. These breeding foci should be reduced as far as possible by suitable measures: water containers covered or screened, tins and other rubbish buried, and so forth. This is unlikely to prevent all breeding, but it will simplify treatment of the remainder by regular oiling or by addition of insecticidal briquettes (e.g. Abate).

Insecticides
Residual spraying of the interiors of all houses and out-buildings or of all surfaces close to breeding places (peri-focal spraying) will reduce the *Aëdes* population rapidly. Epidemic transmission will

cease when the *Aëdes index* is reduced to below 1 per cent.

To prevent introduction of an infected mosquito into countries where the disease is absent but conditions exist for transmission, aircraft coming from the endemic zone must be disinsecticized (by insecticidal aerosol) as specified by the World Health Organization. This is particularly important in Asia, where vigorous antimosquito measures around airports should be carried out, international certificates of all persons coming from endemic zones scrupulously checked and adequate quarantine of animal reservoirs such as monkeys instituted. International notification provides health authorities with up-to-date information regarding the status of yellow fever throughout the world.

Immunization

Protection of scattered populations by vector control is impracticable, and recourse must be made to vaccination of the whole community. This will afford protection for at least 10 years. Mass vaccination is advisable in epidemic conditions. Two vaccines are available: the 17D strain maintained by passage in chick embryo or in tissue culture and the Dakar strain maintained in mouse brain. This latter is prepared in a form which permits administration by scarification and is very suitable for use in scattered populations in rural areas; it is however associated with a higher incidence of meningoencephalic reactions than the 17D strain which is more generally recommended.

Contraindications

Infants under 1 year of age should preferably not be vaccinated, since encephalitis follows vaccination in this age group more frequently than in adults. Some countries do not require vaccination certificates in the case of infants. Vaccination is contraindicated in patients whose immune responses are suppressed by steroids or immunosuppressive drugs.

Certification

The spread of the disease is controlled by requiring all persons entering or leaving an endemic area to be in possession of a valid certificate of vaccination. Those not in possession of such a certificate may, on arrival in a non-endemic area, be subjected to quarantine for a period of 6 days from the date of last exposure to infection or until the certificate becomes valid. (A vaccination certificate becomes valid 10 days after vaccination and remains so for 10 years. A certificate of revaccination done not more than 10 years after a previous vaccination becomes valid on the day of vaccination.)

DENGUE VIRUSES

Occurrence: Wide distribution in the tropics
Haemorrhagic epidemics in SE Asia
Organisms: Dengue viruses (serotypes 1–4)
Reservoir: Man
Transmission: *Aëdes* spp
Control: Vector eradication

Dengue viruses produce, in general, a non-fatal, short, febrile illness, characterized by severe myalgia and joint pains. The occurrence of haemorrhagic phenomena with a significant mortality, especially in childhood, has been a feature of epidemics predominantly in South-East Asia.

Virology

There are four main serotypes of Dengue viruses, numbered 1–4.

Epidemiology

Dengue fever is widely distributed throughout urban areas of the tropics and subtropics. A pandemic of 'classical' dengue fever began in the Caribbean in 1977 and involved major outbreaks on many of the islands, including Puerto Rico. Epidemics of dengue with haemorrhagic phenomena have been reported from widely spaced regions— Calcutta, the Philippines, Thailand, Malaysia, Indonesia, Burma and Cuba (Fig 7.4)— and all types of dengue viruses have been isolated from *A. aegypti* during these epidemics. The epidemics have an urban distribution with cases clustered in the crowded, poorer, central districts of cities.

Although uncontrolled urbanization has been responsible for some of the epidemics that have occured in South-East Asia in recent years, the disease is now spreading to rural areas as well.

Some outbreaks of haemorrhagic fever have been caused by the arbovirus Chikungunya (group A). On the whole the syndrome associated with chikungunya infection is milder than haemorrhagic dengue.

Reservoir and transmission

Man is the reservoir and *A. aegypti* the established mosquito vector of the dengue viruses responsible for dengue fever. The extrinsic incubation period of the virus in *A. aegypti* is about 2 weeks.

Host factors

Infection confers immunity to the homologous strain for about a year. The haemorrhagic form is usually seen in races of oriental origin, and haemorrhagic fatal manifestations are usually confined to those under 15 years of age, with a peak incidence in the 3–6 years age group

Laboratory diagnosis

Virus isolation in the early stages is achieved by inoculation of cell cultures. The serotype can be identified by complement-fixation, neutralization tests and immunofluorescence with type-specific monoclonal antibodies.

Control

Control of both types of dengue fever is based on eradicating the urban vector mosquito *A. aegypti* in their aquatic or adult stages as described for yellow fever. This has been successfully achieved in Singapore where only sporadic cases now occur in contrast to the epidemics reported some years ago.

The prevention of mosquito bites by screening or repellents provides further protection.

JAPANESE B ENCEPHALITIS

The majority of infections are inapparent or mild.

Epidemiology

The disease occurs in China, Taiwan, Korea, Japan, Malaysia, Sri Lanka, Nepal and India. The most efficient vector is *Culex tritaeniohynchus*, and the preferred vertebrate hosts are birds and domestic animals, e.g. pigs, man being only an incidental host. The virus is spread from rural to urban areas by viraemic birds. The peak age specific prevalence in most areas is between 4–8 years of age. In 1977, there were 1699 cases of encephalitis with 415 deaths reported in Thailand. Here, the highest percentage of seropositive cases was found in patients aged 10–19 years. Recent substantial outbreaks have been reported from Nepal and Sri Lanka.

Control

Control of the vector mosquitoes is not practicable on a large scale. Isolation of pig sties from human habitats reduces the mosquito/man contact. Vaccination for 'high-risk' persons is available.

KYASANUR FOREST DISEASE

The virus of Kyasanur Forest disease has to date been found only in Mysore State, India. The disease occurs more frequently in the dry season and in persons working in the forest. It is characterized by fever and vesicular eruption in the palate.

The principal vector is the tick *Haemaphysalis spinigera*. Human infection is often preceded by illness and death in forest-dwelling monkeys, which act as amplifiers of the virus which is maintained in small mammals. Personal protection against the vector tick is the only practicable method of control.

Arboviruses: group C (bunyaviruses)

The Group C viruses have only been isolated from Brazil, Trinidad, Panama and the USSR, while antibodies in man have been reported from Africa.

Other arboviruses

Many other viruses, some grouped and others as yet ungrouped, are known to produce disease in man. The illness is usually mild and large segments

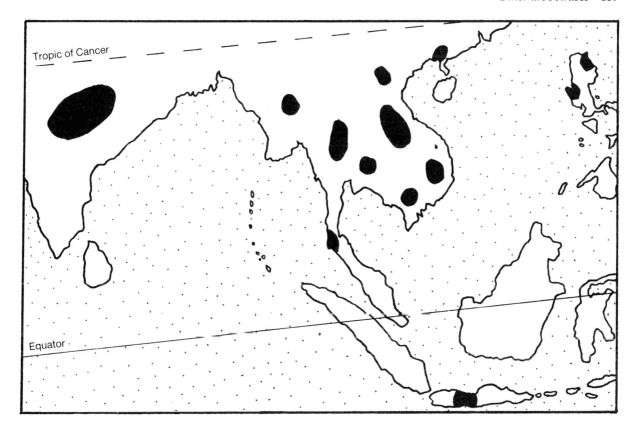

Fig. 7.4 *Distribution of dengue haemorrhagic fever*

of the population show neutralizing antibodies to the various viruses resulting from subclinical infections.

Bunyamwera group

Bunyamwera virus was isolated from Uganda and neutralizing antibodies have been detected from Uganda, Tanzania, Mozambique, Nigeria and other parts of Africa. No fatal cases have been reported.

Simbum group: Oropouche virus

Oropouche virus disease occurs in Trinidad and Brazil where it has been responsible for epidemics of febrile, non-fatal illness.

Phleboviruses

Phlebotomous fever group

The diseases caused by viruses in this group are non-fatal. The vectors are various species of *Phlebotomus* and the distribution of the disease is limited between the latitudes 25° and 45°N. There are two types of viruses, the Sicilian and the Neapolitan.

Sandfly fever virus

Sandfly fever appears epidemically over much of the tropics and subtropics, where it is transmitted by *Phlebotomus papatasii*. Recovery from the disease is followed by a long-lasting immunity to the homologous strain of virus. Sandfly breeding can be controlled to some extent by clearing piles of rubbish and mending cracked and dilapidated walls. The insects are particularly susceptible to DDT, and have been drastically reduced in many places by residual house spraying employed for the control of mosquitoes.

Rift valley fever virus

This virus usually causes a non-fatal disease in man, characterized by fever, myalgia, severe headache, epistaxis and occasionally ocular complications. It is a cause of severe disease in sheep and cattle in East and South Africa. Man is infected through handling sick animals or carcasses. More recently, Rift Valley fever virus has caused disastrous epizooties in the Sudan and Egypt. In the Egyptian outbreak in 1977 there were around 20 000 human infections and at least 90 deaths. The natural reservoir is unknown, the vectors are mosquitoes of the *Aëdes* and *Culex* groups.

Orbiviruses

Colorado tick fever group

Colorado tick fever virus is found in the United States, where small rodents are believed to be the normal hosts. Man, in whom it causes acute illness, becomes infected as the result of being bitten by the vector tick *Dermacentor andersoni*.

The rickettsial infections

Rickettsiae are intracellular organisms living and multiplying in arthropod tissues such as those of the lice, fleas, ticks and mites. The rickettsial diseases of man can be divided into five main antigenic groups as shown in Table 7.2. They have a world-wide distribution, and are not confined to the tropics. The most important diseases are:

- Epidemic louse-borne typhus
- Murine typhus (flea-borne)
- Scrub typhus (mite borne)

and to a lesser extent:

- African tick typhus
- Q fever

Table 7.2 The main rickettsial diseases of man

Antigenic group	Disease	Agent	Vector	Reservoir	Distribution
Typhus fever	Louse-borne (epidemic) typhus	*R. prowazeki*	Louse	Man	World-wide
	Murine (flea-borne) typhus	*R. typhi*	Flea	Rodents	World-wide
Spotted fever	Rocky mountain spotted fever	*T. rickettsi*	Tick	Rodents, dogs	N and S America
	African tick typhus*	*R. conori*	Tick	Rodents, dogs	Africa, India
	Rickettsialpox	*R. akari*	Rodent mite	Mouse	Asia, Africa, N America
Scrub typhus	Scrub (mite) typhus	*R. orientalis* (*tsutsugamushi*)	Larval trombiculid mite	—	SE Asia, India Pacific islands Australia
Q fever	Q fever	*Coxiella burnetti*	Ticks and direct transmission (?)	Mammals	World-wide
Trench fever	Trench fever	*Rochailimaea* (*Rickettsia*) *quintana*	Body louse (*P. humanus*)	Man	Africa, Mexico, S America, equatorial Europe

* Also known as Boutonneuse or Marseilles fever

EPIDEMIC LOUSE-BORNE TYPHUS

Occurrence: Central Europe, China, North Africa

Organism: *Rickettsia prowazekii*

Reservoir: Man

Transmission: Contamination by infected louse faeces

Control: Mass delousing
Personal hygiene

This acute disease is caused by *R. prowazekii* and is transmitted by the louse *Pediculus humanus*. The *incubation period* is about 10 days.

Epidemiology

Epidemic typhus has a world-wide distribution but the disease is commoner in cold climates than in the tropics. Endemic foci exist in central Europe, Russia, China, and North Africa. In the tropics it is common at high altitudes and in deserts: recently epidemics have occured in Burundi and Rwanda.

Reservoir
Man is the main reservoir of infection although in Tunisia serological evidence has been obtained that the rat may also be a reservoir of epidemic typhus.

Transmission
Biological transmission is by the louse *Pediculus humanus*. The louse becomes infected by feeding on a person with the disease during the period from 2 days before symptoms appear until the end of the fever. The rickettsiae multiply in the cells of the louse midgut, and when these rupture the organisms are discharged in the faeces. Human infection follows contamination of breaches of the skin surface by infected louse faeces. The rickettsiae can remain viable for months on dried louse faeces, and may possibly cause infection through the conjunctiva or by inhalation, as well as percutaneously.

Host factors
Recovery is followed by immunity, which persists for several years. In some patients the infection appears to remain latent after symptoms have subsided and to relapse some years later (Brill's disease).

Laboratory diagnosis

This is established by the Weil-Felix reaction—the agglutination of specific strains of *Proteus* (OX$_{19}$, OX$_2$ and OXK) by serum—in which OX$_{19}$ is agglutinated to a high titre and OX$_2$ to a lower titre (*see* Table 7.3). A more specific method is by the complement-fixation test using suspensions or extracts of the specific organism.

Control

Delousing of the whole population with residual insecticidal powders is the principal control measure.

The individual

Sporadic cases are isolated and deloused, but isolation of infected persons is not practicable in epidemics. On admission to hospital, the patient should be bathed with soap and water or a 1 per cent solution of lysol. The tetracyclines are highly specific and are given in a total dosage of 25 mg/kg, daily. They must be continued for 3 days after the temperature is normal. A single oral dose of 200 mg doxycycline is also very effective in controlling the disease. Contacts should be deloused and kept under observation for 2 weeks. The patient's clothes and bedding should be sterilized and his house sprayed with residual insecticides.

The community

Mass delousing of the entire population controls epidemic typhus. This is carried out by blowing insecticide (commonly 10 per cent insecticidal powder) with a dusting-gun under the clothes next to the skin over the whole body, the operation occupying only a few minutes. In some areas lice have become resistant to DDT, and other residual insecticides, such as BHC, must be used.

Immunization

Vaccines containing attenuated strains of epidemic or murine rickettsiae will give some degree of protection for about 6 months and may be used in endemic areas before seasonal transmission starts. Dosage is 1 ml subcutaneously on two occasions a week apart with booster doses every 6 months.

MURINE TYPHUS

Occurrence: World-wide
Organism: *Rickettsia mooseri*
Reservoir: Rodents, man
Transmission: Contamination by infected rat faeces
Control: Flea control
Rat control

The disease is caused by *R. mooseri* and transmitted by rat fleas. The *incubation period* is 10–12 days.

Epidemiology

Murine typhus has a world-wide distribution. Also known as flea-borne typhus, it occurs wherever the rat lives in close association with man, e.g. grain stores, irrespective of climate. In a recent serological survey carried out in the Ivory Coast, varieties of murine typhus had an overall frequency of 4.5 per cent but were more prevalent among adults (6 per cent) and also more frequent in the coastal regions (7 per cent). Converted old rat-infested farmhouses are sometimes foci of infection.

Reservoir

Murine typhus is essentially a rodent infection which appears sporadically in man.

Transmission

The organism *Rickettsia mooseri* is conveyed to man by the faeces of infected rat fleas of the genus *Xenopsylla* or rat-mite.

Laboratory diagnosis

The Weil-Felix test gives the same reaction as in epidemic typhus (*see* Table 7.3).

Control

Control of murine typhus is rarely required, but if needed the anti-rat and anti-flea measures employed in plague will be effective (*see* p. 178). Individual patients should be treated with antibiotics as in epidemics typhus (*see* above).

MITE-BORNE TYPHUS (SCRUB TYPHUS)

Occurrence: SE Asia, Far East
Organism: *Rickettsia orientalis*
Reservoir: Rodents
Transmission: Bites of mites
Control: Ecological
Anti-mite measures
Chemoprophylaxis

Scrub typhus (tsutsugamushi disease; Japanese river or flood fever tropical typhus; rural typhus) is an acute febrile disease characterized by fever, a rash which appears on the 5th day, and an eschar at the site of attachment of the trombiculid mites which transmit the disease. The causative organism is *Rickettsia orientalis* (*R. tsutsugamushi*). The *incubation period* is about 12 days.

Epidemiology

Mite-borne typhus occurs in Japan, Thailand, other countries in East and South-East Asia, some Pacific islands and Queensland in Australia (Fig. 7.5). The distribution of scrub typhus is closely related to certain physical and ecological factors which produce 'scrub typhus country', resulting in a recurring cycle of passage of rickettsia between rodents and mites with a spillover into man.

Reservoir and transmission

Scrub typhus is enzootic in wild rodents and the two most important vectors are the larvae of *Trombicula akamushi* and *T. deliensis*. In Indonesia the rat flea is the vector. The reservoir of infection is in rodents, and man becomes infected when the larval mites feed on blood. Only the

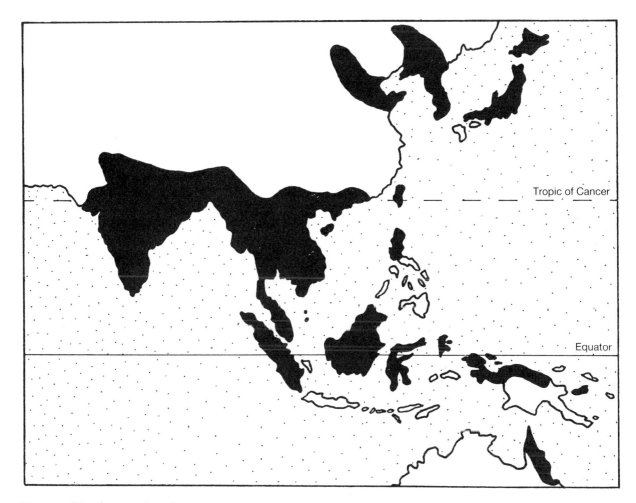

Fig. 7.5 *Distribution of scrub typhus*

larval mites feed on the vertebrate hosts' blood, and since the larva only feeds once, the rickettsiae persist through the nymph, adult and egg stages into the larval stages of the next generation, which are thus infective (**transovarial transmission**). Man contracts the disease by exposure, e.g. walking or resting in infected foci, particularly after slight rain or heavy dew. These include grassy fields, river banks, abandoned rice fields, forests or jungles, and the neglected shrubby fringes between field and forest.

The different epidemiological patterns of the disease are related to the influence of climatic variations on the lifecycle of the trombiculid mite vectors. The seasonal occurrence of tsutsugamushi disease in Japan corresponds exactly with the time of appearance of each species of vector, *T. akamushi* in summer; *T. scutellaris* in autumn and winter; and *T. pallida* in winter and early spring. While the terrain of *T. akamushi* is limited to places along the rivers, other vectors seem to extend far beyond river banks. In Malaysia, scrub typhus occurs throughout the year. Man is only an accidental host, while field-mice, rats, possibly other small mammals, and ground-frequenting birds are the natural hosts responsible for the continuing transmission of *R. orientalis* from infected to uninfected mites. The mites function both as vector and reservoir since transovarial transmission of rickettsial infection occurs.

The presence of scrub-typhus infection in rodents or trombiculid mites in unusual habitats in

West Pakistan (e.g. alpine terrain at 3200 m, semi-desert and desert 'oasis greenhouse') has been reported.

Laboratory diagnosis

Isolation
A diagnosis of scrub typhus can be made by recovering *R. orientalis* from the blood of a patient during the febrile period, by culture in living-tissue culture media or in the yolk-sac membrane of developing chick embryos. Intraperitoneal inoculation of blood or of tissue into white mice results in fatal illness, and on autopsy there is a white peritoneal exudate with numerous organisms in the peritoneal cells. The organism can also be recovered from human tissue taken at postmortem.

Serology
The most widely used serological test for the diagnosis of scrub typhus is the Weil-Felix reaction (Table 7.3). Agglutinins for Proteus OXK, but not for Proteus OX_{19} or OX_2 appear in the patient's serum about the 10th day of the disease reaching a maximum titre by the end of the third week, after which they rapidly decline. Serial examination reveals a 4-fold or greater rise in titre.

The results obtained by Weil-Felix tests from patients with various forms of typhus are summarized in Table 7.3. In the majority of cases of louse-borne and flea-borne typhus OX_{19} is agglutinated to a high titre; while in tick-borne typhus both OX_{19} and OX_2 are agglutinated to a high titre.

The complement-fixation test has also been used for diagnostic and sero-epidemiological surveys.

Table 7.3 Weil-Felix reactions in typhus fevers

Typhus fever	Standard strains of *Proteus*		
	OX_{19}	OX_2	OXK
Mite-borne (scrub)	0	0	+ + +
Tick-borne (e.g. African tick typhus, Q fever)	+ + +	+ + +	0
Louse-borne (epidemic)	+ + +	+	0
Flea-borne (murine)	+ + +	+	0

Indirect immunofluorescence employing smears of rickettsiae as antigen can be used for the specific diagnosis of scrub typhus.

Control

Control measures are based upon

- Control of the ecology
- Anti-mite measures
- Chemoprophylaxis and treatment of individual cases

Control of the ecology

The ecology of scrub typhus must be clarified in each area where it occurs before control measures can be successful. The ecology will vary in different geographical areas, from the abandoned rubber plantations of Malaysia to the scrub typhus oases of Pakistan.

Known endemic regions which are often localized to small geographical areas should be avoided for the construction of camps and living-quarters. These areas are frequently second-degree growths in deforested regions. Prospective camp sites may be prepared by cutting all vegetation level with the ground and burning it. After thorough clearing, the ground dries sufficiently in 2 or 3 weeks to kill the mites. If the site is required immediately, it should be sprayed with dieldrin or gamma benzene hexachlorine (1 kg/ 4000 m²).

Anti-mite measures

Clothing must be rubbed or impregnated with dimethyl or dibutyl phthalate, benzyl benzoate or benzene hexachloride. These kill the mites on contact. Particular care should be given to those parts of the clothing that give access to the interior of the garment.

Chemoprophylaxis and treatment

Prophylactic tetracyclines 3 g orally once weekly, will permit individuals to remain ambulatory even though rickettsaemia will occur from time to time. The drug must be continued for 4 weeks after leaving the endemic area, otherwise clinical disease will occur within a week of withdrawal of the drug.

Clinical cases respond to tetracyclines 3 g

(loading dose) followed by 0.5g 6-hourly until the temperature is normal. Doxycycline is also effective in the treatment of individuals suffering from scrub typhus at a single dose of 200 mg orally, and is more convenient for obvious reasons.

AFRICAN TICK TYPHUS

Occurrence: Africa
Organism: *Rickettsia conorri*
Reservoir: Wild rodents
Transmission: Ticks
Control: Reduce tick/man contact

African tick typhus (also known as Boutonneuse or Marseilles fever) is a mild disease in man and deaths are almost unknown. A primary eschar is found at the site of the tick bite. Inapparent infections do not occur, although mild abortive attacks without a rash are not uncommon.

Epidemiology

This is found in Africa south of the Sahara: West Africa, East Africa (Kenya), South Africa, the Sudan, Somalia and Ethiopia.

Reservoir and transmission

The disease is contracted by man from ticks in the bush, where the reservoirs are wild rodents. Occasionally, the infection may be brought into suburban areas by dog ticks on domestic dogs. Transovarial transmission occurs in the tick.

Control

Treatment

Tetracyclines are specific in treatment as for scrub typhus. If antibiotic therapy is given at the time of appearance of the primary eschar, the attack will be aborted.

Anti-tick measures

Breaking the tick/man contact is the most effective control measure. Known endemic areas should be avoided during the tick season when they are most active. When camping in these areas, individuals should sleep off the ground on camp beds. Where dogs act as tick carriers, then the animals, if they are household pets, should be regularly examined for ticks, which must be removed. Proper clothing should be worn, and the shirt tucked inside the trousers. Socks and high boots should be worn outside the trousers. Since ticks rarely transmit the infection until they have fed for several hours, an important precaution is to remove the clothes and search both body and clothing twice daily, removing the ticks gently with a gloved hand or with forceps.

Q FEVER

Occurrence: World-wide
Organism: *Coxiella burneti*
Reservoir: Wild mammals, birds, domestic animals
Transmission: Milk, droplet, transconjunctival
Control: Immunization of man and animals
Pasteurization of milk at high temperature

The disease normally presents as an acute febrile illness, with chest symptoms but minimal clinical signs; involvement of the lungs occurs in the form of atypical pneumonia. Spontaneous recovery is common. The *incubation period* is 14–21 days.

Epidemiology

This infection due to *Coxiella burneti* has a world-wide distribution. The epidemiology varies in different parts of the world, according to the local geographical and environmental factors present.

Reservoir

The rickettsiae are distributed widely in nature in ticks, human body lice, small wild mammals, cattle, sheep, goats, birds and man.

Transmission

The infection is maintained in man through contact with domestic animals, man acquiring the infection as a occupational hazard by direct contact with milk, or transconjunctival entry (e.g. in abattoirs). Secondary cases are caused by the inhalation of infected dust or from human carriers, when the infection is transmitted from man-to-man via the respiratory tract. Many mild and inapparent infections undoubtedly occur.

Microbiology

Coxiella burneti survives adverse physical conditions, e.g. drying; pasteurization at 60°C for 30 minutes.

Laboratory diagnosis

The organism can be recovered on culture in eggs or animal inoculation of blood taken soon after the onset of the illness. Serological tests may show a rising titre of antibodies in the complement-fixation test using yolk-sac antigen. The Weil-Felix reaction using strains of proteus is negative in Q fever (see Table 7.3)

Control

Animals

Control of the disease on a community basis rests upon control of the disease in domestic animals either by immunization or by antibiotics. This requires a large economic effort.

Milk from goats, sheep, and cows should be pasteurized at high temperature (62.9°C for 30 minutes or 71.7°C for 15 minutes). Calving and lambing processes in endemic areas should be confined to an enclosed area which can be decontaminated after the products of parturition have been disposed of. Immunization is the most effective control measure.

Man

Treatment with chloramphenicol or tetracycline is effective. Vaccination will prevent infection with Q Fever amongst high-risk laboratory workers and in heavily exposed industrial groups, such as farm workers in endemic areas and workers handling farm products such as meat and milk. A standard vaccine Q-34, prepared by Cox's method from formalized C. burneti and containing 10 comple-

ment fixing units/ml is given in 1 ml doses as 3-weekly subcutaneous injections. Preliminary skin testing with 0.1 ml of a 1/50 dilution of the vaccine should be performed to avoid reactions. Successful vaccination is shown by the development of a positive skin reaction after 40 days.

The bacterial infections

PLAGUE

Occurrence: South-East Asia, South America, Middle East, Africa
Organisms: Yersinia pestis
Reservoir: Rats (bubonic), man (pneumonic)
Transmission: Fleabite (bubonic), droplet (pneumonic)
Control: Isolation
Notification
DDT for elimination of fleas
Rat destruction
Raising standards of environmental hygiene
Immunization, chemoprophylaxis

Plague is a rapidly fatal disease due to Yersinia pestis which can manifest itself in a variety of ways—bubonic, pneumonic and septicaemic forms. The incubation period is 2–4 days. It is a notifiable disease.

Bacteriology

The organisms are small, Gram-negative, ovoid bacilli showing bipolar staining. Yersinia pestis is easily destroyed by disinfectants, heat and sunlight but in cold or freezing conditions it can survive for weeks or months.

Epidemiology

Although the number of cases of plague have gradually declined, foci of the disease still exist in the Indian subcontinent, China, South-East Asia,

Africa, South America and the Middle East (Fig. 7.6) A noteworthy feature has been the continuing importance of the disease in Vietnam. The principal endemic foci are India, China, Manchuria, Mongolia, Burma, Vietnam, East Africa, Malagasy Republic, Brazil, Bolivia, Peru and Ecuador.

Bubonic plague

The reservoir of infection is rats and non-domestic rodents. The bubonic disease which is the commonest is transmitted by the bite of an infected rat flea *Xenopsylla cheopis* while pneumonic plague spreads from a human reservoir, person-to-person by droplet infection (*see* below).

The occurrence of bubonic plague in a human population is always preceded by an enzootic in the rat population and hence any unusual mortality among rats should be looked into promptly. Plague spreads rapidly within the human population when conditions are insanitary and congested and where rats are numerous and have access to food.

When a flea ingests infected blood the plague bacilli multiply in its gut and may gradually block the flea's proventriculus. As a result, the flea cannot feed, becomes hungry and tries repeatedly to bite, regurgitating plague bacilli into the puncture at each attempt. These so-called 'blocked-fleas' are a very important factor in the dissemination of human disease. In temperate climates plague is common in the warmer months (i.e. summer), while in the tropics it appears in the colder months (i.e. winter). The efficiency of flea transmission declines with increasing temperatures.

All ages and either sex may be infected. Serological evidence indicates that there are a substantial number of asymptomatic plague infections.

Plague also occurs in non-domestic rodents—wild rodent plague—and epizootics affect many different species throughout the world. The infection is transferred to rats living in urban areas from wild rodents and thence to man. In rural areas man, e.g. hunters and trappers, can be infected in the field, bring the disease home, infect their own domestic rats and fleas and thereby their families.

Pneumonic plague

Pneumonic plague is transmitted from person-to-person by 'droplet infection' from patients suffering from primary pneumonic plague or from individuals with bubonic plague who develop terminal plague pneumonia. Neither rats nor fleas play a part in the spread of the disease. Overcrowding favours dissemination of pneumonic plague. Some years ago in Vietnam, a mixed pneumonic/bubonic plague outbreak occurred and *Y. pestis* was recovered from the throats of asymptomatic healthy carriers.

Laboratory diagnosis

Y. pestis may be detected in smears of material aspirated from buboes, from sputum, or even from

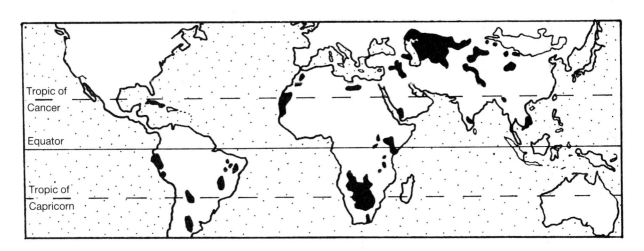

Fig. 7.6 *Known and probable foci of plague*

the blood stained by Gram's method. Culture and animal inoculation should be performed. Smears from the spleen are positive at necropsy. Specimens of material aspirated from buboes, throat swabs and sputa can now be placed in a special holding medium which maintains the organisms in a viable condition during transport to distant laboratories. Fluorescent antibody, complement fixation, and haemagglutination techniques have also been used.

Control

Plague is a notifiable and quarantinable disease and the quarantine period laid down by the International Health Regulations is 6 days.

The individual

Bubonic plague
Cases should be removed to hospital and isolated. Care should be taken in the nursing of patients in case they develop pneumonia and hence masks and gowns should be worn by attendants. Contacts should be under surveillance for 6 days and dusted with DDT powder. Most authorities have also recommended chemoprophylaxis for all contacts: tetracyclines 2 g daily for 1 week or sulphadimidine 3 g daily for 1 week.

All patients should be treated with streptomycin (2–4 g daily up to a total of 20 g) or the broad-spectrum antibiotics of the tetracycline series (2–6 g daily up to a total of 40 g) as early as possible. The overall fatality rate of untreated bubonic plague is between 20 and 75 per cent while untreated pneumonic plague is almost invariably fatal. Prompt and adequate therapy reduces the overall mortality to less than 5 per cent.

All personnel engaged in flea or rat control during an epizootic must wear protective clothing impregnated with DDT, while dead rats should be sprinkled with DDT, and handled and disposed of carefully.

Pneumonic plague
This is a highly infectious disease and immediate and strict isolation is vitally important. The patient's clothing, his house and everything he has been in contact with must be disinfected. Medical and nursing staff attending such patients must wear protective clothing, including goggles. Strict surveillance of all contacts must be carried out daily and prompt isolation and treatment of infected cases carried out. Chemoprophylaxis for all contacts, as described for bubonic plague, has been recommended. While in hospital the strict 'current disinfection' must be done throughout the course of the disease.

The community

Elimination of fleas
The immediate and widespread use of dusts of DDT (10%) and BHC (3%) in rat-infested areas to eliminate the fleas is the most important single control measure that interrupts transmission. In areas where resistance to one or both of these materials occurs, dusts of carbanyl (2%), diazinon (2%), or malathion (5%) should prove effective. An evaluation of the efficiency of the dusting programme is mandatory.

Rat control
The elimination of fleas is coupled with the systematic destruction of rats which should commence on lines extending radially from the centre of infection in order to delimit the enzootic area. All rats caught should be examined for evidence of plague and any new foci of infection treated with DDT. The systematic rat trapping and destruction is followed by measures such as ratproofing of houses and buildings, protection of food and sanitary disposal of refuse.

Since the spread of plague from region to region is chiefly through rats in ships, rat-proofing of ships and general maintenance of ship hygiene shoud be encouraged. Port health authorities are particularly responsbile for supervising this and constant vigilance is required especially in busy ports such as Singapore.

Immunization

Protection for groups at risk is provided by the use of a dead vaccine or attenuated live vaccine of *Y. pestis*. The latter is given in a single dose while two doses of the dead vaccine are required at weekly intervals. Protection commences a week after inoculation and lasts for about 10 months. Most authorities also recommend chemoprophylaxis for all contacts of both forms of plague.

The relapsing fevers

Relapsing fever is due to infection of the blood by morphologically indistinguishable strains of spirochaetes, which are transmitted by ticks and lice, resulting in endemic disease. The louse-borne spirochaete is known as *Borrelia recurrentis* while the tick-borne spirochaete is commonly *B. duttoni*.

TICK-BORNE RELAPSING FEVER

Occurrence: Endemic in Africa, Middle East;
          Sporadic in South America
Organism: *Borrelia duttoni*
Reservoir: Rodents, man
Transmission: Tick
Control. Protection
          Vector control
          Rehousing

Non-epidemic relapsing fever is due to infection with *Borrelia duttoni* and is transmitted by a number of ticks, of which the African *Ornithodorus moubata* is one of the most important.

The *incubation period* is 3–10 days, and recovery is followed by immunity lasting about a year.

Epidemiology

The disease occurs in Central, East and South Africa as well as in North Africa, North, Central and South America, the Middle East and northern India.

Reservoir

In most areas *B. duttoni* normally affects rodents and occurs only accidentally in man, while in central Africa it primarily affects man, in whom it is endemic.

Transmission

The vector in South America is *Ornithodorus rudis*. The other vector species are not domestic in habit, and they feed primarily on rodents and other small mammals. The disease, therefore, is highly endemic where the vector is domestic in habit and very sporadic in areas where human contact with the tick is in open country or caves. The tick lives in the soil of the floor, or the mud-plaster walls of african huts; they are also found in caves and in the soil of bush or scrub country.

The female lays batches of eggs each of which hatches to produce a larval tick with three pairs of legs. The larval forms pass through about five moults at intervals of 2 weeks. Larval forms and adults feed by sucking blood. A proportion of the offspring of infected female ticks are infected transovarially, thus the infection may persist through several generations. During feeding a saline fluid, called coxal fluid, is excreted from glands near the attachment of the legs. It is generally believed that the infected fluid exuded by the coxal glands, saliva and bowel contaminates the wound made by the bite of the tick and spirochaetes enter the bloodstream.

Although *B. duttoni* will infect lice, no large scale change in vector has been proved to occur under natural conditions.

Host factors

Humans entering caves, working in bush country, living in infected african huts, or sleeping in rest houses in the vicinity of infected villages are liable to acquire the infection. It seems that babies and little children are very susceptible to the disease and it appears that immunity is acquired with increasing age by those living in endemic areas. There are several reports in the literature of newborn infants developing relapsing fever within the first few days after birth, but no case of congenital infection has been recorded. It has been suggested that infection is transmitted after birth during the process of suckling, possibly from cracks in nipples, to abrasions in the child's mouth.

Laboratory diagnosis

Blood films show the circulating spirochaete *B. duttoni*.

Control
The individual

In areas where transmission is by non-domestic vectors, control consists of wearing protective clothing, such a high-legged boots, or in using repellents.

The vector

Domestic vectors can be controlled by treating the interiors of houses with benzene hexachloride (BHC) or dieldrin. Spray treatments (usually suspensions) have been used in dosages of 0.2–6 g γ-BHC/ m²; the higher dosage will give protection up to a year or more.

The community

The most satisfactory control results from rehousing the people in buildings which provide no harbourage for ticks.

LOUSE-BORNE RELAPSING FEVER

Occurrence: Epidemic in parts of Africa, India, South America; Endemic in Ethiopia
Organism: *Borrelia recurrentis*
Reservoir: Man
Transmission: Body louse
Control: Mass delousing

Borrelia recurrentis produces fever, headache, skeletal and abdominal pain, and the usual symptoms of acute infection are common. Tachypnoea, upper abdominal tenderness with a palpable liver and spleen, jaundice and purpura occur. Hyperpyrexia, hypotension and cardiac failure can be fatal.

In an attack of louse-borne relapsing fever there are one or two, but never more than four relapses, and death, in contrast to tick-borne relapsing fever, is often in the first attack.

The *incubation period* is usually from 2 to 10 days.

Epidemiology

Louse-borne relapsing fever has a similar geographical distribution to epidemic typhus and is more common in temperate than in tropical climates. However, outbreaks of epidemic louse-borne relapsing fever have occurred in parts of Africa, India and South America. The disease is endemic in Ethiopia.

Reservoir

Man is the only reservoir of louse-borne relapsing fever, and an endemic focus, as is present in Ethiopia, is capable of starting a widespread epidemic. African epidemics in the past seem to have occurred every 20 years, the last being in 1943. Little is known of where relapsing fever lurks between epidemics and how it suddenly springs up after silent intervals of several years.

Transmission

Disease is conveyed from one man to another by the human body louse, *Pediculus humanus*. The blood of a patient suffering from relapsing fever contains spirochaetes only during febrile periods and lice become infected at this time. In contrast to ticks, no transovarial transmission occurs in lice. Infection is transmitted from louse to man not by the bite, as in tick-borne disease, but by contamination of the wound (made by scratching) with the body fluids of the louse, following crushing on the skin.

Host factors

Like epidemic typhus fever, which it may accompany, it is associated with poor sanitation and personal hygiene, particularly overcrowding, undernutrition and lice-infested clothing.

Laboratory diagnosis

Blood should be taken during the pyrexial period and examined either by darkground illumination or after staining with a Romanovsky stain. *B. recurrentis* is about 15 μm long and made up of spiral turns occupying 2–3 μm. The numbers present in blood films vary from case to case; at the height of the first pyrexial attack they are often numerous. Blood infection is less heavy in tick-borne than in the louse-borne disease. The organisms may be recovered by culture or by intraperitoneal inoculation of blood into laboratory animals (e.g. mouse or rat). Relapsing fever antibodies may cross react with syphilis antigens to produce a positive reaction in non-treponemal antigen tests (*see* p. 101).

Control

This essentially consists of mass delousing by residual insecticidal powers, as in epidemic typhus.

The individual

The safest, most effective and economical method of treating louse-borne relapsing fever is one injection of 300 000 units of procaine penicillin followed the next day by an oral dose of 250 mg tetracycline. Severe reactions of the Jarisch-Herxheimer type can occur.

The community

The only effective measure is to control lice infestation with DDT as has been described for epidemic typhus (p. 171).

BARTONELLOSIS

Occurrence: Bolivia, Peru, Colombia, Ecuador
Organism: *Bartonella bacilliformis*
Reservoir: Man
Transmission: Sandflies (*Phelbotomus* spp.)
Control: Insecticides
         Repellents and nets
         Salmonella prophylaxis

Bartonellosis appears in two distinct forms:

- Oroya fever
- Verruca peruana

Oroya fever is an acute, febrile illness associated with a rapidly developing anaemia and a high mortality.
Verruca peruana is a non-fatal disease exemplified by generalized cutaneous lesions. It usually occurs following recovery from the Oroya fever stage although it occasionally arises apparently spontaneously.

Epidemiology

The infection is limited to Bolivia, Peru, Colombia and Ecuador. The causative organism is *Bartonella bacilliformis*. Although known since 1905 it was first cultured in 1928 by Noguchi from an acute case of Oroya fever and the culture produced the nodules of verruca in monkeys. Oroya fever is also known as Carrion's disease since Carrion, a medical student, inoculated himself with material from a verruca lesion and died from Oroya fever 39 days later.

Reservoir and transmission

The disease is transmitted from man to man by the bites of various species of *Phlebotomus* sandflies, which live at altitudes of 2000–8000 feet and bite only at night. The disease is most prevalent at the end of the rainy season when these insects are most numerous. When a susceptible person is bitten infection follows, usually in 3–4 weeks.

Host factors

The principal cause of mortality is a particular susceptibility of patients with Oroya fever to septicaemic infections with salmonella organisms, commonly *S. typhimurium*. Recovery confers some resistance to reinfection, so that in endemic areas the disease is most prevalent in children.

Laboratory diagnosis

The organisms are pleomorphic Gram-negative coccobacilli and are found in blood smears, either free in the plasma or within red cells, in Oroya fever. They are sparse in the nodules in verruca and culture of material on serum agar is the most reliable method of isolation.

Control

The disease has been successfully controlled by applying residual insecticides to the interior of houses and outbuildings. Personal prophylaxis consists in the use of repellents and sandfly bed-nets. As soon as Oroya fever is diagnosed the patient should be given chloramphenicol in standard doses as for salmonella infections.

The Protozoal infections

MALARIA

Occurrence: World-wide (60°N–40°S)
Organisms: *Plasmodium falciparum, P. vivax,*
              P. malariae, P. ovale
Reservoir: Man
Transmission: Bite of anopheles mosquitoes
Control: Chemoprophylaxis and prompt
            chemotherapy
            Vector control
            Personal protection

Human malaria is a disease of wide distribution caused by sporozoa of the genus *Plasmodium*. There are four species of parasites that infect man:

- *P. falciparum*
- *P. vivax*
- *P. malariae*
- *P. ovale*

The differentiation of the species depends on the morphology and staining of the parasites and associated changes in the containing cells. The most common and important infections are those caused by *P. falciparum* and *P. vivax*. Mixed infections occur.

The arthropod hosts are females of certain species of *Anopheles* mosquito. Of the 60 species of *Anopheles* mosquitoes that are vectors for malaria, only 30 are of major epidemiological importance.

Clinically, malaria is characterized by fever, hepatomegaly, splenomegaly, varying degrees of anaemia, and various syndromes resulting from the involvement of individual organs.

Applied biology: lifecycle (Fig. 7.7)

The complete lifecycle of the human malaria parasite embraces a period of development within the mosquito, and a period of infection in man.

After ingestion of human infected blood, a period of development lasting 10–14 days occurs in the mosquito resulting in the production of **sporozoites**. A bite infects the human host with these forms which remain in the circulating blood for 30 minutes or less, the **sporozoite phase**, then enter tissue cells notably in the liver, where the **pre-erythrocytic cycle** of asexual reproduction takes place. As in the short sporozoite phase no symptoms of malaria are experienced during the pre-erythrocytic cycle (7–9 days). The liberation of the **merozoites** from the liver cells and their entry into the bloodstream initiates further asexual reproduction in the **erythrocytic cycle**. The plasmodium first appears in red cells as a small speck of chromatin surrounded by scanty cytoplasm, and soon becomes a ring-shaped **trophozoite**. As the parasite develops, pigment particles appear in the cytoplasm, and the chromatin is more prominent. Chromatin division then proceeds, and when complete results in the mature **schizont** containing daughter merozoites. The parasitized red blood cell now ruptures, releasing **merozoites**, the majority of which re-enter erythrocytes to re-initiate erythrocytic schizogony. In *P. falciparum* the erythrocytic cycle takes 36–48 hours (subtertian); in *P. vivax* and *P. ovale* infections 48 hours (tertian); and *P. malariae* 72 hours (quartan).

In response to some unknown stimulus a number of the merozoites released after erythrocytic schizogony develop into male and female forms known as **gametocytes**. Gametocytes are believed to be inert in man but are the only form which can be transmitted to the mosquito. They thus provide the reservoir of infection enabling mosquitoes to perpetuate the malaria cycle, remaining within the red cell for the duration of their survival, i.e. up to 120 days.

In *P. vivax* and *P. ovale* infections **hypnozoites** (dormant forms) are found in the liver following sporozoite invasion. These are responsible for *both* the long incubation period seen with some *P. vivax* strains (e.g. North Korean) and the relapses that occur with these two infections. The relapses due to *P. malariae* are now thought to be the result of *persistent* low grade blood parasitaemia. It follows therefore that adequate treatment of the asexual phase (blood stages) should prevent recrudescences of the infection—as is the case for *P. falciparum*.

Epidemiology

Malaria is found in regions lying roughly between latitudes 60° N and 40° S. It is still commonly

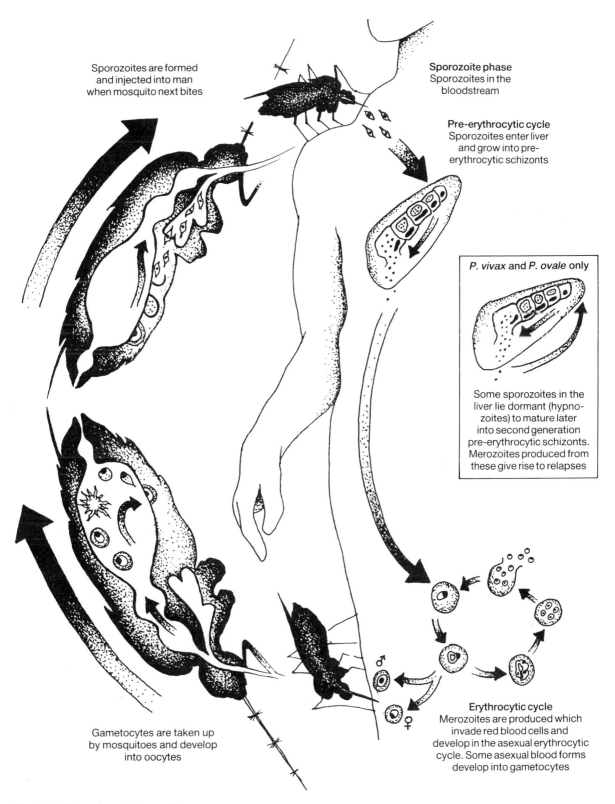

Sporozoites are formed
and injected into man
when mosquito next bites

Sporozoite phase
Sporozoites in the
bloodstream

Pre-erythrocytic cycle
Sporozoites enter liver
and grow into pre-
erythrocytic schizonts

P. vivax and *P. ovale* only

Some sporozoites in the
liver lie dormant (hypno-
zoites) to mature later
into second generation
pre-erythrocytic schizonts.
Merozoites produced from
these give rise to relapses

Gametocytes are taken up
by mosquitoes and develop
into oocytes

Erythrocytic cycle
Merozoites are produced which
invade red blood cells and
develop in the asexual erythrocytic
cycle. Some asexual blood forms
develop into gametocytes

Fig. 7.7 Lifecycles of *Plasmodium* spp

found throughout most of Africa, South America, South-East Asia, the Arabian peninsula and the Western Pacific (Fig. 7.8)

Transmission patterns

The effect that malaria exerts on any population is largely governed by its epidemiological pattern. In this respect two epidemiological extremes are described—stable and unstable malaria. The salient differences are shown in Table 7.4. It must be emphasized however that the prevalence of malaria varies within the same country, sometimes within short distances, thus highlighting the importance of its micro-epidemiology.

Immunity

Immunity to malaria is well developed among populations living in 'stable' malarial areas. The mechanisms involved are complex and a detailed description beyond the scope of this book. They include:

- *Cellular interactions*
- *Serum antibodies*
- *Antibodies to asexual stages of the parasite*
- *Antibodies to sporozoites*
- *Non-specific humoral factors*, e.g. tumour necrosis factor; increased levels of interferon; endotoxaemia; and crisis form factor
- *Immunogenic antigens*, e.g. Pf 155 and other polypeptides with molecular weights varying between 90 000 and 195 000.
- *Parasite evasive mechanisms*, e.g. parasite antigenic diversity and antigenic variations
- *Genetic factors*, e.g. haemoglobin S, haemo-

Table 7.4 The epidemiological features of stable and unstable malaria

	Stable malaria	Unstable malaria
Transmission pattern	Transmission occurs throughout the year	Seasonal transmission
	Fairly uniform intensity of transmission	Variable intensity of transmission
	Pattern repeats annually, with astonishing regularity	Liable to flare up in dramatic epidemics
Immunity	Potent resistance in the community due to prevailing intense transmission	General lack of immunity in the community due to low level of transmission, which only occasionally becomes intense
Age	Mainly young children	All age groups
Control	Difficult to eradicate	Eradicated with greater ease than stable malaria
Occurrence	West Africa, Lowlands of New Guinea	Ethiopia, Highlands of New Guinea

globin E; thalassaemia; ovalocytosis; glucose-6-phosphate dehydrogenase deficiency. It has now been shown that the Duffy blood group

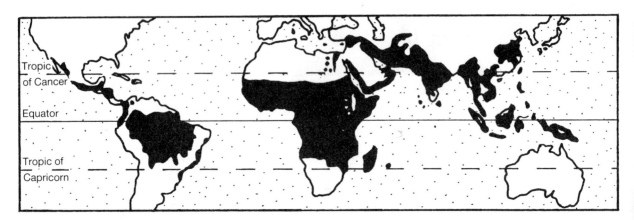

Fig. 7.8 *Distribution of malaria*

acts as a receptor for *P. vivax* and in populations where *P. vivax* is rare, e.g. West Africans, the incidence of Duffy negative persons is high. For a fuller discussion of genetics and malaria *see* Chapter 9.

Natural history

Figure 7.9 shows the natural history of *P. falciparum* malaria in a stable area. Each subsequent attack has both a decline in parasitaemia and in the febrile response to infection as immunity develops.

Urban malaria

The current urban explosion in Africa with the associated ecological and sociological changes has resulted in a complex epidemiological malaria situation in many African cities. Studies performed in rural areas often no longer reflect the prevalence of malaria nor the immune status of the city dwellers. The widespread use of antimalarial drugs for the self treatment of many ailments has added a further complicating dimension. The global malaria status is shown in Figure 7.8.

Chloroquine resistance

Although the epidemiology of chloroquine resistance is not well understood, its spread has now been well documented (Fig. 7.10). Chloroquine resistance was first reported in Thailand in 1962. It became evident after a few years that no impact on the prevalence of *P. falciparum* malaria was being made despite vector control and widespread use of chloroquine in malaria clinics. In 1971, chloro-

quine was replaced by sulfadoxine/pyrimethamine (Fansidar). The prevalence dropped sharply reaching its lowest in 1977 (51.4%). As resistance to Fansidar increased, so the prevalence of malaria rose again and in 1982 Fansimef (mefloquine/Fansidar combination) was introduced. Prevalence of malaria has remained stable up to 1989 but mortality has dropped. In South America, extensive use of chloroquine has resulted in a marked drop in mortality, despite widespread chloroquine resistance. Whether a similar trend will be seen in the other countries where chloroquine resistance is now established remains to be assessed. For the classification of chloroquine resistance *see* p. 187.

Laboratory diagnosis

Parasitology

The definitive diagnosis of malaria is parasitological and is made by examining thick blood films stained with Field or Giemsa stains. Malaria pigment, derived from the haemoglobin of the invaded red cell and made up of haem and denatured protein, is readily identified. Although species diagnosis can be made on thick films it is usually made on thin films stained with Leishman or Giemsa stains. As a rule only ring forms and gametocytes are found in the peripheral blood in falciparum malaria unless the infection is severe, in which case schizonts also appear. In cases of vivax, malariae and ovale malaria all

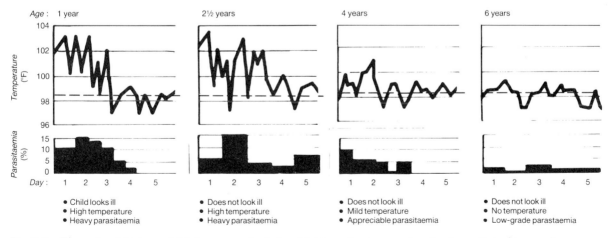

Fig. 7.9 *The natural history of falciparum malaria in a highly endemic area showing how clinical immunity develops in a child. With each subsequent phase there is both a decline in the febrile response to infection and in parasitaemia as immunity develops.*

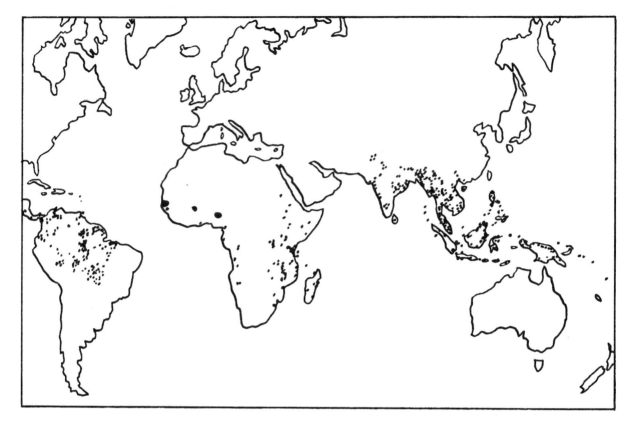

Fig. 7.10   *Distribution of chloroquine resistance (1989)*

forms of development of the asexual parasites are found. DNA probes have been developed.

Serology
Various sophisticated techniques such as the fluorescent antibody test (FAT), ELISA and haemagglutination tests are valuable adjuncts to diagnosis, but do not supersede the direct microscopical identification of the parasite in stained blood smears. These serological tests are more useful for epidemiological assessment than clinical diagnosis.

Control

The control of malaria is either designed to protect particular individuals from infection or to prevent transmission and thereby protect the whole community. Control measures are therefore aimed at the individual, against the vector or to provide communal protection.

The individual

Individual protective measures are best based on the regular use of a prophylactic drug (especially in pregnancy) and of mosquito nets over the bed, to which may be added, when there is a general mosquito nuisance, house-screening and repellents such as dimethylphthalate.

Chemoprophylaxis
Several basic points must be emphasized at the very outset.

Protection is relative   It must never be assumed that chemoprophylaxis, even when taken regularly, will certainly protect against malaria— *protection is relative*. Thus, every non-immune person residing temporarily or for longer periods in a malarious area must be warned that, if he feels ill, malaria must still be excluded as a possible diagnosis. This is particularly relevant because of the spread of resistance to many antimalarial drugs and the lag period between the development of resistance and the reporting of it in the countries concerned. Evidence of resistance based on *clinical* experience often without concomitant and competent microscopic diagnosis of malaria has aggravated an already complex situation.

Dubious 'malaria free' areas   Accept with the greatest scepticism that any potentially malarious area is free from risk. Anecdotes that in West Africa, for example, cities are malaria-free are fraught with great danger and quite wrong.

Danger of short stops   Malaria can be acquired at relatively short stops on a journey, e.g. refuelling the aeroplane.

Begin prophylaxis a week before departure   It is important to have adequate blood levels of antimalarials by the time a person is at risk. This can be achieved by taking a dose the day before departure. Despite this, it is considered wise to begin antimalarials one week before travelling in order to get used to the habit and to detect rare cases of idiosyncracy.

Antimalarials   For practical purposes, the antimalarials available for chemoprophylaxis are the following:

- The antifolate—proguanil
- The 4-aminoquinoline—chloroquine
- The potentiating combination—Maloprim (dapsone + pyrimethamine)
- Mefloquine—in special circumstances

The following regimens are at present most generally advocated:

Chloroquine-sensitive areas
(very few remain)
- Proguanil 100–200 mg (1–2 tablets) daily
  OR
- Chloroquine 300 mg *base* (2 tablets) weekly
  Chloroquine-resistant areas
  (most of the malarious world)
- Proguanil *AND* chloroquine (doses as above)
  'Hard-core' multidrug-resistant areas
  (SE Asia, Papua New Guinea)

- Chloroquine (dose as above) *AND* Maloprim 1 tablet weekly
  OR exceptionally
- Mefloquine 250 mg weekly

The above recommendations are based on an assessment of the relative protection given by these drugs balanced against the toxicity of the available antimalarials. Another important factor to bear in mind is the risk of acquiring a potentially fatal malaria infection and the availability of *prompt* treatment for it. Several combinations of prophylactic drugs are undergoing clinical trials in the hope of achieving a better balance between efficacy and toxicity.

Chloroquine resistance   Resistance and sensitivity to chloroquine are not absolute, and a system of grading has been devised: RI, RII and RIII resistance.

RI— Initial clinical and parasitological response *but* recrudescence a few weeks after treatment
RII— Clinical response but *no* parasitological response
RIII— Neither clinical nor parasitological responses

There have been no reports of resistance to the 4-aminoquinolines in any species of human *Plasmodium* other than *P. falciparum*. An *in vitro* technique is now available for the assessment of chloroquine-resistance.

Chemoprophylaxis in pregnancy
There is little doubt that, for a pregnant woman, malaria poses a greater hazard than any of the prophylactic drugs currently advocated.

In some highly endemic areas of Africa parasitaemia is significantly more common and heavier in semi-immune primagravids than in multigravids; moreover, malaria is an important cause of anaemia in primagravids. The mechanism or mechanisms for these phenomena are not clear. Parasite evasion of the host immunity by sequestration in the placenta and/or physiological changes being more immunosuppressive in primagravids than multigravids, have been postulated.

Whatever the pathogenesis, in endemic areas of malaria where the parasite is chloroquine sensitive or partially sensitive, it is sound obstetric practice to administer a curative dose of chloroquine to pregnant women at their first attendance at the antenatal clinic and to continue with weekly prophylaxis with chloroquine 300 mg (base) weekly throughout the course of pregnancy and the first month of the puerperium. There is, to date, no evidence of teratogenicity *in humans* with this drug in the dosage recommended; moreover in endemic areas indigenous pregnant women rarely attend antenatal clinics before the third month. In areas where the parasite is multidrug resistant or highly chloroquine resistant *prompt curative therapy* is at present the most feasible alternative.

Malaria vaccine

The techniques which are now available for the cultivation of blood forms of the parasite represent an important step forward. Nonetheless, further development is required before cultivation of parasites can be fully exploited for vaccine production. Further work is also required on the characterization and fractionation of antigens and although good progress is being made in the development of the new techniques of molecular biology, it is estimated that it will take at least 5 years before a safe and effective vaccine will be available for widespread communal use.

The vector

The control of the mosquito has been attempted in two ways:

- Adult mosquito control, i.e. imagicidal control.
- Prevention of mosquito breeding by larval control.

Imagicidal control

Several of the important vector species consist in fact of a complex of sibling species with similar morphological patterns, but with specific genetic and behavioural characteristics. The amenability of vectors to imagicidal control therefore varies from area to area and this inherent biological difficulty has been compounded by the problem of widespread resistance to insecticides. Thus about 41 species of anopheline mosquitoes are known to be resistant to dieldrin, 24 to DDT, and many species have developed double resistance. It is finally becoming acknowledged that resistance is

one of several obstacles in the struggle against malaria, making the goal of global eradication an unrealistic objective.

Larval control

Larval control has, however, been used successfully to control malaria in Singapore and in urban areas of Malaysia. Control of breeding can be effected either by means of larvicides or more permanent measures such as subsoil drainage, depending on existing local conditions.

Larvicides Anopheline and other mosquito larvae may be killed by heavy oiling with antimalarial oil (with or without a little added insecticide) or by light spraying with kerosene containing high concentrations of insecticide (e.g. 5 per cent DDT). The former treatment also kills weeds in irrigation ditches and seems to have a slightly residual action; the latter saves labour. Both liquids are intended to spread freely across the water surface and must possess good spreading pressure to overcome natural contamination of pools.

Drainage If drainage is used, it must be efficiently carried out and permanent drains must be kept unblocked and functional by regular supervision.

The community

The post-1945 era of DDT and other synthetic insecticides saw a significant worldwide decrease in the prevalence of malaria, especially in countries in the temperate regions, in some tropical islands, and certain continental tropical areas. In many countries, however, malaria resisted the measures applied, due to complex operational, technical, administrative and financial reasons; the widespread emergence of resistance and the lack of adequate basic health services.

For the immediate future the concept of global malaria eradication has been dropped and the main thrust is to devise ways and means reducing malaria morbidity and mortality. Thus trials are being carried out in various countries in which drug prophylaxis is compared with prompt systematic cure of all febrile cases, especially amongst children.

In Papua New Guinea the authorities are attempting to organize antimalarial operations using a novel decentralized approach, placing emphasis on the direct active participation of the community. The measures to be applied by *locally recruited* and trained workers include residual spraying, larviciding, and mass drug administration. The reduction of malaria morbidity and mortality in the community is the mainstay of control.

Permethrin treated bed nets have proved effective in some areas. As with all other aspects of malaria control human behaviour and socio-economic factors play a very important role.

The trypanosomiases

The *Trypanosome* species are flagellate protozoa transmitted by blood-sucking insects. Those pathogenic to man can be classified into two groups causing the clinically and geographically distinct diseases:

African trypanosomiasis (sleeping sickness) caused by *Trypanosoma brucei gambiense* or *T.b. rhodesiense* and transmitted through the bite of a blood-sucking tsetse fly.

South American trypanosomiasis (Chagas' disease) caused by *T. cruzi* and transmitted by faecal contaminaion by blood-sucking reduviid bugs.

AFRICAN TRYPANOSOMIASIS

Occurrence: Africa 10°N–25°S of equator
Organisms: *T.b. gambiense, T.b. rhodesiense*
Reservoir: Man
Transmission: Bite of tsetse fly
Control: Tsetse fly control
            Chemotherapy and selective
            prophylaxis

African trypanosomiasis (sleeping sickness) has two clinically distinct forms, caused by either *Trypanosoma b. gambiense* or *T.b. rhodesiense*. The *incubation period* is usually between 2 and 3 weeks but can be very much longer (6 years).

Applied biology

In man, *T.b. gambiense* and *T.b. rhodesiense* are morphologically identical and have similar lifecycles. When blood containing trypanosomes is ingested by a suitable species of *Glossina*, the trypanosomes reach the intestine of the fly and undergo cyclical development, eventually producing infective metacyclic forms in the salivary glands. These are transmitted to man when saliva is injected into the puncture wound while feeding. Multiplication of the trypanosomes occurs in the blood. The entire cycle of development in the fly, after feeding on blood containing trypanosomes, is about 3 weeks (extrinsic incubation period).

The main vectors of gambian sleeping sickness are the riverine species of *Glossina*: *G. palpalis* and *G. tachinoides*; while the chief vectors of rhodesian sleeping sickness are *G. morsitans*, *G. synnertoni* and *G. pallipides*.

Epidemiology

African trypanosomiasis is confined to that part of Africa lying between latitudes 10°N and 25°S (Fig. 7.11) *T.b. rhodesiense* infection is limited to Southern Sudan, Ethiopia, Kenya, Tanzania, Uganda, Malawi, Zambia, Rhodesia, Mozambique, Northern Botswana and South-East Angola, while *T.b. gambiense* is more widespread, extending from West Africa through Central Africa to Uganda, Tanzania and Malawi. Comparatively recent epidemics of *T.b. rhodesiense* have been reported from Botswana, the Southern Sudan, Ethiopia, Zaire and Uganda. It is estimated that 50 million people and about 25 million cattle are exposed to the risk of infection. Up to 20 000 cases are reported to WHO yearly.

Transmission

The maintenance of human trypanosomiasis in Africa depends on the interrelations of three elements—the vertebrate host, the parasite and the vector responsible for transmission. Sleeping sickness is essentially a disease of rural populations and its prevalence is largely dependent on the degree of contact between man and tsetse, this is particularly so with gambiense sleeping sickness in which man is the principle reservoir of infection

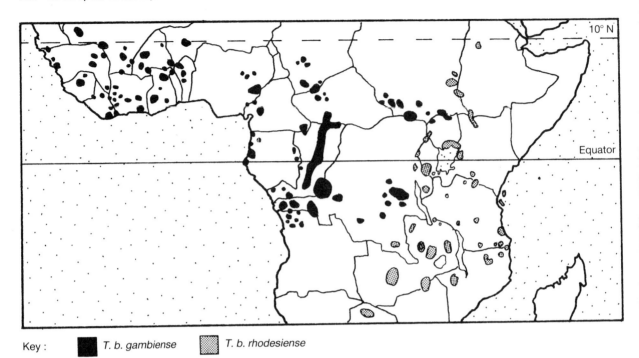

Key :   ⬛ *T. b. gambiense*   ▦ *T. b. rhodesiense*

Fig. 7.11 *Distribution of african trypanosomiasis*

(*see* below). Thus at the height of the dry season, riverine species of fly are often restricted to isolated pools of water which are essential to the local human population for so many of their activities, e.g. collecting water and firewood, washing, fishing and cultivation. The sacred groves of some religions may also provide foci of intimate man/fly contact. Over recent years there has been an increasing incidence and dispersion of *T.b. rhodesiense* sleeping sickness on the north-east shores of Lake Victoria, associated with increased fishing activity and increasing and irregular settlement of the tsetse-fly belt of south-east Uganda. It has been recognized that *T.b. rhodesiense* may also be transmitted by riverine species of tsetse fly.

Reservoir

T.b. rhodesiense has been isolated from a bush-buck, and so a reservoir in wild animals—long suspected—has been proved. This wild animal reservoir plays an important role in the epidemiology of the human disease (*see* Fig. 7.12) man being the incidental host. *T.b. rhodesiense* has been found in lion, hyena, hartebeest and domestic cattle.

Man is the major reservoir of *T.b. gambiense*

infection. However, there is now increasing evidence confirming the suspicion that there is also an animal reservoir for *T.b. gambiense*. Organisms indistinguishable from *T.b. gambiense* have been found in domestic and wild animals using the new technique of biochemical characterization of strains. It remains to be shown what part these infections in animals play in the epidemiology of the human disease. The classical man-fly-man cycle is likely to be the predominent cycle for *T.b. gambiense* in West and Central Africa.

Vector

Each species of tsetse has particular requirements in regard to climate and vegetation, which determine its distribution. All of them tend to concentrate seasonally in habitats offering permanent shade and humidity. The distribution of the fly thus varies with the season, and in addition it advances and retreats spatially at intervals of years.

Adverse environmental climatic conditions can affect the mean period between emergence of the young fly (pupa) and the taking of the first blood meal as well as the period of development of trypanosomes in the vector; these factors can influence the chance of transmission of the disease.

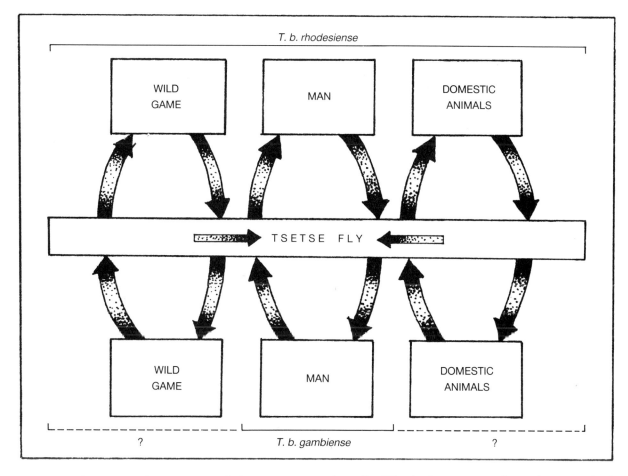

Fig. 7.12 *The pattern of transmission of african trypanosomiasis. For T.b. rhodesiense,* animals are the reservoir of infection, man being the incidental host. For *T.b. gambiense* the man–fly–man cycle predominates. Although there is some evidence for an animal reservoir in *T.b. gambiense,* its epidemiological significance is still uncertain.

Host factors

Population density affects the incidence of the disease, which is sporadic at densities below 50/km², and is liable to become epidemic at densities up to 500 or so/km², above which it disappears because tsetse habitats are eliminated.

In general, in endemic conditions, the incidence of sleeping sickness is greater in males. In contrast to this usual picture, it has been reported that in the Gambia the women and older girls were most affected because they were exposed while working in the rice fields. In epidemic conditions no sex difference in incidence occurs and the proportion of children affected rises sharply.

Laboratory diagnosis

Identification

Microscopical examination of blood, lymph fluid, serous fluids, bone marrow, or CSF with or without concentration techniques may reveal the organism in fresh or suitably stained preparations. *In vitro* culture of trypanosomes has proved sensitive and reliable.

Biochemistry

A raised serum bilirubin level, excess urobilinogen and bilirubinuria is common in early acutely febrile *rhodesiense* patients but these indices are not raised in the late stages of the disease. The bromosulphalein excretion test is also abnormal in the acutely febrile early stage associated with a precipitous fall in the serum albumin. In the late stages of both *gambiense* and *rhodesiense* infections the total plasma proteins are high and the γ-globulin grossly increased, except in wasted patients in whom the total serum proteins and especially albumin are low. The lymphocytes and protein content of the CSF are invariably raised and sugar low, when the central nervous system is involved. The fluorescent antibody test has been applied to the CSF of patients with sleeping sickness. Antibodies were found in all the samples which showed pathological changes. The test is sensitive, specific and suitable for the early detection of involvement of the nervous system.

Serology

The complement-fixation test, a fluorescent antibody test and a card flocculation method for the serodiagnosis of african trypanosomiasis have been used; and numerous other techniques have been developed for trypanosome identification. These include direct agglutination; indirect agglutination; gel precipitation; immunofluorescence and ELISA. Some of these have been successfully adapted for field use and are being used for mass-surveys of *T.b. gambiense*. The serum levels of IgM, IgA and IgG are raised in both *T.b. gambiense* and *T.b. rhodesiense* infections. High levels of M-anti-globulins (rheumatoid-factor-like globulins) can occur in african trypanosomiasis.

Other tests

EEG sometimes shows a disturbed wave pattern, and air encephalography may show dilatation of the ventricles when brain involvement has occurred.

Control

The leading principles for sleeping sickness control are suppression by surveillance combined with vector control. The choice of methods depends on the local epidemiological situation, the available personnel, the structure of the health services concerned and financial considerations. Each country has to find the most appropriate compromise.

The individual

Protective measures

The wearing of long trousers and of long-sleeved shirts gives some protection against the bites of tsetse flies. Vehicles which have to pass through heavily tsetse-infected country should be fly-proofed with mosquito gauze. Individuals who are sensitive to insect bites may find repellents (dimethylphthalate or diethyl toluamide) useful quite apart from the protection which they may give against infection, for a severe local reaction to the tsetse bite is not uncommon.

Chemoprophylaxis

Chemoprophylaxis, using pentamidine 200 mg in one single intramuscular injection, will give protection against *T.b. gambiense* for some 6 months.

It is generally felt that chemoprophylaxis against *T.b. rhodesiense* is not effective due to the large animal reservoir and is therefore undesirable.

Chemotherapy

The commonly used drugs for african trypanosomiasis are pentamidine, suramin, and melarsoprol. Pentamidine is not active against *T.b. rhodesiense*. Melarsoprol is the only drug used for the routine treatment of patients with CNS involvement. Nifurtimox and d-DFMO can be employed in melarsoprol refractory *T.b. gambiense* cases. Berenil has been reported to give satisfactory results in african sleeping sickness but is at present only manufactured for veterinary use.

The fly

Chemical control

The most favoured method of tsetse control over many years is still *ground spraying* with DDT or dieldrin. A long-acting pyrethroid NRDC 143 has also given most promising results. *Aerial spraying* techniques have been extensively developed in recent years applying aerosols of endosulfan or ultra low volume (ULV) formulations.

Land use management

The need to integrate tsetse control programmes into rural development has long been recognized. Thus organized land settlement has been used to control sleeping sickness in both East and West Africa. Large scale tsetse reclamation projects are motivated by the current impact of urbanization and the need to accommodate a rapidly expanding human population aspiring to a higher standard of living—the development of tsetse is modified by this type of ecological control.

Biological methods
These include the use of predators and parasites as well as genetic control. The genetic methods explored include hybridization, the production of heterozygotes for chromosomal translocations, and the release of males sterilized by irradiation or chemical means.

Insecticide-impregnated traps and targets
Insecticide-impregnated traps and screens are likely to play an increasing role in the control of vectors of trypanosomiasis (Fig. 7.13). They are effective, simple, non-polluting and ideally suited to the primary health care concept. The numbers of traps required depends on the density of the vegetation and the abundance of the fly. Traps can be concentrated at points of known man–fly contact. Odour attractants have been additionally used to lure *G. morsitans* group flies (Fig. 7.13 (b)).

The community

Selective chemotherapy
The survey of infected communities and rapid treatment of all those found infected lowers the incidence and reduces the reservoir of infection for *T.b. gambiense*. Medical field units have been particularly successful using this approach both in West and East Africa.

Targeted prophylaxis
Pentamidine prophylaxis, as described above, is a very effective way of protecting labour forces working in trypanosomiasis-affected areas. This prophylactic measure should be applied to gangs of labourers working on roads, railways or similar works in areas of high risk. Such controlled groups can be protected effectively and without difficulty.

Mass chemoprophylaxis
Mass chemoprophylaxis for communities has been widely practised in most of the endemic areas of francophone West and Equatorial Africa, but nowhere has the hope of eradication been fulfilled. The disadvantage of this control measure is that if it is used on recently infected persons who have not been diagnosed, the parasites are driven from the blood and may establish themselves in the central nervous system as cryptic infections. This approach is therefore no longer recommended.

SOUTH AMERICAN TRYPANOSOMIASIS

Occurrence: South America
Organism: T. cruzi
Reservoir: Man
Transmission: Rubbing infected reduviid bugs' faeces into skin
Control: Better housing
　　　　Use of bed nets

Chagas' disease may present as congenital, acute or chronic forms. The main impact of the infection especially in children is on the heart. Enteromegaly is common in chronic Chagas' disease. The *incubation period* is about 2 weeks.

Applied biology

The adult trypanosomes in human blood are ingested by blood-sucking reduviid bugs. After a period of development in the invertebrate host's intestinal canal lasting 8–10 days, trypanosomes, known as **metacyclic forms**, reappear in the hindgut and are passed with the faeces of the insect. Infection of man takes place when faecal matter is rubbed into scratch wounds or the wound caused by the bite of the insect. Certain trypanosomes leave the bloodstream and invade various organs, especially the myocardium. Here they assume a leishmanoid appearance and rapid multiplication by binary fission takes place forming nests of **Leishmanoid-Donovan bodies**. At a later stage these forms elongate and are eventually transformed into trypanosomes, which make their way through the tissues and into the bloodstream.

Epidemiology

The infection is found in Central and South America, especially in Brazil, Venezuela, Colombia and Northern Argentina (Fig. 7.14)

Reservoir
The reservoir of infection is man. Although an animal reservoir of infection has been established,

a *Palpalis* group

b *Morsitans* group

The *biconical target and trap* has an upper cone of mosquito netting and an electric-blue cloth lower cone, with black internal screens. As a target, it must be impregnated with residual insecticide. A trapping device can be attached to the apex of the upper cone.

WHO 851682

The *Beta trap* is a prism made of black-and-white cloth stretched on a frame. There is internal mosquito netting placed in such a way as to direct flies to a trapping device.

WHO 851674

The *monoconical target and trap* has a plastic cone with four electric-blue cloth bands attached to it and black cloth internal screens. As a target, it must be impregnated with residual insecticide. A collection device can be attached to the apex of the cone.

WHO 851680

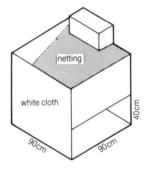

The *F-2 trap* is a cube made of black-and-white cloth stretched over a frame. Internal mosquito netting directs the flies to a trapping device.

WHO 851675

The *pyramidal target and trap* has two electric-blue and two broad black screens made of cloth at the base. The pyramid is made of mosquito netting. If impregnated with residual insecticide, it can be used as a target but it is normally used with a permanent trapping device at the apex of the pyramid, consisting of a plastic bottle containing kerosene.

WHO 851681

The *screen* consists of royal blue cloth, approximately one metre square, hanging from a gallows. It must be used with residual insecticide.

WHO 851676

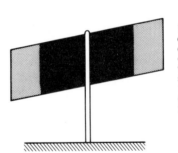

The *target* is is made of two pieces of electric-blue cloth stretched at the ends of a rectangular frame hinged on a verticle support. It must be used with residual insecticide. The inclusion of acetone, CO_2, or 1-octen-3-ol considerably enhances catches of *G. morsitans* by these traps.

WHO 851673

Fig. 7.13 Traps, targets and screens used for the control of *Glossina palpalis* and *G. morsitans (after WHO, 1986)*

its role in the epidemiology of human disease is unclear.

Transmission
The most important vector bugs belong to the genera *Triatoma, Panstrongylus* and *Rhodnius*. These reduviid bugs are largely disseminated throughout the rural areas of Latin America where the mud huts of the agricultural workers are their favourite habitats. The usual mode of transmission is by rubbing infected faeces into cuts or abrasions or into the intact skin or mucous membrane. Transmission occurs predominantly at night since reduviid bugs attack only in darkness. Other unusual methods of infection are transplacental, by

blood transfusion, and laboratory transmission from infected syringes or blood.

Host factors
The disease is observed at any age, although children are mainly affected.

T. rangeli
Infections with another trypanosome, *T. rangeli*, have been found in various animals, and human infections with this trypanosome have occasionally also been reported. In contrast to *T. cruzi* the transmission of this disease is by the actual bite of the reduviid bug rather than through its excreta.

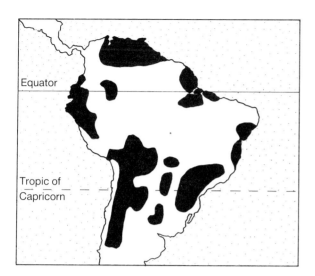

Fig. 7.14 *Distribution of south american trypanosomiasis (Chagas' disease)*

Laboratory diagnosis

Trypanosomes may be demonstrated in wet and stained thick blood films, in lymph gland juice, or in CSF and may be cultured on NNN medium. A complement-fixation test—employing antigen from flagellates cultivated *in vitro*—is widely used and is the most sensitive means of diagnosis. Immunofluorescence has been used in the diagnosis of Chagas' disease. DNA probes have been developed.

Control

Chagas' disease flourishes only where social and economic levels are low, and long-term control measures involve economic rehabilitation, in particular, better housing.

The individual

Personal prophylaxis consists of avoiding sleeping in houses liable to harbour the vectors and in using bed nets. In endemic areas blood donors should be carefully screened and rejected if infected.

The community

Mud hovels with thatched roofs need to be replaced by houses constructed from materials giving no harbour to bugs. Residual insecticides, especially dieldrin (at $1.6 \, g/m^2$) or benzene hexachloride (at $0.5 \, g/m^2$), applied to floors, walls and thatch will eliminate most of the vectors, but reinfestation occurs in a few months. Locally produced and effective canisters are now available in South America for use in households.

The leishmaniases

It is convenient (though not strictly justifiable) to subdivide the leishmaniases into three clinical types according to the site affected (*see* Table 7.5):

- Visceral
- Cutaneous
- Muco-cutaneous

Applied biology

There are two phases in the lifecycle of leishmania each associated with a different form of the protozoa:
An aflagellate: *amastigote* (leishmanial)— rounded form occurs in man and in animal reservoir hosts.
A flagellate: *promastigote* (leptomonad)— form is found in the vector sandfly and in culture media.

The former is oval ($2 \, \mu m \times 3 \, \mu m$) and consists of cytoplasm, a round nucleus and a small, more deeply staining, rod-shaped kinetoplast or rhizoplast and a vacuole. It is known as the **Leishman-Donovan (L-D) body**. In man leishmania multiply by binary fission. They are most commonly found in the large mononuclear cells of the reticuloendothelial system, especially in the liver, spleen and bone marrow; leishmanial forms are also found in the leucocytes of the circulating blood.

Lifecycle

Visceral
When the appropriate sandfly feeds on an infected person, it ingests the parasites with the blood meal. These develop in its gut into the flagellate (promastigote) forms: these migrate forwards, multiply and form a mass which may block the pharynx of the sandfly. When the sandfly next feeds, some of these leptomonads become

Table 7.5 Classification of leishmaniases according to clinical disease*

Type of disease	Species	Main localities	Main vectors	Main reservoirs
Visceral leishmaniasis (kala-azar) 60% between 10 and 20 years of age	*L. donovani* *L. infantum* complex	India China (N. of Yangtze) USSR	*P. argentipes* *P. chinensis* *P. major* }	Main Dog, ?fox
		Iraq	*P. major*	?Jackal
		Sudan	*P. langeroni orientalis*	Rodents, serval cat, genet
		Kenya, Uganda	*P. martini*	Rodents
Infantile kala-azar 80–90% under 10 years old	*L. infantum* complex	France Mediterranean basin	*P. ariasi* *P. perniciosus* *P. major* }	Fox, dog
	'L. chagasi'	Brazil Paraguay Venezuela	*P. longipalpis* }	
Post K-A dermal leishmanoid	*L. donovani* *L. infantum* complex	(as classical kala-azar)		
Oronasal K-A	*L. infantum* complex	Sudan Ethiopia		May lead to man–man spread

OLD WORLD

Type of disease	Species	Main localities	Main vectors	Main reservoirs
Cutaneous leishmaniasis	*L. tropica tropica* (= minor)	India Mediterranean basin Middle East	*P. sergenti* *P. papatasii* }	Dog, rodents, gerbils
		Iran USSR (urban)	*P. ansarii* *P. mongolensis*	Dog Rodents, gerbils
Oriental sore	*L. major*	Iran USSR (rural) Saudi Arabia Libya	*P. caucasicus* } *P. papatasi* } ? ?	Gerbils, merions
	L. tropica complex	Tanzania Senegal Namibia	? *P. duboscqi* *P. rossi*	? Rodents *Hyrax* spp.
Single sore and diffusa	*L. aethiopica*	Ethiopia Kenya	*P. longipes* ?	*Hyrax* spp. ?

NEW WORLD

Type of disease	Species	Main localities	Main vectors	Main reservoirs
Cutaneous and mucocutaneous	*L. mexicana*	Mexico Guatemala Honduras }	*P. olmeca*	Forest rodents
Single sore and diffusa	*L. m. pifanoi* *L. m. venezuelensis*	Venezuela	?*P. panamensis* ?*P. flaviscutellata*	Forest rodents
	L. m. amazonensis	Amazon basin ?Trinidad	*P. flaviscutellata*	Forest rodents, opossums
	L. mexicana complex *L. m. garonhami*	Costa Rica Panama Matto Grosso }	? }	Forest rodents }
Espundia	*L. braziliensis braziliensis*	Brazil* Peru Ecuador	*P. pessoai* *P. intermedia* *P. wellcomei* }	Forest rodents }
		Bolivia Venezuela Paraguay Colombia }	*P. paraensis* ?*P. migonei* ?*P. whitmani* ?*P. anduzei*	?Forest rodents ?Paca

(continued overleaf)

Table 7.5 (continued)

Type of disease	Species	Main localities	Main vectors	Main reservoirs
NEW WORLD (continued)				
Pian bois	*L. braziliensis guyanensis*	Guyanas Brazil (Northern States) ?Venezuela	*P. umbratilis* *P. whitmani*	Sloths and other arboreal mammals
Usually single sores, some lymphatic spread	*L. braziliensis panamensis*	Panama ?Central America to Colombia	*P. trapidoi* *P. ylephiletor* *P. gomezi* *P. panamensis*	Sloths Marmoset Kinkajou Olingo
Uta	*L. peruviana*	Peru (West of Andes)	?*P. noguchii* *P. verrucarum* *P. peruensis*	Dog

* From: W Peters and H M Gilles. (1989). *Colour Atlas of Tropical Medicine and Parasitology*. Wolfe Medical Publications, London.

dislodged and are injected into the new host in the process of feeding; they again assume the leishmanial form. They are phagocytosed by macrophages, multiply by simple division and cause the cells to rupture. They are then carried in the circulation to sites already referred to where they give rise to the characteristic lesions. Following specific treatment in some cases they pass from their visceral habitat (liver, spleen, etc.) back to the skin, giving rise to the condition described as **post-kala-azar dermal leishmaniasis**.

Cutaneous and muco-cutaneous

In cutaneous and muco-cutaneous leishmaniasis, the multiplication of the amastigote forms takes place in the skin and the appropriate sandfly vectors become infected by feeding on a cutaneous lesion.

Taxonomy

Biochemical taxonomy, using the excreted factor (EF) serotyping, enzyme analysis and DNA buoyant density determination is being used to identify leishmanial strains from different geographical areas and to sub-divide the *L. Braziliensis* complex.

Epidemiology

The leishmaniases occur over wide areas of the globe from China across Asia, India, Persia and Afghanistan, the Caucasus, the Middle and Near East, the Mediterranean basin, East and West Africa, the Sudan and South America (*see* Figs. 7.15, 7.16, 7.17). There is an increasing awareness of the importance of the leishmaniases as public health problems, and of the seriousness of recent outbreaks in South America, Asia and Africa. A conservative estimate of the number of new cases is 400 000/year.

Reservoir and transmission

The epidemiology of the leishmaniases, whether visceral, cutaneous or muco-cutaneous, is in every case determined by a reservoir of infection (animal, man or both) from which local *Phlebotomine* sandflies infect themselves by ingesting amastigote forms from blood or infected tissues. The climatic conditions of the various foci of leishmaniasis range from arid to tropical humid and the terrain and altitude are equally variable. Modes of transmission other than by sandflies, e.g. sexual, blood transfusion, and intra-uterine infection, are of little epidemiological significance. With the possible exception of Indian kala-azar it is increasingly becoming recognized that in most endemic foci the leishmaniases are zoonoses.

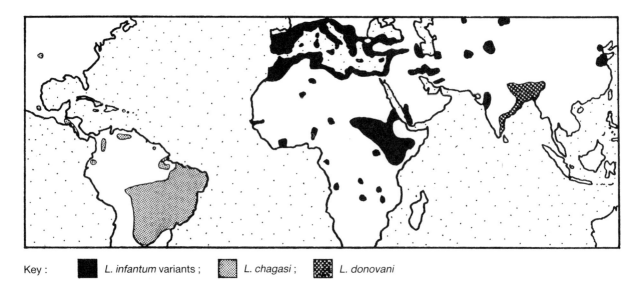

Key :   ▉ *L. infantum* variants ;   ▦ *L. chagasi* ;   ▨ *L. donovani*

Fig. 7.15   *Distribution of visceral leishmaniasis*

VISCERAL LEISHMANIASIS

Occurrence: India, Mediterranean, Middle East, Africa, South America
Organism: *Leishmania donovani, L. infantum* complex
Reservoir: Man, dogs, rodents
Transmission: Sandfly bite (*Phlebotomus* spp.)
Control: Treatment of cases
Control of vector and of animal reservoir

There are three distinct types of visceral leishmaniasis:

- Indian kala-azar, human reservoir
- Kala-azar associated with a canine reservoir
- African kala-azar

Kala-azar is essentially a rural disease, and *L. donovani* is now accepted as the cause of most forms of kala-azar; *L. infantum* complex is responsible for cases of kala-azar in children. Post-kala-azar dermal leishmaniasis occurs as a sequel of visceral leishmaniasis. The *incubation period* of visceral leishmaniasis ranges from 2 weeks to more than 1 year or longer.

Indian kala-azar
Indian kala-azar is unique in so far as man is the only known natural host of the infection. The vector *P. argentipes* breeds in close proximity to human habitations and feeds readily on man. All age-groups are susceptible with a peak incidence at 10–20 years. Devastating epidemics may occur. The lesions of post-kala-azar dermal leishmaniasis are of epidemiological importance since they contain numerous L-D bodies in the dermis and are readily accessible to sandflies. They are a feature of Indian kala-azar but are also seen elsewhere.

Kala-azar predominantly associated with a canine reservoir
In the Mediterranean basin, Portugal, North Africa, the Caucasus, China, Brazil and other parts of South America, the domestic dog, fox and jackal are very important reservoirs of human infection.

Visceral leishmaniasis associated with a canine reservoir is predominantly a disease of children under 10 years. The most important vector sandflies are *P. chinensis* in China, *P. longipalpis* in Brazil, and *P. perniciosus* in the Mediterranean.

African kala-azar
The epidemiology of the disease in the Sudan and Kenya presents unique features differing from

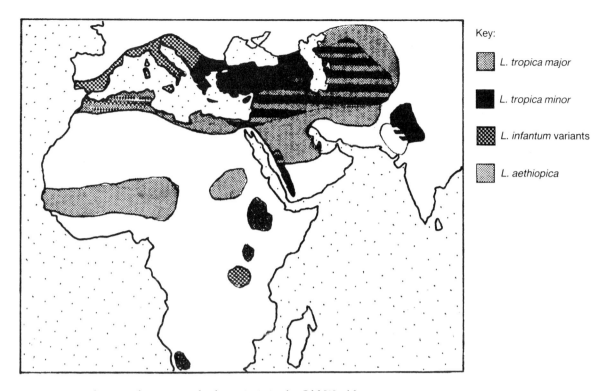

Fig. 7.16   *Distribution of cutaneous leishmaniasis in the Old World*

those described above. There is a primary stage in the skin (leishmanoma) which lasts for some time before the symptoms of kala-azar develop, and this is of prime epidemiological importance. Rodents may form a reservoir of infection. A definite relationship was shown in Kenya some years ago, between the proximity of homes to termite hills and the incidence of kala-azar. The most important vectors are *P. martini* in Kenya and *P. orientalis* in the Sudan. Both these vectors are out-of-doors biters. The disease attacks all age-groups but is commoner in adults than in children. The human distribution is affected by immunity as well as by relative exposure to infection. In recent years the disease has appeared in new areas, e.g. to the North of Khartoum, while a few cases of autochthonous transmission have been described. Development projects in many endemic areas of the Old and New World may introduce non-immune individuals into the region which can result in a large number of new infections.

CUTANEOUS LEISHMANIASIS

Occurrence: India, Mediterranean, Middle East, Africa, Central and South America
Organisms: *Leishmania tropica, L. mexicana, L. peruviana*
Reservoir: Rodents, dogs
Transmission: Bite of sandfly (*Phlebotomus* spp.)
Control: Breaking man/vector contact
Rodent control
Immunization

Several varieties of cutaneous leishmaniasis have been described. From the Old World these include:

- Oriental sore
- Ethiopian cutaneous leishmaniasis
- Lupoid leishmaniasis.

From the New World:

- Chiclero ulcer
- Uta
- Leishmaniasis tegumentaria diffusa

Old World

Oriental sore

Alternative names include: tropical sore; bouton d'Orient; Aleppo, Baghdad or Delhi boil; Pendah sore. The infection is widely distributed in the Indian subcontinent, the Middle East, the Sudan, Ethiopia, Southern Russia, the Mediterranean countries, the Sahelian Belt, parts of East Africa and China.

The most important vectors are *P. papatasii* and *P. sergenti*. The disease is most commonly seen in children, and in high endemic areas most of the adult population have been infected in childhood. The parasite responsible is *L. tropica* of which two varieties are recognized on clinical and epidemiological grounds:

L. tropica major, is an infection of rodents occasionally transmitted to man which produces a disease with a short incubation period, rapid course of under 6 months, much inflammatory reaction and the 'moist' lesion it produces contains few parasites.

L. tropica minor is an infection of dogs, only occasionally man, characterized by a 'dry' lesion containing many parasites with a long incubation period, course of over 1 year and a mild inflammatory reaction.

Immunity to *L. tropica* follows spontaneous cure and experimental attempt at reinfection very often (but not invariably) gives negative results; moreover, 98 per cent of cases of oriental sore show a delayed hypersensitivity test (Montenegro reaction) in response to the intradermal inoculation of dead and washed leptomonads.

Ethiopian cutaneous leishmaniasis

This is an antimony-resistant cutaneous leishmaniasis which is endemic in Ethiopia and clinically is very similar to leprosy. The Montenegro test is negative in the pseudo-lepromatous type of the disease and positive in the tuberculoid type.

Lupoid leishmaniasis

This is a relapsing form of cutaneous leishmaniasis which is common in the Middle East, and resembles lupus vulgaris. Leishmania are scarce in biopsies and the leishmania test is positive.

New World

The cutaneous leishmaniases of the New World—chiclero ulcer, uta, and leishmaniasis tegumentaria diffusa—are scattered in Central and South America over an area extending from 22°N to 30°S of the equator. They are characterized epidemiologically by the fact that they are zoonoses and predominantly non-urban diseases, usually confined to the forest regions or jungles.

Chiclero ulcer

L. mexicana is the cause of 'chiclero's ulcer' in Mexico and neighbouring countries. The infection is virtually restricted to people who habitually live and work in the forests, with the result that women and children are rarely infected. It is an 'occupational disease' of the chicleros who spend a considerable time in the forests bleeding the *Sapodella* trees for chewing-gum latex. The disease is almost always limited to a single dermal lesion, usually in the ear. Forest rodents are the important animal reservoirs and man is an accidental host. Transmission of *L. mexicana* is by *P. pessoanus* in British Honduras.

With *L. mexicana* a solid and long-lasting immunity is developed from the infection and the development of this immunity occurs very early in the course of the disease.

Uta

L. peruviana causes cutaneous lesions on exposed sites such as the face, arm and leg—and the disease is known as uta in Peru. The infection occurs primarily in dogs which are the reservoir from which man acquires the disease. House-dwelling sandflies, e.g. *P. peruensis*, are the vectors of infection.

Leishmaniasis tegumentaria diffusa

L. pifanoi causes a disseminated form of cutaneous leishmaniasis in Bolivia and Venezuela. The leishmania intradermal test (Montenegro) is always negative.

Although the traditional activities associated with disease transmission of cutaneous leishmaniasis in the New World continue to be cutting timber and vegetation in small clearings and collecting chincona bark and chickle, in recent years road building, petroleum exploration, mining operations and military training have become important additions to the list.

MUCO-CUTANEOUS LEISHMANIASIS (ESPUNDIA)

Occurrence: South and Central America
Organism: *Leishmania braziliensis*
Reservoir: Rodents
Transmission: Bite of sandfly (*Phlebotomus* spp.)
Control: Break man/vector contact

Espundia is widely distributed through South and Central America (Fig. 7.17). It is caused by *L. braziliensis* and the sandflies *P. whitmani*, *P. passoai* and *P. mignei* are proven vectors of the disease. The most important animal reservoir of infection is the spiny rat. Espundia occurs mainly among men working in virgin forest. Human infections are acquired when new settlements are started in jungle areas and small clearings are made. At first, these settlements have an intimate contact with the forest, but after a time the wild rodents are driven away and the disease dies out. The infection is often confined to the skin but metastases to mucous membrane often occur through the bloodstream. The parasite has a predilection for the nasopharynx.

It appears that clinical immunity to heterologous strains of leishmania does occur, an observation in keeping with the finding that although *L. braziliensis*, *L. tropica* and *L. mexicana* can easily be distinguished from each other serologically, they share certain common antigens. It seems, moreover, that chiclero's ulcer, oriental sore and uta produce low levels of circulating antibody in the serum despite the fact that they result in lifelong immunity in most patients, while patients suffering from muco-cutaneous leishmaniasis possess high levels of circulating antibody.

Laboratory diagnosis of the leishmaniases

Visceral
L. donovani can be demonstrated in Giemsa-stained smears from the peripheral blood (usually very scanty), spleen, liver, lymph nodes or bone marrow, and culture of material obtained from the above sources, or by inoculation into hamsters. Tests based on an increase in serum gamma globulin are at best only indicative but not diagnostic of the disease (e.g. Napier, Chopra, etc.). The complement-fixation test is very useful in diagnosis of early cases. The indirect fluorescence antibody technique has been successfully used in the serodiagnosis of kala-azar; negative results were reported from *L. tropica* patients.

Cutaneous
The diagnosis of infection with *L. tropica* is made by examining microscopically material obtained by puncture of the undivided edge of the ulcer after appropriate staining. Culture of the material in NNN-type medium should also be done. Biopsy of skin under the edge of the ulcer can provide proof of infection. Histologically the organism may be confused with *H. capsulatum* which, however, stains well with methanamine silver and thus allows differentiation. The Montenegro (leishmanin) test is positive in 95 per cent of patients with *L. tropica*; in contrast it is negative in the active stages of Indian kala-azar.

L. mexicana can be demonstrated in material obtained from the initial ulcers, from the lesions in the mucous membrane, cultured material or NNN medium. The Montenegro skin test is positive in 92 per cent of patients but negative in the disseminated form of leishmaniasis due to *L. pifanoi*.

Control of the leishmaniases

Visceral

Control of visceral leishmaniasis consists of identifying and treating infected persons, including cases of dermal leishmaniasis, and in attacking the sandfly as well as the animal reservoir of infection.

The individual
Pentavalent antimonials are the choice for visceral leishmaniasis. They are easy to administer and toxic effects are generally low. The dose is 20 mg of Sb^{5+}/kg body weight intravenously or intramuscularly, for a minimum of 20 days for all forms of visceral leishmaniasis. Resistant cases occur. The efficacy of liposome-incorporated, known or

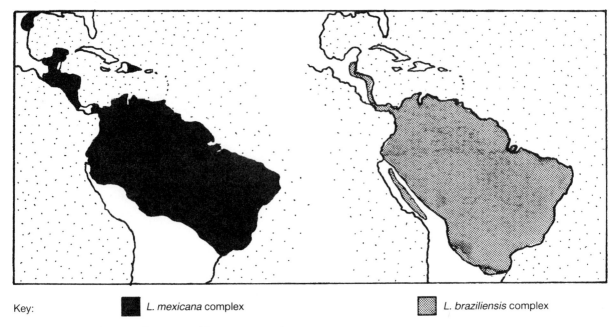

Key: ■ *L. mexicana* complex   ▨ *L. braziliensis* complex

Fig. 7.17   *Distribution of New World cutaneous and muco-cutaneous leishmaniasis*

potential, anti-leishmanial agents is being studied in experimental laboratory animals.

Sandfly bites can be partially avoided by sleeping on the upper floors of houses and using repellents.

The vector

The breeding places of sandflies in walls can be plastered over and the rubble of broken-down houses cleared away. The indoor biting *Phlebotomus* species are very susceptible to DDT and residual spraying of dwellings eradicates the sandfly.

The animal reservoir

Infection in dogs can be controlled and eradicated by removing all infected dogs from the community. Mass diagnosis can be carried out using the complement fixation test. A 10 per cent infection rate in the dog community implies a substantial reservoir for human infection and suspected dogs should be individually diagnosed and if sick treated or destroyed. In endemic areas a licensing system should be instituted whereby dogs must be examined annually and destroyed if ill. Kala-azar associated with a canine reservoir can be eradicated from the community in this way. Wild canine and

rodent reservoirs cannot of course be controlled in this way.

The community

Villages should be sited away from ecological environments favourable to outdoor biting sandfly vectors. Thus, in Northern Kenya, houses should be sited more than 100 yards from termite hills, which can be destroyed or treated with DDT.

Mass surveys and treatment of the human population should be undertaken. Army and police personnel working in endemic areas should consist of leishmaniasis-positive persons. When a large number of leishmaniasis-negative persons is introduced into endemic areas, an epidemic of kala-azar can be expected. This is a particularly pertinent point to remember when populations are moving from one area to another as a result of the building of large dams, e.g. the Aswan dam.

Cutaneous: Old World

Control of cutaneous leishmaniasis of the Old World (tropical sore) is achieved by breaking the man/sandfly contact, rodent destruction and immunization.

Man/sandfly contact

Sandfly eradication by DDT spraying of houses and breeding places as above has markedly reduced the prevalence of cutaneous leishmaniasis. If this cannot be done, sleeping at night on the roof or the second floor of a house will reduce infection, since sandflies do not readily move above the ground floor. *Leishmania tropica major* mainly results from sandfly bites out of doors, and house spraying is not as effective as in *L. tropica minor*.

Animal reservoir

Since the main reservoir of infection in Asia is a communal rodent, rat destruction for a radius of 3 miles around villages should be carried out.

Immunization

Since rodents cannot be eradicated from remote areas, travellers and nomads should be protected by immunization. The immunity conferred by *L. tropica major* is virtually lifelong and also protects against *L. tropica minor*. A live culture on NNN of the gerbil leishmania is inoculated intradermally under the skin. A nodule forms which lasts 3–6 months and confers immunity to reinfection in the great majority of cases. The Montenegro test becomes positive.

Cutaneous: New World

Chiclero ulcer Since both eradication of the rodent reservoir and spraying to destroy the sand-flies in the forest canopy high above the ground, are impracticable, immunization of gum collectors and forest workers is the only sensible remedy. Vaccination using a live culture of *L. mexicana* protects against the chronic disfiguring lesions found on the ears.

Uta Residual spraying of dwellings with DDT eradicates the disease.

Diffusa As little is known of the epidemiology of the diffuse cutaneous forms of leishmaniasis, control of this infection is not yet feasible.

Muco-cutaneous

Muco-cutaneous leishmaniasis, being a sporadic jungle forest disease with an animal reservoir, is extremely difficult to control. Dwellings in new settlements in the forest should be concentrated away from the forest edge so that a barrier of clear land is maintained between the village and the forest. Temporary spraying of the forest edges with insecticides can be carried out and travellers into forests should wear protective clothing and use repellents.

The helminthic infections

The filariases

Under this generic title are grouped a variety of diseases which bear little relation to each other pathologically, although they are produced by nematode worms all belonging to the superfamily *Filarioidea*. Man is the definitive host of several filarial nematodes. Their embryos (**microfilariae**) are taken up by insect vectors when feeding on man. They pass through a developmental cycle lasting about a fortnight, at the end of which infective larvae are present in the proboscis. When the insect next feeds, the larvae escape and pass through breaches of the skin surface into the tissues. The main differential characteristics of the various filarial infections are given in Table 7.6.

FILARIASIS (BANCROFTIAN AND MALAYAN)

Filariasis results from infection with the parasite nematodes *Wuchereria bancrofti* and *Brugia malayi*. It is estimated that at least 90 million people throughout the world are infected and 905 million are 'at risk' of infection.

Applied biology: lifecycle (Fig. 7.18)

The features of the lifecycles of these two filariae are practically identical (*Brugia malayi* alone may also infect animals as well as man). The adult worms live in the lymphatic system where the female worms, which are viviparous, produce sheathed microfilariae which are about 200–300 μm long. The microfilariae make their

Table 7.6 General features of filarial worms infecting man

Features	Filarial worm								
	Wuchereria bancrofti		*Brugia malayi*		*Loa loa*	*Onchocerca volvulus*	*Tetra-petalonema perstans*	*Tetra-petalonema streptocerca*	*Mansonella ozzardi*
	Periodic	Subperiodic	Periodic	Subperiodic					
Geographical distribution	Africa, America, Asia, Australia	Pacific Islands	Asia	Asia	West and Central Africa	Africa, Central America	Africa, South America	West Africa	West Indies, South America
Site of adult worm	Lymphatic system		Lymphatic system		Subcutaneous tissues	Subcutaneous tissues	Body cavities, (e.g. pleura)	Subcutaneous tissues, pericardium	Visceral and adipose tissue
Microfilaria:									
Periodicity	Nocturnal	Diurnally (subperiodic)	Nocturnal	Nocturnally (subperiodic)	Diurnal	Non-periodic	Non-periodic	Non-periodic	Non-periodic
Sheath	Sheathed	Sheathed	Sheathed	Sheathed	Sheathed	Unsheathed	Unsheathed	Unsheathed	Unsheathed
Site	Blood	Blood	Blood	Blood	Blood	Skin and tissues	Blood	Skin and tissues	Blood
Vectors	*Culex quinquefasciatus* *Anopheles* spp.	*C. quinquefasciatus* *Aëdes* spp.	*Mansonia* spp. *Anopheles* spp.	*M. longipalpis* *M. annulatus*	*Chrysops* spp.	*Simulium* spp.	*Culicoides* spp.	*Culicoides* spp.	*Culicoides* spp.
Animal reservoir	None	None	Doubtful	Monkeys, rodents	None	None	None	None	None
Diagnosis	Blood film (night)	Blood film (afternoon)	Blood film (night)	Blood film (night)	Blood film (afternoon)	Skin snips or scarification	Blood film (day)	Skin snips	Blood film (day)
Clinical effects	Lymphangitis, hydrocoele, elephantiasis of whole leg		Lymphangitis, elephantiasis of lower legs (mainly below knee)		Subcutaneous swellings	Dermatitis, subcutaneous nodules, blindness	Ill defined, but occur	Ill defined, but occur	Ill defined, but occur

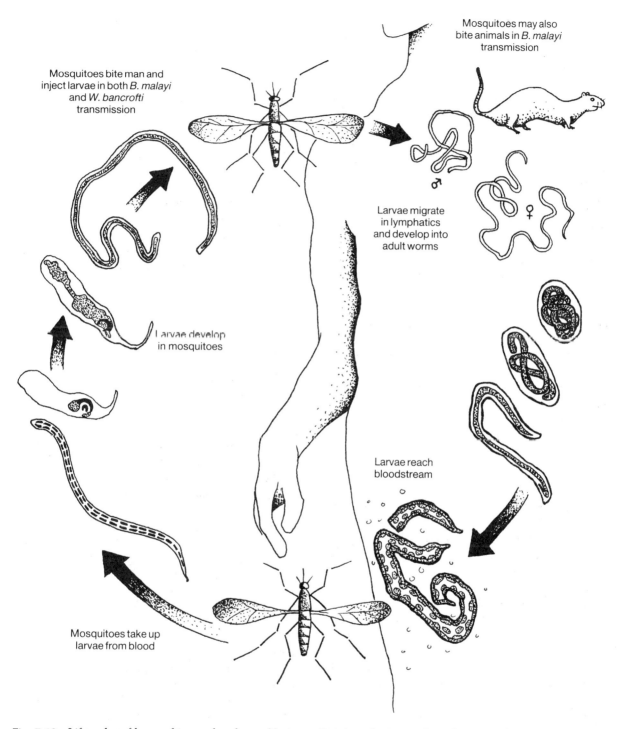

Mosquitoes may also
bite animals in *B. malayi*
transmission

Mosquitoes bite man and
inject larvae in both *B. malayi*
and *W. bancrofti*
transmission

Larvae migrate
in lymphatics
and develop into
adult worms

Larvae develop
in mosquitoes

Larvae reach
bloodstream

Mosquitoes take up
larvae from blood

Fig. 7.18   Lifecycles of bancroftian and malayan filariases. *Brugia malayi* may also infect animals

way to and circulate in the bloodstream where they are ingested by a mosquito. After ingestion the microfilariae escape from the sheath, penetrate the gut wall of the insect and pass to the thoracic muscles where they undergo development. After 2 or more weeks the infective larvae reach the proboscis and enter another vertebrate host when the mosquito is biting. It is not certain how they reach the lymphatics from the insect bite. Many species of mosquitoes, belonging to the genera *Culex*, *Aëdes*, *Anopheles* and *Mansonia*, can act as intermediate hosts of *W. bancrofti* and *B. malayi*.

The microfilariae of *B. malayi* can be distinguished from those of *W. bancrofti* on morphological grounds and by their staining reaction to Giemsa.

Microfilariae of both *W. bancrofti* and *B. malayi* appear in the peripheral blood at distinct times of the day—a characteristic referred to as periodicity. The controlling mechanism for this periodicity has never been satisfactorily explained. It does not appear to depend on the parasympathetic system, nor is the microfilarial count influenced by alterations in the corticosteroid level in the blood of man, or by a general anaesthetic.

B. timori is a nocturnal periodic species found in Indonesia and transmitted by *A. barbirostris*.

Epidemiology

The geographical distribution of the parasites is determined largely by climate and the distribution of their mosquito vectors (*see* Fig. 7.19).

Whereas *W. bancrofti* has so far been found only in man, *B. malayi* is a parasite of both man and animals.

The most consistent sign of infection is the appearance of microfilariae in the peripheral blood but many microfilaria carriers are apparently symptom-free and remain so for many years or for life. Severe disabling symptoms or deformity are usually due to a long period of exposure and reinfection.

Males are usually more frequently affected than females. This higher incidence of microfilaraemia in males is probably due to a greater chance of infection; it is possible, however, that a hormonal influence may be responsible. Most surveys for either form of *W. bancrofti* have shown low microfilaria rates in children below the age of 5 years,

probably because *W. bancrofti* takes a long time to produce a patent microfilaraemia. In contrast it has been shown that high microfilarial rates occur in children under 5 years with both forms of *B. malayi*; thus a low infection rate among children under 5 years usually implies low transmission for *B. malayi* in the area surveyed.

WUCHERERIA BANCROFTI

Occurrence: World-wide in the tropics
Organism: *Wuchereria bancrofti*
Reservoir: Man
Transmission: *Culex* and *Anopheles* spp.
Control: Treatment with diethylcarbamazine
Vector control

Two biologically different forms of *W. bancrofti* exist:

- Nocturnal periodic
- Diurnal subperiodic

Nocturnal periodic
The microfilariae appear in the peripheral blood between 10 pm. and 2 am. This form is predominantly an infection of urban communities, transmitted by the domestic night-biting mosquito *Culex quinquefasciatus*; as well as by *Anopheles* species in the african region and elsewhere. It has an almost world-wide distribution, occurring in Central and South America, West, Central and East Africa, Egypt and South-East Asia (Fig. 7.19).

Diurnal subperiodic
In this form, microfilariae are present in appreciable numbers throughout the 24 hours but show a consistent minor peak diurnally (usually sometime in the afternoon). It is restricted to Polynesia and is transmitted mainly by day-biting mosquitoes (*Aëdes* species). The growth of the human population, uncontrolled increasing urbanization and migration have all contributed to an increase in the prevalence of *W. bancrofti*.

BRUGIA MALAYI

Occurrence: SE and E Asia
Organism: *Brugia malayi*
Reservoir: Man and animals
Transmission: *Mansonia* and *Anopheles* spp.
Control: Treatment with diethylcarbamazine
Vector control

Human infection with *B. malayi* has only been recognized in Asia (Fig. 7.19), where it is predominantly an infection of rural populations, in contrast to the usual urban distribution of *W. bancrofti*. There are two forms of *B. malayi*:

- Nocturnal periodic
- Nocturnal subperiodic

Nocturnal periodic
The microfilariae show markedly nocturnal periodicity in the blood (10 pm to 2 am). This form has a tendency to occur in small endemic foci in countries extending from the west coast of India to New Guinea, the Philippines and Japan. It is transmitted by the *Mansonia* mosquitoes of open swamps, lakes and reservoirs, which bite mainly at night and also *Anopheles* species. The periodic form is found mainly in man, and animal infections are rare.

Nocturnal subperiodic
In the subperiodic form the microfilariae tend to be present throughout the 24 hours with a minor nocturnal peak from 10 pm to 6 am. This nocturnally subperiodic form has been found, to date, only in Malaysia, Borneo and Palawan Island in the Philippines. It is transmitted by the *Mansonia* of swamp forest, mosquitoes which will bite in shade at any time and also by *Coquillethidia cressipes*. In contrast to the periodic form, the subperiodic form is found in many animals (primates, carnivores, rodents, etc.) as well as man.

Laboratory diagnosis of filariasis

Isolation
The finding of microfilariae in the blood provides the certain diagnosis of filarial infection. It is important to realise that microfilariae may be absent in the very early or late stages of the infection—thus in only 4 per cent of patients with elephantiasis and 30 per cent with hydrocoeles are microfilariae found in the blood.

Thick blood films should be taken at the appropriate times (e.g. at night for microfilaria *bancrofti*) and fresh cover-slip preparations examined. Simultaneously, dried, stained specimens should be made and the microfilariae identified. Many tech-

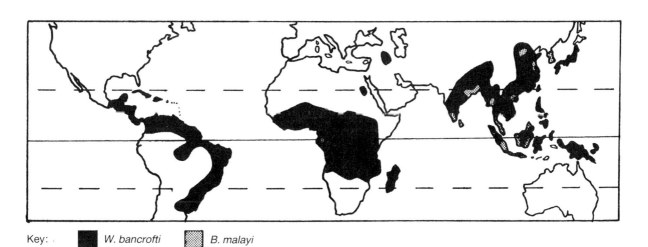

Key: ■ *W. bancrofti* ▨ *B. malayi*

Fig. 7.19 Distribution of *Wuchereria bancrofti* and *Brugia malayi*

niques are available for concentrating blood microfilariae.

Microfilariae may also be found in fluid obtained from hydrocoeles, varices, pleura, joints and in ascitic fluid. Eosinophilia is usually present. Occasionally the adult filarial worms may be found in biopsy of lymph glands, or by X-ray when calcified.

Serology

Serodiagnostic methods for the diagnosis of filariasis have been widely used. There is a range of variation in the results obtained and these variations derive partly from differences in technique of antigen preparation. These immunodiagnostic methods are group specific. (i.e. positive in any filarial infection) and on the whole still unsatisfactory, especially as they are unable to discriminate between past exposure, treated cases and current infection. 'High sensitivity' techniques such as the labelled reagent assays (e.g. enzyme immunoassay) have largely replaced those of 'low or moderate sensitivity' such as complement fixation. Recent interest has however focussed on the direct detection of parasite antigens in patients' blood or urine and the development of DNA probes.

Control of filariasis

The filariases may be controlled by reducing the human reservoir or by attacking the vector mosquitoes. A combination of vector control and mass treatment with diethylcarbamazine (DEC; Hetrazan) offers the best hope of effective control and eventually eradication of bancroftian filariasis. Such a strategy has resulted in a substantial decrease in prevalence in China, India, Sri Lanka and some of the islands in the Pacific Ocean; while the parasite has been eliminated in countries where transmission was seasonal, e.g. Republic of Korea and Turkey.

Human reservoir

The human reservoir of infection may be reduced by treatment of the infected population with diethylcarbamazine, which abolishes or greatly reduces circulating microfilariae and kills some of the adult worms.

The administration of diethylcarbamazine for the purpose of control can be carried out in various ways:

Mass administration of tablets to the total population at risk in a given area.

Selective administration of tablets to cover a segment of the population found infected in the survey carried out prior to the campaign.

Mass administration through medicated food, e.g. salt, using very low doses of the drug (1–4mg/kg) over a long period. In China, DEC medicated salt has been distributed to more than 18 million people with no observed serious side-effects and satisfactory results.

When given in tablet form, an adequate *total* dose of DEC of at least 36 mg/kg for *Brugia* infections and 72 mg/kg for *W. bancrofti* infection should be taken by at least 80 per cent of the *target* population, in order to make a significant impact on the microfilarial rate within the population and ultimately on the control of endemicity. Reactions may follow the use of DEC especially when microfilariae are numerous. Spaced doses over a long period, e.g. 4–6 mg/kg diethylcarbamazine citrate once weekly or once monthly for eight to twelve doses, have proved effective in South-East Asia against both forms of filariasis. These 'travelling treatment' teams have been particularly successful in Tahiti and West Malaysia. *B. malayi* seems more susceptible to diethylcarbamazine than is *W. bancrofti*. There are good reasons to believe that spaced doses of DEC given to a sufficient proportion of the population, and supplemented by follow-up surveys and treatment of those found infected, can bring about a long-lasting reduction in infection rates in areas of endemic filariasis due to *B. malayi*. This has been the case in many of the Pacific islands, particularly in Polynesia.

Widespread experience with DEC has shown it to have a low toxicity and to be safe for large scale use in lymphatic filariasis, even under circumstances of limited medical supervision—providing infection with other filarial parasites such as *Loa loa* (*see* below) and *O. volvulus* (*see* p. 210) can be excluded. The treatment of microfilarial carriers with DEC reduces the incidence of chronic disease. The key to success in large-scale treatment programmes is the ability of the control team to communicate effectively with the community. Community participation ranges from involvement of community health workers (as successfully used in Indonesia) to an acceptance of those control measures that satisfy the community. It has been shown that the membrane filter concentration method is the most sensitive method available at present for the detection of microfilaraemia and that low-density carriers can be important in the transmission of the disease. Recent clinical trials indicate that Ivermectin in doses as low as 25 µg/kg may be effective in bancroftian filariasis.

The vector

Control measures may be taken against the aquatic stages of the mosquito by eliminating breeding places, using insecticides to kill aquatic forms; or in the case of *Mansonia* mosquitoes, destroying, by herbicides or hand collection, the water vegetation on which the insect is dependent. The insecticidal control of most adult culicine mosquitoes is important. Where the vectors are anophelines, malaria control methods (p. 186) are effective. Larval control of *C. quinquefasciatus* is now only possible by using the new expensive pyrethroids such as permethrin, since resistance to the organophosphorus insecticides is now widespread.

Other measures such as insect growth regulators; biological competitors; the use of larvivorous fish and environmental management have been used with variable successs. Integrated control using a combination of the above methods is required.

Reduction of man–vector contact can be achieved by house-screening and the use of mosquito nets.

LOAIASIS

Occurrence: West Africa
Organism: *Loa loa*
Reservoir: Man
Transmission: *Chrysops* spp.
Control: Prophylactic DEC

This is an infection due to the filarial worm *Loa loa* and is characterized by transient subcutaneous swellings.

Applied biology

The adult worms live in the connective tissue of man. They are about 70 mm long and produce microfilariae which pass into the bloodstream. The microfilariae (sheathed and about 300 µm in length) appear in greatest numbers in the blood during the day. When the circulating microfilariae are taken up by suitable species of *Chrysops*, they pass from the stomach to the thoracic muscles and after a period of development, lasting about 12 days, present in the proboscis. When the fly next feeds on a human host the larvae penetrate the skin and migrate in the connective tissues, reaching maturity in about a year.

Epidemiology

Loaiasis is found in the equatorial rain-forest belt of Africa stretching from the Gulf of Guinea in the west to the Great Lakes in the east (Fig. 7.20)

Transmission
Various species of *Chrysops* are the only known vectors of loaiasis and they breed in densely shaded, slow-moving streams and swamps. The adults live in the tree tops, the females coming down to attack man at ground level or to lay their eggs on the mud and decaying vegetation of stagnant waters. The males do not feed on blood. *Chrysops* are attracted by movement, light and smoke from wood fires, they bite in daylight and seem to prefer dark to white skins. They are commonly known as 'red-flies' or 'softly softly flies' from their quiet approach.

Host factors
In man, all ages and both sexes are affected, although overt infection in young children is uncommon, probably due to the long incubation period of the filarial worm.

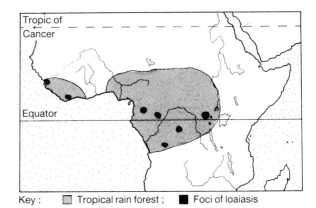

Key : ▨ Tropical rain forest ; ■ Foci of loaiasis

Fig. 7.20 *Distribution of loaiasis*

Laboratory diagnosis

Microfilariae may be found in the peripheral blood taken preferably around midday and they can be differentiated on morphological grounds from other sheathed microfilariae (*see* Table 7.6, p. 204). Concentration techniques are useful to detect scanty infections.

The adult worms may be seen wriggling under the conjunctiva. A high eosinophilia (60–80 per cent) is usually present. The filarial complement-fixation test gives the highest proportion of positive results with loaiasis, and is particularly useful in the early infections before microfilariae have appeared in the blood, or in unisexual infections when microfilariae are absent. Intradermal tests are available but have the same limitations as in the other filarial infections.

Control

As in the case of Bancroft's filariasis, control measures are directed against the parasite in man and against the vector fly.

Reservoir

Diethylcarbamazine clears microfilariae from the blood and kills the adult worm in recent infections, but it sometimes causes unpleasant reactions. The drug can be used as a chemoprophylactic at an adult dosage of 200 mg twice daily for three successive days once a month.

Vector

The fly may be controlled by clearing shade vegetation at breeding sites or by applying residual insecticides to the mud in the breeding places. Personal protection against *Chrysops* can be effected by screening of houses and wearing long trousers.

ONCHOCERCIASIS

Occurrence: Focal distribution in Africa and Central America
Organism: *Onchocerca volvulus*
Reservoir: Man
Transmission: *Simulium* spp.
Control: Vector control (Onchocerciasis Control Programme)
Chemotherapy with ivermectin

This infection is caused by the nematode *Onchocerca volvulus* and is characterized by the development of skin changes, subcutaneous nodules and ocular lesions, lymphatic pathology and some systemic effects.

Applied biology

The adult worms are found in subcutaneous nodules and tissue spaces. The females, which are ovoviviparous, measure about 50 cm in length while the males are only 2–4 cm long. Worms of both sexes are found coiled together in nodules and larvae are present in large numbers near the coiled gravid female. The developed larvae (microfilariae) vary greatly in size (150–350 μm) and are unsheathed.

Lifecycle (Fig. 7.21)

Microfilariae are ingested when the vector—a *Simulium* fly—feeds on an infected individual. The microfilariae develop in the thoracic muscles of the fly, after escaping from its stomach, and following a series of moults become infective larvae on reaching the proboscis. When the *Simulium* next bites an individual the larval forms of *Onchocerca* are injected under the skin. The development in the fly takes about 15 days and the common vectors are *S. damnosum* and *S. neavei* (in Africa), and *S. ochraceum*, *S. metallicum* and *S. callidium* (in Central America). *S. damnosum* was formerly regarded as a fairly uniform species, but chromosomal studies have shown it to be a complex of at least 9 species.

The microfilariae introduced by the fly mature in the subcutaneous tissues. In some instances a fibrous tissue reaction around the adults causes the formation of nodules. After about a year the female worm produces microfilaraiae. The microfilarariae remain in the skin and do not enter the peripheral blood.

Epidemiology

Onchocerciasis has a focal distribution in both Africa and Central America (Fig. 7.22). It is endemic in West Africa, in equatorial and East Africa, and in the Sudan. One of the largest endemic areas occurs in the Volta River Basin area, which incorporates parts of Benin, Ghana, Ivory

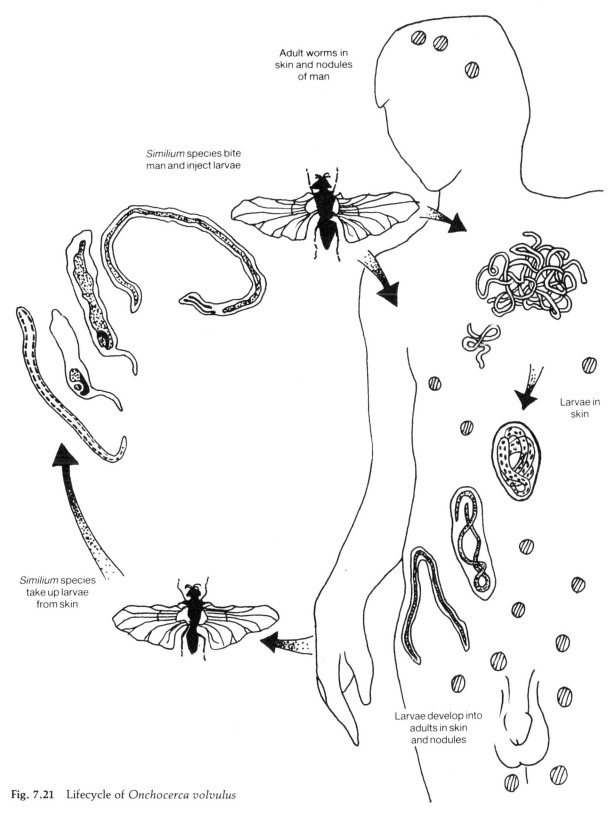

Adult worms in
skin and nodules
of man

Similium species bite
man and inject larvae

Larvae in
skin

Similium species
take up larvae
from skin

Larvae develop into
adults in skin
and nodules

Fig. 7.21 Lifecycle of *Onchocerca volvulus*

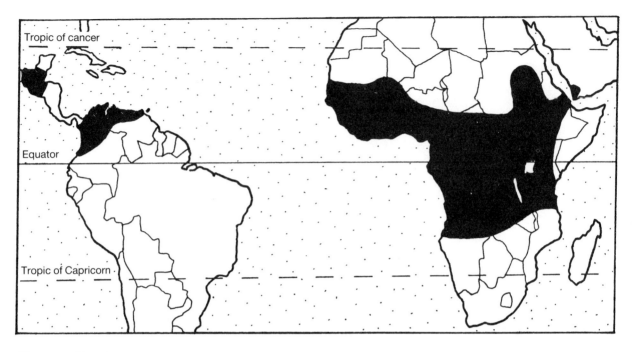

Fig. 7.22 *Distribution of onchocerciasis*

Coast, Mali, Niger, Togo and all of Upper Volta. This is the area of the Onchocerciasis Control Programme (OCP—*see* p. 213). In Latin America endemic onchocerciasis occurs in Mexico, Guatemala, Colombia, Venezuela and Brazil. It is endemic in the southern part of Yemen, in and around Taiz and this focus may extend north into Saudi Arabia.

The prepatent interval of *O. volvulus* in man varies between 3–15 months.

Reservoir
Although *O. volvulus* has been found in primates, in most endemic areas the infection is maintained by man-to-man transmission.

Vector
Simulium can breed at high altitudes (610 m or more) and the larvae and pupae are found attached to submerged vegetation and stones in highly oxygenated waters. They are also found at sea-level along the banks of very large rivers such as the Niger. The larvae of *S. neavei* have been found adherent to the carapace of aquatic crabs. Though some species of *Simulium* have a long flight range, the infection is mainly concentrated near the breeding sites, and thus tends to be focal.

The period of greatest transmission is in the rainy season coinciding, as might be expected, with the period of maximal *Simulium* breeding.

Host factors
The disease is widespread and males are infected more frequently than females, but this is probably an occupational hazard. The incidence of infection increases with age: by middle age 75 per cent of the population in an endemic area might be infected. In Central America infection is acquired at an early age and in the Cheapas State of Mexico 50 per cent of children are infected by the age of 14 years. Both in Mexico and Guatemala 'erysipela de la costa' is found in children and young persons and 'mal morado' in the older age groups. Both these syndromes are associated with high microfilarial densities.

No clear relationship is necessarily found between the number of microfilariae in the skin and the extent or degree of the lesions. Comparisons between african and central american onchocerciasis reveal certain epidemiological and clinical differences. Thus in some parts of Africa there is a tendency for the microfilariae to be most numerous in the most dependant parts of the body; while in Guatemala microfilariae are abundant in the upper parts of the body. A relationship seems to exist between the site of biting of the vector and the localization of nodules. As would be expected, in Africa the majority of nodules are found in the lower parts of the body, whereas in Central America as many as 70 per cent are found on the head. Bony lesions of the occipital region of the skull produced by these nodules are found in 5 per cent of patients.

Ocular lesions

There is now no doubt that the lesions of the eye listed below are directly caused by infection with *O. volvulus*, and that their prevalence is related to the intensity of infection and particularly to the density of microfilariae found in the head region and in the eye. The same ocular lesions are found in Africa and Latin America. The types of lesion are:

- 'Fluffy' corneal opacities
- Sclerosing keratitis
- Anterior uveitis with or without secondary glaucoma and cataract
- Chorioido-retinitis
- Optic neuritis and postneuritic optic atrophy

In West Africa the risk of blindness is higher amongst communities living in savanna than in rain-forest. Elsewhere in Africa (e.g. Zaire) this is not invariably the case. The major differences in the epidemiology of the disease in the rain-forest and savannah regions of Africa and in Latin America are probably multifactorial and include the following:
Distinct geographical strains of the parasite with differences in their vector infectivity and in their pathogenecity
Social and behavioural patterns of the human host
The state of immunity of the individual
The intensity of transmission
Unidentified nutritional factors
Vector biting habits

Laboratory diagnosis

Identification

Microfilariae of *O. volvulus* are identified by examination of skin or conjunctival snips. They are most easily found in samples of skin taken from the region of the nodule. Alternatively, the skin snip is teased, immersed in saline, and the deposit examined after centrifugation. Excision of nodules for histological examination will reveal the adult worms, while aspiration of fluid from nodules will occasionally show microfilariae. Microfilariae may also be seen in the anterior chamber of the eye with an ophthalmoscope or slit lamp. A moderate eosinophilia is usually present.

Serology

Various serological tests have been used with variable success in the diagnosis of onchocerciasis. These include: complement fixation, intradermal, precipitin, immunofluorescence, ELISA and a haemagglutination reaction.

Simple qualitative information is of little value. It is necessary to express the results quantitatively, either as the number of microfilariae (m/f) per skin snip or, preferably as the number of m/f per milligram or per unit surface area, or volume of skin. Several quantitative techniques are available. Antigen detection and DNA probes are being developed.

Control

Control is being carried out by attacking the *Simulium* fly and mass treatment with ivermectin.

The vector

Control of the fly by attacking its breeding sites has to be continued for some 20 years before the disease can be expected to die out in the affected communities, because the life span of the adult female worm is around 15 years, and that of the microfilariae between 6–30 months.

Onchocerciasis Control Programme

The largest control operation is being undertaken in the savannah area of the Volta River Basin in West Africa. It covers approximately 700 000 square kilometres with about 10 million inhabitants. It is estimated that of these at least 70 000 are blind, mainly from onchocerciasis, while many more have serious visual impairment. The governments of the seven West African countries concerned have recognized that onchocerciasis is the most important single deterrent to large-scale development of the potentially fertile river valleys in the area, which now lie uninhabited and unproductive. Furthermore, the serious effects of drought in the Sahel for 6 successive years have gravely disturbed the delicate socio-economic balance in the Volta River Basin area.

The Onchocerciasis Control Programme (OCP) is in its third quinquennial period. Because many of the breeding sites of *S. damnosum* are inaccessible by land the only feasible method of insecticide application is by aircraft. For large, open rivers, light fixed-wing planes can be used, but for narrow, twisting waterways and for those overhung by forest, helicopters are needed.

After years of research the insecticide finally selected for OCP is a biodegradable insecticide, temephos (Abate), which in suitable formulations combines high effectiveness against the blackfly larvae with very low toxicity for man, non-target fauna and plants. Monitoring of the effects of insecticide application to the large target area is shared with a specially created, independent Ecological Panel, which advises the programme director and the governments concerned on appropriate measures to ensure the satisfactory protection of the environment.

The control operations are being implemented progressively in 3 stages and, when the complete area is covered, approximately 14 000 km of river will be under treatment. Helicopters and fixed-wing aircraft are being used to apply the larvicide to the rivers weekly in amounts calculated to give an effective concentration of 0.05 mg/l for 10 minutes in the rainy season, and 0.1 mg/l for 10 minutes in the dry season. The insecticide is deposited in a single mass by means of a rapid-release system specially designed for the Programme. Drop points in the large rivers are approximately 30 km apart during the rainy season, when the riverine discharge is sufficient to transport the larvicide downstream. In the dry season applications are made just upstream from each breeding site.

Evaluation The epidemiological evaluation is made by 2 teams, each with its own epidemiologist, ophthalmologist, and sociologist, which operate in about 150 selected villages throughout the area. There are 2 types of investigations. The first is designed to measure changes in the incidence, prevalence and intensity of infection, as well as in visual acuity, in all the selected villages. These villages will be re-examined at 3-year intervals. The second type of investigation will involve more

detailed clinical and laboratory studies of a subsample. The intensive epidemiological follow-up studies are carried out in close cooperation with the entomological teams in order to obtain data on the dynamics of transmission. The information from these combined studies will also be used to test and improve mathematical models of onchocerciasis dynamics, such as those being developed by WHO. Results are already showing that the reduction in transmission is associated with a reduced incidence of blindness.

Biological control *Baccillus thuringiensis* serotype H14 is in operational use by the OCP as a larvicide where the larvae are resistant to Abate. Formulations are not yet ideal because of the high dosages required.

The human reservoir

Nodulectomy
Until recently the only community control of the human reservoir available was nodulectomy which has been in operation in Guatemala for many years. The nodule carrier rate was found to decrease with time. No systematic nodulectomy campaigns have been initiated in Africa.

Chemotherapy
Ivermectin (Mectizan), a macrocyclic lactone, has been shown to be an effective microfilariicide which also has a temporary suppressive effect on the release of microfilariae for 6–12 months. Systemic reactions are less severe and less frequent than with diethylcarbamazine although qualitatively similar: fever, rash, lymph-node pain, limb swelling and hypotension. Ocular reactions have been minimal.

Mass treatment with ivermectin has now been carried out on over 100 000 people. A single oral dose of 150 μg/kg has been administered to all persons over 15 kg in weight except to pregnant and lactating women. People with CNS involvement, epilepsy, anaemia and the obviously ill patient were excluded. Community acceptance has been good despite variable side-effects (worse in areas where microfilarial levels were high) and no fatality directly attributable to the drug has been reported. Whether the drug will reduce transmission remains to be assessed—experimental evidence suggests that it may. Given every 6 or 12 months it should certainly reduce the incidence of blindness. Ivermectin will be given free of charge to endemic countries in which onchocerciasis is a public health problem.

OTHER FILARIAL INFECTIONS

Tetrapetalonema perstans

T. perstans has an extensive distribution throughout Africa, tropical America and the Caribbean. The adults have been reported in the liver, pleura, pericardium, mesentery, perirenal and retroperitoneal tissues. The microfilariae are non-periodic and are unsheathed (*see* Table 7.6). The intermediate vectors are *Culicoides austini* and *C. grahami* in Africa. The detailed epidemiology has not been studied, but it is known that many individuals in some african villages may harbour the parasite.

Tetrapetalonema streptocerca

This parasite lives both as an adult and as a microfilaria within the skin. In West Africa the vector is *C. grahami*. Both the adult worms and microfilariae are susceptible to diethylcarbamazine.

Mansonella ozzardi

This filarial worm is confined to the New World and is found in South and Central America and in certain foci in the Caribbean. The adult worms are embedded in visceral adipose tissue. The vectors are *Culicoides* spp.

Dirofilariasis

Various species of *Dirofilaria* have been reported from the Mediterranean basin, the Balkans, South America, Turkey, Africa and the United States. They include *D. conjunctivae*, *D. repens*, *D. magalhaesi* and *D. louisanensis*. The lifecycle of these parasites in man is not fully known and it seems probable that mosquitoes or fleas are the natural intermediate hosts. The adults do not develop normally in man.

Control

Control of *T. perstans*, *T. streptocerca* and *M. ozzardi*, which is dependent on controlling the vector species of *Culicoides*, has not been seriously attempted.

Further reading

WHO Technical Report Series No. 735. (1986). *Expert Committee on Malaria*.

WHO Technical Report Series No. 752. (1987). *Expert Committee on Onchocerciasis*.

WHO Technical Report Series No. 585. (1976). *Resistance of Vectors and Reservoirs of Disease to pesticides*.

WHO Technical Report Series No. 702. (1984). *Lymphatic Filariasis*.

WHO Technical Report Series No. 701. (1984). *The Leishmaniases*.

WHO Parasitic Diseases Programme. (1988). *Guidelines for Leishmaniasis Control*. WHO/Leish/88.25.

WHO Technical Report Series No. 739. (1986). *Epidemiology and Control of African Trypanosomiasis*.

8
Nutritional disorders

Introduction

The problem
This chapter is concerned with the disorders that affect individuals who have inadequate supplies of energy and nutrients in their body tissues for them to function to their full capacity. Malnutrition—which may manifest itself in a number of different ways—is so widespread that it represents a major public health problem within urban and rural communities in many developing societies. It is most visible among children, particularly during periods of acute food shortage (famine). However, children living under conditions of poverty and deprivation are always at risk of becoming malnourished, even if the overall image of their society is one of prosperity and general well-being.

Nutritional trends
In the long-term the nutritional status of populations will improve if there are real increases in the value of their incomes. However, within countries that are severely affected by nutritional problems, both *per capita* incomes and the people's average dietary intake of energy and other nutrients, are increasing extremely slowly[1]. A World Bank study revealed a fall in average energy consumption in 26 of the 90 least-developed countries of the world during the 1970s[2]. The World Bank's nutrition adviser observed that in poorer countries the short-term nutritional outlook looked grim in the late 1970s—an expectation that has been corroborated by events of the early 1980s[3].

The United Nations (through its Nutrition Sub-Committee) has recently reviewed trends in the nutritional status of the world's population during the last twenty-five years[4]. Data on the quantity of staple food available per person, the patterns of child growth and infant mortality rates have been separately analysed for different regions of the world. The report concludes that in most regions nutrition has improved. However these improvements were most evident during the 1970s; following the severe economic recession of the 1980s, improvements in living conditions within some regions have slowed, or even halted. Thus although there have been continued falls in the proportion of children who are underweight in Europe, North America, Central America and Asia between 1980 and 1984, the proportion has remained stable during this period in Latin America and has **increased** in much of Africa.

UNICEF has reviewed the changing fortunes of the world's children during the 1980s[5] and concludes that the proportion of underweight children is increasing in many of the countries for which figures are available. UNICEF considers that this recent global deterioration in the nutrition of children results from a combination of the effects of economic recession and international debt. It suggests, in the 1989 report on the 'State of the World's Children', that at least half a million children died during 1988, as a direct result of the slowing down of social and economic progress in the developing world.

The need for action
The need for action to reduce the extent and severity of malnutrition is perceived by governments, international organizations and other agencies concerned with development. Increasing levels of malnutrition are associated with an increasing number of deaths—particularly among children. At the same time, the World Bank recognizes other, long-term consequences of childhood malnutrition, consequences which

adversely affect prospects for **national** development. Evidence points to 'a considerable human and economic waste caused by inadequate nutrition . . . malnutrition is beginning to be seen both as a cause and effect of under-development'[3].

However, recent analyses of programmes implemented by governments and international agencies to reduce the incidence of malnutrition within developing communities reveal a succession of disappointing results. This generalization applies to programmes concentrating on:

Promoting production, within communities at risk, of nutritious foods[6].
Providing food aid to communities identified as being short of food[7].
Delivering food supplements to young children[8].
Offering nutrition education to household members in an attempt to influence the choices they make about the types of food they eat[9].

Aetiology

Malnutrition is a problem which defies easy solutions. It is usually caused by a variety of inter-acting factors. It is found among members of households that have inadequate food supplies, limited purchasing power, poor health conditions and incomplete knowledge about nutrition[3]. Many of the causes are closely linked to the social and economic circumstances within which households exist—resources are unequally distributed, with poor and socially disadvantaged households at greatest risk of malnutrition[10]. These circumstances are often maintained by pre-existing political and economic structures within societies—structures which determine households' access to means of production, to employment and to welfare facilities. Nutrition programmes attempt to change the ways in which household members produce, purchase and/or use food; they must, however, be implemented within this structural context. As a result, staff working in these programmes may well be unable to guarantee that disadvantaged households have sustained access to the basic requirements for good health and nutrition.

Nutritional strategy

It is now clear that no one nutritional strategy can result in a sustained reduction in the incidence of malnutrition within societies that are afflicted by social and economic deprivation and the power-lessness that so often accompanies it. A combination of different strategies is needed, including: the creation of new employment opportunities, the availability of food at an affordable price, improvements in the status of women, problem-solving educational interventions and accessible and affordable health care. Many governments have not been able to create an effective mechanism for implementing nutritional programmes which offer some or all of these strategies to communities at risk in a coordinated fashion.

Implementation

Nutrition is not a 'sector' like health or agriculture. Activities undertaken within nutrition programmes have to cut across the organizational charts of different ministries. They require the combined attention of professionals from a range of different disciplines. The implementation of such programmes is frequently hampered by their complexity and the difficulties that governments face in identifying a ministry or department that can take the lead in implementing a coherent multi-sectoral programme. Those programmes which are widely recognized as being successful—such as Tanzania's Joint Nutrition Support Programme in Iringa district, or the Government of India's Integrated Child Development Service scheme—usually have specially developed mechanisms for co-ordinating and implementing their nutrition-related activities.

Malnutrition as a public health problem: the role of the health worker

It is thus inevitable that malnutrition—among adults as well as children—will continue to be a concern of health care personnel within developing countries for the foreseeable future. Health workers will need to be familiar with the different types of nutritional problems that occur within their communities and be able to assess their magnitude, describe their distribution and analyse important pre-disposing factors. They will need to know techniques for identifying those individuals at risk of becoming malnourished and methods for averting the dangers associated with malnutrition. Treatment of individuals who are severely malnourished should be in a manner which involves their families and other community members. Wherever possible, health workers should encourage communities to evolve their own strategies for reducing the number of people at risk of developing severe malnutrition. They must recognize, however, that those community members who are vulnerable may not be in a position to take action themselves to reduce the risks they face.

Fuller details on some of these roles are given on pages 236–240.

Nutritional disorders in developing societies

In any one community the individuals with nutritional disorders are only a minority of those who are affected by energy and nutrient deficiency, and who, as a result, face both short and long-term risks of ill health. Hence, in this chapter, we will devote little space to the analysis of clinical conditions which conventionally are identified as 'nutritional disorders' (kwashiorkor, marasmus, xerophthalmia, anaemia, beri-beri, cretinism and rickets). The diagnosis and treatment of these problems is described in standard texts on nutrition. Instead, we will concentrate on the four common types of nutritional deficiencies that affect populations throughout the world:

- Energy and nutrient malnutrition
- Vitamin A deficiency
- Iron deficiency
- Iodine deficiency

The most widespread problem results from deficiencies in supplies of both energy and a variety of nutrients (which may include protein). We refer to it as energy and nutrient malnutrition though its more conventional name is protein-energy malnutrition. The three other nutritional problems of widespread public health importance are likely to be associated with isolated deficiency of a single nutrient, though they can occur in combination with deficiencies of energy and other nutrients.

The conditions associated with each of these deficiencies can result in the affected individuals facing increased risks of disability and death. The magnitude and nature of these risks, the means by which individuals at risk can be identified in community studies and the distribution of the different deficiency states within developing societies are considered below.

Risks associated with energy and nutrient malnutrition

Energy and nutrient malnutrition (ENM) is found amongst individuals who do not eat enough. Deficiencies in energy supplies lead to a reduction in the individual's capacity for work (which may present, in children, as inactivity). As the body fat stores are mobilized to provide energy, weight is lost. There is then a slowdown in the rate of linear growth. Subsequently, body function may be impaired with a reduction in the individual's capacity to fight invading pathogens which results, in part, from a failure of the cell-mediated immune system to function properly. Individuals with ENM are likely to have more prolonged and severe illnesses following normally trivial infections than are individuals who are well nourished[11].

Clinical features

The clinical presentation of individuals with severe ENM is variable. Weight loss leads to body wasting and the clinical conditions of **marasmus**. Marasmic children may develop oedema (**marasmic kwashiorkor**). In some situations, children may present with oedema and other signs without previous weight loss. They are diagnosed as suffering from **kwashiorkor**, a syndrome for which the precise aetiology is still a subject for much debate. In some situations it may result from isolated deficiencies of protein intake, though it is also suggested that ingestion of mycotoxin can predispose to the development of kwashiorkor in children[12].

The effects of increasing children's energy and nutrient intake on the health risks that they face have not been studied in a controlled fashion. It is therefore not possible to assess the extent to which risks associated with children being wasted or stunted are a result of their lacking energy and nutrients or are a reflection of the circumstances under which they are being brought up. The effects of adverse home conditions would not necessarily be countered simply by increasing children's energy and nutrient intakes. However there is abundant evidence that programmes which combine nutritional and medical interventions can lead to improvements in the growth of child populations and reductions in their mortality rates[23].

Risks associated with vitamin A deficiency

Vitamin A is a fat soluble substance found in meat and dairy products. Carotene is a substance found in plants which is converted to vitamin A in the body. Vitamin A is needed throughout the body for the maintenance of epithelial tissue, the membranes which cover individual body structures and organs. The eye has a particularly high requirement for the vitamin, both for epithelial surfaces and for the photoreceptive cells of the retina. When vitamin A levels are low it is therefore the eye which is most obviously affected.

Clinical features

Changes in the conjunctiva and cornea which result from vitamin A deficiency are collectively referred to as **xerophthalmia** (dry eye); if detected at an early stage the changes can be reversed by giving the vitamin by mouth.

More severe vitamin A deficiency is associated with **corneal xerosis**. The corneal surface is dry and roughened, with a surface that looks 'pebbled' (rather than the normal smooth and glistening surface). Early treatment can result in a return of normal eye function. However, once the cornea is involved the eyes are painful and they may prove difficult to examine without a method for retracting the child's eyelids. Destruction of the cornea leads to the formation of **corneal ulcers**. Rapid therapy in superficial ulcers can lead to a restoration of normal function. Deeper ulcers perforate leading to iris prolapse and, eventually, to **keratomalacia** (destructive, liquefactive, full thickness necrosis of the eye).

Lack of vitamin A has other effects—these include keratinization of epithelial surfaces other than the eye. A study investigating the death rates of over 3000 children in rural Indonesia during an 18 month period found that the mortality rate for children with mild xerophthalmia was, on average, four times the rate for children without xerophthal-

mia. Follow-up of surviving children revealed that respiratory and diarrhoeal diseases were two to four times more likely to have developed in children who had xerophthalmia than in those who had not[13]. Mortality associated with xerophthalmia can be reduced through the administration of vitamin A: in a vitamin A supplementation trial of 450 villages in Northern Sumatra between 1982 and 1984, the death rate for children from the supplemented villages was 34 per cent lower than that observed in the non-supplemented villages[14].

Risks associated with iron deficiency

Throughout the world millions of people suffer from iron deficiency, particularly women and children.

Clinical features

Iron is needed for the production of haemoglobin—the substance which transports oxygen in the blood. Iron deficiency gives rise to muscle weakness and to abnormalities in cellular morphology and growth.

The effect of iron deficiency on brain function remains unclear though one well-documented behavioral disturbance associated with iron deficiency is **pica**: a compulsion to eat non-food material.

There is also uncertainty about the relationship between iron deficiency and resistance to infection. On the one hand, the immune system functions less well in iron-deficient individuals. However, other studies suggest that iron deficiency may help the individual to survive infection. It is reported that an anaemic child with falciparum malaria has a less severe parasitaemia, and a lower likelihood of developing cerebral complications, than one with a normal haemoglobin level.

Risks associated with iodine deficiency

Vitamin A and iron deficiencies are found universally throughout the developing world. Iodine deficiency is largely restricted to those areas where iodine concentration is low in the soil—and therefore in the water and in locally produced food. The presence of so-called goitrogenic substances in some local foods (which impair the body's ability to utilize iodine) may increase the likelihood that deficiency signs will develop in areas that are low in iodine. (Cassava, for example, contains thiocyanates, which are well-known goitrogens).

Clinical features

Iodine is essential for the production of the thyroid hormones: triiodothyronine (T_3) and thyroxine (T_4). When an individual's iodine supply is deficient the thyroid gland becomes enlarged in an attempt to produce the quantities of the hormone that are needed by the body. This enlarged thyroid is called a **goitre**. If the prevalence rate of goitre in a community is high, this is not, in itself, a major public health problem though some older adult sufferers may be affected by mild myxoedema.

Congenital iodine deficiency syndrome

However, the prevalence rate of endemic goitre is associated with the incidence of endemic cretinism and deaf mutism among newborns. If the prevalence rate of goitre among women of child-bearing age exceeds 50 per cent, as many as 10 per cent of newborn children will have impaired mental and physical capacity as part of the **congenital iodine deficiency syndrome**.

This condition, which probably results from low levels of thyroxine in the maternal blood, has two forms: neurological (deaf mutism with spastic diplegia) or myxoedematous (severe mental retardation and dwarfism). Less severe iodine deficiency is not associated with frank cretinism but may lead to coordination defects in otherwise normal children[15].

The birth of cretins can be totally prevented through giving iodine supplements to women of childbearing age.

Assessing nutritional status of populations

Information about the nutritional content of people's diets is sometimes used to predict the presence or absence of nutritional disorders in populations. The amount of nutrients in the diet are compared with the recommended daily allowances[16]. In practice, variability in individual requirements for energy and nutrients, and the practical difficulties in undertaking dietary surveys, have led nutritionists to look for other methods of assessing population nutritional status.

Energy and nutrient malnutrition

Clinical observations and biochemical measurements of the levels of substances in body fluids are not well-suited to community studies, and the usual practice is to employ anthropometry (the measurement of various aspects of body size) to identify adults and children affected by ENM.

Anthropometric measurements

Growth monitoring

Ideally the growth of children is monitored through regular weighing and plotting the weight on a **growth chart** (Fig. 8.1). Suitable charts are available now in most countries and growth charting is a central activity in most child health programmes. However, interpretation of what appears on a growth chart may not be easy. Health workers are taught to be concerned if weight is not increasing; a fall in weight is a sign that the energy and nutrient supplies in the child's body are diminishing. The child may be in danger. It is important that health workers are in a position to offer assistance to a mother when children do lose weight. Workers need to be able to investigate—at least through history taking and examination—children whose weight is falling.

There are several reasons why workers do not weigh children: they may be too busy (weighing takes time) or they may not have access to inexpensive, yet reliable, scales.

An alternative to regular weighing is regular arm circumference measurement—a fall in **mid-upper-arm circumference** (MUAC, *see* p. 222) is also a sign that a child faces dangers (Fig. 8.2).

Nutritional indices

Measurement on a single occasion of a child's weight, height or MUAC can be used to assess his/her growth pattern by conversion into values for nutritional indices.

The index most commonly used is **weight-for-age** (the child's weight is compared with the reference weight value for his/her age). Values for this index can easily be calculated if the child's age is known. However, interpretation of weight-for-

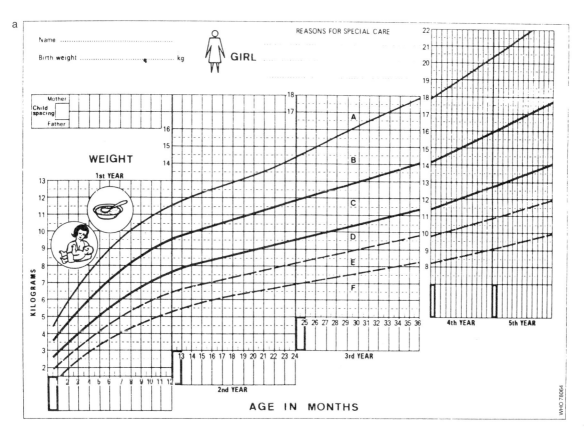

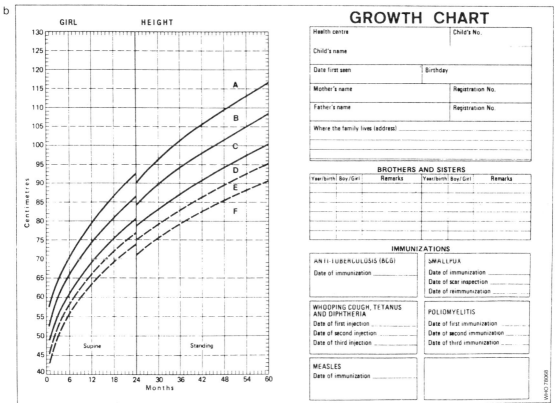

Fig. 8.1 *Example of a growth chart. (a) Face (b) Reverse*

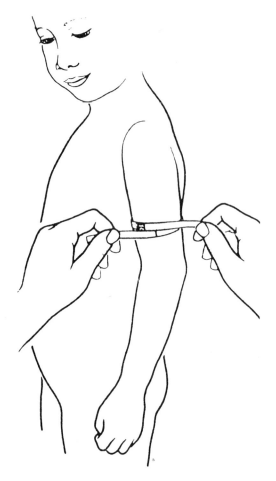

Fig. 8.2 *Mid-upper-arm circumference measurement using a colour-coded tape (made from non-expanding plastic)*

age data may be difficult. Is the child's weight lower than the reference value because of recent weight loss or because of a long-standing slow-down in the rate of linear growth? Is the child becoming thin (wasting) or short (stunting)? Is the child *both* wasted and stunted? (*see* Fig. 8.3) The dangers faced by wasted or stunted children are different, and children who are both wasted and stunted face greatest danger[17]. When community studies are undertaken, prevalence rates of wasting and stunting should be reported separately: these are particularly useful if prevalence rates are reported according to age-group (e.g. 0–2 years, 2–4 years, or better still, 0–1 year, 1–2 years, 2–3 years, etc.).

The most useful index of wasting is **weight-for-height** (or **weight-for-length** in children under the age of two years). The child's weight is compared

with the international reference weight for a child of the same height (or length).

Height-(or length)-for-age is used to indicate stunting. The child's height (or length) is compared with the international reference height (length) for a child of the same age.

A child's **birth weight** indicates the energy and nutrient supply it received during gestation, and is usually related to the nutritional and health status of the mother during pregnancy.

Mid-upper-arm circumference (MUAC) -for-age can be used to provide information about growth deficits—it provides an indication similar to that given by weight-for-age. A child's MUAC increases little between the ages of 24 months and 60 months: many field workers use the absolute value of MUAC to assess childhood nutritional status after the age of one year (though they report difficulties with the interpretation of results, from children aged 12–24 months).

Selection of indices for assessing nutritional status

When selecting indices the investigator may choose to follow recommendations of the World Health Organization and other specialized agencies. However, as more information becomes available about the biological significance of values for these indices within different settings, investigators may wish to consider which indices are most appropriate for their purposes.

Birthweight reflects the nutritional status of mothers during pregnancy and provides a valuable index of the risks faced by the infant. Studies in South Asia reveal that an infant's weight-for-age is a valid indicator of subsequent risk of death[18] and both weight-for-height and height-for-age indicate the risks of death faced by children who are assessed in the second year of life[19]. Arm circumference has also been shown to be a useful index of risks that children face, especially if it is related to the height of the child[20]. Similar studies confirm that low weight- and height-gain rates indicate the likelihood of subsequent mortality[21]; the use of weight-gain charts in nutrition programmes has recently been reviewed[22].

The relationship between anthropometric indices and risks of death vary in different locations and care must be exercised when data from one location are used to guide the selection of cut-offs for anthropometric indices in another.

In practice, the selection of indices will also be influenced by local constraints. What kinds of measurements can be made in the community under study? Are there sufficient field staff? Can they be trained to make accurate and precise measurements? Is the necessary equipment available?

Once the indices for study have been selected, the investigator will consider the most suitable way to calculate values for the indices from original anthropometric measurements, and will select appropriate cut-off points for each index that will be used to indicate different degrees of ENM.

Calculation of values for a nutritional index

The calculation procedure is best illustrated by examining one index first. An investigator who wants to assess the weight-for-age of an 18 month child who weighs 10 kg needs to find out the reference weight for a child of that age.

Reference figures

Until recently the most widely used growth reference figures were obtained from a group of children in Boston, USA[24]. The WHO has now recommended a change[25]—due to the introduction of a new method for calculating values of nutritional indices (*see* below)—and has compiled reference figures from the US National Centre for Health Statistics (NCHS)[26], smoothed and presented in an appropriate manner for use by investigators[27].

The choice of reference figures for nutritional assessment is controversial. Many field workers advocate the use of locally derived nutritional reference figures: they are concerned that the international figures are inappropriate for their communities. There is a clear case for using such local figures when an attempt is made to compare the growth pattern of an individual child with others in his/her community. However, for community studies the international reference figures are usually appropriate. Although growth patterns of children are determined by a combination of nutritional, infectious, environmental and genetic factors, the genetic influences are far less relevant in children aged less than five years. Careful studies of the growth of children from a variety

of different ethnic groups reared in privileged environments reveal that their growth potential—until they reach the age of five years—is primarily determined by nutritional, infectious and environmental factors, and to a far lesser extent, by genetic influences[28].

In some communities there may be a shortage of specific nutrients, such as zinc[29] or protein, which exert an overriding influence on the rate of linear growth of children. Within these situations all the community's children (privileged as well as unprivileged) will have slower growth rates than those of the international reference populations. But they will also be experiencing nutrient deficiency, which *may* have implications for their long-term functional capacity, and it is important that if such widespread deficiencies do exist, the information is revealed when community nutritional studies are undertaken. Hence most authorities, including the WHO, recommend that international reference figures be used for nutritional assessment as these facilitate comparisons between communities in different locations, at different times.

Percentages versus *z* scores

Returning to our example, the investigator could express the child's weight as a percentage of the reference weight figure. Hence the investigator looks up the reference weight for 18 months in WHO tables, finds it is 13.5kg and then calculates that weight-for-age as:

$$10/13.5 \times 100 = 74 \text{ per cent}$$

However, the statisticians who advise WHO have pointed out that complications can arise if attempts are made to perform statistical analyses on a large number of percentage values. They have recommended, instead, that the differences between actual values and reference figures for anthropometric measurements be expressed as *z* scores (standard deviation units). To calculate the *z* score for the child in our example, the investigator needs to know the standard deviation (SD) of the reference weight figure for an 18 month old child (this can also be found in the WHO tables —it is 1.2). The *z* score is obtained by subtracting the actual weight from the reference weight and dividing the difference by the SD:

$$(13.5 - 10)/1.2 = 2.9$$

It is hardly surprising that many field workers are confused by this development. The recommendation to use z scores required the WHO to locate a set of reference figures that were sufficiently well analysed to yield standard deviations. Hence the change from the familiar Harvard to the less familiar NCHS figures (*see* above), and the need to know the SD of the reference as well as the reference value itself.

Field staff who are easily able to calculate and understand percentages find the assessment of z scores to be much more complicated. In situations where investigators are interested to assess the prevalence of children with low nutritional status, and are unlikely to want to calculate an average value for the nutritional index of the children under study, the percentage-of-reference approach is still valid. It remains widely used in practice.

Interpretation of nutritional index values

Weight-for-age
The cut-off points generally used for weight-for-age (W/A) are:

Severe malnutrition	<60% of reference
Moderate malnutrition	60%–75% of reference
Mild malnutrition	75%–90% of reference

The WHO now suggests that children with a weight-for-age z score of more than two units below the reference be diagnosed as malnourished.

Weight-for-height
The cut-off points generally used for weight-for-height (W/H) are:

Severe wasting	<70% of reference
Wasting	70%–80% of reference

WHO now suggest that children with a weight-for-height z score of more than two units below the reference be diagnosed as wasted.

Height-for-age
Cut-off points for height-for-age (H/A) are:

Severe stunting	<85% of reference
Stunting	85%–90% of reference

WHO now suggests that children with a height-for-age z score of more than two units below the reference be diagnosed as stunted.

Two-way classification for stunting and wasting
A two-way classification for wasting and stunting developed to identify children in greatest need of help is shown in Table 8.1. Oedematous children are usually classed with the wasted group whatever their weight-for-height.

Figure 8.3 shows how weight and height information can be used to classify malnutrition of the four children: A is well nourished, B is stunted, C is wasted and D is both wasted and stunted.

MUAC-for-age
The usual cut-off points for mid-upper-arm circumference (MUAC) are:

Malnutrition	<12.5 cms
Borderline	12.5–13.5 cms

Practical aids for the assessment of nutritional status

Most workers find that the basic requirement in all nutritional surveys is **good technique**: field workers need to be taught how to use assessment devices correctly and their technique should be checked regularly. The following aids are useful:
The coloured arm circumference strip—a tape that is coloured red (up to 12.5 cms), yellow (12.5–13.5 cms) and green (over 13.5 cms) provides a rapid tool for colour coded assessment.
The weight-for-height wall chart—a wall chart which consists of a series of columns, each with coloured zones at the upper end, can be used, once a child has been weighed, to give an immediate indication of the degree of wasting. This device is useful for identifying children in danger. It does not yield results with sufficient precision for field survey work.

Table 8.1 Two-way classification of nutritional status according to weight-for-height and height-for age*

Height-for-age	Weight-for-height (degree of wasting)	
(degree of stunting)	≥ 80%	< 80%
≥ 90%	Well nourished	Wasted only
< 90%	Stunted only	Wasted and stunted

* The cut-offs using the new WHO recommendations would be z scores ≤ −2 for both weight-for-height and height-for-age

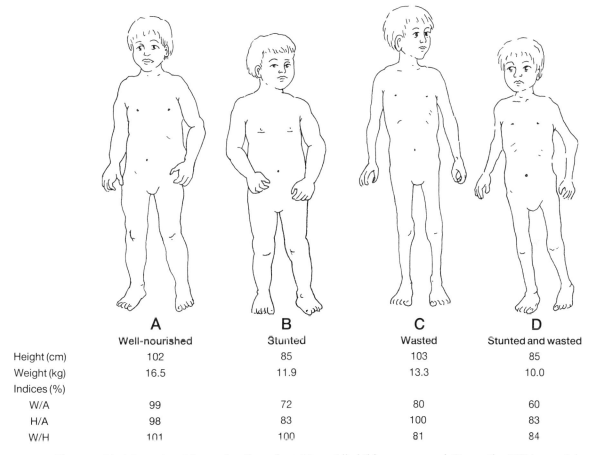

	A	B	C	D
	Well-nourished	Stunted	Wasted	Stunted and wasted
Height (cm)	102	85	103	85
Weight (kg)	16.5	11.9	13.3	10.0
Indices (%)				
W/A	99	72	80	60
H/A	98	83	100	83
W/H	101	100	81	84

Fig. 8.3 *The use of height and weight to classify malnutrition. All children were aged 48 months. W/A = weight for age; H/A = height for age; W/H = weight for height* (Courtesy of Erica Wheeler.)

TALC scales—a new low cost weighing scale which consists of a spring which extends in a linear fashion when a weight is applied has been developed by the Tropical Child Health Unit at the Institute of Child Health in London[30].

CDC anthropometry package—field workers frequently experience difficulty in calculating values for nutritional indices from lists of figures extracted from tables of reference values. Several computer programmes have been developed to facilitate the calculation of z scores: one, produced by the Center for Disease Control (CDC), USA, is now widely available and offers a range of facilities that are particularly useful to those undertaking large scale surveys[31].

Vitamin A deficiency

Most workers study the prevalence of symptoms and signs of eye disorders when attempting to assess the magnitude of vitamin A deficiency.

Night blindness
The existence of night blindness is both a sensitive and a specific symptom of early vitamin A deficiency in children: vision in daylight is unimpaired but the ability to see in conditions of low light is progressively lost. A mother can often say whether or not her child is night-blind, especially if the local term for this condition is used (such as 'chicken eyes' in Indonesia).

Xerophthalmia
Clinical diagnosis of xerophthalmia is never easy. Examination in a good light is essential and well-

printed colour photographs are a useful aid to the training of field workers who have to diagnose xerophthalmia[32]. Bent paper clips can be used as lid retractors. Some workers have suggested that dyes which stain dead cells on the conjunctiva or cornea (e.g. rose bengal or lissamine green) can help to increase the sensitivity and specificity of clinical diagnoses of xerophthalmia[33]. More recently, field studies have been undertaken to assess the usefulness of Impression Cytology in the diagnosis of vitamin A deficiency. A recent field trial in Indonesia has shown it to be a simple and reliable test[34].

Differential diagnosis Children with vitamin A deficiency can be differentiated from children who have conjunctivitis. Eyes with active corneal involvement are 'white and quiet'. This is in sharp contrast to the red eye with swollen lids and purulent discharge seen in cases of bacterial, fungal and viral conjunctivitis.

Iron deficiency

Iron deficiency is first manifested as a drop in levels of serum haemoglobin, then as an increase in iron binding capacity and eventually as a fall in red cell haemoglobin levels and red cell volume.

Anaemia
In community surveys the degree of iron deficiency is commonly assessed using blood haemoglobin levels and assessing the percentage of the population with haemoglobin levels below internationally agreed cut-off values (Table 8.2). In rural areas laboratory facilities are seldom available and anaemia is either diagnosed clinically or with the help of a colorimeter.

Differential diagnosis Recent evidence also suggests that folic acid, riboflavin and ascorbic acid are additional factors which may be needed to prevent anaemia in some individuals; in particular, that riboflavin has a role in iron metabolism. Such nutrient interactions complicate the interpretation of low haemoglobin levels and microcytic anaemia in community surveys.

Iodine deficiency

The prevalence of iodine deficiency can be assessed by measuring urinary iodine excretion: if it is less than $25\mu g/g$ of creatinine, iodine deficiency exists. As such measurement is rarely possible, indicators of iodine deficiency are needed. The presence of cretins in the population is an indication that iodine deficiency exists.

Goitre
In practice, though, it is the prevalence rate of endemic goitre that is most commonly used in assessing the level of iodine deficiency disease in a community. Goitres are classified according to their size (Table 8.3). Most field surveys concentrate on assessing the prevalence of visible goitres.

Occurrence of nutritional problems

Epidemiology of energy and nutrient malnutrition

The worldwide prevalence of wasting and stunting under the age of 5 years was recently reviewed by the World Health Organisation.

Prevalence and distribution

Malnourished children are to be found everywhere: in urban squatter settlements or village

Table 8.2 Haemoglobin levels below which anaemia is likely to be present in populations living at sea level[35]

Group	Haemoglobin (g/100 ml)
Adult males	13
Adult females: non-pregnant	12
pregnant	11
Children: 6 months to 6 years	11
6 years to 14 years	12

Table 8.3 Classification of thyroid enlargement in the assessment of iodine deficiency disease[36]

Grade	Thyroid characteristics
0	Not palpable
1a	Palpable (at least as large as distal phalanx of subject's thumb) not visible with head raised
1b	Palpable and visible with head raised
2	Visible with head in normal position
3	Visible at a distance
4	Very large goitre

communities; camped around prosperous estates or living alongside railway lines. They are rarely displayed in public view (except in refugee camps) as parents, understandably, do not want to advertise the consequences of their deprivation.

Wasting

The wasting prevalence rates are usually higher amongst children between the ages of 12 and 24 months: in latin american countries, wasting prevalence amongst children in this age-group is usually reported at less than 10 per cent. The range of figures is much greater for african countries and prevalence rates for south asian countries are generally high (Bangladesh 40–50 per cent, Burma and India 30–40 per cent, Indonesia, Nepal and Sri Lanka 20–30 per cent).

Stunting

Prevalence rates for stunting are considerably higher even in the 12–24 month age group (greater than 50 per cent in Botswana, Yemen, Nepal, Philippines, Central America and Haiti).

Groups affected

In any developing society energy nutrient malnutrition is most commonly detected in childhood. At the same time, the malnourished child is the marker of a family that is nutritionally at risk. At-risk families tend to belong to the most disadvantaged of groups in any society: those with the smallest landholdings, the lowest income and the least flexibility to cope with unexpected stress such as illness or harvest failure.

Seasonal pattern

A number of investigators report that in subsistence farming societies wasting is most common towards the end of the dry season and during early rains, some weeks before harvest. This is the season when the incidence of infectious diseases is highest, when food stocks are low and when parents are busiest working on their land. During these months weight gain will be poor. After the harvest there is a dramatic increase in weight gain rates. Height gain may also show seasonal variations.

Epidemiology of vitamin A deficiency

Prevalence

Recent estimates suggest that 400 000–500 000 preschool-age children in India, Indonesia, Bangladesh and the Philippines will develop active corneal xerophthalmia each year. Twelve times as many children will develop non-corneal xerophthalmia[37]. On this basis, the latest estimate for the incidence of vitamin A deficiency blindness is 250 000 per year in these four asian countries alone[38]. The global figure will be at least twice this amount. Given that vitamin A deficiency is also associated with substantial increases in children's risks of mortality, the public health problems associated with vitamin A deficiency are extremely serious; estimates of their seriousness increase yearly as more precise data become available.

Distribution

Vitamin A deficiency disease is most prevalent in Asia, where more is known about it than anywhere else. The situation in Africa is unclear; clinical xerophthalmia is often reported in areas where ENM is common and where red palm oil is not regularly consumed. Larger numbers of african children have experienced corneal destruction in association with severe measles[38]. The problem is seen in other areas, though to a lesser extent. There are areas of high xerophthalmia prevalence in parts of Middle and South America and the Caribbean.

Groups affected

Most xerophthalmia, especially its severe destructive form, is found in young children. Studies in Indonesia showed that the prevalence of Bitot's spots reached its highest level in children aged 3–4 years (2 per cent). The highest prevalence of active corneal cases was found among younger children (aged 2–3 years); the younger the child, the more severe the disease[37]. Xerophthalmia, like ENM, is most likely to be found in the poorest households in a community.

Seasonal pattern

Xerophthalmia prevalence is greatest during the hot, dry months when green leafy vegetables are least prevalent and the incidence of infectious disease is high.

Epidemiology of iron deficiency

In Asia, surveys have revealed that between 40 per cent (Philippines) and 80 per cent (Bangladesh) of children are anaemic; the anaemia is mainly due to iron deficiency. Figures for Latin America are similar though there is marked variation between countries. Highest prevalence rates are found among pregnant women and young children.

Epidemiology of iodine deficiency

The recommended daily allowance for iodine intake in an adult is 80–150μg. If intake falls below 20μg/day, iodine deficiency disease becomes likely. Estimates suggest that at least 400 million people in Asia (China, India, Bangladesh and Indonesia in particular), and many more in South America and Central Africa, have iodine intakes below this level[39].

Prevalence and distribution

Iodine deficiency is more likely to be prevalent in inland, mountainous areas. In Ecuador, the prevalence of cretinism may still be as high as 8 per cent. In Africa, endemic goitre is common in Ethiopia, Upper Ghana, northern Kenya, parts of Nigeria, Sudan, Cameroon, Tanzania, Zambia and Zaire. In some areas of Zaire the prevalence of goitre among school children is 80–90 per cent. Endemic goitre is widespread in Asia with prevalence figures in mountainous areas exceeding 50 per cent. Congenital iodine deficiency syndrome may affect at least 10 per cent of births in parts of India, Bangladesh, Nepal and Pakistan.

Iodine supplementation programmes have led to a reduction in goitre prevalence—and the incidence of congenital iodine deficiency syndrome—in several countries[36].

Determinants of undernutrition in the community

The individual

The immediate determinants of energy and nutrient supplies in the body are:

- Levels of intake
- The presence of pathological processes which affect their intake or availability
- The presence and availability of energy and nutrients within body stores.

The household

These determinants operate at the level of the individual, yet they are influenced by characteristics of the household to which the individual belongs and the actions of household members (particularly mothers) on whom that individual may depend.

Important household characteristics include the access of household members to means of production and of earning income, or a combination of the two; relevant activities of household members include the time available for child feeding and care and practices adopted and actions taken when household members are ill. If the household's access to food, health care or other basic needs is limited, the strategies by which its members cope with such shortages in basic needs and the stresses that they impose, have an important influence on whether or not these shortages will lead to functional impairment.

The community

The economic characteristics of households are inextricably bound up with economic and political structures within any society—be it urban or rural.

These links are manifested through individual household members' access to markets for employment and produce, ability to obtain credit (for consumption as well as production needs) and their obligations to their creditors. Household members' actions will be influenced by cultural norms within the society, the means by which these are regulated, their access to education about ways of preserving health and their access to health care facilities during times of illness.

The state

National government policies and development initiatives are bound to influence the economic and political processes which occur at community or household levels. In most developing countries, the state has a policy of intervening to improve households' access to basic needs, providing opportunities for poor households to obtain production credit, to purchase food at a controlled price or to have access to adequate health care.

In practice, few countries have the human and physical infrastructure to implement these policies and the result may be that benefits meant for the poorest fail to reach them. If development interventions are established in an arbitrary fashion, not regulated or are inadequately resourced, the consequences for the poor may be the reverse of what is expected. Countries that are presently facing severe economic recession and are being expected to undergo structural adjustment are likely to have particular difficulty in establishing development programmes which fulfill the interests of disadvantaged groups.

Energy and nutrient malnutrition in childhood

Feeding patterns in infancy and childhood

The diets of infants and children change with age: during the first few years of life they obtain their energy and nutrients from many different sources.

Newborn infant

Within developing societies many mothers have relatively small gains in weight during pregnancy and a high proportion of children are born with low birthweights (<2.5 kg).

For some months after birth most infants receive breast milk. Sometimes the child is given breast milk substitutes from a bottle or cup. The mother may also give other milk in addition to breast milk as a top-up.

Weaning

The mother then introduces her infant to non-milk foods. Initially these will be fed as liquids or semi-solids, either direct from a cup or with the help of a spoon. This introduction of non-milk foods is the start of weaning. Then, after some months, the child is given the same food as the rest of the family. Breast feeding is stopped. The weaning period is defined as the interval between the age when the child is first introduced to other foods besides milk and the age when he is receiving the same food as the rest of the family. Children often receive special foods and are fed more frequently than the rest of the family for several years after breast feeding (or feeding with breast milk substitute) has stopped.

The majority of children pass through the weaning period without problems. However, in many developing countries at least 15 per cent of children die before their first birthday; at least 25 per cent may die before they are five years old. There are several factors that contribute to the increase in health risk during the weaning period:

Susceptibility to infection During the first months of life children are *susceptible* to infection. They have not previously been exposed to disease-causing organisms (pathogens) and have therefore not had a chance to acquire any resistance to them. Their body defences depend on antibodies from the mother, supplied either from the mother's blood stream, via the placenta, or provided in the breast milk. If newborns and young infants are exposed even to a very small number of pathogens they are more likely to be infected and develop illness than more resistant older children.

Sensitivity to changes in energy and nutrient intake Infants and young children have small stores of energy and nutrients but because they are growing rapidly their needs for energy, protein and vitamins (per kg body weight) are higher than those for older children.

Vulnerability Infants and young children are *vulnerable*: they are dependent on their mothers for adequate diet, for warmth, for protection from sources of infection and for care when ill.

In addition to these problems, a child's progression from breast feeding to the family diet is rarely smooth. For example, if a child has been introduced to semi-solid foods and then becomes ill, the mother may revert to exclusive breast feeding for a time and then reintroduce semi-solids as the child recovers.

Unfulfilled energy and nutrient requirements

In the first year of life children grow rapidly. The amounts of energy and nutrients needed to sustain this growth are, when adjusted for body weight, greater than the needs of older children and adults.

A one-year-old child, for example, needs two-and-a-half times as much energy per kilogram body weight as does a seven year-old[40].

Usually if children eat a mixed diet and their energy intakes exceed the recommended level, protein and nutrient intakes will also be satisfactory: isolated protein deficiency is rare. However, if energy intake is low it is likely that the intake of nutrients (protein, vitamins and minerals) will be low too. This may be reflected in a high prevalence of deficiency diseases in the community.

Energy intake and weaning
Ideally a child's total energy intake should increase smoothly during the first few months of life. Energy and nutrients from liquid and solid foods gradually replace those supplied by breast milk. Breast feeding is continued until other foods supply sufficient energy and nutrients to meet the child's needs. Such a pattern is shown in Figure 8.4a.

In practice though, the total amount of energy consumed by a child sometimes falls when weaning is started (as shown in Figure 8.4b). This may be because:

- the energy density (energy per unit volume) of weaning foods is low.
- the child is not used to new feeding techniques and eats less
- the amount of energy actually given to the child falls

The growth of exclusively breast fed children in many developing countries appears to falter from as early as three months of age[41]. Most nutritionists take the view that healthy mothers are able to produce enough breast milk for adequate growth until their infants are aged between 4 and 6 months[42]. By this time, regular supplementation with other foods should have begun.

Interaction between malnutrition and illness: the vicious circle

Effects of illness on energy and nutrient intake
Malnutrition can occur even in situations where children are offered adequate amounts of energy and nutrients in their diet. Children may lose weight as a result of acute infection, or fail to gain weight at the expected rate as a result of a chronic illness. Infections and other illnesses affect energy and nutrient supplies in several ways, the most important of those being: loss of appetite by the child, witholding of food by the mother and a reduction in the efficiency of absorption of nutrients during digestion[43]. Illness may also affect the way in which energy and nutrients are stored and utilized within the body.

Infants and young children are more likely to be ill with infectious diseases than their older siblings and parents. Diarrhoea, acute respiratory infection, measles, whooping cough and parasitic infestations are common in children aged less than three years of age.

Illness and feeding   It has long been recognized that loss of appetite has a dramatic impact on

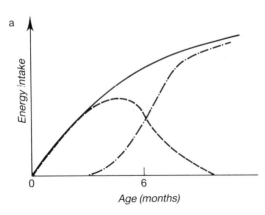
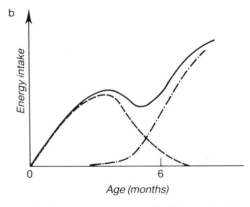

Key: – – – – – – Energy from breast milk ;   ·–·–·–·– Energy from other foods ;   ——— Total energy intake

Fig. 8.4 *Energy intakes during weaning. (a) Ideal pattern. (b) Typical pattern showing a decline in energy intake at the start of weaning (Courtesy of Erica Wheeler.)*

quantities of energy and nutrients consumed by young children. Studies in Uganda demonstrated that sick children consume less than half of what they eat when they are healthy[44]. The impact of illness on children's dietary intake has been demonstrated in Guatemala[45]. Sick children are also fussy about *what* they will eat. Parents, too, have definite ideas about the food that can be given to sick children: mothers sometimes stop giving certain foods—even breast milk—to their children when they are ill. However, even when mothers are highly motivated to continue feeding during illness, their children's actual intake is likely to be lower than when they are well.

Illness and weight Studies in the Gambia[46] and Nepal[47] confirm the associations between episodes of infection and weight loss in children, and underline the importance of this interaction in triggering the development of acute malnutrition. After an episode of illness most children rapidly regain the weight they have lost, provided that extra food is given. This rapid gain is sometimes referred to as 'catch-up growth'[48].

Effects of malnutrition on illness

The child whose growth is faltering, or who has lost weight (and has become wasted) is also more likely to be severely ill for a longer period when suffering from an infection than one who is well nourished[11]. This outcome is probably a result of impairment of the child's immune system as a result of low energy and nutrient availability. The interaction between malnutrition and infection is likely to be an important determinant of the increased risk of death experienced by children who are underweight and/or stunted[19].

The vicious circle

Infections can reduce appetite and lead to weight loss. A low weight gain (or weight loss) in childhood is associated with impaired defences against the effects of infection. An infected child is liable to become malnourished; a malnourished child is at increased risk of severe infection. Children caught up in the vicious circle of repeated infection and weight loss may slide inexorably towards severe malnutrition and death, with their parents perceiving that they are powerless to intervene.

Childhood infections as a result of a contaminated diet

Breast milk substitutes

Much has been written about the advantages of breast milk over substitutes derived from animal milk[49]. Breast milk is readily available, it has unique anti-infective properties and it is sterile. This sterility is important given the newborn's limited defences against pathogens. A study in the Gambia showed that children who were exclusively breast fed had a lower incidence of diarrhoea in the first six months than those who were given breast milk substitutes[50].

Weaning

Other studies from the Gambia have suggested that once weaning has been started, children will be exposed to large numbers of pathogens especially if the household environment is contaminated. If weaning foods are kept for several hours after preparation they will contain large numbers of bacteria. This is probably an important cause of diarrhoea in Gambian children at weaning age[51].

Health and nutrition workers may therefore face difficulties when advising mothers about the time to start weaning. On the one hand, they may advise an early start—when children are only three months old—in an attempt to increase growth rates. On the other hand, they may want to delay the introduction of new foods until the child is better able to deal with exposure to new pathogens. Workers can certainly give advice about the hygienic preparation of weaning foods but they know that families living in poor or heavily contaminated environments find the advice difficult to put into practice. In such situations mothers will need improved water supplies and sanitation, more fuel, and plenty of spare time[52].

Problems posed by bulky diets

We have already emphasized that children need more energy per kilogram body weight when they are young than when they are older. This means that they have to be fed frequently and to eat meals that have large quantities of energy and nutrients in small volumes. The energy and nutrient density of children's feeds must be high. However the energy densities of foods differ greatly.

Consider the energy needs of a child weighing

10 kg. According to the FAO/WHO tables of energy requirements[40] he will need 100 kcal per kg per day (1000 kcal altogether) to meet his requirements. In a country where the staple food is rice, the child's requirement can be provided in several ways:

Rice alone. Boiled rice contains 100 kcal per 100 g, so his energy requirements would be fulfilled if he ate 1 kg of rice (Fig. 8.5a).

Breast milk could be given as well as the boiled rice. He could obtain his 1000 kcal from 850 g boiled rice and 250 ml of breast milk (Fig. 8.5b)

Fat (butter, ghee or vegetable oil) could supplement the boiled rice and breast milk. If the child were to be given a quarter of his energy as fat, he would need to consume 250 ml breast milk, 600 g boiled rice and 27 g fat (Fig. 8.5c).

Sugar is a valuable source of soluble calories. If the child received a daily diet of 500 g rice, 25 g sugar, 27 g fat/oil and about 250 ml (breast) milk he would consume as much energy as is contained in 1000 g boiled rice, but in about half the volume (Fig. 8.5d). The energy density of the diet would be higher, and it could be made palatable without dilution with water or heating.

The child is much more likely to be able to eat a high energy density diet—especially if he is ill and has a reduced appetite. However we need to bear in mind that fats and sugar contain only energy and no protein. Unlike staple cereals, they contain few other nutrients. A diet in which much of the energy is supplied by fats and sugar should also contain additional sources of vitamins, iron and protein: the ideal weaning diet has a high energy density and

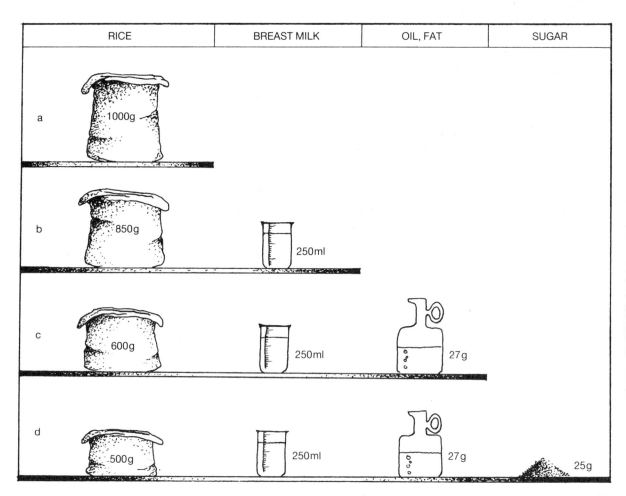

Fig. 8.5 *Amounts of rice needed by a 10 kg, one-year-old child in a day when eating a diet of rice alone (a); or when supplemented with milk (b); milk and fat (c); milk, fat and sugar (d). The quantities in each diet are calculated to meet the daily energy requirements of 1000 kcal (4200 KJ)*

consists of protein, energy and vitamin-rich foods such as milk or a combination of pulses and green vegetables.

Poverty: the main determinant of ENM

Many surveys undertaken in rural areas of developing countries have emphasized that poorer families are more likely to have malnourished children. In a study in rural Bangladesh household wealth was estimated from the size (floor area) of the dwelling[53]. Children from poor households were more likely to be severely stunted than those from wealthy households. Such associations between nutritional status and household wealth have led many investigators to examine links between poverty, the domestic environment, child illness and food intake in more detail.

Difficulty with increasing intake

If children from wealthy families suffer from a few days' illness, they may lose weight but they have plenty of reserves of energy and nutrients and they make up for the weight loss by eating more than usual later. The weight loss is rapidly followed by catch-up growth. Children from poor families are likely to have lower reserves of energy and nutrients and no extra food available to be given during recovery: they may never catch up as illness follows illness.

Constraints faced by mothers

We have already emphasized that the infant has special feeding needs. In our experience mothers are usually well aware of the feeding practices that are best for their child, but because of environmental and economic factors outside their control they may not be able to put this knowledge into practice:

Time Infants and children, particularly when unwell, make heavy demands on their mothers' time. Mothers are busy working to produce food or earn cash and may find it hard to set aside enough time for child care.

Food shortage The household may also be short of food: foods with a high energy or nutrient density like fats, oils, sugar, meat, eggs and even animal milk are expensive and they are only purchased occasionally.

Family customs Other adults in the family—her husband and mother-in-law—will influence the mother's decisions about how she looks after her child. The mother will have to follow this advice even if she does not totally agree with it herself.

The seasonal dimension of poverty and malnutrition

In rural areas of many developing countries where household economy is based on subsistence farming, the main crop harvest takes place over only a few months of the year. Combined effects of the environment and the household economy may lead to profound seasonal influences on child feeding practices and nutrition. Typically, food stocks run short and food has to be purchased in the months preceding the harvest. Money for this must be obtained through labouring or by borrowing. If money is borrowed the family will need to earn extra money to repay the loan and its interest. At harvest time there is pressure on all household members who are fit and active to be involved in agricultural activities and this leaves little time for child care. Seasonal fluctuations, both in the workload of household members and in the availability of food, are a common feature of life for poorer households in developing countries.

During the months when food stocks are low and labour requirements are greatest, adults commonly lose weight. Growth rates of children also vary with the season[54]. In a monsoon climate the growing season is also the season when rainfall is greatest, when infections spread easily and when the incidence of many diseases, particularly diarrhoea, is also high.

Studies in a Gambian village revealed that half the infant deaths occurred during the three months of the rains. This coincides with the time of maximum disease transmission, low levels of household food stocks and the disruption of the mother-child relationship through intense agricultural activity[55].

Longitudinal studies conducted in a village in East Nepal show that diarrhoeal disease in children accompanied the first of the summer rains; that child weight gain is greatest after the harvest (see Figure 8.6); that wasting is most prevalent in mid to late monsoon (when food is short and adults are busy) and least prevalent a few months after the

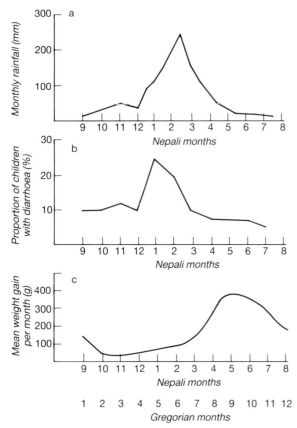

Fig. 8.6 *Seasonal pattern of rainfall (a); diarrhoea reporting rate (b); and average monthly weight gain (c); of children in a village in Eastern Nepal*

harvest[56]. The peak prevalence for stunting follows that for wasting by about three months[55]. Children in this Nepalese village are most likely to be malnourished during the months when women are busiest, illness (among adults and children) is most common, food is in short supply, market prices for cereals and fats tend to be high, and many families fall into debt.

Determinants of vitamin A deficiency

Isolated deficiency of vitamin A—in the absence of other nutritional deficiencies—does occur. Several workers report that communities (and even households) in which xerophthalmia is prevalent have inadequate intakes of retinol and carotenes. In practice, small children may not be given the green leafy vegetables that older household members consume.

Retinol binding protein
Severe forms of the disease are often associated with other co-existing factors that may affect both levels of, and demand for, retinol binding protein. These include energy nutrient malnutrition, and infections.

Epithelial damage
An association between measles and xerophthalmia has been reported. When the measles virus infects the conjunctiva and cornea, the epithelia are damaged: if there is insufficient vitamin A or retinol binding protein available for epithelial regeneration, xerophthalmia may develop. Herpesvirus infection of the cornea is also sometimes seen after measles and the resulting ulcer (which may be atypical in appearance) can be misdiagnosed as indicating xerophthalmia.

Determinants of iron deficiency

Causes of iron deficiency include:

- Low intake of iron in the diet
- Poor absorption of iron from cereal and vegetable based diets
- Parasitic infections (e.g. hookworm) leading to loss of blood
- Blood loss due to menstruation

If these factors affect individuals who have high demands for iron (such as pregnant women and young children) the deficiency effects may prove to be severe.

Determinants of iodine deficiency

The usual reason for Iodine Deficiency Disease is a lack of iodine in the soil which results in low iodine content of water and locally produced food. In any population better-off people eat a larger proportion of luxury items and are therefore unlikely to develop endemic goitre even if the area is deficient in iodine.

In places where the iodine content of the diet is low, and not sufficient, in itself, to cause widespread goitre and cretinism, the actual content of the diet may be an important factor determining whether or not this problem will develop. Goitrogens impair the body's ability to utilize iodine and increase the likelihood that iodine deficiency signs will develop. Goitrogens in cassava may be one of the reasons for the reportedly high prevalence of iodine deficiency signs in part of Zaire.

Strategies for tackling nutritional problems in the community

It is useful to distinguish five strategies that governments, non-governmental groups and local organizations might choose to adopt to reduce the extent and severity of nutritional problems in society. Although it is possible, in theory, for all five strategies to be adopted simultaneously, there will be emphasis on one or the other within any nutritional initiative. The aim and the main activities for each strategy are given below. The activities which are undertaken by health workers—activities that relate to strategies 1, 2 and 3—are described in the next section.

Strategy 1

Aim
Reduce the number of individuals who die as a result of severe malnutrition—especially in situations of severe nutritional emergency.

Main activities
Identify those who are experiencing severe functional consequences (e.g. marasmus, kwashiorkor) as a result of low energy and nutrient supply
Understand these pathological processes
Provide low cost and effective treatment in an acceptable manner
Follow-up, where possible, in an attempt to reduce recurrence

Strategy 2

Aim
Improve the nutritional status of at risk individuals in populations through selected interventions that are targeted to those most at risk.

Main activities
Identify those who are most at risk of malnutrition and mortality

Ascertain the precipitating factors (e.g. bulky diets, high infection prevalence, inadequate vitamin consumption)
Deliver services that counter these precipitating factors to those who are at risk efficiently and with high coverage
Create increased awareness of the issues and stimulate demand from people at risk and their community workers.

Strategy 3

Aim
Improve the nutrition and health status of children in the community through offering a comprehensive maternal and child care service.

Main activities
Identify and attempt to disentangle the multiple interactions between health and nutritional status at individual and household level
Offer comprehensive, acceptable and accessible services (on demand) that both *prevent* the development of problems and *alleviate* them once they have developed
Target these services at mothers (especially those most in need) so that they can better care for their children
Expect that this improved care will be reflected in better health and nutritional status.

Strategy 4

Aim
Improve the well-being of adults and children in the community through offering a comprehensive combination of economic development assistance and social welfare provisions.

Main activities
Identify social and economic groups at greatest risk of nutritional deprivation
Examine determinants of their food security and purchasing capacity, exposure to infection and access to health care
Identify events that place stress on the economy of vulnerable households and initiate programmes that provide disadvantaged households opportunities to improve production

Increase income and, where relevant, support the coping responses they adopt when faced by stresses that may provoke malnutrition.

Strategy 5

Aim

Adopt regional or national food and development policies which improve the production and purchasing capacity of disadvantaged households and the environmental conditions within which they live.

The role of the health sector

The different kinds of nutrition interventions that can be offered at community level are considered in terms of their possible benefits and the cost associated with providing them.

Malnutrition is most likely to be observed in adults and children from poor households, in communities with few resources at their disposal, in countries that are poor with limited prospects for improving their overall wealth. Primary health care sevices can, in this situation, reduce the likelihood that individual children, or their families, actually become malnourished; the services can also help to ensure the survival and recovery of those who suffer. They cannot tackle the root causes of the problem. The impact of a health service intervention on a community's nutritional status will depend on the extent, content and effectiveness of the service. However, countries with a high incidence of malnutrition usually do not have a well-developed health system.

In recent years many organizations have found that unless interventions can be provided at the local level, with full participation by the people themselves, they are unlikely to reach those who need them. In practice, though, communities with limited resources will not easily be able to generate such participation.

Specific actions taken by health workers to tackle malnutrition

The *main activities* that can be implemented in primary health care (PHC) systems are concerned with:

- Treatment of severe malnutrition
- Preventive care in early malnutrition
- Provision of nutritional resources and services for groups at risk
- Provision of public health resources for the community

The actions involved in each activity are listed below, followed by further discussion of some of these actions.

Treatment of severe malnutrition

Resuscitation, recuperation and rehabilitation: facilities are provided where malnourished individuals are given medical care and therapeutic food to resuscitate them; they then recuperate under supervision and are rehabilitated back onto home diet.

Preventive care in early malnutrition

Monitoring and providing preventive care to those who are likely to become malnourished involves:
Detection of those who are becoming malnourished through growth monitoring (discussed below)
Treatment to stop the development of malnutrition: basic treatments by first contact health workers; more complex treatment at nearby referral centres discussed on page 237)
Nutrition education to encourage changes in behaviour that will benefit people's nutrition discussed on p. 238)

Nutritional resources and services for groups at risk

Supplementary feeding. Those at risk of becoming malnourished are given a small daily supplement to boost their energy and nutrient intakes. Programmes are usually directed to pregnant and lactating women and children (discussed on p. 238)
Distribution of vitamins and minerals. Those at risk of isolated vitamin or mineral deficiency are given vitamin A, iodine and/or iron at regular intervals, sometimes as high doses (e.g. 200 000 units of vitamin A every six months).
Changing food-related practices. Attempts are made to stimulate more appropriate food production, preparation (e.g. vegetable gardens or local food processing) and feeding practices.

Public health resources

The resources are designed to reduce incidence of disease and improve health. They are not primarily aimed at improving nutrition but may have an impact on the nutritional status of children.

Oral Rehydration Therapy (ORT). Prompt administration of ORT to individuals with diarrhoea will reduce the risk of death and promote recovery of appetite. Some studies suggest ORT has a direct effect stimulating growth (especially if a cereal based solution is used).

Immunization against infectious diseases. Measles, whooping cough and tuberculosis all lead to reductions in food intake and may precipitate malnutrition. Measles and whooping cough can be prevented through effective immunization. Tuberculosis may similarly be prevented in some situations.

Family planning that promotes child spacing. Increased birth intervals are associated with reductions in infant mortality. The time available to mothers to care for individual children under the age of 5 is increased and this, together with the smaller number of mouths to feed, results in better nutritional status.

Anti-parasite treatment. Some studies have suggested that infestation with parasites adversely affects the nutritional status of individuals[57]. The association between hookworm and iron deficiency anaemia is well documented. The relationship between round worm and ENM is less clear, as is the impact of deworming campaigns.

Detecting those who are becoming malnourished: growth monitoring

Individuals who are becoming malnourished are identified through a programme which monitors their growth regularly. Growth data also provide valuable information on the overall health of children. Growth monitoring is an important part of any child health programme.

Growth can be monitored using regular measurement of weight or mid-upper-arm circumference (*see* p. 222)—provided that these measurements are made with precision. Results are plotted on children's growth charts (*see* Fig. 8.1) and the shape of the curve serves as an indicator of the child's changing nutritional status. Mid-upper-arm circumference has been recommended for use in situations where scales are not available. A fall in arm circumference of 1 cm or more is usually a sign that the individual has lost weight.

UNICEF has promoted widespread growth monitoring as part of its child survival strategy. However, if health workers are to use growth monitoring to reduce the incidence of malnutrition, they must[58]:

- See children regularly and know their ages
- Have the time to weigh children, plot their weights and interpret the curve (3–4 minutes per child *at least*)
- Be trained to diagnose reasons for growth faltering
- Have access to interventions that will improve growth rate

If children are not seen regularly a single weight-for-age measurement can provide some information as to the seriousness of a child's nutritional problem. If age is not known, weight-for-height can be used to good effect. See pp. 220–225 for the calculation and interpretation of these indices.

Fetal growth

Pregnant women are less easily monitored: few programmes are able to see pregnant women regularly and good quality adult weighing scales are expensive.

Treatment to arrest the development of malnutrition

The importance of infections in precipitating weight loss and malnutrition has already been described (*see* p. 230). In one study in Nepal over 95 per cent of malnourished children attending a nutrition unit were suffering from infectious disease[59]. Weight that has been lost will only be restored if the infection is treated and appetite is restored. Individuals with severe malnutrition must be re-introduced to food gradually and cereal-based food preparations can be used with good effect. The majority of disease complaints can be handled with a limited range of medicines including oral rehydration salts, analgesics, antihelminthics, antimalarials, antiseptic skin paint and simple antibiotics (in our experience, cotrimoxazole is particularly useful given its stability, broad spectrum and twice daily dosage).

Nutrition education

Nutrition education describes communications that are designed to teach people to make better use of available food resources. It is usually focused on changing the dietary practices that affect young children and pregnant and lactating mothers.

In some situations children receive energy and nutrient intakes well below their requirements because of an absolute lack of food in the home. In such situations nutrition education may cause offence and have a negative effect. However, field workers frequently report that even in households which are able to meet the caloric needs of all members and have food to spare, young children still consume less than they require. Demands on mothers' time for agricultural or industrial labour, may restrict the hours available for child feeding. Children may also be suffering from infections that reduce their appetites. Increasing children's energy intakes may require the use of lower volume, more expensive energy sources, such as fats or oils[60].

Nutrition education commonly focuses on the following themes:

- Increased dietary intake of pregnant mothers
- Breast feeding, not bottle feeding
- Early supplementation of the diet of children of weaning age (4–6 months)
- Increased frequency of feeds for pre-school children
- Maintenance of feeding when a child is ill
- Hygienic preparation of foods

Data on the effectiveness of nutrition education programmes are almost non-existent.

Dietary supplementation for mothers and children

One common approach to improving children's nutrition involves the use of regular food supplements given to pregnant and lactating mothers and children. If they are to lead to improved growth, these supplements must:

- Be *targeted* to those most at risk
- Not be shared out between family members
- Not be associated with a reduction in the diet given to the individual at home

The most effective programmes are those which are closely supervised. The beneficiary should receive a full ration (usually 300–400 calories/day). This is most likely to occur if food is cooked and consumed at a central point though the organizational problems of setting up feeding centres and running them are substantial. A number of nutrient supplementation programmes have been established in countries affected by isolated nutrient deficiency. These include regular administration of high dose vitamin A (six monthly) and 5 yearly injections with iodine in oil.

Results

Few supplementary feeding programmes have been evaluated; even fewer show that beneficiaries have fared better than non-fed controls. In Jamaica and Colombia, children receiving 25–30 per cent of the daily caloric requirement in their food supplements showed a 40 per cent reduction in the prevalence of severe malnutrition over 6–12 months. However in two studies in India conflicting results were obtained. Such differences are attributable to the ways in which supplementary feeding is managed. Well managed micronutrient supplementation programmes have resulted in reduced incidences of cretinism (iodine), blindness (vitamin A) and anaemia (iron).

Supplementary feeding programmes have negative effects too. Dependence on supplements can become a serious problem if these come from outside the local community as they may precipitate a change in food habits that is not sustainable.

Planning and implementation of nutrition strategies

Many health ministries are responsible for developing national nutrition strategies, planning programmes and implementing nutritional surveillance. They may be entrusted with tasks that include:

- Providing regular information on the nutritional status of the population
- Deciding on nutrition interventions to be undertaken by PHC workers
- Providing training, supervision and technical support
- Managing food fortification and mass education campaigns (*see* below)
- Co-operating with other sectors undertaking interventions which can benefit nutrition (e.g. water supplies and sanitation, agriculture extensions, interventions in food markets)

Food fortification

Governments may fortify foods or food additives that are consumed by a target population by the addition of a particular nutrient or mineral. Sugar and monosodium glutamate have been fortified with vitamin A in Guatemala and the Philippines respectively. Salt has been fortified with iron in India.

Mass education campaigns

Some governments have undertaken nationwide education campaigns about different aspects of nutrition, e.g. promoting breast feeding or encouraging widespread dietary change to healthier eating habits.

Implementation

Programmes to tackle malnutrition depend upon:
Participation of the people for whom they are designed. They must not be imposed on them. Unless they are designed with an understanding of local conditions, they are likely to fail.
A variety of interventions. Any one programme should consist of a variety of interventions implemented through several channels, including, but in no way confined to, the health services.

The impact of integrated nutrition and PHC programmes has been convincingly demonstrated. In experimental and non-governmental schemes, mortality rates for infants and children aged 1 to 4 have been reduced by between 30 per cent and 75 per cent, when compared to populations in the same areas not receiving services[61]. Yet programmes which provide selected technological interventions in an attempt to reduce infant and child mortality have reduced death rates in childhood without, apparently, reducing levels of malnutrition[62]. Clearly the type of intervention is relevant: those that offer a range of technologies or support which match the problems faced by a community are more likely to reduce malnutrition levels than those which offer an externally determined and inflexible selection of technologies.

Feasibility

Some countries have already implemented such integrated programmes. Their services have a high coverage and the incidence of malnutrition is kept low. However, many governments lack the infrastructure to implement such programmes and have

yet to report widespread benefits. One promising approach in India is the Integrated Child Development Services Scheme[63], now reaching at least a million children. Results suggest that this scheme—with its combination of food supplementation, nutrition education, distribution of vitamins and minerals, health check-ups, education for women and pre-school education for children—is associated both with improvements in children's nutritional status and reductions in mortality.

Economics: nutrition programmes *vs* development policies

Requirements for nutrition programmes

An important requirement for an effective integrated programme is a tier of community health workers—ideally each worker serving a population of 500. This level of coverage is not easily achieved in government programmes. The costs of workers, medicines, supplies, local transport etc. is hard to estimate though unofficial reports suggest that costs range from £2–£25 per beneficiary per year. If supplementary feeding is added, the cost will increase by a further £10–£25. Studies in Narangwal, India showed that 20 per cent savings were achieved when food supplementation was integrated with infection control mechanisms[61].

The economics of tackling nutritional problems in the community have been studied by a number of authorities. Inevitably successful interventions are expensive, particularly if children are being kept under continuous surveillance. The costs of averting a death or disability are high and few countries are able to afford them, particularly in the present climate of structural adjustment. An alternative—if a government is seriously concerned to reduce levels of malnutrition in its population—is a policy that is directed to improving the food security and living conditions of population groups that are most at risk.

Requirements for a development policy

A nutritional policy that addresses nutritional issues usually involves regular surveillance of different social and economic groups (rather than individuals). A variety of indicators are required, including rainfall, agricultural production, average wages, food stocks and market prices, as well as the incidence of infectious diseases (like diarrhoea) and malnutrition. In this way agencies can identify the groups at greatest risk and institute development programmes that meet their needs.

Conclusion

As long as there is poverty in the world and resources are unequally distributed, there will also be people who are malnourished. Those at greatest risk of malnutrition tend to be the most deprived in our society. They have no voice, limited political clout and are often inaccessible to our development programmes. They need advocates to bring their plight to the notice of the international community. This advocacy should not in any way be associated with any suggestion that there are simple solutions to the problems of malnutrition in the world. The experiences of many national governments and even the international community suggest that there are not. Where there is poverty and suffering, where choices are restricted and where security is compromised, malnutrition will be found. It needs to be tackled not only with energy and imagination, but also with patient realism: simple and speedy solutions do not exist.

References

1. Reutlinger S. and Selowsky M. (1976). *Malnutrition and poverty: magnitude and poverty options, World Bank occasional paper 23*, Johns Hopkins University Press. Baltimore, Maryland.
2. Reutlinger S. and Pellakaan J.V.H. (1986). *Poverty and hunger: issues and options for food security in developing countries.* World Bank, Washington DC.
3.* Berg. (1987). *Malnutrition: what can be done?* Johns Hopkins University Press, Baltimore.
4. UN Sub-Committee on Nutrition. (1987). *World Nutrition Survey.* UN Agencies Co-ordinating Committee, Rome
5. Grant J.P. (1989). *The State of the World's Children 1989.* Oxford University Press, Oxford.
6. Payne P.R. (1976). Nutritional criteria for breeding and selection of crops. *Plant Foods for Man* 2, pp. 95–112.
7. Jackson A. (1982). *Against the Grain.* Oxfam, Oxford.
8. Beaton G.H. and Ghassemi H. (1979). *Supplementary feeding programmes for young children in developing countries.* Report prepared for UNICEF and the ACC Sub-Committee on nutrition of the UN, United Nations, mimeo, New York.
9. Wheeler (1985). In *Nutrition and Agriculture*, Edited by Pacey A and Payne P. FAO, Rome.
10.* Pacey A. and Payne P. (1985). *Nutrition and Agriculture.* FAO, Rome.
11. Black R.E., Brown K.H. and Becker S. (1984). Malnutrition is a determining factor in diarrhoeal duration but not incidence among young children in a longitudinal study in rural Bangladesh. *American Journal of Clinical Nutrition* 39, 87–94.
12.* Hendrickse R. (1984). The influence of aflatoxins on child health in the tropics with particular reference to kwashiorkor *Transactions of the Royal Society of Tropical Medicine and Hygiene* 78, 427–435.
13.* Sommer A. *et al.* (1984). Increased risk of respiratory disease and diarrhoea in children with mild Vitamin A deficiency. *American Journal Clinical Nutrition* 40, 1090–5.
14. Sommer *et al.* (1986). Impact of Vitamin A supplementation on mortality: a randomised controlled community trial. *Lancet* i, 1169–73.
15.* Hetzel B.S. (1983). Iodine deficiency disorders and their eradication. *Lancet* ii, pp 1126–1129.
16. World Health Organization (1985). Energy and protein requirements. Report of a joint FAO/WHO/UNU expert consultation. *World Health Organization Technical Report Series No. 724.*
17. Waterlow J.C., Buzina R., Keller W., Lane J.M. and Nichaman M.Z. (1977). The presentation and use of height and weight data for comparing the nutritional status of children under the age of 10 years. *Bulletin of the World Health Organization* 55, 489–98.
18. Kielmann A.A. and McCord C. (1978). Weight-for-age as an index of risk of death in children. *Lancet* i, 533–5.
19.* Chen L.C., Chaudhury A.M.A. and

*References highlighted for further reading

Huffman S.L. (1980). Anthropometric assessment of energy protein malnutrition and subsequent risk of mortality among pre-school children in rural Bangladesh. *American Journal of Clinical Nutrition* **33**, 1536–45.

20. Sommer A. and Loewenstein M.S. (1975). Nutritional status and mortality: prospective validation of the QUAC stick. *American Journal of Clinical Nutrition* **28**, 287–92.

21. Bairagi R., Chowdhury M.C., Yim Y.J. and Curlin G.T. (1985). Alternative anthropometric indicators of mortality. *American Journal of Clinical Nutrition* **42**, 296–306.

22.* Gopalan G. and Chatterjee M. (1985). *Use of growth charts in promoting child nutrition: a review of global experience.* Nutrition Foundation of India. (Special Publication Series 2), *New Delhi.*

23.* Gwatkin D.R., Wilcox J.R. and Wray J.D. (1981). *Can health and nutritional interventions make a difference?* Overseas Development Council, Washington.

24. Jelliffe D.B. (1966). The assessment of nutritional status of the community. *World Health Organization Monograph Series 53.* World Health Organization, Geneva.

25. Waterlow J.C. (1977). Classification and definition of protein calorie malnutrition. *British Medical Journal* **3**, 566–9.

26. Hammill P.V.V. (1979). NCHS growth curves for children. *Hyattsville Md National Centre for Health Statistics.* DHEW Publication No (PHS) 78–1650 (Vital and Health Statistics series 11: 165).

27. World Health Organization (1983). *Measuring change in nutritional status.* World Health Organization, Geneva.

28. Habicht J.P., Martorell R., Yarborough C., Malina R.M. and Klein R. (1974). Height and weight standards for pre-school children: how relevant are ethnic differences in growth potential? *Lancet* **1**, 611–15.

29. Keller W. and Fillmore C.M. (1983). Prevalence of protein energy malnutrition. *World Health Statistics Quarterly* **36**, 129–167.

30. Teaching Aids at Low Cost. (1986). PO Box 49, St Albans, Herts UK.

31. Jordon M.J. (1986). *CDC Anthropometric Software Package.* Center for Disease Control, Division of Nutrition, Statistics Branch, 1600 Clifton Road, Atlanta, Georgia 30333, USA.

32. Helen Keller International, New York.

33. Kusin, J.A., Sowondo W. and Parlindungan Dinaga H.S.R. (1979). Rose Bengal and Lissamine Green vital stains: useful diagnostic aids for early stages of xerophthalmia? *American Journal of Clinical Nutrition* **32**, 1559–61.

34. Natadistra G., Wittpenn J., West K., Mushilal and Sommer A. (1987). Impression Cytology for the detection of vitamin A deficiency. *Archives of Ophthalmology* **105**, 1224–8.

35. World Health Organization. (1968). Nutritional Anaemia. Report of a World Health Organization Study Group. *World Health Organization Technical Report Series No 405.*

36. de Maeyer E.M., Lowenstein F.W. and Thilly C.H. (1979). *The control of endemic goitre.* World Health Organization, Geneva.

37. Sommer A. (1982). *Nutritional blindness: xerophthalmia and keratomalacia.* Oxford University Press, Oxford.

38. World Health Organization. (1982). Control of vitamin A deficiency and xerophthalmia. Report of a joint WHO/UNICEF/USAID/Helen Keller International/IVACG meeting. *World Health Organization Technical Report Series No 672.*

39. Hetzel B. and Orley J. (1985). Combating iodine deficiency: avoiding tragedy. *World Health Organization* **6**, 260–1.

40. World Health Organization. (1985). Energy and protein requirements. Report of a joint FAO/WHO/UNU consultation. *World Health Organization Technical Report Series No 724.*

41. Waterlow J.C., Ashworth A. and Griffiths M. (1980). Faltering in infant growth in less-developed countries. *Lancet* **ii**, 1176–8.

42. Cameron M. and Hofvander Y. (1980). *Manual of feeding infants and young children.* Second edition. Protein-calorie advisory group of the United Nations system. FAO, Rome.

43. Briscoe J. (1979). The quantative effect of

infection on the use of food by young children in poor countries. *American Journal of Clinical Nutrition* 32, 648–76.

44.   Reutishauser I.H.E. (1974). Factors affecting the intake of energy and protein by Ugandan pre-school children. *Ecol. Food Nutrition* 3, 213–22.

45.   Martorell R., Yarborough C., Yarborough S., Klein R.E. (1980). The impact of ordinary illness on the dietary intakes of malnourished children. *American Journal of Clinical Nutrition* 33, 345–50.

46.   Rowland M.G.M., Cole T.J. and Whitehead R.G. (1977). A quantative study into the role of infection in determining nutritional status in Gambian children. *British Journal of Nutrition* 37, 441–50.

47.   Nabarro D. (1985). Influences on the growth of children: observations from Nepal. *Journal of the Nepal Paediatric Association* 2, 137–205.

48.* Ashworth A. (1980). Practical aspects of dietary management during rehabilitation from severe protein-energy malnutrition. *Journal of Human Nutrition* 34, 360–9.

49.   Mata L. (1978). Breast feeding: main promoter of infant health. *American Journal of Clinical Nutrition* 31, 2058–65.

50.   Watkinson M. (1981). Delayed onset of weaning diarrhoea associated with high breast milk intake. *Transactions of the Royal Society of Tropical Medicine and Hygiene* 75, 432–5.

51.   Rowland M.G.M., Barrell R.A.E. and Whitehead R.G. (1978). Bacterial contamination in traditional weaning foods. *Lancet* i, 136–138.

52.   Waterlow J.C. (1981). Observations on the suckling's dilemma—a personal view. *Journal of Human Nutrition* 35, 85–98.

53.   Longhurst R. and Payne P.R. (1979). Seasonal aspects of nutrition: review of evidence and policy implications. *Discussion paper. Institute of Development Studies at the University of Sussex.*

54.   Nabarro D. (1982). Influences of child nutrition in Eastern Nepal. *Journal of the Institute of Medicine, Nepal* 4, 47–66.

55.   Rowland M.G.M., Paul A., Prentice A.M., Muller E., Hutton M., Barrell R.A.E. and Whitehead R.G. (1979). *Seasonal aspects of factors relating to infant growth in a rural Gambian Village.* Paper presented at the IDS/Ross Institute Conference: Seasonal dimensions to rural poverty, July 1978.

56.* Nabarro D., Howard P., Cassels C., Pant M., Wijga A. and Padfield N. (1988). The importance of infectious and environmental factors as possible determinants of growth retardation in children. In *Linear Growth Retardation in Less Developed Countries.* Ed Waterlow JC. Nestle Nutrition Workshop Series 14. Vevey/Raven Press, New York, 165–83.

57.   Evans J., Martin J. and Mascie Taylor N. (1984). *The effects of periodic deworming with pyrantel palmoate on the growth of pre-school children in Northern Bangladesh.* Molteno Institute, Cambridge.

58.* Nabarro D. and Chinnock P. (1988). Growth monitoring—inappropriate promotion of an appropriate technology. *Social Science and Medicine* 26 (9), 941–8.

59.   Padfield N. and Nabarro D. (1984). The management of children with protein-energy malnutrition in Nepal—Results of treatment in the Dhankuta Nutrition Unit. *Journal of the Institute of Medicine* 6 (1), 1–14.

60.* Morley D., Dearden C. and Harman P. (1980). Eating more fats and oils as a step towards overcoming malnutrition. *Tropical Doctor* 10, 137–42.

61.   Kielmann A.A., Taylor C.E., Parker R.L. (1978). The Narangwal Nutrition Study: A Summary Review. *American Journal of Clinical Nutrition* 31, 2040–52.

62.* Sanders D. and Davies R. (1988). Economic adjustment and current trends in child survival: the case of Zimbabwe. *Health Policy and Planning* 3 (3), 195–204.

63.   Integrated Child Development Services. (1983). A co-ordinated approach to children's health in India: Progress report after five years (1975–1980). *Lancet* i, 109–11.

9

Non-communicable disease: health in transition

Health in transition

In the past few decades significant changes have occurred in the pattern of health and disease in many developing countries. These changes have resulted from the effects of social, economic and technological developments as well as from specific public health and population programmes:

Control of malnutrition and communicable diseases

As these diseases come under control, chronic, non-communicable diseases replace them as the dominant public health problems.

Demographic transition

With reduction in fertility and child mortality, people in developing countries are living longer. Hence, the health problems of older people are assuming increasing importance.

Changes in ecology and life-style

In addition to the demographic changes which bring the health problems of the elderly into prominence, ecological changes in developing countries contribute to the changing pattern of disease. Industrialization, urbanization and the wider use of motor vehicles have increased the incidence of occupational diseases, respiratory problems associated with atmospheric pollution and road traffic accidents. Changes in diet, a more sedentary life, use of tobacco products, alcohol and other drugs have increased the risk of ischaemic heart disease, stroke and other diseases associated with the altered life-style.

These changes have not occurred at the same rate in all developing countries. Furthermore, countries affected by the debt crisis have lost some of their earlier gains in the development of their services. The differences in the health situation between countries at varying stages of development is reflected in the wide range of under five mortality rates (U5MR). At one end of the spectrum, the U5MR is low (< 50/1000 live births)—comparable to some developed countries; but the rate remains very high (> 150/1000 live births) in other countries (*see* p. 11 and Table 2.4).

Epidemiological patterns of disease

Developing countries can be classified into three broad groups on the basis of their health profiles:

Traditional epidemiological pattern

In these countries, parasitic and infectious diseases, acute respiratory-tract diseases and malnutrition occur frequently as major causes of morbidity and mortality; child and maternal mortality rates are high; fertility rate is high and expectation of life at birth is low.

Transitional pattern

These countries are undergoing rapid demographic and epidemiological change: infant, child and maternal mortality rates are declining, fertility rates are high but falling, life expectancy is rising; parasitic and infectious diseases are still prevalent but chronic degenerative diseases and non-communicable diseases associated with modern life-styles and ageing populations are increasing.

Developed-country pattern

The more advanced developing countries have acquired the epidemiological pattern which is typical of the developed countries: fertility rates and infant, child and maternal mortality rates are low; life expectancy at birth is high; cancer, cardiovascular, neurological and mental disorders, degenerative diseases, and problems associated with the changed life-style and behaviour are common.

Earlier chapters in this book have focused largely on the problems affecting the developing countries which are still at the earliest stage of the development of their health services: problems of infection and malnutrition. As the countries evolve in this transitional process, health workers will increasingly pay attention to non-communicable diseases and other problems which are common in developed countries. This chapter briefly discusses a few of such issues:

- Occupational health
- Mental health
- Genetics and health
- Heat disorders

More extensive coverage of these, and other non-communicable diseases can be found in the standard textbooks of preventive medicine.

Occupation: health and disease

Hippocrates in the introductory paragraph of 'Airs, Waters, Places' offered timeless advice on sound environmental medicine to physicians:

'to consider the effects of seasons, to observe how men live, what they like, what they eat and drink or whether they love their work or not'.

But since manual work was not undertaken by the upper classes for which Hippocratic medicine catered, Hippocrates did not emphasize the importance of occupation as a factor in ill health. It was left to Bernando Rammazzini (1633–1714) to develop the Hippocratic teaching and to the questions recommended by Hippocrates he added one more: 'what is your occupation?' Since then, the associated physical and psychosocial hazards of work have continued to attract the attention of health professionals.

Occupational health has gone through many developments and has been variously defined. It was only in 1952 that a joint World Health Organization/International Labour Organization committee offered a definition of the aim of occupational health which was accepted by the World Community: 'the promotion and maintenance of the highest degree of physical, mental and social well-being of workers in all occupations; the prevention among workers of departures from health caused by their working conditions; the protection of workers in their employment from risks resulting from factors adverse to health; the placing and maintenance of the worker in an occupational environment adapted to his physiological equipment and, to summarize: the adaptation of work to man and of each man to his job'.

The characteristics of developing countries

Terms such as developing, less developed, underdeveloped are loosely used. The World Bank (1987) divides the world into five categories (Table 9.1): low income nations with a gross national product (GNP) in 1986 of less than 450 US$; low middle income countries; upper middle income countries; oil exporters; and the industrial market nations. To put it in different terms, 75 per cent of the world's people live in developing nations that collectively account for 20 per cent of the world's wealth and productive capacity. Obviously, all descriptive terms have their limitations but the fact remains that the gap between rich and poor nations is getting wider.

The developing countries share the following criteria:

- Low standard of living
- Low food and energy consumption
- Low literacy level
- Poor health standards and services
- Limited capital equipment
- Rapid population growth with a preponderance of young age groups
- High proportion engaged in agriculture
- High incidence or prevalence of communicable and endemic diseases.

Table 9.1 World population and socioeconomic indicators: 1986*

Nation category	Population (millions) 1986	2000 (projected)	Mean GNP (US$)	Life expectancy (years)	Infant mortality rate	Growth 1986–2000	Urban population 1985
Low income							
China, India	1835	2281	300	64	56	1.6	23
39 others	658	966	200	52	106	2.8	20
Low middle income	690	941	750	59	77	2.2	36
Upper middle income	577	729	1890	67	50	1.8	65
Oil exporters	19	31	14820	64	30	3.6	73
Industrial market	742	782	12960	76	9	0.4	75
Europe and USSR	367	414	n.a.	69	30	0.8	65

*Source: World Bank (1987)

The vicious cycle of poverty and disease can only be broken by industrialization and economic progress. As the workers are the main support of economic and social progress, their health is an essential factor in development and represents an important human goal.

Problems of industrial progress

The problems associated with industrial progress may be summarized under five major headings:

- The high prevalence of epidemic and endemic communicable diseases
- The high prevalence of occupational disease and injury because of inadequate identification and control
- Introduction of the hazards of modern agriculture
- Public health and social problems which arise from industrialization
- Problems of providing medical care, especially for small and widely scattered groups of workers

Occupation and communicable disease

The range of communicable diseases found in the tropics has been covered in Chapters 4–7 of this book. However certain occupations constitute special risks by enhancing the spread of microbial infection. The sources of occupational exposure to infection are classified as follows:

Industrial

- Contact with contaminated material e.g. oils, coolants, dusts, aerosols, radioactive products

Human

- Direct, due to crowding, ventilation, airconditioning

- Indirect, e.g. laboratory infection

Animal

- Direct, by contact with living animals

- Indirect, from material or products derived from animals

Identification of an infection, which is prevalent in the population, as occupational depends on the awareness of the occupational health professionals and the care with which the cases can be investigated.

Occupational diseases

Occupation and health interact with one another. In **occupational diseases** there is a direct cause-and-effect relationship between hazard and diseases e.g. silica dust and silicosis, lead fumes and lead poisoning. In **work related diseases**, in contrast, the work environment and the nature of the job contribute significantly, but as only one of the factors, in the causation of a disease of multi-factorial aetiology, e.g. ischaemic heart disease and musculoskeletal disorders.

The insults from hazardous agents, whether direct or indirect, affect particular organs and systems of the body. All occupational diseases are now described according to the target organ systems : respiratory, cardiovascular, skin, genitourinary, nervous, liver, haemopoietic and endocrine. In this section only an outline of the major syndromes and diseases of each system is given. References giving more detailed information are listed at the end of the chapter.

Occupational lung disorders

The lungs are the major route of entry of noxious gases and dust. The resulting disorders can be grouped into five categories:

Acute inflammation
- Ammonia
- Chlorine
- Nitrous fumes
- Ozone
- Sulphur dioxide

Asthma

- Cotton dust
- Epoxy resins
- Isocyanates
- Various metals
- Various woods

Extrinsic allergic alveolitis

- Air-conditioner disease (bacteria, amoebae)
- Bagassosis (sugar cane mould)
- Bird fancier's disease (avian serum proteins)
- Farmer's lung (*Microsporum faeni*, thermo-phyllic actinomyces from mouldy hay)
- Animal handler's lung

Pneumoconiosis

- Asbestos
- Coal dust
- Silica

Cancers
- Asbestos
- Chrome
- Ionizing radiation
- Nickel
- Hydrocarbons (polycyclic)

Occupational skin diseases

Awareness of the possibility that a dermatosis could be occupationally induced is very important. The occurrence of a cluster of cases from the same work-place should be highly suspicious. The occupational dermatoses may be classified into the following categories:

Parasitic infections
- Animal fleas
- Scabies mites
- Cercariae

Physical conditions
- Fibreglass
- Heat and cold damage
- Vibration
- Chemical burns

Irritant contact dermatitis
- Acids
- Detergents
- Alkalis
- Solvents

Allergic contact dermatitis
- Dichromates
- Epoxy resins
- Dyes
- Formaldehyde

Cancers
- Coal tar
- Mineral oil

The major industries prone to cause occupationally-related dermatoses are:

- Agriculture and horticulture
- Building and construction

- Leather manufacture
- Catering and food processing
- Boat building and repair
- Hair dressing
- Wood working
- Chemical and electrical industries

Occupational diseases of other organs

The list of toxic agents is long and cannot be discussed in this chapter. The agents of importance in the various systems are listed below.

The nervous system
Peripheral

- Arsenic
- Carbamate and organophosphate pesticides
- Triorthocresyl phosphate
- Inorganic lead and its compounds

Central

Those toxins with a particular affinity for the central nervous system are frequently solvents or heavy metals:

- Arsenic
- Organic lead
- Inorganic mercury
- Trichloro-ethylene
- Chlorinated hydrocarbons
- Halothane

Liver

- Carbon tetrachloride
- Chlorinated naphthylenes
- Trichloro-ethylene
- Halothane
- Aflatoxins

Haemopoietic system

- Benzene
- Lead
- Trinitro-toluene

Genitourinary system

- Arsenic
- Cadmium
- Lead
- Mercury
- Carbon tetrachloride

Cardiovascular system

- Cadmium
- Carbon disulphide
- Carbon monoxide
- Mercury

Occupational cancer

Generally, cancers of occupational origin are not distinguishable by their clinical presentation from other cancers. Those agents that have been reported to have a high incidence of or mortality from cancer include:

- Aromatic amines—high risk of cancer of the bladder (aniline, benzidine, 1-naphthylamine and 2-naphthylamine)
- Asbestos—significant increase in risk for cancer of lung, larynx, gastrointestinal tract
- Benzene—acute myelogenous leukaemia
- Beryllium—increased risk of lung cancer
- Cadmium—increased risk of lung cancer
- Chromium—increased risk of nasal and respiratory cancer
- Nickel—increased risk of nasal cancer
- Polynuclear aromatic hydrocarbons—associated with cancers at all sites
- Vinyl chloride and polyvinyl chloride cancers of liver, lung, brain
- Wood dust—nasopharyngeal carcinoma

Hazards of modern agriculture
Definitions

Agriculture means all forms of activity connected with the growth, harvesting and primary processing of all types of crops; with the breeding, raising and care of animals; and tending market gardens and nurseries (WHO 1962).
Agricultural worker means any person engaged either permanently or temporarily, irrespective of his legal status, in activities related to agriculture as defined above (WHO 1962).

Aetiological factors

The diseases of agricultural workers relate to the socioeconomic, cultural and environmental conditions in which they work and live. These include:

- Geographic and ecological characteristics of the area
- Housing and environmental sanitation
- Inadequate medical and health services
- Occupational patterns of farming
- Association with plants and animals
- Association with chemicals and poisons
- Low income levels

It is beyond the scope of this chapter to detail the diseases included in each category but certain examples can be given.

Accidents

Accidents are varied: those due to farm machinery such as tractors, harvesters and other mechanical equipment and those due to bad management around the farm or field.

Diseases

Occupational diseases in agriculture may result from:

- Infections and parasitic diseases
- Poisoning
- Physical factors

Infections and parasitic diseases   These can either be principally contracted through an agricultural occupation (e.g. anthrax, brucellosis, anklyostomiasis, schistosomiasis); or occasionally contracted through an agricultural occupation (e.g. rabies, hydatid disease and malaria).

Poisoning   The use of organophosphate and carbamate insecticides has increased greatly. Field workers may be exposed by:

- Working in a recently sprayed field
- Handling sprayed crops
- Accidental spraying
- Wind-borne spray from an adjoining field

Safe use of pesticides and insecticides should be closely adhered to as outlined by WHO (1985).

Physical factors   The climatic conditions such as temperature, humidity and radiation impose additional stress on the tropical worker. The different aspects of heat stress and disorders are discussed on p. 257.

PRIMARY HEALTH CARE SERVICES

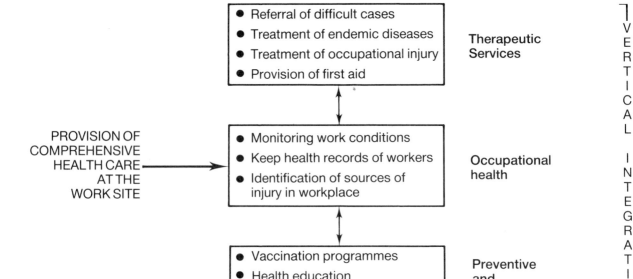

Fig. 9.1   *The position of occupational health in the vertically-integrated system of primary health care*

Public health and social problems

Rapid industrialization and development imply radical alterations in the society. This may lead to the health and social problems of:

- Mass migration of whole communities from the rural areas to the towns
- Psychosocial problems and clashes of old and new values
- Occupational accidents and diseases
- Overcrowding and malnutrition

However, if the development is well planned and properly implemented the benefits will be far greater than the disadvantages.

Problems of providing medical care

A comprehensive approach to the health problems of workers and the gainfully employed should be adopted when occupational health services are planned in developing countries. Khogali (1982) advocated the vertically integrated primary health care approach (Fig. 9.1) to the provision of occupational health care.

Policy issues in occupational health

Thus far this chapter has outlined very general approaches to the recognition and prevention of occupational hazards as well as discussing some of the major health problems specific to developing countries. Another important area in the field of occupational health is the complex relationship between scientific public health issues and the development of healthy public policy. Policy develops through the interaction of workers, management, government and the scientific public health community, nationally and internationally.

Countries throughout the world are members of the International Labour Organization (ILO), WHO and other agencies, adopting their recommendations and standards. The occupational health standards are varied, whether hygiene standards and recommended threshold limit values (TLVs) or notifiable industrial diseases or labour legislation.

Each country and each enterprise has to develop its own occupational health programme to deal with the full relationship between work and the total health of man. The WHO Expert Committee on Environmental and Health monitoring in Occupational Health stated that occupational health programmes should have the following aims:

Control of hazards
'to identify and bring under control at the workplace all chemical, physical, mechanical, biological, and psychosocial agents that are known to be or suspected of being hazardous'

Match suitable workers and jobs
'to ensure that the physical and mental demands imposed on people at work by their respective jobs are properly matched with their individual anatomical, physiological, and psychological capabilities, needs and limitations'

Provide protection
'to provide effective measures to protect those who are especially vulnerable to adverse working conditions and also to raise their level of resistance'

Improve the work environment
'to discover and improve work situations that may contribute to the overall ill health of workers in order to ensure that the burden of general illness in different occupational groups is not increased over the community level'

Implementation of health policies
'to educate management and workers to fulfill their responsibilities relevant to health protection and promotion'

Provision of occupational health
'to carry out comprehensive in-plant health programmes dealing with man's total health, which will assist public health authorities to raise the level of community health'

The above goals are in line with the 'Health For All by the Year 2000' policy which has been adopted by all countries of the World.

Mental health

Throughout the world there is an increasing awareness of mental disorder as a significant cause of morbidity. This awareness has increased with the steady decline of morbidity due to nutritional disorders, communicable diseases and other forms of physical illness. There is also a better understanding of certain behavioural and social problems which had previously not been properly recognized as manifestations of mental disorder. The role of the community both in the prevention of mental disorder and the care of the mentally handicapped has now been widely acknowledged and is regarded as the only appropriate basis for the development of mental health programmes.

Classification of mental disorders

Various forms of mental disorder are encountered:

Impaired intelligence Arrested or incomplete development of the mind.

Psychoses These include the manic-depressive psychoses and schizophrenia, and a variety of organic psychoses which are related to demonstrable lesions of the brain.

Psychoneuroses and psychosomatic disorders.

Behavioural disorders These include maladjustment in childhood, juvenile delinquency, absenteeism, etc.

Psychopathic disorders These present as irresponsible, often aggressive antisocial acts, repeated in spite of appeals, warnings and sanctions.

Objectives of a mental health programme

The main objective of a mental health programme is to ensure for each individual optimal development of mental abilities and a satisfactory emotional adjustment to the community and the environment. Thus, the programme will include:

- Promotion of mental health
- Prevention of mental disorder
- Provision of mental health care

Promotion of mental health

The positive aspect of the mental health programme involves the design and creation of social and environmental situations in which mental health will grow and flourish. The factors which promote mental health are both physical and socio-cultural. The physical aspect includes the promotion of the general fitness of the individual and the control of environmental stresses such as excessive noise. The socio-cultural factors include the consolidation of family life, the control of economic stresses, and the resolution of conflicts within the society.

The prevention of mental disorder

The prevention of mental disorder is to some extent limited because the aetiology of some of these disorders is not known. A number of underlying causes, predisposing or precipitating factors have been identified. The main aetiological groups are:

- Genetic factors
- Organic brain damage
- Socio-cultural factors
- Idiopathic group

Genetic factors

There has been a tendency to exaggerate the role of genetic factors in the aetiology of mental disorder. The familial occurrence of certain forms of mental disorder may be determined by social and environmental factors rather than by genetic factors. Thus, mental disorder in the child of alcoholic parents may have resulted from the stresses of an unsuitable home background rather than from genetic inheritance. There are, however, some clear examples of mental handicap resulting from genetic factors, e.g. Down's syndrome, which is determined by a demonstrable chromosomal abnormality. More subtle genetic factors which are manifested in the form of personality types, response to stresses and other behavioural patterns are recognized but are difficult to quantify. The role of genetic factors in the aetiology of the major psychoses (manic-depressive psychoses and schizophrenics) has not been clearly defined.

Organic factors

Organic brain damage may result from:

Trauma
(including birth trauma)

Infections

- Meningitis
- Syphilis
- Trypanosomiasis
- HIV infection
- Kuru and other forms of encephalitis
- Acute febrile illness
- Hyperpyrexia

Malnutrition

- Vitamin deficiency—pellagra, beri-beri
- Korsakov's psychosis
- Protein malnutrition—clinical and experimental studies suggest that severe protein malnutrition in childhood may result in permanent mental retardation

Toxins

- Alcohol
- Opiates and other habit-forming drugs
- Amphetamines
- Cannabis
- Lysergic acid

Degenerative lesions

- Senility—the increasing lifespan has brought the problems of old age into greater prominence
- Specific degenerative diseases—Sydenham's chorea, Alzheimer's disease

Socio-cultural factors

The social environment of the individual plays a prominent role in determining the state of his mental health. Social stresses can often be identified as initiating and precipitating factors of acute mental disorder. This association is most prominent in relation to behavioural problems in childhood which often reflect emotional problems within the family.

Although patterns of non-organic psychoses are similar in many communities, their manifestations are conditioned by cultural factors. Thus, the recognition of mental disorder depends on a careful evaluation of the norms, beliefs and customs within the particular culture. For example, a man who would not touch a particular object because he believes that it is inhabited by evil spirits may, in one culture, be manifesting signs of acute mental disorder, but in another culture, may be showing no more than reasonable caution.

Idiopathic group

Within this group are various psychotic and psycho-neurotic illnesses, psychopathic personality problems, and behavioural disorders. It seems likely that in most cases, each condition is not the result of a single aetiological agent, but that the occurrence of disease is determined by a chain or web of interrelated factors: a genetic predisposition, facilitating and inhibitory social, cultural and environmental factos, and the existence of various precipitating factors.

Provision of mental health care

In developing mental health services, priority should be given to four areas:

- Psychiatric emergencies
- Chronic psychiatric disorders
- Mental health problems of patients attending clinics, health centres and other curative services particularly at the primary health care level
- Psychiatric and emotional problems of high risk groups

The elements of a community mental health programme

The basic ingredient of a community health programme is community concern for the patients and their families, and community acceptance of its responsibility for the prevention and care of mental handicap. It has been rightly said that 'Community care is possible only in a community which cares'. Community health education is therefore vital to the success of these programmes.

Education

Eradication of superstitious fears and prejudices Traditional attitudes to mental disorder include superstitious fears that the ill patients are possessed by devils and evil spirits. Even in modern societies there are many social attitudes to mental disorder which are unfounded and illogical. These attitudes result in painful social stigma against the mentally handicapped and permanent prejudices against those who have fully recovered. Successful treatment and social rehabilitation of patients will be much enhanced by a tolerant and understanding attitude within the community.

Dissemination of knowledge of the manifestations of mental disorder It is particularly important that the early signs of mental disorder be recognized so that remedial action can be taken promptly. The early signs may be misinterpreted by relatives, friends and society as merely anti-social behaviour calling for punishment rather than treatment. The community should be taught that 'a person who is troublesome, may be a person in trouble'.

Participation of the community in the care and rehabilitation of the mentally handicapped The attitude in many communities is to seek custodial care for the mentally handicapped where the patients can be isolated for indefinite periods. The modern concept is to treat the patients as far as possible within the community, thereby minimizing the effects of the disorder on patient and family, and also facilitating social rehabilitation.

Patterns of care

Facilities are required for out-patient and in-patient care, follow-up services and general mental health promotion in the community.

Out-patient care

Out-patient care within the community would include psychiatric out-patient clinics, a variety of special clinics (child guidance, counselling) and day hospitals. The advantages of the day hospital are that it:

- Conserves limited in-patient hospital resources for patients who require them
- Exploits the social dynamic forces of the community in the care of the mentally handicapped
- Avoids the disturbing effects of the unfamiliar and artificial environment of the hospital
- Assists in the rehabilitation of the patient in his home, family and job.

Preventive measures

The mental health problems of the community are stratified in terms of age and other social features. The mental health programme would include measures to prevent mental disorder which are appropriate at each age-group:

Prenatal
Good antenatal care and delivery services should:

- Ensure normal fetal development
- Prevent congenital infections (e.g. syphilis)
- Avoid intrapartum trauma

Infancy

- Provide emotional security within the family circle
- Care for abandoned children and children without families
- Prevent malnutrition, communicable and other diseases

School age

- Provide a balanced programme of work and play to avoid excessive fatigue (physical and mental)
- Encourage positive use of leisure hours
- Establish satisfactory social adjustment inside and outside the family

Adolescence

- Prevent, identify and deal with emotional problems at puberty by health education (including sex-education)

Young adult

- Assist adjustment to working life, especially where rural/urban, agrarian/industrial transfers are involved

Adult

- Provide counselling service for family life and for resolving conflicts in relation to self, family and community

Old age

- Provide substitute systems of care where traditional extended family systems are breaking down
- Find alternative leadership roles for the elderly where they have been deprived of their traditional position of authority, e.g. provide ritual functions in the community

It is clear from these examples that a successful mental care programme cannot be operated solely by professional psychiatrists and other specialist personnel, but it must include all medical and health workers, voluntary agencies and other community resources.

Genetics and health

In recent years interest in genetics has been greatly stimulated in the tropics and subtropics by the discovery that high gene frequencies for some genetic traits are maintained by providing protection to the carrier against falciparum malaria. The haemoglobin genetic markers vary in importance from one area to the other: while haemoglobin S is the most important abnormal haemoglobin in Africa, it is superseded by haemoglobin E and thalassaemia in South-East Asia.

Many other examples of the interplay between genetic factors and health are available:

Glucose-6-phosphate dehydrogenase deficiency.
G-6-PD deficiency, so common in many areas of the tropics, renders its bearer vulnerable to haemolytic anaemia on exposure to primaquine, fava beans and other agents. The heterozygote genotype confers some protection against malaria (*see* below).

Isoniazid inactivation
Some individuals inactivate isonicotinic acid hydrazide (isoniazid) rapidly, thus vitiating the success of antituberculosis therapy with isoniazid. On the other hand, the 'slow inactivator' is probably more likely to display toxic reactions, such as neuropathy.

Haptoglobins
It is known that a relatively high proportion of Africans lack demonstrable haptoglobins and it is reasonable to postulate that such persons are favoured by selection.

Blood groups
There is overwhelming evidence that patients with carcinoma of the stomach have a higher incidence of blood group A, and patients with peptic ulcer a higher incidence of group O, than control populations from the same area.

Drug resistance
The spread of insects resistant to DDT and other chemicals, of bacteria resistant to drugs, and of malaria parasites resistant to chloroquine are dramatic examples of changes in the genetic composition of natural populations of organisms in response to powerful selection forces.

Genetic modification of malaria

Several red cell inherited factors influence mortality from *Plasmodium falciparum* malaria. Substantial epidemiological, clinical, autopsy and culture evidence is now available to suggest that the following genetic red cell traits afford relative protection against death from malignant tertian malaria:

- Haemoglobins S and E
- α and β-thalassaemia
- Ovalocytosis
- G-6-PD deficiency (heterozygous females only)

Haemoglobin S

When subjects heterozygous for two genes, e.g. (AS) are favoured by selection over both homozygotes (AA and SS), the situation is referred to as 'polymorphism'. One of the best examples of this is in fact provided by the sickle-cell gene which has remained common in parts of the world (especially in Africa), despite the fact homozygotes develop a severe anaemia from which most die in childhood. The hypothesis that the heterozygote enjoys a selective advantage against the lethal effects of *P. falciparum* malaria is now accepted and various facts confirm its veracity:

- The sickle-cell gene is found in its highest incidence in areas where *P. falciparum* malaria is, or was until recently, endemic (Fig. 9.2)
- In areas of stable malaria, high *P. falciparum* densities are significantly less commonly found in children with the sickle-cell trait (AS) than in normal children (AA)
- Post-mortem studies have revealed that death from cerebral malaria does not occur in the *S. heterozygote* (AS)
- There is evidence that the prevalence of the sickle-cell trait in a population increases with advancing years, which is suggestive of differential survival with a greater loss of normal genes (Fig. 9.3)
- It has been found that mothers with the sickle-cell trait had a slightly higher fertility and lower stillbirth rate, and that the birth weights of their children tended to be slightly higher than those of non-sickle cell mothers

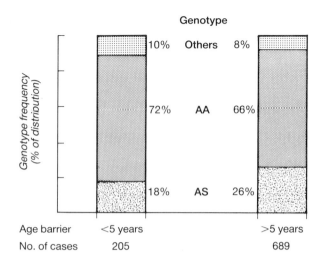

Fig. 9.3 *Haemoglobin genotype distribution in Akufo village, Nigeria. ($X^2 = 6.3860$; $df = 2$; $0.02 < p < 0.05$)*

- Studies *in vitro* have demonstrated that *P. falciparum* parasites do not survive in cells with AS or SS haemoglobin when the oxygen tension is decreased

In vitro culture methods have enabled the mechanisms whereby the sickle-cell haemoglobin protects against the severe effects of *P. falciparum* to be clarified. A combination of cellular and

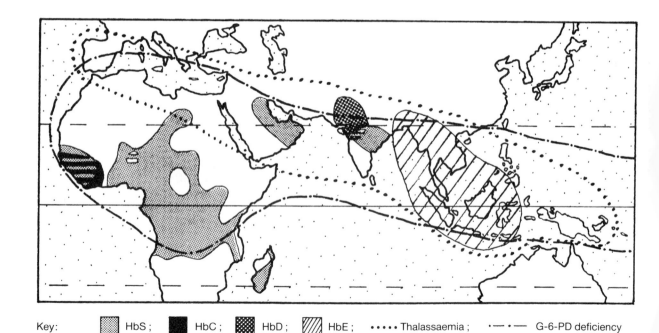

Key: ▓ HbS ;   ■ HbC ;   ▨ HbD ;   ▨ HbE ;   ••••• Thalassaemia ;   —·— G-6-PD deficiency

Fig. 9.2 *Distribution of abnormal red cell genes*

molecular mechanisms is involved, giving rise to adhesion to capillary endothelial cells, sequestration, hypoxia, sickling, leakage of potassium and death of the parasite.

Haemoglobin C

The C gene occurs in its highest incidence in an area of Africa where malaria is stable. However it also occurs in an area where the S gene is found in high incidence. The incidence of the S gene would appear to vary inversely with the incidence of C, in Northern Ghana being 12 to 18, Southern Ghana 18 to 12 and in Western Nigeria 24 to 6 per cent, the total incidence of S and C remaining very roughly constant at 30 per cent in these areas.

Pure haemoglobin-C disease (CC) causes little disability, but double heterozygosity of S and C frequently occurs and death from SC disease is not uncommon, especially in pregnancy. The C gene is therefore at a disadvantage, although the negative selection effect is much smaller than in the case of the S gene, where procreation by homozygotes (SS) is rare.

It has been suggested that, just as in the case of S haemoglobin, C may protect the bearer from the severe effects of *P. falciparum* malaria, thus offsetting the loss of C genes in SC disease. In this connection it has also been suggested that if this were so, C might have evolved from S mutation, a less harmful gene being substituted for a more lethal one. It is, however considered that, as the abnormality in both S and C haemoglobins is in the sixth position of the chain (where the amino acid residue glutamic acid is substituted by valine and lysine residues respectively) it is most likely that haemoglobins C and S arose as independent mutations from haemoglobin A, the mutation A to C being comparatively recent. All evidence to date points to the fact that the presence of C haemoglobin confers no partial protection against malaria.

Haemoglobin F

It has been suggested that the presence of the 'F gene' for fetal haemoglobin might partially protect the bearer against the effects of *P. falciparum* malaria. An analysis of the results of various observers who have examined infants living in malarious districts of Africa reveals a comparatively low level of malaria infection in infants under 3 months of age. An apparent relationship was found in Gambian infants between the disappearance of fetal haemoglobin and the onset of malaria infection, but no definite evidence exists from population studies that haemoglobin F (HbF) protects against the lethal effects of *P. falciparum*. Recent *in vitro* studies however have shown that parasite growth—as opposed to invasion—is impaired in HbF containing red cells, regardless of their source.

Haemoglobin E

In vitro culture has demonstrated statistically significant reductions of *P. falciparum* growth in haemoglobin E containing red cells than in haemoglobin AA cells. The difference became even more pronounced at high oxygen concentrations. The oxygen effect was partially reversed by ascorbic acid. Moreover, 35 per cent of South-East Asian refugees with haemoglobin AE or haemoglobin EE had immunofluorescence antibody titres of 7200 compared with 13 per cent with haemoglobin AA.

Thalassaemia

Epidemiological as well as *in vitro* evidence is now available that α and β-thalassaemia heterozygotes enjoy a selective advantage in a malarious environment. From New Guinea, similar evidence has acrued for the protective effect of *ovalocytosis*.

Glucose-6-phosphate dehydrogenase (G-6-PD) deficiency

Confirmation of the malaria-protection hypothesis of the G-6-PD gene has been sought in various ways: gene-frequency distribution studies in populations living in areas of different malarial endemicity; malaria parasite density surveys in G-6-PD normal and deficient children; induced falciparum malaria in human volunteers; and G-6-PD deficiency among patients with severe clinical falciparum malaria. The results of recent studies have provided evidence that G-6-PD deficient heterozygotes (Gd^+/Gd^-) have a selective advantage against potentially lethal malaria infection.

Rhesus-negative gene

A most interesting hypothesis has been put forward about the possible selection against the rhesus-negative gene by malaria. The incidence of the rhesus (Rh) gene is generally low in areas in which malaria is or was endemic. It was suggested that a population, subject to a heavily malarious environment, might be superior antibody producers owing to selection by elimination of poor antibody producers. If this were so, haemolytic disease of the newborn should be more intense in malarious areas, and Rh-negative genes should be selectively eliminated if the frequency of the gene is or was below 0.50. Hence Rh-negative mothers in a malarious area should show a higher incidence of sensitization to a Rh-positive fetus than their counterparts in northern areas. In Ibadan, Nigeria, over 400 Rh-negative pregnant multiparae were studied and, apart from some who had received previous transfusions of Rh-positive blood, evidence of those sensitized by pregnancy was found in only 2.5 per cent—a lower incidence than the figures recorded from Europe and elsewhere. This evidence does not, therefore, substantiate the above hypothesis.

Clinical significance of genetics

Human genetics is one of the elements that can be used in the planning of coordinated attacks on disease, since it can sometimes differentiate those groups or individuals who are susceptible from those who are not.

Group susceptibility

Genetic factors often determine group susceptibility or resistance to disease, e.g. the racial immunity to vivax malaria of West African Negroes now shown to be related to the Duffy antigen.

Individual susceptibility

The role of genetic factors in individual susceptibility may be seen in twins that are sometimes more liable to certain morbid conditions. In addition, immune deficiencies, whether cellular or humoral (e.g. agammaglobulinaemia), are consequent on genetic factors, and such genetic failure may be responsible for altered patterns of disease, e.g. defective cellular immunity in lepromatous leprosy. The clinical importance of the HLA genes in relation to transplantation and to a possible abnormal immune response to some common chronic diseases has been recently emphasized, as has the remarkable association between HLS-B27 and ankylosing spondylitis and the possible association of *Schistosoma mansoni* hepatosplenomegaly and HLA-A_1 and B_5.

Genetic counselling

Population genetic studies are a recent important expansion of the field of genetics and the knowledge thus acquired can be of practical value in preventive medicine, in the form commonly referred to as *genetic counselling*. This is particularly important in the situation, as it is at present in Africa, where sickle-cell anaemia has an incidence of nearly 2 per cent in some countries and may be responsible for a childhood mortality of approximately 5 per 1000.

Implementing a programme

The ascertainment and follow-up of individuals in need of counselling and prenatal diagnosis should not be left to chance but should be achieved by the creation of a genetic register system.

Genetic counselling is essentially a process of communication and involves far more than the mere discussion of genetic risks. Firstly, the nature of the disease has to be described, its prognosis given and the nature and efficacy of any treatment discussed. Feelings of guilt and recrimination may have to be dealt with. Secondly, the various options open to a couple will have to be considered: family limitation, sterilization, adoption, artificial insemination and prenatal diagnosis with elective abortion (*see* below). There is evidence that in coming to a decision, parents are influenced by the psychological, social and economic problems attendant on a serious genetic disorder.

Assessing the risk

Genetic risks are naturally assessed in terms of probabilities. They range from the big risk of 1 in 2 with a dominant gene (e.g. Huntingdon's disease) or 1 in 4 with a recessive gene (sickle-cell anaemia) through a spectrum of decreasing risks which ultimately reach very low values.

Intervention

An increasing number of inherited conditions can be effectively treated if dealt with promptly, and in others treatment can at least reduce the degree of suffering. Where routine neonatal screening is possible but prenatal diagnosis not available, e.g. SS disease in some developing countries, there is a special obligation to make sure that early detection occurs. In some conditions, it is even possible to obtain a prenatal diagnosis of the foetus, e.g. spina bifida and β-thalassaemia. Indeed the recent advances in molecular biology have made prenatal diagnosis available for a greater number of genetically acquired diseases and at an earlier stage of pregnancy, making safer intervention possible if it is so desired (Table 9.2).

Table 9.2 Some genetic disorders in the tropics that can be diagnosed prenatally

Disorders due to structural haemoglobin variants
Sickle-cell anaemia
Haemoglobin SC disease
Haemoglobin O Arab

Thalassaemias
α^0 thalassaemia (Haemoglobin Bart's hydrops fetalis)
α^0/α^+ thalassaemia (Haemoglobin H disease)
β^0 thalassaemia ⎱ (Thalassaemia major,
β^+ thalassaemia ⎰ Cooley's anaemia)
$\delta\beta$ thalassaemia (Thalassaemia intermedia)

Combinations of thalassaemia and structural haemoglobin variants
Sickle-cell thalassaemia
Haemoglobin E thalassaemia
Haemoglobin Lepore/β thalassaemia

Other genetic diseases
Phenylketonuria
Duchenne muscular dystrophy
Cystic fibrosis
Polycystic kidney disease
Retinoblastoma
Osteogenesis imperfecta
Haemophilia A and B
$\alpha 1$ Antitrypsin deficiency
Lesch–Nyhan syndrome
Neurofibromatosis
Huntington's disease

Major chromosomal defects
Down's syndrome

Heat disorders

Heat-induced and heat-related disorders have been recorded since biblical time and are of particular importance in tropical countries.

Physiology

Human beings, like all mammals, produce heat as a result of metabolic activity. The metabolic heat is then lost to the environment in a controlled manner by peripheral vasodilation and sweating to maintain the body temperature at about 36.8°C.

Physical activity increases the demand for blood supply to several areas, particularly to the skin for heat transfer and to the muscles to allow for the increased metabolic activity. In hot climates, the circulatory demands are greatly increased with work, especially manual work, or with physical exercise.

Heat exchange

The thermal environment which affects the human body can be exogenous and endogenous. The exogenous factors are:

- Air temperature and speed
- Relative humidity
- Mean radiant temperature
- Duration of exposure
- Clothing

The endogenous thermal load comprises:

- Basal metabolism
- Physical activity (in a given environment, the heat generated depends on the energy expenditure)

If the skin temperature is lower than air temperature the body gains heat by convection. Mean radiant temperature, by far the major heat load, particularly in the tropics and subtropics, is the heat gained through radiation. It is estimated that the shortwave radiation from the sun may reach approximately 800 W/m² at noon, 13 times greater than the average resting metabolic rate of 60 W/m². The direct incidental radiation is supplemented by reflected radiation of as much as 400 W/m². Moreover, long-wave radiation may increase the total radiant load to 2200 W/m².

Heat stress

Heat load generated from endogenous or exogenous sources must be dissipated if heat stress is to be avoided. Both climatic and non-climatic factors influence the outcome. The climatic factors are the exogenous factors (*see* above). The non-climatic factors affecting the outcome of heat stress are:

Clothing   This may either reduce or increase heat exchange and in hot climates it acts as a barrier to solar radiation.

Ageing   Men over age of 45 years are more vulnerable to thermoregulatory strain besides the fact that increasing age is associated with an increased disease factor

Physique   Obese persons are at a disadvantage in the heat over persons with slight build. This might be attributed to a greater ratio of bodyweight to surface area in obese persons.

Sex   Sweat glands in adult females have a lower threshold of response to thermal stimuli. Differences in distribution of subcutaneous fat can make dissipation of heat rather more difficult for the female.

Fever   A febrile illness increases the vulnerability to heat stress.

The response to heat stress is modified by adaptations in cardiovascular, endocrine, exocrine and other systems that occur with prolonged exposure. This acclimatization requires 1–2 weeks to develop. The processes involved in thermoregulation and the outcome of heat stress are summarized in Fig. 9.4).

Heat disorders

The WHO classification for heat illnesses or disorders is shown in Table 9.3. These heat disorders can be grouped into minor and major

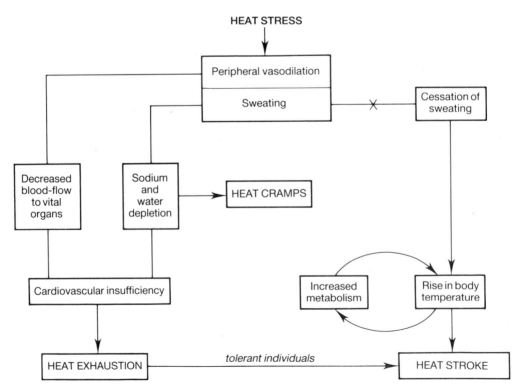

Fig. 9.4   *The responses to heat stress that may lead to the production of heat disorders*

Table 9.3 Heat disorders as classified by the World Health Organization*

Heat stroke† and sunstroke—heat apoplexy; heat pyrexia; ictus solaris; siriasis; thermoplegia

Heat syncope—heat collapse†

Heat cramps†

Heat exhaustion, anhydrotic†
Heat prostration due to water depletion

Heat exhaustion due to salt depletion;†
Heat prostration due to salt (and water) depletion†

Heat exhaustion, unspecified
Heat prostration NOS

Heat fatigue, transient†

Heat oedema

Other heat effects

Unspecified

---

* Source: WHO. (1971). *The 9th International Statistical Classification of Disease*
† Disorders described in this chapter

disorders. The minor comprise heat oedema, heat fatigue and heat exhaustion unspecified. The major, other than heat syncope, are often grouped in three clinical syndromes resulting from exposure to heat: namely, heat cramps, heat exhaustion and heat stroke. This grouping facilitates diagnosis and treatment by identifying fairly distinctive signs and symptoms (*see* Table 9.4).

Unfortunately the health professionals do not fully appreciate the extent and the size of the problem. Awareness must therefore be maintained for the debilitating effect in susceptible persons. The following section presents a core material with which all physicians who are likely to encounter heat disorders should be acquainted.

Heat fatigue

This is a new term to designate the deterioration in skilled performance occasionally observed in an otherwise normal subject during short exposures to extreme heat. Recovery is prompt upon his return to a cool environment.

Heat syncope

A condition of sensation of giddiness and or acute physical fatigue during exposure to heat, resulting from disturbance of the vasomotor tone, peripheral venous pooling and hypotension, occurring in the absence of observable water or salt depletion. Syncope can arise in a variety of hot conditions, and not necessarily in the presence of extreme heat. It is precipitated by long hours of standing, postural changes or physical activity in hot weather. Lack of acclimatization, poor physique and concomitant illness are also predisposing factors. Heat syncope has been described all over the world; among labourers in Saudi Arabia, road-builders in the Middle East, Egyptian agricultural labourers, cane-cutters in East Africa, Indian and African miners and European servicemen.

Symptoms and signs
The characteristic features include, weakness, light headedness, restlessness, nausea, a sinking feeling and blurring of vision. Systolic blood pressure (BP) falls rapidly and markedly. Diastolic BP also falls but less rapidly. The pulse feels weak and slows in rate. Skin is moist and cold. Usually there is no clear rise in body temperature.

Diagnosis
The condition is readily recognized from the circumstances of onset and the rapid recovery of consciousness. It is important to exclude other causes of collapse such as epilepsy or cardiac syncope (Stokes–Adams attack), anaemia and malaria in endemic countries. Fainting can be present as a sign in other heat exhaustion illnesses, but the presence of salt in urine will help to exclude salt deficiency and a copious urine output will exclude water depletion.

Treatment and prevention
Heat syncope is a self-limiting condition. The patient should be allowed to rest in cool surroundings in the head low position. Simple beverages such as tea and soft drinks are indicated.

People not acclimitized to a hot environment should grade their physical activity gradually. For those acclimatized, strenuous activity should be modified if there is a sudden rise in environmental temperature or humidity. Pilgrims in a hot environment should minimize their physical activity, especially the old and diseased.

Heat cramps

The precise mechanism responsible for heat cramps has not been elucidated. Three factors are always present: hard physical work, environmental heat and sweating. But the current view is that heat cramps are caused by water intoxication or by salt depletion since large intakes of unsalted water precede the onset of cramps. There are three factors characteristic of individuals predisposed to heat cramps:

- They are acclimatized and hence produce sweat in large quantities in response to physical work
- They consume adequate amounts of water to replace the sweat losses
- They fail to replace sodium losses

Clinical features and diagnosis

Heat cramps tend to occur towards the end of the working day, while walking home or, having arrived, on relaxing or on taking a cool shower. Paroxysms of painful cramping tend to last no more than a few minutes and usually disappear spontaneously.

A word of warning—if any systemic symptoms coexist with muscular cramps, the disorder automatically falls into the category described as **heat exhaustion** (*see* below). Table 9.4 gives a comparison of the salient features of heat cramps, heat exhaustion, and heat stroke.

Treatment and prevention

Most individuals who sustain heat cramps soon discover that ingestion of salt is successful in their prevention. In the event of severe, repeated, unrelenting cramps, oral or intravenous salt solutions rapidly relieve all symptoms.

Heat exhaustion

Heat exhaustion is the most common clinical disorder resulting from work or physical activity in a hot environment. It is used to describe a number of syndromes leading to collapse. The common feature of these syndromes is cardiovascular insufficiency—brought about predominantly by dehydration and insufficient drinking of water, or by salt depletion or a mixture of both when great losses of sweat have occurred. Heat exhaustion casualties are prevalent among civilian populations when exposed to heat waves. The condition is divided into two major forms, water-depletion and salt-depletion heat exhaustion.

Water-depletion heat exhaustion

The condition is usually encountered amongst workers in hot industries, and workers in open air employment in hot climates e.g. road building, construction work); amongst army recruits and soldiers during training in high environmental temperature; in long distance athletes running in the heat and in infants during exceptionally hot weather or when left in locked cars in a hot climate.

Voluntary under-drinking in heat leads to a mild degree of water deficiency which is known as **voluntary dehydration**. Even when drinking water is available, some individuals working or walking in hot environments never replace their sweat loss and are usually in mild negative water-balance. Moreover the sensation of thirst is not strong enough to demand correction of the water losses. Voluntary dehydration increases with ambient temperature, work rate, temperature of the drinking water, the interval between meals and the palatability or flavour of the water available.

Clinical features and diagnosis

The earliest symptom of water depletion heat exhaustion is thirst. The tongue and mouth become dry due to decreased salivation and appetite for solid food is lost. Coincidental with progressive water depletion is a fairly rapid fall in urine volume to approximately 500 ml/24 hrs with a specific gravity in excess of 1.030. If this drop in output is insufficient to maintain fluid balance, there is a decrease in volume and increase in the osmolarity of the extracellular fluid.

Treatment and prevention

Treatment consists essentially of rest in a cool room. If the patient is conscious and able to take fluid by mouth, oral replacement of fluid is advocated. If the patient is unconscious intravenous fluid should be administered. An isotonic solution should be used if there is any serious doubt as to whether the unconscious patient is water or salt-depleted. It is also important to avoid enthusiasm and not to overload the patient with fluids.

Prevention can be easily achieved by availability of an adequate supply of cool palatable drinking

Table 9.4 Features of the major heat disorders

Disorder	Susceptible groups (water/salt intake)	Characteristic clinical features	Treatment and prevention
Heat cramps	Acclimatized, active (↑water/↓salt)	*Sweating*: profuse *Muscle cramps*: at the end of the working day	Increase sodium intake
Heat exhaustion Water-depletion	Those unable to indicate thirst, e.g. elderly, infirm, unconcious, infants (↓water) Active workers: in hot industries or in outdoor employment in a hot environment (↓water)	*Sweating*: present *Thirst*: present *Urine*: ↓output, ↑osmolarity *Serum Na*: ↑ *Temperature*: up to 38.9°C *Vascular*:	Water replacement (oral or i.v.) Encourage drinking and rest periods
Salt-depletion	Large losses of thermal sweat, especially in those unacclimatized (adequate water, ↓salt)	*Sweating*: profuse *Muscle cramps*: may be present *Thirst*: classically absent *Urine*: normal output, ↓Na *Serum Na*: ↓ *Temperature*: normal or ↓ *Vascular*: hypotension, tachycardia	i.v. normal saline or isotonic glucose Encourage adequate water and salt intake
Heat stroke	Classic: elderly Exertion-induced: active, young	*Sweating*: often absent *CNS disturbance* *Temperature*: >40°C	Anticipation Prompt recognition Rapid cooling

water. The most practical method is to encourage individuals to take sufficient water so as to ensure a minimum daily urine volume of approximately 1 litre. Programmed drinking in the absence of thirst and recurrent rest periods are key factors in prevention.

Salt-depletion heat exhaustion

This is a condition resulting from loss of large volumes of thermal sweat which are replaced by adequate water but no salt. It has been reported among workers in ship boiler rooms, amongst crews of oil tankers and workers in mines.

Clinical features
The condition is characterized by fatigue, severe frontal headache, giddiness, anorexia, nausea, vomiting, diarrhoea and skeletal muscle cramps and in the later stages by circulatory failure.

Diagnosis
The insidious onset, if taken together with the complaint of weakness and fatigue and the possible presence of muscle cramps, make the diagnosis less difficult. The laboratory investigations are very important to confirm diagnosis. The urine volume is within normal values but the amounts of sodium chloride are negligible. The plasma sodium and chloride are reduced. Also in contrast to water-deficiency heat exhaustion, the body temperature usually remains normal or subnormal. Constipation is more common than diarrhoea. Headache, giddiness, syncope and peripheral vascular collapse are common. The resting pulse is of small volume with a rate of 80–90 beats per minute; the systolic blood pressure 100–110 mmHg is usually well maintained.

Treatment and prevention
Treatment of properly diagnosed cases of salt deficiency heat exhaustion is fairly simple. It consists of administration of either normal saline or isotonic glucose solutions in accordance with the proportion of salt or water losses. Prevention can be achieved by adequate intake of salt when in hot surroundings.

Mixed heat exhaustion

Patients usually present with a mixed clinical picture of both types of heat exhaustion. In a study of patients the common presenting symptoms were:

- High body temperature, mean $38.1 \pm 0.5°C$ (43%)
- Weakness (20%)
- Giddiness and fatigue (15%)
- Headache (6%)
- Nausea and vomiting (6%)
- Dry mouth and tongue (4.3%).

The early detection of heat exhaustion is of paramount importance in conditions of high ambient temperature. Heat exhaustion may be part of a series of events leading to heat stroke and it may indeed be regarded as incipient heat stroke. If so then the more tolerant individuals become the victims of heat stroke while the less tolerant succumb to heat exhaustion.

Heat stroke

Heat stroke is a complex clinical condition in which an elevated body temperature, resulting from an overloading or failure of the normal thermoregulatory mechanism after exposure to hot environments, causes tissue damage.

Clinical features

It is usually diagnosed by the triad of:

- Hyperthermia—core temperature of more than $40°C$ ($104°F$)
- Central nervous system (CNS) disturbances
- Dry, hot skin

The absence of one of these characteristics by no means excludes a diagnosis of heat stroke. For example, unless temperature is measured by thermometers than can be placed deep in the core and can read up to $45°C$, unreliably low values may be recorded. Also, in cases of exertion-induced heat stroke, some patients might be sweating, especially in the early stages.

Heat stroke generally occurs in three forms:

- Classical heat stroke (in the elderly)
- Exertion-induced heat stroke (in young, healthy individuals)
- Mixed heat stroke (seen during the Mecca pilgrimage)

Classical heat stroke is usually more common and occurs during heat waves. Advanced age and chronic illnesses are major risk factors especially when accompanied by dehydration and physical or emotional stress.

Exertion-induced heat stroke is a disorder of the young, healthy, probably inexperienced athlete or the military recruit during rigorous training in a hot environment or individuals performing heavy manual work, e.g., miners, construction workers. A history of intense physical activity is always present.

Heat stroke is a medical emergency: in all types of heat stroke, prompt, physiological and vigorous management is essential otherwise the mortality can be very high, up to 70 per cent.

Diagnosis

The typical case of heat stroke is diagnosed easily—but heat stroke may be overlooked when there is no obvious history of excessive heat load. The following rule is practical: if a patient loses consciousness under conditions of heat stress, heat stroke should be suspected, and rectal temperature should be properly measured. If hyperthermia is present, it should be immediately treated and investigated for multiple system involvement and clotting disturbances. Proper rectal temperature measurement in the delirious hyperactive heat stroke victim requires the application of an inlying thermistor with a scale reaching beyond the upper limit of $41°C$ of the standard clinical thermometer.

Differential diagnosis   Heat stroke, being essentially a systemic disease with a complex clinical picture, has a wide differential diagnosis. Conditions to be considered in differential diagnosis are: heat collapse, encephalitis, meningococcal meningitis, tetanus, cerebral (particularly pontine) haemorrhage, infectious hepatitis, hysterical behaviour, cerebral malaria, epilepsy and malignant hyperthermia. It is very important to examine the skull and surrounding soft tissues for signs of injury.

Treatment and prevention

The duration of hyperthermia is a crucial prognostic factor. The following steps should be closely adhered to:

First aid   At point of collapse, effective first aid is crucial. Remove the comatose patient to a shaded place, strip off, place in semilateral position, spray with *tepid* (not cold) water and fan, either by electrical fan, if available, or by hand fan.

Transport urgently to hospital Keep airway patent and keep patient in semilateral position so as not to inhale vomitus and suffocate. If facilities are available during transport, administer oxygen and intravenous fluid. Keep spraying and fanning.

Specific treatment The corner stone for treatment of heat stroke is its early recognition, followed by rapid physiologically effective cooling and aggressive therapy similar to that for any other comatose or intensive care patient. The best cooling method is evaporative cooling from warm skin. The patient is sprayed with atomized spray which is evaporated by a flow of warm air. This is best achieved using the *Mecca Body Cooling Unit*, which is designed to enable cooling as well as the full treatment and handling of heat stroke patient.

While cooling, monitor the vital signs and control convulsions by giving diazepam 10 mg intravenously. Correct hypovolaemia by i.v. fluids starting with normal saline as the fluid of choice. The precise amount and type of fluid depends on the response of each patient and the results of laboratory investigation. Acidosis is common and should be corrected according to the acid-base status.

Prevention

Preventive measures should be understood and applied by everyone, the physician, the nurse, the coach, the trainer, the athlete, the military recruit, the miner, the worker in a hot environment and the parents of children exercising in a hot climate.

Further reading

Occupation: disease and health

London School of Hygiene and Tropical Medicine. (1970). *Proceedings of the symposium on the Health Problem of Industrial Progress in Developing Countries*

de Glanville H., Schilling R.S.F., Wood C.H. (1979). *Occupational Health—a manual for health workers in developing countries.* African Medical and Research Foundation, Nairobi.

Khogali M. (1982). A new approach for providing occupational health services in developing countries. *Scandinavian Journal of Work and Environmental Health*; **8**: 152–6.

Harrington M and Gill F.S. (1983). *Occupational Health.* Blackwell Scientific Publications, Oxford.

WHO Technical Report Series No. 714. (1985). *Identification and control of work-related diseases.*

WHO Technical Report Series No. 720. (1985). *Safe use of pesticides.*

Raffle P.A.B. *et al* (eds) *Hunters Diseases of Occupations.* (1987). Hodder and Stoughton, London.

WHO Technical Report Series No. 571. (19   ). *Early detection of health impairment in occupational exposure to health hazards.*

Symposium on Occupational Medicine. (1978). *Annals of the Academy of Medicine of Singapore*; **7** (3).

WHO Technical Report Series No. 765 (1988). *Health promotion for working populations.*

Mental health

WHO Technical Report Series No. 698. (1984). *Mental health care in developing countries.*

Genetics and health

Michel F. (1981). *Modern Genetic Concepts and Techniques in the Study of Parasites.* Schwabe, Basel.

Heat disorders

Hales JRS. (1983). *Thermal Physiology.* Raven Press, New York.

Khogali M. (1980). Heat Stroke. Report on 18 cases. *Lancet*; **i**: 276–78.

Khogali M. and Hales J.R.S. (1983). *Heat Stroke and Temperature Regulation.* Academic Press, Sydney.

Weiner J.S, Khogali M. (1980). A physiological body cooling unit for treatment of heat stroke. *Lancet*; **i**, 507–9.

10
The organization of health services

It is a painful irony that in parts of some developing countries, it is not uncommon for people to fall sick and die of diseases which are easily preventable and treatable. They do not benefit from modern knowledge and technology which could have protected and restored their health. Simple remedies of proven effectiveness are not available in some communities or, where the services are provided, many fail to make appropriate use of them. Individuals and communities often lack the essential knowledge on how to keep healthy, how to recognize dangerous signs in the individual and hazardous situations in the environment, and how to mobilize resources to solve health problems.

How can health services be organized to ensure that individuals, families and communities obtain the maximum benefit from current knowledge and available technology, for the promotion, maintenance and restoration of health? What can people do for themselves, what services do they require from government and other agencies, and how can they make the best use of such services? There is no simple stereotyped formula for the organization of health services. This chapter is intended to provide guidance through the examination of general principles and the use of illustrative examples. It looks at the tasks necessary for establishing a health programme, its major components, and the levels at which health care can be delivered to the community.

Tasks for the health services

In order to accomplish this process of translating

knowledge into effective action, the health authorities need to perform five major tasks:

- Measurement of needs
- Assessment of resources
- Definition of goals
- Planning
- Evaluation

The relationships of these tasks in establishing effective health services is shown in Fig. 10.1. Community participation in as many of these tasks as possible is highly desirable.

Measurement of needs

This includes all the activities aimed at gathering information about the health status of the community and identifying the factors which influence it. Such determinants include environmental, hereditary and cultural factors. The statistical evaluation of health services is described on p. 267, and information on epidemiological methods used to study the health of communities is given in Chapter 3.

Assessment of resources

There must be a realistic assessment of resources that are available or could be made available for improving the health of the community. These resources include money, manpower and materials that can be deployed for use in the health programme (see p. 266). In addition to the resources that are available from government, other sources both internal (from self help and

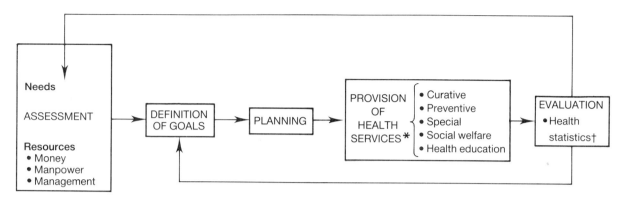

Fig. 10.1 *Processes involved in the organization of health services* (*see pp. 265-8; †see Chapter 2 and p. 264)

community effort,) and external (in the form of aid) must be explored.

Definition of goals

On the basis of information obtained about the health needs of the community and the available resources, it is necessary to set realistic targets in terms of measurable improvement in the health of the community. The matching of needs to resources requires a careful selection of priorities. What are the major problems? How can the problems be tackled and what is the expected impact of such interventions?

Planning

Planning involves the specification of goals and the preparation of a strategy to achieve the goals.

Multi-disciplinary approach
Although the health plan is first and foremost the responsibility of the health sector in the government, the important role of other sectors must not be overlooked—thus it is necessary to include these other sectors:
Agriculture—from the point of view of nutrition as well as such issues as the use of pesticides
Works—with regard to housing, drainage, community water supplies, and other aspects of environmental sanitation
Education—with special reference to the health of school children, the school environment, and health education in schools
Industry and Labour—for the health of workers, and problems of environmental pollution

Other sectors—should be involved as relevant to the local situation
This multi-sectoral approach should not be regarded as being solely for the benefit of the health sector but should be perceived as a collaborative effort of mutual advantage. Thus, healthier workers may be more productive, school children who are freed from disease and disability should perform better in their academic work, and the safe use of pesticides would protect the health of farmers and the community.

Community participation
The value of the involvement of the community in devising the health plan cannot be over-emphasized. The people must be consulted, they must be persuaded and they must be given responsibility in decision-making under the technical and professional guidance of health workers. The plan must not be imposed but at every step the people must participate in devising the strategies which are most compatible with their needs and resources. (*See* pp. 268-9 for a fuller discussion).

Evaluation

Did the intervention occur as planned and did it have the desired effect? This process of evaluation must be built into the health programme and should be an essential feature of each health unit no matter how small. Without it, things could go far wrong for a long time without coming to the notice of the health authorities. Failure to include mechanisms for evaluation is one of the commonest causes of waste in health services. Using objective indicators, baseline data must be collected, the planned interventions must be monitored and the impact of the activities must be studied. The collection and analysis of health statistics is described on p. 267.

Resources for the health services

The resources required by the health services include money, manpower, materials and management.

Money
The financing of the health services takes many different forms. In some countries, health care is provided as a welfare service which is paid for almost exclusively from government revenue or compulsory insurance schemes. At the other extreme, some general public health services are provided by government, but individuals and communities must pay for other items of health care. In most communities there is a mixture, with some services being subsidized by the government and other services paid for by individuals either directly or through voluntary insurance schemes.

In developing countries, the funds available for the health sector are very limited and inadequate to provide all the services that are desired by the community. Difficult and painful choices have to be made in allocating these scarce resources. Ideally such judgements should be made objectively, giving highest priority to the most cost effective way of achieving the desired goals and distributing the resources with a sense of social justice, ensuring that the most needy are well served. The community should be encouraged to participate in making these difficult decisions and when appropriate they should be encouraged to make additional contributions from their resources.

Manpower
Several questions need to be answered with regard to the provision of health personnel. How many are required and can be employed? What is the role of each category of staff and what tasks are they expected to perform? What training do they require to enable them to fulfil their respective roles? For a fuller discussion of these questions, *see* the section 'Health personnel', below.

Materials
It is necessary to determine what buildings and capital equipment are required for the efficient delivery of health care, and what funds are necessary for drugs, vaccines, and other consumables. A difficult issue to resolve is the correct balance between expenditure for buildings and capital equipment on the one hand and the running costs of the services on the other hand. In many developing countries, there is a tendency to invest too heavily in lofty buildings and expensive equipment which are poorly maintained, whilst relatively few funds are left for the purchase of drugs, vaccines and other essentials.

Careful planning is also required in the purchase, storage and distribution of drugs and vaccines. Each health authority should produce a basic list of essential drugs which would meet the most important needs of the service, concentrating initially on simple, safe remedies of proven value at reasonable cost.

Management
The resources available to the health authorities should be skillfully managed at all levels from the most peripheral unit to the central office at the headquarters of the Ministry of Health. Training in management is essential for health workers, especially those who are placed in positions of authority and supervision. In small units, the health workers would need to devote some of their time to dealing with administrative and other managerial issues. In large units, particularly, trained administrators can make a useful contribution to the management of the services.

Health personnel

The terminology used in classifying health personnel is wide and varied, reflecting differences in local practices and in organization. Often, different titles are given to personnel who perform essentially the same function and in other cases the same title is used for workers who perform different functions. Terms such as medical personnel, health personnel, professionals, paramedical personnel, sub-professionals and auxiliaries have been subject to varied interpretations. However, there are important general principles which can be widely applied:
What *tasks* need to be performed?
What *types* or *categories* of personnel should perform the tasks?
What *training* and *supervision* must they be given

to ensure that they can perform the tasks efficiently?

Tasks

The tasks to be performed include:

- *Leadership* in health matters
- *Health promotion* within the community
- *Education* of the public
- *Specific interventions* especially those requiring knowledge and skill, e.g. prophylaxis, diagnosis, treatment including surgery and rehabilitation.

There is a tendency to overlook the first three tasks and to think of the function of the health personnel solely in terms of the performance of technical interventions.

Types of health personnel

Each component of the health services requires a team of personnel with different skills who are working together in pursuance of common goals. Some members of the team are usually described as professionals, whilst others are variously described as sub-professional or auxiliary personnel. It is not possible to provide rigid criteria for separating these categories.

At one end of the spectrum, the auxiliary health worker is trained to perform a number of specific tasks, of limited scope under supervision. This may either be as a monovalent worker in a special programme, e.g. a vaccinator, a yaws scout, etc., or as a multi-purpose health auxiliary who can perform a list of specific tasks in accordance with clearly defined guidelines. At the other extreme, the professional worker is expected to have acquired sufficient basic knowledge and skills to be able to identify and analyse problems and arrive at independent judgements of situations, e.g. doctors, dentists, nurses, midwives, and so on. Regardless of the nomenclature and classification, the important issue is to recognize the need for team effort with allocation of tasks on the basis of skill and experience.

Supervision

One important aspect of the management of health services is the appropriate supervision of staff. This is an essential function to be performed by the leader of each group or sub-group. To be effective the leader must know what tasks need to be performed and what skills are possessed by the workers under supervision. Experience has shown that best results are obtained if feedback is positive, not only blaming when things go wrong but also praising and rewarding good performance. The supervisor's role also includes teaching colleagues as well as learning from them. Spot checks of performance should be carried out regularly to prevent slackness in procedures.

Evaluation: health statistics

Statistics are essential for the proper management and evaluation of the health services. They serve to provide essential information about:
Needs of the population
Demand and utilization of services
Effectiveness and cost of services

Much information is usually collected in the course of the operation of health services. Such data should be obtained and processed in such a way as to provide suitable guidance for the management of the health programmes (*see* Chapter 2 for a full account of the type of data, methods of collection and analysis).

Data collection

The information collected should be selective, concentrating on the data which can be used for making decisions. Forms for collecting information should be reviewed, pruned and simplified: items should be limited to the essential information that can be and will be used, wording and layout should make them simple to complete and it should be easy to extract data from them.

Analysis

The data should be analysed in a relevant manner relating events to the population at risk. For example, it is common to count the number of visits by pregnant women to antenatal services. The information is of little value when it is presented in this form. It is preferable to relate the number of pregnant women using the antenatal services to the number of pregnant women in the area. This ratio is a meaningful indicator of the coverage of the services; it provides a means of comparing the performance of the services from one area to the other and also to monitor changes over time.

Simple indicators of this type should be used to

monitor each component of the health services. For example, in the case of the curative services it would be of interest to determine what proportion of children who die have been treated by the health services in the course of their last illness. What proportion of newborn children are vaccinated against the common infectious diseases of childhood? What proportion of the population has access to a safe potable water supply and how much is available per head of population? What proportion of women in the childbearing age group accepts family planning devices and what proportion continues to use them?

For each important health activity, appropriate indicators should be selected with regard to the *input*, i.e. the services offered, the *output*, i.e. the impact on the health of the population, and the *equity* of access, i.e. the percentage of the population in need of a specific service that obtains it.

Community participation

The role of the community in the planning, organization, operation and control of health services has been repeatedly emphasized and is highlighted in the Alma Ata Declaration (*see* p. 275):

> 'Primary health care is essential health care . . . made universally accessible to individuals and families in the community through their full participation and at a cost that the community and country can afford to maintain at every stage of their development in the spirit of self-reliance and self-determination.'

The role of the community in making choices and decisions with regard to priorities and strategies should be adequately supported by health education (*see* Chapter 13).

The degree of collaboration required to ensure success depends on the particular method of implementation. At one end of the spectrum, the sole responsibility lies with individuals and families; the role of the health personnel is to provide guidance, e.g. personal hygiene, nutrition, social habits. In these cases, the individual must learn and then do the things himself. The individual may make a direct contribution by acting as voluntary health worker, performing a variety of simple but essential tasks. At the other end of the spectrum the tasks are such that the members of the community cannot participate directly. It is possible in such cases that specific intervention can

be undertaken even if the community is indifferent or hostile, e.g. aerial spraying of insecticides. Even though a specific intervention can be carried out in spite of opposition from the community, this is most undesirable; it could destroy the rapport which should exist between this community and health workers. Rarely, if ever, should compulsion be used to override opposition.

The range of community attitudes to a specific health measure can be classified into five levels:

- Self-reliance
- Active collaboration
- Indifference
- Passive resistance
- Extreme hostility with violent rejection

This concept is schematically illustrated in Fig. 10.2. Health education is shown as the means of changing attitudes in a positive direction. The varying degrees of community participation required for success in different types of health programme can be illustrated using the following examples.

Self-reliance

For some health programmes the ultimate aim is complete self-reliance at the level of the individual and the family—as, for example, nutrition, (including the feeding of infants), smoking, the use of alcohol, sexual behaviour, exercise, personal hygiene and sanitation in the home. The health workers should give advice, teach, demonstrate the best methods and encourage the people in various ways, but in the final analysis the individual and the family must do these things on their own. For such activities, the minimal level to ensure success is total self-reliance within the family.

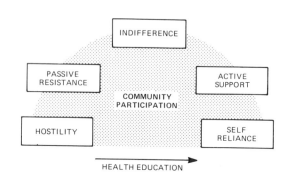

Fig. 10.2 *Community attitudes to health measures*

Active collaboration

Indoor spraying of houses with long-acting insecticides has been extensively used in malaria control programmes. It is technically too difficult for each individual and each family to learn how to do it efficiently and safely. In this case, self-reliance is an unrealistic goal at the family level but the active collaboration of the families is essential for success. It is just possible to spray the houses if the community treats the matter with indifference, not helping and not impeding the sprayers. It would fail if a high proportion of families show passive resistance by locking up their houses during the visit of the spraying teams. For indoor spraying of houses, the desired level of community participation is active collaboration and the programme can be frustrated by passive resistance.

Indifference

Fluoridation of municipal water supplies cannot be safely undertaken on a do-it-yourself basis and it does not call for a specific response from the individual or family. It could succeed in controlling dental caries even if a proportion of the community is indifferent on this issue. Passive resistance may however take the form of utilizing other sources of water and those who are hostile to the idea may actively campaign against the continuation of the service.

Passive resistance

Aerial spraying of insecticides for the control of arthropod vectors during an epidemic could theoretically be carried out even if there is strong opposition by the local community. It cannot be done on the basis of self-help nor does it call for active cooperation of the community.

In all cases it is important to ensure that the community is well informed about any action that is proposed, that their agreement is sought and obtained, and that their involvement in the implementation is at the optimal level. Much greater attention must be paid to the cultural context in which a health plan is implemented.

The major components of health services

It is convenient to group the elements within each health service into five major components:
Curative—providing care for the sick.

Preventive—for the protection of the health of the population.
Special Services—dealing with specific problems (e.g. malnutrition) or special groups (e.g. pregnant women).
Social Welfare—providing support services for disadvantaged groups (e.g. chronic sick, mentally and physically handicapped, orphans, etc.).
Health education—giving the people essential information to modify their behaviour in matters affecting their health.

This classification can be used as a simple check-list for reviewing the health services in any community regardless of the details of the organization. These components must not be regarded as existing in water-tight compartments but they should be seen as interrelated elements. Legal support in implementing and setting minimum standards in some or all of these components may be given by public health laws.

Curative services

Allocating resources

Curative services deal with the care of the sick members of the population. There is a tendency to regard them as the most important element of the health services—they are usually in greatest demand by the public and in the planning of health services there is a tendency to commit an unduly high proportion of resources to them. On the other hand, there is less spontaneous demand for preventive services, especially those aspects which are aimed at the protection of people who feel well. The demand for the treatment of the sick must be met and the curative services should be designed in such a way as to give maximum benefit to the population.

Estimating disease priority

The highest priority must be given for the most common and the most severe diseases, especially those conditions which can be significantly improved by appropriate intervention. In selecting priorities the concept of *Public Health Significance* can provide useful guidance. The public health significance of a disease depends on two factors:
Frequency—how many people are affected and what is the potential for spread?
Severity—how much disease, disability, and death does it cause?

The concept can be represented by this formula:

Public Health Significance = frequency × severity

One limitation of this approach is that it does not specifically include consideration of the age of the affected persons. Obviously a disease with high morbidity and mortality in childhood and adolescence is a more serious public health problem than one that has a similar effect on elderly persons, say over the age of 80 years. An alternative approach is to compute the *impact* of the disease by calculating the number of useful years lost. In addition to allowing for the age of onset of the disease, this approach can also take account of partial disability.

Curative measures

Even without making such detailed calculations, it should be possible to identify the most commonly occurring diseases. The curative services must be equipped to cope with them.

Treatment
Simple, cheap, symptomatic relief must be provided for benign self-healing conditions.

Early intervention
Early and appropriate interventions must be available to deal with serious, life-threatening disease. Such conditions must be detected as early as possible, preferably before irreversible damage has occurred and in the case of communicable diseases, before the infection has spread to affect others.

Education   In order to ensure early detection it is important to educate the public to make people aware of danger signals that could indicate serious illness and to encourage them to seek help whenever these occur, e.g. chronic cough, abnormal bleeding, lump in the breast.

Detection   Facilities must be provided for the detection of diseases of local importance, e.g. staining of sputum to identify acid fast bacilli; simple microscopy of urine, blood and other specimens to detect parasites; serological tests for common infectious diseases. In some cases, a special survey may be indicated for the active detection of cases. The survey method may include

history taking (e.g. haematuria), physical examination (e.g. hypopigmented hypoaesthetic patches and thickened nerves indicative of leprosy) or special investigations (e.g. chest X-ray, serology, cervical smear).

Facilities
Staff should be trained to recognize and treat the most commonly occurring diseases in the population, and they should be equipped to do so either in the local health unit or at referral centres.

Preventive services

Preventive services are designed to maintain and protect the health of the population. They include:

- Personal protection (e.g. immunization)
- Environmental sanitation (e.g. water supply, waste disposal—see Chapter 12)
- Specific disease control (e.g. infectious: typhoid, tapeworm; non-infectious: goitre)

Education
Unlike the curative services which are provided for the sick, the preventive services are directed at the entire population. Whereas people generally appreciate the value of curative services, it is often difficult to persuade them of the value of preventive services. Furthermore, whereas sick persons, especially those experiencing uncomfortable symptoms will readily seek medical care, it is not always easy to persuade healthy persons to take precautionary measures for their own protection. It is an important duty of the health personnel to educate individuals and the community on the value of preventive services, to persuade the community to make appropriate investments in environmental sanitation or susceptible individuals to accept immunizations.

Special services

Apart from the components of the health programme that are made available to all members of the community, special services are designed to cope with the needs of specific groups and to deal with problems which deserve particular attention.
   Services for special groups include those for:

- Mothers and children (*see* Chapter 11)

- Workers (e.g. migrant labourers)
- The elderly
- The handicapped

Services may be provided to deal with special problems like:

- Tuberculosis
- Leprosy
- Malnutrition
- Mental illness (*see* Chapter 9)
- Blindness
- Sexually transmitted disease

Through such special services the specific needs of sections of the population can be more adequately met and difficult problems can be more effectively tackled.

Organization

At the national level, special services may be provided and monitored by a Division within the Ministry of Health, e.g. a malaria service. The special Division may have its own central organization and peripheral units. In a small unit such as a rural health centre, special services can be provided by setting apart a particular time and place for dealing with the group or the specific problem. It is common to find that such small units run general clinics on most working days but schedule special clinics (nutrition, family planning, etc.) for specific days.

Social welfare

Departments of social welfare in the tropics provide a variable range of welfare services for the community. In some countries, e.g. Singapore, a very wide range is available while in others, e.g. those of tropical Africa, social welfare services barely exist.

The aim is to provide welfare and protection to needy groups, e.g. children and young persons; women and young girls with particular reference to brothels; and to provide probation and aftercare services for young offenders, endeavouring to place them in employment whenever possible. Public assistance schemes provide financial assistance to the aged, the chronic sick, the physically and mentally handicapped, the widows and orphans and the unemployed. Institutional care is provided for special cases.

Voluntary organizations continue to play an important role in welfare work of the state. In some tropical countries the only welfare work available is that provided by major voluntary organizations, e.g. the care of handicapped children.

Health education

The aim of health education is to encourage people to value health as a worthwhile asset and to let them know what they can do as individuals and communities to promote their own health. In effect health education is designed to alter attitudes and behaviour in matters concerning health. The more people know about their own health, the better they are able to take appropriate measures in such personal matters as diet, exercise, use of alcohol, and hygiene. They are also enabled to make the most appropriate use of the health services and to participate in making rational decisions about the operations of the health services within their community.

The variety of methods used in health education are described in more detail in Chapter 13. No single method can be wholly successful and because of the wide range of response from place to place, methods must be tested and evaluated within the local setting. Above all, the example set by health personnel is of great importance especially in such matters as personal hygiene and social habits.

Public health laws

Public health laws are enacted in order to protect and promote individual and community health. The enaction of these laws is very variable and is dependent on the legal system of individual countries. They aim at covering such topics as:

- Registration of births and deaths
- Quarantine and prevention of disease
- Sales of food and drugs
- Destruction of disease-bearing insects
- Registration of medical personnel
- Registration of schools
- Environmental health

The application and enforcement of these laws is a function of health officers, public health inspectors and the medical officers of health. They are given power to enter into premises and to take action to prevent the propagation of disease.

Levels of care

It is convenient to classify the health services available to the community into three levels (Fig. 10.3):

Primary   This refers to the point at which the individual normally makes the first contact with the health services. In a rural area, it may be a health centre, a dispensary or a health post. In an urban area it could be a general medical practitioner's clinic, a polyclinic or health centre or even the outpatient department of a hospital (Fig. 10.4)

Referral   Most problems can be dealt with at the primary health care level but more difficult cases will be referred for more detailed evaluation and for more skilled care.

Specialist   Specialist services, often backed by high technology, are provided for dealing with the most difficult problems.

For example, the majority of pregnant women can be cared for at the primary level; high risk groups, e.g. primgravidae and grand multigravidae, go to the referral unit; difficult cases, including those presenting with serious complications, need specialist services.

Primary health care

In recent years, there has been increasing recognition of the pivotal role of primary health care. The definition of this role culminated in the Alma-Ata declaration in 1978 which is reproduced here in full as it represents a global consensus among governments on this important issue. The salient features are highlighted below:

The primary health care concept is not intended to represent second best medicine acceptable only to the rural poor or the dwellers of urban slums. Rather, it is 'essential care for all based on practical, scientifically sound and socially acceptable methods and technology . . .'.

It is not a stopgap solution to be replaced by something better at a later stage. Rather, the primary health care approach is intended to be a permanent feature of all health services; the quality of care should steadily improve, and at all times it should be appropriate to the resources and the needs of the community.

Primary health care is not intended to function in isolation but in collaboration with the referral and specialist services. These various services should be mutually supportive. Without good primary health care, the referral services would be overwhelmed by problems which could have been dealt with efficiently at the primary level. Many of these would be advanced cases with complications which could have been prevented by early detection and prompt care at the primary unit. On the other hand, primary health care requires the support of the referral services to cope with problems which are beyond the scope of the peripheral units.

Current primary health care provision

These principles are progressively being introduced throughout the developing world, at a variable pace in different countries, within the context of health for all.

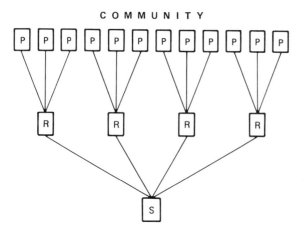

Fig. 10.3   *The relationship between the community and the health care services. P = primary health care unit; R = referral services; S = specialist services*

Fig. 10.4 *Primary health care: mother and child health clinic in a rural village around Kathmandu, Nepal*
With permission from WHO (photo C. Stauffer)

ILLNESS AND INJURY

Adequate provision of curative services for
common ailments and injuries should be
made within the community

ESSENTIAL DRUGS

The most vital drugs should be available and
affordable by all

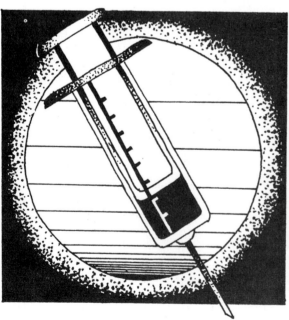

IMMUNIZATION

An increasing number of infectious diseases
can be prevented by vaccination

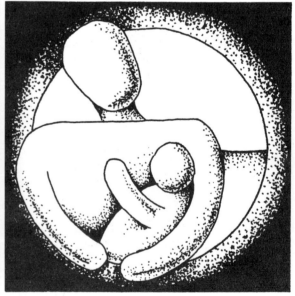

MATERNAL AND CHILD CARE

Services should be targeted to those groups
most in need and where they can produce
maximum benefit

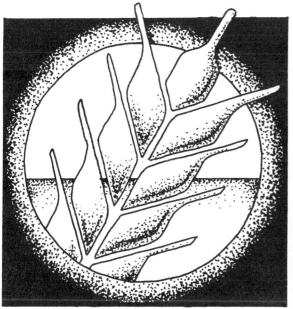

FOOD AND NUTRITION

The family's food should be adequate, affordable and balanced in nutrients

EDUCATION

The community should be informed of health problems and methods of prevention and control

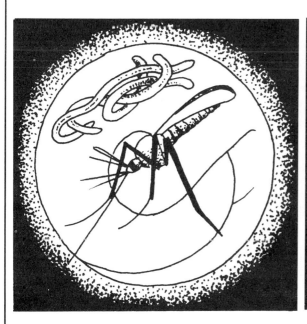

VECTORS AND RESERVOIRS

Endemic infectious disease can be regulated through the control or eradication of vectors and animal reservoirs

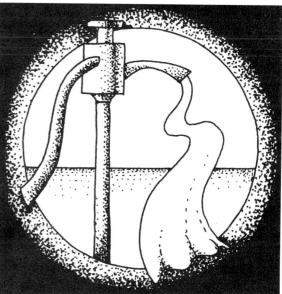

WATER AND SANITATION

A safe water supply and the clean disposal of wastes are vital for health

DECLARATION OF ALMA-ATA

The International Conference on Primary Health Care, meeting in Alma-Ata this twelfth day of September in the year Nineteen hundred and seventy-eight, expressing the need for urgent action by all governments, all health and development workers, and the world community to protect and promote the health of all the people of the world, hereby makes the following Declaration:

I

The Conference strongly reaffirms that health, which is a state of complete physical, mental and social wellbeing, and not merely the absence of disease or infirmity, is a fundamental human right and that the attainment of the highest possible level of health is a most important worldwide social goal whose realization requires the action of many other social and economic sectors in addition to the health sector.

II

The existing gross inequality in the health status of the people particularly between developed and developing countries as well as within countries is politically, socially and economically unacceptable and is, therefore, of common concern to all countries.

III

Economic and social development, based on a New International Economic Order, is of basic importance to the fullest attainment of health for all and to the reduction of the gap between the health status of the developing and developed countries. The promotion and protection of the health of the people is essential to sustained economic and social development and contributes to a better quality of life and to world peace.

IV

The people have the right and duty to participate individually and collectively in the planning and implementation of their health care.

V

Governments have a responsibility for the health of their people which can be fulfilled only by the provision of adequate health and social measures. A main social target of governments, international organizations and the whole world community in the coming decades should be the attainment, by all peoples of the world by the year 2000, of a level of health that will permit them to lead a socially and economically productive life. Primary health care is the key to attaining this target as part of development in the spirit of social justice.

VI

Primary health care is essential health care based on practical, scientifically sound and socially acceptable methods and technology made universally accessible to individuals and families in the community through their full participation, and at a cost that the community and country can afford to maintain at every stage of their development in the spirit of self-reliance and self-determination. It forms an integral part both of the country's health system, of which it is the central function and main focus, and of the overall social and economic development of the community. It is the first level of contact of individuals, the family and community with the national health system bringing health care as close as possible to where people live and work, and constitutes the first element of a continuing health care process.

VII

Primary health care:

1 reflects and evolves from the economic conditions and sociocultural and political characteristics of the country and its communities and is based on the application of the relevant results of social, biomedical and health services research and public health experience;

2 addresses the main health problems in the community, providing promotive, preven-

tive, curative and rehabilitative services accordingly;

3 includes at least: education concerning prevailing health problems and the methods of preventing and controlling them; promotion of food supply and proper nutrition; an adequate supply of safe water and basic sanitation; maternal and child health care, including family planning; immunization against the major infectious diseases; prevention and control of locally endemic diseases; appropriate treatment of common diseases and injuries; and provision of essential drugs;

4 involves, in addition to the health sector, all related sectors and aspects of national and community development, in particular agriculture, animal husbandry, food, industry, education, housing, public works, communications and other sectors; and demands the coordinated efforts of all those sectors;

5 requires and promotes maximum community and individual self-reliance and participation in the planning, organization, operation and control of primary health care, making fullest use of local, national and other available resources; and to this end develops through appropriate education the ability of communities to participate;

6 should be sustained by integrated, functional and mutually-supportive referral systems, leading to the progressive improvement of comprehensive health care for all, and giving priority to those most in need;

7 relies, at local and referral levels, on health workers, including physicians, nurses, midwives, auxiliaries and community workers as applicable, as well as traditional practitioners as needed, suitably trained socially and technically to work as a health team and to respond to the expressed health needs of the community.

VIII

All governments should formulate national policies, strategies and plans of action to launch and sustain primary health care as part of a comprehensive national health system and in coordination with other sectors. To this end, it will be necessary to exercise political will, to mobilize the country's resources and to use available external resources rationally.

IX

All countries should cooperate in a spirit of partnership and service to ensure primary health care for all people, since the attainment of health by people in any one country directly concerns and benefits every other country. In this context the joint WHO/UNICEF report on primary health care constitutes a solid basis for the further development and operation of primary health care throughout the world.

X

An acceptable level of health for all the people of the world by the year 2000, can be attained through a fuller and better use of the world's resources, a considerable part of which is now spent on armaments and military conflicts. A genuine policy of independence, peace, détente and disarmament could and should release additional resources that could well be devoted to peaceful aims and in particular to the acceleration of social and economic development, of which primary health care, as an essential part, should be allotted its proper share.

The International Conference on Primary Health Care calls for urgent and effective national and international action to develop and implement primary health care throughout the world and particularly in developing countries in a spirit of technical cooperation and in keeping with a New International Economic Order. It urges governments, WHO and UNICEF, and other international organizations, as well as multilateral and bilateral agencies, non-governmental organizations, funding agencies, all health workers and the whole world community to support national and international commitment to primary health care and to channel increased technical and financial support to it, particularly in developing countries. The Conference calls on all the aforementioned to collaborate in introducing, developing and maintaining primary health care in accordance with the spirit and content of this Declaration.

Conclusion

The contents of this chapter are meant to provide general guidance about the nature and organization of health services. In conclusion, five points need emphasis:

The need for planning   This involves a careful assessment of needs and resources, a definition of goals and a strategy for achieving them.

The coverage of the population   Coverage should be measured in terms of the actual services delivered to the people rather than in terms of buildings, staff and other resources provided.

Evaluation   The performance of the health services should be kept under review, and appropriate adjustments should be made to render them more efficient and more effective in achieving the desired goals.

Primary health care   The pivotal role this plays is the delivery of health services to the community.

Community involvement   This is essential for achieving maximum participation in the planning, organization and implementation of health services.

Further reading

WHO proceedings of the 13th CIOMS Round Table Conference. (1980). *Economics and Health Policy*. Edited by Griffiths, A. and Bankowolli, Z.

McMahon, R. (1980). *On being in charge. A guide for middle-management in primary health care*. WHO, Geneva.

Mejia, A. (1980). World Trends in Health Manpower Development. A Review. *World Health Statistics Quarterly*, **33(2)**.

WHO Technical Report Series No. 717. (1985). *Health manpower requirements for the achievement of Health for All by year 2000*.

Montoya-Aguilar, C. and Marin-Lira, M.A. (1986). Intranational equity in coverage of primary health care: examples from developing countries. *World Health Statistics Quarterly* **39**, 336–44.

WHO Technical Report Series No. 738. (1986). *Regulatory mechanisms for nursing training and practice meeting primary health needs*.

WHO Technical Report Series No. 780 (1989). *Strengthening the performance of community health workers in primary health care*.

WHO Technical Report Series No. 783 (1989). *Management of human resources for health*.

11
Family health

The family health services include three components:

- Maternal health
- Child health
- Family planning

The need for special services

The care of pregnant women, mothers and their children deserve the highest priority in every community. The reasons for giving such emphasis to these services can be briefly summarized:

High risk groups
Pregnant women and children represent high risk groups within the population. The situation is particularly serious in developing countries where the statistics show very high mortality and morbidity in these groups as compared with the rest of the population, with similar groups in developed countries and in privileged sections of their own country. In some rural communities in developing countries rates may be elevated by as much as 10-fold (in the case of infant mortality), 40-fold (child deaths:1–4 years), or even 80-fold (maternal mortality) when compared with developed nations.

Need for prophylaxis and early diagnosis
Many of the serious ailments occurring in pregnancy are best approached by prophylaxis and or by early diagnosis and treatment. For example, eclampsia is best controlled by detecting pre-eclamptic toxaemia at an early stage and taking appropriate action. Puerperal and neonatal tetanus are controlled by immunization with tetanus toxoid and ensuring hygienic conditions during

delivery and the puerperium. Children can also be protected against a number of common childhood infections by vaccination, e.g. measles, whooping cough, poliomyelitis.

Interrelated problems
Because of the close relationship between the mother and her child, their health problems are interrelated. Illness in the pregnant woman can have adverse effect on the fetus. The care of the pregnant woman is therefore, in effect, early care of her child. In early infancy the mother is usually most directly responsible for the care of the child, both feeding and general care.

The health of the next generation
The care of children deserves high priority to ensure that they grow up into fit and healthy adults. Close attention to maternal and child care is therefore an important investment in the next generation.

Operational convenience and continuity of care
It is usually convenient for mothers and their children to be attended at the same clinic and where possible, by the same team of health workers. The care of the child can be managed as a continuous process starting from early pregnancy, through delivery, to early infancy and childhood.

Objectives of family health care

The objectives of the maternal services are to ensure that, as far as possible, women remain healthy throughout pregnancy, that they have healthy babies and recover fully from the effects of pregnancy and delivery. The child health services aim at ensuring that children remain fit and healthy and that they achieve optimal growth and development both physical and mental. The objectives of family planning services are to enable couples to have the children they want when they want them and to avoid unwanted pregnancies; to encourage them to space the pregnancies and limit their number in the interest of the health of the family.

Maternal health

WHO estimates that 500 000 women die each year from problems associated with pregnancy and childbirth and many of the survivors suffer longterm disabilities such as vesico-vaginal fistulae. These deaths occur mainly in developing countries where maternal mortality rates per 100 000 range from 50 in East Asia to 640 in Africa; whereas they are 20 or less in developed countries. The lifetime risk of dying from pregnancy-related disease is 1 in 25 in Africa but only 1 in 8 000 in some developed countries. Among women of childbearing age, maternal deaths account for 1/4 of the deaths in developing countries compared with 1 in 100 in the United States of America.

The main causes of these deaths are well known: haemorrhage, obstructed labour, sepsis, eclampsia and abortion. Technologies for the prevention of these deaths are available and affordable. The challenge is to organize the services to achieve universal coverage with good quality care.

Level of services
Services should be based on a 'minimal module of maternal health' made up of three elements:

- Community-based services (primary health care)
- First referral centre for essential obstetric care
- Effective communication and transportation between the community-based services and the first referral centre.

The modules should relate to family planning services and to specialist obstetric services at the tertiary level:

Components
The services provided at the various levels include:

- Antenatal care
- Delivery services
- Postnatal care

Antenatal care

The provision of antenatal services is the most valuable measure for protecting the health of pregnant women and ensuring a successful outcome of pregnancy. Antenatal care should include the following elements:

Assessment of the risk status of the pregnancy
The antenatal services should provide care for all pregnant women with special attention to the most vulnerable groups, likely to develop complications. Such persons are said to be 'at risk' and the characteristics or circumstances of such groups or persons are known as 'risk factors'. Although these risk factors vary from place to place, there are some common factors regularly associated with a poor outcome of pregnancy:

- First pregnancy
- High parity (> 5)
- High frequency
- Age (the very young and the older woman)

Table 11.1 WHO scoring system for the assessment of risk status of a pregnancy

Maternal characteristic	Category	Points
Age	<19. >40	4
	30–39 years	2
	20–29 years	0
Number of children	>10	4
	0–1	2
	2–9	0
Time since last delivery	<24 months	1
	>24 months	0
Medical history	Previous obstetric complications and perinatal deaths	3
	Diabetes, heart disease, renal disease, psychoses, etc.	5
Maternal education	Illiterate	1
	Literate	0

Maternal risk status	Action	Total score
1 Very high	Referral obligatory	>5
2 High	Referral recommended	3–4
3 Usual	Local care	0–2

- Previous child loss
- Malnutrition

The risk factors can be identified by careful epidemiological studies, relating variables in the woman and her environment to the outcome of pregnancy. Statistical analysis of such data can provide estimates of the importance of various risk factors. A simple scoring system, devised by the World Health Organization, can be modified for local use (Table 11.1)

The risk status of the woman must be kept under review throughout pregnancy. The occurrence of a complication, e.g. abnormal presentation, may alter the risk category.

Education

The visits to the antenatal clinic provide a valuable opportunity for the education of the pregnant woman on how to look after herself during pregnancy, what to expect during delivery, and also how to prepare for the care of her new baby. Generally, pregnant women are very receptive to health education because of their anxiety to have healthy babies.

Advantage should be taken of this interest to teach them about nutrition, personal hygiene, and environmental sanitation. They should learn how to obtain a balanced diet using locally available foodstuffs. They should become aware of the dangers associated with dirt, and should appreciate the value of personal hygiene and good environmental sanitation. Apart from lectures and demonstrations at the clinics, the pregnant woman should be visited at home, where feasible, by the community nurse or other health personnel. In this way, she can be guided to use the resources available to her in improving the sanitary condition of her home and in making other preparations for the arrival of the baby.

The pregnant woman should also learn about the normal changes which occur during pregnancy and she should be alerted about the danger signals such as the swelling of her feet and vaginal bleeding. She would then be able to seek help early should any complication occur or threaten.

Preventive measures

Pregnant women are particularly susceptible to certain infections and diseases. Depending on the local health problems, specific prophylactic measures may be indicated. For example, in an area endemic for malaria, chemoprophylaxis may be of vital importance. Active immunization of the pregnant woman with tetanus toxoid is highly effective in preventing neonatal tetanus, a disease which still occurs in communities where the health services are poorly developed. To reduce the incidence of anaemia of pregnancy, supplementary iron and folic acid are usually prescribed. Other prophylactic measures may be indicated by the local situation. The important principle is to do everything possible to improve the general health of the pregnant woman and to anticipate as far as possible any factor which may cause a deterioration in her condition.

Monitoring

Antenatal care provides the opportunity of monitoring the progress of the pregnancy so that any deviations from normal can be detected at an early stage before serious complications occur. The woman is encouraged to note and describe any symptoms or signs that she has observed since her last visit to the clinic and she can be reassured when these do not signify any serious abnormality. Simple indicators have been advised for monitoring pregnancy including measurement of body weight, haemoglobin, and blood pressure, examination of urine for protein and sugar, and physical examination including specific obstetric observations.

Where resources exist, more sophisticated investigations can be used to follow the development of the fetus and to detect abnormalities. For example, because of the higher risk of Down's syndrome in women over the age of 35 years, obstetricians in developed countries recommend that amniocentesis be done in such cases to offer the possibility of therapeutic abortion if this is acceptable.

Delivery services

Most pregnant women can be safely delivered using relatively simple facilities but in some cases skilled intervention is required to ensure a favourable outcome. It is important to have a range of facilities, from the simplest to the most sophisticated, to match the full spectrum of risks associated with different pregnancies. The risk status of the woman with regard to delivery is determined from her past history (*see* Table 11.1) and progress during pregnancy. The situation could alter dramatically in the course of delivery; emergency services providing skilled intervention should always be available regardless of the initial estimate of the risk.

Traditional birth attendants

In many developing countries, traditional birth attendants play an important role in the delivery of pregnant women. These are people, usually women, who have acquired their skill in delivering women by working with other traditional birth attendants and from their own experience. In some countries, formal programmes have been devised for further training of these traditional birth attendants and for incorporating them within the health services. In favour of such schemes is that these attendants usually belong to the local community in which they practise, where they have gained the confidence of the families and where they are content to live and serve. Their training programme is designed to improve their technique (with particular reference to cleanliness), to recognize abnormalities which indicate the need for referral for more skilled evaluation and management, and to know their own limitations, thereby refraining from attempting to deal with problems beyond their skill. They are also supplied with simple kits which include hygienic dressings and basic equipment.

First referral level: obstetric services

The first referral level is the most important anchor of maternal health services. This facility is required for dealing with the complications which occur in the course of pregnancy and delivery. Complications such as obstructed labour and haemorrhage require skilled intervention to save the life of the mother and her baby. It is estimated that at least 5 per cent of pregnancies require some form of surgical or skilled obstetric intervention.

The first referral level should be equipped to carry out the following essential obstetric functions:

- Surgery (e.g. caesarean section)
- Anaesthesia
- Medical treatment
- Blood replacement
- Manual procedures (e.g. removal of placenta, vacuum extraction, forceps delivery)
- Monitoring and management of women at high risk

- Neonatal special care
- Family planning support e.g. sterilization, intra-uterine contraceptive devices

A recent WHO publication outlines the requirements for setting up services at the first referral level including the personnel, physical facilities, equipment, supplies and drugs as well as an indication of the cost structure of such facilities (*see* References).

Postnatal care

During the puerperium the woman recovers from the effects and injuries, if any, associated with delivery. The physiological changes which took place during pregnancy are now being reversed and her body is restored to its pre-pregnant state. The postnatal care services are designed to supervise this process, to detect any abnormalities and to deal with them. In particular, she should be protected against hazards such as puerperal infection, to which she is liable at this stage.

Postnatal care may be a convenient service through which to introduce family planning so as to reduce the risk of the early occurrence of another pregnancy.

With regard to the child, it is important to ensure that breast feeding is satisfactorily established during this period.

Child health

In developing countries, many of the diseases which cause severe illness and death in children can be prevented or treated by simple measures. In some areas, one quarter to one half of the children die before they reach the age of 5 years. Some of the survivors of this high death rate are left with serious permanent effects on their health. The situation can be dramatically improved by the provision of child health services. In order to be most effective, the services must reach all the children, with particular attention to the most vulnerable groups.

Objectives

There are three major objectives of the child health services:
Promotion of the health to ensure that they achieve

optimal growth and development both physical and mental.

Protection from major hazards through specific measures (immunization, chemoprophylaxis, dietary supplements) and through improvement in the level of care provided by the mothers and the family.

Treatment of diseases and disorders with particular emphasis on early diagnosis. The aim is to provide an effective remedy at an early stage before dangerous complications occur.

In achieving these objectives the role of the family cannot be over-emphasized. The health personnel should therefore pay particular attention to the education of mothers on the care of their children. They should use all available means to bring about changes within the family in the interest of the child. Contacts with fathers and other influential people within the household could be of value.

Promotion of health: monitoring development

The growth and development of each child should be carefully monitored. It is important that the child be seen at the clinic regularly during the first five years of life. The mother should be guided on matters concerning the child's diet, hygiene and other factors affecting the child's health and safety. Simple charts showing graphs of the normal growth curve can be used effectively in monitoring the child's physical development (*see* Fig. 8.1). Experience has shown that it is better for each mother to retain her child's growth card: it increases her involvement in monitoring the child's development. Methods and indices used in monitoring growth have been described in Chapter 8.

Protection: immunization, chemoprophylaxis, dietary supplements

Immunization Each child should be immunized against the common communicable diseases for which vaccines are available (Table 11.2). Immunization is routinely offered against tuberculosis (BCG), tetanus, whooping cough, diphtheria, poliomyelitis and measles. The choice of vaccine and the immunization schedule should be selected on the basis of local epidemiological situations, and on the most practicable routine. Figure 11.1 (p. 280) shows a schedule for routine vaccination, together with the services that may be responsible for its implementation.

The vaccines should be handled with care to ensure that they preserve their potency. This is particularly important in the case of live vaccines which are sensitive to heat and must therefore be kept cold until administered. By the use of refrigerators at the main health centres and insulated cold boxes when the vaccine is being carried for use in the field, the continuous 'cold chain' can be preserved.

Chemoprophylaxis and dietary supplements In endemic areas of malaria, chemoprophylaxis is usually recommended for the highly susceptible groups including pre-school children, pregnant women and visitors. Other specific prophylactic measures may be indicated as for example, the use of dietary supplements to prevent common nutritional deficiencies (*see* p. 238).

Early diagnosis and treatment

Simple remedies should be made available for the treatment of the common diseases of childhood. Mothers should be encouraged to seek treatment early and where appropriate to institute simple therapy at home. They should for example learn how to clean simple cuts and abrasions, covering them with clean dressings to prevent infection. Especially in areas where they cannot gain rapid access to the clinic, mothers should learn how to prepare and administer the oral rehydration fluid in cases of diarrhoea (*see* p. 43, 47).

Special services

Ideally health services should reach every child within the community. This may be achieved through a combination of postnatal care, child health services, vaccination programmes and school health services (*see* p. 286). It is particularly important that these services identify the most vulnerable or the high risk groups. The factors which most accurately identify the high risk groups are best determined locally by epidemiological studies but in general high risk is associated with factors in the mother (e.g. illiteracy, poverty, past history of a child who had died) and in the child (e.g. low birth weight, haemoglobinopathy). Special attention should be given to such children, with support to the family by home visits and other measures designed to improve the level of care at home.

Table 11.2 A guide to childhood immunization in the tropics*

Vaccine	Recommended age of administration	Method of administration	Special problems associated with use	Other comments
ROUTINE PROGRAMME†				
BCG (live, attenuated bovine strain)	Neonatal period as a routine Tuberculin-negative subjects of any age exposed to mycobacterial infections	Intradermal injection (multiple-puncture technique using modified 'Heaf Gun' recommended for use by semi-skilled personnel)	Vaccine light and heat sensitive—risk of inactivation in unskilled hands	Isoniazid-resistant BCG may be used in conjunction with isoniazid therapy
Triple antigen (DPT) (combined tetanus and diphtheria toxoids and pertussis vaccine)	Start at 2 months. Give 3 injections at monthly intervals Boosters at 12–18 months and at school	Subcutaneous or i.m. injection	Rarely encephalitis due to pertussis component of vaccine	Where high risk of pertussis can start at age of 1 month Tetanus toxoid to all unprotected adults especially during pregnancy to prevent neonatal tetanus
Poliomyelitis: Killed 'Salk' vaccine	Start at 2 months and monthly × 3 Fourth dose at school entry	Subcutaneous or i.m.	None	May be simultaneously administered with Triple antigen in *separate* syringe unless combined vaccine used Best for small local clinics
Live 'Sabin' vaccine (trivalent)	Start at 2 months and monthly × 3 Fourth dose at school entry	Oral	Cool storage required May get poor antibody response when used on small groups in tropics	Most effective when mass vaccination campaigns undertaken
Measles (further attenuated vaccine)	8 months	Subcutaneous injection Jet injection for mass immunization campaigns	Refrigerated storage	Expensive—indications that reduced dosage (to 1/5 recommended dose) may be effective
EPIDEMICS				
Cholera (whole cell vaccine)	All ages—2 doses, 7–28 days apart	Subcutaneous or i.m.	—	For mass immunization —1 dose
Yellow fever	All except infants under 1 year	Subcutaneous	Encephalitis, particularly infants under 1 year	—

* After R G Hendrickse
† See Fig. 11.1 for schematic representation of the routine vaccination programme. Differing epidemiological conditions in various countries may require relevant alterations to these guidelines.

It may be useful to provide special services for children who have specific health problems. For example, a nutrition rehabilitation service would help to supervise the recovery of malnourished children and educate the mothers on the nutrition of their children. Services may also be provided for handicapped children, for those who are maladjusted or have emotional problems.

Family planning

Objectives
The objective of this service is to encourage couples to take responsible decisions about pregnancy and enable them to achieve their wishes with regard to:
- Preventing unwanted pregnancies
- Securing desired pregnancies

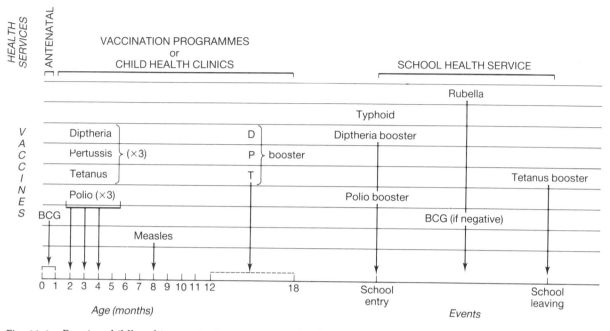

Fig. 11.1 *Routine childhood immunization programme for the tropics*

- Spacing of pregnancies
- Limiting the size of the family

The concept of responsible parenthood should be promoted and in the interest of the health of the family, couples should have children by choice and not by chance.

Family planning services should be used as a tool for promoting family health and specifically for reducing maternal morbidity and mortality by preventing unwanted and high risk pregnancies. To this end, the services should be targetted to women with serious underlying medical problems, grand multiparae, couples who have achieved their desired family size, sexually active teenagers and any others who need or wish to avoid pregnancy. Family planning services may also provide genetic counselling (*see* p. 252).

Assessment of community needs

The family planning programme should be based on an analysis of the needs of the community. Available data on the reproductive behaviours of the community should be carefully examined noting especially: birth rates in various groups, age of first pregnancy, average interval between pregnancies, family size, the use of contraceptive methods (both traditional and modern), knowl-

edge of these methods and attitudes to them, the frequency of induced abortions and other indications of unwanted pregnancies.

Contraception

In the context of family health, this service should make available simple, effective and safe contraceptive methods which are compatible with the family's religion and culture, and also in keeping with their needs and resources. For religious reasons, some couples cannot accept artificial methods and devices; the natural method based on the safe period should be taught to them. A variety of contraceptive devices should be available so that each couple can select the one that is most aesthetically acceptable and practicable in their circumstances.

Organization of family health services

For reasons stated in the early part of the chapter, it is generally preferable to provide an integrated service comprising maternal, child health and family planning services. UNICEF and other agencies have adopted a package of services popularly known under the acronym GOBI-FFF: Growth monitoring, Oral rehydration for acute diarrhoea, Birth spacing, Immunization, Family planning, Food supplements, Female education.

Accessibility

The details of the organization would vary from place to place, but the important issue is to make sure that the services are provided in such a way that the community can make the best use of them. Rather than having a rigid format, the health personnel should seek innovative ways of promoting the coverage and the quality of care. For example, adjustments in the timing of clinics could make the service more easily accessible to the mothers: it may be particularly convenient if the services are provided in association with markets and other community activities. Special arrangements may have to be made for women who are unable to utilize the normal services. For example in Moslem communities, women in Purdah may not be able to go out to the clinics in the day time but could do so at night: evening clinics at convenient sites could solve this particular problem.

Community participation

For the family health services, more than for any other component of the health services, the intimate involvement of the community is essential in making the best decisions. The resources of the community should be fully utilized, e.g. training and using voluntary health workers, and health education through women's associations.

Evaluation

Continuous evaluation should be built into the service using simple indicators to monitor progress. Both the inputs (services provided, activities of the health personnel) and the outputs (changes in the health status of women and children) should be monitored.

Input   The coverage of each major component of the services should be measured. For example, what proportion of pregnant women within the community are seen at least once during pregnancy? What proportion of them deliver under supervision of the health personnel? What proportion of children receive at least one dose of vaccine, and what proportion completes the full course?

Output   The standard rates used in health statistics should be calculated—perinatal mortality, infant mortality, neonatal mortality, etc. Major complications of pregnancy, and delivery should be recorded and the rates monitored in different groups so as to identify high risk or problem groups. The incidence of measles, paralytic poliomyelitis, severe diarrhoea, and other important diseases of children would also provide useful indicators of the health of the child population. It is not feasible to monitor each and every condition and the inclusion of too many elements may reduce the efficiency of the system. It is much better to select a few indicators, concentrating for example on the top ten killing diseases in childhood.

Regardless of the indicators which are selected, it is important to relate the cases or events to the population at risk. It is difficult to interpret such data (e.g. number of children immunized, number of deliveries at maternity centres, cases of measles) unless they are related to the appropriate denominators.

School health programme

It is universally recognized that the health of schoolchildren deserves special attention. In order to derive the maximum benefit from the educational programme, the child must be healthy physically, mentally and emotionally. Children at school are exposed to a variety of hazards—physical injury, infection and emotional problems. School age is a period during which the child is undergoing rapid physical and mental development; a healthy environment is required to provide the child with the best opportunity of making the appropriate adjustments that are required during this critical period. The school provides a unique opportunity for health education: a means of establishing a firm foundation for the healthy habits of the future adult population. By safeguarding the health of the schoolchildren of today, one is ensuring the health of the adults of tomorrow. In many developing countries the need for good school health programmes is particularly critical.

Apart from the universal reasons already cited for having a special programme for schoolchildren, there is the additional factor that in many developing countries, the schoolchildren are the survivors of a high childhood mortality. Many of them still bear the sequelae of the diseases which were responsible for the deaths of the other children and most are still subject to the environmental conditions which predisposed to the high morbidity and mortality of pre-school age-groups.

The overall objective of the school health programme is to ensure that every child is as healthy as possible so that he can obtain the full benefit from his education.

Components

Although the detailed organization of a school health programme varies from place to place, the following elements are usually represented:

Medical inspection

Routine, periodic medical examination is designed to detect defects which require medical attention. The medical examination also provides the opportunity of discussing with parents and teachers the health problems and needs of the children. It includes screening for defects of hearing and sight. The school examination will ascertain whether the child is fit to take part in school activities, including sports.

Assessment of handicapped children

The school health programme must include some mechanism for finding children who are physically or mentally handicapped, assessing them, supervising them and placing them in the most appropriate institution if special care is indicated. The main categories of handicapped children are:

- Blind and partially sighted
- Those with a defect in hearing and/or speech
- Epileptic
- Educationally sub-normal
- Maladjusted and psychotic
- Physically handicapped or delicate

Health education

The objective of the health education programme at school is to make the children value health as a desirable asset, and to know what the individual and the community can do to maintain and promote health. The course of instruction would include basic information about the normal structure and function of the human body, the agents of disease, and the role of the environment in maintaining good health. At the appropriate age, various aspects of sex education can be incorporated into the syllabus. All fit children should participate in a well-designed programme of physical education.

Safe school environment

It is necessary to ensure that the school environment is maintained at a high standard in order to safeguard the health of the children and to provide them with a practical example of healthy living. The school environment must reinforce the theoretical lessons learnt in the classes on health education. The school should be sited in a safe place, in an area free from excessive noise and other nuisances such as smoke or soot. The building should be well constructed so as to minimize accidents. The classrooms should be of adequate size, well lighted and ventilated. Sanitary facilities for the disposal of waste should be provided, and there should be an adequate supply of safe water for drinking and washing. There should be adequate facilities for recreation.

Control of infection

Going to school represents for many children the first opportunity to mix with children other than close relatives and immediate neighbours. Hence, schooling often represents their first contact with infections to which they are susceptible. The control of infection includes the exclusion of sick children from school and the protection of susceptible children against such infections as polio, diphtheria and typhoid by immunization. Parents should be urged not to send sick children to school and teachers should, in the course of daily inspection of the children, note any sign of illness. The health of the schoolteachers and other school personnel should be kept under careful observation to ensure that they do not transmit infection to the children. For example, schoolteachers should be routinely screened for tuberculosis and food handlers for enteric infections.

The school health service should provide a routine vaccination programme.

Nutrition

The school health programme should include some mechanism for the promotion of adequate diet for schoolchildren. It should be designed to ensure that each child is adequately nourished and, where specific defects are noted, to provide some means of supplementation. Some health education of parents should be included, either through group activities such as the Parent-Teacher Associations, or individually in cases of special problems. It may be useful to have a school meal programme: this can provide a valuable demonstration of good balanced diets, but the school meal can also be specifically designed to supplement the child's home diet in such a way as to make up any major specific nutritional deficiencies. Practical instruction in nutrition can include the growing of food crops in the school garden and mother-craft and cookery classes, especially for the girls.

Special surveys

Special epidemiological surveys can be conducted to investigate specific health problems. They can also be used as part of the assessment of health needs and evaluation of the school health programme.

Organization

The detailed organization of the school health programme varies from one country to the other. In the more developed countries, the school health services employ numerous doctors, dentists, nurses, psychologists, speech therapists and other skilled personnel. In most developing countries, such elaborate schemes are not in operation. The objective in each country should be to exploit the available resources and coordinate them into a national school health programme.

Services

The following services are usually provided in school health programmes:

- *Medical inspection*
- *Screening tests for defects*
- *Clinics*—minor ailments; consultation; special clinics (e.g. orthopaedic, ophthalmic, ENT and child guidance)
- *Dental services*—preventive and therapeutic

Coordination

The health care of the child at school requires the coordinated efforts of parents, teachers, school health personnel, family physicians and local health authorities. Each has an important role to perform; skilled dovetailing of these various units will provide the most effective school health programme. Since there are overlapping functions in several areas, it is important to avoid unnecessary duplication of effort especially where resources are scarce. Even where resources are lavish, it is essential to prevent avoidable conflict and friction.

The provision of a safe, healthy environment is the responsibility of the *school authorities*. They are also responsible for health education and physical education at school. *The personnel of the school health programme* are responsible for the medical inspection of the children; in some places they also undertake treatment but in other countries any defect or illness is treated by the *family physician*. The school health personnel are also responsible for the control of communicable diseases, although again the family physician may be responsible for immunization of the children. In developing countries, many of these functions are performed by *medical auxiliaries* who are working under the supervision of doctors.

Assessment and evaluation

Evaluation of the school health programme depends in the first instance on a careful definition of the objectives of the programme.

Input   There should be an assessment of the work load of the various units: the number of medical inspections, the number of cases treated at the clinics, the number of children immunized, the number of school meals served, etc.

Output   The health status of the children can be assessed from an analysis of the data gathered at the medical inspections, from sickness records and from special surveys. The data generated in the operation of the school health service should be compiled and analysed. Such information as the distribution of the heights and weights of the children, the haemoglobin level, and the frequency of dental caries can provide valuable assessment of the health of the children and the effectiveness of the school health programme.

Further reading

WHO Technical Report Series No. 569. (1975). *Evaluation of Family Planning Services.*

WHO Technical Report Series No. 623. (1978). *Induced Abortion.*

WHO Family Health (1986). *Essential Obstetric Functions at First Referral Level to Reduce Maternal Mortality.*

WHO Technical Report Series No. 578 (1976). *Statistical indices of family health.*

12
Environmental health: sanitation

The objective of environmental sanitation is to create and maintain conditions in the environment that will promote health and prevent diseases. Man's external environment contains elements that are essential for life and for the maintenance of good health. In addition, the environment contains potential hazards. Man has a wide range of tolerance of environmental conditions because of his ability to adapt. Such biological adaptation has its limits, and disease represents the breakdown of adaptation.

For example, the human being can tolerate wide fluctuations in environmental temperature; he has various mechanisms (sweating, shivering) for coping with these changes. If however the heat stress is excessive, then adaptive mechanisms break down and disease results maybe in the form of heat stroke or some other heat disorder (*see* Chapter 9). Health can therefore be viewed as successful adaptation to the environment, whereas disease represents a breakdown of adaptation.

The breakdown of adaptation can be prevented by:
Health promotion—increasing the host's ability to withstand stresses in the environment, e.g. by good nutrition
Environmental sanitation—reducing the hazardous and hostile elements in the environment, e.g. by minimizing environmental pollution of all types

The implementation of these measures spans a variety of subjects and encompasses several disciplines, both within and outside the health services.

Health promotion

- Control of communicable disease (*see* Chapters 4–7)
- Nutrition (*see* Chapter 8)
- Occupational health (*see* Chapter 9)

Environmental sanitation

- Provision of a safe and adequate water supply
- Disposal of wastes
- Provision of good housing
- Air hygiene
- Safeguarding of food
- Disinfection
- Control of insect vectors and other pests (*see* Chapter 7)
- Control of animal reservoirs of infection (*see* Chapters 4–7)
- Elimination of other hazards (e.g. noise, radiation etc.)

Many of these problems in environmental sanitation are dealt with by public health engineers, technicians and other non-medical personnel rather than by the physician. The doctor is therefore not usually required to know in detail how the various appliances are constructed and maintained. Nevertheless, he should be familiar with the basic principles involved. This would enable him to give informed support to his environmental health team and, for simple projects, guidance to the health auxiliaries.

The 1980s were designated the International Water Supply and Sanitation Decade (Fig. 12.1), during which a concerted effort has been made by

Fig. 12.1   *A clean and adequate water supply: an essential precondition for social and economical development.*
Reproduced with permission from WHO (photo T. Farkas)

seven United Nations agencies to improve the environmental health of the world's poorer population (Fig. 12.2). A better understanding of behavioural factors influencing water use and defaecation practices is a vital and hitherto much neglected component of such a programme, since not only are changes in behaviour required to ensure that facilities are correctly utilized but the interventions must be so designed that they are acceptable to the recipient community, whether it be rural or living in urban fringe areas. The *active* participation of the community at *all* stages is mandatory for success.

Water supplies

Each community needs a safe and adequate supply of water. Water supply technologies need to be technically and environmentally sound, economically efficient, financially affordable, and acceptable to the users from the social, cultural and political standpoints. They need to be simple in design and easy to install, operate and maintain. Large scale water supply programmes are beyond the scope of this section, since they require considerable engineering expertise.

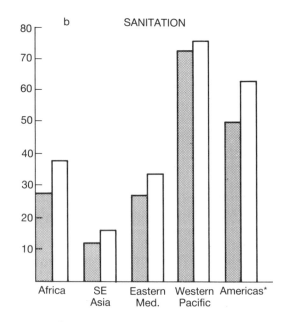

Fig. 12.2   *Progress in the water and sanitation decade. Improvement in the access to (a) safe water supply and (b) adequate sanitation between 1980 (▨) and 1985 (☐) as measured by the percentage of the population served in various regions (WHO data)*
* excluding Canada and the USA

Uses of water

Domestic

- Drinking and cooking
- Personal hygiene—for washing the body and clothes
- Environmental sanitation—for washing utensils, floors and for the disposal of wastes
- Temperature control—for heating and cooling
- Gardening

Industrial and agricultural

Sources of water

A suitable source of water should provide a supply of water that is:

Adequate   A minimum of 20–40 l per person/day is required. The requirement is much higher in modern industrial urban areas: 200–500 l per person/day, or more.

Safe   It should be free from chemical and biological hazards.

Acceptable   It should be acceptable in terms of its taste, colour and softness.

Sources include:

- Rain water
- Surface water—streams, rivers, ponds, lakes and sea
- Underground water—wells, bore holes (*see* Fig. 12.3) and springs

Many methods of lifting water, from buckets to electrical pumps, are available. Which of these are most appropriate will depend on local conditions, the funds available and the facilities for maintenance.

Rain water

Rain water is pure but it may pick up impurities from the atmosphere, roofs, roof gutterings and storage tanks. As the only source of water, it is only suitable for countries with a reliable rainfall perennially.

Surface water

The source is easily polluted, either by direct contamination by man and animals, or indirectly when rain washes faeces and other pollutants from the banks into the streams and rivers. Surface water must therefore be purified before use (*see* p. 292).

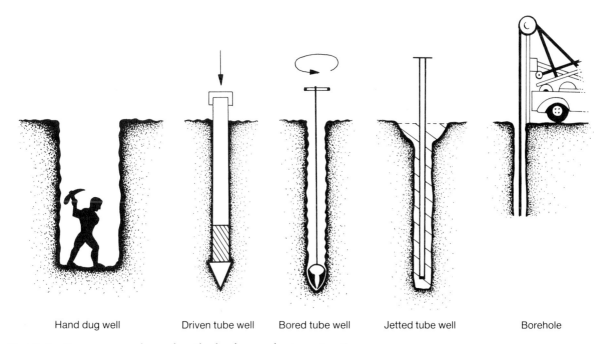

Hand dug well   Driven tube well   Bored tube well   Jetted tube well   Borehole

Fig. 12.3   *Some commonly used methods of groundwater extraction*

Underground water

Wells

Shallow wells   The water is collected above the first impervious layer. Shallow wells are liable to pollution by seepage from surface water.

Deep wells   Water is drawn from below the first impervious layer (*see* Fig. 12.3).

The protection of wells involves the following measures:

- A site at least 30 m (preferably uphill) from any potential source of pollution (e.g. pit latrine)
- A watertight lining for at least 3 m from the surface
- A parapet about 1 m high surrounded by a concrete apron to drain the waste water away
- A watertight cover
- A pump, or at least a permanent bucket which is anchored to the well

Springs

The water from a natural spring may be quite pure. It can be protected by building a concrete dam so that the water accumulates in a reservoir and is drawn through pipes.

Diseases associated with water

The water-related diseases can be broadly classified into five epidemiological groups:

Group I   Water-borne infections (e.g. cholera, typhoid, infective hepatitis)

Group II   Water-shortage diseases (e.g. skin infections, trachoma)

Group III   Water-impounding diseases (e.g. schistosomiasis, guinea worm)

Group IV   Water-arthropod diseases (e.g. malaria, onchocerciasis)

Group V   Chemical constituents, either excess or shortage (e.g. fluoride)

Purification of water

The purification of water can be achieved by a combination of some of the following measures:

- Protection of the source
- Storage
- Coagulation and sedimentation
- Filtration
- Disinfection
- Boiling

Protection of the source

In particular, the source water should be protected from pollution by human faeces (a major source of pathogenic organisms) and other human contact which could lead to contamination, e.g. with guinea worm. Man and animals should be excluded from surface sources of water.

Storage

Some of the human pathogens have a relatively short life in water: they may be absent from water that has been stored for a few days or longer. Cysts (e.g. *E. histolytica*) tend to survive for much longer periods.

Coagulation and sedimentation

Addition of alum to water causes flocculation of the finely suspended matter; these larger particles settle more rapidly, leaving a clear supernatant.

Filtration

Various devices are used for filtration: *a thick linen cloth* may remove large particles, including cyclops (intermediate host of guinea worm), from the water; *a sand filter* consisting of sand and stones at the bottom; *a simple domestic filter* in which the water is filtered through a 'candle' filter which is made of fine clay.

At best, filtration will remove bacteria, protozoal cysts and larger particles but viruses ('filterable viruses') will pass through the filter.

All filters require proper care and regular cleaning to remain effective. Some 'appropriate technology' designs for the household may well become sources of pollution themselves and their effective use requires considerable health education and supervision. The same applies to porcelain and diatomaceous earth filters.

Disinfection

Chlorination is the most widely used method of chemical disinfection of water. It may be used in the form of chlorine gas for large municipal schemes or as bleaching powder (chloride of lime), liquid bleach, or hypochlorite. The need for chlorination in any location must first be established and the precise requirements decided. *Superchlorination* is the application of a dose of chlorine which considerably exceeds that required to disinfect the water. After a suitable contact time the water is dechlorinated. This method is often used in an emergency, e.g. during epidemics of cholera.

Chemical action of chlorine

Chlorine is a germicidal agent and can also be used to control algae and slime. It oxidizes iron, manganese and hydrogen sulphide and cannot be used where there is heavy organic contamination or high levels of iron or manganese. Organic contamination can be reduced by pre-settlement and filtration if necessary and possible.

As chlorine is added to water the following process occurs:

- Destruction of chlorine by reducing compounds
- Formation of combined residual chlorine (chloramines)
- Partial destruction of chloramines
- Increase in free residual chlorine

The amount of chlorine in the water may be checked by a simple apparatus such as a colour comparator. Free residual chlorine is the main disinfecting agent and sufficient chlorine should be added to give a final residual level of 0.2–0.5 mg/l(ppm) *Note* that a minimum contact time of 15 minutes is required for the chlorine to be effective, and that chlorine in normal doses (as above) will not kill some cysts and ova or organisms embedded in solid matter.

Choice of chlorine disinfectant

Liquid chlorine is generally used in main piped supplies

Chloride of lime (bleaching powder) is bulky and unstable but simple to use. It contains 20–35 per cent by weight of available chlorine. It must be stored in a cool, dark place in corrosion resistant containers. Since it contains insoluble solids, prepared solutions should be decanted before use in drip feeds.

HTH (High Strength Hypochlorite) is more stable than bleaching powder. It contains 60–70 per cent by weight of available chlorine and is useful where large quantities are required, e.g. in emergencies.

Preparation of wells before chlorination

It is important that all receptacles being used to hold chlorinated water are disinfected first. The following procedure should be used:

1 Wash and scrub lining of well with solution of chloride of lime (100 ppm available chlorine).
2 Measure the volume of water in the well. Add a solution of chloride of lime to give a chlorine dose of 50–100 ppm (100 ppm = 50 g of chloride of lime in 100 litres of water).
3 Leave for 12 hours and then pump out. The well is then ready for use.

Boiling

This is a reliable way of eliminating pathogens for individual households but it is impracticable on a large scale. It can be used in special circumstances, e.g. when there is a sudden breakdown in the treatment process of a municipal water supply. It is also advisable to boil all water to be used for feeding young infants.

Assessing water quality

The quality of water is assessed by physical, microscopical, chemical, and bacteriological examination.

Chemical examination

There should be no chemical constituent in quantities that could be a health hazard. Safety limits have been prescribed for some of the elements (Table 12.1)

With regard to fluoride, a high level (1.0–1.5 mg/l) predisposes to dental and skeletal fluorosis; a low content (0.5 mg/l) is associated

Table 12.1 Safety levels of common chemicals in domestic water

Chemical	Maximun allowable concentration (ppm or mg/l)
Nitrate	45.0
Fluoride	1.5
Arsenic	0.2
Lead	0.1
Selenium	0.05
Chromium (hexavelent)	0.05
Cyanide	0.01

with dental caries. Therefore fluoride may be added to bring the concentration to about 1.0 mg/l.

Bacteriological tests

Although pathogens such as *Salmonella typhi* and *Vibrio cholerae* can be isolated from water, the routine bacteriological examination of water concentrates on detecting evidence of faecal pollution. Coliform organisms are used as indicators of recent faecal pollution because they are present in faeces in large numbers and they survive in water for relatively short periods. Faecal coli (*E. coli*) can be differentiated from other coliform organisms which occur in nature. A high coliform count ('presumptive coliform count') of $\geq$ 10 coliforms/100 ml is regarded as being suspicious or bad. There should be no faecal coli.

Table 12.2 gives the survival times of various pathogens in water and other environments.

Waste disposal

The accumulation of waste products and their indiscriminate disposal represent a grave hazard to health. Systems of waste disposal are designed to eliminate these hazards. Village-level sanitation systems need to be culturally and politically acceptable to the users, financially affordable and technically simple to construct, operate and maintain. It is much easier to build an excreta disposal system than to ensure its proper use.

The broad objectives of a waste disposal system are:

Eliminate hazards to man

- Physical (e.g. broken bottles, empty cans)
- Chemical (e.g. poisonous chemicals in industrial wastes)

- Biological (e.g. the agents and vectors of disease harboured in wastes)

Prevent pollution of the natural environment
The dumping of waste on land, the indiscriminate disposal into rivers and other surface waters or into the air, can cause destruction of the natural fauna and flora.

Salvage of materials of economic value

The following problems will be considered:

- Disposal of sewage
- Disposal of refuse
- Disposal of industrial wastes

Sewage

Human excreta are an important source of pathogenic organisms, especially the causative agents of diarrhoeal diseases—the long-term prevention of diarrhoeal disease rests largely upon the provision and use of adequate facilities for safe water and sewage disposal. In addition, faeces are attractive to flies and support the development of the larval stages ('maggots') of filth flies. Apart from these hazards, the indiscriminate disposal of faeces can constitute a grave nuisance from the offensive sight and smell.

The sanitary disposal of human excreta can be achieved only where there is adequate provision in the community for the disposal of faeces and where the people have learned to appreciate and use them. This requires among other things, a large capital investment in the construction of water and sanitation facilities, and a better understanding of behavioural factors influencing water use and defaecation practices.

Ideally, there should be at least one latrine for each family, and the device should be kept clean and maintained in good working order. Public

Table 12.2 Pathogen survival times in various environments*

| Pathogen | Survival times in different environments | | | |
	Sludge/Faeces	Water/Sewage	Soil	Crops
Bacteria	1–5 months	1–3 months	50 days–several years	1–6 months
Viruses	3–5 months	2–9 months	316 months	1–2 months
Protozoan cysts	10 days–1 month	Up to 20 days	Up to 10 days	Up to 2 days
Helminths	Many months	More than 1 year	Several years	Less than 1 month

* By courtesy of Mr E R Potts

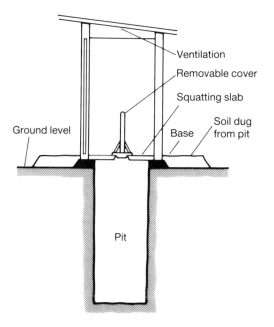

Fig. 12.4 *Pit latrine*

latrines are required in markets and other places where people gather in large numbers.

The ideal latrine

A good latrine must possess the following qualities:

- No handling of fresh faeces
- No contamination of surface soil
- No contamination of surface water or underground water that may enter springs or wells
- Excreta inaccessible to flies or animals
- No unpleasant odours or unsightly conditions
- Simple and inexpensive in construction and operation, in accordance with the resources of the community
- Culturally acceptable to the community

The common methods of sewage disposal are:

- Bucket latrine
- Trench latrine
- Pit-hole latrine (Fig. 12.4)
- Bore-hole latrine
- Ventilated improved pit latrine (Fig. 12.5a)
- Ventilated improved double pit latrine (Fig. 12.5b)

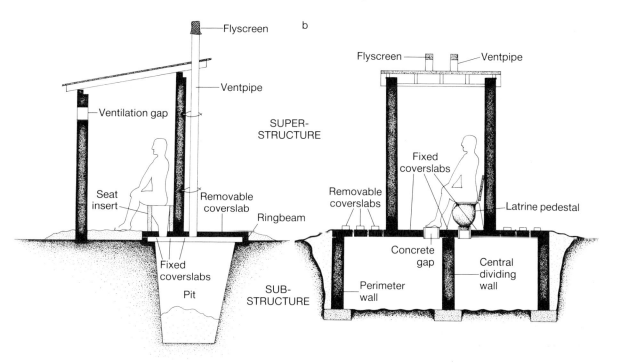

Fig. 12.5 *(a) Improved ventilated pit latrine. (b) Improved double ventilated pit latrine*

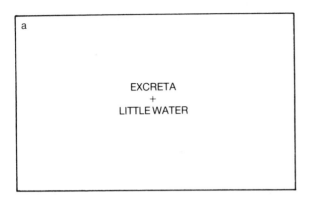 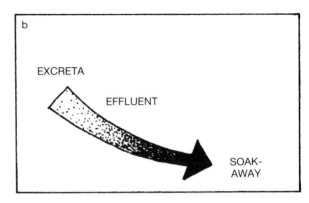

Fig. 12.6   *Aqua privy. (a) Simplest form. (b) Self-topping form*

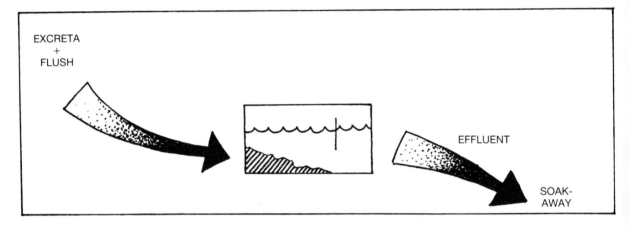

Fig. 12.6   *Principle of the septic tank*

- Water-seal latrine
- Aqua privy (Fig. 12.6)
- Chemical closet
- Water-carried disposal methods—to sewage pits, septic tanks (Fig. 12.6), sewage farms or oxidation ponds.

Bucket latrine

The use of bucket latrines should be discouraged as widely as possible. It often involves the handling of fresh faeces; flies and animals are attracted to and can often reach the faeces; and it tends to cause offensive odours. Where bucket latrines are in use, the single-bucket system should be replaced by the two-bucket system:

Single-bucket system   The conservancy worker empties the bucket into a large pail or tank and returns the empty but dirty bucket to the latrine.

Two-bucket system   A fresh clean bucket is brought in to replace the dirty bucket; meanwhile the dirty bucket is removed to the depot, where it is emptied, washed and disinfected.

Ventilated pit latrines

The ventilated improved pit latrines (VIPL) or (VIDPL) are a low-cost, hygienic, widely acceptable and relatively sophisticated form of sanitation. *The ventilated improved pit latrine* (Fig. 12.5a) has been designed with the following five principles in mind:

- Long life
- Ventilation and insect control
- Improved safety
- DIY construction
- Improved maintenance

The ventilated improved double pit latrine (Fig. 12.5b) has been adapted and improved to meet the more complex conditions of urban communities. In rural areas, when pits become full they are covered permanently and the superstructure is relocated. The limited space in urban areas makes this impracticable. The VIDP latrine provides two shallow pits placed side by side and straddled by a single superstructure. When one pit is full, the portable, fibreglass-reinforced plastic pedestal is simply moved form one pit to the other and the full pit is recapped.

The VIDP latrine is a dry latrine and can only receive very small amounts of water in addition to urine.

Faecal decomposition

Various methods, such as pit latrines, septic tanks, oxidation ponds and such other methods, rely on the natural process of decomposition of faeces. Excreta, wherever deposited, decompose and ultimately become converted to an inodorous, inoffensive and stable product. In the process, many human pathogens are destroyed. Thus faeces are self-digesting and self-purifying.

The main actions of decomposition are:

Breakdown of the complex organic compounds such as protein and urea into simpler and more stable forms

Reduction of volume and mass of the decomposing material (to 80%) by the production of such gases as methane, carbon dioxide, ammonia and nitrogen which are dissipated in the atmosphere

Production of soluble materials which leach away into the underlying soil

Killing of pathogenic organisms, which are either unable to survive the processes of decomposition or are attacked by the rich biological life of the decomposing mass

Bacteria play the major role in decomposition. The process may be entirely anaerobic, as it is in aqua privies, septic tanks, and at the bottom of deep pits, or entirely aerobic as in composting (*see* p. 294).

Refuse

Refuse disposal involves the storage, collection and disposal of solid waste and the salvage and recycling of useful material. Refuse includes various organic materials such as leaves and food remnants, and inorganic objects such as bottles, tins, and a variety of discarded objects.

Poor refuse disposal attracts flies (which then breed) and other insects, and affords food and shelter for rodents. It creates a fire hazard and is a source of accidents through cuts and puncture wounds from sharp objects.

Storage of refuse

This involves provision of a sufficient number of containers to hold the volume of refuse produced between collections; the selection of an approved type of container; the placement of containers where they will provide maximum convenience for the user and easy access to the collection crew; and the maintenance of the containers and their surroundings in a sanitary condition.

The dustbin or garbage-can should be watertight and provided with a tight-fitting lid. It should be rust resistant; structurally sound; easily filled, emptied and cleaned, and furnished with side handles. The bind should rest on a concrete slab, the sweepings from which should be put in the bin and not cleared off on to the adjacent ground.

Collection of refuse

Where a community has no collection service, conditions are generally favourable for high fly and rat populations. Even where service is available, a careless collection employee may spill refuse on the premises or street. Rough handling may damage the container rim so that the lid may not fit properly, thereby making the refuse accessible to flies and rats.

Collection of refuse should be frequent, systematic and reliable, and bin points should be maintained by goverment or municipal cleansing services. Great improvements in collection by specially constructed vehicles have been developed in recent years.

Where combined refuse collection is practised, this service should be provided daily or at least twice a week. This practice will favour sanitary storage and will contribute to an environment adverse to flies, mosquitoes and rats. Collection crews must be properly trained.

Disposal of refuse

In any system the final disposal of refuse must be considered first, since it has an important influence on both storage and collection. Regardless of how diligently the householder attempts to control flies in his premises, he stands little chance when a nearby dump is a prolific breeding ground.

The common methods of refuse disposal are:

Open dumping

This is cheap, it requires little planning and is therefore unfortunately too frequently found in tropical communities. It provides ideal breeding place for rats, flies and mosquitoes. Every effort should be made to eliminate this health menace and to replace it with sanitary and practical methods of disposal.

Dumping in the sea or river

This method is used in coastal cities and riverine towns. It results in littering of shore-lines with refuse and becomes a health as well as an accident hazard. It is also a deterrent to the tourist trade.

Burning

Low-temperature burning of combustible refuse is frequently used. Generally speaking, burning using oil drums and cages or open burning are unsatisfactory and surroundings are frequently littered with cans and broken bottles that constitute an accident hazard to children playing in the area. The smoke and odours contribute to air pollution and it is a fire risk. Moreover, half-burnt refuse can afford breeding places for flies and provide food for rats.

Composting

This is a process in which under suitable environmental conditions, aerobic micro-organisms (principally thermophilic) break down organic matter to a fairly stable humus. Composting requires frequent turning, and two main methods are used:

- Refuse without nightsoil (e.g. Trengganu method)
- Refuse with nightsoil (e.g. Calcutta and Indore methods)

The details of these various methods are available in standard textbooks of hygiene and sanitation.

Controlled tipping

This is an effective and proven method for the hygienic disposal of refuse and can be used wherever sufficient and suitable land is available. Basically it consists of 4 steps:

1 Depositing refuse in a planned controlled manner
2 Spreading and compacting it in layers to reduce its volume
3 Covering the material with a layer of earth
4 Compacting the earth cover

The initial investment is low and health hazards, fire and nuisance are eliminated.

Incineration

The newer incineration plants have reduced atmospheric pollution and by this method the volume of material for ultimate disposal is greatly reduced.

The choice of method to be used for the sanitary disposal of refuse will naturally vary from rural to city areas; it will depend on the population density, the availability of land and other facilities at one's disposal.

Salvaging

Some of the materials in refuse can be sorted and re-used. Thus, paper, rags, metal containers, bottles and similar objects can be salvaged.

Industrial waste

Modern industrial processes produce chemical wastes which are potential hazards to man and other living things. Although each special problem cannot be examined in detail, some general principles can provide useful guide-lines.

Ideally the design of the plant should include a satisfactory means of disposal of the waste products. This may involve some processing of the effluent before it is ultimately discharged into a stream; it may require storage and final disposal by burying of solid wastes; or it may include a subsidiary process which can salvage and consume some of the waste products of the primary process.

In particular, the disposal of crude effluent into a stream should be strongly discouraged. Similarly solid wastes, such as slag heaps from mines, should not be indiscriminately dumped on land; nor should noxious fumes be blown from chimneys to cause atmospheric pollution.

Housing

The provision of good housing is an important aspect of environmental health. It represents:

- A significant part of man's environment
- Shelter from the elements
- Workshop: the kitchen for the housewife, the playroom for the children; the toolshed for the adult males
- Home: the residence of the family, where this social institution carries out some of its major functions

Good housing should minimize physical and biological hazards in the environment, provide a good social environment and promote the health of the inhabitants.

Biological hazards
The risk of the transmission of communicable diseases should be minimized. Poor ventilation and overcrowding, for example, predispose to the spread of respiratory infections. Good water supply, adequate facilities for washing utensils and other sanitary devices, good storage for food and well-designed kitchens, will help to minimize the spread of gastrointestinal infections.

Physical hazards
Injury from falls, burns, electric shock, poisoning and similar physical hazards can be controlled by good design of homes to include appropriate safety devices. The maintenance of an equable temperature in the house, by heating in winter and cooling in summer is also condusive to good health. Other physical hazards include atmospheric pollution from smoky wood fires, excessive noise and poor lighting.

Social environment
The home should be designed so that the family can function effectively in terms of its cultural background. This implies the required level of privacy for adults and a suitable setting for bringing up children.

Housing requirements

The World Health Organization has defined in some detail the requirements of a healthy residential environment. The basic aspects of housing relate to the proper siting and construction of a residence which provides fundamental physiological, psychological and sanitary requirements.

Types of housing in the tropics depend on the climatic environment and hence are quite different in arid zones, savannahs, upland jungle, cold dry or humid high plateaux, marshlands, high mountain steppes and tropical rain forest.

In many parts of the rural tropics, traditional huts are often small, ill-ventilated and lighted only through the door opening, with a smoky fireplace inside and without real furniture. Men, fowls, small and large animals may co-habit, and lack of sanitation and safe water supply are all too obvious. Many model rural villages have, however, been started all over the tropical world with appropriate government help.

Housing for plantation, mining and industrial workers has been provided in many areas by employers and standards have been variable. Often government authorities have had to regulate the minimum standards including size, floor and air space, ventilation, cooking, storage, sanitary facilities and water supplies. Inspired by good management rather than by humanity or justice, industrial and agricultural companies in the tropics have learned much about the physical, biological, psychological, technical and economic problems involved in housing their employees.

For the rapid urbanizing populations of the tropics, provision of adequate low-cost housing is a primary responsibility of government and municipal authorities. Standards should be such that they can be made enforceable in a low income community and relate to local climate and cultural conditions.

Air pollution

Gases, dust and grit are the agents responsible for air pollution. Whether domestic or industrial in origin, the effects of pollutants depend on the degree of dispersion into the air.

Inside houses, the lack of ventilation and the

presence of portable or open fires may result in asthma, bronchitis and burns.

Smog is formed when low cold air fills with gases, soot and fumes, and it may produce serious ill health.

Food hygiene

Despite great advances in technology, keeping food safe remains a world-wide public health problem. Mishandling at some stage of the food chain—collection, preparation, manufacture, transportation, storage and sale—is responsible for most outbreaks of food-borne illness. The chief aim of food hygiene is to prevent contamination of foodstuffs at all stages of their production.

Contaminants

Microorganisms such as *Salmonella* spp., *Staphylococcus aureus*, certain strains of *Escherichia coli*, *Campylobacters*, *Clostridia* (*perfringens* and *botulinum*), *Vibrio parahaemolyticus*, *Listeria* spp. and *Cryptosporidium* have all been associated with food-borne illness.

Parasitic infestations carried by food include *Toxoplasma gondii*, *Trichinella spiralis* and *Taenia* spp.

Mycotoxins and marine biotoxins are increasingly being incriminated.

Preventive measures

Measures taken to maintain high standards of food hygiene whether in the home or in the community should include:

- Control of primary food sources (e.g. avoid the use of human manure as fertilizer)
- Inspection of premises (e.g. abattoirs)
- Supervision of food handlers (e.g. carriers)
- Health education
- Laboratory examination of foods (e.g. cooked meats)
- Legislation

Sometimes, despite all these precautions, organisms may contaminate food. The risk of illness can be minimized by shortening the interval between the harvesting of food and its preparation for eating. Freezing kills few pathogens, merely suspending microbial growth. Refrigeration may prevent multiplication of the organisms to a level sufficient not to cause clinical symptoms. Cooked and fresh meat should be clearly separated and different utensils used for preparing them. Re-heating cooked foods is hazardous because of the increase in organisms and their toxins after the initial cooking.

Health education

This is the key to ensuring that food handlers and consumers receive the basic message about food safety. The following are common-sense hints on how to keep food safe:

- DO NOT prepare foods too far in advance
- DO NOT undercook meat (especially poultry)
- DO NOT cook meat that is not fully thawed
- DO NOT keep perishable foods within the danger zone (10–60°C)
- DO NOT under heat already cooked foods
- DO NOT allow contamination from raw to cooked foods (e.g. on kitchen surfaces, chopping boards or in the food store)
- Wash hands before handling or cooking food
- Keep kitchen surfaces and utensils clean
- Make sure that sores and cuts on fingers or hands do not come in contact with food

Methods of disinfection

The aim of disinfection is to kill noxious organisms and there are several ways of achieving this:

- Heat
- Desiccation
- Sunlight
- Chemical agents
- Filtration
- Aerosols
- Irradiation

The destruction of the bacteria in the discharges and excreta of a patient suffering from an infectious disease (e.g. typhoid fever) and on articles in contact with him is known as *current disinfection*. The cleansing of a room which has been occupied by a patient suffering from an infectious disease (e.g. cholera) is known as *terminal disinfection*.

Heat

Heat kills bacteria and spores by coagulating their protein. Moist heat is more efficient than dry heat. Boiling water will kill bacteria in 5–10 minutes and most spores in about half an hour. Pasteurization destroys bacteria in milk without spoiling it. Steam is also an efficient method of disinfection. Burning ideally gets rid of infected fomites which are of no further use and hot air may also be used to kill bacteria although its penetrative powers are poor.

Desiccation

Only delicate organisms (e.g. the meningococci) are killed when allowed to dry and this form of disinfection is therefore of limited value.

Sunlight

Sunlight, especially ultraviolet rays, are lethal to many bacteria and ultraviolet light is sometimes used for the sterilization of air.

Chemical agents

Chemical disinfectants (e.g. iodine, chlorine, hydrogen peroxide, alcohol, phenol and cresols (lysol)) actively kill bacteria and are widely used for disinfection in a large variety of circumstances. 'Detergent' types of antiseptics are increasingly being utilized.

Filtration

see p. 292.

Aerosols

In these days of automation, aerosols are becoming extremely popular especially for the sterilization of air, as the disinfectant (e.g. sodium hypochlorite or propylene glycol) can be spread in a very fine spray. There is however now concern over aerosol use, due to the damage they do to the ozone layer.

Irradiation

Gamma irradiation (cobalt–60 as source) has been used to sterilize food and thus eliminate *Salmonellae* and other bacteria. Similarly, several medical appliances (e.g. catheters, disposable syringes, etc.) are being radiation-sterilized.

Further reading

Ross Institute Bulletin No. 10. (1986). *Small Water Supplies*.

Ross Institute Bulletin No. 8. (1988). *Small Scale Sanitation*.

Ross Institute Bulletin No. 5. (1982). *The Housefly and its Control*.

Cairncross, S. (1987). Low cost sanitation technology for the control of intestinal helminths. *Parasitology Today;* 3: 94 8.

World Health Statistics Report Vol. 29, No. 10: *Community Water Supply and Excreta Disposal in Developing Countries Review of Progress*.

van Nostrand, J. and Wilson, J.G. (1983). Rural ventilated improved pit latrines. A joint contribution of the Government of Botswana, the U.N.D.P. and the World Bank to the International Water Supply and Sanitation Decade. *TAG Technical Note No. 8.* p. 59.

van Nostrand, J. and Wilson, J.G (1983). The ventilated improved double-pit latrine. *TAG Technical Note No. 3.* p. 47.

Roy, A.N. *et al.* (1984). Manual on the design, construction and maintenance of low-cost pour-flush waterseal latrines in India. *TAG Technical Note No. 10.* p. 109.

Cairncross, S. and Feachem, R. (1983). *Environmental Health Engineering in the Tropics*. J. Wiley and Sons, Chichester. p. 283.

WHO. (1987). Food safety. *World Health Magazine*, March 1987.

13
Health education

The objective of health education is to make people value health as a worthwhile asset and to show them what they can do as individuals, families and communities to improve their own health. The more people value health, the more they will be willing to make the appropriate allocation of resources to promote and safeguard their own health. At the personal level, they will be prepared to make the effort on such matters as exercise, cleanliness in the home, diet and discipline with regard to the use of tobacco and alcohol. The community will also be more prepared to allocate resources for improvement of environmental sanitation, and for other priorities within the health services.

Health education and the health services

Modern medicine has tended to interpret health in terms of medical interventions, and to over-emphasize the importance of medical technology. It is important to promote the concept of health as the result of the interaction of human beings and their total environment (*see* Chapter 1). Clinical medicine seeks to restore health through the use of drugs and surgical treatment. Preventive medicine includes similar interventions with the use of immunization and chemoprophylaxis but, more importantly, the emphasis is on alteration of the environment and of human behaviour. Individuals, families and communities should be made to understand this concept of health which can be briefly summarized as:

HEALTH, HABIT AND HABITAT

Health education relates to all aspects of health behaviour including the use of health services. It is designed to help people improve their personal habits and to make the best use of the community health services.

Health education should feature as an integral part of the health services and all health personnel should accept responsibility for contributing to the programme. Specialists in health education are required to make accurate assessments of the needs of the population, to develop suitable materials for health education, to train other workers including voluntary health workers and to assist in evaluating local health education programmes.

Community involvement

In the past, health education was practised as a one-way process with the health professional transmitting technical information and advice to individuals and to the community. This approach produced ready-made packages of ideas and plans based on the preconceived notions of the health staff. Such programmes did not always take into account traditional beliefs and practices of the local community or benefit from its innate wisdom and accumulated experience.

The Alma Ata Declaration (*see* Chapter 10), places great emphasis on the rights and responsibilities of individuals and communities in planning and implementing their health care. This concept of self-reliance has altered the role of health educators and other health personnel. The new concept of primary health care demands the involvement of the community through repeated consultations. Such dialogue will help to ensure that health programmes are compatible with the social goals of the community and with their social and cultural background. In order to be effective teachers, health educators and other health care givers must

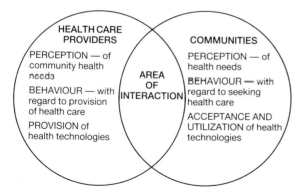

Fig. 13.1 *Discovering and meeting priority health needs together leads to equity and justice (By courtesy of Ms Pat Nickson)*

therefore also become learners, listening carefully to the views and concerns of the community and involving them in identifying health priorities and in finding feasible solutions (Fig. 13.1).

Lessons learnt from the community may help design unique solutions to local problems. For example, in tackling malnutrition in children, it would be useful to find out how the mothers of well-nourished children use locally available foodstuffs to provide a balanced diet for their children. Rather than promoting recipes which are foreign to the community, nutritional advice would be based on the use of food that is available

Fig. 13.2 *Health care as perceived by communities and health care providers (By courtesy of WHO)*

and acceptable to local tastes and culture. Similarly, in dealing with the problem of diarrhoeal diseases, interest should not focus exclusively on the problem families. By involving others, one may learn how to prepare and protect food under the conditions and circumstances of life of the local population.

Health education should therefore be an interactive process between health professionals and the community, with each partner approaching the issues from his own perspective but establishing common ground where their respective views overlap (Fig. 13.2).

Assessment of needs

The content of the health education programme should be determined by the needs of the target groups. In order to ensure that the material is relevant, information is required about the current knowledge, attitudes and behaviour of the population. An educational programme can then be designed to bring about the desired changes.

For example, in designing a health education programme to improve the nutrition of infants the following information should be sought:

- How many of the mothers breast feed their babies and for how long?
- When do they introduce mixed feeding, what items do they use and how is the food prepared?
- What foods are avoided or considered unacceptable?
- What substitutes are available to provide missing nutrients and are these acceptable to the mothers?
- Which mothers are in greatest need of education on this subject as judged by the nutritional status of their infants?

Such studies aimed at identifying the needs for health education and defining the target groups are sometimes described as 'knowledge, attitude, practice' or 'KAP' studies.

Methods

A variety of methods, both formal and informal, are used in health education. Some are *personal*, i.e. involving a health worker in direct contact with an individual or a group. Others are *impersonal*, in which the communication does not involve such contact, e.g. the use of posters, leaflets, and the mass media (newspapers, radio, television). Each method has its advantages.

Personal

The personal methods, either in an interview on a one-to-one basis or in a group discussion, have the advantage that the content can be specifically tailored to match the needs of the individuals present. There is also the opportunity for discussion where obscure points can be clarified, objections raised and doubts expressed. The health worker can also use the opportunity to learn more about local beliefs and habits. There is the opportunity for reviewing alternative approaches to the solution of specific problems, and thereby the community and the individuals can determine how best to put the new lessons that they have learnt into practice in their own circumstances.

However, with the personal approach, relatively few persons can be reached by each health worker.

Impersonal

The impersonal methods, especially the use of the mass media, have the advantage of reaching large numbers of people who may not have direct contact with health workers. The messages can be repeated over and over again, serving as reminder and reinforcement. In some communities, material read in the newspapers or heard on the radio carries more authority than information that is obtained from local sources.

Without the opportunity for questions and discussions, however, such messages may be misunderstood; constant repetition may dull their impact; and individuals may have difficulty in relating the messages to their own circumstances.

Some of these problems may be overcome by pre-testing health education materials on a small scale before they are widely distributed. In this way, the material could be modified to make the message clearer.

Combined approach

It is sometimes possible to combine the advantages of both methods. For example, wall charts, radio and television programmes and similar impersonal methods could be used as the focus for small group discussions. Alternatively, after a subject has been discussed, gifted members of the community could be encouraged to produce wall charts and other teaching materials for others in the community.

Overcoming resistance to change

Health workers are sometimes upset and can feel frustrated when they find that people do not immediately accept their advice. They seem surprised that people do not immediately change their behaviour once new information is given to them. Especially in matters affecting personal behaviour and on emotional issues like pregnancy and child care, people are reluctant to have their ideas changed or even challenged. Although it is not always easy to change people's ideas some valuable suggestions for approaching such problems have been made:

Present the material in a new form which is more acceptable to the people   For example, if for religious reasons, the community does not eat meat, the health workers should devise a nutritionally balanced diet based on vegetables and, if acceptable, milk.

Associate the new idea with desired goals   This is the approach favoured by commercial advertisers who link the use of their products with outcomes which are highly valued by the community. The general format of such advertisements is 'Use A (our product) to get B (what you want)'. The same approach can be effectively used in health education, provided false claims are not made.

Draw attention to successful examples   Individuals, families and communities may provide useful examples for others in adopting a new idea. A useful strategy for introducing a new idea is to offer it first to groups who are most likely to accept it and put it into practice. They can then serve as useful examples for others.

Work through opinion leaders   In each community there are leaders whose views have a great influence within their society. Some of them are formal leaders holding recognized posts as political or religious leaders. Others hold important positions in local organizations such as women's clubs. There are however other influential persons, the informal leaders, who do not hold such positions but who nevertheless have considerable influence on the community. Both groups should be identified and persuaded to adopt the new ideas and also to influence others to do so.

Identify and persuade innovators Whereas some members of the community tend to be rigid in their views, there are others who tend to be more receptive to new ideas. It is worthwhile identifying such innovators, encouraging them and using them as instruments of change within their communities. On the whole children tend to be more receptive than adults especially the elderly. Priority should be given to the health education of children, especially school children who in the process of their general education would be prepared to accept and test new ideas. At home they can influence their parents.

Be patient and avoid confrontation Head-on collision and confrontation could damage relationships between the health workers and the community. Even though the health workers are very anxious that the new ideas be accepted in the interest of the health of the population, they must be patient, retaining cordial relationships with the individuals and families in the hope of winning them over eventually.

Reinforcement by example

Health personnel should reinforce the formal teaching in health education by their own example. The members of the community observe the behaviour of the health workers and compare it with what they have learnt from lectures, interviews, posters and other forms of health education. They note the standard of personal hygiene of the health workers and of environmental sanitation at health centres, clinics and other health institutions; they observe social habits with regard to smoking and the use of alcohol; they compare the lessons that they have learnt about balanced diets with the food provided for patients in hospitals; and in many other ways they seek to reassure themselves about the value of the health education that is offered to them. If they consistently observe gross discrepancies between what is taught to them and what their teachers do, they are liable to become cynical and reject health education as a farce. It is therefore important that every contact with the health personnel and the health institutions should be a continuous exercise in health education.

Further reading

WHO Technical Report Series No. 690. (1983). *New approaches to health education: Report of an Expert Committee.*

14
International health cooperation

Cooperation

A variety of mechanisms exist for international cooperation in the area of health. Bilateral agreements between two nations could include financial and technical support, exchange of scientific information and various forms of assistance. Cooperation may be multilateral, involving the governments of many nations on a regional or global scale. Non-governmental aid may include multinational agencies as well as national organizations based in industrialized countries.

Regulations

The international health regulations are intended to ensure the maximum security against the international spread of disease with the minimum interference of world traffic. The jet aeroplane has made a nonsense of incubation periods, and epidemiological surveillance of selected diseases (e.g. yellow fever) will have to be strengthened within the national health services of individual nations. It has recently been shown that mosquitoes can survive over long distances in aeroplanes and 'airport malaria' has occurred in countries where the disease in not normally transmitted, e.g. Britain, France, Belgium.

International agencies promoting health

Agencies may be divided into the following categories:

- Multinational governmental agencies (e.g. WHO, other UN agencies, The World Bank, The International Monetary Fund)
- Bilateral government aid programmes
- Non-governmental organizations (e.g. The International Red Cross, private foundations, charities)

Multinational governmental agencies

The World Health Organization

Within the United Nations (UN) System, the World Health Organization (WHO) has the constitutional responsibility for health and it plays a leading role in this area in collaboration with other UN agencies as well as non-governmental organizations. The Organization was founded in 1947, and it now has 154 member states. Its headquarters are located in Geneva, Switzerland and it has six regional offices:

African Regional Offices (AFRO)—Brazzaville, Congo
Regional Office for the Americas (AMRO)—Washington, D.C., U.S.A.
Eastern Mediterranean Regional Office (EMRO)—Alexandria, Egypt
European Regional Office (EURO)—Copenhagen, Denmark
South East Asia Regional Office (SEARO)—New Delhi, India
West Pacific Regional Office (WPRO)—Manila, Philippines.

Initially WHO gave technical aid especially to

developing countries, but now the new policy emphasizes technical cooporation with member states with each country contributing to and deriving benefits from the Organization. WHO has accorded the highest priority to its goal of 'Health for all by year 2000', using the primary health care approach (*see* Chapter 10).

WHO's activities include the following:

Strengthening of health services

WHO is cooperating with member states in the strengthening and reorientation of their health services, with particular reference to the primary health care services. The new policy about health care was adopted in 1978 at a conference at Alma Ata, USSR (*see* p. 275–6).

Technical services

The Organization provides technical services on major communicable and non-communicable diseases. These include the Malaria Action Programme, and the Parasitic Diseases Programme. There are also programmes in other communicable diseases, environmental health, mental health and health manpower development. These programmes provide support for national health authorities in specific areas.

Special programmes

A number of special programmes have been organized to promote action in some high-priority areas:

- Human reproduction programme (HRP)
- Tropical diseases research (TDR)
- Control of diarrhoeal diseases (CDD)
- Expanded programme of immunization (EPI)
- Special programme on AIDS (GPA)

The eradication of smallpox was successfully accomplished by a special programme which has now been dissolved.

Technical information

The Organization publishes a number of technical documents including:

Technical Report Series—summarizing views of expert committees and other scientific groups on specific subjects.

World Health Bulletin—publishing scientific papers, either original articles or scientific reviews.

World Health—a popular journal aimed at the lay public.

Weekly Epidemiological Records—this contains epidemiological information about the occurrence of communicable diseases.

Other united nation agencies

Apart from WHO, other UN agencies play a significant role in health. WHO collaborates with these other agencies:

United Nations Children's Fund (UNICEF) is concerned with matters affecting the welfare of children. (*see* below) It co-sponsored the Alma Ata conference.

Food and Agricultural Organization (FAO) collaborates in the area of nutrition and also African trypanosomiasis, an infection which affects both humans and animals.

International Labour Organization (ILO) deals with matters affecting the health of workers (*see* p. 245).

United Nations Environmental Programme (UNEP) is concerned with matters affecting the environment.

United Nations Development Programme (UNDP) coordinates UN activities in the area of development.

UNICEF

The United Nations Children's Emergency Fund was established after the Second World War. It has now been renamed the United Nations Children Fund. It is not an official UN agency—it does not have an assembly which determines policy on a one country/one vote system. It has its own constitution and an independent executive board, but it is affiliated to the UN. It is financed almost entirely by voluntary contributions from governments, private foundations and public donations. It is particularly concerned with the well-being of children and has recently become explicitly committed to improving the survival of children within developing societies. UNICEF has assumed a high profile, working closely with governments and non-governmental groups, promoting its message as 'The Child Survival and Development Revolution'.

Aims

It attempts to mobilize all groups in societies to be concerned about improving the survival of children through the widespread dissemination of technologies that can save children's lives and improve their well-being. This UNICEF approach implies that technology can and will bring about great changes in the likelihood of children reaching adolescence even when social and economic conditions appear to be unsatisfactory. UNICEF has also campaigned for increased attention to child health and well-being in countries that are economically deprived and are undergoing structural adjustment.

Programmes

UNICEF has been particularly concerned with the promotion of growth monitoring, oral rehydration, breast feeding, immunization, family planning, female literacy and supplementary feeding, particularly for pregnant women. More recently its programmes have become very closely identified with the movement to immunize 80 per cent of children under the age of 3 by the year 1990. UNICEF has assisted countries to establish accelerated programmes of immunization in order to achieve this end.

Non-governmental organizations affiliated with WHO

A variety of international organizations cooperate with WHO on specific aspects of health, e.g. leprosy, epidemiology, pharmacology, to name but a few.

The World Bank

The World Bank is involved in lending funds for development. Activities such as the creation of man-made lakes and large-scale irrigation schemes carry major implications for health. The World Bank is therefore involved in the assessment of the health aspects of development projects which they sponsor. A new policy indicates that the World Bank will play an increasingly active role in health.

Programmes

Themes in the Bank's present health sector work include: strengthening of management systems; health policy; for Africa south of the Sahara developing peripheral health care systems; training of health sector staff and establishing appropriate strategies for health sector financing. The Bank is also concentrating on specific health problem areas which it believes are not being examined and tackled in a systematic fashion, including maternal mortality, malaria, nutrition and non-communicable chronic diseases.

The International Monetary Fund

The International Monetary Fund (IMF) acts as a major source of credit for developing countries and is based in Washington DC. The International Monetary Fund coordinates the activities of bankers within the International Financial System. Its policies reflect those of the Governments which finance it.

Third World External Debt

During the last 6 years the process of development in many developing countries has been particularly slow. The economic recession has resulted in a high level of Third World External Debt (3WED) and, as a result, countries have suffered. Faber (1988) emphasizes the seriousness of the problem:

> 'For large sections of the populations of Latin America living standards have fallen by 15 per cent; for large sections of the populations of Sub Saharan Africa the fall has been 25 per cent. What many had thought of as a "lost development decade" in Latin America now looks like two, or even three. While for some countries in Sub Saharan Africa serious observers are now asking whether the decline that has been triggered might not prove to be irreversable?'

The IMF's strategy for dealing with Third World External Debt has comprised of 3 main elements:

- Reschedule the debt forwards
- Provide a limited amount of new credit (often less than the amount of interest being paid)
- Require that the debtor government undertakes a programme of reforms

The reform programme is usually referred to as 'Structural Adjustment' and includes an increased emphasis on exports and reduction in government spending. Cuts in health service, social welfare and development spending are inevitable.

Bilateral aid agencies

Much of the foreign aid provided to developing countries is made available through bilateral government to government programmes involving industrialized countries as donors and developing countries as recipients. This pattern of aid is usually an important element of donor governments' overseas policies and is administered by an agency that is part of the Ministry of Foreign Affairs or equivalent within the donor government. Examples of such agencies include USAID, Britain's ODA, Norway's NORAD, Denmark's DANIDA, Canada's CIDA and Japan's JICA. Bilateral donors frequently join up with multilateral organizations (in multi-bi projects) especially when large schemes are being envisaged.

Usually about 5 per cent of a bilateral agency's budget is made available for health sector work. Most bilateral agencies' health policies now make direct reference to encouraging the development of primary health care. However, in practice programmes have to be negotiated between the donor and recipient countries and the number of different commercial, political and economic factors may determine the eventual shape of a health sector aid programme.

Donor stipulations

Bilateral agencies may require that this aid is used to purchase goods manufactured within the donor country. Donor programmes are frequently oriented towards the provision of capital costs and not recurrent costs; this can be a serious problem if the donor supplies high technology goods or buildings which the recipient country needs to maintain once donor support has dried up. There is always a tendency for donor assistance to be directed by priorities determined from within the donor country. Aid may not be responsive to the recipient country's needs or concerns.

Recent improvements in aid policies

In the last few years bilateral agencies have been reassessing health sector aid policies. At a recent meeting in Paris convened by the Development Assistance Committee of OECD, agencies re-affirmed their commitment to primary health care, to long-term partnerships between donors and recipients and helping countries to find ways to support recurrent costs. A recent article by Britain's Minister for Overseas Development (*see* Further reading) shows how one bilateral agency is trying to modernize its health sector aid policies. ODA anticipates concentrating its health sector assistance on a small number of priority countries, building partnerships with recipient country governments which would result in the joint development of long-term programmes, and where appropriate, linking up with non-governmental organizations to help implement primary health care schemes.

Bilateral agencies are increasingly keen to provide their aid as 'programme support' as opposed to 'project assistance'. Although several evaluations have suggested that project aid is more effective at leading to improvements in health, it is extremely hard to implement on the ground. Donors would much rather provide funds and commodities that can be used by a government's ministry of health programme as it thinks fit, rather than concentrate on specific goals within a defined project. Several donors are therefore concentrating on trying to increase recipient country capacity for programme planning, implementation, evaluation and operational research. Once this capacity has been increased, they are then happy to offer substantial sums of money for the programme support.

Non-governmental organizations

A number of non-governmental organizations are actively involved in international health and development. These include multinational groups like the Christian Medical Commission (which is a medical body of the World Council of Churches), the League of Red Cross Societies and the Save the Children Alliance.

The International Red Cross

The International Council of the Red Cross and the League of Red Cross Societies (Crescent) play an important part in providing relief in cases of natural disasters

Private foundations

Most of these work within national boundaries, but some have substantial international activities, e.g. Rockerfeller Foundation, Wellcome Trust, Ford Foundation, Pew Charitable Trust, and Sarsakawa Foundation.

Other national organizations

There are a number of large organizations based in industrialized countries that are concerned with relief. These reply on public donations and often have a high profile though the overall scale of their overseas programmes is relatively small. They do have a great deal of flexibility and often report success with PHC. Some are missionary organizations, others secular. Some are primarily concerned with disaster relief, others with long-term development. World Vision, Christian Aid, Oxfam and Save the Children Fund are all quite well known within the UK. There are specific organizations concerned with particular disabilities, such as the World Commonwealth Society for the Blind or the European Leprosy Association.

International health regulations

Writing about International Health Regulations (IHR), WHO have stressed to all national health administrations in countries bound by these regulations that (a) smallpox has been removed from the list of diseases subject to IHR and therefore an international certificate of vaccination should no longer be required from any traveller; (b) the only certificate that is now required, from a limited number of international travellers, is that for yellow fever vaccination; and (c) the requirement of cholera vaccination certificates, or indeed any other vaccination certificates, is in excess of the terms of the IHR.

It is important to note that requirements issued by embassies and consulates are not always the same as those laid down by national health

authorities though it is hoped that common policies will be attained in the near future.

Most countries have a Quarantine and Epidemiology Branch at the Ministry of Health which deals with:

- Port health
- Airport health
- Quarantine stations or hospitals
- Vaccination

The aim of such a division is to guard against the import and export of diseases, thus keeping the indigenous population reservoir as small as possible and *honestly* notifying WHO of the latest situation in the country, irrespective of the local consequences. Unfortunately the experience with cholera has shown that certain countries react most unfavourably to this concept. Although all points of entry into a country must be controlled (e.g. sea, air, road or rail) sea and airports present special problems.

No regulations can be expected to foresee every disease and in certain situations, diseases other than those covered by the International Health Regulations may be of concern to national health authorities. Regulations need to be supported by the epidemiological surveillance of disease: the study of a disease as a dynamic process involving the ecology of the infectious agent, the host, the reservoirs, the vectors and the role of the environment.

Seaports

When a ship is infected (e.g. with a case of plague) the following action has to be taken:

- Isolation of case
- Re-vaccination of those passengers and crew without valid certificates
- Isolation of close contacts (incubation period of 14 days)
- Surveillance of other contacts (14 days)
- Disinfection of patient's cabin, etc. (not whole ship)
- International notification

At quarantine stations and hospitals compulsory re-vaccination takes place, as well as group isolation and medical surveillance. Sanitary examination of ships, especially water, toilets, kitchen and food storage compartments should be carried out and the deratization certificate examined. When a ship flies the 'Q' flag, no one is permitted to board or leave the ship before the Port Health Officer.

With most travellers now using air rather than sea and with the advent of container ships carrying relatively small numbers of crew-members, port health is now a good deal less important than in the past. The smuggling of narcotics and arms now pose a greater threat.

Airports

The increase in the volume as well as speed of travel means that travellers infected in one country may still feel quite well when they arrive in another, if they are in the early stages of their illness. In these circumstances, the surveillance and the precautions taken at airports of arrival are often ineffective. Nonetheless, airport health services are rapidly being developed all over the world. They may perform the following functions:

Passengers and staff

- Vaccination and inoculation of passengers and crews when necessary
- Vaccination and inoculation of all airport personnel who come in contact with aircraft from infected ports
- Examination of suspected passengers
- Placing of passengers under surveillance when necessary

Aircraft

- Inspection of aircraft coming from yellow fever infected areas for the presence of Aëdes mosquitoes and to carry out disinfestation if necessary
- Sending of specimens of toilet wastes from planes for bacteriological examination to ascertain whether adequate disinfection is being carried out

- Periodic sampling of food and portable water supplied to the aircraft to ascertain whether these are fit for human consumption and that they have not been contaminated by bacteria or chemical substances.

Airports

- Inspection to ensure that the airport precincts are kept in a satisfactory state including the airport restaurant and flight kitchen
- Supervision of the control of Aëdes and other mosquitoes within the control zone of the airport perimeter
- Maintainance and running of the casualty clearing station in case of air disaster
- Provision of out-patient treatment facilities for cases of minor illnesses (for passengers and airport staff)

It has now been shown that malaria carrying mosquitoes can survive long air journeys and infect individuals in and around airports of countries where infection does not occur ("Airport Malaria"). This evidence re-enforces the importance of disinfestation of aeroplanes.

Further reading

Newell K.W. (1985). Global strategies—developing a unified strategy. In *Oxford Textbook of Public Health*. Edited by Holland W.W. Detels R, and Knox G. Oxford University Press, Oxford. pp. 261–71.

WHO. (1987). *Vaccination certificate requirements and health advice for international travel.*

Patten C. (1988). Britain's role and responsibility for health in the tropics. *Transactions of the Royal Society of Tropical Medicine and Hygiene*; **82**: 660–4.

Index